《故宫珍本丛刊》精选整理本丛书·术数

水龙经

附

续水龙经

水龙经阴阳宅

清康熙精抄本

晋郭景纯著

宋韩国公赵普订　明诚意伯刘基阅

后学九渊邵沧录

清蒋平阶辑

李峰注解

海南出版社

图书在版编目（CIP）数据

水龙经 /（清）蒋平阶辑；李峰整理 . —海口：海南出版社，2002．6 (2025．2 重印).
（《故宫珍本丛刊》精选整理本丛书）
ISBN 978-7-5443-0433-7

Ⅰ. ①水… Ⅱ. ①蒋… ②李… Ⅲ. ①风水—古籍—中国—清代 Ⅳ. B992.4

中国版本图书馆 CIP 数据核字 (2002) 第 041797 号

水龙经

海南出版社出版发行
地　　址：海口市金盘开发区建设三横路 2 号
邮　　编：570216
网　　址：http://www.hncbs.cn
电　　话：0898-66812392　　010-87336670
责任编辑：熊果　张雪
经　　销：全国新华书店
印刷装订：河北盛世彩捷印刷有限公司
出版日期：2003 年 8 月第 1 版　　2025 年 2 月第 18 次印刷
开　　本：880 mm × 1230 mm　1/32
印　　张：17.5
字　　数：382 千字
书　　号：ISBN 978-7-5443-0433-7
定　　价：45 元

目　录

水龙经第三卷

水龙经第四卷

水龙经第五卷

续水龙经第一卷

续水龙经第二卷

续水龙经第三卷

续水龙经第四卷

水龙经阴阳宅上卷

水龙经阴阳宅下卷

《故宫珍本丛刊》术数类精选整理本丛书序

《书经》尝有国之大事,必谋及卿士,谋及庶人,断之龟筮之说,是龟筮亦古之一大决策之学,今殷墟发掘大量甲骨文卜辞足以为证。《周礼》有大卜之职官,掌卜筮以稽疑,虽三王不同龟,四夷各异卜,然各以决吉凶。道家之学本出于史官,据《礼记·月令》,天子于立冬之月,"命太史衅龟筴,占兆,审卦吉凶"。古时太史有如后世之辅相,有燮理阴阳、交通天人之职责,故必精通卜筮之学。而后龟筮决策之术,由象卜而数卜,由龟而筮,由《连山》、《归藏》、《周易》而八卦象数,而梦占,而太乙九宫,而六壬遁甲,而看相推命,遂成一博大精深之中国术数学。要之,术数学亦史官之学,为中华道学文化的一大支柱。

老子《道德经》云:"前识者,道之华而愚之始。"老子所云"愚",为"纯朴"之意,故谓"俗人察察,我独闷闷","我愚人之心也哉!""其政闷闷,其民淳淳","古之善为道者,非以明民,将以愚之"。"华"通"花"。这句话的意思是说,前识是道学智慧的花朵,是返朴归真的开端。实际上,道学本质上乃是一种前识的学说,它在任何时代都是一种超前意识,道学的智慧不仅能返观人类乃至宇宙创生之初的过去,而且能预见和创造整个宇宙的未来。《道德经》35 章云:"执大象,天下往。往而不害,安平泰。"何谓大象?《易·系辞》云:"是故易者,象也","象也者,像此者也"。"圣人有以见天下之赜,而拟诸其形容,象其物宜,是故谓之象”。“圣人设卦观象,系辞焉而明吉凶,刚柔相推而生变化。是故吉凶者,得失之象也。悔吝者,忧虞之象也。变化者,进退之象也。刚柔直,昼夜之象也。六爻之动,三极之道也”。“圣人立象以尽意,设卦以尽情伪,系辞焉以尽其言,变而通之以尽利,鼓之舞之以尽神”。“知变化之道者,其知神之所为乎”!“《易》有圣人之道四焉:以言者尚其辞,以动者尚其变,以制器者尚其象,以卜筮者尚其占”。《左传》载“韩宣子适鲁,见《易象》与《春秋》。”足见所谓“象”,乃八卦之象,“八卦以象告”。实际上,以道家看来,天地山川之形势,国家政治之局面,地球生态之环境,列国军备之争斗,无不是一大的卦象,无不各现其吉凶之征兆。《道德经》云:“大象无形”,“其安易持,其未兆易谋”,“为之于未有,治之于未乱”。有道者善观天地、国事、人事之大象,不待卜筮而见其吉凶之兆,不待其祸发乱始而预谋之,故能往来于天下而趋吉避凶,而得以“安平泰”。又《道德经》50章云:“出生入死。生之徒,十有三;死之徒,十有三;人之生,动之死地,亦十有三”。“盖闻善摄生者,陆行不遇兕虎,入军不被甲兵;兕无所投其角,虎无所用其爪,兵无所容其刃。夫何故?以其无死地”。这段经文和上段经文一样,古今注家多百思而不得其解,故强为之错解。其实文中提到三次“十有三”,恰合九宫之数,分生门、死户,可以伏藏,乃古代趋吉避凶的术数,即周代之“阴符”,后世谓之“奇门遁甲”。依此术推算,大至整个地球、国家,小至一城一室,皆有生地、死地,有道者急难之时而入生地,故可不遇兕虎不被刀兵而无死地。老子的道家之学,亦是一种地理生态之学,史称诸葛亮依此“推演兵法,作八阵图,咸得其要”。据传诸葛亮入川时在鱼腹浦以巨石排成“八阵图”于江滩之上,其威力可比十万精兵,后东吴大都督陆逊入此石阵而受困。道学之术,玄妙莫测,如依我国山川形势调整城市布局战守要塞，自可以处处有生地，有如美国的国家防御战略反导弹系统（NMD）。因此，我将新道学文化依八卦分属八大支柱，即“人行道哲学”（乾卦）、“政治管理学”（兑卦）、“文艺审美学”（离卦）、“医药养生学”（震卦）、“宗教伦理学”（巽卦）、“自然生态学”（坎卦）、“丹道性命学”（艮卦）、“方技术数学”（坤卦）。其中，在道学的八大支柱中，我将道家哲学和术数学放在乾卦和坤卦的位置，而乾、坤二卦是父母卦，由此衍生出长男、长女、中男、中女、少男、少女六卦。这就是说，哲学和术数学分别是道学的两条腿，由它们分布开道学文化的八大支柱，二者在道学中有如哲学和数学在西方文化中的位置一样。在中国历史上，术数学是历朝历代政治家、军事家、谋略家的必修课，为帝王师的姜子牙、张良、诸葛亮、李靖、李淳风、李泌、刘伯温等都是精通术数学的。古代术数家运筹帷幄，辅助群雄争霸天下，在中国的历次政治斗争中起过举足轻重的作用。

中国术数学源于原始社会先民的巫史文化，是由周易象数学发展起来的学科。它最初奠基于战国时期以驺衍为首的阴阳家学派，汉代兴盛一时，汉末流入道教，为道教占验派所宗。占验派道士精研易理，推崇象数易学，并用之于社会、人事等未知事物的预测，创造出许多丰富多彩的占验术数。在一定意义上说，术数学乃是一种杂有迷信成分的社会、人生预测学。无论是生产力低下的古代社会，还是科学昌明的现代社会，都没有消除人们对个人命运的困惑和对所受伤害的恐惧。人们对于复杂纷纭的社会前景和变幻不定的人生命运，在自力难以掌握的时候，便本能地依靠他力趋吉避凶，寻求预测未来的方法。这种渴望预知的心理，无论是文明未开的古代初民还是受过高等教育的现代人，实际上没有什么不同。我们知道，整个宇宙、整个地球、人类社会的群体乃至个体的人生命运，皆是一种开放的超巨系统,其进化的动力学机制受多种要素的制约,其瞬息万变的具体情节引发人们的困惑,其发展前进的大趋势又启发人们预测的智慧。自然生态、社会政治、人生命运的大系统虽受多种要素制约,但都可分解出一些基本的动力学要素。当大系统中的这些基本的动力学要素被系统中其他因素变化的积累效应达到其难以承受的程度时,整个大系统就会进入一种无序的混沌状态,例如一个国家的社会政治系统如果贫富差距过分拉开、贪官污吏横行、豪强盗贼得势,这些因素积累到整个社会难以承受的程度,就会出现天下大乱的混沌状态。一个人在社会活动中如果八方树敌积怨过多,违法乱纪横行无忌,最终也必将进入穷于应付、遑遑不可终日的混沌状态。人的身体系统也是一样,如违背生活规律穷奢极欲丧失精气,必然也会导致百病丛生医家束手的混沌状态。根据系统论的非线性混沌动力学理论,这种混沌状态是不稳定的。当系统中出现"灾难性的分歧点"(catastrophic bifurcation)时,系统变得异常敏感,一次偶然事件就会诱发整个系统的巨变(Macroshift)。在刚刚跨入21世纪之门时,美国发生了震憾世界的"9·11"事件,美国系统科学家欧文·拉兹洛在2001年出版了他的新作《巨变》(中译本于2002年2月由中信出版社出版)。拉兹洛是罗马俱乐部成员、布达佩斯俱乐部主席,他在书中说明地球已成为一个整体化的具有网络结构的复杂巨系统。当前全世界的全球化趋势,实际上是全球美国化,是以欧美为中心的西方文化统治全球、征服世界的大趋势。这种全球化是以工业化、城市化、信息化为标志的所谓现代化浪潮,西方的主流文化以其唯物主义机械论的世界观,以其聚敛钱财、贪得无厌的物质主义价值观,以其相互竞争、弱肉强食的个人利己主义人生观,导致了环境污染、人口爆炸、资源匮乏等地球生态危机。拉兹洛在书中大胆预测,现代西方以工具理性为主导的文明所造成的恶果，十年间如果不能发动一场彻底改变这种旧价值观的意识革命，世界的政治、经济结构便会彻底瓦解。拉兹洛预言这一巨变过程共分为四个阶段，即启动阶段、转型阶段、混沌阶段、瓦解阶段或突破阶段。自1860年至1960年，高科技的发明极大地增加了人类的社会生产力，人类靠掠夺自然界创造了大量财富，人类以自我为中心的生产方式和生活方式构成对自然界的威胁，启动了这次巨变。自1960年至2001年，人类靠高科技极大地提高了生产效率和消耗自然资源的速度，人口急剧增加，以工业化、城市化、信息化为标志的现代化浪潮遍及全球，这就是巨变的转型阶段。在这一全球化的转型阶段，美国人穷奢极欲的高消费生活成为全世界向往的样板，贫穷国家的一些人也不择手段地捞取"票子、房子、车子"，争取"先富起来"。人类掠夺大自然的活动造成空前的生态危机，地球的面貌被人类的力量所改变。自2001年至2010年，随着人口猛增及现代化的加速使人类对地球各类资源的需求日益提高，而地球的自然资源在人类多年持续掠夺下临近枯竭，生态环境急剧恶化。在这十年间，人类需求上升的曲线和地球资源、自然生态下降的曲线终于会相交，全球社会进入不安定的混沌阶段。拉兹洛写道："到了21世纪第一个十年时，由政治范畴的冲突、经济范畴的脆弱性和金融范畴的不稳定，以及气候和环境恶化的种种问题所引发的高度紧张，会使得社会进入巨变的'混沌跃进'期。""21世纪初期的混沌，不是趋向于可维持的全球平衡，就是导致地方与全球性的危机和随之而来的瓦解。"(《巨变》)地球上人类的命运受自然环境、社会历史和文化传统的制约，同时又需要人类自己创造。2010年以后，人类社会真正的巨变就会到来，人类要沿着西方文化的主流价值观走下去，就会进入瓦解阶段；如果在西方价值观上发生一场新的意识革命，就会进入突破阶段。目前全球人口已达到60亿，而且还在增长。水、空气、土壤等资源被污染、破坏并不断减少，城市的各种废弃物在不断增加，每年失去500万到700万公顷的农业用地，预计到2025年全球三分之二的人口将处在无法生活的状态。这种趋势不但会助长各国社会的无政府状态，出现凶杀、传染病、饥荒等惨绝人寰的悲剧，还会加剧国家与民族之间的重大冲突，甚至发生核大战，或者兴起移民风潮，打破国界，造成全球的无序状态。拉兹洛认为挽救这场劫难的唯一途径，就是对西方文化的主流价值观进行意识革命，提倡全球伦理以完成文化转型。拉兹洛所倡导的新型文化，实际上就是我近几年努力开创的新道学文化。魏源早就论定老子的《道德经》是“救世书”，它不但能救中国，而且能救世界。新道学文化是人类21世纪唯一可行的文化战略。

年前海南出版社已将北京故宫博物院珍藏的数千种图书资料影印出版了《故宫珍本丛刊》；为了方便阅读，又将其中不少道家珍籍和术数类秘本藏书整理成简体横排本出版。由于考虑到故宫珍藏的这些术数秘本多为初次面世及其可能产生的社会影响，该丛刊及该整理本丛书的责任编辑李升召先生来京邀我作序予以介绍。我本是研究自然科学的学者，由于对内丹学的兴趣遂接受钱学森教授的建议改行到中国社会科学院来研究道家和道教，至今不觉过去二十余年。方技术数学和丹道性命学都是新道学文化的重要支柱，对它们的研究是我学术专业范围之内的本职工作。二十多年来，我不仅在全国调查和求得南北各派秘传的丹道法诀，并且对道教占验派流行的各类方技术数都进行过演算和验证。鲁迅先生曾断言“中国根底全在道教”(《鲁迅全集》第九卷)，李约瑟博士也说过：“中国如果没有道家思想，就会像是一棵某些深根已经烂掉了的大树。”(《中国科学技术史》第2卷)道学文化是中国诸子百家之学的总汇和源头。内丹学和术数学是中国传统文化中交通天人的巫史之学,它是中国哲学和科学得以产生的文化背景。在学术研究上,不研究内丹学和术数学,就没法真正理解和体验道教;而不懂道教,也无法真正了解道家;不懂道家,更无法达到中国传统文化的高境界。据我所知,道教文化的研究大致可以划分为三个层面。其一是将道教资料从史学和文献学的角度通过考据、训诂等方法厘清史实。其二是从哲学、宗教学、文化人类学、医学、化学、民俗学、文学艺术诸学科对道教资料进行既分析又综合的研究。除此之外,道教文化还有比一般学术研究难度更大的第三个层面,也是道教核心部位的硬壳,其中包括斋醮、法术;奇门遁甲等占验术数;外丹黄白术与内丹学。占验术数的研究需付出超常精力和具备天文律历知识,还要激发出交通天人的灵性,非等闲之辈所能胜任。前辈学者赵元任教授深知术数学研究的难度,他称占验术数"说有易,说无难",是一种可研而不可究的学问。我国自"文革"以来崇尚西方十八世纪启蒙思想家早已落伍的"科学主义",将道教文化斥为"封建迷信",将术数学斥为"伪科学",术数学的研究一变而为"说无易,说有难"! 美国精神病学家斯坦尼斯拉夫·格罗夫教授痛斥这种"科学主义"思潮说:"唯物主义科学家们认为,任何灵性概念的产生都是由于知识的缺乏、迷信、痴心妄想、原始的奇怪思维、幼稚的想象以及彻头彻尾的精神病。""如果我们观察一下西方文明的世界观,并把它与古代和土著文化的世界观加以比较,我们就会发现有一种深刻的差异。""经过40年对意识的研究,我有一种强烈的感觉,即这种差异的真正原因是西方工业文明对意识的非正常状态的幼稚和无知。""科学有崇高的威望,人们所说的科学指的是唯物主义一元论主导的牛顿——笛卡儿范式的科学。这种思维方式不论从个人的角度还是集体的角度都会导致可怕的后果。这就是为什么我们必须把深刻的内心转变和对过时的科学世界观的彻底修正结合起来的原因。”(《意识革命》,中译本由社会科学文献出版社2001年出版)西方自然科学只研究物质运动,忽视人的心灵、意识等精神的层面,缺少直觉、灵感、超感官知觉等非正常状态心理学的研究,而这恰是布达佩斯俱乐部成员“意识革命”的主要内容。拉兹洛等学者认为,通过人类心灵的修炼和生命体验,将促使人类发生“意识革命”,使人类变得更宽容,更有爱心,“以让其他众生也能生活的方式来生活”,从而早日实现新的“文化转型”,避免地球生态的大劫难。由此看来,中国的道学文化,特别是其中富有天人交通灵性的丹道和术数,恰是中华文明的智慧之花,是中华民族免除生态劫难的福音,海南出版社为保存这些故宫珍藏秘本尽力,应是功德无量。

在中国社会科学出版社1995年出版的《中华道教大辞典》中,我已将“内丹学”和“符箓、法术及占验术数”列入其中。在萧克将军主编的《中华文化通志》中,我亦将内丹学和占验术数收入《道教志》,此书经过中央有关部门多次审查及国家认定(上海人民出版社1998年出版)。在社会科学文献出版社1999年1月出版的《道学通论》中,我特别撰有《中国术数学》一章,作为对术数学进行专门学术研究的著作在全国尚属首次,对术数学的评价及其学术价值在书中全部讲明,读者可以参看。《四库全书总目提要》云:“术数之兴,多在秦汉以后,要其旨,不出乎阴阳五行、生克制化,实皆易之支派,傅以杂说耳。物生有象,象生有数,乘除推阐,务穷造化之源者,是为数学。星土云物,见于经典,流传妖妄,寖失其真,然不可谓古无其说,是为占候。自是以外,末流猥杂,不可殚名,《史》、《志》总概以‘五行’。”“中惟数学一家为易外别传,不切事而犹近理,其余则百伪一真,递相煽动。必谓古无是说,亦无是理,固儒者之迂谈;必谓今之术士能得其传,亦世俗之惑志。徒以冀福畏祸,今古同情;趋避之念一萌,方技者流各乘其隙以中之,故悠谬之谈,弥变弥伙耳。然众志所趋,虽圣人有所弗能禁。其可通者存其理,其不可通者姑存其说可也。"盖丹道与术数,呼应人类求长生和趋吉避凶的心理,在社会民众中有广泛的市场,易被江湖术士递相煽惑,敛财骗人,既无法禁断,不如提升到学术的殿堂加以研究。读者须明白,治术数学亦非容易,江湖术士百伪一真,少有能激发出灵性者,其志在敛财辈更等而下之,不可轻信。然术数学既为中华民族之传统文化,亦需珍惜。保护了中国的古代文化,也就保护了中华民族的未来。故余反复斟酌而强为之序。

中国社会科学院研究员博士生导师
胡孚琛
2002 年 9 月 11 日于中国社会科学院哲学研究所

序:术数及其与八卦易经的关系

"术数"一词有两个既有联系而又略有区别的意思。

第一,"术数"指一类活动,1979年版《辞海》释作:"'术'指方术,'数'是气数。即以种种方术观察自然界可注意的现象,来推测人和国家的气数和命运。……后世称术数者,一般专指各种迷信,如星占、卜筮、六壬、奇门遁甲、命相、拆字、起课、堪舆、占候等。"应当指出,1999年版《辞海》的释文在文字上稍有变动,特别是在列举各种迷信时删去了"占候"。

第二,"术数"是我国一类古籍书的"类"名。按照《四库全书》分类法,我国古籍可分为"经、史、子、集"四"部",每部之下分若干"类",每类之下再分若干"属";"术数"是"子部"之下一类书的"类"名。"术数类"之下包括七"属",其属名与其所收书的范围如下:

一、数学之属。此处的"数学"不是现在"数学物理"中的"数学"的意思,《左传·僖公十五年》:"龟,象也;筮,数也。物生而后有象,象而后有滋,滋而后有数。"古代把研究"筮"时数的变化,务究造化之源的学问,叫"数学"(参见后面对"卜筮"的介绍)。讲述这种数学的书,归入本属。

二、占候之属。凡观察研究天象(泛指日月星辰土地云气)和动植物的异常变化并以此推知国事人事吉凶的书,均归入本属。

三、相宅相墓之属。凡研究建房(阳宅)和造墓(阴宅)的朝向地势等的选择与吉凶之间关系的书,均归入本属。

四、占卜之属。凡用龟、蓍、牌等按某种规则确定一组数,再根据这一组数确定一个卦象,即所谓"随物取数,随数取卦",然后依托易经判断吉凶的书,均归入本属。

五、命书相书之属。根据一个人出生的年月日时来推知其命运吉凶的书叫命书;根据一个人的形状气色来推知其命运吉凶的书叫相书。这两种书均归入本属。

六、阴阳五行之属。凡根据阴阳衰旺五行休咎的易理来预测吉凶,以使人们能早为趋避的书,如遁甲、六壬、择日、占星等,均归入本属。

七、杂技术之属。凡不便归入以上诸属,而又是讲述如何分辨贵贱吉凶之术的书,如占梦、拆字、太素脉法等,均归入本属。

由以上可看出,术数的支派旁门十分庞杂,但翻开这些书,无一不直接地说明或在叙述中体现出自己的理论基础是八卦和易经;这倒确实不是拉大旗作虎皮,《四库全书总目提要》曾指出:“术数之兴,多在秦汉以后,要其旨,不出乎阴阳五行生克制化,实皆易之支派,傅以杂说尔。”而本文想提出的命题正是:术数就是八卦易经在预测未来方面的一种应用。因此,为了说明此命题,必须首先大略地介绍一下八卦和易经的基本内容。

《易传·系辞下》:“古者包戏氏(即伏羲氏)之王天下也,仰则观象于天,俯则观法于地,观鸟兽之文,与地之宜,近取诸身,远取诸物,于是始作八卦,以通神明之德,以类万物之情。”这里记载的就是相传伏羲氏始作八卦的事。

八卦的形式只有两个基本符号,即“阳爻—”和“阴爻--”;将阳爻和阴爻组成三层结构,共能得到也只能得到八种形式(卦象):☰、☷、☳、☴、☵、☲、☶、☱。八卦的内容也只有两点:卦名,按以上顺序分别为“乾、坤、震、巽、坎、离、艮、兑”;意义,它们分别象征“天、地、雷、风、水、火、山、泽”等自然事物和“父、母、长男、长女、中男、中女、少男、少女”等人类家庭。以上就是八卦本身的全部形式和内容。

《汉书·艺文志》:“至于殷周之际,纣在上位,逆天暴物,文王以诸侯顺命而行道,天人之占可得而效,于是重易六爻,作上下篇。”这里记载的就是相传周文王创造周易六十四卦的事。所谓“重易六爻”,就是说伏羲氏创造的八卦每卦(卦象)只有三爻,重叠即为六爻;将八卦两两重叠变化,共能得到也只能得到六十四卦;前三十卦为上篇,后三十四卦为下篇。

相传,周文王不仅将八卦演变成了有先后固定顺序的六十四卦,还给每个卦命了名,并且分别为每个卦及每个卦中的每一爻都附上了一句简短的说明,即“卦辞”和“爻辞”。

例如第十五卦的卦象是“䷎”。卦名为:“谦”。卦辞为:“亨,君子有终。”从下至上共六爻,每一爻的爻辞分别为:“初六,谦谦君子,用涉大川,吉。六二,鸣谦,贞,吉。九三,劳谦,君子有终,吉。六四,无不利,㧑谦。六五,不富以其邻,利用侵伐,无不利。上六,鸣谦,利用行师征邑国。”

严格意义上的《周易》或《易经》的全部形式和内容就是如上例介绍的每个卦的卦象图形、卦名、卦辞和爻辞,共六十四段,约五千字。相传后来孔子又作了十篇解释性的文章:《彖》上下、《象》上下、《文言》、《系辞》上下、《说卦》、《序卦》、《杂卦》。古代把对“经”的解释文章称作“传”,因此这十篇文章就统称作《易传》,也叫《十翼》。按照广义的或不严格的说法,《易经》也可以包括《易传》。

在古代,《易经》被认为是群经之首,儒家经典之一,连秦始皇焚书也不焚易书,可见《易经》在我国历史上享有多么崇高的地位。

现当代对《易经》则评价不一,多把它主要当作一部讲算卦的书看待,如《辞源》“周易”条:“也叫易经,我国古代有哲学思想的占卜书,是儒家的重要经典。”1979 年版《辞海》的解释也与此相似，甚至在进行肯定性评价时也只是说："在宗教迷信的外衣下，保存了古代人的某些朴素辩证法的观点。"幸喜1999年版《辞海》删去了这一句话，而代之以一段较为公允客观的叙述。

那么，《易经》究竟是一部什么书呢？或者说，古人创造八卦和易经究竟是出于什么动机为了什么目的呢？前面引文中说："……于是始作八卦，以通神明之德，以类万物之情。"这句话译成现代汉语，我以为大意应当是：于是最先创造了八卦，为的是用来表明自然界的根本规律（神明之德），并根据万事万物的本质（万物之情）对其进行分类。如果这样理解没有错的话，这实际上就明明白白地说出了古人创造八卦，当然也包括创造易经六十四卦的动机和目的。这个动机和目的用现代术语说，就是为了建立一个能解释宇宙世界的统一理论和模型。

产生这种动机和目的是人的本性。人与动物的区别就是有思维，会思考问题。人类思考的问题，除了那些为了生存发展要解决的各种具体问题（首要的当然是求温饱的问题）外，还会思考一些抽象的问题，如：这纷繁复杂的世界到底是由什么组成的？是怎么组成的？它们过去是什么样子？未来又会是什么样子？这些问题哲学上当属宇宙观或世界观的问题。这些问题的解决就要求建立一个能解释现存世界的统一理论，然后还能用它来进一步解释这个现存世界的过去并预测其未来。如果这个理论能用图形表示，这个图形就叫做"宇宙模型"。

我认为，八卦和易经就是古人所建立的这种统一理论和宇宙模型，二者的区别仅仅在于，前者较为简略，后者较为细致。它们的要点是：宇宙中万事万物都是由两种最基本的东西组成的；这两种东西性质相反，叫作"阴"和"阳"，可以分别用符号"--"和"—"表示；这两种东西的不同的结构比例或不同的结构位置就形成了宇宙中性质各异的万事万物；把这些万事万物粗一点分类，可分成八类，其模型就是三层结构的八卦形式，细一点分类，可分成六十四类，其模型就是易经中六层结构的六十四卦的形式。

很明显，古人的上述认识，除了最后一点三层结构和六层结构我们至今还难于理解其中的奥妙外（当然也可以附会一些含义：地球有地壳、生物圈、大气圈——天、地、人——三层结构；较稳定的原子最多只有六层电子等等），其馀的认识与现代科学对物质世界的分析是毫无矛盾的。

不仅如此，易经的内容还得到现代自然科学越来越多的说明或证明，《中国大百科全书·哲学》“象数学”（易学的一个分支）条写道：“20世纪70、80年代以来，许多中国学者运用数理科学方法对象数学重新进行研究，例如：以等差级数（算术级数）解释阳奇阴偶和天地之数；以等比级数（几何级数）解释‘一分为二’的宇宙生成论；以数学排列组合解释八卦成列；以二项式系数解释太极—两仪—四象—八卦—六十四卦的‘周易三角’，并发现比法国数学家B.巴斯加尔早500年的‘贾宪—杨辉三角’来源于‘周易三角’；以方圆九宫算术解释河图洛书；以函数关系解释太极曲线与阴阳消长变化；以二进位制数学说明邵雍的先天卦位卦序图，认为此图经得起电子计算机的测试和检验；以同余式定理解释揲蓍的方法；以概率论统计解释断占中的吉凶休咎。所有这些研究，都力图揭破笼罩在《周易》上面的神秘外衣。”

更令人称奇的是易经关于宇宙起源的独特的叙述，《易传·系辞上》：“是故易有太极，是生两仪，两仪生四象，四象生八卦，八卦定吉凶，吉凶生大业。”这句话中的术语各家解释不同，但对这句话的总体意思的理解却是一致的：现在宇宙中的万事万物产生于一个本源——太极。三国时徐整著《三五历纪》（收入《太平御览》)的叙述更生动具体:“天地浑沌如鸡子,盘古生其中。万八千岁,天地开辟,阳清为天,阴浊为地,盘古在其中。一日九变,神于天,圣于地。天日高一丈,地日厚一丈,盘古日长一丈。”至清代《幼学琼林》则更剔除了其中的神话部分,叙述也更简明:“混沌初开,乾坤始奠。气之轻清上浮者为天,气之重浊下凝者为地。”

上述以易经理论为基础的我国古人对宇宙起源的描写与现代自然科学最新的研究成果是完全一致的。《中国大百科全书·天文学》“大爆炸宇宙学”条写道:大爆炸宇宙学是“现代宇宙学中最有影响的一种学说。……大爆炸的整个过程是:在宇宙的早期,温度极高,在100亿度以上。物质密度也相当大,整个宇宙体系达到平衡(“混沌”阶段——引者注)。……但是因为整个体系在不断膨胀,结果温度很快下降,……当温度降到几千度时,辐射减退,宇宙间主要是气态物质,气体逐渐凝聚成气云,再进一步形成各种各样的恒星体系,成为我们今天看到的宇宙。”同一书“地球”条中关于地球的起源和演化也有类似的叙述:“现在流行的看法是:地球作为一个行星,远在46亿年以前起源于原始太阳星云。……并无分层结构(“混沌”阶段——引者注),……在重力作用下物质分异开始,地球外部较重的物质逐渐下沉,地球内部较轻的物质逐渐上升,一些重的元素(如液态铁)沉到地球中心,形成一个密度较大的地核(地震波的观测表明,地球外核是液态的)。”

从以上两段引文中可清楚看出,不管宇宙和地球从起源到形成目前这个状态各个阶段的演化细节如何,都经历了两个大阶段,开始是内部平衡的不分层的原始“混沌”阶段,然后是“气之轻清上浮”和“气之重浊下凝”的分化定型阶段。

前面引用了不少古今文献,目的就是要说明,古人为了“通神明之德”、“类万物之情”创作了八卦和易经，确实可以作为一个统一理论来解释和说明已知现存世界的现在和过去；可是古人的期望远不止此，他们甚至更希望有一个统一理论能预测未来。这就应当讨论术数了；笔者以为，术数就是八卦易经在预测未来方面的一种应用。

术数预测未来，主要是预测人类活动的未来，而前面谈到的易经作为一个统一理论，所解释的都是自然世界，而没有涉及人类社会；因此，在讨论术数预测未来之前，还应当介绍一下易经在社会科学方面的应用。

应当指出，现在人们一般都把人类的知识分成自然科学和社会科学两大类，并且二者仍是截然分开的，之间至今没有多少实质性的联系；但在八卦和易经那里，我们却看不到这种区别。本文说八卦易经是一个能解释世界的统一理论，“统一理论”这个词是从爱因斯坦那里借来的。爱因斯坦毕生追求的就是不断提高他的理论的“统一”程度，因为他相信世界应当是统一的，“上帝讨厌麻烦”。不过，他理想中的“统一理论”也仅仅是针对物质世界的，并不涉及人类社会。然而，八卦和易经作为一个统一理论，却不但企图解释自然世界（如前所述），同时还企图解释人类社会，指导人们为人处世，修身齐家治国平天下。

例如：前面所引易经第十五卦谦卦，从卦象上看，艮卦在下，坤卦在上；艮对应山，坤对应地，因此，此卦象象征山处在地之下，是一个屈己自谦的形象，所以卦名为“谦”。卦辞是：“亨，君子有终。”其大意当是：谦虚就能亨通，只有君子才能始终彻底做到，最终成功。其最下爻（初六）的爻辞是：“初六，谦谦君子，用涉大川，吉。”此爻辞大意当是：第一爻是阴爻（初表示最下爻，即第一爻；六表示阴，九表示阳），君子谦而又谦，用这种态度来过大河，克服因难，总是吉利的，能成功。中间四爻的爻辞也很有意思,限于篇幅,恕不释。其最上爻(上六)的爻辞是:"上六,鸣谦,利用行师征邑国。"此爻辞大意当是:第六爻是阴爻(上表示最上爻,即第六爻),谦虚到了顶,名声在外,利于用兵征伐邻国。可以说,易经每一卦中都包含有这些修齐治平的道理,此文不多说了。

术数依托易经、易理、易义预测未来,应用范围十分广泛,大到一个国家的兴衰,一场战争的胜负,小到一个人的命运好坏,甚至某人某天出门办事是否适宜,等等,术数均予考虑。正因为如此,就形成了如前所述的众多的术数的支派旁门。为了对术数是怎样预测未来的有一个总的粗略的了解,以下介绍其中一种最古老、最基本的方法——占卜。

古时占卜有两种方式,用龟甲或兽骨叫"卜",用蓍草叫"筮",合称"卜筮"。"卜"的具体操作程序已不大清楚了,大概是先在龟甲(多用腹甲)或兽骨(多用牛羊肩胛骨)上钻、凿,再用火灼,然后根据爆裂纹理来确定吉凶。《说文解字》认为"卜"字"象灸龟之形",其实更进一步,"卜"字的读音恐怕也"象灸龟"爆裂之声。

"筮"的具体操作程序现在还比较清楚:备50根蓍草;先取出一根不用,象征太极;将剩下的49根任意分成两束,一束置于上,一束置于下,象征天地两分;任意从上束或下束中取一根置于中间,象征人立于天地之间。以下的操作程序说起来较繁琐,此文不必详述,其大致过程是,将上中下三束蓍草按固定的四个步骤取分置放,称为一变;三变之后上下两束蓍草之和将为某一个数字,根据这个数字即可确定一爻的阴阳;如此共经过十八变,即可从下至上确定六爻的阴阳;于是也就得到了一个完整的卦象。最后再根据易经上的卦名、卦辞、爻辞来判断欲预测的人或事的吉凶。"术数"中所说的"数学"主要就是研究以上过程中数字的变化及其意义。

先人之所以用龟和蓍来占卜,是因为他们相信龟和蓍是神物,能通神,有灵气;因此在先人看来,卜筮所取得的卦象,并不是随机的,而是神的指点。当然,后人改用铜钱、牙牌、棋子等物来占卜,即所谓随物取数,随数取卦,那层通神的含义恐怕就没剩下多少了。

以现代科学的眼光来看,占卜的整个过程实质上可看作是两个连续分类的过程:首先将欲预测的具有千差万别的人或事根据某种规则归入六十四类中的某一类,即取得某一卦的卦象;然后再进一步根据易理分成两类,“吉”或“凶”。从思辨逻辑上看,这倒是无可挑剔的。不过必须强调,不管取得卦象的程序多么神秘复杂,其实无非就是从易经六十四个卦象中任取一个;这个过程本质上就像抽签一样,应当完全是一个随机的过程。这种随机过程的结果,我们今天最多只能承认它仅有统计学方面的意义,而很难说它具有别的什么决定论方面的因果关系。对于用其他术数方式来预测未来,大致也可取这种基本态度。

十分有趣的是,占卜等各种术数活动从古到今绵延不断,而对其反对之声也一直绵延不断。韩非子写过一篇文章《饰邪》,其中举了不少史实证明占卜占星等皆不可信,然后他总结写道:“龟策(策指蓍草——引者注)鬼神不足举胜,左右背乡(指星辰在天空的位置,乡同向——引者注)不足以专战。然而恃之,愚莫大焉。”王充在《论衡·卜筮》中更写道:“周武王伐纣,卜筮之逆,占曰大凶,太公推蓍蹈龟而曰:枯骨死草,何知而凶?”

应当特别指出一点,我国古籍中类似上述反对或非难占卜等各种术数活动的记载很多,但似乎全都是批判“枯骨死草”的,至少我至今没发现一处是批判易经本身的。确实,用今天的话说,我国历来都是把易经和易经的应用分别看待的。如《四库全书》的处理:凡解说易经本身的书入经部易类,居经部之首,亦全书之首;凡用易理教人修齐治平的书入子部儒家类,为子部之首;凡用易理推知吉凶的书入子部术数类。荀子在《大略编》中更说“善为易者不占”,意思当是精通易经的人是不用来占卜算卦的。

既然数千年来我国一直有这么多大学者都态度坚决地反对占卜等各种术数活动,那么,为什么它们数千年来又能一直绵延不断呢? 我想,至少有三个基本原因。

第一,术数并非全都是迷信的,反科学的,其中肯定有不少科学性的精华还等待我们去发掘。例如:相宅相墓看风水的堪舆家,他们的经验在保证人们居住的健康安全方面就是有很多科学道理的;至于在利用墓穴保存人的尸体方面取得的成就甚至我们今天也无法解释,难于做到,如长沙马王堆出土的基本保存完好的二千年前的女尸。

第二,有些批判文章,用今天的眼光来看,其论述未必是无懈可击的。例如,宋代费衮在其《梁溪漫志》中有一篇证明算八字不可信的文章,他首先按算八字的方法计算,一天只有12个时辰,一年只有4320种命运,再分男女,一个甲子60年也不过51.84万种命运,然后他驳斥道:“今一郡户口不下数百万,则同年同月同日同时多矣,又何贵贱贫富之不同哉?”从证伪的角度来看,上述驳斥理由并不很严格、充分,因为要用统计学原理证明算八字不可信,应当统计符合算八字结果的人所占的百分比,若接近50%,那么统计结果就不支持算八字的方法。其道理很简单,根据统计学概率论的基本原理,要判断一个人命运的好坏,多次掷硬币的正确率也必然是50%左右。

第三,大概也是最重要的原因,就是科学的未来学(也叫预测学)太不发达。人们希望能预知未来,这个愿望和要求是绝对合理的,也是很有必要的。令人十分遗憾甚至难堪的是,现在已发展到了信息时代,知识时代,但人类在预测未来方面的能力却非常有限。例如,现在人们对日食、月食的发生,彗星的出没等天体的运行规律能很精确地计算预测;对风雨冷热等天气变化也能基本准确预知;可是对地震、洪水等自然灾害的发生就没有多大把握进行预报了。至于对人类社会未来的预测(长期的或短期的,群体的或个体的),则基本上是空白。当然人们也一直在努力,半个世纪前更创立了未来学从事这个领域的研究,但是真正可供实用的可靠的研究成果还不多。

这里我们想特别强调马克思主义的一个观点:唯心主义是利用人类知识的空白点而存在的。确实,如果科学真能满足人们某一领域的需要,那么骗人的迷信在这一领域也就难于立足了。如现在人们想知道未来的天气怎样,肯定会去问气象台,而不会去找占家了;因为现在气象台的天气预报基本上是准确可靠的。

虽然各种术数活动数千年来绵延不断,但历史地看,其影响力与活动范围都在逐渐缩小。我国发现的最古老的成系统的文字甲骨文,几乎全部都是占卜的记载,因此,甲骨文也叫“卜辞”。春秋战国时期,每个国家都有专门掌管占卜的官员,他们的政治地位和学术地位都是很高的;这种官制后来逐渐消亡,未考是何时完全废止的。历史上很多大术数家,如:先秦鬼谷子、邹衍,三国诸葛武侯,晋郭璞、葛洪,宋陈抟、邵雍(康节)、司马光,明刘基(伯温)、黄道周,等等,他们同时也是大学问家,都是治中国思想文化史时不能不提到的人物。民间的各种术数活动至少在半个世纪前都还是正当合法的职业;当然今天从事这种职业的人也仍然还有,但都不是合法的职业了。

关于术数与八卦的关系,最后还有一点应稍加说明,即它们的产生时间孰先孰后的问题。这个问题无非有三个答案:八卦在先;术数(占卜)在先;二者难分先后,是互相促进共同发展的。根据古代文献,“人更三圣(分别指伏羲氏、周文王和孔子),世历三古(分别指上古、中古、下古)”(《汉书·艺文志》),没有比伏羲氏始作八卦更古老的传说了。然而,出土的甲骨文却不能支持这一传说,当然也不足以否定这一传说;相反,甲骨文似乎更有利于证明“占卜在先”。看来,究竟何者在先,只能靠今后进一步的考古发掘和科学研究了。不过,不管何者在先,都与本文“术数是八卦易经在预测未来方面的一种应用”的说法不矛盾。

本文是一篇命题作文,题目是李升召先生提出的,他是故宫术数整理本丛书的责任编辑,希望我能为该丛书写一篇总序,谈谈“八卦易经与术数之间的关系以及他们在我国传统文化中的地位”。我不知天高地厚,欣然领命。于是闭门半月,搜索枯肠,总算勉强为他们之间的“关系”提出了一个看法,并做了一些解释和说明;但一看字数,已近一万,远不是一篇序的通常篇幅了,即请示李先生,获得同意,这篇序就不评价他们在我国传统文化中的地位了。

其实,这篇序在“关系”处打住而不评价他们的“地位”,就笔者而言,篇幅大了只是次要原因,更主要的原因是八卦易经对我国传统文化的影响实在太广泛深远了,就像人体的血液,渗透了每一个细胞,就像人体的基因,代代相传。平常聊聊天,似乎还觉得能应付自如,真要提笔立论为文,就深感学力处处不支了。仅仅是那么博大精深的思想认识,竟会产生于三四千年前的殷商时代,就简直令人不敢相信,难于理解;然而,经受了几千年实践检验的经络学说的实例又使我们绝对不敢低估古人具有超乎我们想象的高超智慧;我们至今仍没找到经络的令人信服的解剖学证据，二三千年前的古人怎么能那么清楚地知道人体经络的分布呢？每当想到类似这一切事实，再看到记载古人微言大义深邃思想的古文献，就不禁油然而生出一种对古人的莫名的敬畏心情，使人不敢轻言为八卦和易经以及术数在我国传统文化中的地位立论。非不为也，是不能也。这个题目只能留待笔者今后努力了，当然更希望能早日看到大家的高论。

易 潇

2001 年 11 月 28 日于长沙

2003 年 5 月修订

序

【原文】自鸿蒙开辟以来,山水为乾坤二大神器,并雄于天壤间。一阴一阳,一刚一柔,一流一峙,如天覆地载,日旦月暮,各司一职。

【注解】鸿蒙、乾坤:宇宙形成前的混沌状态曰鸿蒙,即术数家所说的太极。丘延翰说:"易有太极,是生两仪,两仪生四象,四象生八卦,八卦定吉凶。夫太极未分之先,天地人未有也,冲漠朕兆惟一气尔。一气既分,清轻为天,重浊为地。轻清之精上升列日月星宿,浊气之精下为山河草木。一阴一阳,两仪奠位,天地生成,人禀理气,混然中处。阴变阳合,五气以生。五气流行,八卦象位。八卦既定,四方始正而变化无穷焉。"吴景鸾云:"太极者,理气之源也。阴阳初无图象名字,特借此以明理气尔。"周敦颐《太极图说》云:"无极而太极。太极动而生阳,动极而静,静而生阴。阴极复动,一动一静互为根基,分阴阳,两仪立焉。阴阳谐和而生水火木金土,五气顺布,四气行焉。五行一阴阳也,阴阳一太极也,太极本无极也。五气之气也,各一其性。无极之真,二五之精,妙合而凝。乾道成男,坤道成

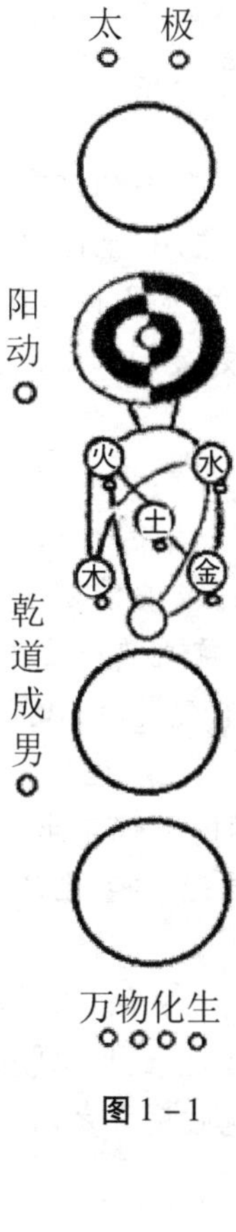

图 1-1

女，二气交感，化生万物；万物生生，而变化无穷焉。”（见图1－1）

王晫《地理骊珠》云：“物物有太极，于风水言，太极犹肖焉。太极有三层，风水外有罗城，为外太极。龙虎砂为中太极。其穴坪处，为太极中间一点，此太极之粗者也。其精则穴晕为外太极，葬口为中太极，金井为内太极，罗经土宿为中间一点。”

阴阳：易曰“一阴一阳谓之道”。物物有太极，物物有阴阳。宇宙为一大太极，天乾为阳，地坤为阴。乾天又为一太极，日为阳，月为阴。日月又各为一太极，东升为阳，西落为阴。坤地亦为一太极，山静止而为阴，水流动而为阳，阴阳交媾，二气相感，则施生万物，此即变化无穷之道矣。

【原文】后世言地之家，罔识厥理，知山之为龙，不知水之为龙。即有高谈水法者，莫不以山之为体，而水为之用，至比之兵之听令乎将，妇之效顺乎夫。是以山之名独尊，而水之权少绌，遂使平阳水局之地，置水龙之真机，而附为山龙之妄说。举世昏昏，有若聋瞆，世无杨曾，未晰此义也。

【注解】龙：我国古代传说中的神异动物。身体长，有鳞有角，能飞能走，能兴云降雨。风水中所说的龙则是因传说中的龙善变化，能屈能伸，能飞能潜，能隐能显，生动活泼，便借以来形容山脉与江河的走势。形容山脉起伏、逶迤、盘旋之势叫山龙，形容江河屈曲回环，跌宕奔腾之势叫水龙。本书就是专以水龙变化取穴的典籍。

水法：水法是指水来时的形状、方位及去时的方位与形状。因风水理论门派繁多，各门派的水法也不尽相同，有的甚至还大相径庭，下仅举常见几种。

一、纳甲水法：八卦中乾纳甲，坤纳乙，艮纳丙，兑纳丁，震纳庚，巽纳辛，离纳壬，坎纳癸。如此则乾龙收甲方之水，坤龙收乙方之水，艮龙收丙方之水，兑龙收丁方之水，震龙收庚方之水，巽龙收辛方之水，离龙收壬方之水，坎龙收癸方之水，为之阴阳交媾，夫妇正配。非此则为路人。

二、三合水法：申子辰合水局，寅午戌合火局，巳酉丑合金局，亥卯未合木局。法以所合五行取生、旺、死、墓十二运。如甲木生于亥、沐浴子、冠带丑、临官寅、帝旺卯、衰辰、病巳、死午、墓未、绝申、胎酉、养戌；乙木则生午、沐浴巳、冠带辰、临官卯、旺寅、衰丑、病子、死亥、墓戌、绝酉、胎申、养未，余类推 其生旺方水宜来，死墓绝方水宜去，此为吉，反之则主凶。

三、双山水法：以乾甲丁配亥卯未为木，以艮丙辛配寅午戌为火，以坤壬乙配申子辰为水，以巽庚癸配巳酉丑为木。水来去之法与三合水法同。

四、形法水法：以水来屈曲朝入，水去之玄回顾为吉；以来去直射、直泻、背弓、反跳为凶。

另外还有小玄空水法，星度水法，黄泉水法等，不再一一细举。

就以上四种水法论，前三种不论水形，拘泥方位，多为清以后诸多地理家弃之，而第四种则广为形法一派所运用。

体用：语出易经八卦，八卦共由六爻组成，上三爻为外卦或上卦，下三爻为内卦或下卦。占卜时，若有动爻者为用卦，无动爻者为体卦。如乾卦六爻，第四爻动，第四爻在外卦，则外卦为用，内卦为体。风水亦借其理，形法派认为，山主静为体，水主动为用；理气派认为，山水之形不变为静、为体，一气流行主动为用。在地学理论中，体用并重。无体而求用，用则无所施；舍用而求体，体则无兴废。只有体用皆宜，方合地理之道。

【原文】古人云乎："行到平洋莫问踪，只看水绕是真龙。"又云："平洋大地无龙虎，漭漭归何处？东西只取水为龙，扦着出三公。"其言之晓畅条达，彰彰在人耳目间，如是久矣，人自不察耳。至其裁制格法,实鲜专书,发挥未备,卒使学者有同面墙,无径可入。推原其故,岂不以山之结构有定,而水之运用无穷。世人若知水龙作法,尽天地山河,随所指颐。咸可握神机,参造化,故引而不发,为天地惜此秘奥耳。

【注解】风水家把龙脉分为三种:山龙、平冈龙、平洋龙。其山踊跃奔腾,起伏顿跌,磊落低昂,若水之波,若马之驰,或如万马自天而下,或似群羊出栈奔腾者为山龙。其龙逶迤奔走,屈曲摆折,东西活动,委宛回环,形如生蛇出洞者为平冈龙。坦夷旷阔,相牵相连,蛛丝马迹,藕断丝牵,平中一突,铺毡展席,形如草蛇、灰线者是平洋龙。山龙和平冈龙有龙虎朝案界水,其穴易识。平洋则一片蛮皮,气之行止,合以水辨之,故云"只看水绕是真龙"。本序作者蒋大鸿之师无极子有"平洋金口诀"一节,录以说明。

堪舆之文繁且多,要诀尽包罗。
劝君平洋看水龙,弯曲是真踪。
直来直去气不收,下了死龙头。
曲处不分名真息,逆土胎斯结。
穴后分流气脉空,葬下便遭凶。
单龙转结气脉和,子息自登科。
更有群龙相护应,富贵天然定。
水龙首尾要知音,穴道可相亲。
水龙葬法分三格,时师尚未得。
荡龙带秀亦堪扦,又有落湖边。
公行干水人人见,不及私情恋。
第一看水先看来,驳杂不须裁。
但见来源从一卦,此地真无价。
来情得会福周全,非时祸亦专。

得令失令观九气，此是先天数。
一卦统三颠倒颠，关窍此中传。
左右挨加顺逆行，分明辨五星。
管一带二人不知，祸福不差迟。
惟有乾坤一大关，代代作高官。
交媾阴阳妙更玄，差迟祸难言。
来龙真气既乘时，作法更精微。
从来穴有诸般法，不许差毫发。
信手拈来皆妙道，处处为真造。
若将吉地变为凶，笑杀眼蒙眬。
先天体格后天用，本未分轻重。
内气外气为经纬，联络无相悖。
上天列宿五行精，三分论挨星。
元辰一滴为真蒂，太极生天地。
紫微北极坐中央，天星布八方。
二十四山双双起，父母相交际。
天然向法认金龙，十字问真踪。
真龙来短近安排，来长远处裁。
不辨天星犯差错，葬下多萧索。
三星五吉神仙法，体用多包括。
下手当知有真机，补救得便宜。
近应远近要清纯，错乱祸来频。
三元变化可通神，死执便非真。
去水之方有还气，时师少能会。
会得水龙来去情，分房知废兴。
古人又有修龙诀，与君相会说。
浚疏得法自天全，一点作根源。

血脉流通百脉匀，化育自阳春。
平洋与山法不一，坐后空龙吉。
左右低平前面高，旺气产英豪。
极低便作水来论，干流亦有神。
平洋三法须要知，持此与君推。
山中带骨真气结，浮土反成拙。
葬水还胜葬山好，山龙真穴少。
山龙向法有差殊，入手可择推。
龙经万卷话成虚，不如一卷书。

按：平洋三格：坐水骑龙格，倚水挟龙格，向水攀龙格。

平洋三法：特生墩阜，眠亘垣局，剪水裁局。

【原文】高高在上，哀此下民，亦欲使千古不传之绪宣露一时，假平阶下愚发抒要妙，为后世通人彦士执辔前驱，乃因无极之传，尽泄杨公之诀。于是平阶乃荡然大辟其旨，以山龙属高山，以水龙属平壤，二法判分。不惮大声疾呼，以正告天下有识之士，间亦信之，从来迷谬，兹焉洞豁。平阶窍自惧其遭逢之，大恐冒阴阳之愆，何敢贪天功以为己力也。始平阶初得师传时，既知有水龙之法矣。而求之古今成迹，茫无考据。及得幕讲禅师《玉镜真经》、《千里眼》诸书，而后入穴，玄机若合符契。未几又得《水龙经》若干篇，乃叹平洋龙法，未尝无书。但先贤珍重，不浪泄于世耳。

【注解】无极子：云阳人，名号启翁，蒋大鸿之师。

平阶：蒋大鸿之字，即本序作者，江苏省松江县张泽镇人，居“传道誓章”言之，生于万历丙辰（1616）年十二月二十七日辰时。天启甲子年是公元 1624 年，即天启四年；癸卯是公元 1643 年，即康熙二年，此书当编于该年。此书也有认为是蒋大鸿所著，但从其全书所看，不仅笔法各异，且内容杂乱，天星一卷，又与郭璞《三十六图》极为相似，故其绝非一人所著，应是蒋大鸿所辑较为贴切。对蒋大鸿之书，因门派不同褒贬亦不一。武进李述来云："蒋大鸿先生《辨正》一书，阐河洛之奥，阴阳消长，错综变化之机，明且畅矣。上考管、郭、杨、曾，降及青田、幕讲，道同一贯，实地学理气之正宗。虽间有隐而未发之词，而《青囊》、《天玉》之所以然，则又了如指掌。无何，百余年来，读者犹昧其解，是其所是，非其所非，师师相传，口口相授，而《辨正》之旨反日益晦，嗟乎！不善读《辨正》一书，而妄谓'得传'，以自误人者，又蒋公之罪人也。"沈竹礽则认为："蒋氏可宗者，惟挨星，舍此别无可取。"又云："读蒋大鸿之书，愈觉沉闷，一入岐途，便不可救药矣。"丁芮朴在《风水祛惑》一书中说："风水元运之说者，谓其出自明初宁波幕讲僧，唐时本无此派。蒋大鸿侈谈风水，以元运为易学，其言曰：'上古野葬，易以棺椁，孔子取诸大过，明示泽风之象，以教后人风水择地之旨。'如此解易，虽京房，焦延寿诸家不能窥破，况近代杨赖辈乎。由斯观之，不但圣人之易毫无所见，即术数家支派似茫乎未闻。今杨赖相墓之术，何关解易？推寻其意，当指辨正所编之伪书而言。然元运之法，不过根据《皇极经世》而推之，并非《易经》本意。朱子语录谓'易是卜筮之书，《皇极经世》是推步之书。《经世》以十二辟卦管十二会，绷定时节，却就中推吉凶消长，与易自不相干。'又谓'康节之数，皆一定而不可易，然圣贤不曾主此说。他说一事一物皆有成败之时，都说得肤浅了。'蔡九峰《洪范·皇极·内篇》曰：'以数为象，则畸零而无用，太元是也；以象为数，则多耦而难通，经世是也。'赵缘督《革象新书》以康节元会运世之数，讥其不可准，谓以诸家术求皇极之元，不特七政无总会之事，抑且散乱无伦。'是邵子之书早为通人所议，况辗转稗贩附会之风水者乎，实与易义邈无干涉。言易而窜入风水，非惟圣人作易虑不及此，即邵子亦岂料其末流至此也。"

幕讲:按宁波通志:"目讲僧不知何许人,隐其姓字,或云元进士晦迹于僧,或云尝为陈友谅参谋,兵败逃为僧。明初来鄞,善堪舆术,为人卜葬无不奇验。尝曰'吾当以目讲天下',故皆称为目讲僧,卒于鄞。凡邑中大家官族其先世坟墓,未有不出其手,以故久而益神。其所著书绝无刊本,多为后人伪托,世鲜有其得传者。"有云福建泉州人,姓王名卓,字立如,出家后号法心无着。沈竹礽云其为陈友谅部将张定边,陈友谅被朱元璋战败后,出家改名。

【原文】因无刻本,间有字句之讹用,加校雠诠次成书,编成五卷。一卷明行龙结穴大体、支干相乘之法;二卷明五星正变,穴体吉凶审辨之法;三卷还水龙上应星垣诸大格;四卷指水龙托物比类之象,五卷意同,二卷而纵横言之。一二四卷得之吴天柱先生,三卷得之乍浦故官家,五卷最后得之我郡。夫是五者,或有作者姓名,或失其姓名,其言各檀精义,互见得失,合而观之,则水龙轨度无余蕴矣。以此水龙为体,而后施之以三元九宫乘气作用。譬之大匠,水龙者楩楠杞梓,而三元九宫其方圆绳墨也。譬之丹家,水龙者鼎器药物,而三元九宫其卦爻火也。名材未拶,公输无所施其巧;铅汞不备,伯阳无以运其神。故天元心法亦云至矣,而是书曷可少乎。经之为名,不可漫加。即其旧名,因而不革,实可藏之金匮石室,与《青囊》、《狐首》并垂不朽。后之学者,苟非有过人之福,天牖其衷,未获观此书也。希世之宝,惟有德者当之,尚其知敬也欤,尚其知惧也欤。

时:天启下元甲子,越四十年岁次癸卯,律中黄钟后学
杜陵蒋平阶大鸿氏题于丹阳之水精庵。

【注解】三元九运:我国由黄帝开始使用六十甲子干支来推演历法。六十年,十天干和十二支相互配完,称为一甲子,即一

元,三个一元称为一个正元,共一百八十年。一个正元中的第一元叫上元,第二元叫中元,第三元叫下元,合称为三元。同时,又以二十年为一运,这样一百八十年共有九运,所以叫三元九运。

为什么要分九运?古人认为北斗七星再加上天皇大帝星(又称左辅星)、紫微大帝星(又称右弼星)共九颗,这九颗星不仅主宰天上大事,而且与人间吉凶有密切联系,是整个天体运转的枢机,每个星管一运,故分九运。

黄世平在《北斗本生经》中描述了北斗的美丽传说:"在遥远的龙汉年间,有个古老的国家,国王叫周御王,圣德无边。他有个爱妃,明哲慈慧,号紫光夫人。夫人发下大愿,要为周御王生下几位圣子,辅佐乾坤。一年春天,百花齐放,紫光夫人在御花园游玩,来到金连花温玉池,她脱下衣服洗澡,忽有所感,于是生有九子。老大是天皇大帝,老二是紫微大帝,其余七子分别为贪狼、巨门、禄存、文曲、廉贞、武曲和破军七星,即北斗七星。"

以上九星即形法九星之名,理气则又分为一白、二黑、三碧、四绿、五黄、六白、七赤、八白、九紫九星。一星管一宫,一星管一运,以下是最近三元九星运运程表:

上元	一运	1864 年——1883 年(甲子年至癸未年)
	二运	1884 年——1903 年(甲申年至癸卯年)
	三运	1904 年——1923 年(甲辰年至癸亥年)
中元	四运	1924 年——1943 年(甲子年至癸未年)
	五运	1944 年——1963 年(甲申年至癸卯年)
	六运	1964 年——1983 年(甲辰年至癸亥年)
下元	七运	1984 年——2003 年(甲子午至癸未年)
	八运	2004 年——2023 年(甲申年至癸卯年)
	九运	2024 年——2043 年(甲辰年至癸亥年)

知道三元九运运程之后,首先要排出运盘,其顺序是以后天

后洛书顺序排列。如洛书是五居中、六居乾、七居兑、八居艮、九居离、一居坎、二居坤、三居震、四居巽。当今是下元七运，则七居中、八居乾、九居兑、一居艮、二居离、三居坎、四居坤、五居震、六居巽，余运同法。排出盘后，再根据坐山朝向之阴阳，阳顺阴逆，排出山向飞星盘，其吉凶则根据山向飞星的旺相休囚与该年月的飞星生克来判断，这就是三元九宫法。

现代天文学又证明：土星围绕太阳一周约30年，木星围绕太阳一周约12年，水星围绕太阳一周约0.24年。六十年三星均回到原位，即至少要六十年三星才能聚会一次，也许这就是六十年为一元的根据。

公输：我国古代著名工匠，姓公输，名般，春秋时鲁国人，故又称鲁班。

伯阳：老子字伯阳，本文“伯阳”之前有“铅录不备”四字，老子是道家炼丹鼻祖，故此处伯阳当指老子。

第一卷

总　论

【原文】此卷专明水龙支干之理。盖以通流大水为行龙而谓之干,以沟渠小水为割界而谓之支。穴法取支不取干,犹之高山起祖,重岩叠嶂之中,反为真结。而老龙发出嫩枝,始有结作也。

【注解】支干:《人子须知》云:"夫干龙枝龙者,乃龙之有大有小,犹木之有干有枝也。盖干为木之身而枝柯所附以立,枝为木之衍而枝叶所自以蕃,论龙大小取象莫辨于此。但支干之中,又有大小之别,故有大干龙、小干龙、大支龙、小支龙,所谓干中有干,干中有枝,枝中有枝,枝中有干者也。吴国师云:'支干明而嫡庶分,嫡庶分而力量见。'故论龙不可不辨支干,论支干又不可不辨大小,以审其力量之轻重也。"但龙有山龙、水龙之分,故支干亦有山龙支干与水龙支干之异。

古时,风水学家认为,昆仑山是天之柱,即天地之中心,八方龙脉均从此发出。其中坎龙、乾龙、兑龙、坤龙、离龙流入异国,惟艮龙、震龙、巽龙三条流入我国,所以我国的龙脉为三大干。以长江与黄河为界,长江以南称为南龙,即巽龙;黄河以北称为北龙,即艮龙;长江与黄河中间称为中龙,即震龙。(见图1-2)

大干龙出身,自太祖发脉,出身耸拔宏伟,气势宏大,高峻峥嵘,规模尊重,如王者驾出而百职咸随,如大将赴敌而三军听令,拥从尊重,跨省连郡,延袤数千里,是大干龙。如昆仑山脉、天山山脉等是。大干龙行度经跌断剥换后,另起星峰,如巨浪波涌,

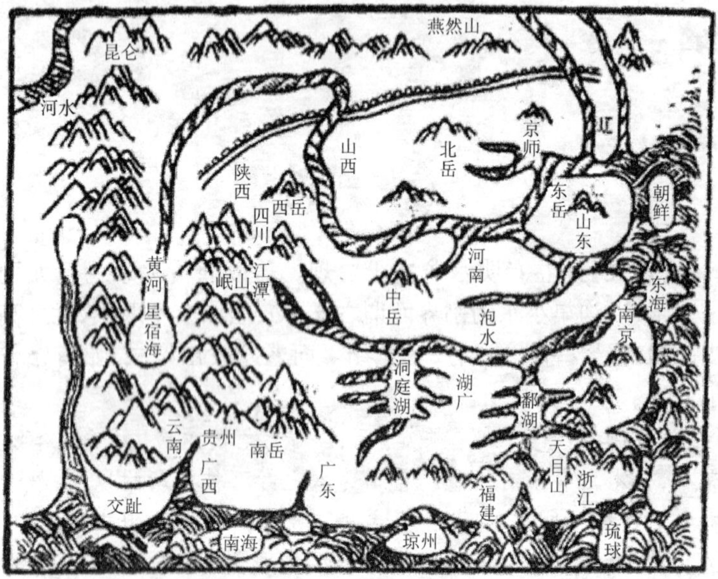

图1－2 三大干龙图

层峦叠障，如万马奔腾，如群羊出栈，牵连而行，或千余里，或数百里，大者结郡，小者为州，是小干龙。如北干龙中的太行山脉、大兴安岭等是。只要另起星辰，横亘连绵，逶迤摆折，或数百里，或百余里，大者结州，小者为县，就是大枝龙。如太行条山脉中的燕山山脉、恒山山脉、中条山脉等是。龙脉屡经跌断，穿田度帐，抛踪闪迹，藕断丝连后复起星辰磊落，或飞蛾降势，或华盖中抽，本身枝脚摆列均匀，已离结穴处不远，就是小枝龙。如燕山山脉中的天寿山麓，结明十三陵诸穴，昌瑞山结清东陵诸穴是。

水龙则以汹涌澎湃，波涛翻滚，奔腾千里乃至数千里，一路上融纳百川，直入大海者为大干龙，如长江、黄河、黑龙江、珠江、淮河等。虽亦水势汹涌，长达千余里，但注入大干龙者为小干龙,如长江之支流嘉陵江、湘江、赣江等是。不直接流入大干龙,而直汇入小干龙者为大枝龙。如赣江之枝流抚河、修水等。而注入大枝流中的小河、小溪则称为小枝流,如修水之小支流东津水,武宁水等是。

为什么穴法取支不取干?因干龙气势宏伟,粗硬刚直,或未经剥换,杀气未脱,或虽脱卸而未脱尽,或直硬前行,龙气不止,生气不聚,故无法取穴。若龙经过数百里、上千里跌断剥换,必自高落低,由粗变细,自老变嫩,杀气脱卸已尽,如此生气方聚,才有融结。水龙亦然。大江大河滚滚奔流,其足不停,其气不止,必无结作。即使弯绕,因龙身粗大,回环不便,回身处必宽旷散气,无水插界收气,亦难结地。如武汉长江有汉江兜插,南京长江有秦淮河兜插,上海长江有苏州河兜插等是。只有兜插,其气方聚,大者结都城省府,小者结州城府县,再小者结为村镇名墓,皆因其势而定。

割界:水流于山谷之间,使两座山分开;或小水流入干龙的入口处,把大地从中割开,以界龙气者叫割界。

穴:即整个穴星的中心点——葬口。如果把地理风水比作人体,龙脉就是骨肉,水流就如血液,穴就是人身上的穴位。古人认为,风水取穴若点准穴位,就会让死者安心,荫庇后代。若取错穴位,死者难安,必遗祸后人。正如针灸,选准穴位,则针到病除。所以有"三年寻龙,十年定穴"之说,可见取穴是风水中最关键的一环。

【原文】篇中主意,尝以干龙绕抱取外气形局,以支龙止息交会取内气孕育,其于水龙之理论之,特为美备。盖大江大河虽有湾抱,其气旷渺,与墓宅不亲,断难下手。须于其旁另有支水作元辰绕抱成胎,则化气内生,并大水之气脉,皆收揽而无余,斯大地矣。

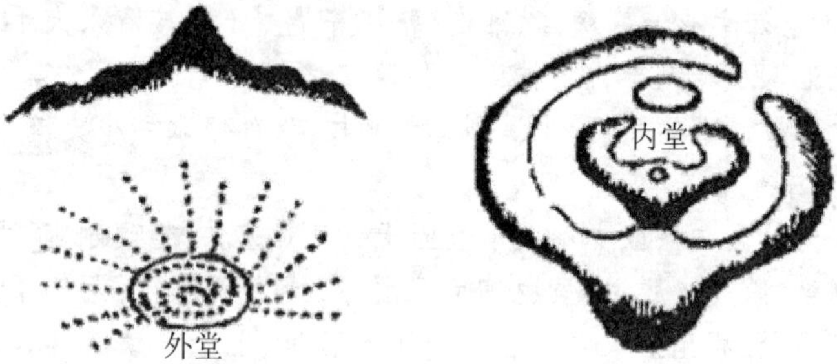

图 1－3　内外明堂

【注解】内气、外气：内气者，气行地中，水之母也；外气者，水行地上，气之子也。水因气动，气随水止，子母相顾，不相离也。故曰“水不合襟，龙脉不止；龙脉不止，则气行未住”。寻龙点穴，必于水交之处寻求方是要旨。但本文所说内气则是支水兜插后形局中之气，外气则是大干龙绕抱环顾之气。经曰“水缠即是山缠”，故支水为内明堂之气，干水则为外明堂之气，须要分别。

元辰：山势已缓，平平结穴，白虎与青龙之间，穴前与近案之前的一小块平地叫元辰，也叫内明堂。杨公云“立穴欲得明堂正”，又云“真气聚处看明堂”。如何才能使真气凝聚？其法有二：一是内堂有砂横拦关锁，二是有水绕过明堂。如果明堂能够聚气，非贵即富。若明堂倾泻或宽旷渺茫无收拾者，均为真气不聚，并非真穴。(见图 1－3,1－4)

胎：龙起高峰为祖，次起一峰为宗，入首处再起星峰名少祖，穴后一节玄武之山为父母山，父母山落脉处即是胎，如受父母精血而成胎。胎下束气处为息，如母怀孕后养息之意。再起星面则为育，如子生而育也，此山龙之胎息。水龙之胎息则在二水交襟处或一水单缠弯环处，穴星后束脉处是。(见图 1－5)

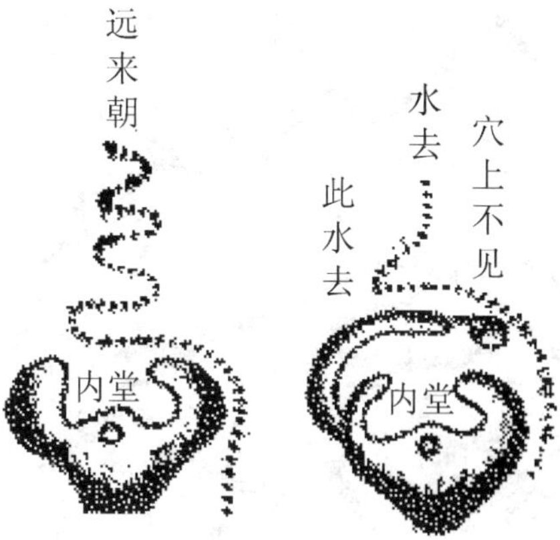

图1－4　左:此水远朝宜穴高
右:此水宜穴低也

其气旷渺:气有两种,一是生气,一是死气。郭璞曰:"葬乘生气。"生气者,即阴阳五行之气,化生万物之气。《生气说》云:"水火者,生气之根也。火者,天之神气;水者,地之精气。土中之暖气,火也;土中之润气,水也。精神交融,暖润相蒸而生气出焉。故暖而不润,有火无水则燥烈,燥烈者杀气也,乘之则发凶祸。润而不暖,有水无火则卑湿,卑湿者,死气也,乘之则主退败。故葬必乘生气也,观于地面之万物,太寒则冻死,太旱则燥死,地中亦然。生气畏风者,以风能吹冷暖气,吹润燥气也。穴喜砂卫者,以无卫则孤单,孤单则寒而不暖也。穴喜水交者,以不交则倾散,倾散则燥而不润也。故地之有无,辨于生气;葬之得失,辨于生气。地理之学,一乘生气也。"而除生气之外,上下左右都是死气,故认气者,就是要在百死之中认出一生,一生之外识其百死。何以分其生死?谢志道曰:"龙脉之活动为生,反直为死。两边股明为生,股暗为死。土色红黄紫白为生,青黑为死。文理坚实、光润、细腻、鲜明为生,枯燥、松散为死。"至于水法,则以回环绕抱为生,直射直泻,反窜斜跳为死。

生气最喜融聚,最忌分散,所以风水中最忌者风吹穴场。即使龙真穴的,真气融局,但有风吹入穴场,亦为假穴,葬后轻则突祸,重则绝嗣。《杨曾地理家传心法捷诀》云:"以结穴处为中

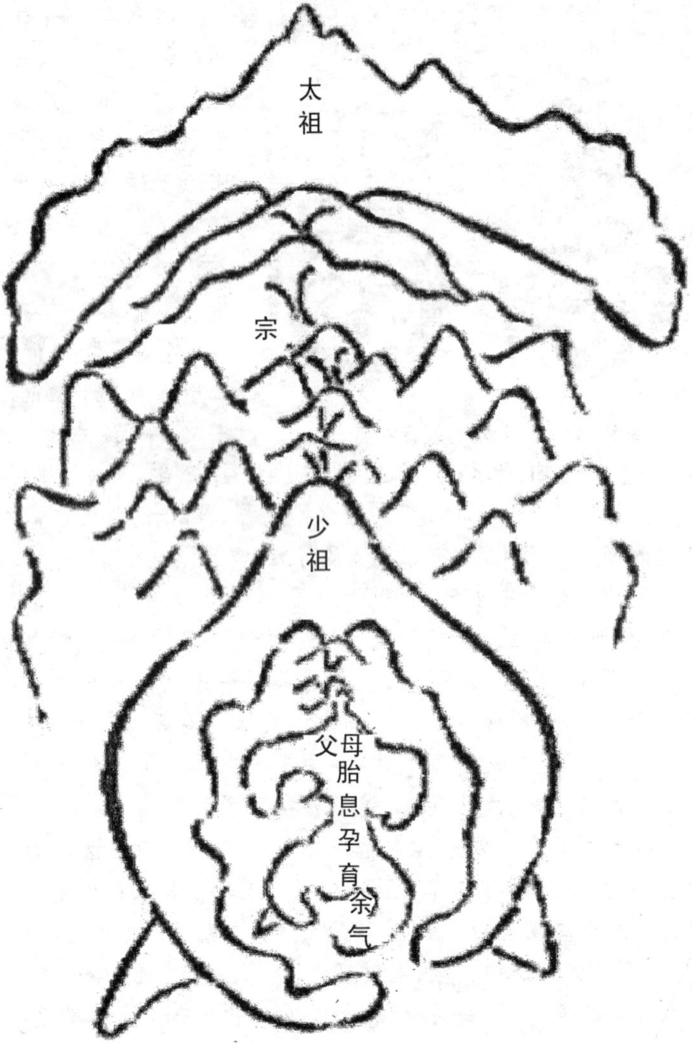

图 1－5　祖宗父母胎息孕育之图

宫,其前后左右属八卦方者,谓之八国,俱要城门紧固,不可空缺。如空缺,一有风吹入,则气随风散,人丁财产,俱尽飘零消散。"《地理八十八向真诀》将风分为八种,简称八风,就是言风和气的关系。

张子微则从二十四个方位的风吹入作了较详尽的解释。他说:"子风,主子孙溺水。癸风,主男女内乱。丑风,主刺面徒刑,主贼寇充军、劫死,家财冷退。艮风,主家中闹鬼,少壮患瘟疫死亡,多事。寅风,虎豹伤人。甲风,行人路亡,为官不归,死于他乡,妻儿离散。卯风,眼疾。乙风,败长房,泪眼汪汪。辰风,男人长疾,妇私通。巽风,伤少男、妇女,头痛瘫痪。巳风,蛇伤。丙风,蛇虫入屋火生灾。午丁风,火灾、瘟疫害重重。未风,痨瘵吐血。坤风,官司口舌。申庚风,家财渐渐空,劫贼入家有杀伤,诸子尽贫穷。酉蚜风,子孙贫困,辛勤无成,少壮伤亡。戌乾风,龟胸鳖背受贫穷,更有驼腰并跛脚,被人殴打吐血。亥风,牲畜多灾不吉利,家财消散不聚,贼徒常睥睨。壬风,出人下贱更辛酸,家境清寒,个个愁眉不展。"沈六圃在《地学》一书中举何惠卿之墓(图1-6)以说明凹风之祸。此地在太湖县下乡凤楼冲,回龙自香茗山辞楼下殿而来,曲折多奇,翻身朝祖,堂局开明,呈奇列秀。龙虎重重包裹,水口重重关锁,若据催关天星,亦是天皇龙,三合水。何惠卿葬此,烟销火烬,并无春秋麦饭乎。及登穴视之,适当作穴处,交风剪烛,固宜绝嗣。更察其后,真龙大势,一峦三支,远者去五六十里,近者十余里,各有结作,随其力量大小发越。力量大者,或人丁至数千,科第亦有数家,正穴仍悬,以俟有德,惟此乃作荒坟。谨图大略,以明凹风之害。

山龙有龙虎朝案层层护卫,尚如此怕风,平洋龙则更忌之。若大干行度,虽有回环之势,但大者十数里,甚至数十里、上百里,小者也有数里,平坦一片,为之旷渺,其气不聚,即使有聚处,

图1-6 何惠卿墓

也易被风吹散。如建省府,人家众多尚可;若仅立墓,生气全无,故不结穴。此时宜有支水插入,水绕即是山护,真气方能融聚,则化气内生,方成大地。

【原文】予观旧家名冢，枝川小干，首尾通流，其形曲折，竟于转处下龙腹穴，全无内堂界水，亦得大发。其小枝尽处，或一水单缠，或双流界抱，深藏婉丽，毓秀钟灵，世家大族所在都有，不必尽论。外局其福力已不可限量，似乎此书所论，不可尽拘。

【注解】此即变通之理。大江大河，气势宏阔，虽有弯曲，但弯曲处小则数里、十数里；大则数十里、上百里，形阔气荡，宜支水插界。而小水支龙曲转容易，小则数丈、十数丈；大者数十丈、里许，折转紧凑，形局完美秀丽，虽无支水插界，也为真穴。拘泥支水插界之说断不合地理。

如顺昌廖副宪祖地（图 1－7）。此地在顺昌县，土名沙口。下金形珠上穴，乃郑子云下也。其龙开帐，自帐中抽下，大顿小伏，左栖右闪，及将结穴，撒落平田，田中复起一大突，前后左右四金相照，有合天心十道，穴甚清巧可爱，真美地也。葬后出廖元，官副使，廖忠为县令，科第数人，富贵绵远。

按：此局撒落平洋，虽前有案山，但离穴甚远，气甚旷渺，喜有一水横过，至穴前绕抱有情，以关堂气，使真气不至泄漏为美。若再有枝水插入，反使堂局窄狭不美。

【原文】小干无枝，其局虽大，必须久而后应，终难骤发。支龙无干，其效虽捷，而气尽易衰，不能绵远，究不若支干相扶之地，可希求旦夕之功，而亦可期代兴之泽也。

【注解】干龙回旋，其势虽大，但因无支水割界，其气荡散难聚，若立穴于此，虽气势厚实，发之悠久，但却迟发，须待数年、十数年，甚至数代后生气凝聚方起。小龙弯转处不傍干水，虽束气严谨，形局急促，葬后易骤发。但因其势薄弱，底气不足，虽发难久，易衰易落，多则数十年，短则数年，其气即尽。若既收干水之势，又得支水之气，外形内气俱佳，方是既可骤发，又能长久富贵，世代不衰，两全其美之局。

图 1－7　顺昌县廖副宪祖地

如台州侯氏祖地(图1－8),地在台州府治南七里,土名旗山,其龙发自望海峰,顿跌雄猛,起伏精俊,势如天马奔行,又如群羊出栈;将至结穴,过峡翻身,出脉隐隐,乃急中之缓;穴前似峻而不峻,左右二水交结,诸峰拱照,乃兑西行龙,朝北作向(巳山亥向)。对面观之,俨如展旗,穴后一山乐托,前应双塔,帻山挺然奇秀,乃侯氏始祖。自宋至明,人丁蕃盛,科第不替。

按:此局大江外抱,虽有力,但堂局旷渺,喜二小水合襟穴前,兜腹插入大江,干支之水秀气尽收,既可速发,又福泽绵远。数百年不衰,诚大地矣。

【原文】然则此书之义,岂可废而不察欤?其所重在特朝之水。迎秀立穴,斯虽正论,然必欲其逆入朝迎,犹是一偏之论。盖水龙妙用,只在流神曲秀,生动化机自呈,前后左右,无往不宜,顺逆去来,随方协应。以予所见,尤以坐向首尾为驾驭有权,或左或右,未免偏于公位耳。

【注解】朝水:是指站在穴基或阳基之前看到的来水。穴前有水来朝,如果屈曲悠扬,水深流缓为吉。若来势急湍直射,怒然有声,反为无情。故经云"洋洋当面朝,当代出官僚",是言朝水曲折有情。又云"有水当面流入,子息贫寒",是言朝水当面直射无情。由此可见,朝水也有吉有凶,不可不辨。

如丰城陆侍御祖地(图1－9)。此地在丰城县,土名尧枋,乃陆氏祖墓。其龙起自真军脑,冲天火星作祖而来,迢递至尧枋,脱卸平冈,左栖右闪,逶迤活动。将入首顿起走马金星数节,大断复起太阳金星开口,成大窝穴格。登穴视之,有似空旷粗大,殊不知逆水涨朝,妙在粗大,穴虽空旷,亦不足畏。下手庙山,收尽洋朝诸流之水,山川相等,四兽和平。陆氏葬后人财骤发,科第不断。

按:此局正向方田源水特朝直射,依理为凶。但前有横水拦

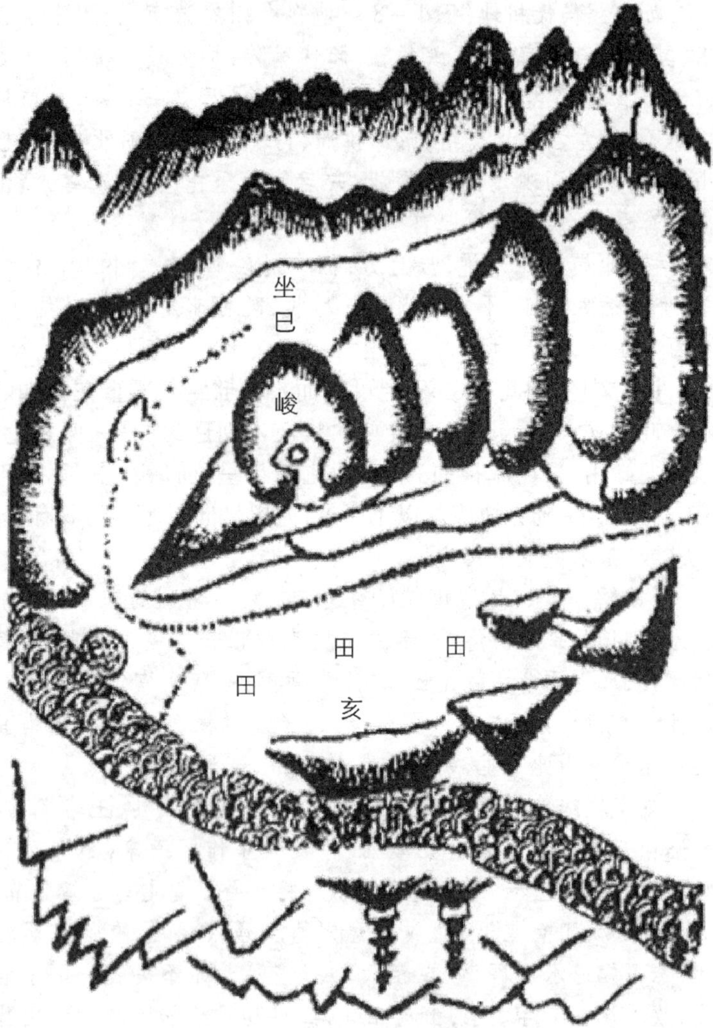

图1-8 台州侯氏祖地

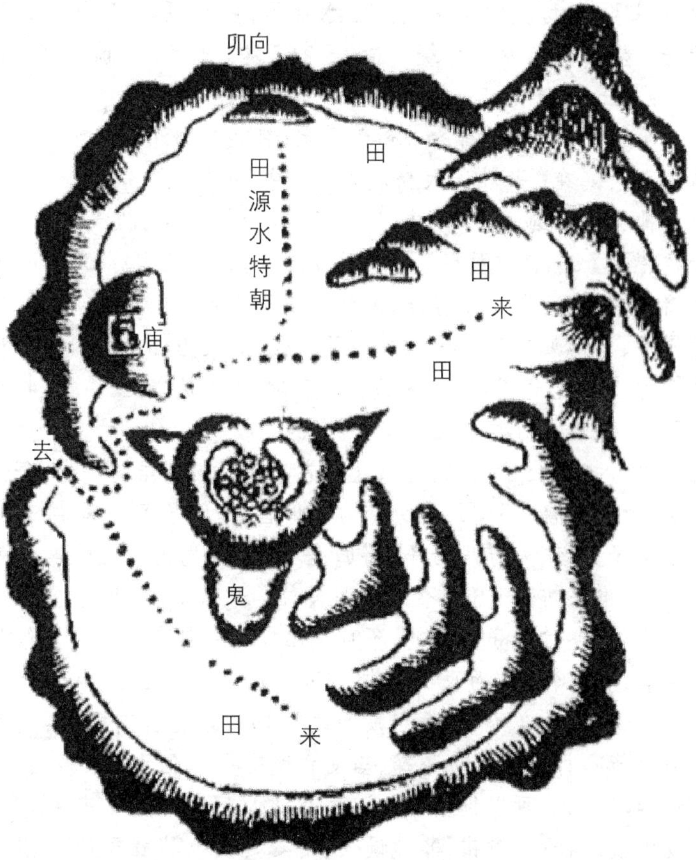

图1-9 丰城陆侍御祖地

截,反成屈曲,凶水变为吉水。若无横水拦截,则为冲射、为凶。

公位:分房之位。穴左为长房,穴右为小房,穴中为中房。左水倒右,穴左近水,先发长房。右水倒左,穴右近水,先发小房。穴前聚水,或有朝水屈曲而来,先发中房。左水环绕有情,至右斜飞,长房发而小房败。右水环抱,左水短斜,则小房发而长房败。若穴前水抱环绕有情,三房齐发。反之,穴前水反弓而去,却主三房皆败。

公位分房之说,有的书捧为至宝,有些书则深恶痛绝。本书辑者蒋大鸿在《平砂玉尺辨伪》一书中,也有“辨分房公位”一章。他说:“墓地如树木,根荄得气,则众枝皆荣;根荄先拔,则众枝皆萎。亦有一枝荣、一枝萎者,外物伤残之耳。”又云:“生者诸子皆生,旺则诸子皆旺,死绝则诸子皆死,何为以此属长,以此属仲,以此属季? ……若有四子以往,则又当如何矣? ……世人慎勿惑其说也。”《地理真诀》也有“不可拘泥公位”一节,特录于下,以供参考。

世俗拘泥公位之说,兄弟众多者,各怀私意,虽得一地,争论莫决,此阻彼挠,不即入土噫。为父母者,每以子多为幸,今若此是不若子少者,无分房之争,得归全于土,而免久暴之惨矣。是故求地,惟当辨认真伪,不可拘泥公位。地诚真矣,而于公位或有不齐,此亦付之子孙福德,不可挟私以久暴其亲。亦不可信邪师之言,妄有作为,而反坏其地。……蔡文节公云:“今人动争公位之说,以致久不葬亲,何所见之谬耶。造化自有玄机,岂伊人力所能巧计。地不可不择,当使亡魂安妥。至于自求多福,乃在地理之外,非可以徇私为心。才有私心,无可不至,稍不如意,必妄图改迁,愈迁愈错,非地误人,用心之误也。”程子曰:“不以奉亲为计,而专以利后为诽,非孝子。”安居之用,必诚为至论,故人子但以安亲为念可也。况公位之说,堪舆正经未尝言之,郭璞青乌,亦未及之,皆是后人穿凿之论,率多不验。为人子者,须知大义,岂可专泥于兹乎。

【原文】若湖荡龙法,此书皆取众砂环聚,盖即仿山龙图式眠倒星辰之说也。果如所图,局法固大,然予遍观吴楚之间,三江五湖巨浸多矣,欲合此等图式,百无一遇,全在此说会意云尔。必欲按图索骥,求此等之地而葬之,涉于愚矣。

【注解】风水之学,贵在深悟通变,不可死执一理。湖荡之中,有群砂环抱者为吉。无砂环抱,或四面巨漫,但若龙真穴的,朝拱护卫皆有情,亦为真结。如丰城袁氏祖地(图1-10)。此地在丰城袁坊,龙远不述。入局开平地帐,坦夷无迹,入首水中一埠,突出圆净,突下吐唇,四面巨浸,左右湖岸,远抱有情。远峰一点特朝,离脉扦癸向,葬后科甲连登;曰润,进士;曰芳,进士参议;光儒,知州;光翰,城应;旗实遂国宁,俱进士;又有乡荐数人,世宦未艾。

【原文】要之湖荡之脉,亦当深明支干。盖大荡即名大干,必须其旁又求支水立穴,而后发福可期。若单取大荡,阳宅尚有归收,阴基决难乘接。其借外砂包护,亦即支干之法而变用之者也。

【注解】湖荡之中,其砂密布,或数十亩、十数亩,或数亩,密密麻麻,聚集水中,其取穴之法,与水龙同。大荡如大干,诸砂之间界水为支龙,若得诸砂环抱,支水包裹缠绕,即为正穴。

阳宅取其形。若阳宅前是大荡,无支水兜收,经云"山管人丁水管财",大水聚集是大富之兆,故云"阳宅尚有归收"。阴宅取其气。大荡气散不聚,龙气走泄,若无外砂包护,小水缠绕兜收,绝无发迹之理。故云"阴基绝难承接"。

如孙忠烈公祖地(图1-11)。此地在余姚县烛溪湖,丙向。其地众水绕山,众山抱水,出父子尚书、奕世魁元。

按:此穴独居湖中,虽湖中无砂拱卫,但湖岸龙虎朝案,无一不美,亦可视为支龙收气。

【原文】至于水龙作用,全在八卦三元,江河湖荡其归一也。不精此义,纵得合格大地,未免求福而反受其祸。则又乾坤之秘

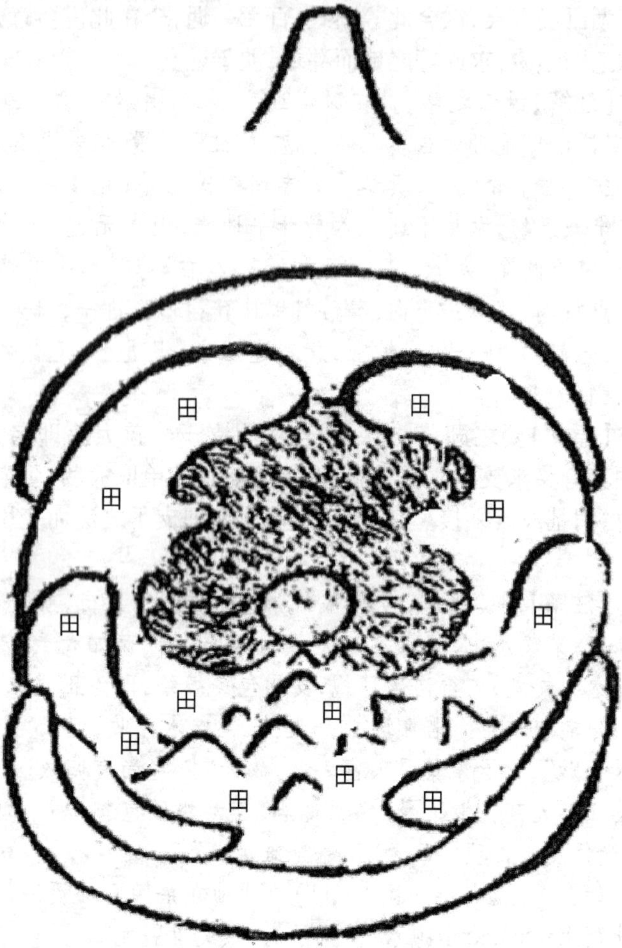

图1-10 袁氏祖地

要，圣哲之心传，而非作此书者所能知也。

此作书不著姓氏，大约近代人手笔。其每篇立论，未免尚存

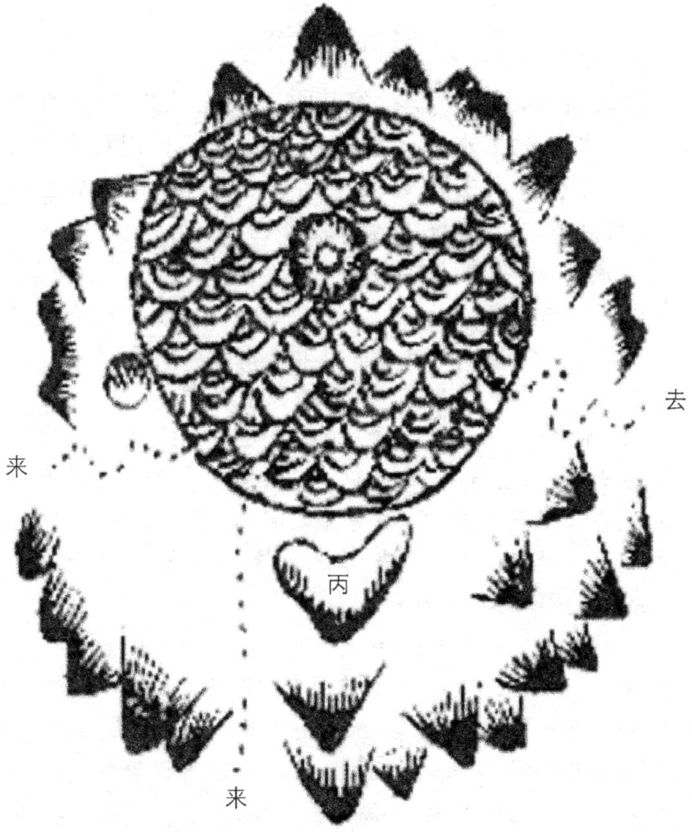

图 1-11　孙忠烈公祖地

流俗之见，于真传正诀犹隔一山。予以支干之说为水龙开卷第一义，故节取其图列之卷首，若一一泥于其说，则于真实际会反致河汉，贵学者之善读书也。

大鸿氏笔记。

气机妙运论

【原文】太始惟一气耳。究其所,先莫先于水,水中滓浊,积而成土。水土震荡,水落土出,遂成山川,是以山川有波浪之势焉。经云:"气者水之母,水者气之子;气行则水随,水止则气止。子母同情,水气相逐,犹影之随形也。"

【注解】风水学家认为,地球在未形成之前,只是一团气,这种情形名"太始",或名"太极"。由气而生水,水中的渣滓积而成土。于是水土互相震荡,水落土出,方有山川,有江河。因山从水出,所以山脉走势也像水流一样波浪起伏。

气者水之母,水者气之子:徐善继兄弟云:"地理家一言以蔽之,则郭氏'乘生气'三字足以尽其肯綮矣。而所以察识乘之之妙,又在明地理以得之。故原龙之起,察生气之来也;审穴之止,知生气之聚也。生气之来,有水以导之;生气之止,有水以界之。"故气与水犹影之随形也。

《山洋指迷》云:"气者,水之母也;水者,气之子也。有气斯有水,有水斯有气。气无形而难见,水有迹而可求。水来则气来,水合则气止,水抱则气全,水汇则气蓄。水有聚散,而气之聚散因之;水有浅深,而气之厚薄因之,故因水可以验气也。若池湖荡胸无收,则气不能聚;江湖泼面无案,则势不可当。其易盈易涸,急去急来,倏浅倏深,或环或直者,亦有盛衰之应。惟大水内又有小水重重包裹,方见气之藏而聚;大界之内更有微茫隐隐分合,方见气之动而止。故眷恋、回环、交锁、织结,皆气之所在也;穿割、牵射、反直、斜冲,皆气之所离也。"

【原文】夫气,一也,溢于地外而有迹者为水,行于地中而无形者为气。水其表也,气其里也。表里同运,内外同流,此造化必然之妙用。欲知地中之气趋东趋西,即具水之或去或来,可以概知之矣。若观气机之运者，必观诸水，川上之叹，亦可以观先圣见道之情焉。

【注解】气是风水理论的中心问题，他虽无形，但有特定条件。阳气从风而行，阴气从水而行。龙脉之气显于外者为水，隐于地中方为气。虽水和气一显一隐，一露一藏，但同属一体，同运同流，并无二异。

也有人认为气在外也可望见。隋末唐初的著名术士袁天罡就善于望气。他认为：有一种似烟非烟，似云非云，郁郁纷纷，现红黄二色，状若龙形，这叫做瑞气。瑞气见则人君主有祥瑞之事。有一种白若练絮，晦昧不明，乍有乍无，其状类狗，这叫做妖气。妖气见，天下非主有大丧，即主有兵变。有一种中赤外黄，有丝有缕，若欲随风飞舞之状，这叫喜气。喜气见，则朝廷有非常之喜。有一种状若长虹，冲天而上，中吐赤光润泽者，叫胜气。胜气见，则天子威加四海。有一种状若人形，而白色蓬蓬不动者，叫做尸气。尸气见，则其分野之下，民当有流离丧亡之灾。

丘延翰在《天机素书》中开篇即言"寻龙望气"。他说：真气之出，与雾气不同，但出一时就没，其色光明如焰，上大下尖，其势如伞，于眷、龙楼、宝殿之上及祖宗聚沟峡中停驿之处，自土中吐出也，横拦岭岫者非是。气高一丈，则来龙十里。气之正出，地必出于中枝，宜向正枝而寻。侧出或左则向左，右则右寻。气色肥原则富，清秀则贵，武职多偏斜。赤红禀火性属阳，故多显贵。土色亦如之，非红土红沙，必黄土青土，盖木生火，火生土故也。青者，禀乎木性，多生文士，然木硬多是石山。黑者属阴，禀乎水性，入首多是白沙黄石之类，故多出武士，盖金生水，水生木。白者属阳，禀乎金性，不生水为刚，生水为柔，金克为杀，故多出武。黄者禀乎土性，但出牧民，须要细辨清浊阴阳盛衰之理，不可于造化而忽之。其气如何才能望见？风水家认为：中午

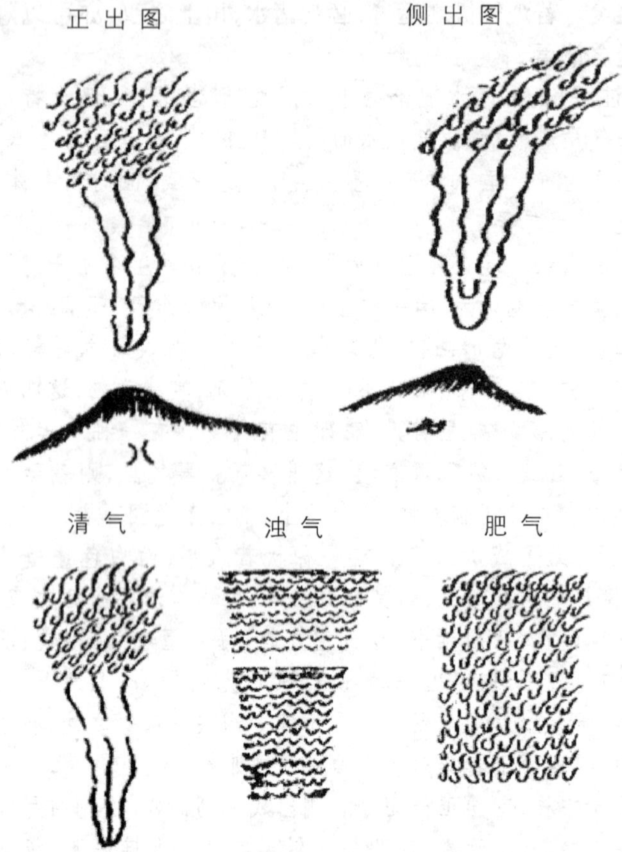

图 1 – 12

太阳高悬，其气潜伏，难以视见。早上丑寅之交，太阳尚未升起，或太阳刚下山，阴气渐萌，这是验山川之气的最好时机。只要水环抱有情，再加似云雾之气缠绕，色呈赤黄，就是得真气之穴。（见图 1 – 12）

【原文】然行龙必有水辅，气止必有水界。辅行龙者，既在乎水,故察其水之所来,即以知龙气发源之始。止龙气者亦在乎水,故察其水之所交,即以知龙气融聚之处。故经曰:“界水则止。”又曰:“水气横行,内气止生。”旨哉斯言欤。

【注解】行龙:凡龙脉迢递而来,自祖及宗,由干而枝,五行剥换,一星另星,一形另形,过关交度,穿搏而来,星形特立而贯如绳索者,谓山之行龙。凡大水滚滚而来,滔滔而去,奔腾呼啸,直流直泻,毫无回环,谓水之行龙。山龙行度,两水必夹一山,两山必夹一水,水行则山必行,山止则以水止。一但落脉,二水或合襟于前,或前有横水绕过,气必临水而住,穴必倚水而立,此山龙结穴之法。平洋之龙,一片蛮皮,生气四散,龙脉无法辨认,必以水为踪,或前有二水合襟,或有一水单缠绕穴,则水界处即生气融聚之处,穴亦倚水而立,此要旨也。但龙之变化难量,水之行度无方,也有水自南来,而龙自北来;水自东来,而龙自西来,逆水立穴者;故应详察龙脉,详审水势,顺逆皆可为用,万勿拘泥一法。

《人子须知》以水为准,将龙结穴分为五格,深得水龙变化之妙,特录于下:

一、朝水局(逆水局)

朝水之局,多是翻身逆势结穴,以受当面洋朝之水。要穴星高大,有余气,或有低砂横拦,不使水冲割为吉。又须水流之屈曲,或平田洋朝为善,若急流冲射又反为凶。惟天穴及凭高穴,则不怕远水特朝。若穴场卑弱,星辰低小,山不称水则凶,不可一概为逆局而吉也。此穴又多结于水口之间,或下关山短缩,亦不为害。但要穴场藏聚,水来缠绕,穴不受风为真。廖氏云“翻身逆势去当朝,不怕八风摇”,乃言其龙势,非言其穴也。卜氏云“莫把水为定格,但求穴里藏风”,则善矣。大抵地理之法,得水为上,翻身逆当朝水之局,阴阳交会而有融结,故为贵地。

二、横水局

横水局者，龙之结穴，或水自左来流右去，或水自右来流左去，要水势弯环抱穴如绕带为美，又要下关山逆水拦上有力及水缠玄武，水口紧密为吉。此局极平稳。

三、据水局

据水局者，龙之结穴，前临大湖或深潭，或大池塘，此局极吉。盖地以得水为上，而水以凝静为佳。今穴据深水则无冲割穿射之患，而有得水之宜也，何吉如之。龙穴真，此局主大富大贵，绵远荣盛。

四、顺水局（亦名去水局）

去水局者，必要来龙长远，力量宏大，四势周密，水口交固。吴公云："水虽去而山交回则善。"杨公云："也有干龙来两水，更不回身直为地。只是两护必不同，定有缠关交结密。"若水去而山不交回，穴场见水荡然而去，此等局势，穴无融结，不必着眼矣。大抵顺局地纵有融结，亦不发财，主初年退败。纵龙穴吉有贵，亦须卖尽田庐始出官，或离乡始贵。如或龙穴稍有不吉，则立主退败，灭绝无救。此局多凶，不可轻取。

五、无水局（亦名旱龙局）

无水局者，穴结干城，山势盘局，而不见明堂之水也。凡干龙多是左右山横拦，遮却明堂，穴不见水，或穴高在半山无水可见，俗人不识，必谓有山无水。不知山谷以藏风为贵，只要穴场藏聚，乘得生气，发达极快，何必拘其有水无水。但此等地多先贵后富，或多清贵不富，若谓有砂无水不登科，则非也。然亦有穴不见水而巨富者，要龙神带有仓库耳。董德彰云："有人无财，须寻仓库之龙；有财无人，莫下孤寒之穴。"确论也。

【原文】然天地之气，阴与阳而已。易曰："一阴一阳之谓道。"又曰："阴阳互感其宅，动静互为其根，不可须臾离也。"地脉之行,阴阳相禅,万物化醇。郭子有云:“独阳不长,独阴不成,阴阳合德,而生成之功备。”故山脉之峙,水脉之流,各有阴阳。水者阳也,山者阴也,二者交互,不可须臾离也。

【注解】阴阳互感:郭璞在《葬经》中说:“经曰,气感而应,鬼福及人;是以铜山西崩,铜钟东应。”郑谧在注释时说:“父母子孙,本同一气,互相感召,显微无间,故能体荫生人。生人旺盛,如受鬼福。固尝评鬼福之说,切有疑焉,非若人之居室,得其美基,则可以把山川之秀,受阳明之气,日夕与之交接,以为地灵人杰之应,于理诚有然哉。今既死矣,魂升魂降,神气离体,与死灰槁木等,其无知文,焉能受荫以祸福与生人者乎?见闻之闻,莫不以为惑世诬民之事。然而古人葬遗骨而荫子孙富贵者,盖亦多矣。天下之名墓,在在有之,倘言其妄,则其效验有不可掩者,谓为信。然则必有其理以明之,是亦士君子格物致知之一端也。夫真龙格迹,迢迢百里或数十里结为一穴,及至穴所,则峰矗矗呈秀于其前,叠障层层奇献于其后,龙虎抱卫,砂水翕聚,形穴既就,则山川之灵秀,造化之精英凝结副会于其中矣。苟欲盗其精英,窃其灵秀,当以何法而能致之乎益?亦因圣人有卜兆安厝之旨,人子有报本爱亲之情,以父母遗骨,藏于融会之地,由是子孙之心寄托于此。固其心之所寄,遂可与之感会而能致福于将来也。是知人心之通乎气,而气通乎天,以人心之灵,合山川之灵,故隆神孕秀,以钟与生息之源,而其富贵贫贱,寿夭贤愚,莫于关系。至于形貌妍丑,并皆肖象,山川之美恶焉,故嵩岳生仲尼,孕孔丘,岂偶然哉。呜呼!非葬骨也,乃葬人之心也;非山川之灵,亦人心自灵耳。”又云:“汉未央宫一日无故而钟自鸣,东方朔曰:‘必有铜山崩者。’未几,西蜀奏铜山崩。以日揆之,正未央钟鸣之日。帝问朔何以知之?朔曰:‘铜出于山,气相感应,尤人受体于父母也。’帝叹曰:‘物尚尔,况于人乎。’昔者,曾子养母至孝,子出,母欲其归,则吃指,而曾子心痛。”由此可知,人禀乾父之精,坤母之血,二气互感,合则精化为骨,血化为肉,人体成焉。而生人为阳,死人为阴,亡魂安则生人宁,亡魂乱则生人祸,此亦阴阳互感矣!

独阳不长,独阴不成:有些风水家认为,龙入首时向左旋为阳龙,向右旋为阴龙。如亥龙入首,向左旋为甲木阳龙,向右旋为乙木阴龙。若龙左旋而水从右方来,或龙右旋水从左来,是阴阳交媾。若龙从左旋水亦从左来,是阳遇阳,为独阳不生;如果龙从右旋而水亦向右旋,是阴见阴,名独阴不长。此一说。

有些风水家认为,甲丙庚壬,寅申巳亥,乾坤艮巽是十二阳龙,乙丁辛癸,子午卯酉,辰戌丑未是十二阴龙。阳龙必得阴水来合,阴龙必得阳水来交。如乙木行龙,宜丙水来交,而水却交于丁,是阴见阴,名独阴不生。若丙火行龙,宜乙水合而水却合于甲,是阳遇阳,而独阳不长,此又一说。

形法派则又有一说。《望龙经解义发挥》中云:“金木火三星属阳,水土二星属阴,阳龙行度,要阴龙变化;阴龙行度,要阳龙变化。阳龙不变阴不成龙,阴龙不变阳不成穴。阴阳变化,方有生气。否则孤阴独阳,不能生育。金木火三星,无水土相见,则阳龙不变阴不成龙,以尽系顽罡之气,不能成龙结穴也。水土二星,无木火金相间,则阴龙不变阳不成穴,以其尽缓弱之形,不能顿聚成穴也。”又云:“木与火行龙虽相生,纯阳无化气,为官不食禄,后来不旺。木与土虽相克,乃阴阳相配有化气,故能成龙结穴,富贵人丁大旺。不必论相生相克,只论阴阳变化。”由此可知,行龙纯木金火,无水土相间者,为独阳不长;而行龙纯水土而无金木火相间者,为独阴不生,此又一说。

综上三种,形法派一说较合地理,多为近代风水家所采用。上述两种以方位论阴阳,失于拘泥,故近代很少有人用之。

阴阳之说，是一切术数的精华。年有春秋，春季万物滋生，阳气渐长，故为阳。秋季万物收藏，故为阴。日有昼夜，昼日出而为阳，夜月升而为阴。人有男女，男为阳，女为阴。地有南北，南为阳，北为阴。年无阴阳，不成四季。日无阴阳，昼夜不分。人无阴阳，不能繁衍。地无阴阳，万物不生。所以，世上的一切事物都离不开阴阳。风水之道也是如此。山主静为阴，水流动为阳，山环水绕是阴阳交媾而成大地。水之大干为阳，支水为阴，阴阳相合，地气融聚而成穴。只有干龙而无支龙，是独阳。只有山而无水，只有支水而无干水是独阴。阴阳不能交泰，虽有穴星，均似是而非。如二男同室，二女同居，不能交媾生育一样，故云：独阳不长，独阴不成。

【原文】地脉之行，藉水以遂之。地脉之住，藉水以止之。既能导其行，又能止其止者，何也？盖外气与内气相合，二气相荡而成物，犹夫妇姤而成生育之功也。阳为雄，阴为雌，阳以畜阴，阴以含阳，即雌雄相会，牝牡交姤之情也。故曰："阴阳相见，福禄永贞；冲阳和阴，万物化生。"此天地自然之化机。合而言之，混沌之初体，即万物统体一太极之妙用；分而言之，随物付物，又万物各具一太极之玄奥也。知太极之理，则可以语化机之妙；知化机之妙，则可以语形象之学矣。

【注解】阳以蓄阴，阴以含阳：易传曰："易有太极，是生两仪，两仪生四象，四象生八卦。"气运动而分阴阳，由阴阳生出四时，由四时而现天、地、水、火、风、雷、山、泽八种自然现象，由八种自然现象又生出万物，这就是无极生太极，太极生万物之理。从太极图（图 1－13）中可以看出，白自子起，白为阳，阳生于子，渐长、渐壮、渐盛，以极于午，入未而渐消。黑自午起，黑属阴，阴生于午，渐长、渐壮、渐盛，入丑而渐消。黑白相极，由微而著，由著而微，互为其根。阴而阳，阳而阴，天地始终之义，万事万物之

图 1－13

理，尽在其中。这太极图中的阴阳鱼头尾相互环抱，正是阳以蓄阴，阴以含阳之理。但阴阳变化不仅仅是阳中有阴，阴以含阳，主要是阴阳互根，相互依存与相互转化。任何一方如果失掉另一方，就没有存在的可能了。就如没有明就无所谓暗，没有冷就无所谓热，没有左就无所谓右，没有上就无所谓下，没有凶就无所谓吉，没有生就无所谓死。故易曰："一阴一阳为之道。"这阴阳相互依存，牝牡交媾，是万物化生的根本之理。万物负阳抱阴，最先由老子提出，其意有二：一是山为阴，水为阳，背山面水为负阴抱阳；二是北为阴，南为阳，坐北朝南为负阴抱阳。如是立穴背水面山，即负阳抱阴，阴阳交媾，此即化机之妙。

冲阳和阴：黄叡在《青囊经》补注中说："气不可见而形可见，不可见之气即寓于有可见之形。形者，气之所成，而即以载气，气发于天而载之者地。气本属阳，载之者阴，故有阴即有阳。地得其所，则天气归之，天地无时不交会，阴阳无时不相见。相见而得其冲和之正，则为福德之门；相见而不得冲合之正，即为相乖，而召祸咎之根。"由此可知，冲阳和阴，即阴阳交媾。古时，风水家主张，阳龙必得阴水来交，阴龙必欲阳水来合。阳龙左行而阴水右来，或阴龙右行而阳水左来，到堂前合襟，为之冲阳和阴，万物化生焉。

化机之妙：黄叡云："万物非能自生，借天地之气以生。然天地非有意于生万物，万物自有机焉。适与天地之气相遇与窅冥恍惚之中，夫有所沾濡焉，夫有所绸缪焉，夫有所苞孕焉，遂使天地之气止而不去，积之累之，与物为一，乃勃然而生尔。地理之道,必使我所取之形,足以纳气。而气不我去,则形与气交而为一,必使我所据之地足以承天,而天不我隔,则地与天交而为一,则所葬之骨亦与天地之气为一,而死魄生人,气脉灌输,亦无不一福应之来。若机张审括,所谓化机也。"

自然水法形歌

【原文】 水法最多难尽述,略举大纲释盗惑。
世传卦例十数家,彼吉此凶行不得。
自然水法君切记,无非屈曲有情意。
来不欲冲去不直,横不欲反斜不急。
横须绕抱及弯环,来则之玄去屈曲。
澄清停蓄甚为佳,倾泻急流何有益。

【注解】 水法:即收水、消水之法。《地理新法》云:"水路应自吉方流向凶方,如此则吉。若水路自凶方流向吉方则凶,因为他冲破了生旺方。"何为吉方?何为凶方,因其派系不同,故吉凶之位也有区别,简单介绍几种于下:

一、三合双山水法: 亥卯未属木,乾甲丁从之;巳酉丑属金,巽庚癸从之;寅午戌属火,艮丙辛从之;申子辰属水,坤壬乙从之。水从生方旺方来,从墓绝方消出为吉。反之,水从死绝方来,从生旺方消出,是破了生旺,故凶。

二、玄空水法: 歌曰:"丙丁乙酉原属火,乾坤卯午金同坐,亥癸艮甲是木神,戌庚丑未土同真,子寅辰巽辛兼巳,申与壬方俱水神。"其用法诸书各说不一。《杨曾地理家传心法捷诀》云:"假如丙丁乙酉四火向,生在寅,临官在巳,旺午。午方宜水趋来吉,流去凶。申酉戌亥为休囚死绝,水来凶,水去吉。"此即生旺死绝论者。《地理全书》认为,不论来去,生入为吉,克出、生出为凶。如丙丁乙酉火向,宜亥癸艮甲木方水来,生入为吉。若庚戌丑未土方水来为生出主凶。亦有认为以双山为体,玄空为用,双山之龙,忌玄空之向坐并来水去泄破。故黄复初云:“按此以推,生旺休囚故谬,但于向上去生克出入之法,通关旧坟,亦多不验。”故近代多以为其不合地理。

三、黄泉水法:歌曰:“庚丁坤上是黄泉,乙丙须防巽水先,甲癸向上忧见艮,辛壬路上怕当乾。”为什么庚丁二山忌见坤方来水?因庚山甲向,丁山癸向,甲癸双山皆属木,生亥、旺卯、墓未,未即坤,故忌墓方水来,余类推。

四、八曜水法:歌曰:“坎龙坤兔震山猴,巽鸡乾马兑蛇头,艮虎离猪为八杀,墓宅逢之立便休。”此即龙受水来之方克制也。如坎方来龙,辰方水来,是土克水;坤方来龙,卯方水来是木克土,余类推。

另外,还有纳甲水法,宗庙水法,先天水法,后天水法,九星水法,禄马御阶水法,玉尺四局水法等,细细算来,何止本歌中所云之十数家。

以上水法,不仅为形法派所弃,也被三元九宫玄空之法所斥之。蒋大鸿在《平砂玉尺辨伪》一书中专立“辨八煞黄泉禄马水法”、“辨四大水口”二节以驳之。他说:“禄上御街,马上御街,其说卑俚不经,而最能使俗人艳慕。又有黄泉八煞二种禁忌,使人望而畏之,若探汤焉。我以为其说皆妄也。夫禄马贵人起例,见于六壬,在易课中已属借用,与地理禄命皆无干涉。世人学术无本,一见干支,便加禄马,推命家用之,地理家亦用之。东挪西借,以张之子孙,继李之祖宗,血脉不通,鬼神不享,此在杨曾以前,从不见于经传,后之俗子,妄加添设。”又云:“八煞黄泉,尤无根据,全然捏造,更与借用者不同。夫天地一元之气,周流六虚,八卦方位,先天后天,互为根源,环相交合,相济为用,得其气运则皆生,违其气运则皆死。我谓推求理气者,须知有气运随时之真杀，实无卦爻配合之煞爻。今真煞之刻期剥肤切骨者，不知避而拘忌八曜之假杀，亦可悲矣。”

《人子须知》一书在“水法定论”一节中，列举了十余种水法后说：“种种多门，各执一见，信此则失彼，从甲则违乙，茫无定据，岂理也哉噫。皆臆度阴阳，络笼祸福，而无真传灼见也。”

此亦错，彼亦非，何为真法？即本章所谓“自然水法”者是，以水来去自然之形以辨吉凶也。《都天宝照经》云：“乙字水缠在穴前，下砂收锁穴天然。当中九曲来朝穴，悠扬潴蓄斗量钱。两畔朝归穴后歇，定然穴在水中蟠，若有声为数钱水，催官上马御阶前。安坟最要看中阳，宽抱明堂水取囊，出夹结成元字样，朝来鸾凤舞呈祥。外阳起眼人皆见，乙字弯身玉带长，更有内阳坐穴法，神机出处觅仙方。”又云：“水直朝来最不祥，一条直是一条枪，两条名为插胁水，三条云是三刑场，四水射来为四杀，八水名为八杀殃。直来反去拖刀杀，徒流客犯人少亡。时师只说下砂逆，祸来极速怎堪当。塍圳路街如此样，急宜迁改免灾殃。前水来朝又摆头，淫邪凶恶不知羞。乾流自是名绳索，自缢因公败可忧。一水裹头名断城，下之虽发未为荣，儿孙久后房房绝，水到砂收反主兴。茶槽之水实堪忧，莫作荫龙一例求。穴前太逼割唇脚，不见荣兮反见愁。”丘延翰云：“大江大河横绕，干龙必尽于中；小溪小涧环抱，枝龙定结于内。十里之源入局，小干堪裁；一沟之水倒怀，小枝可结。直去者山若横拦，反为吉兆；环绕者砂虽飞走，大势何妨。屈曲而入怀，迎朝甚吉；直冲而割脚，高穴可扦。势若生蛇多屈曲，财旺人兴；势若直去遇横拦，衣紫腰金。来似之玄为上，去而不见为良。是以得水为最，藏风次之。”概而言之，水来宜屈曲，忌直射反跳；水去宜之玄，忌直泄反窜；两旁之水宜绕抱，忌背反冲胁，此以水自然之形以论也。

直冲水有两种。一是当面冲来，叫冲心水。冲心者，急流直撞入怀者是,又叫水破天心。虽是特朝,实则冲射。陶公云"当面朝入,子息贫寒",正此水耳。因朝水宜屈曲悠缓,不宜急峻直射故。一是射胁水,水从左右直冲两胁者是。水直来曰射,主横死、杀伤、阵亡、刑辟。左应长房,右应幼位。吴公曰:但凡水贵弯环,最怕冲心射胁。直者又为木形,所以水法五星中木体为凶,即因直射故。(见图1－14)

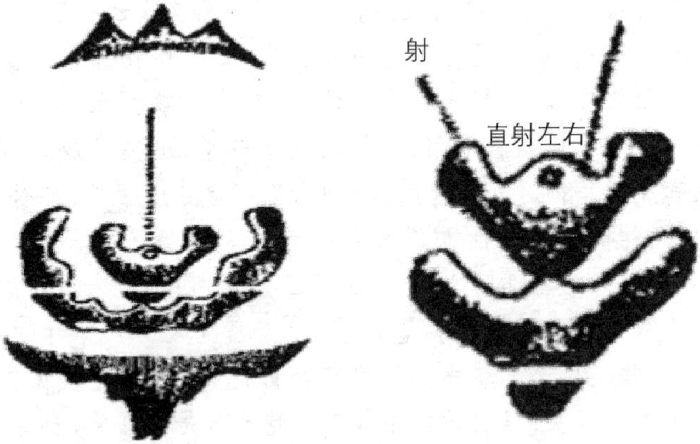

图1－14 左:冲心水 右:射胁水

屈曲水:不论是来水,还是去水,弯转回环,形如之字、玄字,眷恋回顾,与穴有情,叫屈曲水。经云:"九曲来水朝明堂,家中有人作宰相。""一年之中九升迁,定是水流九曲。"屈曲水不论来去,均属吉水。反水:反水有两种。一是穴星在水势环抱的弓背上,叫反跳水,反弓水,或背弓水。一是水看似屈曲而来,一到穴前又反身而去,叫反身水。这两种水皆不可取,一文不值,属凶水。主家中刚富裕起来,马上又衰败下去。轻者家退如洗,流离乞丐,重则灭绝。(见图1－15)

斜水:朝水不到明堂,或水虽绕穴,去势斜直,叫斜撇水。如

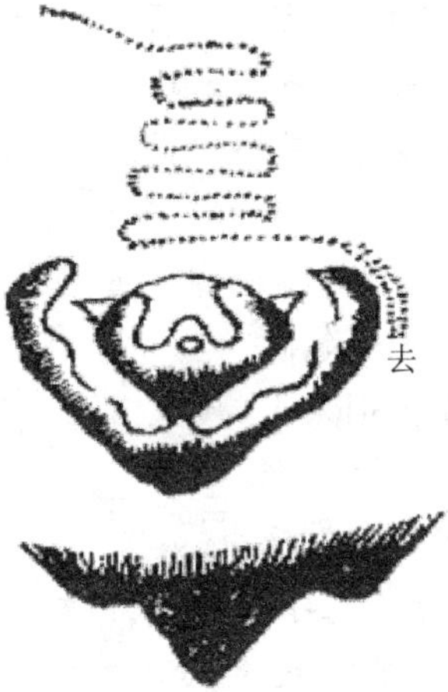

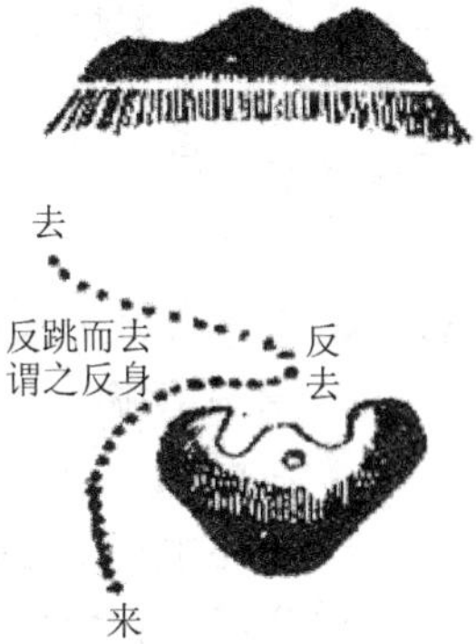

图 1－15　**左:九曲水　　右:反身水**

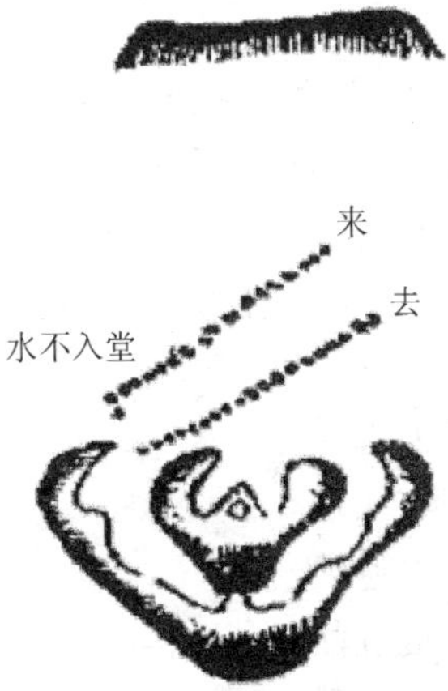

图 1－16　**斜撇水**

果立穴、立宅于此,财富之家主退财破败,官宦之家主降职丢官,属凶水。故卜氏云"登穴一见水斜流,退官失职"是也。(见图 1－16)

横水:水在穴前横直而过,既不朝穴,也不反跳,叫横过水。这种水奔流不止,龙气不歇,居此立穴,虽不为喜,也不主凶。

为什么穴一定要点在曲水环抱怀中?王育民在《中国历史地理概论》中说:"通常情况下,主泓道所经的江岸及岛岸,一侧受江流和潮汐的影响较大,容易发生崩塌。另一侧由于较平稳,泥沙容易淤积,岸线向外延伸。"这个容易崩塌的一侧就是江水屈曲的背弓侧,由于水性的惯性冲力,在此处建宅立穴,易被水侵蚀,易受水灾。容易淤积的一侧就是水环抱的一面。所以地理学家认为,立穴或建城于曲水环抱之中,因水流缓慢,易淤积成岸,比较安全。而在屈水外侧立穴安宅,易遭水患。这很符合河水的力学原理。从这个角度讲,立穴于曲水环抱之中是有科学道理的。

【原文】八字分开男女淫,川流三派业欹倾。
急泻急流财不聚,直来直去损人丁。
左射长男必遭殃,右射幼子受灾迍。
若还水从中心射,中房之子命难长。

【注解】八字水:朝水来到穴前,分成八字流走;或两水呈八字形当面流来,形如人张开双腿,名八字水,也叫分流水。在此处立穴,主儿孙忤逆不孝,不分男女,皆主淫荡破家。

川字水:不论何方,水分三股直射而来,或直流而去,直冲直泻,极是无情,主破家退财。

左射、右射、中心射:直水流来,急冲穴星的左右两方叫直射水,直冲穴前叫冲心水,直冲两胁叫射胁水,直冲穴后叫冲背水,都是凶水。左方为长男,中间为次男,右边为小房。水直射何方,何房遭祸。三方均射,三房齐败,伤子绝丁。射方有水拦截,谓之有救,凶气略减。

【原文】扫脚荡城子息少,冲心射胁孤寡夭。
反跳人离及退财,卷帘填房与入赘。
澄清出人多俊秀,污浊生子多遇殃。
大江洋朝田万顷,暗拱爵禄食五鼎。
池湖凝聚卿相职,大江洋朝贵无敌。
飘飘斜出是桃花,男女贪淫总破家。
又主出人好游荡,终朝吹唱逞奢华。

【注解】扫脚水:又云割脚水,穴无余气,而水扣脚者是。如果穴真,必有唇有毡,决无水来割脚。若水扣脚洗割,便非真穴,主贫寒孤苦,久而灭绝。若为仰高上聚之穴,却不以此论。反跳水:反身背城者是。此水极凶,主为军为盗,离乡打劫,生离悖

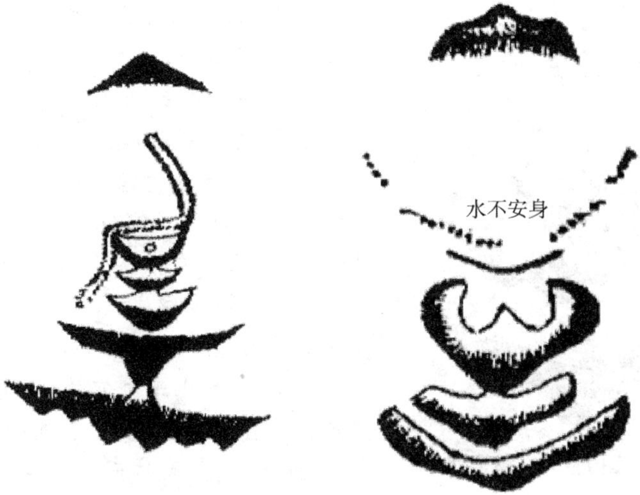

图 1-17 左:割脚水 右:反跳水

逆。卜氏云:"水绕过穴而反跳,一文不值。"(见图 1-17)

池湖凝聚:有两种。一为聚水,最吉。《山水忠肝集》云:"山朝不若水朝,水朝不如水绕,水绕不如水聚。水聚则龙会,龙会则地大。"吴公云:"一潭深水注穴前,不见来源与去源,巨万赀财无足羡,贵入朝堂代有传。"盖水本动,妙在静,中聚则静矣。如 99 面丹阳贺廉宪祖地是。一种叫聚面水,乃诸水融聚与穴前是。又名水聚天心,亦为水法中之上格也。(见图 1-18)

卷帘水:穴前来水在前方来回穿插,形如卷帘者是。若立穴于此,多主入赘、过房或填房。又一说:穴前之水倾跌而去者是。卜氏云:"卷帘水现,入舍填房。"此水极凶,主倒尽家产,少亡孤

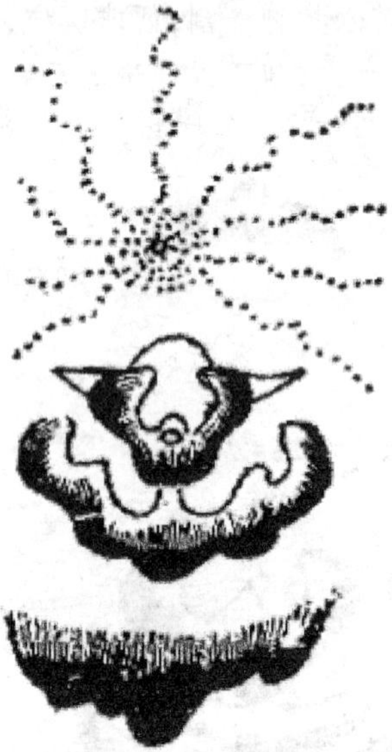

图 1－18 聚面水

寡;并主寡母坐堂,招人入舍,渐致绝人。

暗拱水:虽穴前看不见来水,但水在砂山之外,或环山抱聚而成湖,或屈曲环绕而去,是水在砂山或案山之外暗暗循环护卫穴星,叫暗拱水。经云“明朝不如暗拱”,因明朝恐带杀气,而暗拱有情,为吉水。如果水从穴后缠过,则名拱背水,即水缠玄武。赋云“发福悠长,定是水缠玄武”,因水能聚龙之气,水尤胜山,故主富贵绵远。(见图 1－19)

桃花水:有水来到穴边,并无环抱穴星,轻飘飘斜飞而去,形如裙带,叫桃花水,或名流霞水。主人淫荡,飘游或为伶艺之人。《玉尺经》则认为:子午卯酉四正之位又为四败之方,是咸池、桃花之位。如果水从此四方来去,叫桃花水。此以方位论,并非自然水法。

同时,水之清浊、强弱均有所主,《管子水地》云:“夫齐之水遒躁而复,故其民贪粗而好勇;楚之水淖弱而清,故其民轻果而敢;越之水重浊而洎,故其民愚疾而垢;秦之水泔最而稽,淤滞而杂,故其民贪戾、罔而好事;齐晋之水桔旱而运,滞而杂,故其民谄谀葆诈,巧佞而好利;燕之水萃下而弱,沉滞而杂,故其民愚憨而好贞,轻疾而易死;宋之水轻劲而清,故其民间易而好正。”由此可知,以古人之见,立穴之处,水之曲直、长短、方位、形状、深浅、急缓、清浊、聚散,都是各有所主的。

【原文】 屈曲流来秀水朝,定然金榜姓名标,

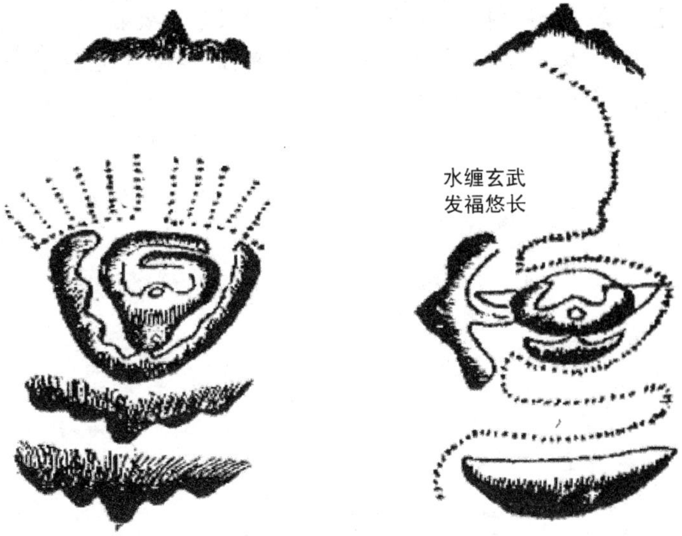

图 1－19　左:暗拱水　　右:拱背水

此水去流无妨碍,财丰亦主官豪迈。
水法不拘去与来,但要屈曲去复回,
三回五度转顾穴,悠悠眷恋不忍别。
何用九星并八卦,生旺死绝皆虚诡。
述此一篇真口诀,读者胸中皆透彻,
免惑时师卦例言,祸无福有须当别。

【注解】来去之水,只要屈曲盘旋,三环五绕,眷恋有情,就是吉水,其余诸水法都是虚诡之论。缪希雍《葬经翼》云:“(水龙经)通篇俱论水之形势情形,何尝有方位之说。术家懵于至理,妄以长生、沐浴、临官、帝旺等神煞吉凶配之,遂使吉者不葬,葬者不吉,惑世诬民,莫此为甚。今以水之宜忌具详于下:凡水抱不欲裹,朝不欲冲,横不欲反,远不欲小,近不欲割,大不欲荡,高不欲跌，低不欲扑，众不欲分，对不欲斜，来不欲射，去不欲速。合此者吉，反此者凶。”此论深得水法精髓，是对水龙经最精辟地概括，真为点石成金之论。

分　论

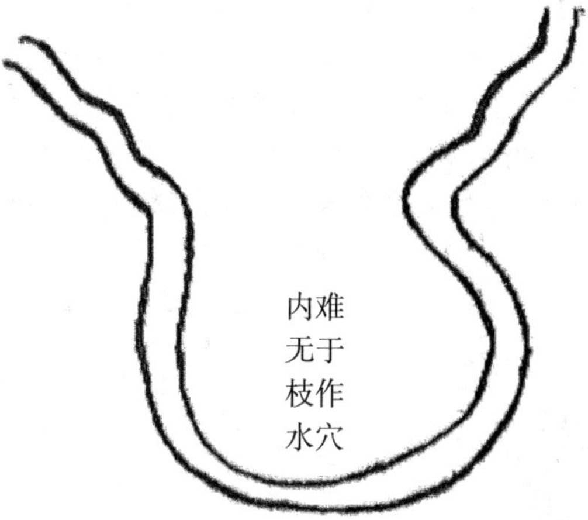

图1－20　干水城垣格

【原文】(见图1－20)大河大江,或从东南来,或从西南来,中间虽有屈曲处,并不见回顾环绕,十里、二十里,滔滔而来,如雁之飞,略无回翔之势。中间虽有屈曲,决不结穴。直至回绕环转回头之处,如雁之将止,则必回翔而后歇泊也,至此方是龙脉止聚之处。经云:"界水则止。"又云:"界水所以止来龙。"若一、二十里尚不见水回头,则前之屈曲处乃行龙处也。书曰:"龙落平阳如展布,一片茫茫难捉摸,平洋只以水为龙,水缠便是龙身泊。"故凡寻龙,须于来水城回绕处求之。然水之来路远,其势宽大,中须有小回头处,乃真龙束气结咽之处。即未结穴,直至大缠大回之处方始聚气。然到头形势宽大,又难捉摸,必须求支水界割何如。得支水插腹,界出内堂,砂水包裹,不疏不密,形局完固,方为真穴。若非支水界割,则大水虽环绕,终是茫茫无以指点。盖势宽则气荡,形大则气散,内无支水交衿,一片顽皮,何以立穴?虽无大害,必不发福矣。

【注解】干龙气势宏大,转身不如支龙灵活。虽有屈曲、回环,但小则数里,大则十数里、数十里,大缠大回,形势宽大,虽似结作,然龙气荡散,无法立穴。若有支水插界,束收龙气为最美,但也要根据形势活看。《天元五歌》云:"帝王龙神五百里,若然百里作王公,但有特龙来数里,亦许功名铸鼎钟。"这里虽是讲山龙,但水龙也同法。干龙绕缠,三面环抱,形如金城,来去有情,气势大者,可选为帝陵、帝都。中小者,可选为府县之所,并

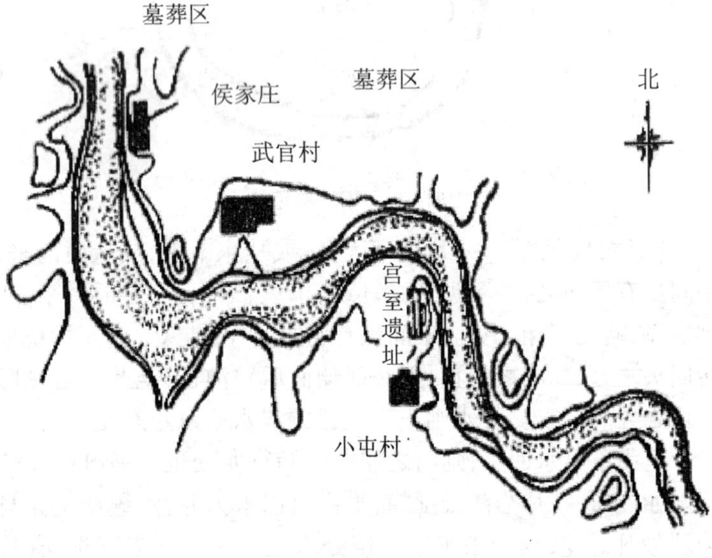

图 1-21 殷商宫室和墓葬区

图 1－22　柳州府图

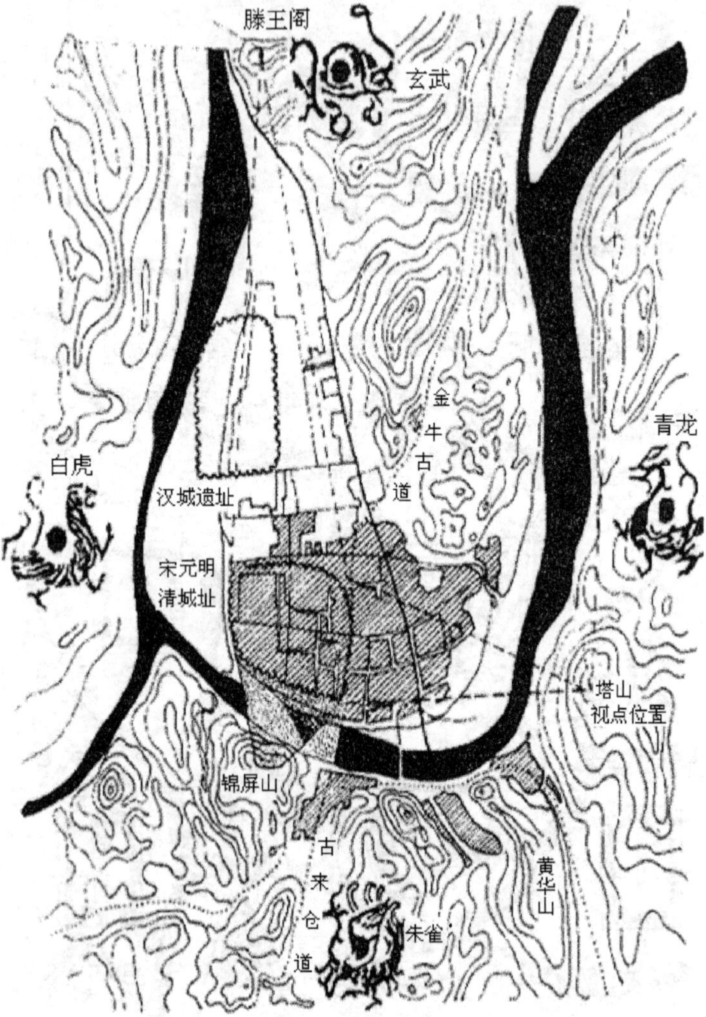

图 1－23 阆中城图

非定要界水插入。如河南安阳殷商时代的宫室和墓葬区(见图1－21),就是选在黄河大回环的屈曲处。

从本文所绘水格来看,西北来水屈曲,缠青龙,绕玄武,兜白虎,回环而去,形如金城,去时回顾,来去束气,形局宽大,实为建都市皇陵之佳地。

再看图1－20,其形与广西名城柳州、四川名城阆中极为相似(见图1－22,1－23)。

西江的支流柳江,至柳州后形成大回环,三面环绕,紧抱柳州城。长江的支流嘉陵江也是迂曲于阆中城三面,形成大结局。李献卿在《南楼诗》中赞阆中城是“三面江兴抱城廓,四面山势锁烟霞,马鞍岭上浑如锦,伞格门前半是花。”二城均是三面水绕,四面山围,其风水格局,为历代风水学家侧目。两城均有上千年历史,盛传不衰。足证大回环的格局亦可为大局结作,并非定要枝水插入。

【原文】(见图1－24)此局干水斜行,似有曲折,而非环抱,又无枝水以作内气,总不结穴。

【注解】不论干龙、支龙,只有屈曲环绕方为结穴。而屈曲环绕,又重在环绕二字,只有屈曲而无环绕,形如蚰蜒也无结作。此图干水斜行不正,为其一;虽有屈曲,而无环抱,为其二;去水斜窜,再无回顾,为其三。故地不成形,气不凝聚,为散气格,没有结作。若在弯处插一枝水,二水合襟以止来气,方可立穴。

【原文】(见图1－25)右前一枝大江,自右倒左;右后一枝大江,亦自右趋左,与前倒左水合流屈曲而去,此正两水合流一水引脉之局。又云“两水合出是真龙”,龙从右来穴倚左。局中龙脉宽大,却要寻枝水插腹割界作内局龙虎,前后左右朝抱,包裹周密,方可立穴。此局于腹中插入小水分界,左右重重交锁,三分三合,束气结咽,龙脉到头圆净端严,形势极秀,横来横受,

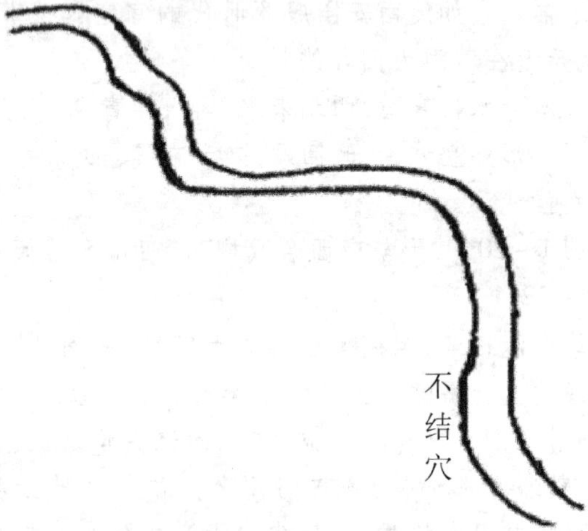

图 1－24　干水散气格

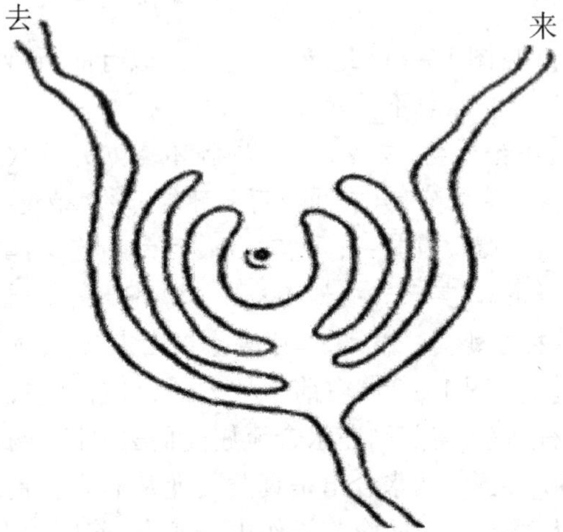

图 1－25　枝水交界格

向前面砂水弯抱处立穴，以迎西来水，其福力甚大。

【注解】龙虎：语出《葬经》："以左为青龙，以右为白虎。"故不论东西南北，穴的左边皆为青龙，其山称为龙山，其水称为龙

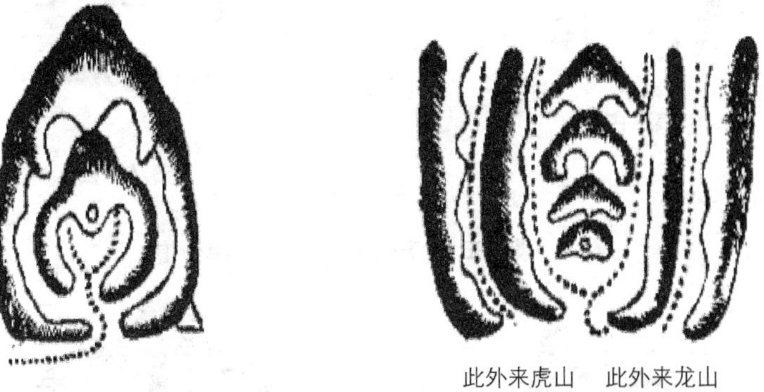

此龙虎自本身左右两臂发出者，谓之真龙虎，极有力。

此龙虎自外山生来者，谓之假合龙虎。若穴间不见，则不可作龙虎论也。

图1－26　左：本身龙虎图　　右：外山龙虎图

主卖尽田庐，离乡绝嗣。

主妻拗子逆，兄弟不和。

图1－27　左：龙虎顺水　　右：龙虎反背

图 1－28　左:龙虎推车　　右:龙虎相争

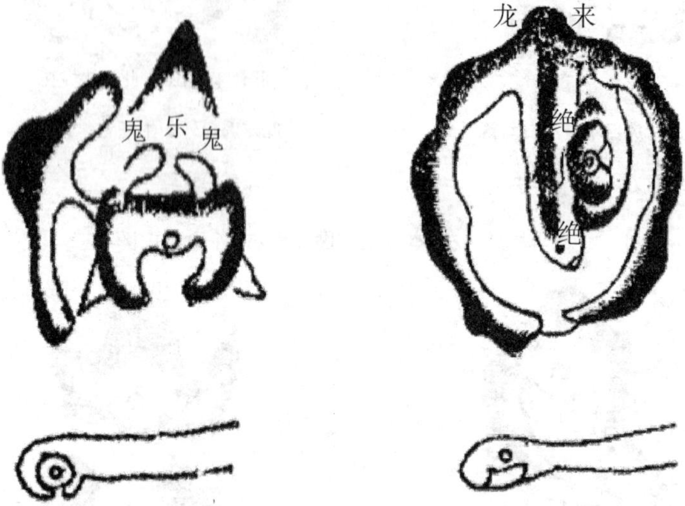

图 1－29　左:横龙入首　横口穴　　右:横坐穴场　横乳穴

水。穴的右边皆名白虎,其山称为虎山,其水称为虎水。《风水去惑》一书云:"案《曲礼》曰,行前朱鸟,而后玄武,左青龙,右白虎。郑氏注以此四兽为军乘,象天也。疏云:此明军行象天文而作陈法也，何允？如鸟之翔，如蛇之毒，龙腾虎奋，无能敌此四物。”崔灵恩云：“此谓行军所置旌旗，于四方以法天，是则管辂即据军行所见而言此。正所谓不假卜筮而知吉凶者也，与风水何涉乎？作《葬书》不知军陈象天之义，以为凡墓皆可乘之，遂粉饰其词，术家沿误至今，甚属无谓。”由此可见，青龙、白虎、玄武、朱雀四兽是借用军旅之词以名之。

龙虎有吉有凶，简而言之，穴星两旁宜有山或水环绕抱穴，以固真气为吉。若左右砂水直窜、反跳、或边有边无，真气皆散，其穴必假，葬之必凶。下即龙虎之吉图和此龙虎之凶图。

横来横受：横受者，乃横脉入首而结穴者是。或从右来，或从左来，须要穴后有乐有鬼。廖氏曰“横龙穴后必要鬼乐，宜峙后”是也。此穴不宜元辰直长。

以本文之图论，上南下北，左东右西，龙从南来，水从西南、西北方朝来，至穴前合襟，从东南消出。若朝北立顺受穴，虽龙虎齐整，但当面水直冲穴前，无案砂横拦，名水冲天心，反凶。故坐东朝西横受，此避凶趋吉之法也。（见图1－26、1－27、1－28、1－29）

【原文】（见图1－30）西南水来，迎合东南来水出东北，却于东北插一枝水，分界于左右，作龙虎砂横夹于前后。中间插一枝水，横界于前，左右有金鱼水紧拱于两间，作横来正受，而来水护卫周密，三分三合到头，上气完固如斯。经云：“水要有分合，有合气方洽。”

今此局三分三合而转头向南，委曲活动，略无硬直之杀，主富贵全美。若东南屈曲而来，穴中望之，如在目前，其秀尤佳，文翰声名，可发甲也。

【注解】金鱼水（图1－31）：穴既开口，合口处有唇，唇下有水影兜界，名曰金鱼水。有唇则肉地自厚，穴气自融。有金鱼水

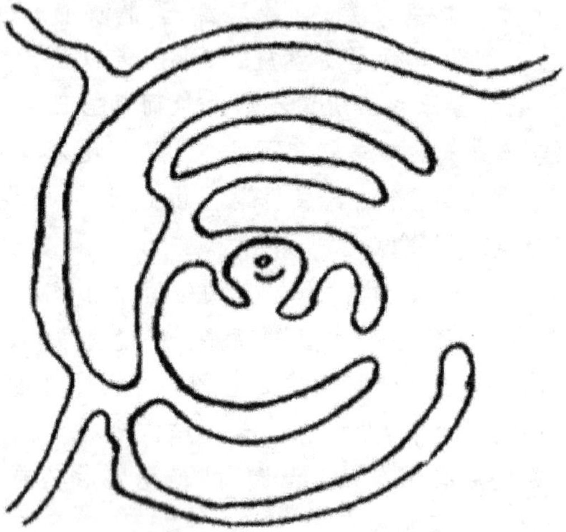

图 1-30　支水交界格

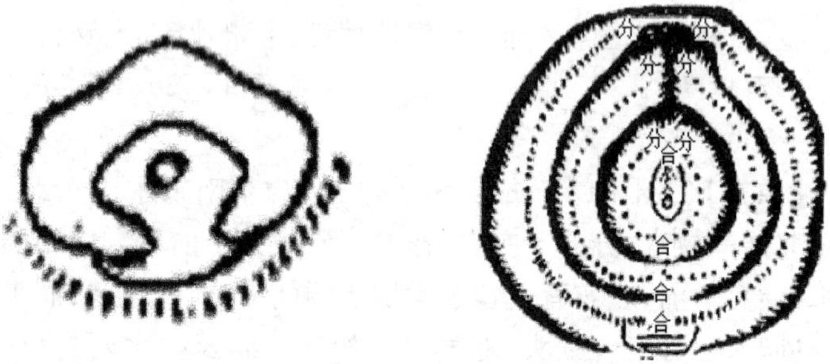

图 1-31　左:金鱼水．右:俗图分合

则界断内气,不使走散。凡作穴多以此定真假,无金鱼水界气者,穴必不真。

分合:来处必分,止处必合。穴后宜分不宜合,分则顽气自脱;穴前宜合不宜分,合则砂水自向,门房自开。《家宝经》云:

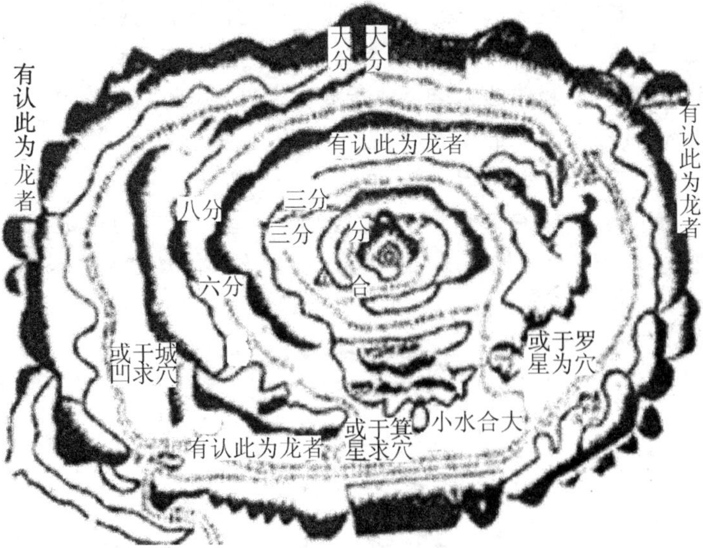

图1-32　大分大合图

“大凡点穴，先看大八字下有小八字，两边有虾须水送气脉下来，交到三叉尽处必开口。然如是又有辨认上分下合分晓，方知真假。若上面有分，下面有合，阴阳交度，乃为真穴。或上面有分，下面无合，则是阴阳不交度，乃为假穴。分合有三：其一、乃毬檐水分来下合，为第一合；其二，乃小八字水分来下合，为第二合；其三，乃大八字水分来下合，为第三合。”《人子须知》云：“有合无分，则其来不真，内无生气之可接。有分无合，则其止不明，外无界脉之可证。”古有三分三合图，沈镐注云：“此世俗所谓三分三合也。果如此，而作一穴，但龙直水直，不甚发福。又恐脊强面硬，还是虚花，并不作穴也。龙星必有三分，不必直来；必有三合，不必直受。俗图以直教人，真盲引瞎指也。”并自绘一幅大分大合图(图1-32)。

沈镐注云:此大分大合之式也。真龙曲折,真穴窝藏。有认城为龙者,有认屏脚为龙者,有认帐角为龙者,有认龙虎为龙者,并有认案砂、拦山为龙者。或于砂头求穴,或于杀曜、官星、罗星求穴,或于山角折皱中求穴,世俗分合之法,何处无之?独大分大合真窝真晕,却懵然不晓,奈何!

东南水来:东南为巽方,天上为太微垣,中有太乙星,五尚书星,主文章,故山龙巽方有峰高耸,水龙巽方有水屈曲朝来,均主文章盖世,登科发甲。

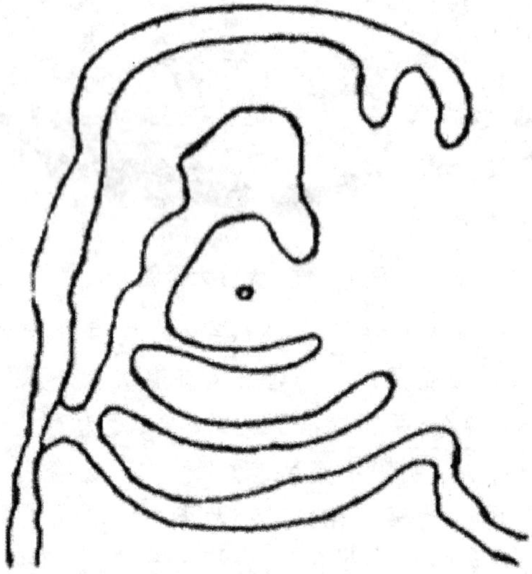

图1-33 支水交界格

【原文】(见图1-33)此势受水,只从后面右来,绕玄武而回头,即于左边局后屈曲而去。于后大水去处插一支水,从左向前弯弓抱过右边,即作外包裹。又于左之右插一枝水,上前分作两股,一股向局后过右界出龙脉,一股向局前聚水成池,其砂水处处回头于左侧，此亦横来侧结穴也。前有小荡作聚水，堂宜对小荡正受，亦主科甲发贵。盖玄武水虽不顾穴，却于左边绕局后而去，乃真气也。

图1－34 都昌吴孝子祖地

【注解】玄武:穴局的后方称为玄武。凡穴后方有山或有水,叫玄武山或玄武水。

正受:顺山水来脉而受穴。其山脉已剥换脱杀得尽,至入首处不强不弱,微微一脉,迤逦而来,无直冲剑脊,落脉屈曲,正接来脉而下穴叫作正受。水龙亦同,干龙环抱有情,支龙插界环绕,正接来龙而下亦曰正受。本局是指面向小荡立穴,正受小荡之气。

聚水:水聚于穴之四周叫聚水。水聚在穴前,叫作水聚天心。经曰“水朝不若水聚”,故穴前之水,最宜深聚。湖有千年不涸之水,家有千年不散之财,故聚水为至富至贵也。但不论水聚在穴前或穴左右,均宜有案砂关气,否则荡散不收,亦不为吉。

如都昌吴孝子祖地(图1-34)。此地在湖滨,来龙开帐,入首结垂乳穴,两畔包裹,前对三山甚秀。一湖之水,倒入穴前,下手一石,挡水为回流,葬后巨富。出孝子可畏及诸秀士,福祉方隆。(按:此局穴前聚水,但近有石曜如印,远有三山朝拱,使真气不散,故美。若无石曜远山,则气散矣。)

【原文】(见图1-35)坐下或从东北,或从西北插一枝水,上南屈曲,一路向左插上,一路向右插上,割界左右,龙虎交锁。及抱于坐下,成龙虎交抱势,到头成仙人仰掌,仰结窝穴,逆来脉立穴,取向作回受穴。顺脉立穴,取向为顺杖穴。得龙虎砂朝抱于前,其秀尤速。此二法俱可,但看前后朝应何如。如前有远朝曲水,可迎立回受穴。如后有曲水远朝,或远山呈秀,作顺杖穴。此势虽缠玄武,弯抱如弓,并无分泄,城秀完固,局势周密。主百子千孙,朱紫满门。若东北或西北一路水分泄而去,其力量便轻矣。

【注解】(见图1-36)龙虎交锁:穴场左边青龙水来,右边白虎水来,至穴前合而为一,环抱穴星,叫龙虎交锁或交抱。交

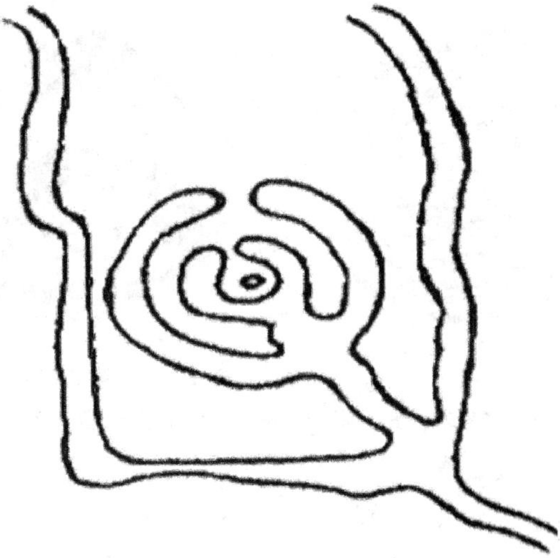

图1－35 支水交界格

抱愈多愈美。

仙人仰掌:此喝形呼穴。山龙剥尽,落脉处一片平地,如仰掌形,是山龙仙人仰掌穴,其穴多结于高处。水龙左青龙,右白虎,二水交汇,中有一突,其形如人掌仰放,故云仙人仰掌。杨公云"仰掌要在掌心里,左右挨排恐非是",故宜在凹窠正中处立穴,也有在弦厚处接得来脉处立穴者。

窝穴:穴法四象之一,即廖氏所说的开口穴。《葬经》云:"形如燕窠,法葬其凹,胙土分茅。"故凡鸡窠、锅底、掌心、旋螺、金盘、铜罗等形都是窝穴。山龙结穴有窝,平洋龙亦有窝,此皆太阳之气所化而成,其来龙必然阴落,所以展开阳面以纳之。《疑龙经》云:"窝形须要曲如窝,左右不容少偏坡,偏坡不可名窝穴,倒侧倾摧祸奈何。"廖氏云:"凡开口之穴,灵光合聚于中,余气分行于外,雌雄相顾,血脉交通,所以谓之吉穴是也。"惟宜

图 1－36　龙虎交抱　　图 1－37　张口窝穴

弦棱伶俐，两掬弯环，口中圆净，有脉路曲折可寻，方可于窝中立穴。若有落槽、偏陷，均不宜于窝中立穴。窝穴虽一，体有不同，此处简介几种，见图 1－37 至图 1－40。

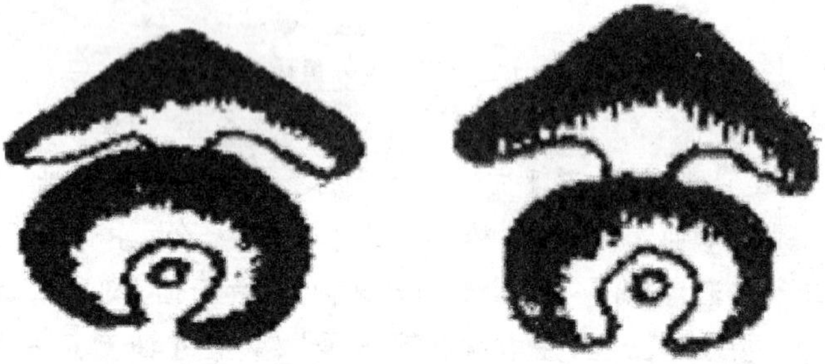

图 1－38　左：藏口窝穴　　右：深窝穴

开口窝：又称张口窝，凡左右两掬不交会者是，穴多点在窝上凸起之处，宜两旁有界气之水，左右有砂缠护，下手有砂关拦，水回环尤佳。

藏口窝：凡左右两掬交会者是。窝不宜太狭小，口内要圆净，弦棱明白。若穴落于湖荡中，宜有一臂关拦，成为内蓄小荡方美。

深窝：开口中深藏者是。但不宜太深，坑陷要深得其宜。窝

图1－39　左:浅窝穴　　右:阔窝穴

图1－40　左:顺杖　　右:狭窝穴

中有微乳、微突者谓之阳中有阴,虽深不忌。若无乳突,切忌深陷。又须窝中圆净,弦棱明白,两掬弓抱,方为合格。若窝太深陷,又无乳突,弦棱不圆,左右偏倾,即是虚窝、假窝,决不可下。

浅窝:开口中平浅者是。但不宜太浅,太浅则不明,要浅得其宜,如金盘、如荷叶之类。而又窝中弦棱明白,两掬弓抱方为合格。若窝中太浅,弦棱不明,懒坦无情,则非真窝,不可下。

阔窝:开口中宽阔者是。窝既宽阔,则不宜太左右交会,要窝中有微乳、微突,就乳头穴顶安扦,方为合格。不然多是空亡、虚冷之窝,气不凝聚。又须窝中圆净,弦棱明白,两掬弯抱,乃为合法。若窝形太阔,又无乳突,弦棱不明,左右偏倾,或两掬不交,则不可误扦。

狭窝:开口中狭小者是。虽狭小,也要相停,不可太狭,恐开口不真。宜狭小适当,如燕窠、鸡窠之类。而又窝中圆净,弦棱明白,两掬弯抱,方为合格。若窝中太狭小,口内不圆,弦棱不明,左右不抱,则非真窝,不可误下。

另还有大窝、小窝、长窝、短窝、边窝、凑口窝、边角窝等,均因地形而灵活运用,不可拘泥。

回受穴:回受即翻身顾祖,逆接本山来脉而结穴者是。经云:"婉转回龙似持钩,未作穴时先作朝,朝山皆是宗与祖,不拘十里远迢迢。"必须祖宗高耸清秀,落脉细嫩,如珠丝灰线,顿跌起伏,转折而来。降体无脊石,不点驳,无枝脚冲射。朝山虽系祖宗,但对峙之间,如宾待主方是真穴。

顺杖:杨筠松《十二杖法》曰:"顺者,顺乘乎本山之来脉而受穴者也。必其后龙已经剥换,脱煞得尽,及至将入首处,不强不弱,不饶不减,微微一脉,迤递而来,无直撞剑脊,细看则来实清奇。而真正远视,则其脉若散漫而难收;在穴场视之,则见穿心对顶,朝案端正,龙虎和平,堂水中聚,分合清切,毡檐界限,证佐分明,唇脐端圆,正接来脉而下。"

分泄:青龙与白虎虽成交抱之势,然未经汇合,一路向外斜飞而去,反使真气分散,故曰分泄。

【原文】(见图 1-41)穴前曲水,不问三曲五曲,周匝整肃,自右过东,就身回抱而去。却于曲水后分枝割界,作重重龙虎,分列左右,双双回头朝顾,如拜如揖。穴后枝水分合,五关四峡,重重结咽,束气兜收。得此形势,极为周密,秀水完固,来水屈曲呈秀，来脉尊贵端严，左右重重卫护。主有百子千孙，世出魁元、神童宰相。若穴前含蓄聚水，富堪敌国。若水系左来于穴前，屈曲而去，其福力不减，但为官清贵无财，清白传家也。

【注解】结咽、束气：龙至止处，左右龙虎只只齐止，回头交抱望穴；左右送龙之水，于穴前合襟；下手砂自逆水回拦左右随从之山，兜住山水，使龙之真气完固，叫结咽束气。或水口去处，两岸之山周密重叠，交结关锁，犬牙交错，以固真气者，亦叫结咽束气（见图1－42）。如笪氏祖地（图1－43），此地在德兴，土名港口，龙旺穴尊，龙虎降伏，明堂平坦，而左畔一砂顺水拖下，乃是顺关门。李养素下，课云："子午之秋，步蟾宫而折丹桂；丑未之春，登虎榜而宴琼林。"后果出二贵，嘉靖壬子，戊午秋榜；乙丑进士，今福祉未艾。经云"山管人丁水管财"，水是看财富的主要条件。水虽屈曲来去，在穴前并非聚集成池荡湖泊，是财来

图1－41　曲水朝堂格

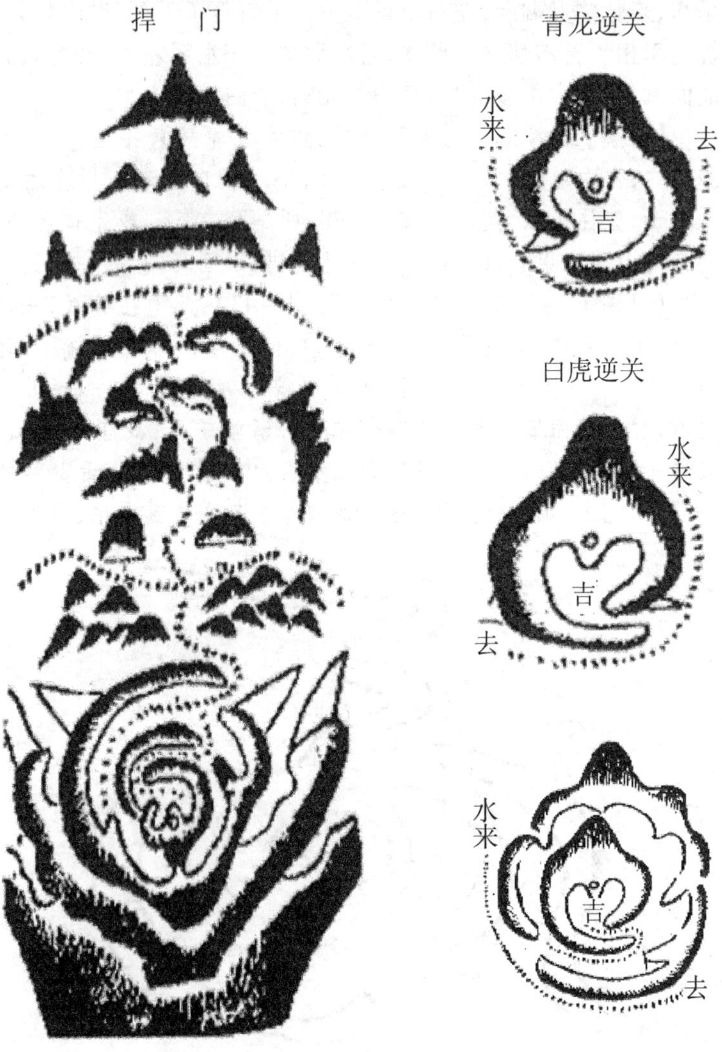

图1－42 **结咽束气**

财去,财气不聚,虽贵不富,故云"清贵"。

图 1-43 笪氏祖地

【**原文**】(见图 1-44)凡见曲水当面来朝,横过穴前,须得就身回抱,屈曲而去,坐下要枝水割界,兜收龙脉,或一重、二重、三重,叠叠绕于穴前后方成体势。其穴前横界深水不宜太阔,太阔则气荡;不宜太狭,太狭则气促。面前朝水如箭射,恐破气荡泄。

此地曲水一路单缠兜收,脉气凝聚,大能发福。但坐下无元武水大江绕护,乃是行龙腰结,非尽龙也,其力量比两水合出稍轻。若得去水在元武后回头,从坐下包聚而去,更自不同。

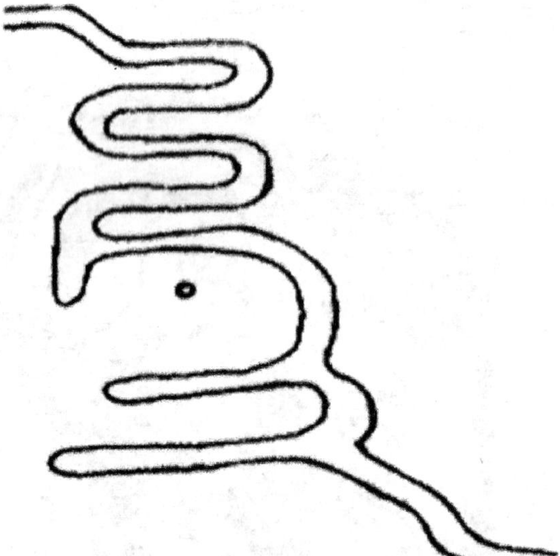

图1-44　曲水朝堂格

【注解】腰结:先说山龙。龙自祖山发下,去祖已远,迢迢而来,大顿小伏,中间忽起高山以为少祖。自少祖下或六七节,或十数节,再起星辰,结顶降势,过脉落局,束咽融结,其大龙犹此作势远去而分行,因龙势未尽,故名中落或腰结。而分去之山或作我用,或为下手、为水口、为关拦,杨公云"大地皆从腰里落,回转余枝作城廓"者是。水龙亦是,流水屈曲而来,中有回环、兜收,又屈曲流去,穴结于枝水中间者是腰结。如此局,曲水于中回环兜收一重、二重而后流去,是流去之水缠玄武而为我用。《撼龙经》云:“龙若无缠又无送,纵有真龙不堪用。缠护多处到穴前,三重五重福绵延。一重护卫一重富,护卫十重宰相地。”此图迎朝水立局,玄武后缠两重,真气完固,当是大地。惜去水斜去不回头,减其福力。

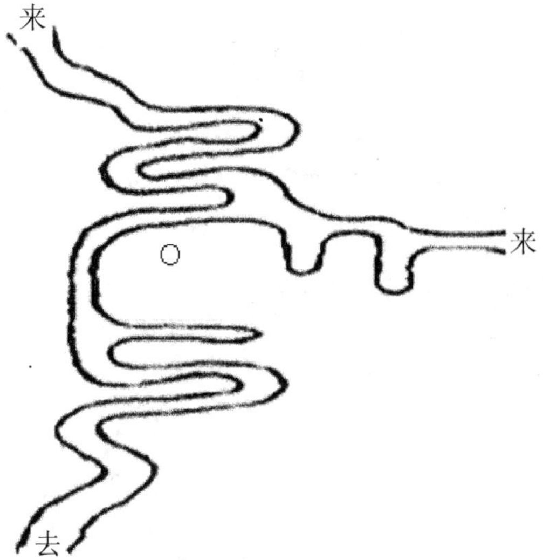

图1-45 曲水朝堂格

【原文】(见图1-45)穴前秀水当面朝来,与右来横水合流倒左,就身回抱绕元武,却回头向东北而流。来则屈曲,去则顾我,更得右水交会,此与一水单缠殊觉差胜,水交砂会,龙尽气钟,亦大地也。人丁繁盛,富贵非常。凡右水倒左灌堂,则前秀水不得过堂,而长房与二小房并发。若右水是穴前曲水分泄而去,则小房不发矣。后主迁移、过继,或易姓离乡也。

【注解】过堂:水在穴前明堂流过叫过堂。

穴右分房属小房，穴中分房为中房，穴左分房为长房。水从右边屈曲而来，过明堂倒左灌堂，主小房、中房、长房并发，但小房速而长房迟，因水先至右，属小房故。如果并未灌堂，只兜白虎屈曲而去，所主要以水去势判断；如果去水兜收有情，主小房发达；若水斜去无情，方主小房迁移过继，或易姓离乡。

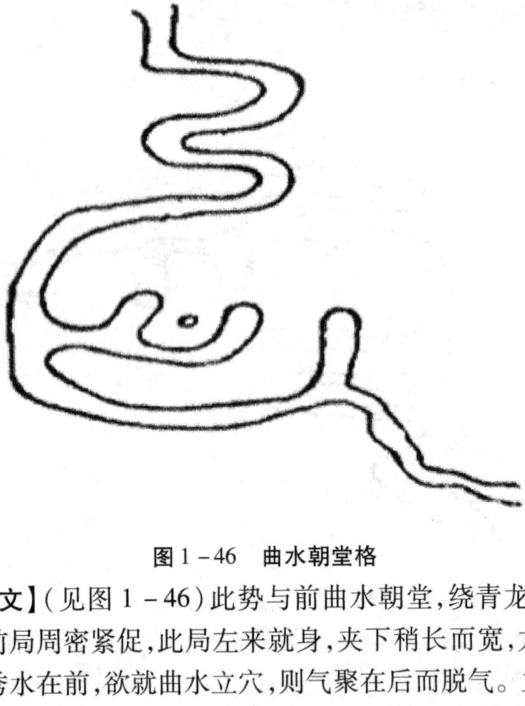

图1－46　曲水朝堂格

【原文】（见图1－46）此势与前曲水朝堂，绕青龙，缠玄武法合。前局周密紧促，此局左来就身，夹下稍长而宽，龙脉趋归玄武。秀水在前，欲就曲水立穴，则气聚在后而脱气。立穴就气聚处，则曲水远而乘受不及。如此形势，中间必有枝水插腹，兜收其气于中局，使前不脱曲水，后不脱龙气，前亲后倚，方能发福，而主文翰之贵。先发长房，后发中房、小房，更得去水之玄，则力量悠久。

【注解】脱气：龙脉落下，至结穴处必起平地，看其来脉急缓而立穴。若龙脉来势峻急，则穴宜缓受，离脉较远为宜，近则易受杀气。若来脉较缓，则宜急受，接近来脉立穴，远则真气已失，叫作脱气。如此局，虽前水屈曲来朝，后水绕抱而去。但堂局过于旷渺。穴立于后，则堂过于宽，不能呈接前朝秀水之力；穴立于前，则离龙太远，为脱脉。喜枝水插腹，真气凝局，前朝后缠均为我用，故为大地。

此局水从左首屈曲而来，左主长，故云先发长房。而水过穴中、穴右，屈曲回旋而去。因水流从左至右，故云后发中房、小房。

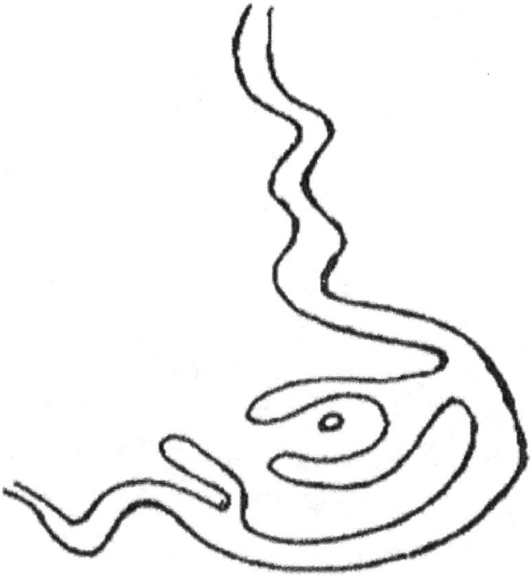

图1－47 曲水朝堂格

【原文】（见图1－47）或从左来，屈曲到堂；或从右来，就身环抱，绕玄武而去。或从右来，屈曲到堂；或从左来，就身环抱，绕玄武而去。其曲处须要如“玄”字样或“之”字形，不懈不疏，整肃周匝。至穴前却如弯弓就身,绕转包承于穴后,得此形势甚佳。若形势太宽,中间须得枝水割界,得脉络清奇。若局势周密,虽无枝水割界,亦可立穴。

【注解】钟义明按曰:前后都有水,要一水得挨星之生,一水得挨星之旺。如八运午山子向下卦:

T

四三 七	八八 三	六一 五
五二 六	三四 八	一六 一
九七 二	七九 四	二五 九

⇩

从八运午山子向飞星图看来,向上飞星九紫是八运生气,坐山向上飞星为八白,是当运旺气,是来水得生旺之气。前后之水皆吉,理气与形局皆美,葬后主富贵双全。

以上曲水朝堂数格,皆为朝水局。卜氏云:“逆水龙固美,不若当朝之穴为尤美。爰逆水多是枝龙,岂如干龙两水夹送,至结作处,却翻身数节,逆当朝水结穴,力量极大。”赋云“九曲入明堂,当朝宰相”,“大水洋洋当面朝,当代出官僚。”故朝水为催官、催富之吉水。须要注意的是,朝水宜屈折弯曲,悠扬深缓。忌急直冲射,湍怒有声。故此格贵在一个“曲”字,并非朝堂皆贵,当宜分别。

【原文】(见图1-48)凡曲水朝堂流,要折折整齐,厚薄相等,不宜东拽西窜,如风摆柳条,如风吹偃草,或盖过穴,或不盖

图1－48　曲水朝堂格

过穴,参差错乱者,虽见屈曲,无足取也。如垣局割界结咽,内气合局,亦能发福秀,但主子孙飘荡淫逸,爱歌舞,轻狂废业。若得进局,一二折水朝抱有情,亦主初年稳发,行至摇动摆跌处,不免退败之忧。

【注解】此图穴场龙虎交锁,玄武缠绕,支水插界,聚气完固,内形极美。惜来水无度,东窜西荡,摇头摆尾,参差错乱,坏了穴场龙气。初运气在穴场,虽可发福。然运一行至摇动摆跌之处,龙气荡散,后必破败。主子孙飘荡淫逸,爱歌舞,轻狂废业,此以形论也。

【原文】(见图1－49)凡曲水朝堂,须得三横四折,如之如玄,折折包过穴场,其转折处不至冲射。若来水虽见屈曲,东牵西拽,固不可用。若曲形如缠索,穴前虽见弯抱,而前面一路殊非秀丽,亦不为吉。如此形体,局中虽割成势,而穴之终难发福

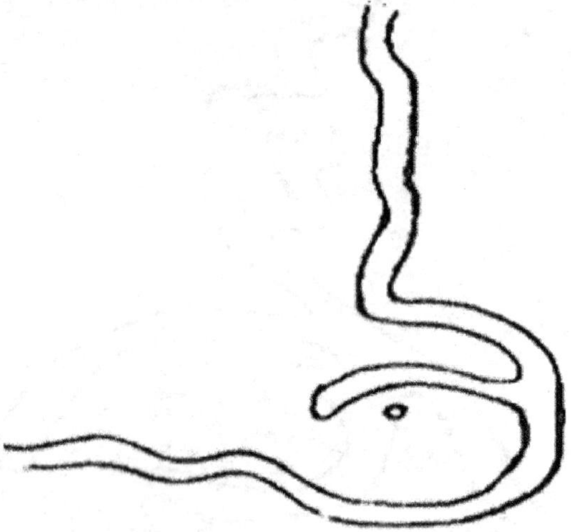

图1－49 曲水单缠格

即不冲不破，仅可小康。若有冲击，或左右前后略见分泄，必至破坏矣。远水如草之字，或如展索，而穴前弯抱，盖得穴过，望之不见前面冲射，亦主三、四十年发福。及水步行至之日，即衰退矣，不可不细辨。此图外局既全，内气复固，爵尊福厚，丁旺力长，美不可言。

【注解】冲射：虽单缠之水环抱穴场，屈曲转折有情，但转角处有水直冲穴场叫冲射，是破了穴场龙气，故难发福。

缠索：缠索水虽也有弯曲，但与屈曲水不同。屈曲之水弯回有度，折折齐整。缠索水则窜流无度，回环不整，形如绳索。屈曲水是水龙中至美之水，穴场得之，定然富贵。缠索则主贫困破败，故云“终难发福”。即使内局完美，也只为小地，发福短暂。

细析此图，虽单水环抱，内有支水插界，去水屈曲回顾，但来水如风摆柳，且直冲穴场，虽初可富贵，运行至成索处却有退败之忧,终难久长。并非如本文所言"爵尊福厚,丁旺力长,美不可言"。

图 1-50 曲水单缠格

【原文】(见图 1-50)一水单缠,只要屈曲有情,或从东南来,或从西南来,折折调匀,不牵不拽,不疏不密,三曲四曲,厚薄同情,未即结穴,互至回翔弯绕如满月之势,方成体面。其去水亦要回头顾我,所谓"洋洋悠悠,顾我欲留",是来要之玄,去要屈曲。然屈曲去处,最怕如绳索样,曲不远即反背走跳,亦不结穴。此水从东南来,三五折到局前,抱如满月。前面不厚不疏,而独到头一曲,独厚而圆净,此"水星曲池穴"也。得去水变局,不向西北而向东北者真。

【注解】反背:反背水与反弓水不同。反弓水是指来水反身背对穴场。这里的反背是指单水虽环绕穴场,但离开穴场不远即反身而流,再无屈曲,是看似有情却无情。

走跳:与反身水大同小异,虽环抱穴场,离开不远,或斜窜,或反跳等是走跳水,均主龙脉之气荡散,不能完聚。

此水从东南而来,若从西北方出去,是横斜过穴,并无绕抱之情,来去虽有屈曲,亦无真结。若从东北流出,必环抱穴星,再加来去屈曲,可谓龙真穴的,故云"不向西北而向东北者真"。

图 1－51 曲水单缠格

【原文】(见图 1－51)凡一水单缠,局内不宜太宽,太宽则气不归聚;亦不宜太狭,太狭则气不运化,生气急迫。若局势太宽,必须左右或前后有枝水兜乘,不使生气荡散方妙。荡前兜后,荡左兜右,又得元武水绕过穴后,上下包裹,则秀气完固,局势周密,得此形势,必大发福。若此势曲水当面朝堂,从左倒右,绕白虎,缠玄武,却回头复从元武而去,局内左右金鱼夹界,其气凝聚,是为真穴。一水单缠,乃为游龙戏水。

【注解】荡前兜后,荡左兜右:穴场前方过于宽阔,龙气荡散，则宜从穴后有枝水插入，兜收其气。若穴左过于宽阔，则宜枝水从穴右插界，兜收生气，如此则龙气凝聚不散，方可立穴。如本图就是穴左太阔，枝水从穴右插入而结局。

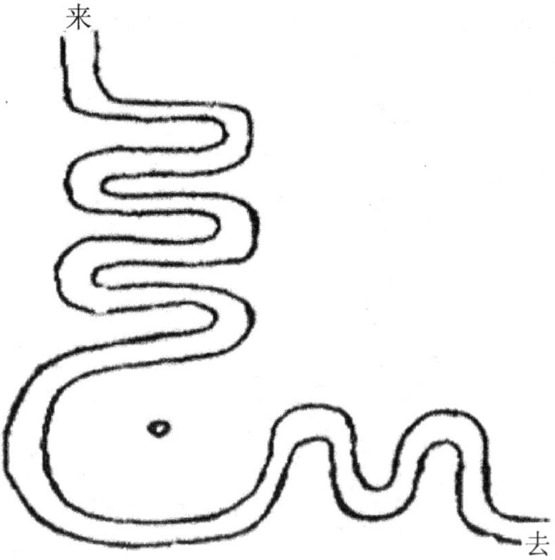

图1－52 曲水单缠格

【原文】（见图1－52）三横九曲，当面朝堂，不疏不密，不牵不拽，曲曲整肃，绕青龙，缠白虎，回头顾我，屈曲而去。中间并无枝水插界，左右兜乘，真气于中，此穴名“水星曲池”穴。穴前曲水端肃，皆宜正受，望曲水立向，此名曲水朝堂。缠青龙，绕元武，前后左右紧抱拱秀，乃大地也。赋云：“为官清贵，多因水绕青龙；发福悠长，定是水缠元武。”更兼曲水朝堂，去水回头，水法中之最吉者。凡曲池不宜太宽，宽则气恐荡而无归。玄武穴难向前正受，必有脱气失脉之患。若见宽大，必得支水兜架方妙。此势主出状元、宰辅，文翰飞声，三房并秀，百子千孙，富贵悠久。

【注解】水星曲池穴：水龙五星之体，金圆、土方、水曲、木直、火尖。此图来水屈曲朝堂，环绕穴池，又屈曲而去，三折五折，均合法度，是为水星之体，故云“水星曲池穴”。

绕抱处如果太阔，穴向前取，虽承曲水之秀，但脱离龙体。若向后落穴，则无法承秀，均难立穴，故宜支水兜架。

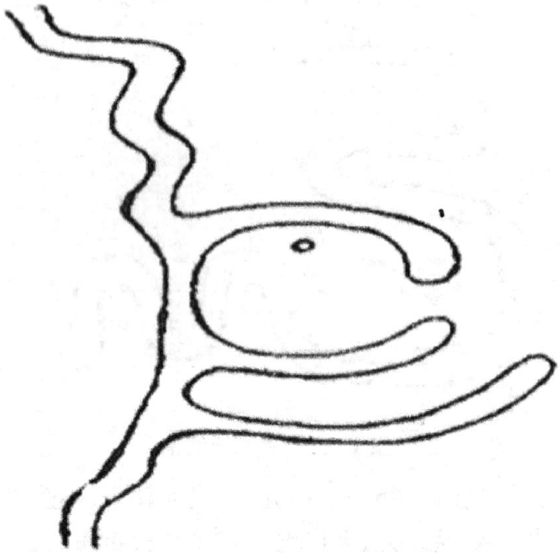

图1－53　曲水单缠格

【原文】（见图1－53）凡是曲水左来朝堂，不疏不密，不牵不拽，折折齐整者，宜从曲水至处立穴。穴前一水横迎曲水合流者，须得小枝水插界于后，方能收曲水之秀。

【注解】从飞星图（下图）上可以看出，巳山向上飞星是七赤金旺星，亥向山上飞星是七赤金旺星，犯了“山颠水倒”之大忌。喜坐山后见来水，仍以旺星到向论，是收得山方旺水之气。而辛

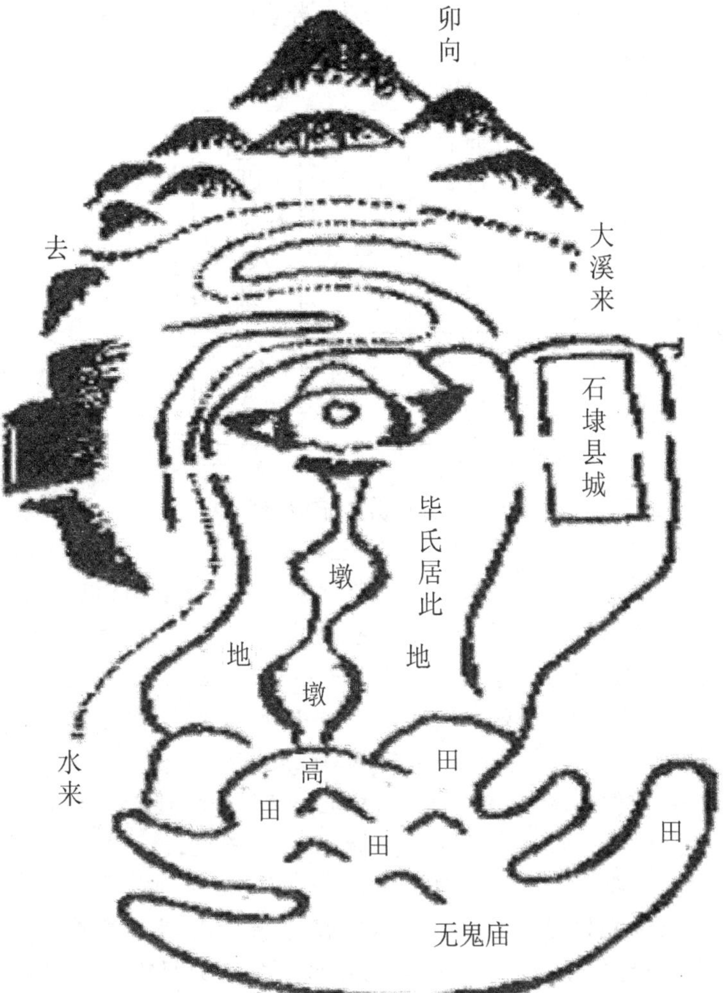

图 1－54　**石埭毕尚书祖地**

方向上飞星是一白水，属休囚之气，若收此方水反主不吉。

五七 六	一三 二	三五 四
四六 五	六八 七	八一 九
九二 一	二四 三	七九 八

七运巳山亥向飞星图

以上数格皆一水单缠。平洋穴法两水合襟固美，但一水单缠，屈曲秀丽，或抱穴身，或环绕过堂以界龙气，亦为美地，不可拘泥合襟水而弃之。如石埭毕尚书祖地(见图1－54)。此地在石埭县城后，龙与县共，不述。入首平地，连起三珠，尽突结穴，突面圆平，破突扦穴。后顶来脉，前据唇毡，左右交会，大溪横绕，明堂朝对，水口皆吉。葬后松坡公锵登会魁，累官户部尚书，富贵悠久。(按：此局水从穴后流入，单缠来龙，绕过明堂，屈曲而去，顾我欲留，极为有情，且固真气，证得穴真。)

【原文】(见图1－55)两水夹缠，合流而出，来见之玄，去见屈曲，局内紧拱，不宽不荡，不必枝水界割成形，只要中间界割束腰收气，则穴法自完固矣。两水合出，前面三五折，屈曲整肃，当面曲水立向，虽是顺水，而不至于直流直去，则亦不嫌于顺局也。龙尽气钟，而更得外堂曲水有情，明堂内如织女抛梭，节节兜乘，

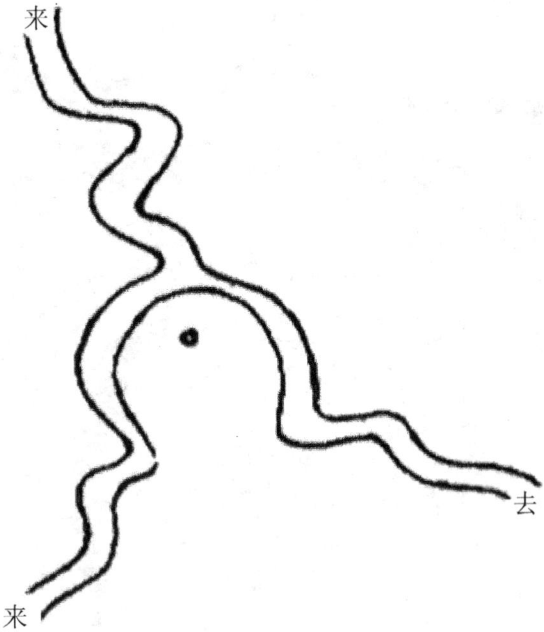

图1-55　两水夹缠格

则水虽去而气自固也。主发文翰清贵,仕而无资。若局山宽大,更得枝水兜插成局,而得水潴,更有回头砂包裹穴场,亦能发财,贵而又富。

【注解】虽两水夹缠,环绕有情,但穴前无水潴,水为财,是财不聚,故云清贵。若穴前得水潴,则是富贵双全。

详析此局,虽两水夹缠,略有束气,但两水呈八字形,去水屈曲向外荡去,龙气已泄。虽初运能发,终为淫泆飘荡破家,并非完美之局。

大凡两水夹送,至穴前合襟而去,名元辰水流出,即使水外有山横拦,有水横合,亦主初年不利。若无山拦水阻,是元辰直

图 1－56 泉州黄榜眼祖地

泄,亦非真地。如泉州黄榜眼祖地(图1－56)。该地在泉州府晋江县西南二十里,土名乌石山。其龙发自紫帽峰,辞楼下殿,奔腾踊跃,顿伏三十余里。将至作穴,大断过脉,忽起撑天大帐,横阔十余里,自帐内顿起冲天木星,一连三座,大小相等,疏密均停,结天然之穴。其大帐两角掬抱过穴,穴前两山交互圈内,自成一家,高数丈余,人行大路在下,莫知上有此奇。及登山入内,则迥然开畅,一龙中出,木星耸秀,诚如闺中之女。本身二水合襟,绕抱内堂交会,外洋宽平,前峰端耸如顿笏,当面海水九曲来朝,左右诸峰罗列,四神八将应位,三奇六秀咸集,真美地也。葬后六十年出榜眼仪庭公凤翔。

据说:榜眼公曾祖黄上舍,晚年得子,方半岁,上舍夫妇皆亡归,窀穸皆宗族与诸戚营之。及子长,而诸前辈亦谢世,将无识父母之坟。至晚年嘱其子曰:"吾生平未得履父母墓,今死不瞑目。汝勿葬我,须遍寻汝祖墓,倘天怜我,得附葬于侧,泉下瞑目矣。"其子遵父旨,遍寻四十余年,仍未得。嘉靖庚申年,忽有李、方二姓因争乌石山风水宝地而构讼。郡守拘山邻审之,皆云:"此山非李亦非方,乃黄氏祖坟,今五六十年不见有人祭墓。"郡守欲息二氏之讼,密令人觅有黄姓秀才之人。适黄凤翔从庠中来,被差人请见郡守,即得批付。及至坟前,碑石宛然,乃其祖上舍公墓也。遂以父骨附葬。不久凤翔即发魁及第。

按:六十年不享祭祀者,二水夹流穴前直出故。六十年后骤发者,前有横水拦截元辰水故。

【原文】(见图1－57)局前大水聚于明堂,从东南横架过右,抱身缠绕于元武,三曲四曲而去,砂水反关于坐下,其秀在穴后,法当向曲水立向。然前有曲水,明堂流神自南而绕,亦可就水来处立向,富贵两美。但聚水在前,秀水在后,先富后贵。若来水自北而南,福力尤重,代出魁元,只要曲水包裹整齐。若有

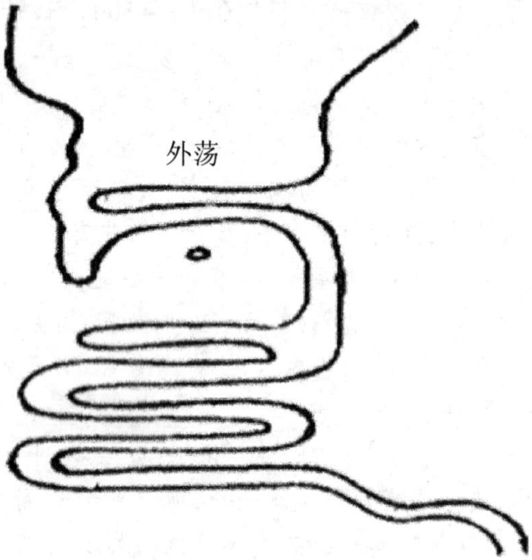

图 1－57 水缠玄武格

牵拽,便不发秀矣。左缠发长,右缠发小、中房。福力悠长,大旺人丁。

【注解】聚水主富,秀水主贵。此局如果朝聚水立向,是聚水在前,秀水在后,故云"先富后贵"。若朝秀水立向,是秀水在前,聚水在后,主先贵后富。

此局去水三折,若朝聚水立向,是折水在穴后,穴后名玄武之方,故云"水缠玄武格"。

【原文】(见图 1－58)前有曲水三四折,远远朝来,就身兜抱局后缠元武而去,入路得咽结处束气紧密,发福悠长,富贵双全,人丁繁盛,虽二三百年不衰。

【注解】此图左右龙虎砂水三层,重重环抱,右护卫有情,前朝秀丽,后缠有力,气固形美,故云富贵双全,发福悠长。

图1-58 水缠玄武格

【原文】(见图1-59)曲水当面朝来,不厚不薄,折折整齐,或左右就身环抱,从元武缠回而去,此势极秀。若圆抱紧夹,不宽不狭,法当凑前曲水中立穴。若就身环抱,宽大深长,则凑前立穴,恐真气劫泄于后,虽得亲就曲水,而真气脱穴,亦不发福。即当于曲水后求枝水兜插在于何处,若兜插中间,宜立中穴。兜插于后面元武前,宜立穴坐元武水,作回受穴。只要穴前望得曲水,虽远如在目前乃妙。如局内别无枝水插界,须以人力为之,无使真气劫泄脱气,但要迎受得秀水著耳。经云:“曲水朝堂,秀而可穴;缠护紧密,凑近迎扦。若还宽大,发福必迟。”

【注解】来水就身环抱,宽大深长。若凑前曲水立穴,则脱穴后龙脉之气;若就脉立穴,则难呈曲水之秀。此局最喜支水插界,若无支水,则形宽气荡,真气一时不能凝聚,故云“发福必迟”。

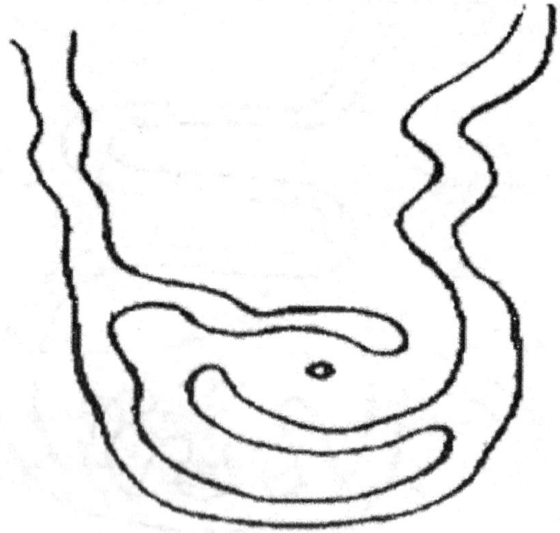

图 1－59　水缠玄武格

人力为之：如此局，若无枝水插界，穴立前虽朝秀水，但失真气；穴立后虽得真气，但失秀水，二者必失其一，不能两全其美。当以人力于中开一二枝水插入局中，此穴内作用二十九法之一，名"注法"。解云："龙脉阔大，向前食堂气则脱龙，向后接龙气则无水，当以注法作之。其法深立正穴，即于墩前开一堂聚，石砌方圆，倍于穴深一二尺，然后依法放水，再以石盖堂局。后开虾须，面前开水沟，远浅近深，流入外面小明堂，则水注穴内堂，前朝后接，两全其美矣。"

【原文】（见图 1－60）凡回受穴，多是水缠玄武，伪师云"坐空割背"者妄也。只要天源流水从东向西，左右得枝水插腹，重重包裹，割界结咽，与天分合清奇，其福力亦大。若从右边来，绕玄武出东南去，比绕青龙者稍轻。顺龙不如逆龙，以水向东流者常也，嫌于顺水。若从西南向北转，绕向南而出东南，穴向朝西，

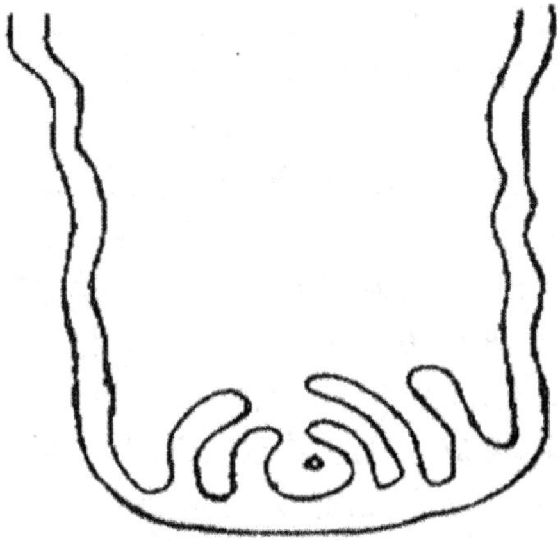

图1-60 水缠玄武格

得水绕玄武,其福力与绕青龙缠玄武相同,以逆势也,百子千孙,富贵三百年不衰。前有朝阳,邀幸其秀尤美,朱紫满堂。凡元武水缠,须得数百步之外便弯抱拱夹,仰折而去,方显正格。若面前滔滔横架而去,不见回头,此又不可以水缠元武论也。水缠者,绕也,回绕弯抱之谓也。

【注解】顺水、逆水:水从东向西流去,穴亦坐东向西,水自穴后流出,叫顺龙,即前所谓"顺水局"。水从东向西流去,穴却坐西向东,前迎来水,叫逆龙,即前"逆水局"。因顺水龙气有走泄之嫌,故其力稍轻。逆水则秀气直入穴前,尽收我用,故力重。

坐空割背:面向来水,背后一水单缠,因坐后有水,地势必低,故云"坐空"。一水直绕而过,其形如刀割背,故云之。此是以形辨穴之谬,经曰"水缠便是山缠",水缠之力比山缠之力尤大。此水缠于穴后,左右护卫,正龙尽气钟之真穴,故认此穴"坐空割背"为伪师之见。

以上四格,都是水缠玄武。凡水缠玄武,其情有二。一是水顺行之际,忽然逆抱兜收而成局,其情向穴,恋恋不舍者是。一是来水入口朝堂之后,又复绕抱于穴后,回奇献巧,有情照穴者是。蒋大鸿认为,水缠玄武为“坐水骑龙格”,其穴后之水可以灌注荫养亡者天灵(头)内的元精,使天魂再生,死者不死,而子孙蒙其福泽,称此水为“天一真阳水气”。但并非穴后有水就可后荫,必须其水形如玉带在后抱穴方是,此即本格“缠”字之意。

【原文】(见图1-61)一片大砂,周围四水团聚,中间却插一枝水,屈曲直至大砂中腹,或分作两路割界于左右,裁成龙虎砂,紧夹于穴前,蓄成一河荡,或五六亩,十数亩,涵聚于穴前。虽元辰向穴前出去,然得屈曲如之玄,不见直流,又得聚蓄不泄,则其形势尤佳,不可以元辰水直出而弃之也。亦主发福一二纪,财禄亦不甚厚,人丁虽盛而不秀,小贵而已。河荡中得一砂盖

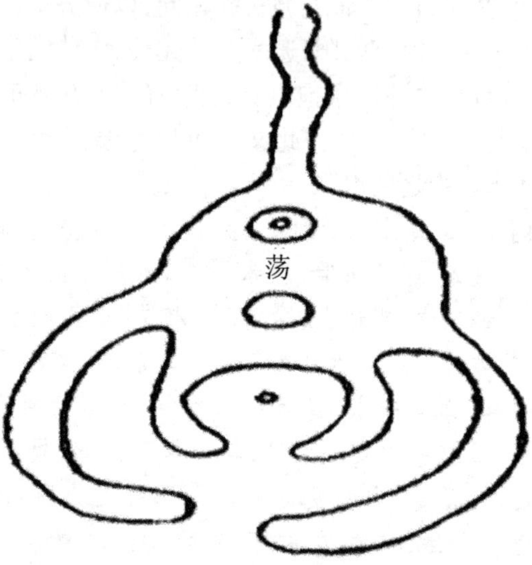

图1-61 顺水界抱格

过,不见前水去,乃为可贵。如无小砂盖过,三四十年便见退败。

【注解】砂:指穴场前后左右的山。砂和龙虽都是指山体,但却有区别,砂并非龙脉落处的穴场。但本文所讲的砂与原意中的砂又有所不同。本文中的砂是众水包围中的高地,正是穴场,定要区别,以免误解。

此图面向湖荡立穴,然荡前元辰水直流而去,虽水聚成荡,终嫌直泄龙气,故云财禄不甚厚,三四十年便见退败。然此图穴前有两小砂为案山,遮挡穴前,在穴场看不见直泄之水,贵气仍聚,形局不破,故云不可以元辰水直出而弃之,仍主富贵悠长。

图1-62 顺水界抱格

【原文】(见图1-62)此势与前局同,但无蓄聚水涵于前。明堂无聚水,却得前面枝水到堂,三四折如织、如抛梭,东西包裹,砂头双双抱护,虽无蓄水,因其曲秀,反主发贵,丁财亦盛。

【注解】此图与前图相较，前图穴前水聚成荡，且有案山、朝山，以势来论，前图胜于此图。但前图元辰水直泄而去，全靠案山遮挡，方有富贵，外局终是不美。此图虽无蓄水，但元辰之水屈曲而去，顾我欲留，眷恋有情，且东西护砂包裹，局固形秀。上局水直泻，此局水曲流，一直一曲，故此局虽无蓄荡，反胜前局。

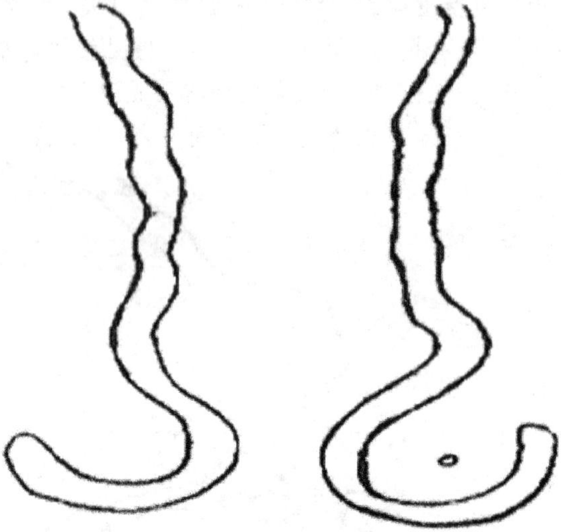

图 1-63 顺水曲钩格

【原文】(见图 1-63)曲水垂勾有两势。有曲水横来到头，却于尽处仰上作勾如钩。有曲水直来到头，却于尽处作抱水勾势。此二势俱可立穴，但要水来屈曲，不疏不密，不牵不拽，折折整齐，或迎曲水来处立向，或张曲水作朝，或垂勾尽处立穴，主少年魁元，奕世贵显，鼎盛一时，文章名誉。

【注解】细思此格，曲水到头，作抱水勾势，其水非支流入汇于干流，即干流注入于大海。前者为支水插界，后者为龙归大海，均为龙脉尽处之结作。若如此图，水至尽头，流注何处，去向不明,于理不通。大凡取穴,水至尽头,立向必兼顾他水,否则难以尽受龙气。

【原文】(见图1-64)青龙有水,屈曲就身,抱缠元武,回头顾我而去,此绕青龙、缠元武势也。却于元武插一枝水,转折直至腹中,作一挽水勾形穴之,亦能发福。穴前虽无吉秀砂水朝应,而水脉自坐穴后来,气脉完足,丁财极盛,贵而悠久,亦佳格也。

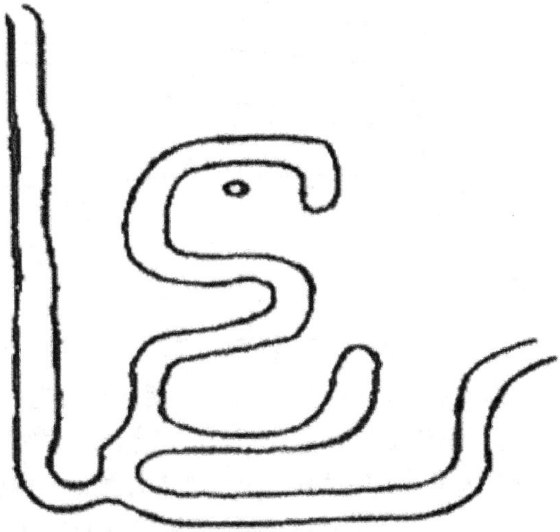

图1-64 曲水倒勾格

【注解】此局水从东南而来,绕青龙,缠玄武,回环成钩,之玄而去。中间形局宽阔,龙气荡散。喜东北枝水插腹,三曲四折而结穴。虽来水直硬,但穴后水屈曲有情,内气周密,故亦富贵。若内外之气皆散,却不能立穴,应细辨之。

【原文】(见图1-65)大江大河于前,或有大江远远屈曲而来,与大江横架水交会。其交会之处,并无枝水收受,荡散龙脉,

似难立穴。却于数百步之后,又有一水插界,中间有枝水插进腹中如勾,仰如掌。或勾左,或勾右,与曲水相对,虽远数百步,望

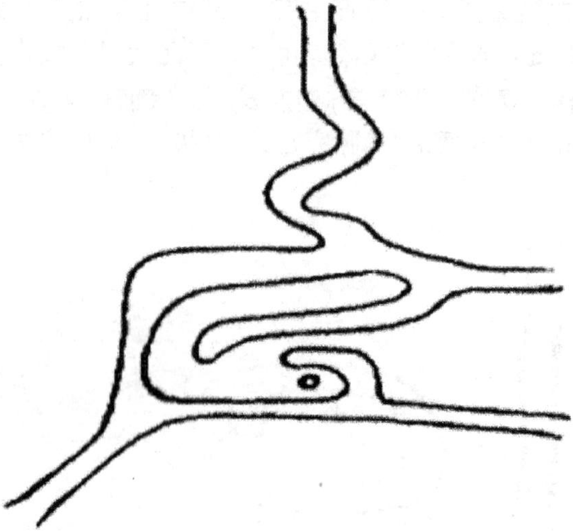

图 1-65 斩气迎朝格

之如在目前,即于此处斩脉立穴,以迎前朝曲水之秀,名斩气迎朝穴。亦主发二三代福力,但不悠久耳,以龙脉未尽故也。若得左右夹界重密,元武水仰抱如弓,福力必大且久也。因朝远而不就,故发应迟,数十年后方发,发则暴而盛,以大江水大故也。

【注解】斩者,截也。龙气未止,但有穴场,斩截龙气而立穴,名曰斩气,与十二杖法中的截杖相似。《堪舆经》云:"龙虽结穴,而气未住,谓之斩关。不论平地山垅,皆于细小平软处斩之,不可葬于粗阔之所,立主绝人。出脉亦须平软,不可凑急。"叶九升云:"斩关者,龙腰中间有团聚局面可穴,则斩其气而用其堂局。"此局玄武水直去,龙气本未住。但中间有枝水插入似钩,以成形局,便斩其气立穴,以取迎朝向上之曲水,故云斩关迎

朝格。但此类穴场,虽斩截得龙气,终因龙气未尽,气不完固,虽可发福,终难久长。

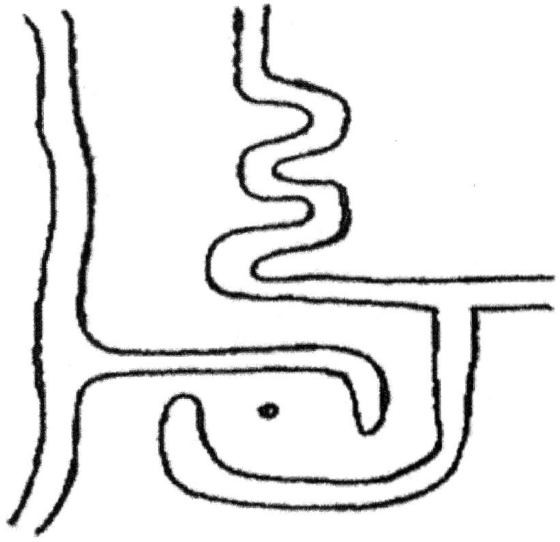

图1－66　斩气迎朝格

【原文】(见图1－66)曲水远来,到结局竟横架而不见回头斫下,此本入怀反跳之势,理无可取。然曲水三横四曲,折折整齐,不牵不拽不斜窜,其形势秀而可爱。若得有枝水横入秀水之后,弯抱如勾,本局又得枝水插入,于后仰兜如勾,其龙脉虽未歇止,却于交钮处斩气立穴,仰乘曲水之秀,亦能发福。曲水近在目前,只发二三十年。远在百步之外,三四十年始发。然终是曲水反跳,不得归元就身,富不过万金,贵不过三品,两代即衰。入籍他州,亦出魁元。

【注解】水虽屈曲来朝,但离穴不远,即反身他去,名曰反跳。如此图,虽两水夹抱成穴,但均反身离去,其气不真,其情不专,虽能发福,终不久长。如果穴场气聚,秀水近主目前发速。

若穴场阔大,秀水较远,却主发迟。入籍他州者,秀水反跳而去故也。

第二卷

分　论

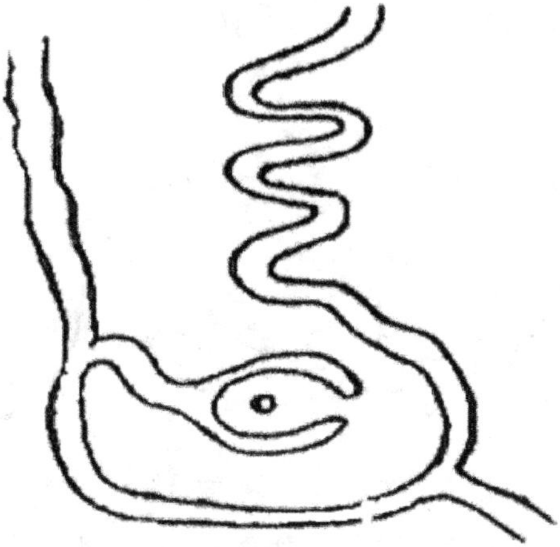

图 2－1　远朝幸秀格

【原文】（见图 2－1）曲水朝堂，从左转右，弯弯就身绕抱，却又得客水从东来缠，元武与曲水合于局后，此亦两水来成势。而曲水之内，并无插架成穴，反于客水插一枝水，横架于曲水之后，乘受曲水之秀，所谓以李接桃，名曰“邀幸”。主移居易姓，或赘婿过房发大贵；或远乡冒姓、冒籍发科甲；或于四夷边疆立功业；或文人立武业，武人立文业；或于他途立名者有之。然局势周密，结气完固，亦主人丁繁盛，累代不绝也。

【注解】曲水远来朝堂,虽转身绕抱,但转抱过于阔大,生气荡散,难以成穴,反由客水插入割界,兜收龙气而成穴,以收本身曲水秀气。而立穴本身龙气并无秀气可言,反邀幸他水秀气,故云以李接桃,即“邀幸”之意。因秀气在于客水,客水即他乡、他姓,故云移居易姓,或过房入赘方能大发。

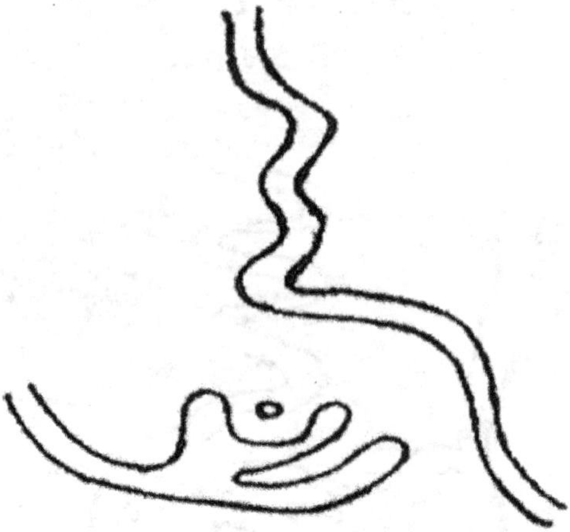

图2-2 远朝幸秀格

【原文】(见图2-2)凡远朝幸秀,须得曲水当面朝堂,或倒左,或倒右。本局无枝水插界成形,却于他方外来插下割成金盘仰掌势,托于曲水之下,亦名幸秀。然穴后又得一枝水包承于元武,与曲水合从作一路而去,则水口当以曲水为主。若后面外水不从与元武曲水合流,则水口当从本穴枝水处论。去水屈曲回头,交锁织结,不至渗漏,方为大地。(按:原书下段排在本卷末,今据文义与其他版本改此。)其曲水去处虽不屈曲,亦不为害。盖本枝之水乃龙之元辰,而曲水乃客水也,不过邀客之秀以发福耳,其去流之曲直,无与于本龙之气,但要坐下元辰水去得屈曲为贵。此等地当以过房入赘而后发，或他途冒籍登科也。

【注解】客水：水有特朝之水与客水之分。秀水朝来，一穴独受；或秀水自立成穴，为一穴独用者为主水，特朝水。而水从此方过彼方，与本穴主水、主山不合者为客水，可分为以下几种：

一、一水穿堂而过，既直且急，毫无顾穴之情。

二、一水朝来，但从穴前斜穿而过，再不回头。

三、水虽过堂，但反弓而去，与穴无情。

四、虽有水朝，但矩穴太远，其水且小而无力。

五、平洋之局，两水同流而不合，立穴之水为主，不结穴之水为客。

六、一水之中，有干水，有枝水，结穴之处为主水，流去之水为客水。

蒋大鸿在注《都天宝照经》中云："平洋不用砂关，只要大水行龙收入小水结穴，有此小水引动龙神，千流万派，其精液皆注归小水以荫气。此平洋下穴秘旨，一语道破，混沌之窍凿矣。"蒋大鸿所说的干水就是客水，枝水就是主水。如此图，上水虽屈曲秀丽，但不结穴。下水则有枝水插界，便朝秀水立穴。上水之精气尽收于本穴之中，是主水本身无秀，而借幸客水之秀，故名"远朝幸秀格"。

此图朝来之水，虽屈曲秀丽，但去时斜飞反跳，并不完美。然穴场以本身元辰之水脉气为主，曲水为客，仅邀其秀，反跳斜飞与本龙无关，故弃之不论。

【原文】（见图2－3）凡水委曲来去，要朝抱就身，尤要弯环委曲，来要之玄，去要回头缠绕。此势穴前左来右抱就身，似为可穴。然形如之字，虽见屈曲，而势如拽索，斜曲不秀，谓之斜曲，来则可谓之朝堂，实非也。其右边去水虽见就身，札局不远，又反跳斜飞，更不回头顾家，则去水似是而非。其贴身左右枝

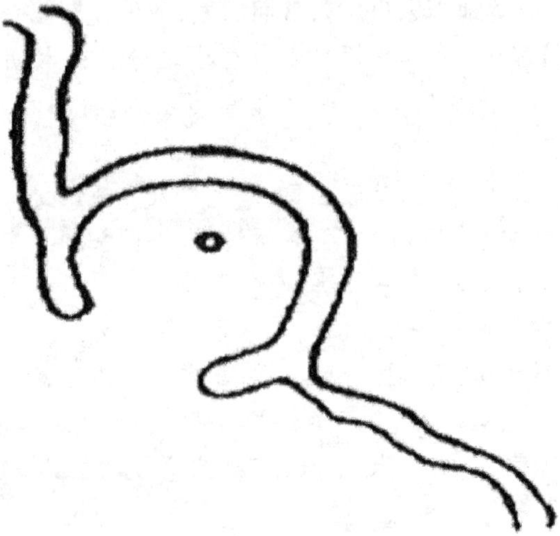

图2-3 曲水斜飞格

水,纵裁割如画,穴之仅可暂发,不能悠久。若误认水玄如带,是得一而废百也。盖水城固要圆抱,而来去亦宜朝拱。书云:“拽索曲而斜,此处莫安排。”又云:“水若回头号顾家,水不顾家家必破。”观此而论,水之去来可例明矣。

【注解】来水屈曲,环绕抱身;去水束气,堂局完固,看似佳穴。惜去水束气不久,即一路斜飞而去,毫无回顾眷恋之意,龙气已泄,虽葬后亦可发迹,不久即退败。此等穴似是而非,似真实假,万莫以为来去屈曲而误认为佳穴。

【原文】左(即下)湖荡一十余图,曲尽聚砂之变态,可谓极巧穷工矣。然据实推论,天生之巧,必不能及,此即于地脉正理,名墓之已验者,亦不必如是。凡池湖之格,其积水小者,一二三亩以至十数亩。形局端正者,或一水独专,或二三聚气,穴之得法,即可大发。丹阳贺氏祖穴,左右前三池,居中立穴是也。其

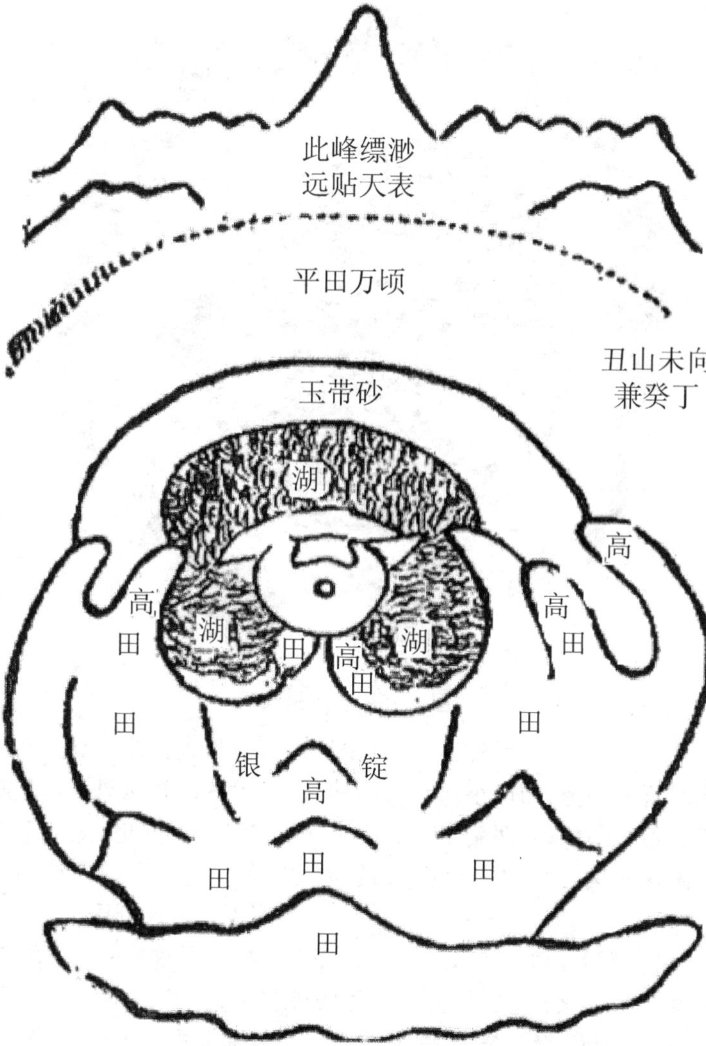

图 2－4　**丹阳贺廉宪祖地**

图 2-5　谢迁祖地

湖荡之大者,汪洋巨浸,不可以顷计。其法于大荡之涯,另有小曲水折入兜抱,乃以小水立穴为内气,借大荡旺神为外气,其富贵亦不可限量,江西紫溪刘氏仙姑坛祖穴是也。只此二法,已足尽湖荡作法之妙,不必按图索骥,刻舟求剑也。

辛酉初秋　刘氏记。

【注解】如丹阳贺廉宪祖地(图 2-4)。原注云:此地在丹阳县南八十里,土名马墓。其龙来历甚远,不及详述。撒落平阳,铺毡展席,隐隐隆隆,分牙布爪。比入局开平田大帐,束气结咽,成银锭脉,为平中一突。左右前面三湖汪洋巨浸,近有玉带砂低伏弯抱，以关内气，远有文笔峰秀贴天表，以为贵证。明堂宽广，四势和平，登穴视之，山明水秀，气象洪大，亥龙转艮作丑山未向兼丁癸，葬后出默斋公，富冠于乡，官兵马。子澹庵公（邦泰），登进士司文，官江西廉宪。诸孙连登科第，人才迭出。

又如谢迁祖地（图2－5），地在余姚县鸡笼山，卯龙丙向。其龙穿心直出芦鞭入首，三阳应穴，出状元、探花、魁解，拜相。

按：此局直入湖中，前后左右四山相照，合天心十道。以玄空论，四面皆水，诸运不囚，诚为大地。谢文正公即谢迁（1449—1531），成化十年（甲午）乡试解元，成化十一年（1475）乙未科状元，官太子太傅，入阁拜相，为孝宗时重臣，时人称为贤相。

【原文】（见图2－6）大湖大荡数千倾，于中间突起二三片。大者数百亩，小者五六十亩，团聚拱夹，面面相顾，洲角兜收，双双回顾，如众马之聚食于槽者，然即于中间审认何砂端正尊严，有无枝水界割成局。中间如有界割枝水结咽、分合，件件明白，的有明证，便看明堂左右朝抱如何，若朝抱有情，荡水收进，蓄于穴前作内明堂。局前更有远砂盖照，湖荡虽大，而局前视之不觉宽阔荡散，垣局周密，乃大地也。穴之主富堪敌国，贵并王侯。以湖荡中精神独擅，而人不得分受之故也。并以砂水朝揖之多寡，而定世代之远近，朝拱之砂愈多愈妙。

【注解】此大湖大荡之中，以湖荡中洲砂取穴之法。若湖荡中一砂孤露，左右无砂拱卫，前面近无案砂，远无朝山，后亦无砂山拱托，是为孤寒，虽居水中，但龙气荡散，不能立穴。若众妙环聚，湖荡虽阔大，站在穴前视之，不觉宽荡；众砂护卫，诸水割界，前有小砂作案山遮挡，形固气聚，方为大地。如此局，后有长砂拱托，左右龙虎重重护卫，前有印砂作案，龙真穴的，独幸湖荡内气精神，故富贵双全。

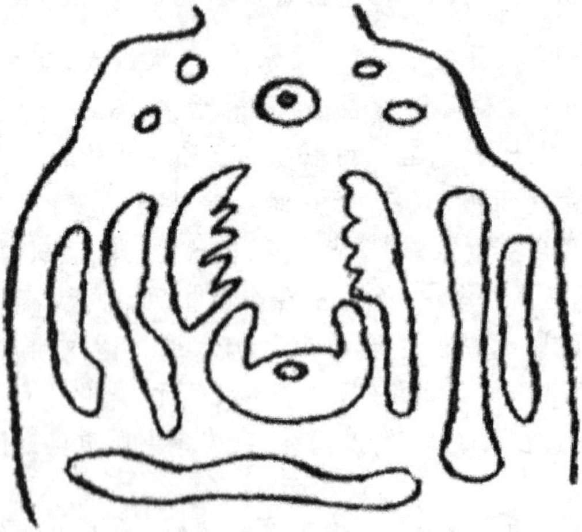

图 2－6　湖荡聚砂格

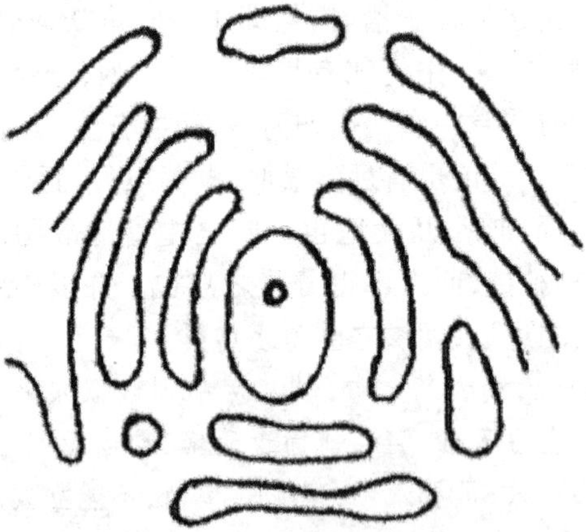

图 2－7　湖荡聚砂格

【原文】(见图 2－7)河泊之穴,都有群砂团簇,或远或近,四顾朝应。中有一砂端肃整严,中处望之,左右前后各有长砂抱之,双双回头顾穴,如大将之坐营,而众军之执戟屯列也;如官之坐堂,而吏卒之排衙唱喏也。四畔俱系湖荡,相去或架半里、一里,视远若近,而群砂纷纷拱卫,如在目前,如拜如俯,如揖如伏,整齐端肃。而坐穴有横砂架拦于后,不致渗漏,如此形势,主立伯分茅,富堪敌国,子孙众多,万福悠久。更主子孙孝义,世出忠良。

【注解】河荡中诸砂云集,必取诸砂正中之端严整肃之砂,砂形倾斜偏侧均不可取。从中砂四处望之,如大将端坐营中,众将排列两旁以听号令。后有砂护,前有砂朝,方是正穴。此图正中一砂,圆而端肃,后有玉带砂缠护,两旁有十数砂环例,前有玉印砂作朝案,形局完美,故有一方诸侯之贵。

【原文】(见图 2-8)洲泊河荡之处,一望无际。中间或有小砂数十块,或数百块,大则五七亩,小则二三亩,或庐间草渚团簇于一处,却于中间看,内有大砂,或十亩、二十亩,得枝水插界,

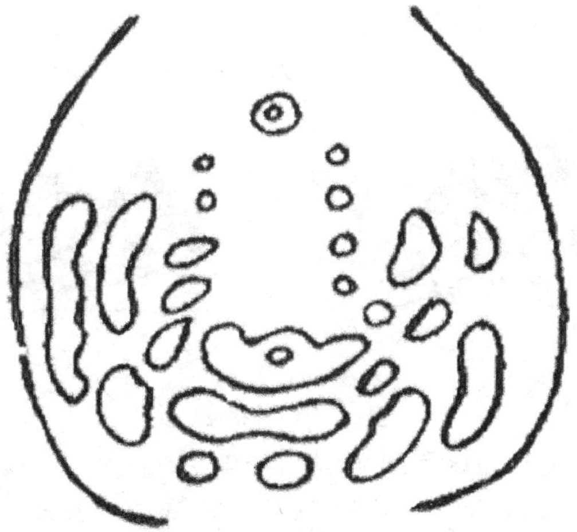

图 2-8 湖荡聚砂格

紧身包抱。左右小砂,或长或短,簇拥团聚,如蜂之从王,双双回头向拱。小砂交钮,如练之联属,重重叠叠,不见穿漏,坐下近局有横砂拦阻于后。穴前小砂点点,如鸥之浮水,横列如排班,倚立如衙喏,直列如乱萝倒毂,团列如屯军集塞,有此形势,主威震边疆,或为统军大将,或割据一方,或分茅立伯。若前有倒旗反砂,主出强梁之人。

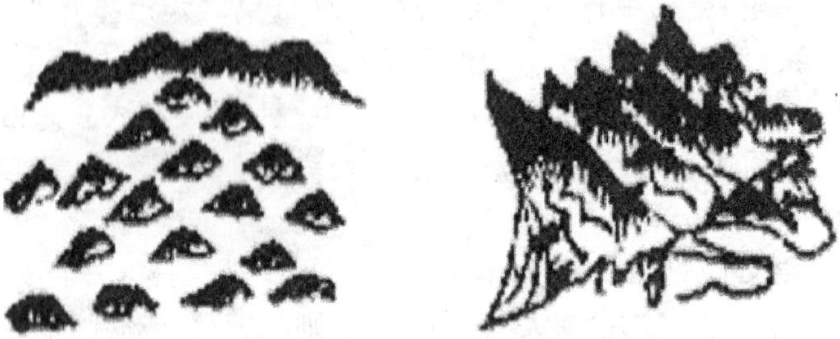

图2-9 左:屯军 右:贼旗

【注解】屯军:小阜或土或石,杂列于平野与诸大山相接处,相间错杂,有若屯军之状是。龙真穴的,主统兵率将,以武取贵。

图2-10 朝案反

倒旗:前砂如旗形,但砂角向外或欹斜破碎为倒旗。主出凶贼劫掠之人。即使龙真穴的,以武取贵,最终亦背主赤族。

反砂:穴场四周之砂开面向外反走者是。左右反砂名龙虎

反,前砂反为案山反,其气走泄,砂不朝穴,均为伪穴。(见图2-9至2-11)

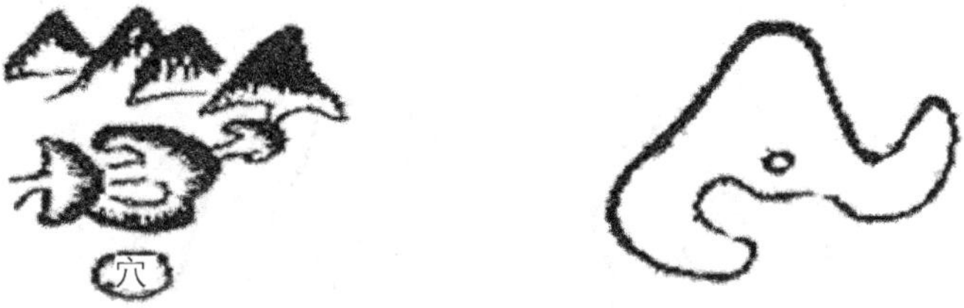

图2-11　左:朝案反　　右:青龙反

【原文】(见图2-12)荡泊之处,多有吉穴。如波心荡月,如雁落平砂,又如浮鸥点水,审而穴之,无不发福。

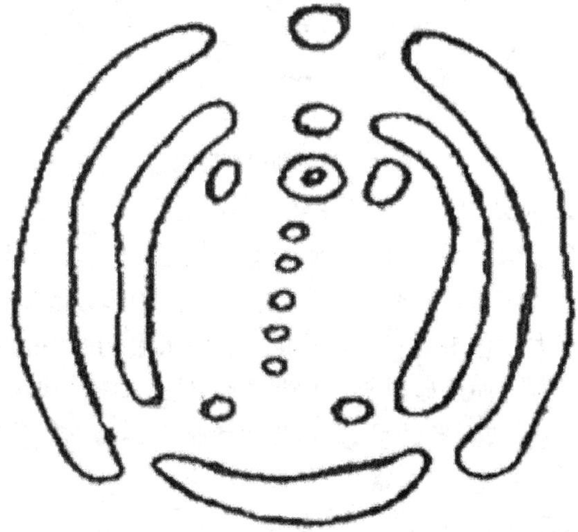

图2-12　湖荡聚砂格

【注解】"波心荡月,雁落平砂,浮鸥点水"等是喝形取象。即龙穴比喻为某种动物的动作形象。谢双湖云:"喝形是对初学者使用的入门方法。形象之法,只能有时偶合,不可固执认为一定要如此。”如本图穴砂前后左右十数个小砂点点，浮出水面，其形就如“浮鸥点水”。如果穴砂呈弯月形，则就是“波心荡月”了。

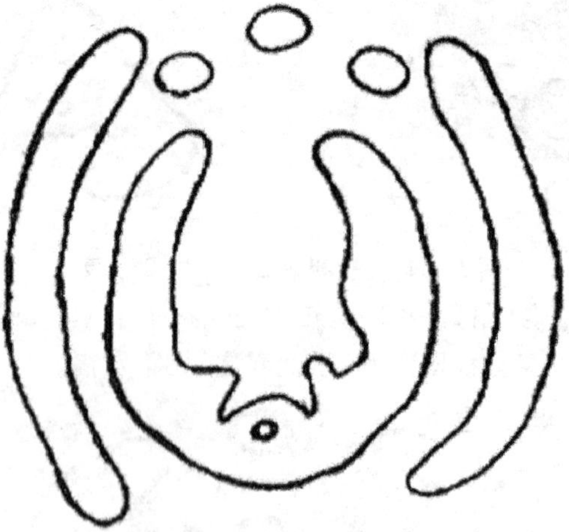

图 2－13 湖荡聚砂格

【原文】（见图 2－13）凡群砂辐辏有五势。有穴聚水，远砂朝应者；有水聚明堂，近砂夹辅而远砂拱卫者；有本身绵长，直出湖荡，外砂远应者；有湖荡中群砂围绕，自相辐辏者；有群砂内聚，而外有大砂包乘者；皆大地也。此局水聚明堂，得近身砂衬贴。前有湖荡，而远砂拱夹，外砂拱水，外水夹砂，其局势更妙。更得穴前或远或近有砂呈秀，富贵极大。若左右夹拱虽多，前面无砂作应，则堂空无物，富而不显。

【注解】辐辏：这里指群砂朝拱穴砂。

穴砂之前有小砂相应，称作案砂或案山。有案砂的好处是使明堂气聚，贵气不失。如果前无案砂相应，虽明堂宽阔，但生气荡散，仅有水潴财旺，故云“富而不显”。然此局虽二重龙虎护穴，前有案砂，惜穴后无砂横拦，居于湖中，恐真气渗漏，亦难全吉。若湖岸后有山拱托,不以此论。

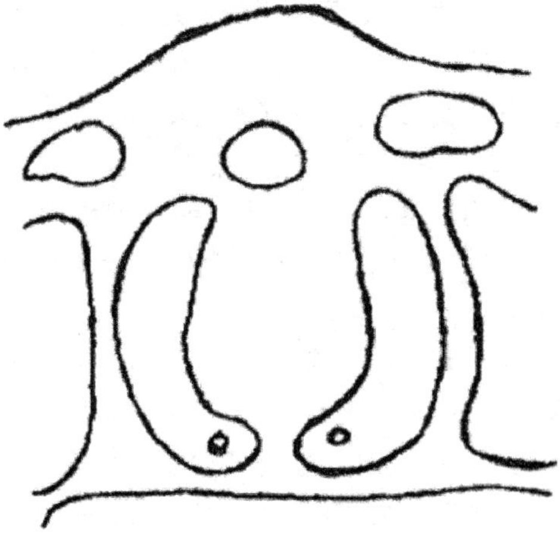

图2-14 湖荡聚砂格

【原文】(见图2-14)双踢球势,一名鸳鸯钩。内张河荡,左右两砂相顾,中通过穴,双双回头。若内蓄水直长,须得盖砂护覆,不见明堂,水直长方妙。左右两砂各自结穴,故曰鸳鸯垂钩势。其形如皮刀,靴嘴,当就弯处扦之,转身向上方有力。若倒扦之,则不发秀矣。此地主科甲联芳,但初必先因财致贵,或纳粟奏名,后发文翰,贵至腰金,官官相见。左穴先发次房,右穴先发长房。多生孝悌忠信子孙,繁盛悠久。若扦穴太进,则气散而不收,难以发贵,两穴同断。

【注解】内张:何为张?《堪舆经》云"平洋须食水,谷内要张山",注:"食者迎也,张者亲也。"《人子须知》有"以张山食水定穴"一节,特录于下:

《指南》云:"凡立穴若见前面山水从左畔来,即于右边立穴场;若山水从右畔来,则于左边立穴场;山水若从当面正中来,即就中心立穴场。此为张山食水寻穴,反此则容纳砂水不着,主凶。”《琢玉集》云:“立穴要迎财接禄。”又云:“有财有禄须迎接,迎接来归穴;迎接不得不相干,空有万重山。或弯或曲窈荡过,迎取归向坐。”又云:“千山万水明堂秀,穴里教消收。”丘公《指迷》诗云:“莫令收拾不来时,万水千山皆不顾。”邹国师仲容口诀曰“就水就山取自扦,安得百余年”,皆谓穴场要收拾得好水好山也。故点穴之法,但看眼前有好山好水,迎接得入穴场,不可错过,使消受不得,若虽有奇山秀水,而穴场受用不着,便非真穴,必不发福。其能张山食水,迎接得山水者,必易发福。此为迎清挹秀之法,即迎官就禄之意,以定穴也。

以此局论,若顺水立穴,前有小砂作案关锁,两边龙虎紧抱,堂局紧固,故应向砂立穴,既受堂局之水,又接案山之朝,是张山食水,富贵双全。若倒扦立回受穴,虽迎来水之秀,则无龙虎相顾,是得一失一,故不为秀。

纳粟奏名:此局水虽聚但不秀,水聚主财聚,不秀则不贵,须以财买官,方能发贵,故云“纳粟奏名”。

【原文】(见图2-15)亦名踢球势。砂形勾踢如马蹄、如靴头、如皮刀口,客砂包缠于座下,穴前蓄聚来水成湖,一水单缠元武左转,两砂自相包裹,垣局完固,并无水割,亦大地也。水自右来,穴宜右迎。堂局端正,不觉斜倒,穴宜正受湖泽方佳,虽无盖砂照应亦吉。若聚紧水直长,必得水中小砂照顾为美,盖明堂水喜横长如兜,不宜如竹也,主富而且贵,子孙代代荣显。若玄武水倒缠入明堂,竟向前而去,穴宜横受方吉。

【注解】水自右来,穴宜右迎,是下逆水局,以迎来水秀气之力。此局两砂自相包裹,若对长砂立向,堂局过狭,砂逼太紧。宜向湖荡立穴,前有朝案,左右包裹,形局完固,故亦大地。此穴立法,即司马头陀的“衡平”之法“取其气盛钟于一头”之意。

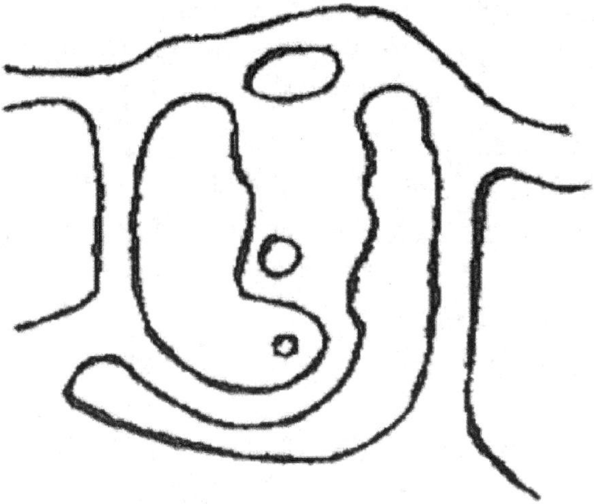

图 2－15　湖荡聚砂格

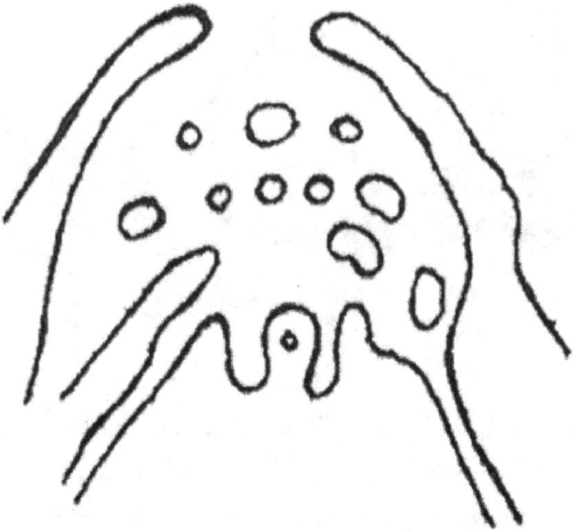

图 2－16　湖荡聚砂格

【原文】(见图2－16)积水灌堂,聚蓄成湖,或一二顷,或八九十亩,却于穴左右起砂,条条夹身,逆水插出护卫。区穴或四五重、六七重,双双回头朝拱,形如勒马,其力量最重,是大地也。世人或以后龙散漫,过峡束气不清而弃之,误矣。

【注解】过峡:所谓峡,即龙脉跌断之处,跌断后龙脉复现,叫过峡。过峡的过程,就是来龙由粗变细,有老变嫩,由刚变柔,由直硬变屈曲的过程,即龙之剥换的过程。经云:"一断二断断了断,鹤膝蜂腰真吉地。"

过峡有吉有凶,若过峡后逶迤巧嫩,活动悠扬,如梭带丝,如针引线,如蛛过水,如马渡河,有迎有送,护卫周密为吉。若被风吹散,护砂形恶,孤露残伤,粗蠢懒散,便为不吉。勒马:勒马者,天马山转脚者是。宜清秀,忌破碎。若见旗鼓相应,主武职威名,汗马功业。(见图2－17)

此脉从池中过,两畔皆水,大贵

如此极为偏枯,大凶

勒马回头

图2－17

【原文】(见图2－18)湘汉之间,及浙直等处,地最低薄。古时开辟田地,多是填低就高,各因砂汰以成田,故多小砂攒聚成势之穴。然都大小不均,横斜不整,零散而团簇者少。凡是此等地面,亦有结穴者,须要随砂详看。砂头朝向何地,若攒簇整

图2－18 湖荡聚砂格

齐，不疏不密，便去群砂之中，寻得中立之砂，四顾有砂包裹，不见露风，藏聚含蓄，此地极佳。主百子千孙，富贵悠久，朱紫满庭之应。其穴向当视小砂中处之向，内得正面迎受方美。若小砂多而大砂远抱，终恐近身穿漏，必穴砂左右有贴身金鱼水紧抱，以护漏风，则气益固矣。

【注解】漏风：穴后砂远，不能紧抱穴场，形局不能完固，龙气不能凝聚，故云漏风。若穴后有长砂护卫，或金鱼水缠绕紧抱，则形局完固，不以漏论。又有漏道一说，穴后之水，分出枝流而去者是。《归厚录》云"漏道泄气，风瘦鸾饥"，是言穴气不聚，易被风吹入，皆不吉。

【原文】（见图2－19）湖泊之处，多有小砂。或二三十块，或一二亩、五六亩，团簇抱聚，中间包含湖荡，其砂点点，印于水面，若浮鸥泛水。小砂之外，却有长砂，周围包裹小砂于其中，左右前后，不见水穿漏。而外有大砂、长砂，角角包裹，不见渗漏，

图 2－19 湖荡聚砂格

图 2－20 左：鹅头 右：鸭颈

方成局势。却于中间小砂，认出一中砂，头面端正整肃，而前后左右小砂虽零散，而实朝头攒簇拥护，不远不近，不疏不密，其外面更得大砂弯抱，周密完固者，正大局也，其力量雄盛，诚大贵之地。若中间虽有小砂，而不得湖荡含蓄，其秀不显露，虽发贵而财富不甚厚，主出文翰词林之贵，但小砂不要如鹅头鸭项方妙。

【注解】鹅头、鸭项（图 2－20）：此言环抱穴砂的小砂之形，宜方正圆净，如拱如揖，忌其形似鹅头、鸭项，主妇女淫荡或为娼妓。经云："鹅儿头，鸭儿头，女儿媳妇上秦楼。"

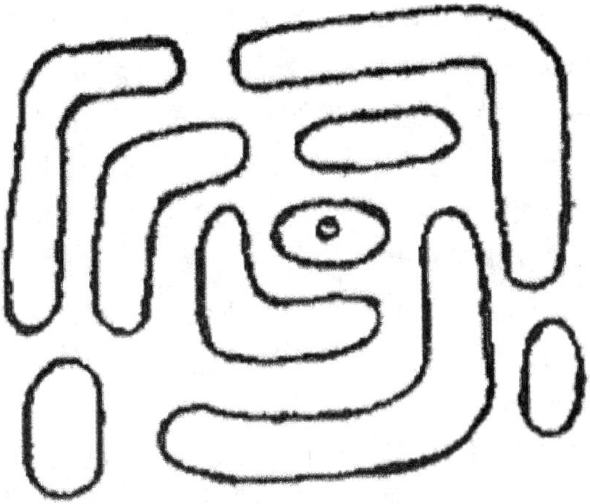

图 2－21　湖荡聚砂格

【原文】（见图 2－21）前后各有长砂横架，左右有直砂包乘，中间却得小横砂，或三四亩、七八亩，并无枝水插界，藏于众砂之中。左右直砂，角角回头，勾搭包抱。左右前后，水虽四穿八达，穴中视之，毫无渗漏，正如车轮之凑合，团簇周密，众砂归向，不敢反背，则真气聚矣。凡有地先看左右前后，朝向何处。若双双回头向于内，即于中间寻中正不倚，或大或小处求之。若有反背砂，或向内，或向外，或反跳，即非真气所聚之处，不必求穴。全在目力之精，心思之巧，体察其情，实见得甚真，方无挂漏矣。

【注解】反背：《山洋指迷》云："脊脉之龙，看砂之向背为主，而水之向背自在其中。平洋之龙，看水之向背为主，而砂之向背自在其中。然砂之向背，又在开口之有无真假见之。水之向背又在大水内，小水外有无绕抱之砂见之。盖平洋有以低田、低地作案、作界者，堂界之外，必有高起之砂可辨其向背。如四面之砂皆内面而相向者，是真口而气聚。设有一面反背者，是假口而气散。无口则更无砂可辨,其向背而气散。大水内有小水界开,方有小水交合可辨。其水之向背,如下手边之小水左转来向,上手边之来水右转来向,是水绕而气聚。若下手边之小水当逆向左边者,而反顺行;上手边之来水者趋向左边,与下手边左转砂水相逆者,而反趋右,是水不向、不绕而气散。大水之内无水界开而相合,更无水可别其向背,而气亦散矣。故内无开口之砂,小水环绕相向者,此外虽有砂水相向,总无益也。”以此局论,砂抱即是水绕,水环即是砂向。若局中有一水反流,即是砂反,则龙气走泄,乃伪穴也。

【原文】(见图 2-22)砂水团云,势有双盘龙、单盘龙。结穴须砂水围绕,周旋委曲,如云之围绕,方成盘结,而气聚不散也。若无委曲盘旋之势,虽回头朝应,非盘龙结也。此势双盘,而左右客砂重重盘曲旋绕,如云之护日。凡盘龙结穴,多结在局

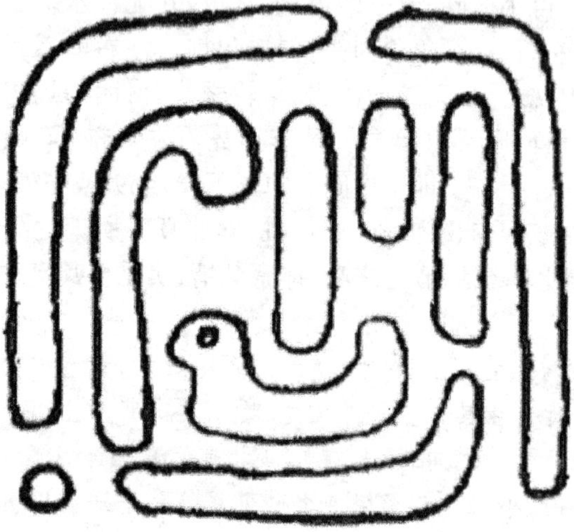

图 2-22 **湖荡聚砂格**双盘龙势

中，必得蓄水于内明堂，或小砂照应方佳。得此形局，发福最悠久，以盘龙之地，无风吹水破之患故也。虽穴不尽真，纵不大发，亦不大败，房分均匀，贵而不骄，富而不吝，男女贞洁，风声可爱，子孙守节而不滥，或有被征召而不仕者，皆气脉潜藏之应也。

【注解】此图穴砂虽呈弯弓抱月之势，但正面有砂直冲穴砂中心，故不能于砂中立穴。立于砂头突出之处，以承对面环砂回顾之秀，诗云："蟠龙须要下龙头"者是。因此局穴砂深藏众砂包裹之中，故云"气脉潜藏"。

【原文】（见图2－23）凡砂水团云，势多结盘龙穴。一条水入，一条水出，周围盘结，皆在局中。结穴处须要水宽，聚成湖泽，其中涵得气脉溶活方妙，不然成裹头城矣。裹头名巾帼水，

图2－23　**湖荡聚砂格**双盘龙势

穴气窘逼，不得流通，反成绝地。经云“山囚水囚，虏主灭仆”，盖其义也。此图穴前湖泽汪洋，紧而不迫，穴之自能发福，子孙悠久，更出人孝悌，性巧聪明，或于巧艺中成名发财，以龙来秀曲也。

【注解】裹头水（图2－24）：即裹头城水也。乃龙弱孤寒，穴无余气，故水贴脚洗割周回而裹头，又名巾帼水。其水紧挨穴场冲刷，龙脉被其水冲泄削弱，主子孙贫困受孤寒。如果水绕穴场，离穴星较远，却名金城水，反主富贵，二者差之毫厘，贵贱大异。

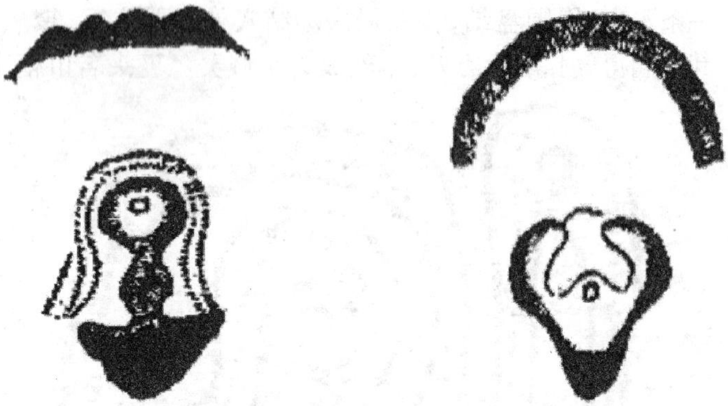

图2－24 左：裹头水 右：正 金

以上诸格，为湖荡中立穴之法。蒋大鸿在《归厚录》中云：“水龙之分，枝干固矣。亦有湖荡池沼之穴，在枝干之外，别为一种，又不以息、漏二道论胎元，亦岂容专以痴龙目之，断其不秀耶？此等之地，虽不生枝，亦蓄其气，只要元运合时，亦发科第。但立穴之法，自有真机，不得从散漫处随便下穴耳。”其法如下：

一、池沼：只要方圆成象，平正不欹，便可取裁。但宜于横处受穴，不可于直处立局。如一方池，横处看则为土象，直处看则为木象矣。圆池亦须微微横阔,才是金星开口,太圆则四周无受穴处,反为顽金,不知从何处下手。凡池沼立穴,须在水之中气,左右相等,平正端严,而后气脉涵蓄。若立局偏斜,或边轻边重,穴中即无真气,不能发矣。

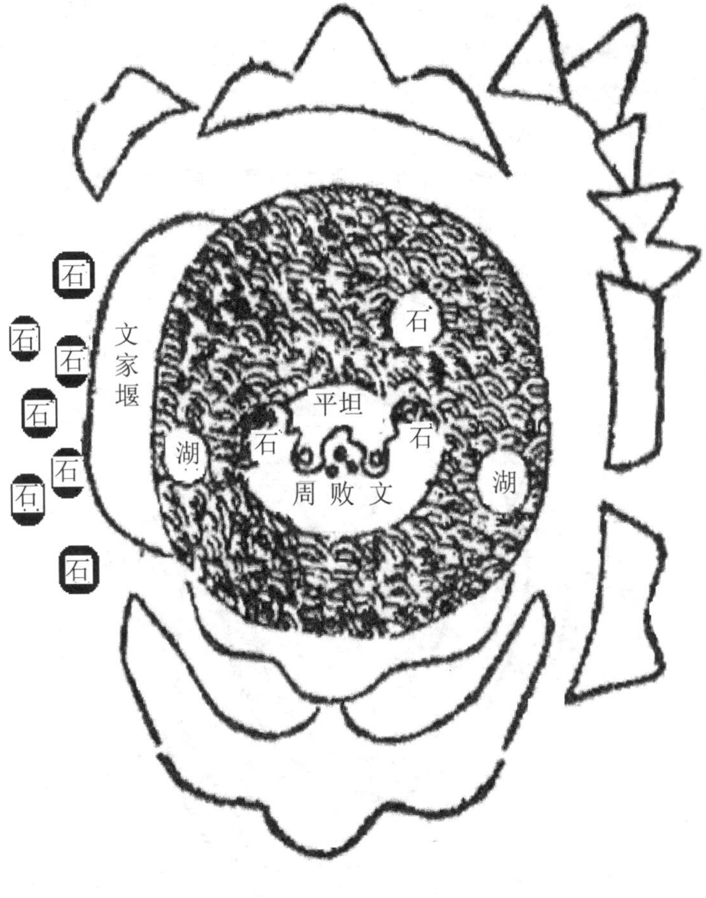

图2-25 周都宪祖地

二、大湖大荡:形势散漫,难立正中,尤难聚气,故葬法尤宜精密。须弃死就生,亦从枝干之理变化而来,只不过与江湖溪涧之枝干象形有很大的差异而已。假如外荡阔大,而有一隅内蓄小荡,与吸水入口相似;又如外荡直奔,而有一隅稍稍曲入,其间即有砂角关拦,外来众水即于此驻足,是即大荡为干,小荡为枝,大荡为"漏道",曲入处为"息道"——即龙胎,即能聚气。若果乘元运,又有后荫,葬下立发。

由此可见,湖荡穴法,旁岸立穴,是必在枝水小荡束气处;湖中立穴,则必要有砂缠护,否则,非荡胸即瀑面,势大无关,真气不聚,阴阳不交,不能立穴矣。如周都宪祖地(图2-25)。此地在浙江余姚县,地名文家堰。其龙甚美,将入首起华盖三台,撒落平地穿湖,湖中顿起太阴金星而结并窝之格。四面皆湖水,汪洋自浸,穴右突出石印浮水,甚为奇特,诸峰罗列,拱揖齐整。宋

图2-26 界水外抱格

时，姓文者，葬右穴，出状元、进士数十人，发越已过。今周氏葬左窝，葬后五十年，出科第十余人，富贵绵远悠久。按：此穴虽立湖中，一则本身有龙虎护卫，二则湖岸四山拱揖齐整，山水之秀，皆收穴中，故为大地。

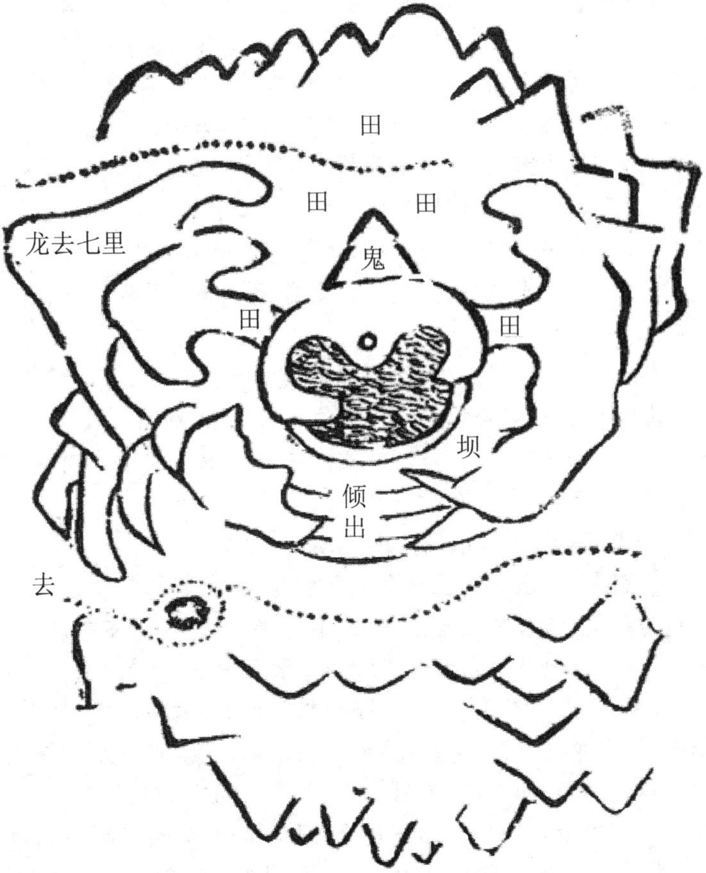

图2-27 常山詹氏祖地

【原文】（见图 2－26）此势龙虎重重朝抱局前，弯抱如弓，此形势之美者。然穴前左右砂角硬直无情，外形可观，内形似觉碍相，不可以硬直而弃之也。赋云："内直外勾，尽可剪裁。"以工力掘去直指，使成弯势开拶，亦大地也。

【注解】此言人工修补剪裁之法。外形虽美，内形直硬，或略有背反，可用人工截去硬直背反部分，使内形亦臻完美，此乃巧夺天工，另取造化，仍以穴真龙的论。如常山詹氏祖地（图 2－27）。此地在常山西南二十里，其龙来历甚远，不详述。将入局开大帐，帐中落脉，连起贪狼数峰，磊落穿田过峡结穴后，余气山又穿田去七、八里，而皆回转为下关水口诸砂，后乐高障，前朝清秀，罗城重叠，水口交固，罗星镇塞。但明堂倾出，水不融聚，筑坝为大塘，聚水于穴前，此作法之善也。葬后科甲不断，人文济济。

【原文】（见图 2－28）此势局前支水插入包抱，左右砂气紧拱，似乎有情。然湖荡在坐下，砂角双双飞散，则前气虽收，后气不蓄。前为外气，后为内气，外实内虚。此等地仅发小财，终无大福，官贵绝响，人丁亦稀。

刘氏曰：前为外气，后为内气，二语得入穴骨髓。

【注解】大凡立穴，坐下即龙脉主体，龙气直入穴体曰内气；穴前为朝案，仅收其秀气，龙气终不能得，曰外气。亦有以气行地中为内气，地显出外水者，为外气，此另法，非此局所云。

【原文】（见图 2－29）腰带水左右斫下，紧夹包裹，其水城形势，收界龙气有力，经云"界水所以止来龙"。若大水横界，而左右不就身环抱，亦不为妙。书云："水随左右斫，穴看左右铎。"今局内紧身金鱼水分合上前，回头拱抱，后有结咽，前有包乘，砂回水就，诚美势也。书云"砂要回头水要就"，又云"好水弯环巧如带"。此势局前水环抱如带，实水法之最佳者。当面

图 2－28　界水前抱格

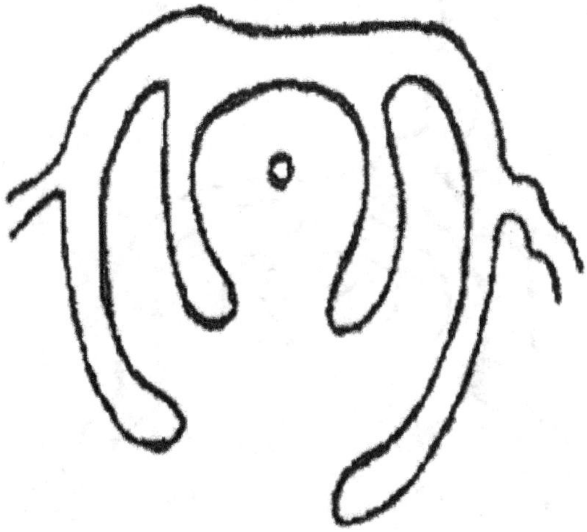

图 2－29　一水横栏格

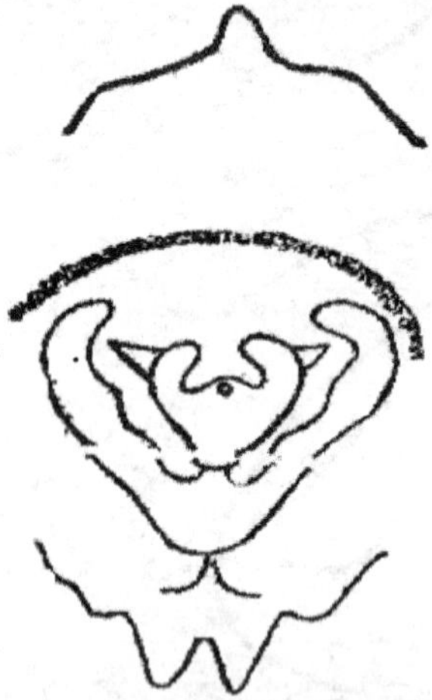

图 2－30 腰带水

若有小反亦不为害，可以人力改圆，或内堂左右各开腮水插进作内荡，则不见其反矣。此种地三房俱发，福力悠久，数世不替矣。

【注解】腰带水（见图 2－30）：来水环绕如抱，就像腰带一样环绕穴场，即金城水，最吉。卜氏云："水不乱弯，弯则气全。"这样的水使龙气保全不泄，生气凝聚完固，故主大富大贵。但不可以裹头水误为腰带水。

【原文】（见图 2－31）书云："穴看左右铎，水看左右斫。三阳看城

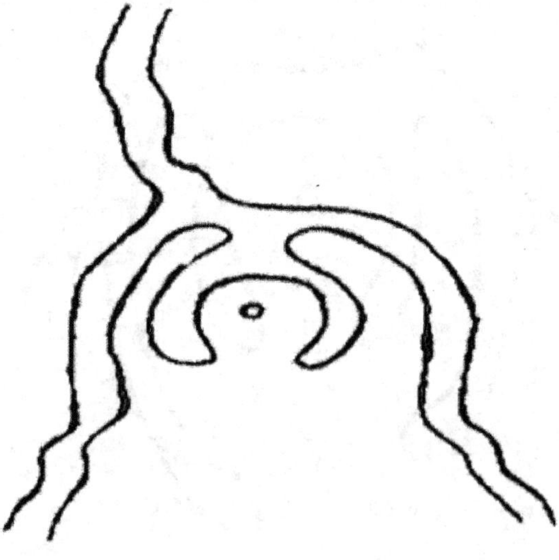

图 2－31 一水横栏格

郭，明堂看四角。”此格穴前水环抱如弓如带，或从左来贴身，或从右来贴身，紧夹兜收，并无涣散。中间虽无枝水插界，气亦完固。若或宽大，必须枝水收聚，得此形势穴之，主发福悠久。若局前更有曲水，或远或近，悠悠扬扬，朝揖于前，不问左来右来，俱为秀局，主翰苑声名之应。左秀倚左发长，右秀倚右发小，左右均平，则三房均发。

【注解】三阳：《天玉经》以丙午丁为三阳。李淳风云：“流水一交处为一阳，内明堂为二阳，外明堂为三阳。”曾文端认为：“明堂为内阳，案山为中阳，朝山为外阳，合称为三阳。”

细看此图，虽穴前来水环抱有情，然去水呈八字斜飞而去，是内形固而外形泄，虽初可发福，终退败离祖，或迁移易姓。

【原文】（见图2－32）经云：“好水如弓上弦，好砂如僧入定。”言水宜其弯抱，砂欲其端严之意。又云：“水要弯环玉带形，抱身回绕坐专城。”又云：“外水如带，内水如勾，气脉完固，

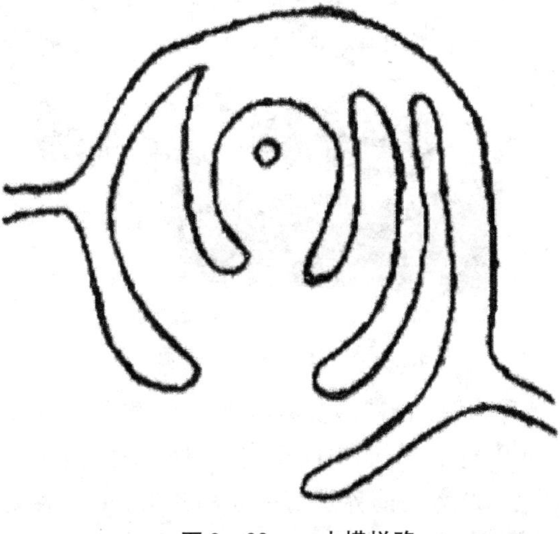

图2－32　一水横栏路

图 2－33　建宁李天官祖地

立伯封侯。”《碎金赋》云：“砂要裹砂穴不破，水要缠身气自全。”若外形如带而内直长，不能勾向于内，此似是而实非，所谓来不结咽真气散也。此势局前界水弯抱如满月形，左右水又就身回抱，外堂垣局周密，坐下左右环拱，勾折结咽，前合流分水砂还气

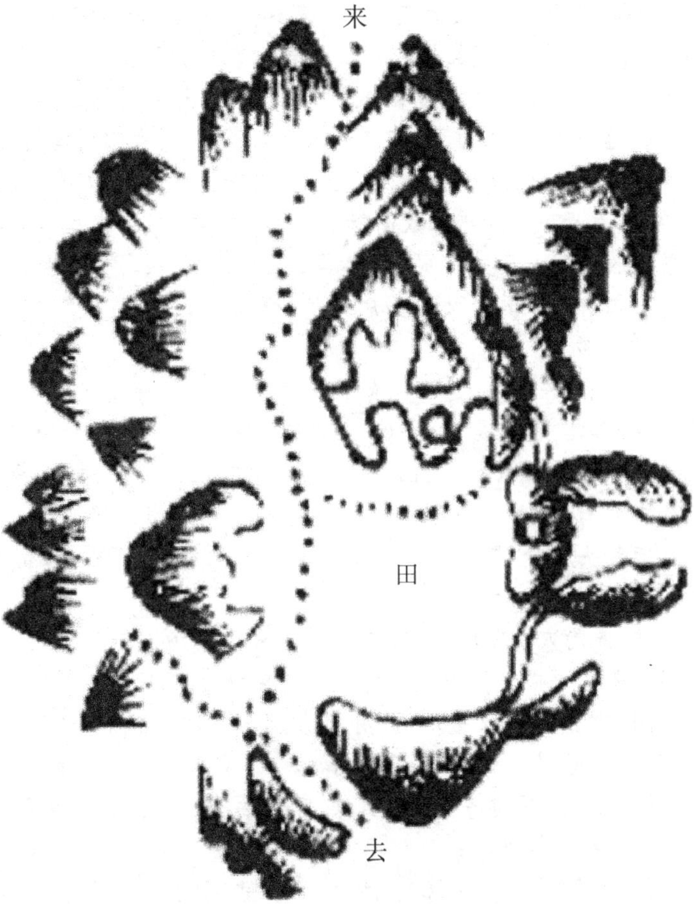

图 2－34　程丞相祖地

朝顾有情，穴之主百子千孙，福禄悠长，真大格局也。

【注解】原书此图后无文字，上段文根据其它版本补入。

以上三图，名“一水横拦格”，其中“横”字实不可取，因横水穿过穴前为客水,与穴无情,亦不束真气,实不合地理,故应是“一水抱穴格”方妥,取穴前玉带水结气束咽之用也。如李天官祖地(见图2-33)。此地在建宁府南七里,土名七里街。其龙开帐撒落平阳,顺水而下,翻身逆水突起高墩,成太阳金星结穴。右畔石曜浮于河中,贴身照穴有力,且以关内堂,镇塞外堂,迥然独异,是为贵应。后乐撑天高帐二重,前面本身一字文星案横拦穴前以收内气。而外洋宽畅,大溪之水特朝数里,真贵地也。乃翠屏公柟自择以葬其父。葬后数年,而尚书公生,富贵悠久,取蟠龙戏珠形。

按:此局左龙甚长,右虎宽旷气散,但右水绕缠过穴,水缠即是山缠,真气紧固,是为大地。若无右水则气散,龙则伪矣。

又如程丞相祖地(见图2-34)。此地在歙县宋村,龙虎砂仅高穴六七寸。记云:“四足伏地是牛眠,一鼻朝天不受牵,谁能驾轭鞭头起,耕尽人间万顷田。”葬后出丞相,人丁数千,富贵悠久。

按:此局穴前宽旷荡气,喜玉带水环绕穴场以界气,使穴气完固。若此水横过,气虽止而亦难收,福力大减。

【原文】(见图2-35)此亦类湖荡聚砂格。而本身穴后界水多,内气足,与一片平坡者不同。

【注解】此图湖荡中诸砂云集,千姿百态,各有其势,然取穴只取其环抱有情处。

【原文】(见图2-36)此势水聚明堂,两水夹拱于左右,与前横水合流,或过左,或过右,只通一路出去。穴前水蓄聚成荡,于垣城联珠,串作内明堂,龙虎重重拱抱,亦大地也。局前虽朝阳拜揖,只要下砂逆水,插得紧密,似不容水神流去,则精神凝聚,而不减于众水朝堂局也。仕而多资,但科第不获名魁,仅可腰金,以穴前无秀朝揖拱故也。内外堂有三两重关锁,亦主三四

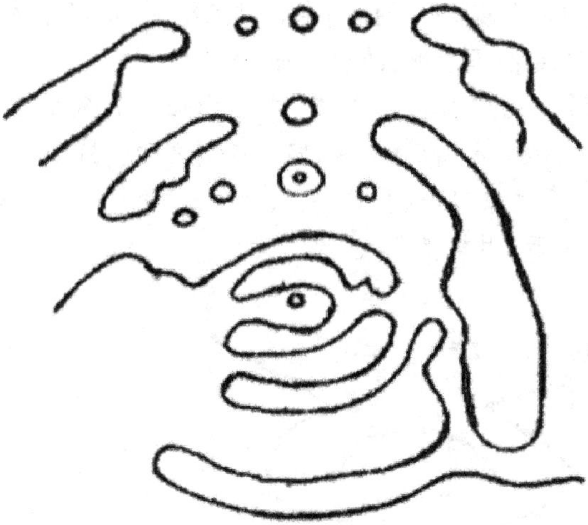

图 2-35 流神聚水格

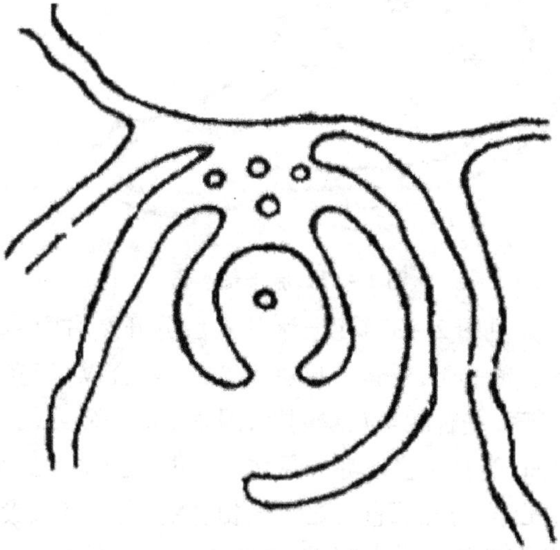

图 2-36 流神聚水格

十纪福力,二三代荣华,子孙满堂。过二纪后,贵虽不大而财禄丰肥,因水静专而不荡泄,故悠久耳。

【注解】此图穴被砂水包裹,内气完固。然穴前虽水聚成荡,仅有数小砂朝揖,似嫌空荡,终有渗漏之病。再加去水反跳,均是外气不足之象,所以虽贵不显。水主财,于穴前聚汇成荡,精神十足,故云"财禄丰肥"。

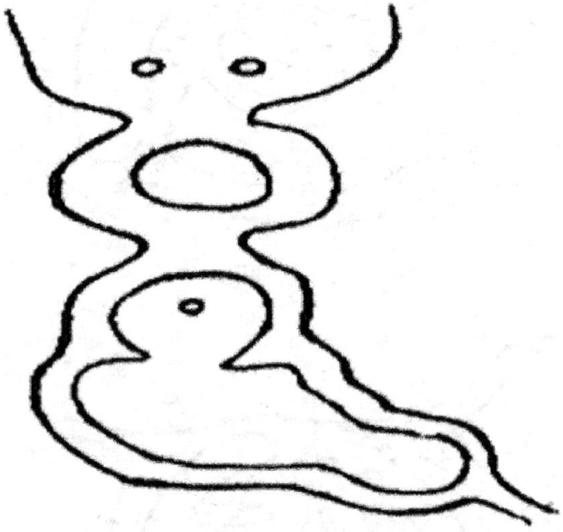

图2-37 流神聚水格

【原文】(见图2-37)元辰水从穴后分开左右两路,随龙向穴(此十六字原书无,现据其他版本补入)前合襟,当穴前而出,却聚成一河荡,左右砂角双双朝抱,湖荡中间小砂或圆、或方、或长,横浮水面,交锁关拦。亦不见水口冲射。虽是元辰水向穴出流,而聚蓄汪洋,与元辰直出之势大相悬绝,主大富大贵,福力悠久。若穴前湖荡中无砂角拦截,亦不为害。只要左右砂嘴左右拱抱为佳,不可以元辰水直流指为顺水也。赋云"元辰当心直

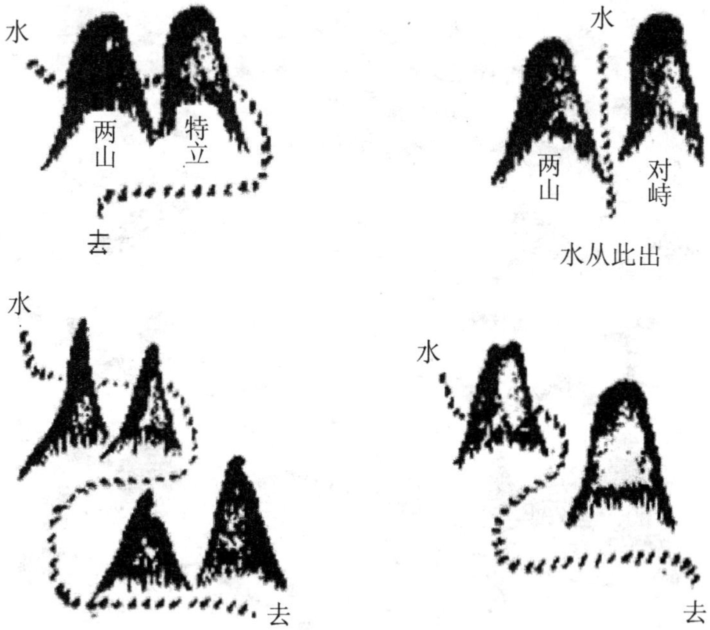

图2-38

出,未可言凶”,只要湖荡蓄之,横案拦之,乃吉。

【注解】交锁、关拦:此言水口砂,即水流去处的两岸之砂山及水中之砂山,切不可空缺,令水直去。砂山宜周密稠叠,交结关锁,狭而塞,高而拱;或两边相结,犬牙交错;或峙立高峰,悬崖峭壁;或水中异石,挺然中立;或左右高山对峙,如狮象旗鼓;或排列如布阵屯兵,或横障如列仓守囷,或把截如武夫之于城,或簇集如将兵之拱卫,重重叠叠,不计其数,迢迢迂回,至于数十里者,为水口之至美。经云:“关门若有千重锁,定有王侯居此间。”如果水口山势走窜,或一节低一节,一重远一重,一砂小一砂,是水口旷阔无关,此方旺气便随水流飘散,龙神亦随水而去,

图2-39 捍 门

则不能结穴。纵使龙真穴的,亦发福不久,终致贫困萧条。故陶公云"水口无关,漫说当年富贵",此言水口之砂最关利害者也。

水口之砂,虽均为交锁、关拦、束气之用,但因形与所处地方

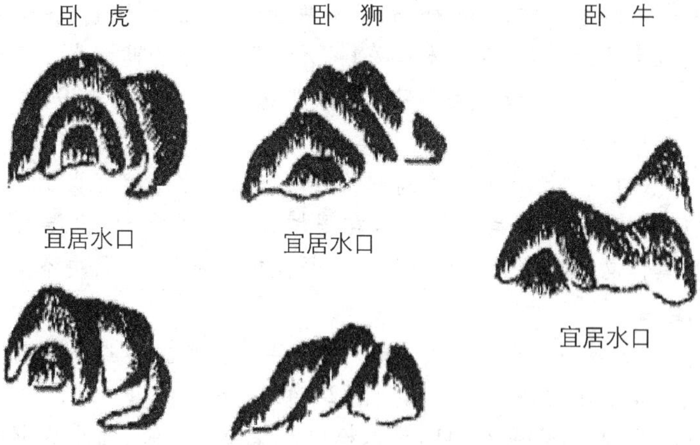

图2-40

不同,其名各异(图2-38):

一、华表山

水口之间,有奇峰挺然卓立,或两山对峙,水从中出,或横拦高镇,卓立水口者是。宜高耸天表,方能称为天表。主为官近帝,大富大贵。

二、北辰

水口间巉岩石山耸身数百仞,形状怪异,当于中流挺然朝入者是,名尊星。此星极贵,非王侯大地,不易有此。杨公云:“一个北辰管万兵,驸马公侯招讨名,高大峥嵘耸云汉,必有争天夺国人。”吴公云:“水口交罗生怪石,大小高低论重轻,高大名为北辰位,必产英雄不敢闻。百丈石山高耸起,此名大兽北辰星。水口若见北辰镇,巨石涌起胆寒惊。此星若还关水口,必主皇王镇国人。”

三、捍门

水口之间,两山对峙如门户之护捍者是。其格有三:一是穴前见之，端居左右，前砂外阳，远秀朝揖；二是江水阳朝，先开捍门，水由捍门中入；三是水口关拦，开设门户，水由此流去。此皆捍门之美，亦大贵之格，其砂重重成形尤妙。（见图2－39）

四、罗星

水口关拦之中有墩阜特起，或石或土，于平中突然当于门户之间，两面水绕者是。但宜居在罗城外或罗城之口，只要合法度，其内必有大富大贵之地。盖因罗星亦为证佐之星，决不虚生者是。

前三种多为山龙所有，第四种平洋龙多见。如本图荡前二砂，即是罗星，以关龙气也。（图2－40）

【原文】（见图2－41）十八格惟水聚堂为第一，盖水为财禄富贵之枢机。故水神涣散，无所收拾者，不惟不发，亦主败绝。是以古人论水，不曰荡然直去，则曰水无关拦，务得局前水聚蓄

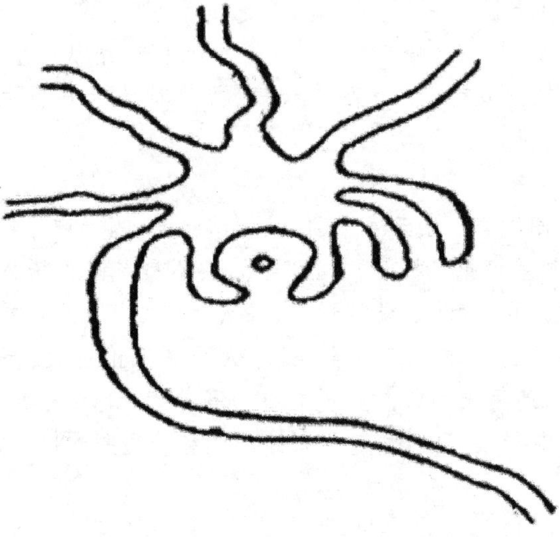

图2－41 流神聚水格

方为吉壤。此势左右砂头朝抱，而前又见众水朝流，聚注成荡，只通一路，或缠元武，或过青龙。此来多去少，所谓朝于大旺，泽于将衰，潴而后泄之势也。垣局周密，众水聚堂，成十全之大地，主百子千孙，朱紫满堂，成三四十纪之福，长中幼三房并发。但荡不宜太宽，则众人之水，非我一垣之水，情不专则发福亦不专矣。

【注解】此图诸水注入堂前湖荡，名诸水朝堂，为水格中最吉之局。若堂前无湖荡而为一横河，则为众水撞城，反为凶格。三房皆发者，左中右三方皆有水朝入者是。

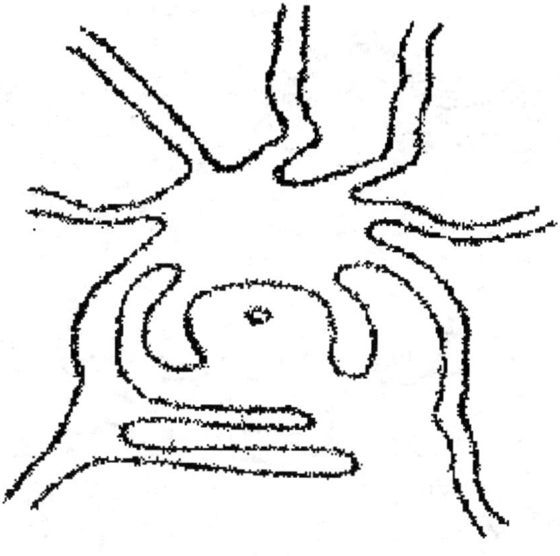

图2－42　流神聚水格

【原文】（见图2－42）凡是两水夹来，随龙交合于局前，其水多从明堂前直去，人皆指为顺水地、顺水龙。岂知结地，水未有不向前去者，只要去得屈曲，不见直去，亦为吉势，局前亦宜蓄水，不至径去为贵耳。盖潴而复流，积而后泄，虽去亦不害其吉也。若局前无池沼蓄积，则其去水无交钮，向前直去，所忌者惟此耳。若三横四曲，顾我后流，悠扬眷恋，似不忍去，此正为顾我

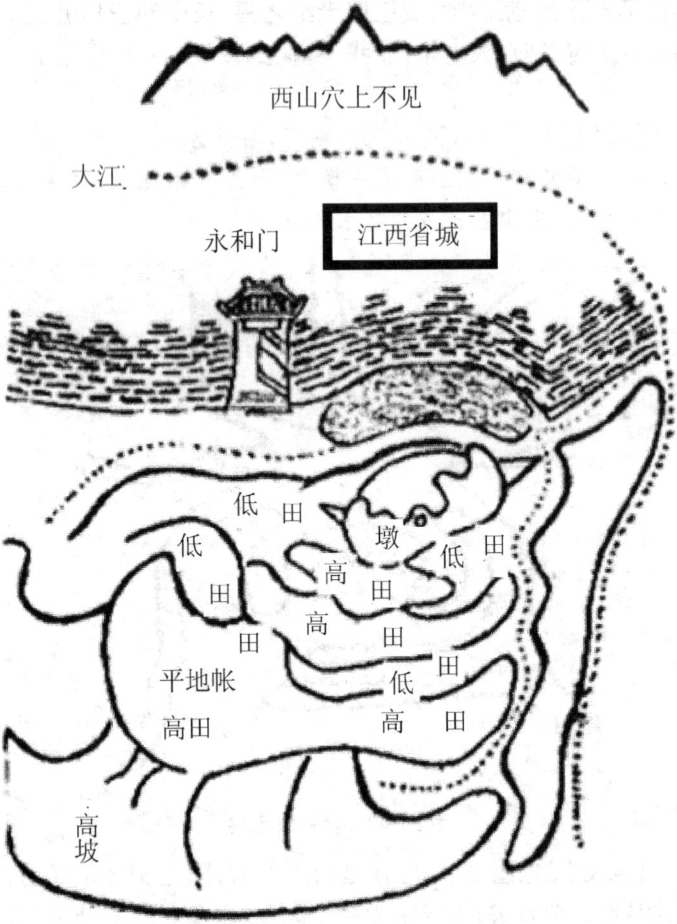

图 2－43 南昌张相公祖地

水也。前顾我者，其发近而速；后顾我者，其发远而迟。其与过穴反出相去远甚，岂得以顺而弃之哉。

【注解】两水从穴后流至穴前交汇成荡积蓄，而后又分数条流去。水来水去，乃自然之理，并非是泄，却有分别。若去水屈曲，回头顾我为有情，以吉论。若流水直泄，毫无回顾，则为泄气，虽有水聚，仍主先发后败，多以凶论。

以上数格，言诸水注聚于穴前，此水为水法中最吉者。吴公云："一潭深水注穴前，不见来源与去源，巨万赀财无足羡，贵入朝堂代有传。"所谓"山缠不如水缠，水缠不如水聚"者是。因水缠则气束，水聚则气聚也。若去水之玄，眷恋回顾尤妙。若去水直泄，是泄了龙气，虽可富贵，但终会败退，先吉后凶也。如南昌张相公祖地（图2-43）。此地在江西省城永和门外。其龙分省干旺气，分脉后脱落平洋，起岗阜，来历甚远，不详述。比入局，连开帐穿峡，束为平面走马文星，数节结穴。穴内平中之突，突间开钳，两畔掬抱，界水明白。余毡铺坦，前峰拱揖，但明堂太宽，天设城墙，关束藏聚，而穴前融潴之水，四季不涸。葬后出张元春，登进士，官太守。子曰召，官经历；曰贺，官光禄署丞；孙曰作，曰仲，皆乡魁进士，官至腰金；洪阳公位，登乡会二魁，官大学士。

按：此局一水左来，一水从右后方来，至穴前注入湖中，出水又与大江合襟，暗拱穴星，此流神聚水极善之局也。

按：原书所载水法，至此全部结束。详析全图，多吉少凶，实为不足。与其它版本相较，其中少界水无情三幅图，来水撞城两幅图，水城反跳两幅图，曲水斜飞一幅图。为使大家窥得全豹，今据上海文艺出版社《中国方术全书》增补如下：

【原文】（见图2-44）寻平地与山龙不同，只要水抱左右前后，委曲向内，就身围绕。凡直来硬逼，不顾堂局，大凶，虽支水

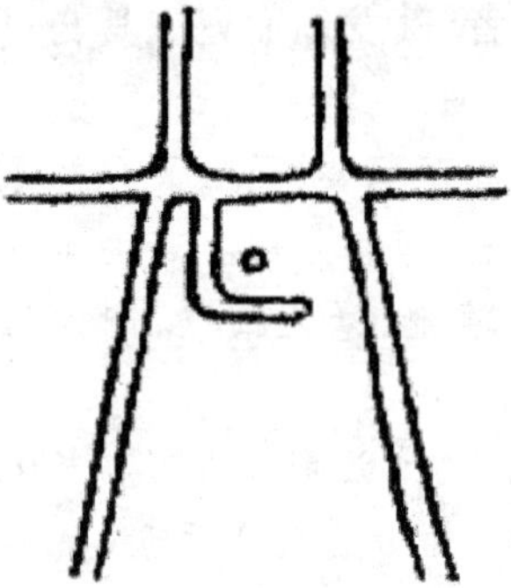

图2-44 界水无情一

勾弯亦不可穴。赋云:“荡然直去无关拦,其内岂有真龙。”诀云“水能界生气”,弯曲回绕者,界生气水也;荡直不顾家者,散生气也。经云“生气尽从流水去”,正谓直水去也。一直如箭,略无回顾之情。若井字,若基格,虽有支水插界,似是而非,虽略发财,久之出人横暴忤逆,主流徒之患,贫败绝嗣,瘟疫自刎,皆刚硬之气所致。

【注解】水龙之法与山龙不同。大凡山龙,不类金木水火土五星,只要一星成形,皆为吉穴。水龙则只取金水土三形,木火二形皆凶,不取。因金圆、水曲、土方,均为水法所喜。而火为尖形,木为直形,不仅护不住生气,且有直硬尖刚冲射之患,故为穴法所弃。章仲山《心眼指要》云:“山以曲动、开面、开口并有精光融取,秀嫩滋润之色为生;粗顽、硬直者为死。水以屈曲活动、旋转抱穴有情者为生;斜飞、反跳,形如木火者为死。”界水无情,来水撞城诸格,皆言水之木体、火体之凶。

此图横水直硬,虽有二水夹护,中有支水插界,似成穴场,然诸水均直硬走泄,生气荡然无存,故难立穴。

【原文】(见图2-45)《赤霆经》云:“桌椅反张,手足握曳,败绝之藏。”又云:“官不供职,鬼不还气,穴之,主父子分居,兄弟别离。”书云:“砂分八字水斜流,田地不留坵。”

【注解】此图一水直横,两水兜回,中间阔荡,又有二支水割界回抱,使龙气聚集,看似有情。然众水直泻,毫无眷恋回顾,龙气尽散。若在此处立穴,主父子分居,兄弟离别,卖尽田地,漂流他乡,故云“田地不留丘”。

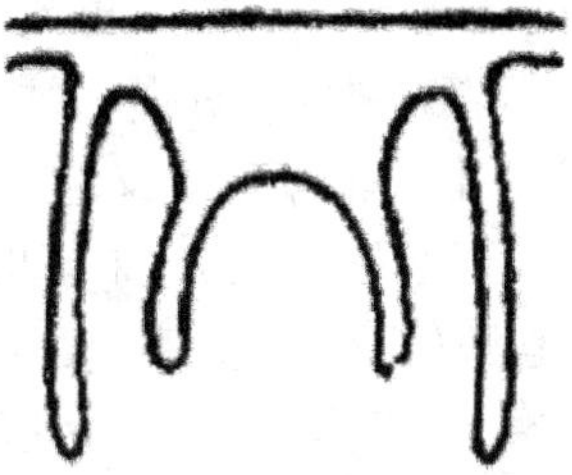

图2－45 界水无情二

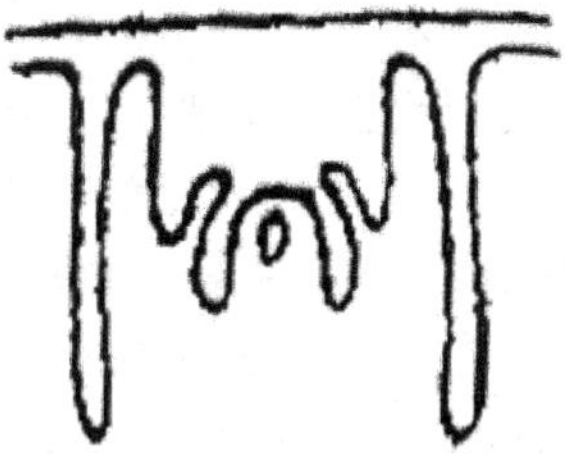

图2－46 界水无情三

桌椅反张：此图横水直平，犹如桌面。下面四水直硬，恰似桌腿外张，此乃以形论穴之法。

【原文】（见图2－46）凡左右砂水，须朝抱回身向堂局，青龙如勒马，白虎似眠弓。书云："大地却如羊见犬，双双回头转。"如星之拱北，四面环绕。若龙直出无弯抱，形如推车为无情。书云"却如伸去推车形"，砂不回头，堂气即散。今龙虎直去，不见回头，明堂虽有聚水，而左右砂头直去，则水亦不含蓄，堂气不聚，穴气不顾。书云"龙虎所以卫区穴"，即不回头，其内焉有生气耶。虽内砂似勾，亦不足取，赋云"内勾外直枉劳心"。

【注解】勒马：马奔走时，缰绳放松，直如箭射。须要停止时，则勒紧缰绳，使马回头。意即左水要像勒马时回头一样，环抱穴场。

眠弓：弓平放地上，呈弯形，名眠弓。意即右水也要像弯弓一样环抱穴场。

如羊见犬：牧民放羊时，均以犬护。领头羊率着羊群奔走觅草，牧民须羊群返回时，便放犬追赶头羊，头羊见犬即返。亦言环抱护卫之水，须有回头顾穴之意。

【原文】（见图2－47）穴前水弯抱如带，左右龙虎紧夹护送，形端局正，似为结地，向前明堂水更屈曲而来方妙。今向前有二三路水直冲穴前，为金吾箭来撞城，其祸最亟。书云："直

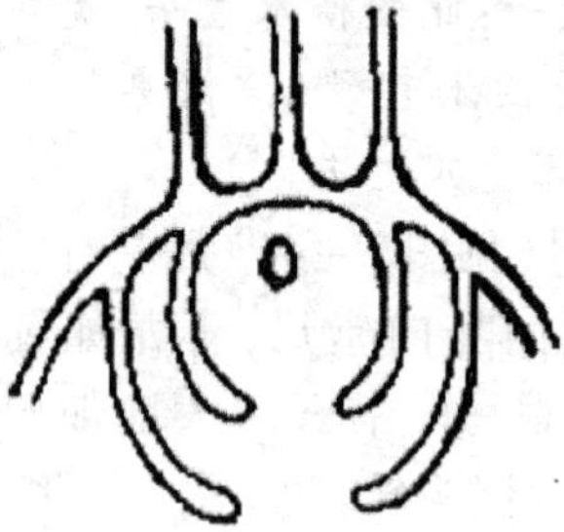

图 2-47 来水撞城一

则冲，曲则朝。”又云：“一箭一男死，二箭二女死。”箭左损长，右损小，中损二，若斜冲，主子孙军徒。又曜杀方主刑戮，甚至绝嗣。凡穴前有此直水，或得池湖受之，或横案遮之，差能免祸。赋云：“为人无后，多因水破天心。”

【注解】金吾箭：形容直水冲来，就像带金的箭射来一样。

天心（见图 2-48）：穴前明堂正中处谓之天心。此处宜水融聚，叫做水聚天心，主贵显巨富。但此处水直射而入，或穿堂直过，叫做水破天心。穿茔过，主财不聚，人丁稀；直冲穿射者，主财散人微，重则绝嗣。赋云“人无子，只因水破天心”者是。故天心之水宜聚不宜散，宜弯不宜直。此局正中一水直冲而来，虽前有水横拦，亦名水破天心，但其灾略轻。

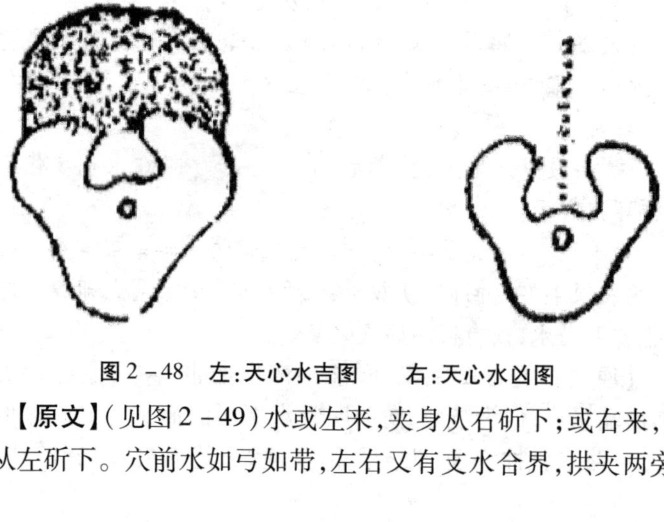

图 2-48 左：天心水吉图 右：天心水凶图

【原文】（见图 2-49）水或左来，夹身从右斫下；或右来，夹身从左斫下。穴前水如弓如带，左右又有支水合界，拱夹两旁，

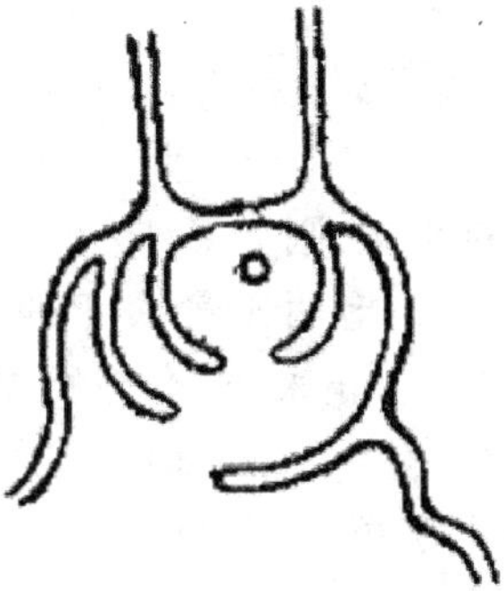

图 2－49 来水撞城二

其大段形势，似乎聚气可观，然必明堂左右有曲水朝来方为美地。今局前虽来水，其直如箭，略无屈曲，则穴中真气又为来水射破，穴之者虽发财禄，子孙必遭徒配。若左来右去，右来左去，或左右俱来穴前，分作两股流出，直出如箭，更无池河收蓄，尤为不美。败家绝嗣，往往由此，学者慎之。

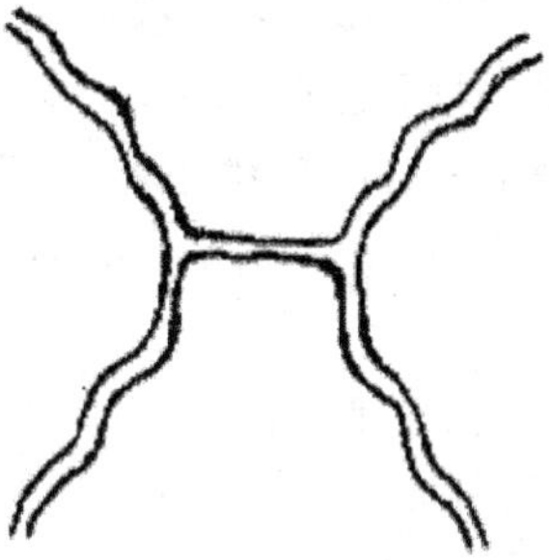

图 2－50 水城反跳一

【原文】（见图 2－50）凡真气所聚，砂水必然归向，砂则如拜如揖，回头如勒马俯伏，如眠弓；水则如之元缠绕顾家，《青乌经》云“扬扬悠悠，顾我欲留”也。若左来而右反去，右来而左反去；或前来而后反去，后来而前反去；或前来如倒书人字，后来如顺书人字，源头水尾并无兜收勾回之势，名为四反。主人忤逆，小则劫掠，大则叛逆。左反主男逃为盗，右反主女妇背夫，前反主瘟疫，后反主火盗，四反主灭族刑宪，不可以四水交流而穴之也。

【注解】砂水必然归向，是言龙之所止。凡龙之将止，左右护从之山，则只只齐止，左右回拦，如拱如揖；前朝之山，则迢迢远来，止于穴前，如拜如伏；绕送之水，则合襟于穴前，如舞如拜；诸山咸止，诸水咸聚，山向穴开面，水向穴缠绕，此即砂水归向之意。如此山水大会之处，必有真龙融结。若山势反窜直硬，水势峻急不环，甚而反跳者，均龙未止之处，真气不聚，必不结穴。若强扦之,必主凶祸。

穴场公位:左为男位,故左水反逃,主男漂流在外。右为女位,右水若背反,主女背夫。

【原文】(见图2－51)水来去须环抱夹拱,则力聚结穴。抱东则气聚于东,抱西则气聚于西。经云:“界水所以止来龙,弯抱所以聚穴气。”此穴前水反圈,如仰瓦,如反弓,左右不就身斫下,反跳斜飞,情系抱前而不夹后。左右虽支水夹护,情不在后,势虽迎气,气实不聚,穴之暂发,终必退败,盖水忌背城。书云:“背城反跳,主逃盗编配,远方浪游。左跳长房当,右跳小房当。”以左右支水回抱,而正穴支外拱夹是假势,而外面走窜,切不可下穴。

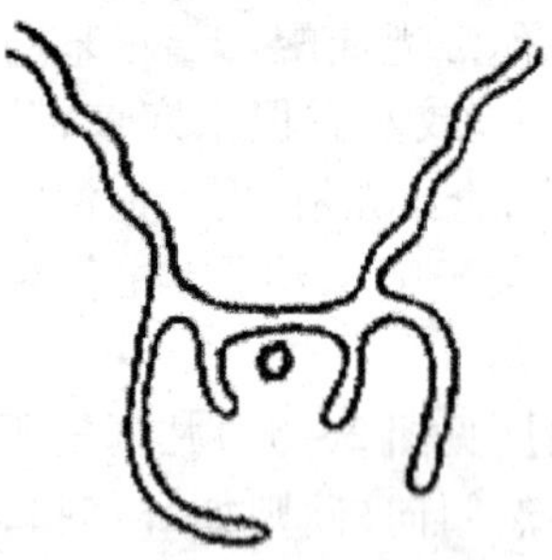

图2－51　水城反跳二

【注解】两水在穴前呈八字形流出,毫无回环之势,是与穴无情。虽来水龙虎重抱,内气似乎甚固,但外气走泄殆尽,实为假穴。若扦此地,初虽略发,终会败绝。

【原文】(见图2－52)凡水界龙来,宜就身贴体,过穴而斜飞,为斜流,以其不卫穴也。过穴而反跳为跳,以其不就身斫下以卫穴,却于穴前反跳而去,无屈曲回头朝顾之情。虽一边围绕,而一边反跳,则穴气已从反跳之处走泄,虽发不久。赋云:“水才过穴而反跳,一发便衰。”若水自横来过穴而反跳,是左右不得水抱,虽支水兜收,全不聚气。经云:“来不揖穴,去不拜堂,败绝之藏也。”左跳长房当,右跳小房当,右跳小房绝。

【注解】此图虽两水环抱穴场,内形完美。然原水并无环抱,来水虽屈曲,但至穴前背反,是来不揖穴。去时水不回头顾

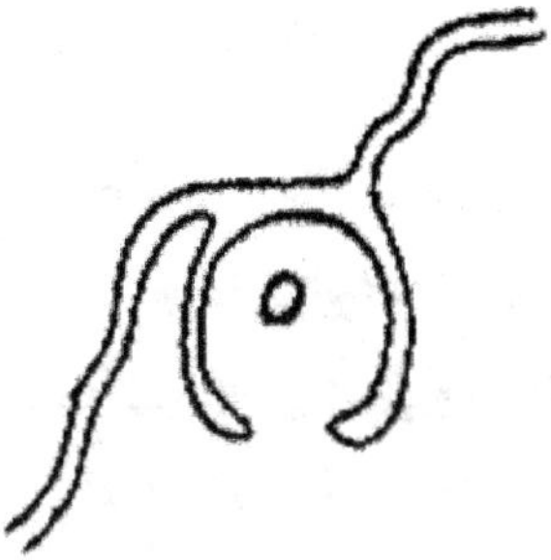

图2－52　曲水斜飞

穴，是去不拜堂，穴气尽泄，若此处立穴，虽能初发，旋即衰败。

以上二卷均是以水形来验穴之吉凶。章仲山《心眼指要》一书中“水辨真假”之论甚精，特录于后，以作结语。

有情照穴者为真，无情顾穴者为假。如来龙活动，土色坚润，或两旁有水割界，其气自清；或龙到头上蓄之处，内堂有点真水，大旱不涸，恰于来龙来脉相乘，方为真水。真水者，“来情对脉”，“水来当面”之谓也。如水色混浊，并有臭味，及偏斜、反弓，及易盈易涸等等，都由地气与水不交，故谓之假。

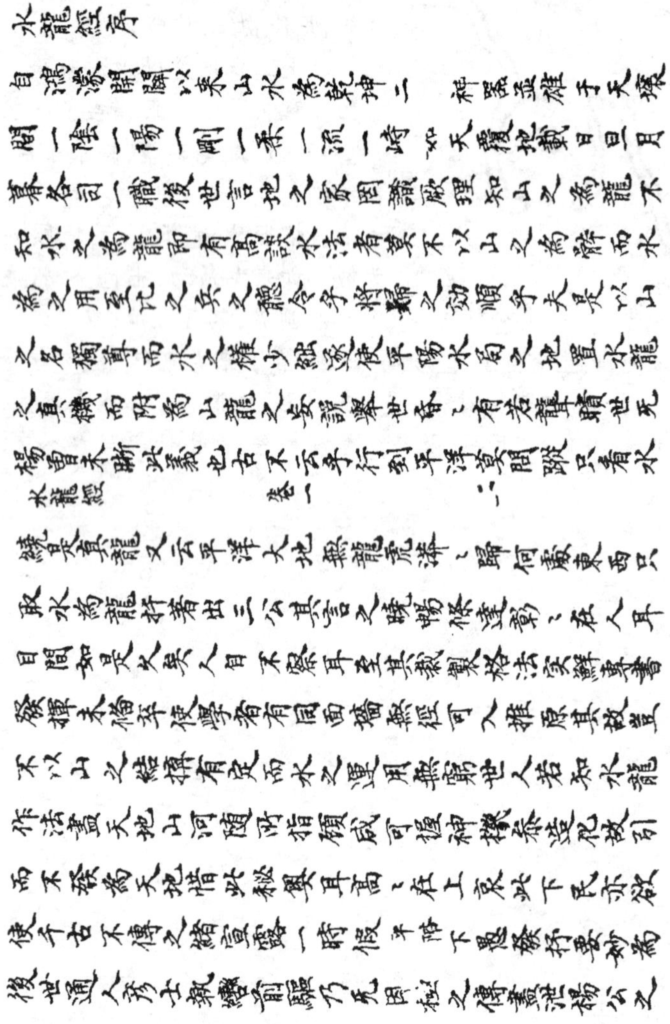

水龍經序

自鴻濛開闢以來山水為乾坤二　神器並雄于天壤
間一陰一陽一剛一柔一流一峙如天覆地載日旦月
暮各司一職後世言地之家罔識厥理知山之為龍不
知水之為龍即有高談水法者莫不以山之為幹而水
為之用至比之兵之聽令乎將歸之効順乎夫是以山
之名獨尊而水之權少絀遂使平陽水局之地置水龍
之真機而附為山龍之妄說舉世昏昏有若聾瞶世無
楊曾未晰此義也古不云乎行到平洋莫問蹤只看水
水龍經　卷一　二
繞是真龍又云平洋大地無龍虎漭漭歸何處東西只
取水為龍扦著出三公其言之曉暢條達彰彰在人耳
目間如是久矣人自不察耳至其裁製格法實鮮專書
發揮未備卒使學者有同面墻無徑可入推原其故豈
不以山之結擴有定而水之運用無窮世人若知水龍
作法盡天地山河隨所指顧咸可握神機奪造化故引
而不發為天地惜此秘奧耳高高在上哀此下民亦欲
使千古不傳之緒宣露一時假平階下愚發抒要妙為
後世通人彥士執轡前驅乃先因秘之傳盡泄楊公之

本面书影整理文字见第 1 ~6 面。

第三卷

总　　论

【原文】此卷专言水龙贴体吉凶形局，而入穴星体已森然灿列于其中，此水龙肯綮扼要之书也，亦不著姓氏，言虽俚俗，寓意精深，必扬公真本，千年以来，师师相授。开卷先言五星，而五星之中，惟取金水土三星为吉，木火二曜为凶，此与山龙稍异。山龙有火星起顶，上下即结直穴；亦有行龙穴星皆木星结体，弥见贵秀。水龙则一犯木火，立见灾祸。推原其故，总之水形喜柔荏而恶刚强，宜朝抱与而忌冲激者，情性判然矣。

【注解】山龙星体，金体圆而不尖，木体直而不方，水体动而不静，火体尖而不圆，土体方凝而正。不类何星体起顶，只要行龙剥换合法，脱卸得体，形正体纯，内气完固，都是佳地。水龙则略有不同，金水土三种星体皆吉，惟木体直硬，火体尖射，冲激穴星，均为大忌，故察水龙必先详其星体。火木二形，虽有弯抱，虽有枝水插界，亦不可立穴。

【原文】是以五星既别，而即继之以绕抱、反跳，收气之风，蓄聚分飞诸格，辨之最详。亦即五星明枝干之义，则行龙之体格大略已尽。继明五星之正变，而后入穴之作用，得其主宰，掌握自由。学者苟有意于郭公之秘，能于是书深切而体验之，水龙之道，思过半矣。过此以往，三元九宫之法，庶几其有逢源之乐乎。

大鸿氏笔。

【注解】三元九宫之法：三元即上元、中元、下元。九宫即八方与中央。三元之法，一元包括三运。即上元包括一运、二运、三运，共六十年。中元包括四运、五、六运，共六十年。下元包括七运、八运、九运，共六十年，详参前注。三元九运之法，最重当运旺星和下运生气，凡水临生旺之方，必主发迹。若水在衰败死绝之方，龙穴再合法度，也主败退。其法首先排出元运飞星图，以当运之星入中，顺排九星。而后又以山向方位所排之星入中，阳顺阴逆，排出各方位山向飞星，以其飞星的旺相囚死判断吉凶。试举二例(图3－1,3－2)：

此局坤水屈曲而来，转巽方会聚，至艮而消。

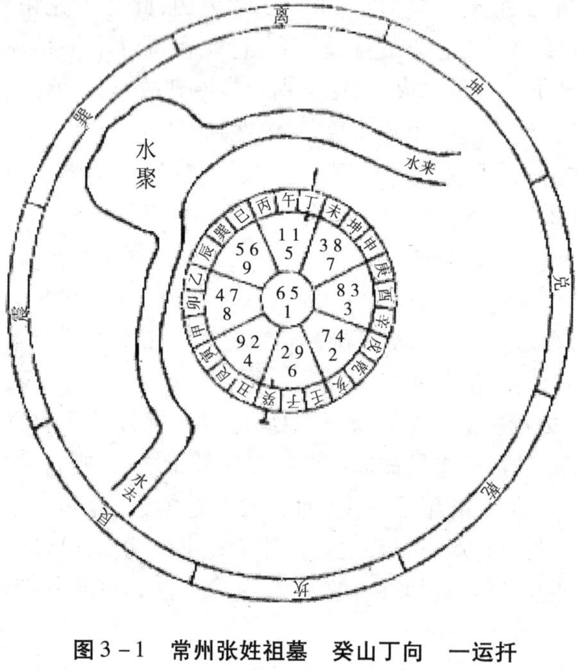

图3－1　常州张姓祖墓　癸山丁向　一运扦

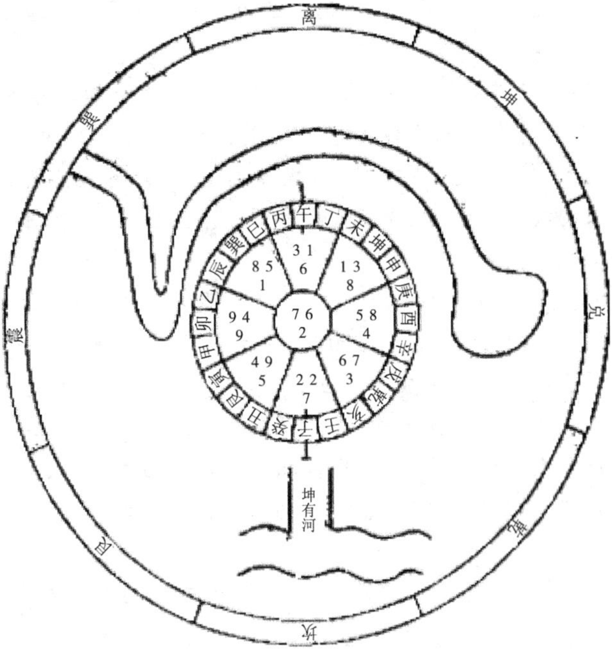

图3－2　无锡石塘湾孙姓祖墓　子山午向　二运扦

仲山曰:此坟葬后,长房应发秀,次房丁秀大盛,财亦旺,盖得辅星成五吉也。问之,主人曰:前富百万,今仅半百矣!

沈注:此图一六八俱到向上,又见水光,真合五星之妙。长房发秀而不旺财者,因六为乾,乾属长,六又为官星,故发秀。又因六白金生向上一白水,谓之生出,故财不旺。次房丁秀大旺而财亦旺者,因双一到向,坎为中男,故二房更发。

注：此图一六八俱到向上，此宅向丁，两旁为巽、坤方，星得一六八三吉。而五星者，指旺气、生气、进气加三吉，因

为三吉中必有一吉归入生、旺、进气之中，故只有五星，所以叫五吉。

按:是地坤方地盘二,天盘七,二七同道也。巽方地盘四,天盘九,四九为友也。天地盘暗合生成,泽自远矣。双星临向,三白水俱到向上,又在巽方聚会,配合城门,财自旺矣。然以乾金生坎水之故,长房仅主发秀而财不旺,此可悟公位。不单从八国水神断,有时与向首生克有关,当互相饶减也。

癸山丁向为人元龙,地运八十年。此局吉有五:旺星到向为一;向首及城门一六八三吉为二;一六八三吉方有照水为三;坤巽二方天地盘暗合生成数为四;还有一是每方的向星与地盘均合十成对待数。有此五吉,故泽源深厚。

长房六白到水聚方,主出武职。次房一白水到向,再逢四木文曲星到,主科举文职。季房八白土,再逢客星六到,亦主出武职。

地运八十年,交五运即入囚,然巽方有水为五运生气,为囚不住。七运又有八运水为生气,亦囚不住。入九运当一为生气,更囚不住矣。

此局庚酉辛河水大宕,由坤离巽震,复从辰方消去。坎方有大河,并有一直浜当背冲于穴后。

仲山曰:此坟扦后,已合元运,理当速发,坎方之水取其特也。但形峦不美,一失元运,即财丁两退。主人曰:我祖葬此坟时,卖糖度日,葬后本身发有数十万。下至数世,亦有五六万,惟丁则大减。

沈注:葬后大发财丁者,因两盘旺星到后,坎方有水特大,名曰“倒潮”,其发最速。《天玉经》云“吉神先入家豪富”,其余诸水皆收不起,故仅一水得元。坎水虽特大,但当背冲来,究属不美,故一交六运即大败。此宅二黑特旺,因坎方水里龙神见水,且此水为大河水来，其势甚强，故特旺。三运坤向见旺水，四运震向见旺水，五运巽方见旺水，但水势总不如坎水强。六运中，水里龙神六白及七赤方皆不见水，自然衰败。

按：坎宫为当元令星所在，有水特大，即"冲起乐宫无价宝"者是，但犯龙神下水，故丁气大减。其余震巽离坤兑等水皆收不起，无甚裨益。交六运大败，入囚故也。

此局地运八十年，故二、三、四、五诸运兴盛，六运入囚，形气结合，天衣无缝。财星大旺者，二、三、四、五诸运向星均见水，旺星得水，水里龙神主财故。人丁大减者，山上龙神亦见水，犯山上龙神下水之病故。

从以上两例可以看出，三元九运法与形法略有不同。形法不论三元九运，三元九运虽注重形法，但更重理气。如例二，背后直水冲射，若以形论，则为凶，必弃之不用。理气论则仍有骤发之机，读者宜自详之。

分　论

杂　论

【原文】人知寻龙为认穴之根本，不知认水乃寻龙之捷径。故水势之所在冲层石亦砂头之所辅，巨涨皆回（按：上段其它版本无）。水源有浅有深，可推龙势之大小。水局有缠有走，即知穴法之假真。然而，取千顷之汪洋汇于案外，不若取一勺之灵秀聚于堂中，以小者真而易受，大者众而难居。是故真龙到头结穴，左右必有两股兜浜界送气脉入穴，穴前必有低小明堂。左右随龙水送到局前交互，前有朝案之砂，横拦之水，弯环向穴。四围护送之砂，回头驻扎，面面有情，明堂平正，水口交牙。前看兜收，后有拱送，右砂向左，左砂向右，穴住天心，此天然之结局也。

【注解】水源有浅有深：《葬经》云“土高水深，郁草茂林”。郑彦渊注：“水深沉，则土壤高厚；气冲和，则草木茂盛。”蒋宗诚注：“穴前之水积聚而深，则土自高，故曰土高水深，非以土高为贵。”皆言水深之美也。大抵穴前聚水，宜深不宜浅，宜注不宜泄，宜清不宜浊。若易干涸，则吉凶无常，非真穴矣。

水局有缠有走：缠者，绕也，回环也，以收其气也；走者，直也，反以泄龙气也，故砂水宜缠忌走，此不易之论也。章仲山云：“众水迢迢顺下，忽见一水、两水逆流而上，或屈曲数节，或独绕一圩，此中必结上地。盖行龙至此，必须下流屈曲，去口紧关，或大小横拦，大圩砥柱，关激其气，不使竟走。砂关水会，便可安扦，下得正向，福荫必宏。”又云：“水缠即是砂缠，砂缠便是水兜，何用区分。”萧明山云：“水贵曲而不贵直，贵聚而不贵散。

是故水不乱弯，弯则气全；水不乱聚，聚则龙会。聚则静，曲则动；动者不宜流急，聚者要澄清。”故水绕、水缠、水聚者为真龙；水反、水直者为假龙。

论枝干

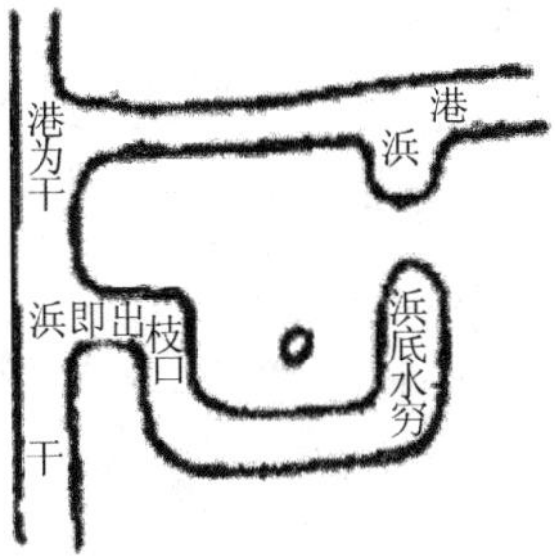

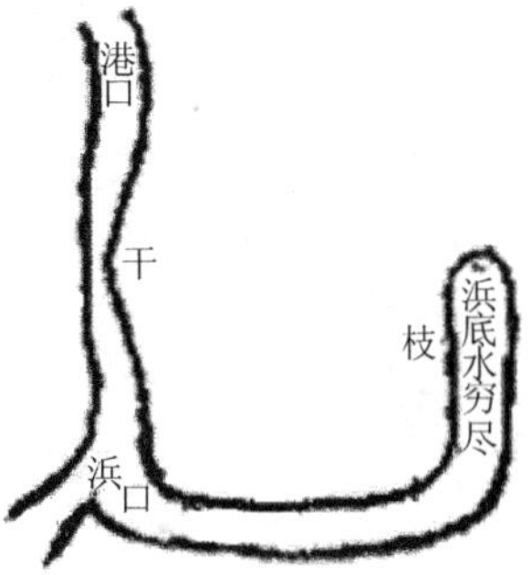

【原文】大水汪洋是干龙，支龙作穴出三公。（上左图）

【注解】干龙虽气势雄厚，但无支水兜收，龙气不住，真气不聚，不能结穴。一有枝水插界，龙尽气钟，方结佳穴。

三公：指如果干龙回转，有枝水插界，二水合襟于穴前，真气融聚，若扦此地，必出朝廷重臣，大富大贵之人。

【原文】枝龙作穴须长久，干龙气尽不须求。（上右图）

【注解】干龙奔驰而来，虽有枝水割界，环抱成穴，但干龙或反跳，或斜飞，或直硬，均为无气。虽初发而终败，故云“不须求”。若干龙回环绕抱，再逢枝水插界，使其形局完固，反主久长，不依此论。

论五星

【原文】金星变体。覆釜金星水养身，儿孙富贵足金银。

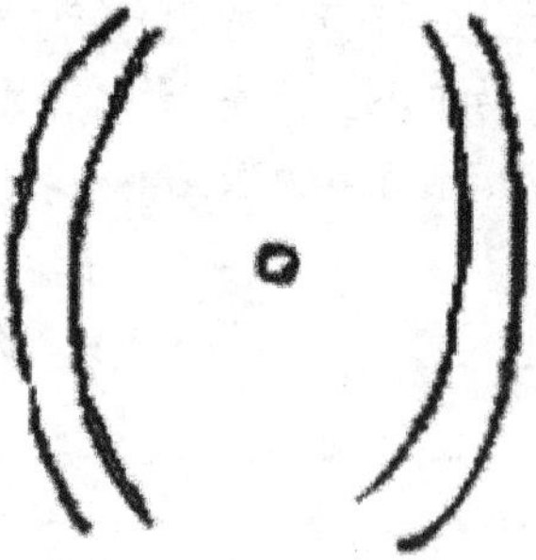

（上左图）

【注解】覆釜：言金形水体像把锅翻过来一样圆转环绕。

【原文】右金小房兴，左金长房发。（上右图）

【注解】左为长房，若有金形水从左环抱穴心，主发长房。右为小房，若金形水从右环抱穴场，主发小房。若左右皆有水环抱，则长、中、小房齐发。

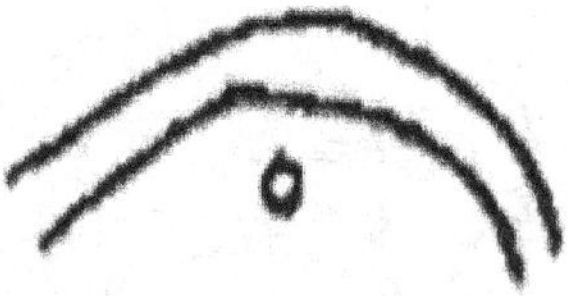

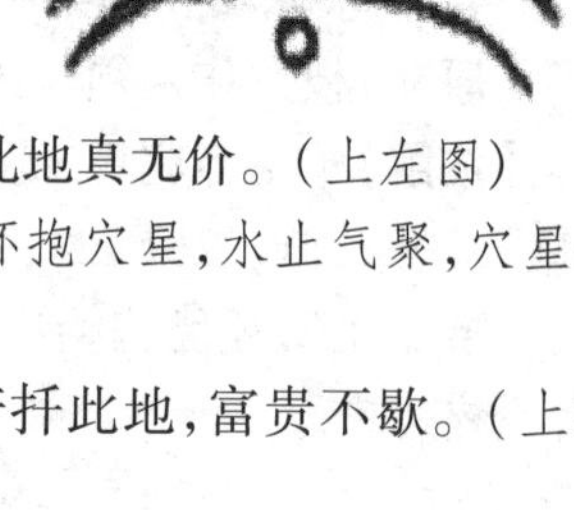

【原文】正金体。金星如玉带，此地真无价。（上左图）

【注解】穴前有玉带水，呈金形环抱穴星，水止气聚，穴星收其秀气，故为大地。

【原文】横水过宫，金城抱穴，若扦此地，富贵不歇。（上右图）

【注解】前句横水是言直水横过，后句又云金城，有些自相矛盾。细看图形，二水并过，远方之水横过，穴前金城水抱。此图佳在金城水，与横过水并无干系。

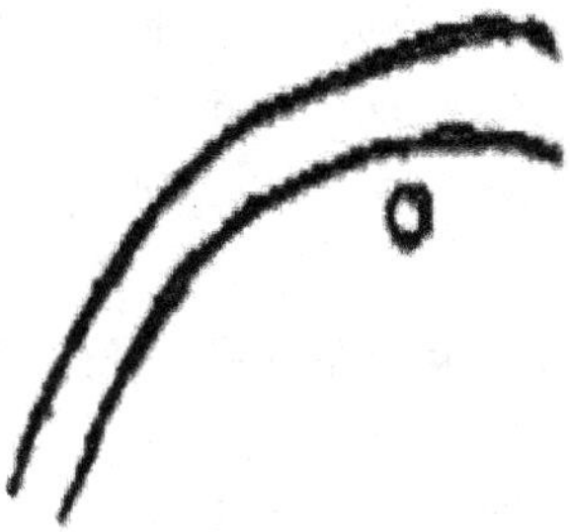

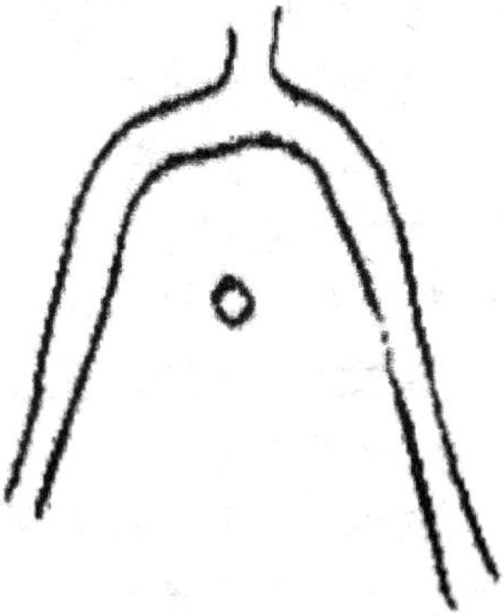

【原文】斜金似火，受克非佳，若然照穴，卖尽田园。（上左图）

【注解】穴前虽有金形水绕抱，但其形倾斜，与火形相近。火金相克，本已不吉，再加水形斜飞，若在此处立穴，必主退败。故云“斜金似火照穴前，半贫半富卖田园”。

【原文】前火克金城，风字脚不停，若扦此等地，不久主伶仃。（上右图）

【注解】此图穴前弯水环抱，金体纯正，形势完整，可惜一则前有斜水似火，不仅火体克金体，且撞破穴心。二者去水形同“风”字，两脚均斜飞而去，毫无眷恋回顾之情，龙气尽泄，故不

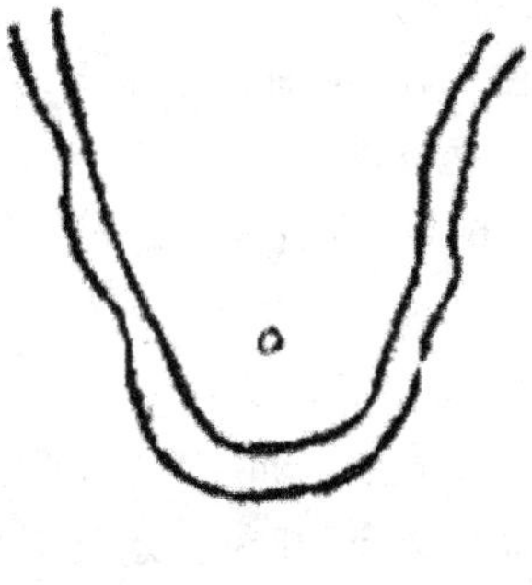

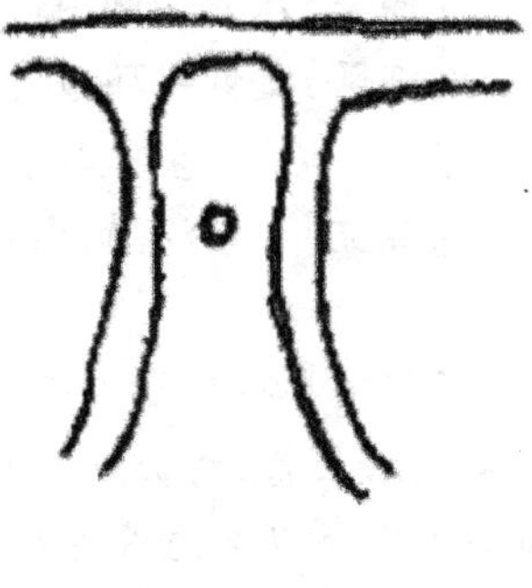

可立穴。

【原文】此水名为犁头形，一发火烧贫。（上左图）

【注解】水虽环抱，但其形尖如犁头，为火体，有冲射之患，故主贫贱。水为犁头形，土脉亦必是犁头形。泓师“三十六绝穴”中有“犁壁绝”，刘白头“十般无脉绝”中亦有“犁嘴绝”，皆云此形为凶，不可误扦。

【原文】金城右反弓，小子必孤穷。金城左反弓，长子必离宗。（上右图）

【注解】右为小房，右水反弓，主小房贫穷。左为长房，若左水反弓，却主长子离家漂荡。此言上右图左右两枝均反弓水。

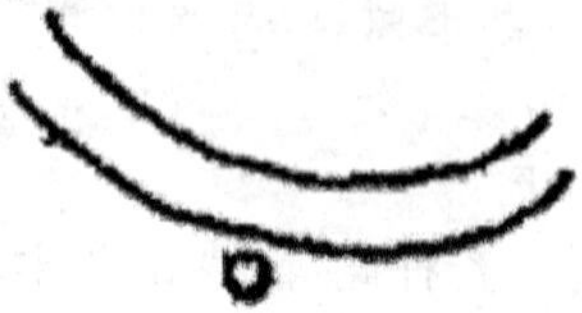

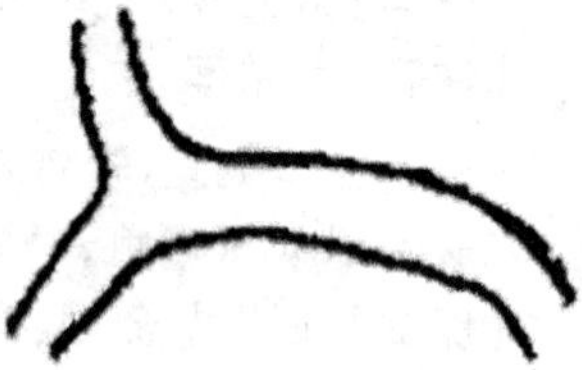

【原文】金城反弓，逃走贫穷。（上左图）

【注解】穴前有水反弓呈金形。若左来中出，主长房、中房逃走贫穷。若右来中出，主小房、中房离乡破家。若反过穴前，则三房均主破祖离家。此即“反弓水”。

【原文】水入金城，富贵多丁。（上右图）

【注解】金城水环抱穴场，又有屈曲水注入，屈曲为水形，故云“水入金城”。金体与水体相生相亲，故为佳穴。

【原文】金水泛滥，风声可撼；金水相生，富贵豪英。（下左图）

【注解】风声：这里指男女淫乱的丑声。

金城环抱，远方有水屈曲而来交汇，是金水相生，为佳穴。如果有两条以上的水屈曲而来，与金城水交会，却为金水泛滥，

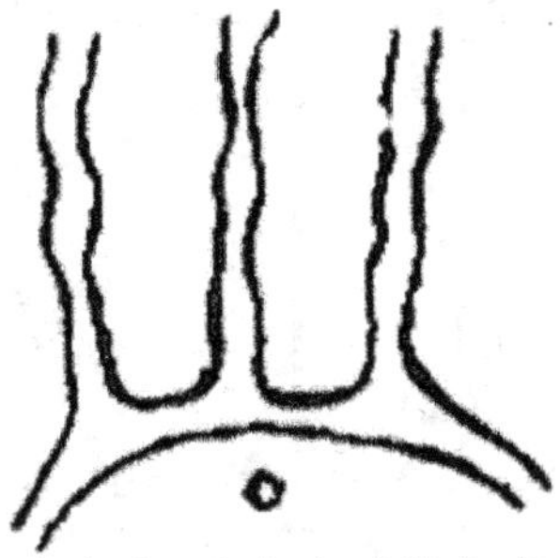

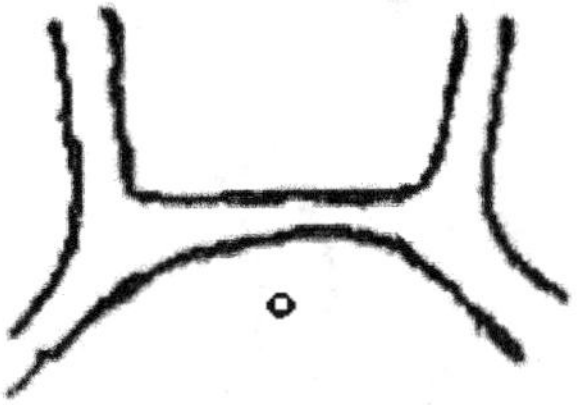

即使富贵,难免有淫滥之声。

【原文】金星木撞,家业倾荡。金水得地,子孙富贵。(上右图)

【注解】此图金城水环抱,左方之水屈曲而来交汇是金水得地,主吉。右方之水直射来会,直形为木体,名为木体撞城,主家业败退。若二水齐来,左为长房,长房富贵。右为小房,小房败绝,此即公位之法。

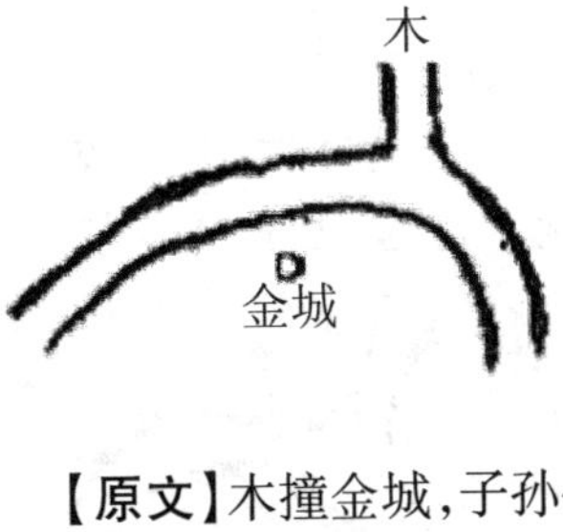

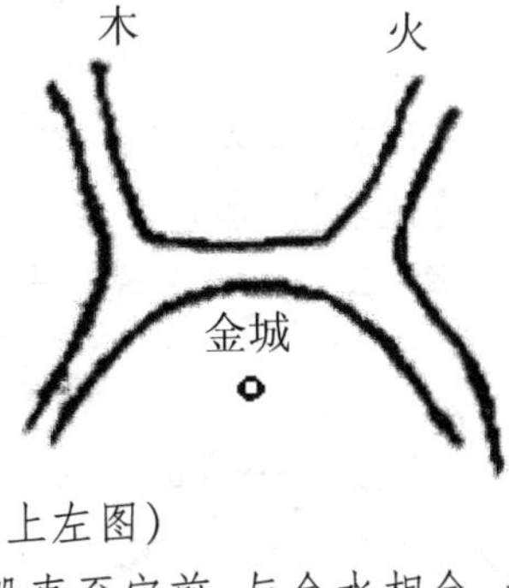

【原文】木撞金城,子孙伶仃。(上左图)

【注解】来水直硬无屈曲,像箭般直至穴前,与金水相会,为木撞金城。

【原文】木火入金城,代代绝儿孙。外口大内细者,火形也。细直而长者,木形也。(上右图)

【注解】外大内细者,尖形也,故属火体。细而直者,似木棍,故属木体。同时,斜撞者属火体,直冲者为木体,均为凶象。

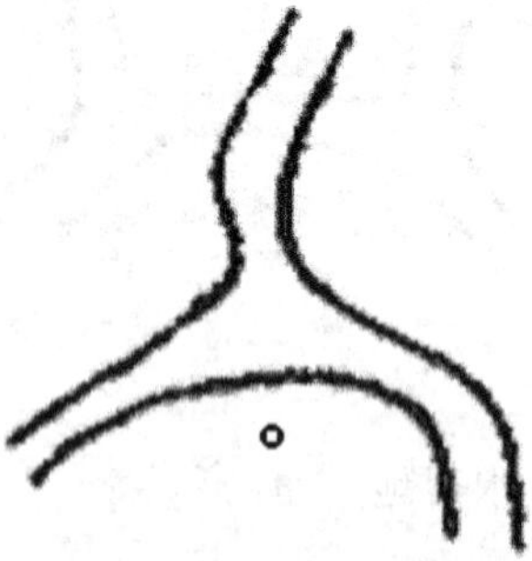

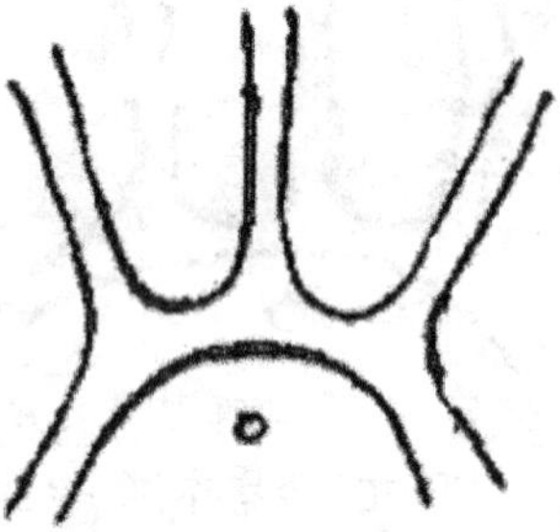

【原文】曲水入金城,官鬼损人丁。(上左图)

【注解】此图穴前水虽屈曲而来,但正对穴心,名元辰水冲破穴心,虽有金城水拦截,形局终是不能全美。虽发财官,却损人丁。

官鬼:玉尺经认为,来水之方正克穴山之方为官鬼。如坐山为亥,来水在辰戌丑未之方者是。

【原文】煞入金城,穷败无丁。(上右图)

【注解】此图虽金城水抱穴,然三水直撞金城,是木体水撞破穴心,故曰煞入金城。生气既破,龙气尽泄,若立穴于此,不仅

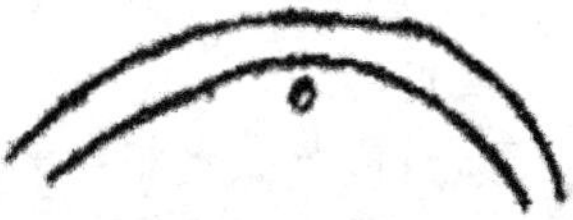

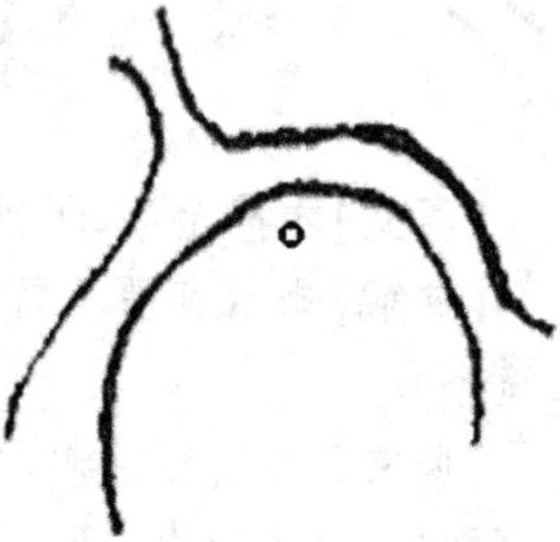

穷败且绝嗣。

【原文】火克金城,盗贼相侵。中细节成尖形,故曰火克。(上左图)

【注解】此图穴前金城水环抱,形体本美。可惜流水中间细两头宽,金体变为火体,火来克金,故云盗贼相侵。此为金星变体格。

【原文】二火来克金,灾星日日临。斜木亦为火星。(上右图)

【注解】金城水抱穴,左右两水虽弯抱而来,但均来大入小,后粗前细,后阔前尖,为之火体,故曰二火克金。

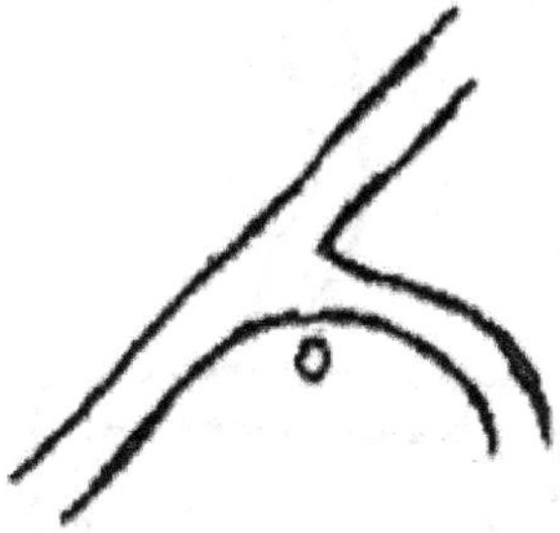

【原文】火金相刑,败绝无丁。(上左图)

【注解】虽金城水抱穴,但上有斜水直射,斜水为火体,故曰火金相刑。

【原文】同上。(上右图)

【注解】此图与上图略有不同。上图是水斜射为火。此图则金城水自左分开两叉,其形尖射为火体,故亦为火金相刑。

【原文】水星得地,金玉满堂。(下左图)

【注解】此水虽三面环抱,但其形屈曲,故为水体。

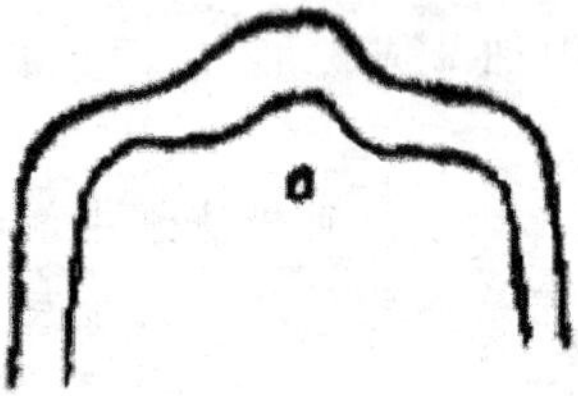

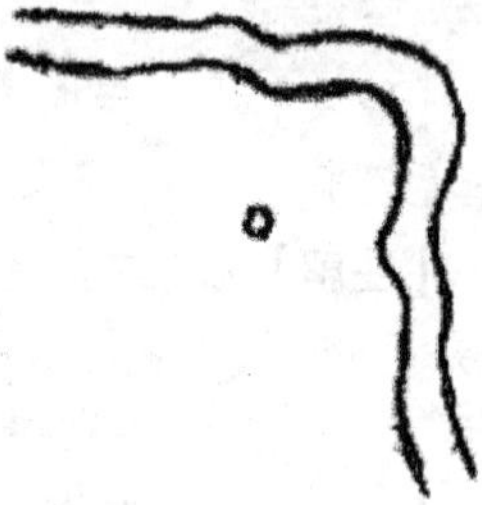

【原文】同上。(上右图)

【注解】此水屈曲而来,屈曲而去,绕抱穴场,弯环如弓,毫无直硬之感,故属水体。但细析此图,去水虽屈曲,但略带斜飞。直亦泄气,何况斜飞,故并非全吉,主先发后败。

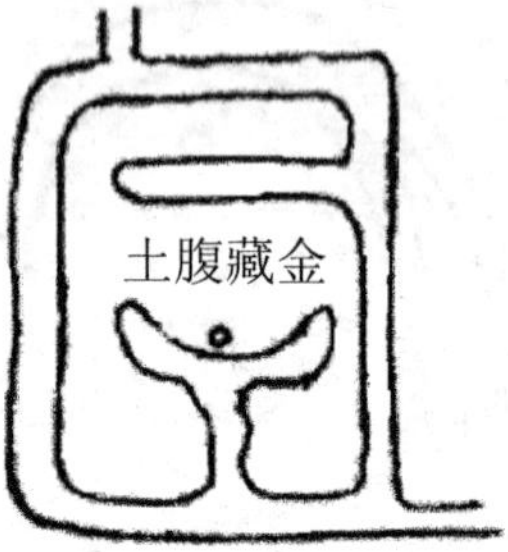

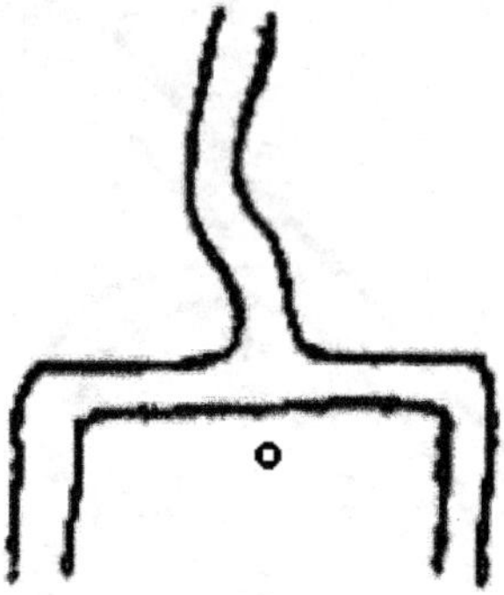

【原文】二土临门,家富金银。(上左图)

【注解】方形为土。此图局外四水呈方形环抱,穴前又有支水呈方形,故云“二土”。

【原文】水星入土曲来冲,先主破财福后至。(上右图)

【注解】当面元辰水冲射穴心为不美,但整个形局完美端肃,且冲水有横水拦截。虽初破败,终能发迹。

【原文】土星抱穴,富贵不歇。(下左图)

【注解】土星抱穴,重在出水。若出水之玄,屈曲而去为有

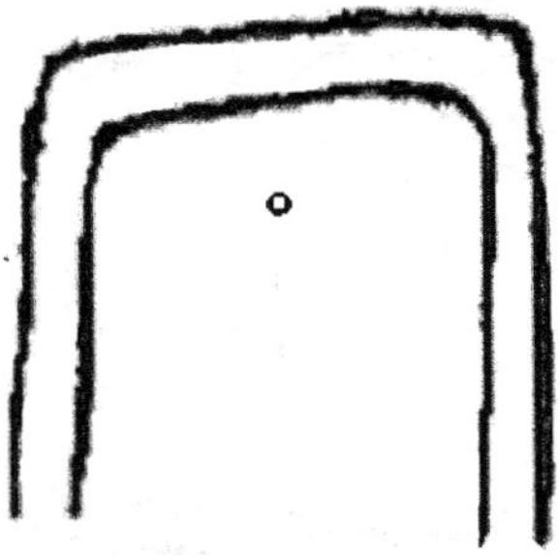

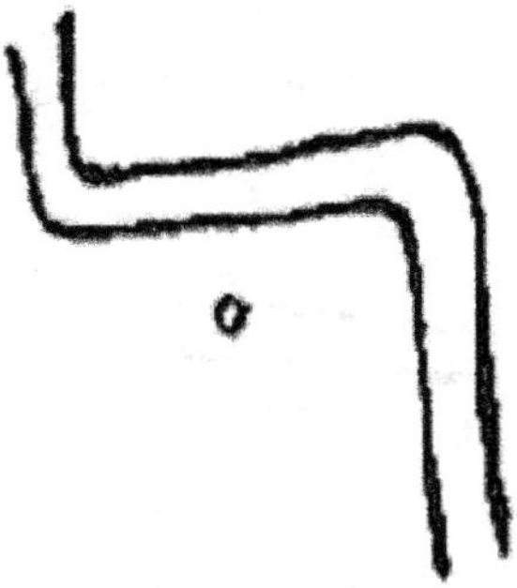

情。若去水直射或斜飞、反跳，虽穴场完固，亦主初发后败。

【原文】土星右转来，家富足钱财。（上右图）

【注解】以此形论，穴前之水横过，略无回抱，与穴无情；穴右之水直射而去，泄尽龙气；而转弯处又呈尖形，亦无环抱，真气尽散，毫无吉气可言，此图的说明不合地理。

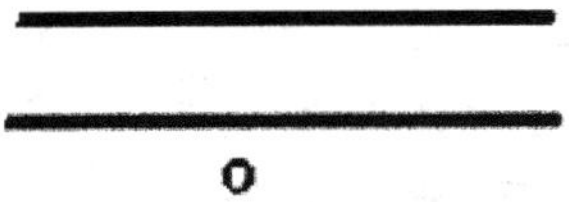

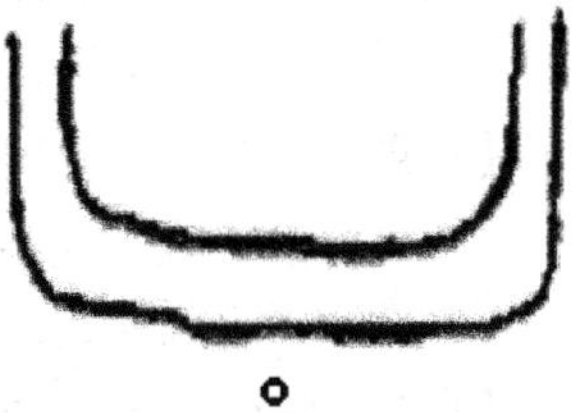

【原文】一直如舟不可安，虽发贫穷不久年。

不问东西南北住，必然逃走不知端。

土星直去无回意，不久家门退。（上左图）

【注解】方形为土，直形为木。此图直行，来去皆无弯曲，当为正木体，而非土星，特指出。

此图直泄而去，毫无眷恋回顾之情，龙脉不歇。若立穴于此，必奔走不息，四处漂荡。

【原文】土城反去，绝败身家，贫穷淫乱，军配天涯。（上右

图)

【注解】土城反去,即反背水。来水虽然过穴场,看似有情实无情。凶地,不可扦葬。

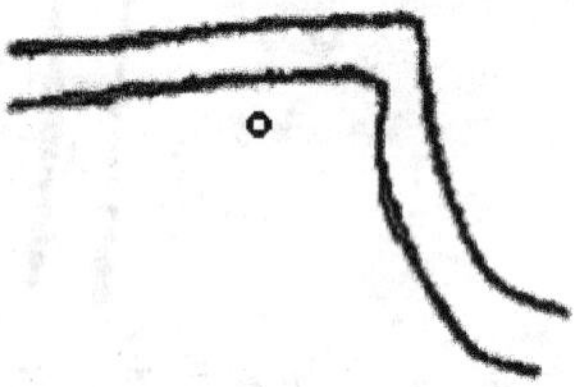

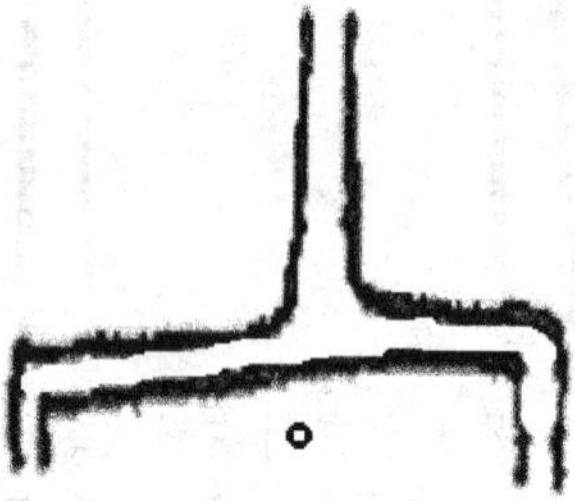

【原文】右火斜飞水,坟宅不为良。
有水来救助,人口免瘟瘽。
火星若焰动,公事损妻房。
土城带火,别乡离土。(上左图)

【注解】此图面前横水,从右斫下,看似土体,然右水斜飞而去,为土星变火,反为无情。若去水屈曲为火体带水,名为有救,灾小;若直硬斜飞而去,是火体带木,木反助焰,名焰动,灾重。

【原文】直水来克土,家内人辛苦,
衣食不求人,常被外人轻。
直木冲门,人口不存。(上右图)

【注解】木体之水从穴外冲来,直射环抱穴星土体之水,名木来克土,外水来克主水,故云"常被外人轻"。

【原文】后木来克土,官事别离苦。(下左图)

【注解】穴后有水直冲,虽有土城拦截,亦主凶灾。玄空派却认为直水虽冲,只要为生旺之水,亦主吉庆,详参前无锡石塘湾孙姓祖墓例。(第145面图)

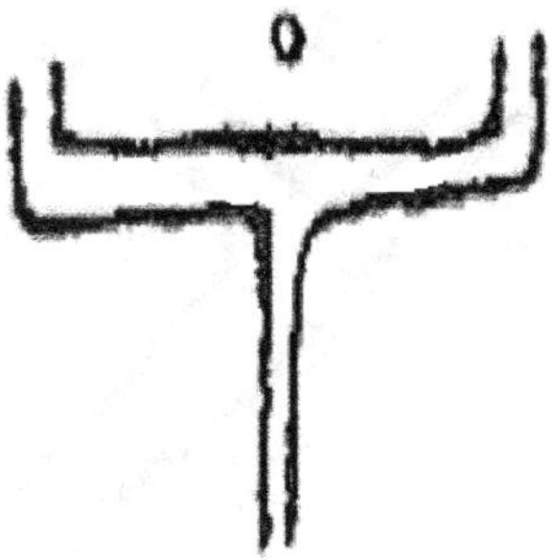

【原文】直木如枪,公事横殃,前木后木,人口损伤。

木城直冲穴,中房必败绝。(上右图)

【注解】穴场正中为中房公位,若被直水冲射,不利中房。如果穴场前后木体水直冲,主出军贼或犯刑凶。

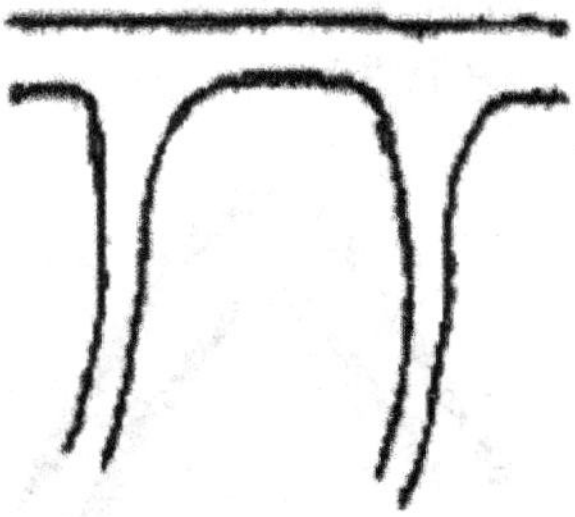
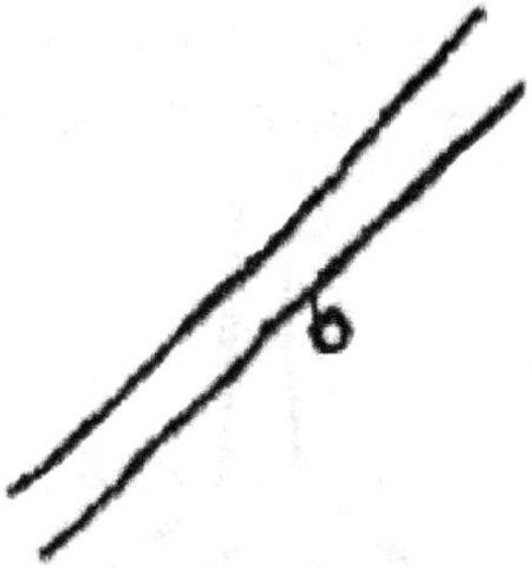

【原文】不堪下穴,后主生离。(上左图)

【注解】此图穴前横水直行为木体。二支水斜直离去为斜木,虽环抱终无情,有云:"正木直行,退败瘟疫。斜木披靡,骨肉生离。"

【原文】斜木来时似火飞,其中扦穴岂相宜。

劫盗官非常自有,人财离散各东西。(上右图)

【注解】直硬虽为木体,但尖斜为火体,故云斜木似火,均为

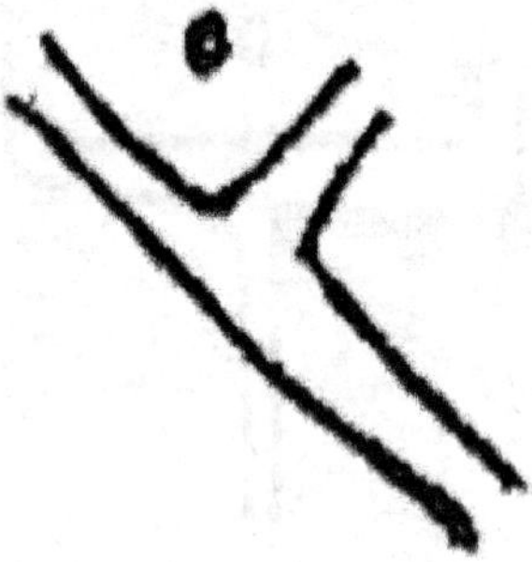

凶体。

【原文】水似木叉，瘟瘴孤寡。（上左图）

【注解】斜水直来，虽支水割界，亦为斜直，交汇处呈尖形为火体，均非吉形，不能扦穴。

【原文】尖砂随水出，子孙做军贼。（上右图）

【注解】水虽交汇，但均斜直，为木体。若两水交汇之处尖射冲激，是火体。故又云“水似木叉，败绝孤贫”。

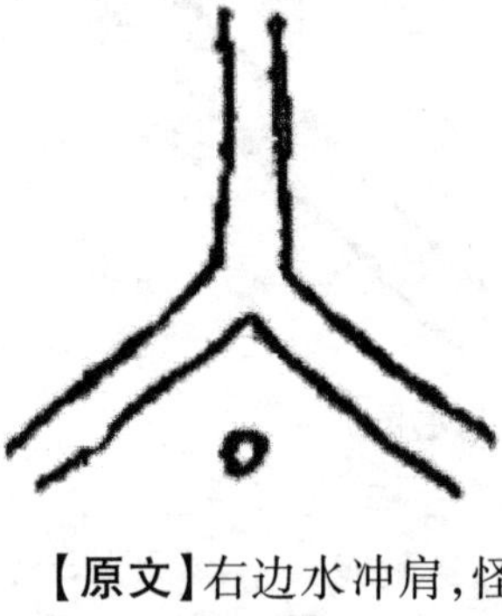

【原文】右边水冲肩，怪在前头见。其家瘟火定烧空，小水也虚惊。（上左图）

【注解】左右二水交叉直飞，前有直水冲肩，不仅为火体，且其形又如火字，故云“烧空”。

【原文】正火一名犁尖。水城合掌流，退尽好田牛。两脚飞

趋，不久退败。（上右图）

【注解】来去之水，虽环抱穴场，但转角处形势尖锐，绕抱时两脚向外斜飞，形似犁尖，亦属火形。扦之一发即败。

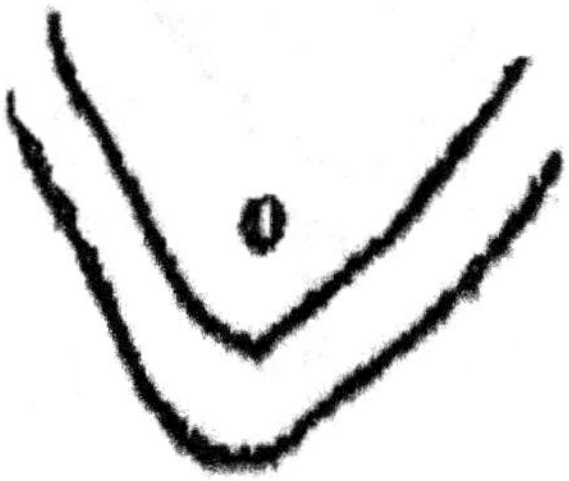

【原文】倒火。（上左图）

【注解】水虽从穴后环抱，形似水缠玄武，但因转弯处呈尖形，来去水皆斜飞，毫不顾穴。因其水在穴后，故云倒火，其凶与正火形同。

【原文】火城后反弓，忤逆各西东。

若还如此样，退尽主贫穷。

火城反去，淫乱不良，家财荡尽，绝嗣逃乡。（上右图）

【注解】上文与《中国方术全书》均称该图为"水"城，然其图形尖而直，并非屈曲弯抱，理应是"火"城，特说明。

【原文】右火斜飞，兄偷弟妇；左火斜出，弟偷兄妻。（下左图）

【注解】左为长、为兄，右为小、为弟。如果水从左斜飞至右，是兄去犯弟，故云兄偷弟妇。反之，右水斜飞至左，是弟来侵兄，故云弟偷兄妻。如果左水斜飞而去不至右，或右水斜飞而去不到左方，却无此意。

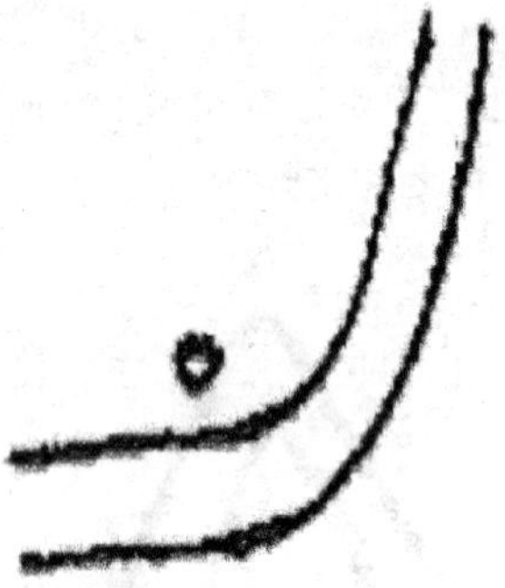

【原文】刀枪之水反射，身后配远充军。子孙忤逆，面前八字水流。（上右图）

【注解】穴前之水尖如铁枪，或形如刀，名刀枪水。大凡龙之大尽，必有合襟水，弯抱水以界之。但若形如刀枪尖射，二剑交加，却非龙尽气钟，而是脉穷气绝。

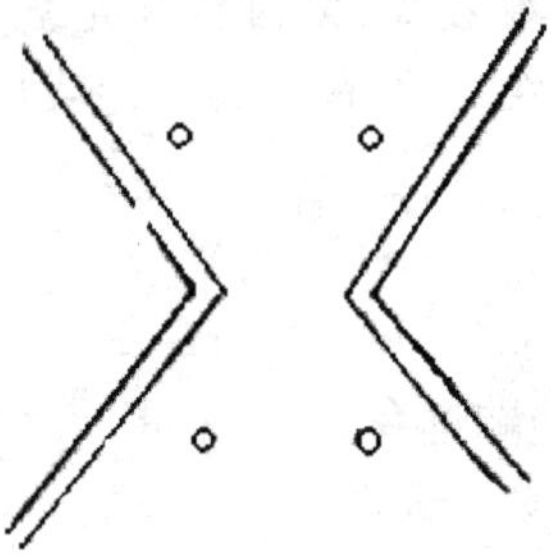

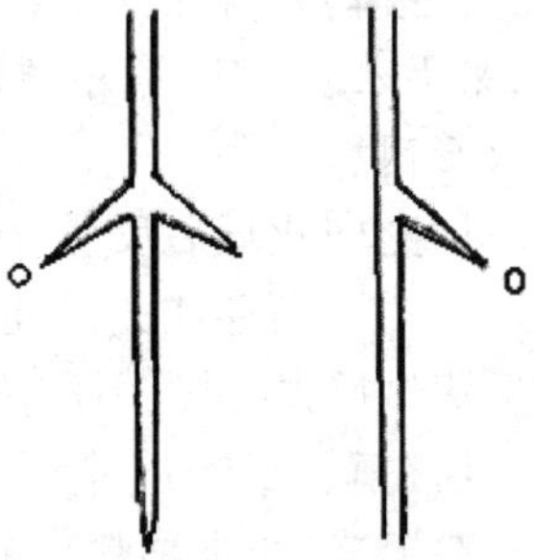

【原文】右火反飞，逃走东西；左火斜飞，绝嗣无依。（上左图）

【注解】右为小房，有水呈火形反飞，主小房离家出走，与长房无碍。左为长房，若有水呈火形反飞，主长房绝嗣，故云“无依”。

【原文】尖火射其身，官刑绝子孙。（上右图）

【注解】水呈火形,直撞穴星为射身,主断子绝孙,或犯官讼,有水如此形,不可立穴。

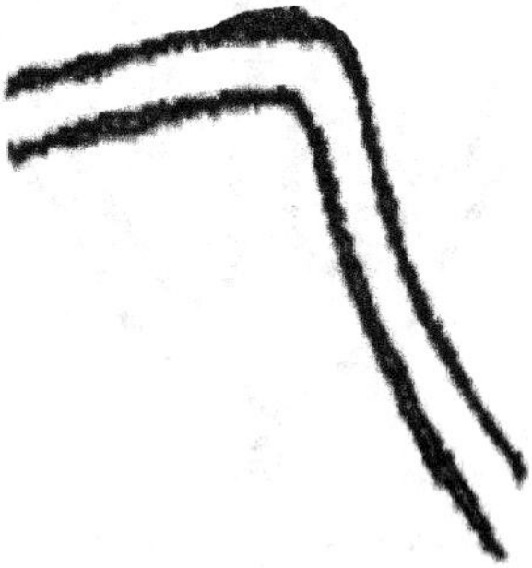

【原文】燥火焰焰动,老死无人送。(上左图)

【注解】此图虽穴后水抱其身,但两头尖细为火体。穴砂又皆呈尖形,左右前三方砂水亦呈尖形,众火聚集为炎,故云"燥火焰焰动"。

【原文】火脚向外飞,外死不得归。(上右图)

【注解】此句原书是"火脚向水飞",去水屈曲为水体,而此局去水由粗变细,向外斜飞为火体,故"火脚向水飞"中"水"字应是"外"字之误。因其水向外斜飞,毫无回头顾穴之情,故主外死不归。

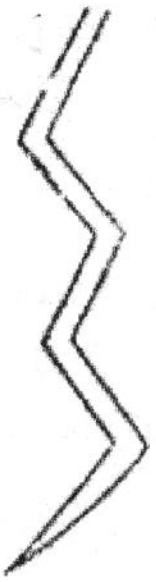

【原文】逆木顺木,官非碌碌,换妻寄子,退尽田谷。

火星屈曲飞,无食又无衣。(左图)

【注解】木体水直,火体水尖。原图屈曲匀称,非火非金,特据其它版本图形予以修正。

论四兽

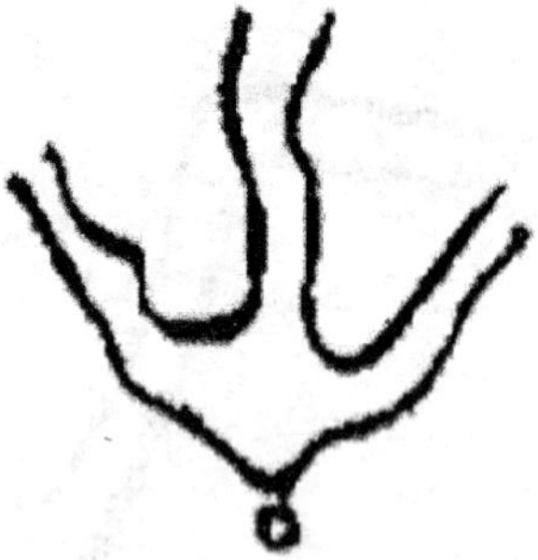

【原文】朱雀之前三水反，男盗女淫无衣饭。(左图)

【注解】孟浩云："青龙、白虎、朱雀、玄武，乃古人借四兽以别四方者也。盖青龙属木，故列于东方；白虎属金，故列于西方；朱雀属火，故列于南方；玄武属水，故列于北方。术家以前为朱雀，后为玄武，左为青龙，右为白虎者，因建都皆坐南朝北，左东右西，故借四兽以称之也。后人错认龙虎为真，不论水之去来，凡是青龙边，便谓宜高，凡是白虎边，便谓宜低。殊不知东西南北之方位——后玄武，前朱雀，右白虎，左青龙矣。故论宅墓左右之砂，只宜究其上下之义，不必泥于龙虎之名。如水从左来，则左为上砂，右为下砂；水从右来，则右为上砂，左为下砂。上砂宜低弱，低弱则天门开，得见水来。下砂宜高强，高强则地户闭，不见水去，此正理也。……今之庸术，专以白虎骇人何也？管公明辨之颇详，惟高明者借之可也。"管公明《管氏地理指蒙·左右释名第二十七》云："夫以左右为龙虎者，犹坐北向南而言也。或穴西面东，则北名青龙之木，南名白虎之金，品目谬戾，姓音乱絮而不伦。况五声以宫为纲，而商角徵羽以类举。中央以土为正，而金木水火之位分，惟取吾身之前后左右而言四势者，乃得其真。彼木色青，德象龙；金色白，德象虎；水色黑，德象元武；火色赤，德象朱雀，此四象之方与隅与四势而不相因。"《礼记·曲礼》记曰"行前朱雀而后玄武，左青龙而右白虎"，以便于在布阵中更准确的辨认方位及生克之法。今被风水借来，至今已千余年，延习已深，难以更正，姑且仍以四兽解之。

四兽即四象，其源来自天文星象。星象学中把二十八宿分为四方，东方是角、亢、氐、房、心、尾、箕七星，因七星连接起来，形状如龙，东方为甲乙木，色青，故名东方青龙。南方是井、鬼、柳、星、张、翼、轸七星，因七星连接起来，其形如鸟展翅，南方为丙丁火，色赤，故名南方朱雀。西方是奎、娄、胃、昴、毕、觜、参七星，因七星连接起来形似猛虎，西方为庚辛金，色白，故名白虎。北方是斗、牛、女、虚、危、室、壁七星，因七星连接起来形如灵龟，北方为壬癸水，色黑，故名玄武。到了清代，第二个皇帝名玄烨，为避其字讳，故清时称为元武。四兽之位在天体上是固定的，即东方青龙，西方白虎，南方朱雀，北方玄武。引伸到风水中，四兽的位置则以穴向分辨，即左青龙，右白虎，前朱雀，后玄武。假如穴位坐东朝西，左方即南方就是青龙，右方即北方就是玄武，前方即朝向西方为朱雀，后方即东方为玄武。

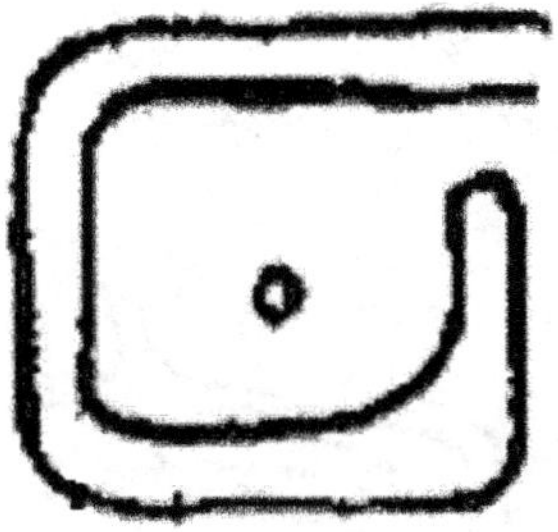

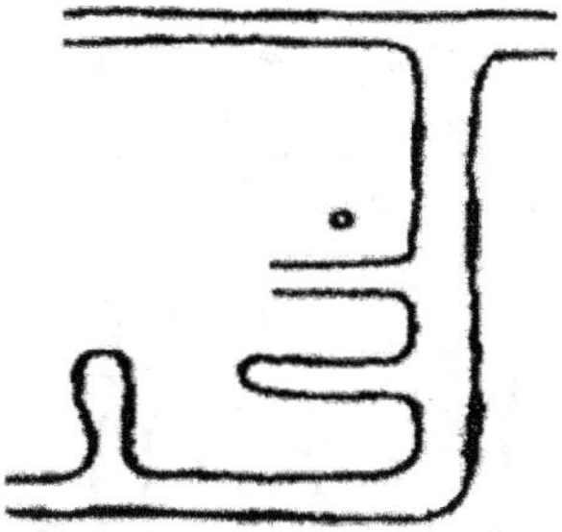

【原文】玄武之水有湖池，定宅安坟福禄宜。(上左图)

【注解】玄武方即穴后方。此图四周虽皆水环抱，但不见湖池，图文不符。

【原文】坟后有水两三抱，为官悠久家长好。

发福悠久，定是水缠玄武。(上右图)

【注解】穴后玄武水三重环抱，回顾有情，形气完固，富贵悠久。

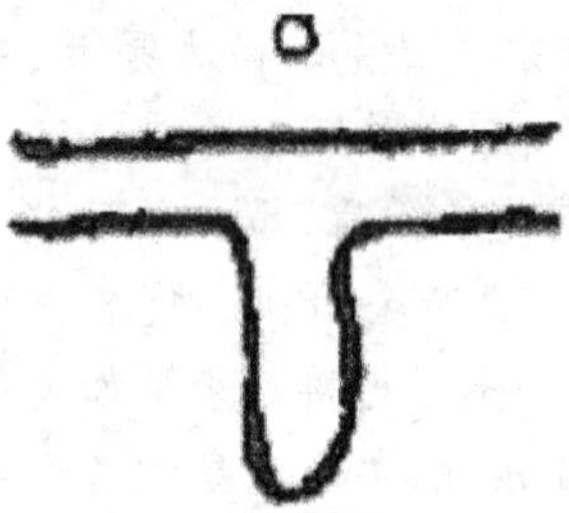

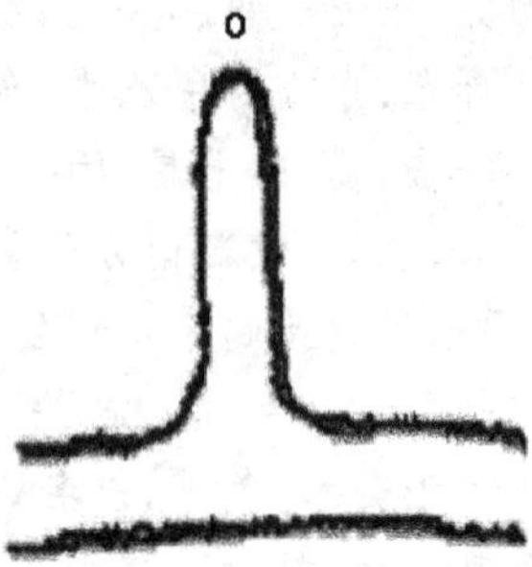

【原文】水冲元武头，枷锁去为囚。

前丁后丁，主绝人丁。（上左图）

【注解】穴后有直水直射穴心，名水冲玄武。若冲后水的左方，则为冲玄武头。

【原文】玄武吐舌水风吹，绝嗣官灾少死随。（上右图）

【注解】穴后有水如木，直冲穴心，名玄武吐舌。以玄空法论，此形虽凶，若正当生旺，反是冲起生旺之气，主骤然富贵。然生旺运一过即败。

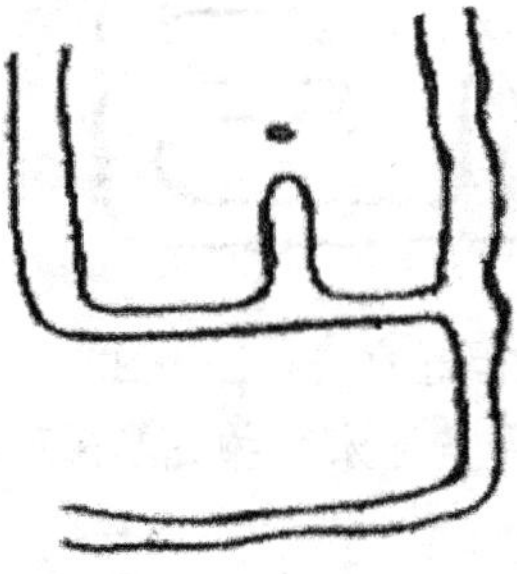

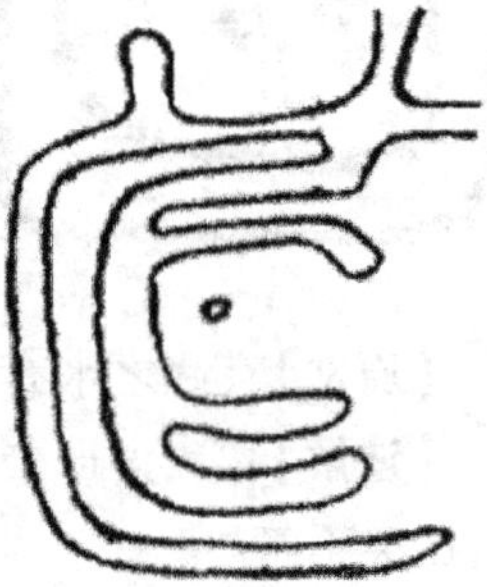

【原文】掀裙之水是无情，两脚分开惹人心。

玄武之上有水冲，其家绝子媳淫翁。（上左图）

【注解】水分八字，略带屈曲，状如妇女张开双腿，掀起裙子，名掀裙水。玄武本是阴淫之神，此水绕玄武从左右分开呈八字状屈曲而出，淫上加淫，故有翁媳乱伦之应。

【原文】两边龙虎弯弯抱，富贵双双到。

若然点穴得真方，定出状元郎。（上右图）

【注解】此图前有金城水重重包裹，左右龙虎三重拱护，既呈秀水之美，又得龙气之真，故富贵双全。同时，巽方有秀水特朝，巽方主文章，若立穴得法，主以文取贵。

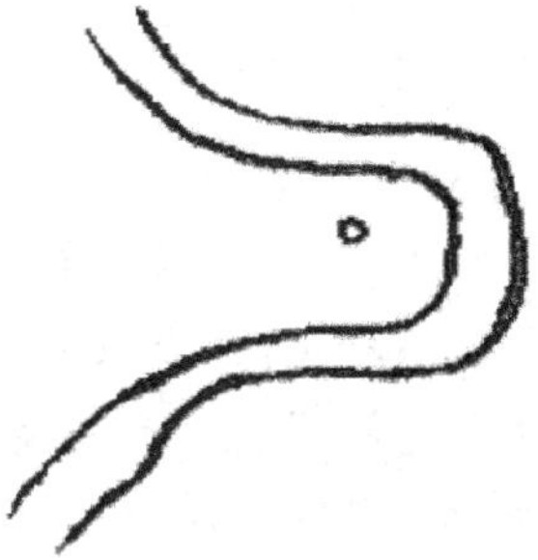

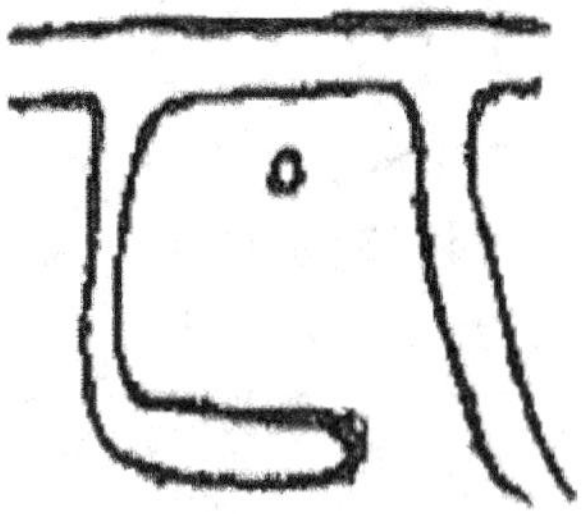

【原文】青龙水转抱其身，须知此地出公卿。（上左图）

【注解】此图水从左来，虽从穴前绕穴右、缠穴后而出，但因起处在左方青龙处，故云“青龙水转”。然去水斜飞，毫无回顾之情，虽发却难久长。

【原文】青龙白虎两分张，徒流退败主离乡。（上右图）

【注解】左方青龙水绕抱穴场为有情，右方白虎水却斜飞而去是无义。穴气尽泄，龙虎两情不洽，故曰“两分张”。扦此处，初虽可发，旋即败退，不可立穴。

【原文】白虎水如飞，不久便逃移。

青龙直走如飞去，代代人难住。

又云：水口山无闭，先卖爹田地。

出贼败亡凶，流配为边戍。（上左图）

【**注解**】水口有山，名为有关锁。水口直流无山，是没有关锁。经云："水口无关，漫说当年富贵。关外有锁，乃知积代公侯。"又云："关门若有十重锁，定有王侯居此间。"去水有关锁，水必环绕，龙气完固。若无关锁，毫无收拾，龙气尽泄，即使初发，终必破败。

【**原文**】有子出家，定是水冲城脚。（上右图）

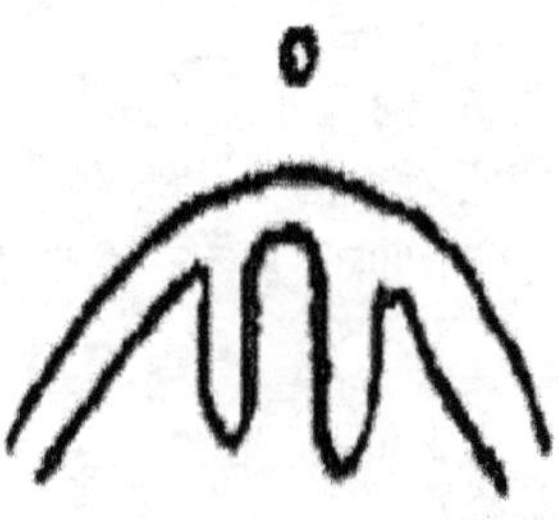

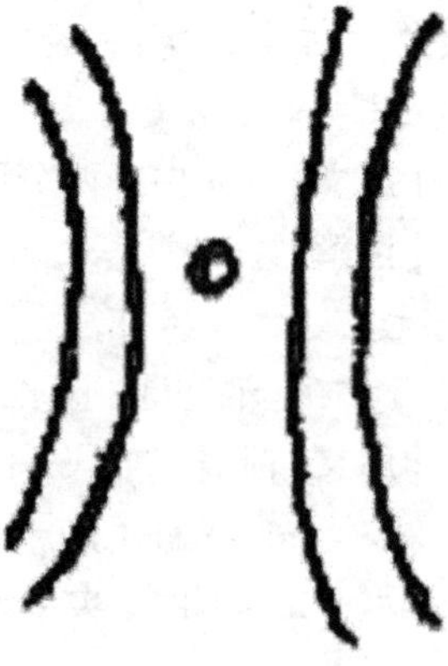

【注解】城脚即穴根，被水冲射，根基有损，故主“出家”。

【原文】水打青龙头，长子命先忧。

水打白虎脑，小子命难保。（上左图）

【注解】原文少后二句，据其它版本补足。“打”即冲射。左为长房，被水冲射，主长子灾。右为小房，被水冲射，主小子凶。

【原文】左右两边水反去，儿抛父母走。

两边水去不回头，财物鬼来偷。（上右图）

【注解】此图虽两水夹穴，但其象皆反背而去，与穴毫无情义，且尽泄龙气，万莫以两水夹护而立穴。

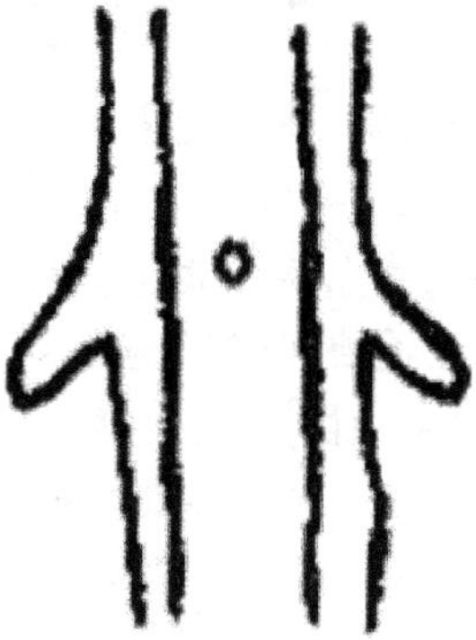

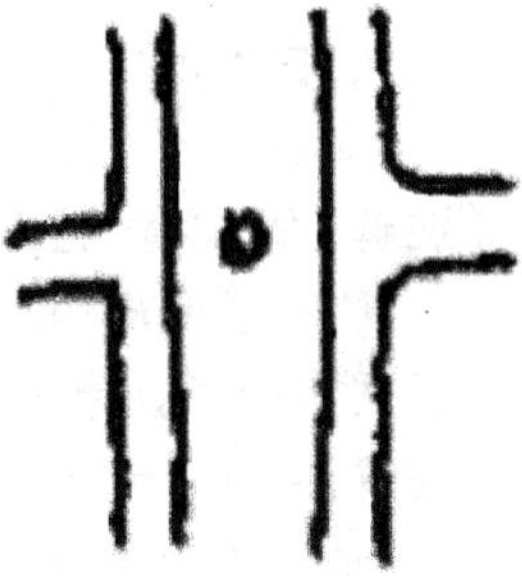

【原文】白虎衔尸，少亡绝嗣。青龙吞冢，离乡绝种。

右关水为灾，阴人定损胎。（上左图）

【注解】右有支水直冲穴心，名白虎衔尸。左有支水直冲穴心，名青龙吞冢。故云：“白虎衔尸，鳏寡无资，少亡绝嗣，横夭扛尸。青龙吞冢，疯盲腿肿，横夭痴呆，离乡绝种。”

又：左为男，右为女，右方有水冲腹，主女子损胎。

【原文】白虎冲腹，少子刑伤。青龙冲腹，长子瘟瘟。（上右图）

【注解】左为长房，为青龙；右为小房，为白虎。何方被水冲射,何房受损。

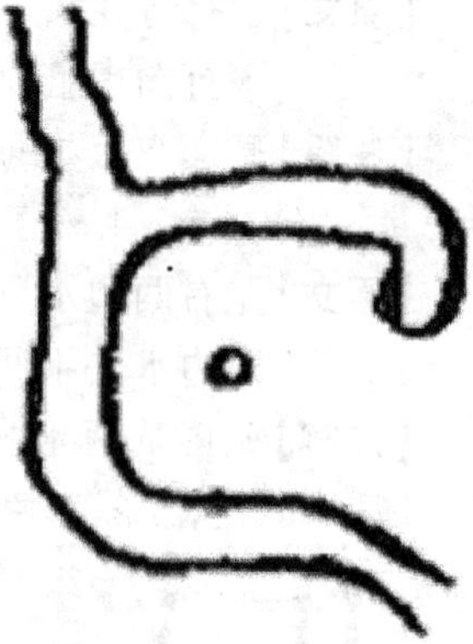

【原文】白虎衔尸,贫老无儿。青龙吞冢,忧虑无穷。(上左图)

【注解】白虎、青龙直来穴左右,到穴身呈窝钳之势,如张开大口,故曰“吞冢衔尸”其来水直硬,毫无委曲,故有此应。

【原文】青龙之水抱坟兜,出入富贵不须忧。(上右图)

【注解】左方青龙有水屈曲而来,缠朱雀,绕玄武,名抱坟兜转。惜去水斜飞,终难久长。

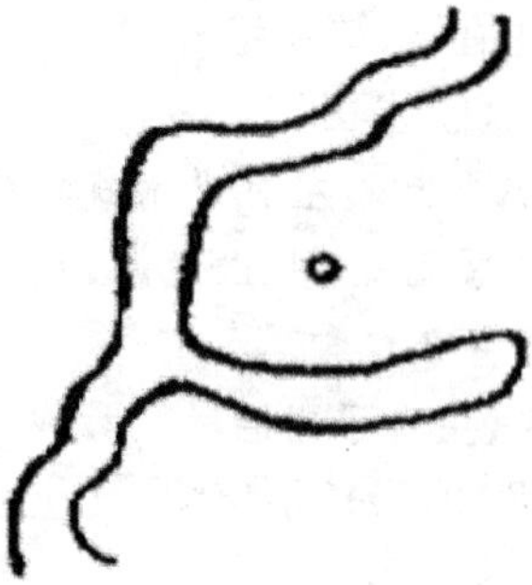

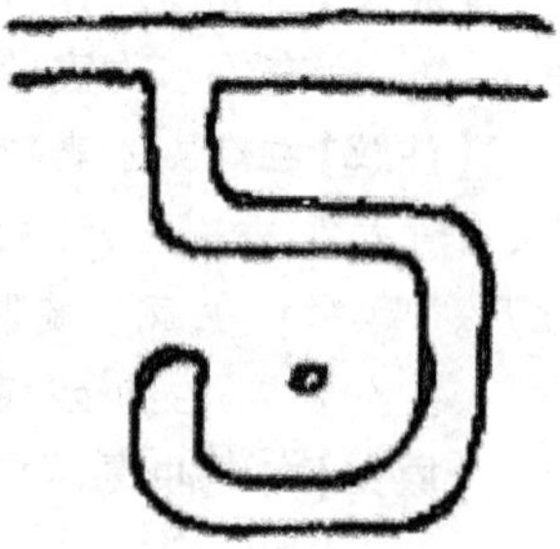

【原文】青龙抱体足堪夸,年少达京华。(上左图)

【注解】此局水从西南屈曲而来,从东北之玄回顾而去,顾穴有情,故主富贵悠久。

【原文】青龙左转抱其身,富贵有声名。(上右图)

【注解】青龙为左方,观图,当是青龙右转,故“左”字应是“右”字之误。

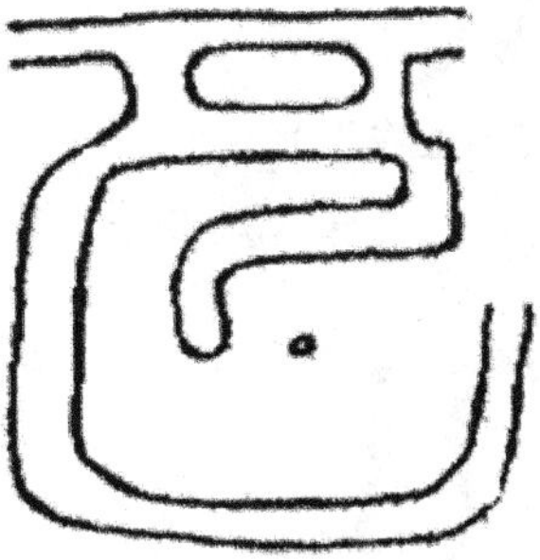

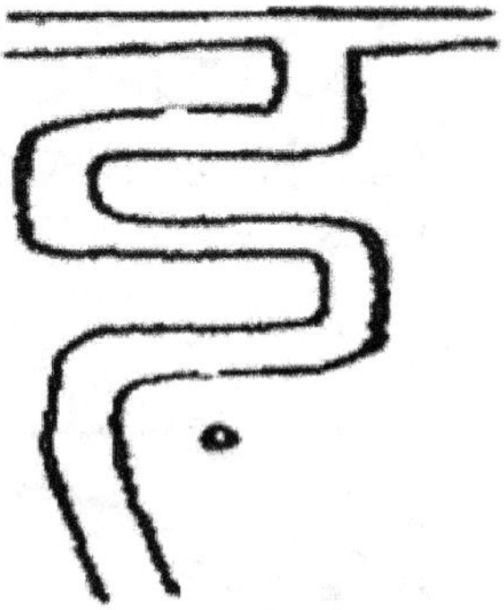

【原文】青龙之上一浜来,此地安坟任点裁。

更得后河多积水,世代儿孙解状才。(上左图)

【注解】解指解元,状指状元。此局前呈秀水之气,且水从巽方来,巽方主文章,灵气凝注,真气完固,故有此应。

【原文】青龙水似龙,富贵比石崇。

屈曲门前照,子息侍王宫。(上右图)

【注解】石崇(249~300):西晋渤海南皮(今河北南皮)人。有文才,因伐吴有功,封安乡侯,为荆州刺史。因劫掠客商而致富,尝与贵戚王恺斗富,富可敌国,后被孙秀谋杀。

【原文】青龙弯转如牛角,子孙代代登紫阁。(下左图)

【注解】牛角为尖形,属火体,虽抱身亦凶。但这里所说的牛角并非取尖形,而是取其似水牛角环弯之势,万莫误解。

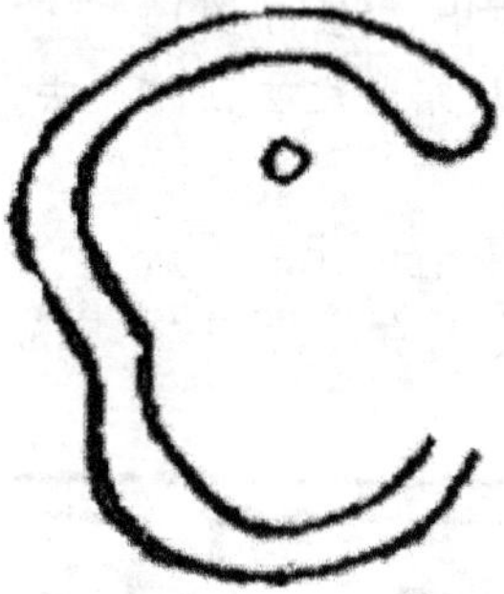

【原文】青龙弯抱穴，富贵广田庄。(上右图)

【注解】水从右来，抱明堂，绕青龙，亦有缠玄武之势，形固气全，故有此应。

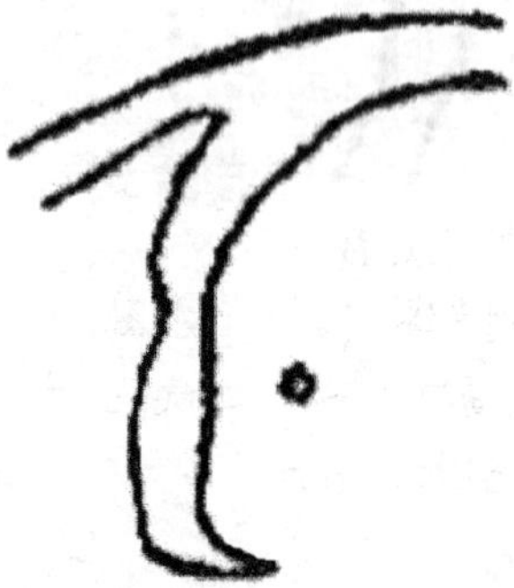

【原文】青龙屈屈抱身来，世代儿孙入帝台。(上左图)

【注解】帝台：神名。《山海经·中山经》："苦山之首，曰休与之山，其上有石焉，名曰帝台之棋。五色而文，其状如鹑卵。"这里指朝廷。

【原文】青龙水反逆，子孙无官职。

君若扦此地，误杀人千百。(上右图)

【注解】青龙水来，一水插入界气，看似抱穴，但穴点上则被火形尖射，穴点下则青龙斜反而去，龙气走泄殆尽，故不能扦葬。

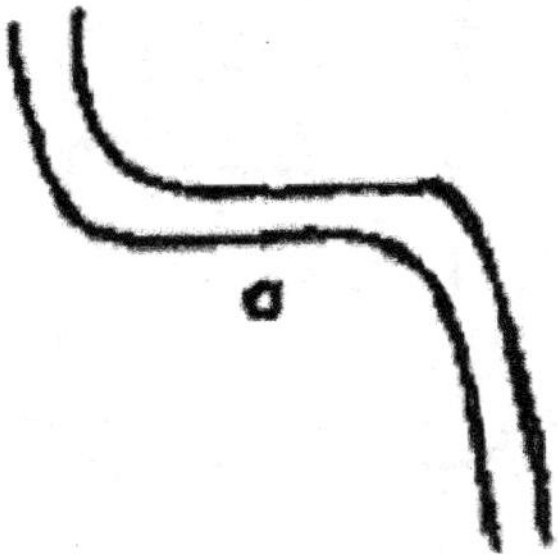
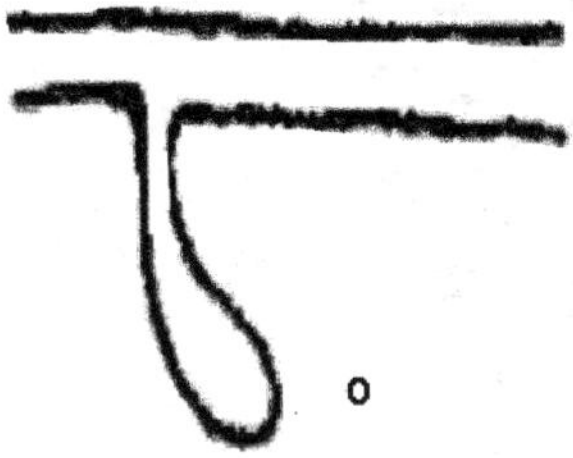

【原文】青龙反去不朝身，长子定先贫。（上左图）

【注解】水从左前方青龙之位来，过堂后从白虎处斜反而去，此乃白虎反去，并非青龙反去，原图文不一致。

【原文】青龙一水如枪来，长子必凶灾。（上右图）

【注解】左方有水，尖如刀枪，直射穴场，主有此应。

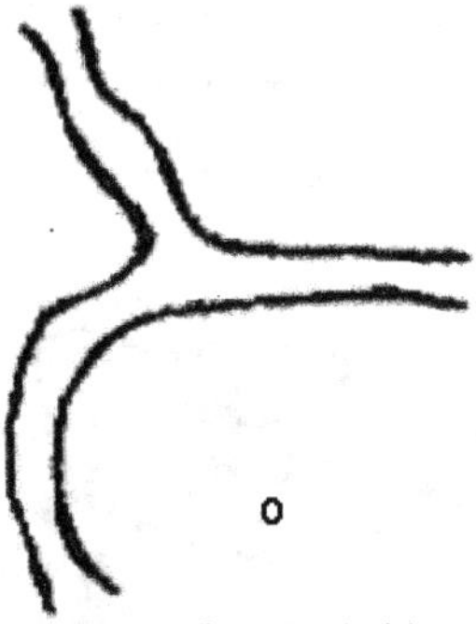
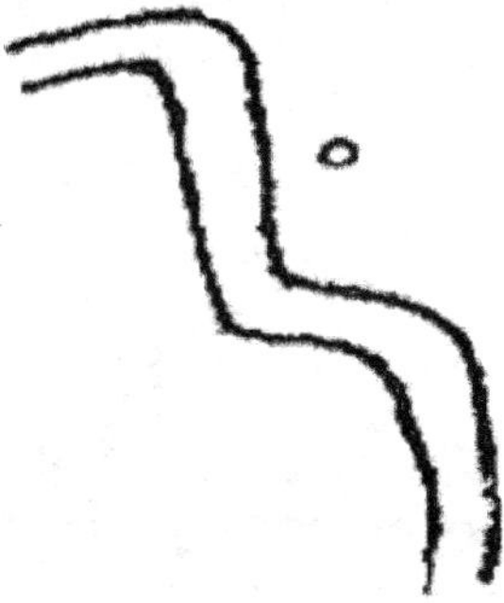

【原文】青龙水射入，子孙伤死并军贼。（上左图）

【注解】左水青龙抱穴，但突有一水插入，如枪样尖射穴场，主有此应。

【原文】青龙头上水反飞，家破并人离。（上右图）

【注解】左方有水来朝穴场，突然又反身离去，是泄走龙气，与穴无情，故有此应。

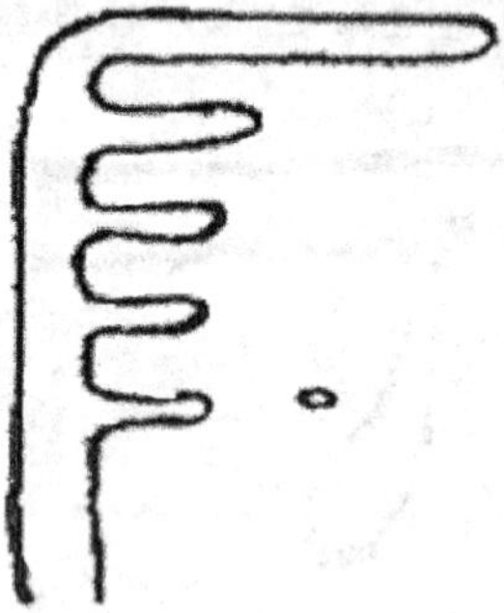

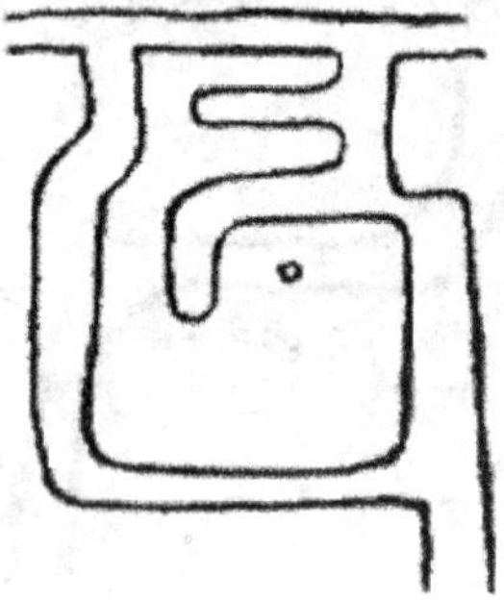

【原文】青龙水多破，下后人灾祸。

一名金鹅箭，主疯疾破败。（上左图）

【注解】左水青龙直下，喜枝水插界环抱成穴。如果枝水过多，直射龙身，反为冲破。如此图，四水直冲龙身，故云“多破”。

【原文】白虎水抱两三重，儿孙发福永无穷。（上右图）

【注解】白虎为右方，以此图析，前方水重重环绕，应立丙午丁向，呈秀为美。若立甲卯乙向，虽右方白虎重重抱身，其力远不如于向上呈秀为美。

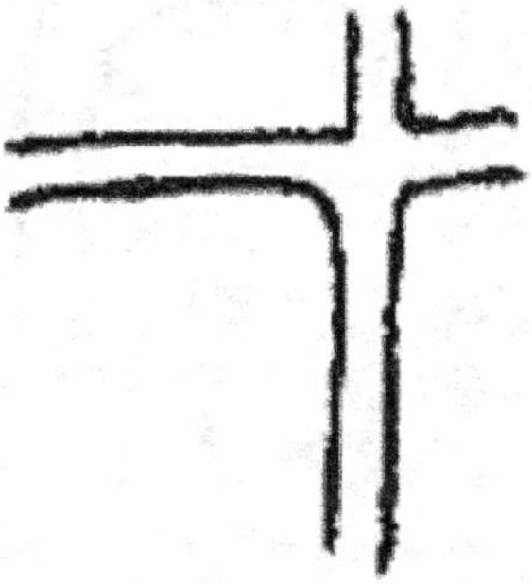

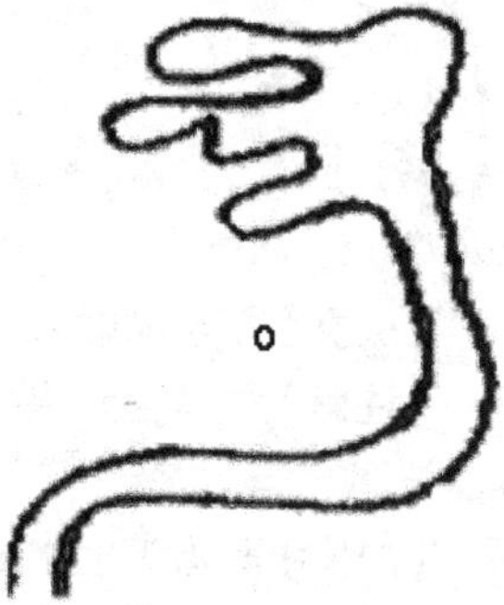

【原文】败关之水白虎来，瘟火又官灾。（上左图）

【注解】穴右虽两水交汇,但不论来去,均斜直无屈,交汇之处形尖无环,所以为败水,不可立穴。

【原文】右边砂水利如枪,必定子孙主杀伤。

虎口河尖当面至,小子卖田地;

官事频频祸患凶,长子横亡贫。(上右图)

【注解】此图右水尖如刀枪,直射穴场,主幼子破败。而去水从左斜射而出,故又主长子横亡且贫。

论 形 局

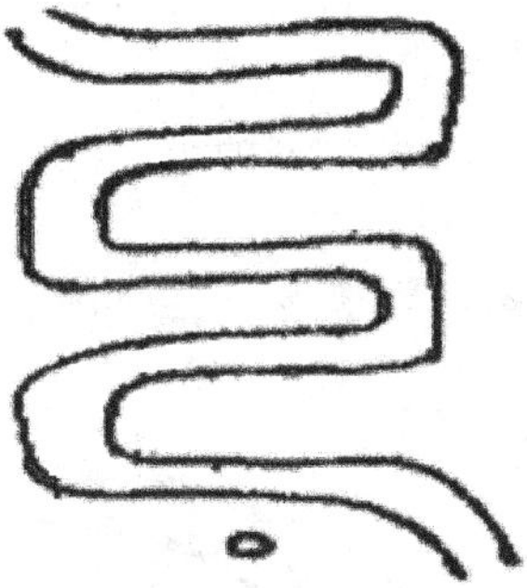

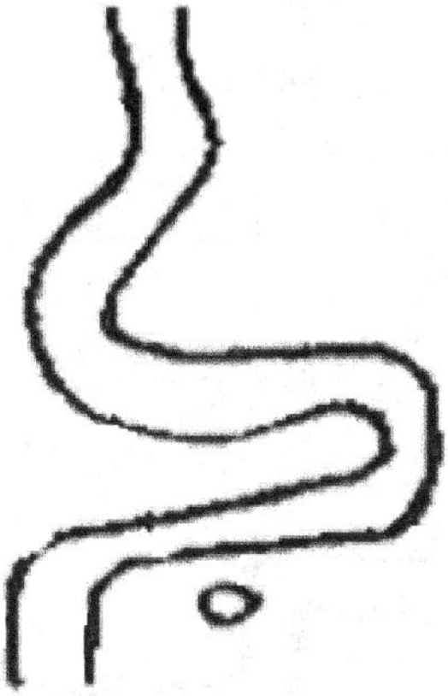

【原文】贪狼之水面前朝,子孙代代产英豪。

不问来去并前后,官居台阁五云高。

水见三湾,富贵安闲。屈曲水来朝,家业自然豪。(上左图)

【注解】贪狼:九星星体之一,指木星体。水法中木星体为直形,不吉。同时,贪狼又为生气,有水屈曲朝来是为生气,故此贪狼当是指屈曲如生蛇之水,并非木体之水。

【原文】之玄屈曲应门前,富贵两兼全。(上右图)

【注解】穴前有水呈之字、玄字形体,屈曲朝入为应门前,与前曲水朝堂格同。

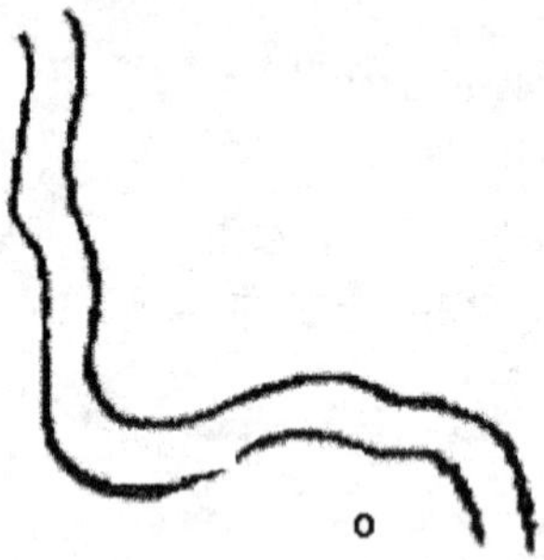

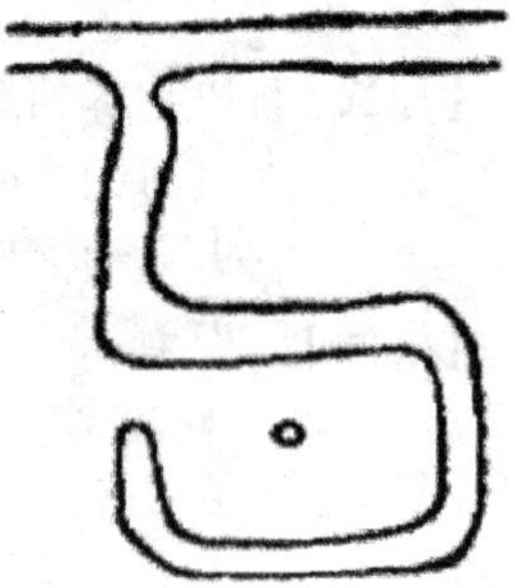

【原文】同上。(上左图)

【注解】此图水从左方屈曲而来,绕过穴前,又屈曲而去,与前一水单缠格相似。

【原文】水转三弯,富贵清闲。若扦此地,位列朝班。(上右图)

【注解】水自青龙方来,过明堂,绕白虎,缠玄武,复至青龙方,弯曲环抱,故云“水转三弯”。

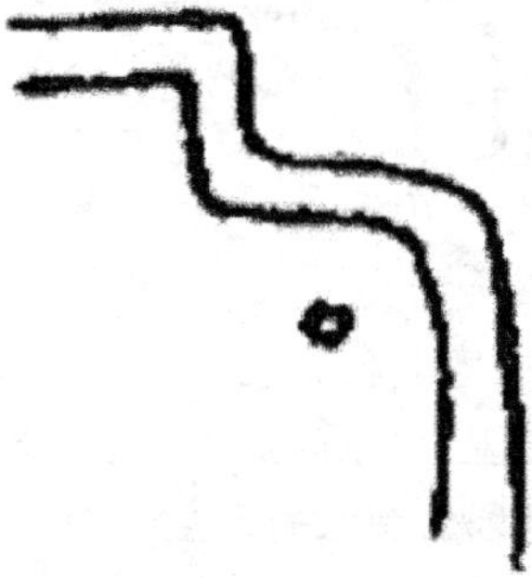

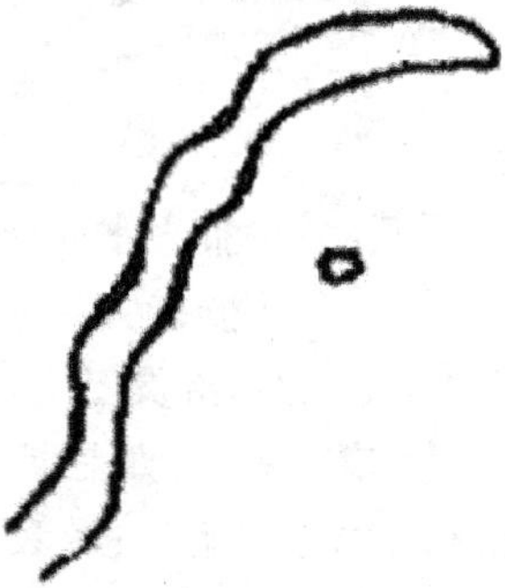

【原文】水从左来穴居右,富贵兼高寿。(上左图)

【注解】水从东南青龙之方屈曲而来,过堂缠白虎而去,穴立于右，呈来水秀气，有此吉。

【原文】水从右来穴居左，官高居两府。（上右图）

【注解】此水虽从白虎方屈曲而来，从青龙方屈曲而去，但斜射反飞，形如拽索，非但难以富贵，且有退败之忧，原文与地理不符。

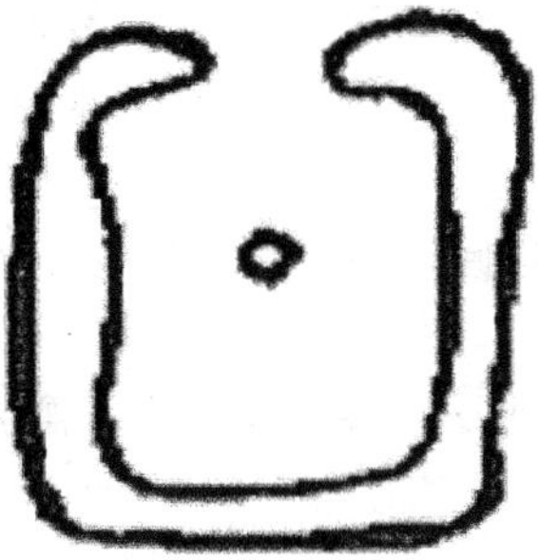

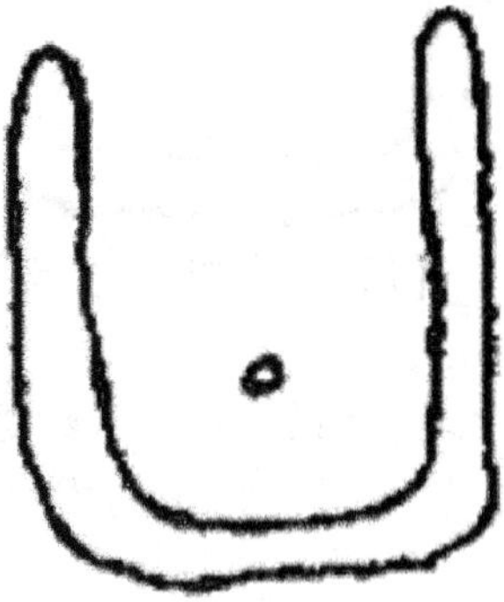

【原文】龙虎两相斗，忤逆多凶咎。

父子不相亲，兄弟如仇寇。（上左图）

【注解】水虽左右后三方环绕，但至穴前，两水对正直冲而不交会，为龙虎相斗，主兄弟相斗，父子不和。

【原文】左右水直无收，儿孙必主忧愁。

虽然有水后兜，定无子嗣守垢。（上右图）

【注解】左右之水直去，形如推车，是龙脉未止，气不融聚，虽有其形，而无其气，故为凶地。

论　绕

【原文】吉水左来绕，家业自然豪。（下左图）

【注解】青龙水屈曲而来，绕玄武而去，当吉庆；若去水直泄呈斜反则为凶。

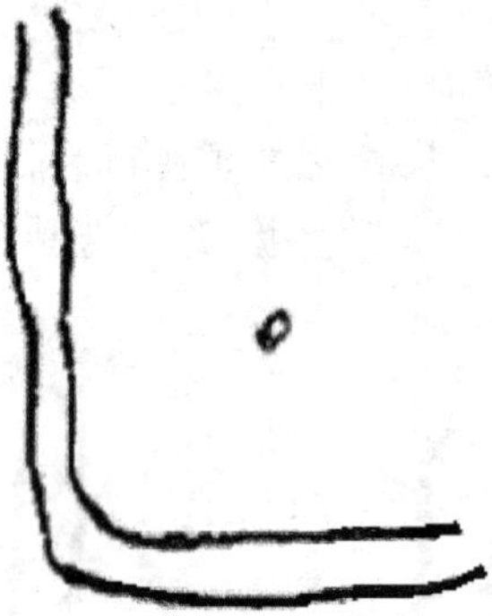

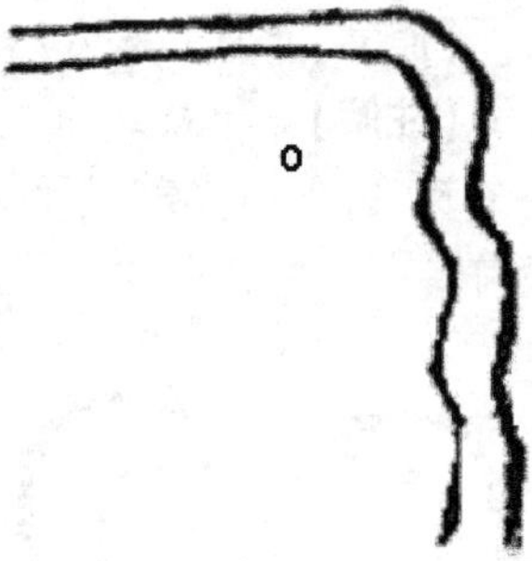

【原文】水似生蛇,此穴最佳。若扦此穴,富贵儒家。(上右图)

【注解】水屈曲如蛇游走为生蛇,此水形最吉者;若水僵直无曲,则谓死蛇,却为水中最凶者。

论兜抱

【原文】右边有池兜,富贵永无休。(上左图)

【注解】池塘多为圆形,很难有兜抱穴场的池塘,除非大湖大荡,方有此形。细析此图水从左至右,从后方消出,应是"右边有水兜","池"字显然与图不符。

【原文】回龙之水穴居弯,为官不等闲。(上右图)

【注解】有水屈曲而来,绕抱穴后,回头朝向来水屈曲而去,名回龙水。

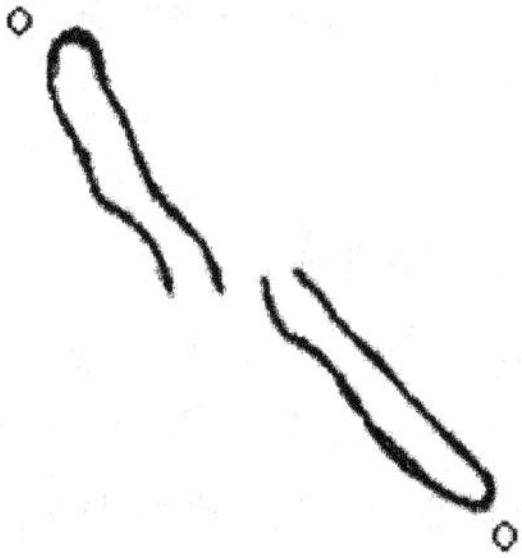

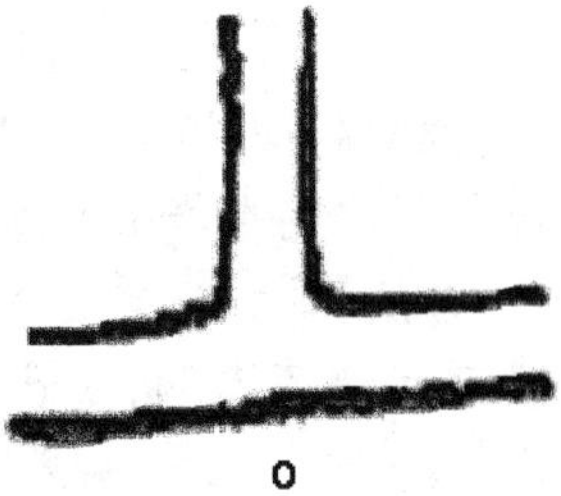

【原文】水向乾流,必出贼头。(上左图)

【注解】天上乾方有奎娄二星,为军旅南门,管兴兵之事。易曰:“万物战手乾,为肃杀。”故乾方有水绕穴,上应天星,多主以武取贵。若乾方有水直冲急射,则主出贼头,强梁之人。

【原文】长河一水通舟直,两边不许安坟宅。
如有人家安坟宅,子孙游荡为军贼。(上右图)

【注解】大凡横直之水,不论在穴前或穴后流过,只要不背反,无吉亦无凶。此图凶在正中有直水冲穴,故有此应。

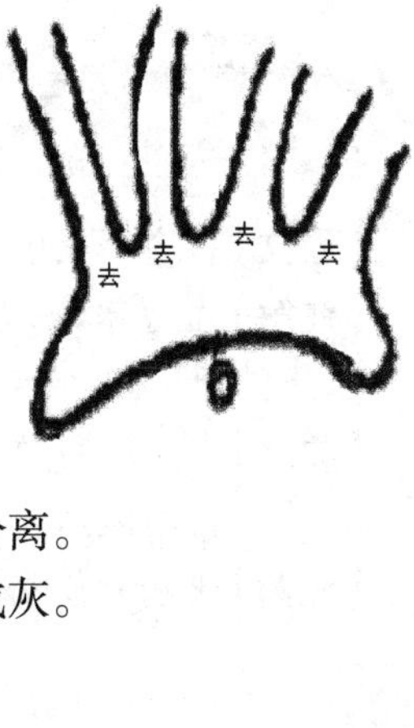

【原文】水若回头去不归,必定主分离。
势若火焰遭凶死,家业尽成灰。

明堂屈曲斜飞出,贾尽田园终不起。

初来车马满门庭,下后贫穷无钞使。(上左图)

【注解】虽二水夹穴,势成龙虎护卫。但龙水斜飞,虎水反背,均于穴场无情,若扦葬此处,主遂发即败。

【原文】五马五方驰,水散似分尸。

明堂若端正,临刑赦放回。(上右图)

【注解】前方虽有金城水抱,但金城水外有三条以上去水,直泄而去,如马奔腾,尽泄龙气,亦为凶穴。如果明堂端正,金城完固,穴前有一水或一砂拦阻,使水不直射入穴,却主虽危但有救。

论　　反

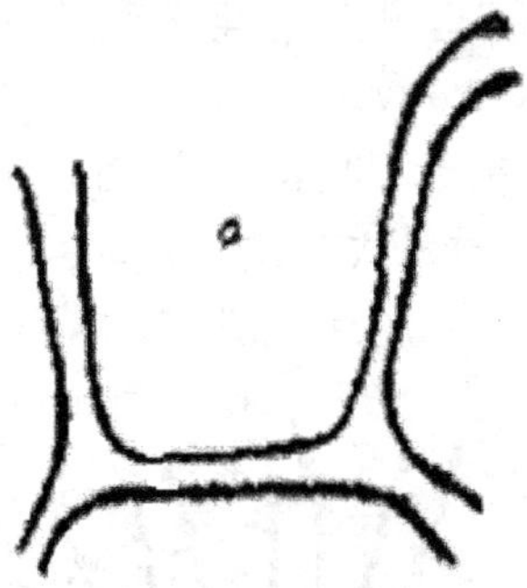

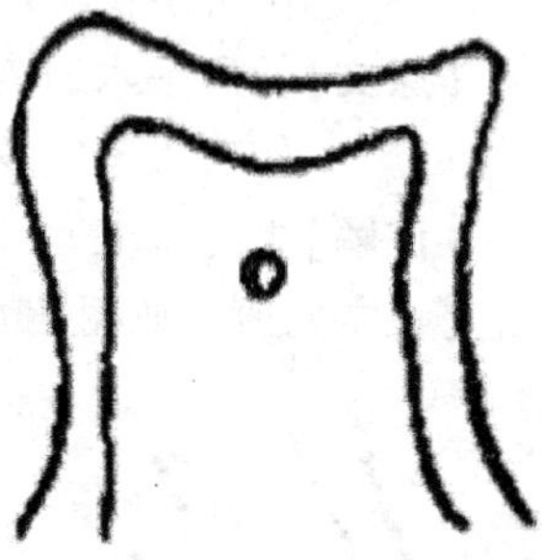

【原文】右边反无情,逃移又充军。(上左图)

【注解】左边水来,从穴后绕抱玄武,至右而去,看似环抱,但右水外斜背反,与穴无情,主此应。

【原文】朱雀反弓龙虎张,儿孙忤逆打爹娘。

自吊风声公事起,损儿损女卖田庄。(上右图)

【注解】此水看似前左右三水环抱,但前方及左右均形成反弓,故云“朱雀反弓,龙虎外张”,实为反弓水,故不可立穴。

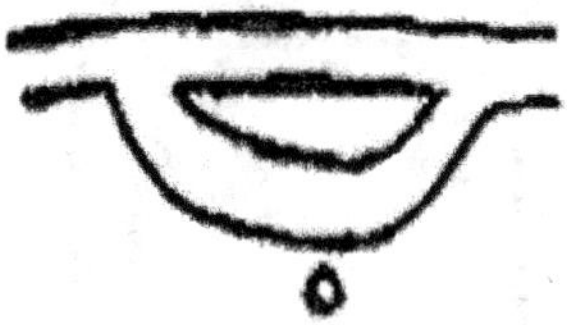

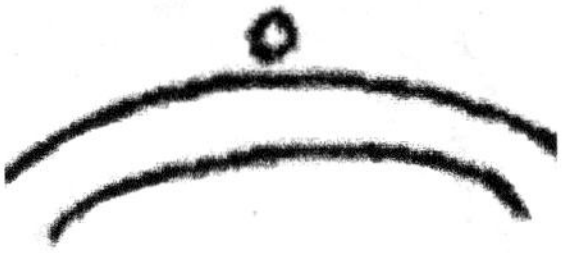

【原文】水城怕反弓,逃走主贫穷。(上左图)

【注解】大凡水穴,最喜水屈曲环抱,为水中至吉。最忌水反弓斜跳,为水中至凶。

【原文】后水来龙似反弓,出入忤逆各西东。

若然遇此反弓水,退尽田园守困穷。(上右图)

【注解】穴后虽有水反弓而去,主退尽田园。但水在穴前主应速,水在穴后主应迟。退败之前,仍会有小发。

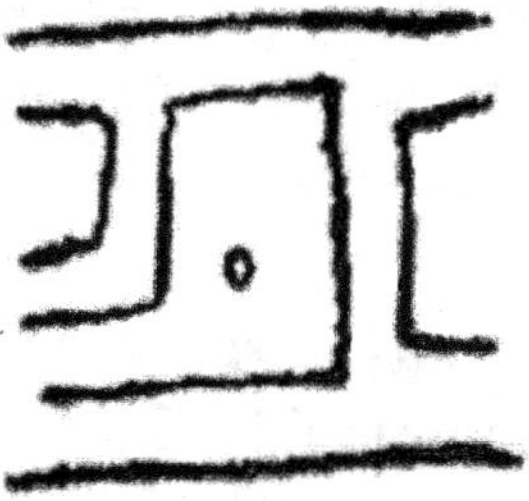

【原文】丁字水,残疾郎,又兼女子广招郎。

艮水反,不堪言,子孙休靠别人边。(左图)

【注解】艮:八卦中的东北方。此图众水环抱,形局完美。可惜东北去水反飞,穴气尽泄,穴之先发后败。

论 异 形

【原文】团团流水绕坟基,子孙日后主分离。(下左图)

【注解】水绕四周,龙气闭塞。又云“儿孙绝后更谁依”。但观古今名墓,凡见四周水绕穴者,均以形美气固论,富贵双全,无一论凶,是此说不可信也。如临海秦状元祖地(图3-3)。此地在台州南七里,地名古塘门。其龙发自望海峰三台山,势如万马

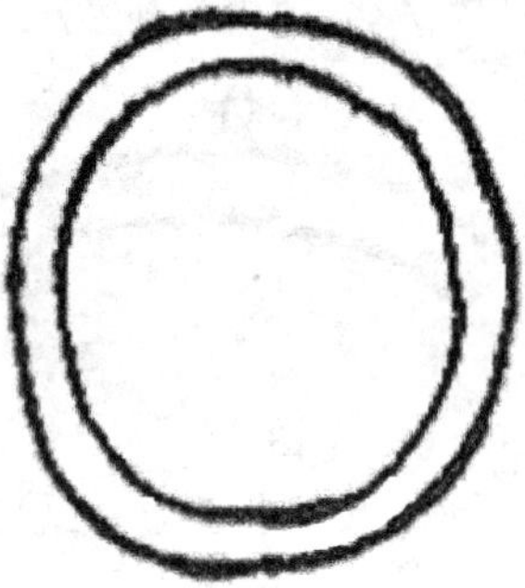

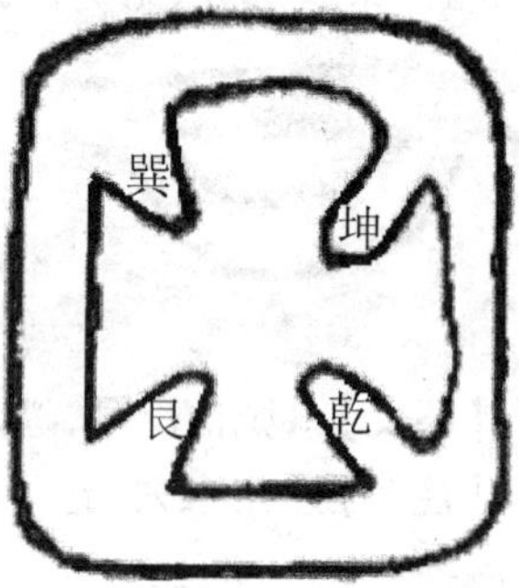

自天而下,星峰奇秀,有帐有峡,不及详述。至将结未结之际,藏迹隐踪,不见形影。平田中过骨,忽然顿起石山,雄伟高耸,展开两翅,如冲天之凤,转身中抽水木芦鞭袅如丝,复顿腾空紫气,翻身作穴。而四面皆流水绕过,初看者,竟莫知其为何山来脉也。但海潮一起,各处皆涨,独过脉数丈之间,潮不能及,此其龙过之所也。地书云"水缠便是山缠",此地四山周环而复得水绕,尤为奇特。前耸文峰秀丽,葬后出秦文公,科甲夺魁,人丁大旺,富贵悠久。

【原文】坤枪向艮,配在辽东;巽枪向乾,配在陕西。

乾枪向巽,配在云南;艮枪向坤,配在广西。(上右图)

【注解】枪即尖砂或尖水冲射,多主徒配。其意虽对,方位却错。坤为西南,艮为东北,巽为东南,乾为西北。东南有砂水冲射,徒配西北,我国西北为甘肃、新疆,并非陕西。我国东南方为福建、浙江,并非云南。西南方却是云南、贵州、西藏,并非广西。故应是坤枪向艮,配在辽东;巽枪向乾,配在新疆。乾枪向巽,配在闽浙;艮枪向坤,配在滇黔,方合方位。

【原文】周回之水绕坟林,破财损金银。

又兼淫乱无家室,疾病少精神。(下左图)

图 3－3　临海秦状元祖地

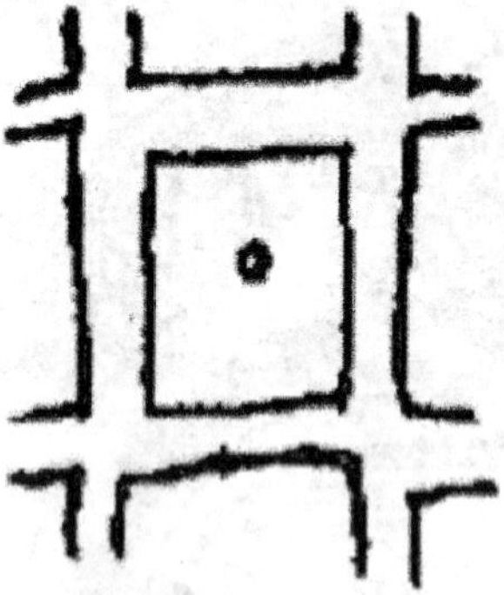

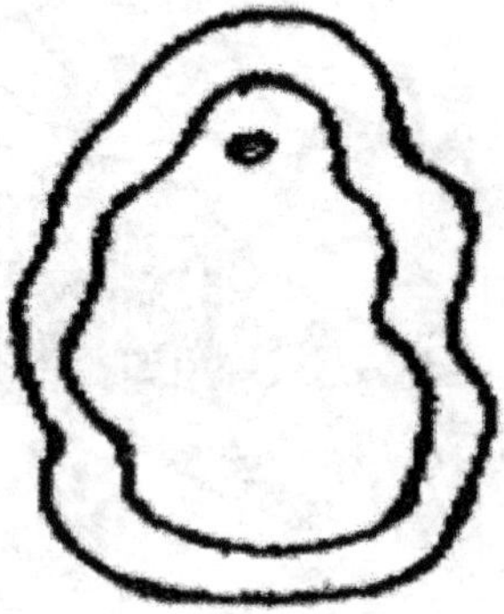

【注解】此图水虽四面抱穴,却从八方直射而去,龙气尽泄,故有此应。若去水之玄,虽绕坟仍以吉论。

【原文】抄估龙形莫作坟,纵然富贵主充军。(上右图)

【注解】抄估:一云抄估其家,一云侏儒,此以形论。

按:本书与其它版本相较,不仅少"论形象、论双龙、杂论"三章中共62幅图,其余"论异形,论冲射,论分飞,论兜抱"等章中皆有少图,合计共缺109幅图。因大部分与前后章雷同或大同小异,故不增补,特予说明。

第四卷

总　　论

【原文】风水之法,得水为上,藏风次之。

【注解】“得水为上,藏风次之”,语出郭璞《葬经·内篇》,郑谧注曰:“支垅二者,俱欲得水。高垅之地,或从腰落,虽无大江拦截,然亦必池塘以止内气,不然去水稍远,而随身金鱼不可无池,倘金鱼不界,则谓之雌雄失经,故难藏风,亦不可用。平支之地,虽若无蔽,但有横水拦截,宽旷何害?故二者皆以得水为上也。”

风水之道,要在“藏风聚气”,一言以蔽之,即“葬乘生气”。穴场得山包裹,只能藏风,而不能界气。若穴前得水,水缠即是山缠,不仅可藏风,也可界气,使龙气休止,真气融聚,一举两得,故以“得水为上”,因水能聚气也。

“葬乘生气”,生气“聚”则可乘,“散”则不能乘,故乘气要在一个“聚”字,《人子须知》中有“以聚散定穴”一节,深得“聚”气之要,摘录于下:

气聚者吉,气散者凶,故立穴之法,当察其气,聚处扦之。然聚散有二,有大势之聚散,有穴场之聚散,必先审其大势之聚散,然后审穴场之聚散。大势之聚散者,众山团聚,众水相汇,罗城周密,风气融结,补缺障空,不陷不跌,有此大聚之势,则常于此审受穴之山,观其来脉止于何所,脉止之处有苑然窝窟,或乘乳,或开口,或吐唇,或为钳,或为泡,四山拥从,下手有力,此气之聚处也。必有界水分明,上有分,下有合,前有应,后有乐,是为真气融结。其明堂之水，自然来会，或湖潭，或池沼，或溪涧，或田源，若非溶注，定得特朝，是水亦从而聚矣。但真气聚处，明堂决不宽旷，明堂旷，局势大，又必须前有内堂，或低田，或小水，或灵泉，或池湖注聚方是真融聚，故曰“明堂容马”。亦忌旷而野，必须有阴洲横拦住内气，而元辰之水聚于内堂，外水或远朝，或横带，如此则明堂虽旷无妨也。又有穴星之聚散，又尤细审。气脉聚于上则穴宜高，气脉聚于下则穴宜下，气脉聚于中则穴宜中，气脉聚于左则穴宜归左，气脉聚于右则穴宜挨右。此皆聚散定穴之妙也。

如广信丁知府祖地(图4－1)。此地在广信，土名新潭，亥龙巽向，俗呼寒牛出栏形。其龙逆水奔上，将入首顿起飞蛾落脉，逶迤如生蛇，顿起金水天财，穴后有孝顺鬼，龙虎护穴，如牛角弯抱。肘外则直长无情，元辰长而外山上手高出，下手空旷为异耳。盖元辰虽长，前有湖水聚注；龙虎山内弯外直，却穴间不见飞走，且肘外直长乃曜气也；上山高大，乃青龙起库；下虽空旷，乃系逆局大河水绕，卜氏云“水缠便是山缠”也。所贵者，穴后乐山特峙，衬贴有力，证得穴场明白，葬后即出丁洪，登正德辛巳科进士、官太守，且巨富。

按：此局近得湖水倾注穴前，远得大溪缠绕，真气得以融聚为吉。否则元辰空旷，真气不聚，砂法再美，亦为虚花之地。

【原文】夫外气所以止内气，界水所以止来龙。天元歌云：“人言生气地中求，岂知地气水边流，流到水边逢水界，平原浩气尽兜收。”故葬必以龙为主，而水亦其要也。故平洋之法，先取大水，后取小水。先大水则知干龙所钟，可以明大势，取大局。后小水则知真气所聚，可以决定所取真穴。不明大势则地之大小不分，不知定所则穴之真假罔决。但水法之书，汗牛充栋。兹卷所辑，专言水龙。业是术者，先当择其吉者趋之，凶者避之。

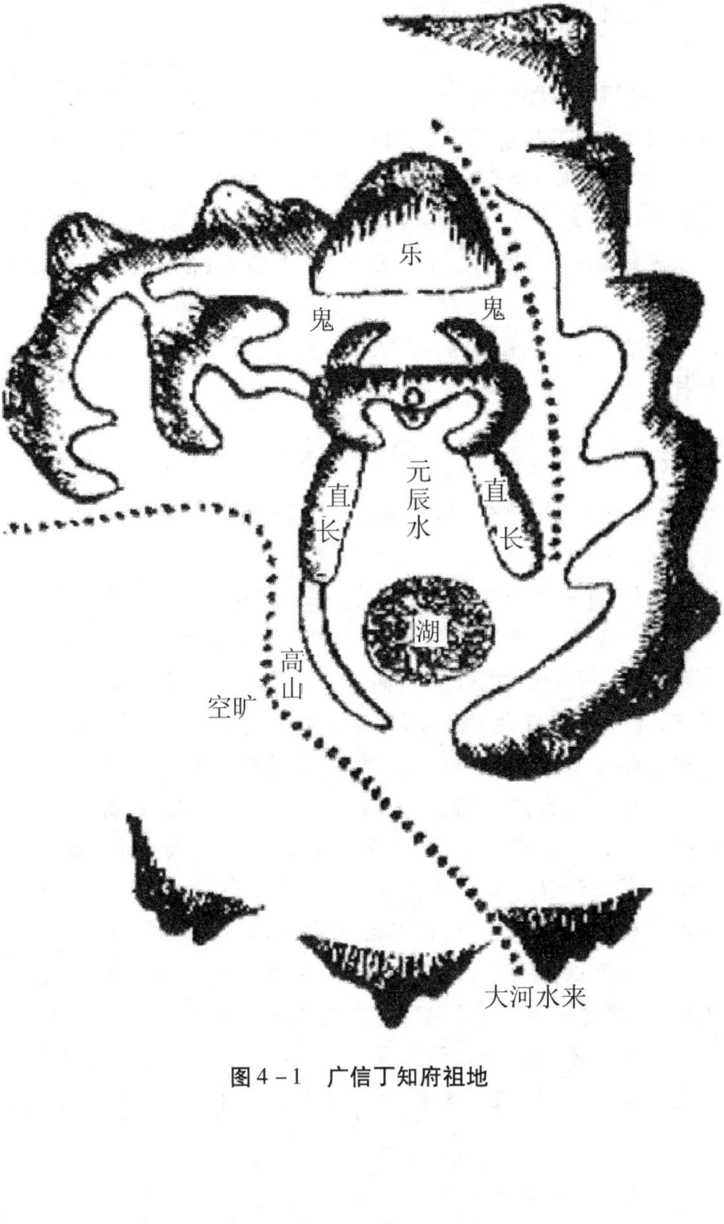

图 4－1 广信丁知府祖地

则吉无不利，而凶祸不侵矣。

大鸿氏笔记。

【注解】寻龙捉脉，重在“收放”二字。放言行龙，收言龙止。山龙行来，如万马奔腾，踊跃向前，重重开帐，层层剥换，是山龙之放；结穴之处，重重环抱，层层关锁，结咽束气，神凝气聚，是山龙之收。水龙行来，汹涌澎湃，浪滔滚滚，开山裂谷，直冲向前，是水龙之放；结穴之处，环绕回顾，枝水插入，左缠右绕，不忍离去，是水龙之收。放之愈开，来气愈厚；收之愈紧，真气愈固。所以山龙之结，必在山水交会“收”气之处；而水龙之结，必在干水与枝水合襟之处，真气凝聚也。

口 诀

【原文】山川之性，微妙难明。阴阳配偶，气化形生。一气感成，地灵人杰。

【注解】章仲山在《心眼指要》中说：“山有山之阴阳，水有水之阴阳。山之阴阳，盖以开面名为阳，收束者为阴；曲动活泼者为阳，僵直粗硬者为阴；又以向穴者为阳，背穴者为阴也。水之阴阳，盖以特阔特大者为阳，狭小直硬者为阴；屈曲活动者为阳，破碎偏斜者为阴；有情顾穴者为阳，无情向穴者为阴。”

章仲山又云：“动静二字，其说有三：一、山形水势，有阴阳动静之分；二、干支卦位，有阴阳动静之分；三、天主动，地主静，天地有阴阳动静之分。天主动，即其自动之中，亦有四时往来，阴阳动静之分。地主静，即其至静之中，亦有起伏行止，阴阳动静之分。天以静而生，地以动而成，晓得至动之中有静，至静之中有动，看龙到头之法过半矣，立穴之法亦过半矣。”

天元五歌云：“一元浩气涵三象，混沌分开气升降。天清地浊成两仪，阴阳互根气来往。山川土石象中气，日元星辰气中象。二气相抱不相离，浊阴本是清阳相。”由此，可知天地乃一大阴阳，万物各有一小阴阳，山川之性，亦有阴阳，负阳抱阴，负阴抱阳，阳来阴受，阴来阳受，阴阳互相为根，互感相生，以生变化，方为真穴。

【原文】内乘生气，骸骨之不朽；外接堂砂，吉凶之应验。

【注解】大凡立穴，内须形局完固，真气凝聚，不散不漏为美。外宜砂环水绕，拱护有情为佳。如此则骸骨不朽，荫福后代。反之，若立穴之处内气不足，穴外又逢砂水冲射，反使骸骨不能安宁，则遗祸后人，吉凶如响。

【原文】水之吉凶可见，山之情性难明。谷中关锁为上，平洋水聚则佳。所贵者洋中之阴，所喜者谷中之洋。龙神顿伏，断而不断；水神屈屈，去而不去。闪东过西，气脉愈佳。或飞或奔，或显或隐，观其行止，察其所藏。动中观其脉，静中观其穴。求静中之动，变化则行，会合则止。寻龙随乎脉止，定穴当从气现，二者得明，穴法自成。

【注解】断而不断，是言山龙剥换过峡。大凡祖山高耸，绵绵延延，踊跃前行，若不跌断过峡，则顽气不脱，无处下手。必须反复过峡跌断，脱去顽气，抽出嫩枝，方可结穴，而跌断，却有“蛛丝马迹”相连，贯穿龙脉，故云断而不断。

去而不去，是言水龙回头。江河屈曲而来，环抱成穴，去时不断回绕，似无限眷恋，不忍离去，故云去而不去。

“动中观其脉，静中观其穴”，语出《堪舆经》，注云：“有脉则动，动处是脉，当视其旺衰清浊到于何所。静则山而止静，须求气现之所为穴。看地之法，千山万水，不明气脉，前功尽费也。”又云：“观背面而在方圆，定穴法当知生死。死则静，动则生，不现于前，须视其侧。方则取动，圆则取静。”又云：“动则生，静则止。变化动静，其道莫测。”注：“动则有二，故生；静则归一，故止。可见，生气即是动气，动气即是生气，生动活泼之气也。故善察气色者，看其形之动静，即可卜其气之吉凶兴衰矣。”

【原文】明急缓才加吞吐，审阴阳而下浮沉。立向须凭唇口，挨亲堂从界明。

【注解】吞吐：穴场依稀有晕，的而不的，必审吞吐，乃得其的。吞者，缩进一步；吐者，放出一步。此非三停法，乃一晕中呼吸之法。吞必仰面，若玄武壁立，断不可吞；吐必拓腮，若辅车清削，断不可吐。凡此吞吐，只是稍稍规上拖下也。若当真吞入，乃凿开遂道，纳入腹中；若当真吐出，乃弃去窝钳，退下口外，此法葬也。必龙真穴真，所见又真，是为仙迹，不容侥倖。原文之意，首先是明急缓，即知来龙是急来，还是缓来。急来则缓下，是为吐；缓来则急下，是为吞。至于是真吞直吐，还是规上拖下，则当视穴情而定。

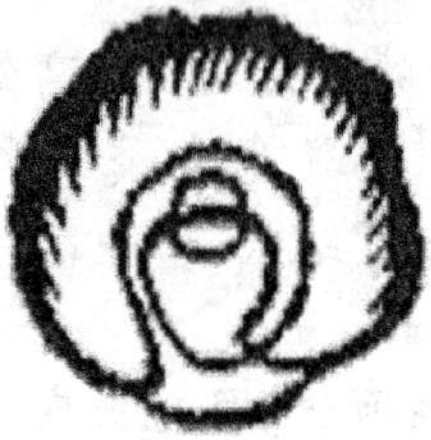

左：吞上　　右：吐下

吞上图：此局唇明弦不明，稍稍亏入上弦凿之，得晕乃止。弦明唇不明，稍稍退出，平地凿之，得晕乃止。

吐下图：此局是葬肉地，其土必柔，必无粗晕可见，酌量开井，井中乃见嫩晕，土色微分层次。

真吞图：龙到局到，玄武壁立。靠弦藏之，杀水淋头绝；坦中

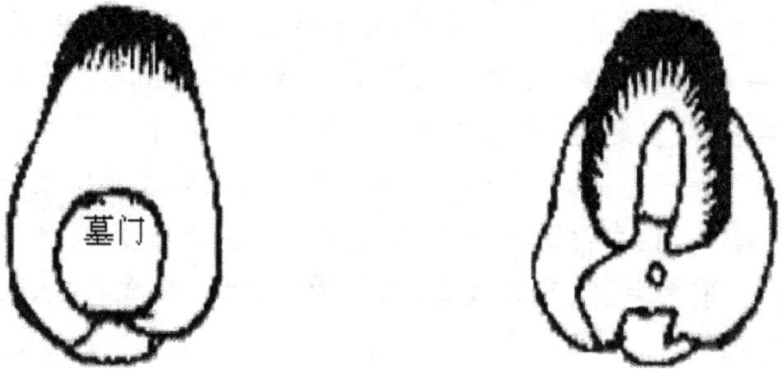

左:真吞　右:真吐

葬之,犯湿绝,实藏山腹中凿洞作隧,送棺腹内,封塞其口为墓门。其中必得五色美土,无石无煞方真。

真吐图:龙到局到,星亦开口,口内通窄,三停皆不可下,审是真气吐出口外,于口外寻微微晕影下之,此影必稍稍涌突,亦有陷下者,然必有旺气,恐落空亡。

左:浮法　右:沉法

浮沉:浮沉论气,气浮因而浮之,气沉因而沉之;也有势浮葬沉,势沉葬浮之说。廖金精云:"浮欲其气之升也,沉欲其气之陷也。有等星体,高圆饱满,有似孤曜,至脚尽处,稍露一斑,吉气可想而不可指也。四兽具美,掩耳俱全,舍则拒其美,扦则犯其孤,探中而取用焉,不可以力大而工多为惧,当用浮法以升其气。浮法者,当腰掘,抵心方掘下,及至生气之半安骨焉。仍以土覆之。如张盖,然则上截之虚抽,其下实之吉气而穴之,葬之,骨在虚实之间,自得吉气之翕而发福一也。上虚又似泄其孤之之意也。有等星体,高耸凌霄,有似燥火,至领将近之地,稍见一班吉气,可想而不可指也。四兽俱美,盖照俱全,舍则拒其美,扦则犯其燥,探中而取用焉,不可以力大工多而惧,当用沉法以陷其气。沉法者,当腰凿,抵心又掘上,及至吉气之半安骨焉。仍以土托之,如奠板然,则下截之虚,其上实之吉气,而穴之,葬之,骨在虚实之间,自得吉气之翕而发福一也。下虚又似泄其燥之意也。

蔡牧堂云:"浮沉者,言乎其表里也。夫脉有阴阳,故有浮沉。阴脉常见乎表,所谓浮也;阳脉常收乎里,所谓沉也。大抵地理家察脉与医家察脉无异,善医者察脉之阴阳而用药,善地理者察脉之浮沉而立穴,其理一也。夫三阴从天生,以其阴根于阳也,故阴脉必上小而下大,其出口也必尖;三阳从地出,以其阳根于阴也,故阳必上大而下小,其出口也必圆。后之观脉者不必问其何如,但口尖者皆阴,其脉浮于表口;圆者皆阳,其脉沉于里,此一定不易之法。若又推而广之,则凸者脉浮,凹者脉沉;微细者脉浮,粗重者脉沉;众高一低者脉浮,众低一高者脉沉。以此相乘除,则阴阳之理得矣。"

如方氏祖地(图4-2)。此穴圆墩乃一平面石,不能下。后一地仙乃扦鼓上,用浮土作墩,出进士十三人,富贵悠久。按:此即脉细微而用浮法。

又如黄进士祖地(图4-3)。此地在绩溪道中,李得真公扦,戌龙辰向,穴处皆石,打开一丈八尺,然后得土,又深六尺葬

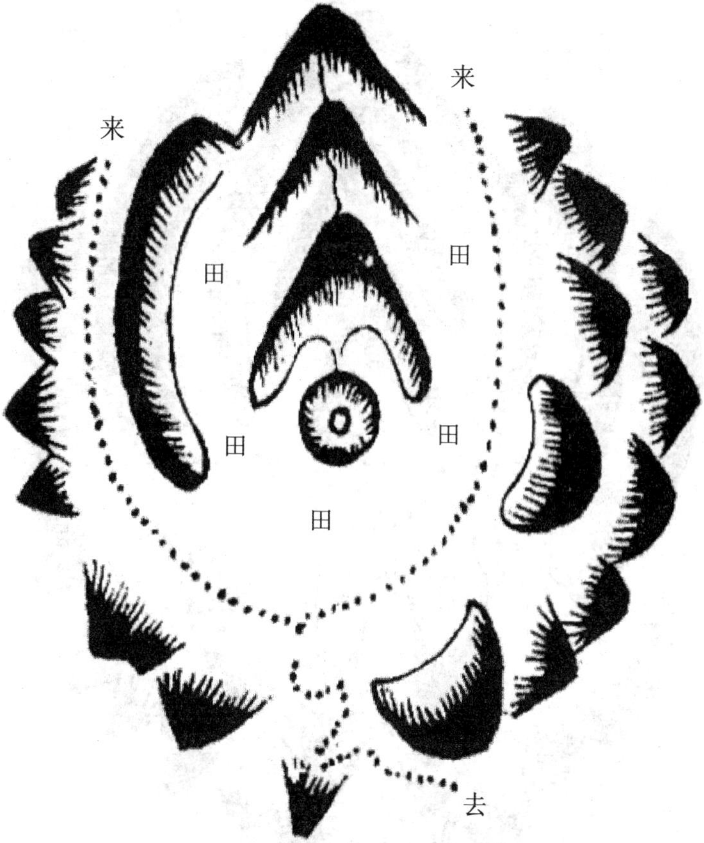

图4-2　**方氏祖地**

之,富贵双全,人丁旺盛。按:此即凹者脉沉,而用沉法。

唇口:唇口即唇毡,穴下之余气发露者是。大者曰毡,小者曰唇。毡是毡褥之毡,唇是嘴唇之唇。凡真龙结穴,必有余气露而为毡。故毡在此铺,穴在此处;唇在此吐,穴于此扦,天造地设,自然之应。无此即非真作,耳受、横受之穴尤须认此。《龙

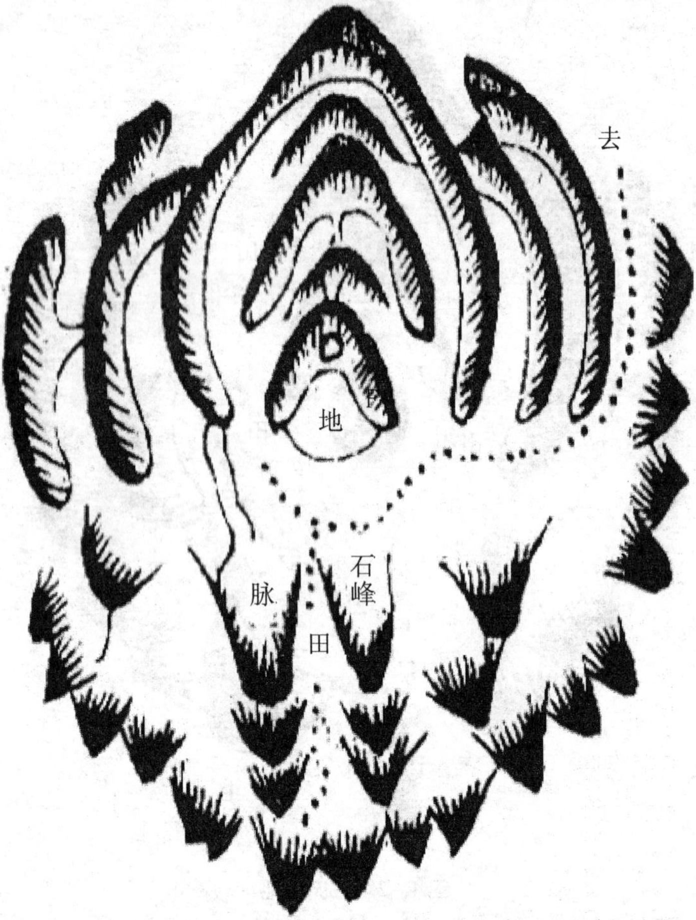

图4-3 黄进士祖地

经》云："贵龙落处有毡褥，毡褥之穴富贵局。问局毡褥如何认？穴下有坪如鳖裙。譬如贵人有拜席，又如僧道坛具伸，真龙到头有裀褥，便是支龙也富足。"

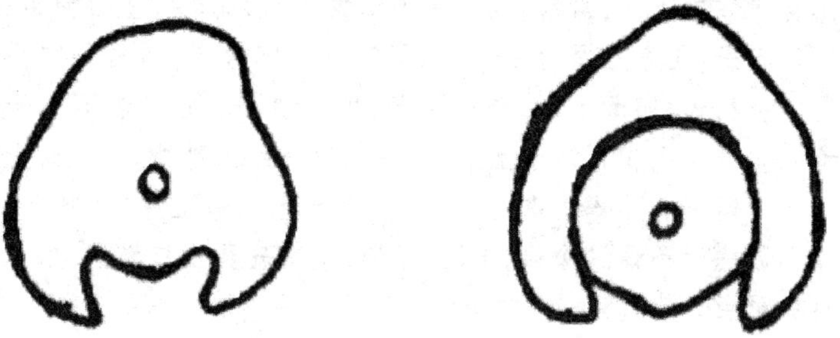

左:金唇　　右:水唇

金唇:唇气圆转曰金,五星出唇皆喜,此虽木穴亦宜。

水唇:唇作三曲,穴对正圆,穴口必大,木穴尤宜。

【原文】山有支龙之分别,地有厚薄之得宜。垅龙之脉,阴多而就阳;支龙之气,阳多而凑阴。支有阳极成阴,垅有阴极生阳。成阴可撞,虽阳莫凑。地厚处当从薄取,地薄取处须寻厚裁。取厚者须亲气脊,取薄者亦须唇口。

【注解】支垅、厚薄、就阳、凑阴:此均言葬法。郭璞《葬经》云:“藏于涸燥者宜浅,藏于坦夷者宜深。浅深得乘,风水自成。”郑谥注曰:“高垅之地,雨注即倾,故言涸燥,此天气自上而降,气浮固当浅葬,阴来而阳受也。平支之地,交水不流,故言坦夷,此地气自下而升,气沉固当深葬,阳来而阴作也。”“高陇之葬,露而勿隐,故浅取其浮气也。平支之葬,潜而勿障,故深取其沉气也。得乘者吉,所葬之棺得以乘其生气也。”《秘宝经》曰:“阳脉沉潜深处去,阴龙浮露浅中求,坦夷涸燥无过此,却与排星事不侔。”此亦浅深得乘之谓也。

蔡氏云:“宜浅而深,则气从上过;宜深而浅,则气从下过,虽得吉地,而效不应。”此因当深而浅,当浅而深,差之咫尺,则接脉不着,反吉为凶,所以葬之深浅,也为风水之要,万莫轻视。

然支垅体段不一，窝钳乳突，大小阔狭各殊，况南方土薄而多石，气浮宜浅；北方土厚而无水，气沉宜深。宜深者，即司马陀头所谓乳脉粗大，阳藏于深，必须深取，圹以通之。宜浅者即朱子所谓兴化漳泉间棺止浮于土上，深者仅以一半入地所，以上封土甚高。此即土有厚薄之殊，脉有浮沉之异也。地土厚，气脉沉，有葬之数丈者不谓过深；地土薄，气脉浅，有安葬土皮之上，用客土封成冢者不为过浅。

穴之四法：窝钳乳突，窝钳属阳，乳突为阴。何为知之？司马头陀曰："天地之气，一辟一合，一发一敛，实阴阳出入之机。草木花果，抽条布叶者，气之行也；开花垂实者，气之止也。萼之开花，岂非气发于外乎？而窝阳可知。果之垂实，岂非气藏于内乎？而乳阴可知。万物之理，莫非阴阳相乘以生。而地理止聚之地，取其阳不犯其阴，是所谓乘生气也。是以阳散于外则浅，阴藏于内则深。"司马头陀有阳结之穴十六图，阴结之穴十五图，特录于下，以供参考。

阳结之属凡十六：

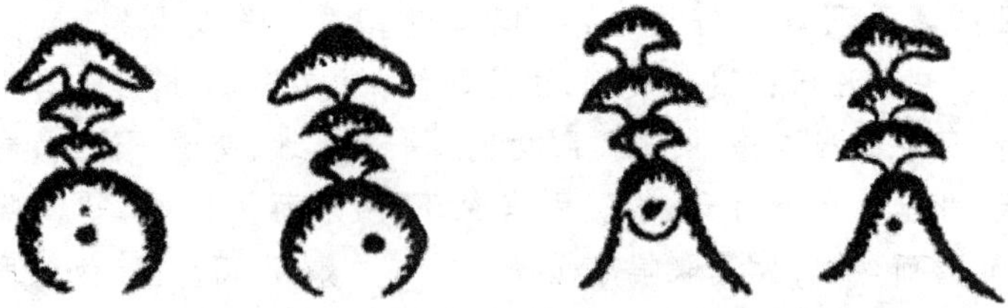

左：仰窝　　右：兜凳

仰窝之穴。不问方圆尖耸，但要厚重，面豁窝浅，唇兜背圆为妙。结处愈高，力量愈重。势平力均，取中正为的，后峰仰则蘸窝为穴，急则中心为穴。势有偏重，则挨盛处为的，脑重窝深，皆为虚也。

壁立峰间,忽生兜凳,以后峰阔厚为奇,凹峰落者更妙,如屏者主大贵,蘸唇下为是。须要背圆唇兜,亦取中正为的,又名“灯搭穴”。

左:偃箕　　右:垂坡

平如箕仰,有若掌垂,高山平夷,皆有此结。但势长口泻,而窝不圆耳,均停则蘸窝以为穴,不均则挨其盛处以为的也。

垂坡之势,势倾面豁,左右均齐,当取其中气。其股气不齐,当取其盛大及长宛处为的。其或有左无右,有右无左,当以搁转为的。盖坡结之势,倾倒中气,切不可犯。当让其急直,用破实就虚之法方妙,但欲上宽下狭为宜。

上左二图龙侧来者,则气全,中顶不分,亦取中气为的。如股直内有肉地者,推出就阳,亦是妙结。九升曰:垂坡者,乃主星顺披而下垂为出坡,两边微高,中间如仰掌微低,虽非开窝,实阔大阳窝之体也。

上右二图垂坡面绷,足荡未止,微歛势下聚于合口。若口狭名为“玉尺”,法当悬空浮起立穴,接双脉之气,下作暗沟,放玄武水,为连枝穴,要穴前有微流拦截为真。

左:蟠倒左　蟠倒右　　右:垂钳

左右蟠倒垂坡,其中虽有坪难作阴阳之结,盖两臂拦过。若有流动之势,当以沤为的,无此者多虚耳。若主力重而臂力轻,当开凿培植,而取其的也。

此皆垂钳,脑势仰缓,当取其将分未分处为穴。以斗急夺总为的也。股臂不均,当挨其盛大处为的,左右皆同。若龙势侧来者,则取中气以为的。

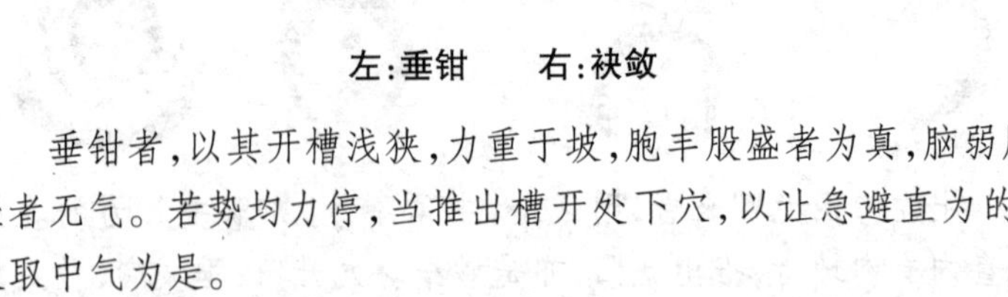

左:垂钳　　右:袂敛

垂钳者,以其开槽浅狭,力重于坡,胞丰股盛者为真,脑弱股轻者无气。若势均力停,当推出槽开处下穴,以让急避直为的,又取中气为是。

袂敛之穴,为外散内聚之结,盖入故开坡而手足摆动,外望若散,内观敛聚,此最为妙处。当就其敛口为穴,偏敛则挨其偏。

九升曰:袂敛者,乃两袖相敛,故其形为内聚外散。然亦有

左:袂敛　　右:正敛

圆抱而敛者,则外望亦聚也。

此正敛穴,外有荫腮,复有馀气而散者,可就敛内为穴,放玄武水两边过者为妙,又名“舍珠穴”。此正敛口,外有馀气圆结,复有界水者,可于舍外立穴,名为“吐珠穴”也。

左:承掌　　中:蟠倒　　右:倾罍

入首不起峰峦,作仰坪,名为承掌,要重厚中渐低而势圆者为妙。如势长来丰,则蘸低为穴;后促前长,则出窝为穴,取及不及为的。

上中图为垂坡蟠倒,取其回受,势自臂来,不为分夺,当以中正为的也。

吊脉如垂峰倾下者,为倾罍侧爵穴,当让急为的。

如垂玦之衣裳者,取其陡壁之中有茵褥,当以让急为的。

左:玦裳　　中:月半　　右:靥隐

峰如半月,而两角弯向,中有余气,如抱魄者,主峰高重,当以坪中至正为的,轻则蘸平为的。

靥隐是有气息处，不问圆峰、阔面及肤乳上皆有之，为天然之的,绝无而有者真,多则恐是虚浪。

左:沤浮　　中:趺坐　　右:脉蘸

沤浮者,气泡也。阔面及肤浮上皆有之,为天然之的,切不可破伤,粘而穴之为妙。

主峰高圆重厚,下有衣裾如跏趺坐者,以中正为的,犹仰窝之结也。

脉蘸之穴,与动息相似。而少有不同者,落长而动,微有荫腮水以随之也,宜顶脉蘸流以为穴。然流晕隐然而不深者,为妙也。盖此穴禀气最微,取其合流相成,变为阳聚,若界流或邪偏深浅不均,皆为虚耳。

阴结之属凡十五:

左:悬囊　　右:豁肤

凡阴穴,欲其如悬囊垂乳者,有钟蓄势也。垂长者为囊,短者为乳,偃阔者为脉,当辨其落脉,分夺得势。若从正峰上落,其力不能及于垂处;若主峰低弱,则力能及于大处。若在凹处落,力即在于垂处,此以力之及不及为的。若垂太重,则其势必及于愈低,以三隅反可也。大率囊乳以后有仰瓦为真,有撑者恐是桡棹,势分为虚矣。

豁趺之结,虽形广势绷,而情势真者,禀气最多,当取其至中正处;用当辟法取之,或以形倾势闪,或以水流紧处偏侧为的;若乳肤之穴,而内无所蓄者,如剑脊、如柳叶、如垂带、如箭干、如鼠尾,或斜或曲,及死而无动意,活而无静情,皆无气之形也。

左:豁肤　　右:坠钟

肤穴结上有歇凳者,以息处为的。长肤穿肩上聚者,以护翼乐上为的。

坠钟,此"穴观三停",脉缓顶小,当以斗缓夺总为的。若上刚急太甚,当以刚柔相济为的。

凝 节

凝节,节芽之穴,于摆动处有之,或柔袅中有之,或硬直中有之,此以节脉显然以为的也。夫节脉之穴,最不喜正落。盖其禀微而脑气分侧落,则势大,肤囊蓄多者不畏,然侧落者终力大。

九升曰:节芽者,是穴星上微微吐出小乳,如木之萌芽净节也。此系真芽生气发露处,宜细心求之。

突 临

上左图突穴本阴,取其下有茵褥,亦是阴变为阳,宜就茵褥中立穴。

上右图平来硬突,面有茵褥者,穴法与此突临平荡同,皆取其让急避直以为的也。

驼 峰

驼峰穴者,过凹结也,要面豁背拱为真。若是瓠颈,为“过山”不葬。以腰短为妙,此俗所谓“天财”是也。若中微有节脉,则就其显然处为穴;无节芽就二峰均停者,取其中气为穴;两峰中有坪,则变为阳结。脱落就平,以受两峰之气更妙。若背面不分,是为“过气”,裁之则凶。若来高去低,则微挨来者为的;来低去高,则微挨去者为的。

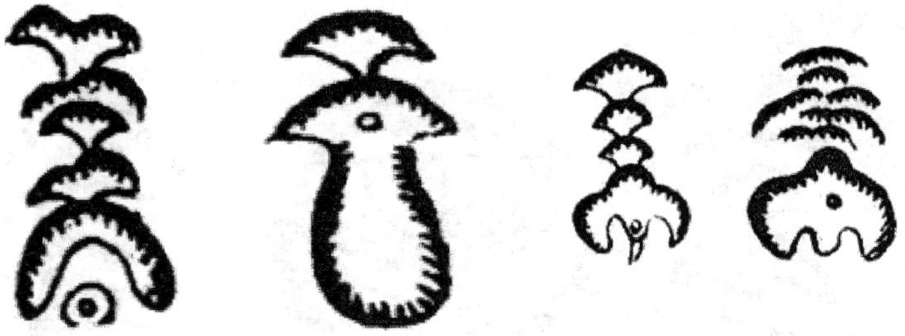

左:偃突　中:龙颡　右:鹤顶

偃而为突,与动息脉有不同者,多出于平坡及低阜,隐隐渐隆,夺总以为的。

龙颡者,似囊、乳而非囊、乳,实大肥长面阔,而上隐下隆,上轻下重,最为蓄聚,真鼻颡吉昌之象也,当取及与不及以为的。

鹤顶之穴,盖玄武嘴尖长,上聚于顶者,当取其影翼应护为的也。

此亦玄武嘴长，就上取，以肩映为的，与大肤同。

左：蛛腹　中：鲇唇　右：龟肩

蜘蛛肠者，取圆胞有钟蓄之形也，此皆以中气为的。

鲇唇、马迹，取其平缓。于止处，有圆唇反收者，有蓄聚处也。隐中有显，模糊中忽分明，宜以中正为的也。

龟肩之穴，取其头顾及如鹅颈抱者，取其拦处为妙，或动息处以为的。

左：牛项　中：马迹　右：萌芽

牛项者，取两峰腾踏，颈头阔缩，故气聚于肩项。若颈长而小，则流行于前矣。此以力之及与不及为的。《人天共宝》云：入首粗大，金星叠叠而下，有微平安穴，名为牛颈。

《人天共宝》云："细小金星开口，如马迹，就口安穴。"

此乃木星所变，中出而偏受，其乳细小，曰"萌芽"，芽上立穴。

撞:廖金精十六葬法之一,他说:“撞者,抵也,如斗斧之义。撞之脉自旁而就于正,撞之穴从正而就于旁。旁来之脉即专,专一之情可见,切不可过脉而扦,亦不可离脉而撞。撞上而失之下,则气从下散;撞下而失之上,则气因上浮;撞深而失之浅,则生气虚行;撞浅而失之深,则生气枉泄。纵得来脉之真,终失止脉之吉。亦与斜插相似,但斜插似于突之直,撞法施于脉之斜。一毫千里之远,江河几席之间,不可不察。”又曰:“脉缓曲则侵脉而下撞。”孙竹田解释得更加清楚。他说:“撞者,腌脐、掌心、虎口、指节之穴法也。山势中聚,四旁俱阴,中间泛阳,穴成窝靥,如人之脐;或如仰掌,穴取掌心;或如覆掌,穴取指节;或如侧掌,穴取虎口。阳藏阴中,穴宜深入。类而推之,则有骑龙、翼窝、悬钟、挂灯、蛛丝倒挂、飞蛾贴壁、游鱼上水、金头木脚等穴,皆撞法也。”

左:高窝　　中:中窝　　右:低窝

金非水窝,不能成穴。窝有上中下之异,但居正而不偏,俱作脐穴。犹人有立、坐、眠之不同也。

金头木脚,必要水窝;木脚多者,为节掌,要有掌心。皆窝穴也,法但正撞,无窝妄撞者,必绝。

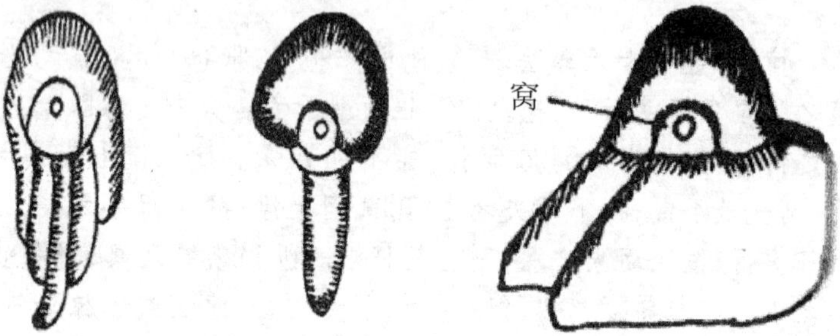

左:仰掌　　中:金头木脚　　右:挂灯穴

挂灯穴:金头土身,山脚壁立,上开水窝,亦脐之变相也。法兼盖、撞。

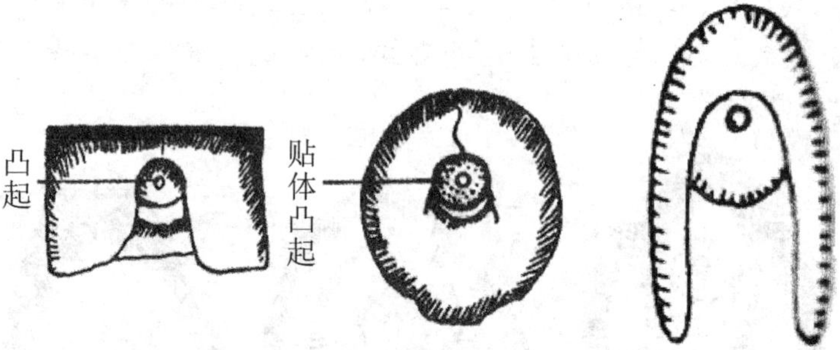

左:悬钟穴　　中:贴体星辰　　右:金钗

悬钟穴:乃土屏中起一突形,如贴体,亦"土腹藏金"之意也。金头有靥,名"钟钮穴",无则敲边。

金体上起微块,亦贴体星也。法亦用撞。

钗形眠体,脉接钳顶,阡油腻穴。亦撞法也。

大龙跌断过峡处。阴过,则龙无留恋之意,必无粘作。阳过,则生意已露,故有顺、逆骑龙之穴。亦作正撞论。

左:骑龙　　右:反射

反倒曲尺木,形如手屈肘,肘后生靥铺唇。亦撞穴也。

【原文】平洋无气脉之可观,定穴有水神之证佐。群龙会合于州府,二水交锁于乡村,观生死于曲直之间,审行止于雌雄之内。雌不可以胜雄,雄不可以不就。星体卧于平洋,气脉从于水现,体小者当存乎内,体大者须察于旁。脉随水行,气随水抱,观背向而在方圆,定穴法当知生死。死则静,动则生。不现于前,须视其侧,方则取动,圆则取静。平洋须得水,谷内要张山,阴以随脉挨生,阳须观旁定已。当审其四应,势察其玄微,龙神之大,当以智量,而观穴法之难,须求正已而作。依水寻龙,傍砂点穴,来须脉现,止随气纳。

【注解】平洋穴法,几乎每本地理书都要谈及,惟觉《平洋全书》之论甚精,特录于下。

平地求穴之法有七(见下图):

一、动处:开口、吐唇,高起处为动处。方者,圆处或缺处为动;圆者,直处为动。(按:此即本文“动则生,静则死”之意。)

二、束处:紧狭处为束。平地有两浜关锁,而龙气入关后反而散荡不可收拾,宜于入关处“斩关”立穴。亦有龙沿水而行,到尽头无结作,宜于腰上寻狭处“骑龙”扦之,皆为束法。

动 法

动 法

动 法

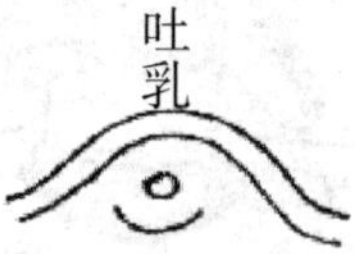

动 法

束 法

束 法

截 法

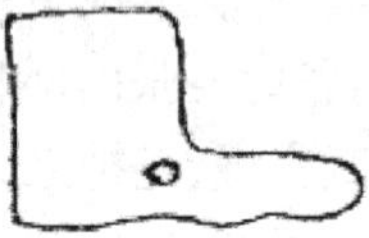

截 法

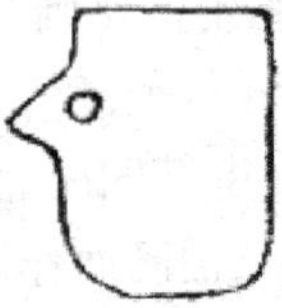

斩 法

水环处

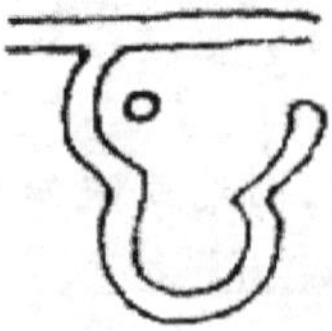

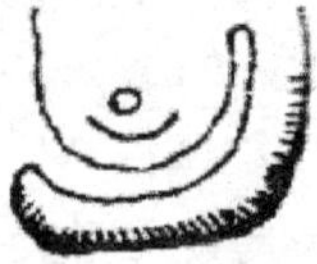

砂拱处，后托有情，穴靠托。

砂拱处，前案有情，穴近案

三、截法:穴场或方或圆于一角,或吐火曜,或拖水荡,宜于出荡曜处,截荡曜之气而扦之。

四、斩法:穴既结后,余气走去长远,宜近脊斩其余而安之。

五、水环处:穴场散阔,看那一边水环有情,紧靠环水点穴。(按:水环则向,水环则生,此即本文“观背向,知生死”之意。)

六、拱处:穴场长阔,若有一砂可为托、为案者,当认定此砂点穴。

七、食处:四面砂水皆有环拱之情意,会其大势所归而扦之。

观背向:从龙之砂,只只回头,如揖如拱;龙虎之砂,弯环绕抱,如将待命;案山朝山,只只开面,如伏如拜;穴前合水,如缠如绕,似翔似舞,是山龙之向;砂飞水反,是山龙之背。平洋之龙,若有以低田、低地作案、作界者,堂界之外,必有高起之砂可辨其向背。如四面之砂皆外背内面而相向者,是真口而气聚。设有一面反背者,是假口而气散。若无口则无砂可辨,气必背而散。大水内有小水界开,方有小水交合可辨。其水之向,如下手边之小水左转来向,上手边之小水右转来向,是水绕而气聚。若下手边之小水当逆向右边者而反顺行,上手边之来水当趋向左边,与下手边左转砂相逆者,而反趋右,是水不向、不绕而气散。大水之内无小水开界而相合,更无水可别其向背,气亦散矣,《发微论》云:“向背者,言乎其性情也。夫地理与人事不远,人之性情不一,而向背之道可观。其向我者,必有周旋相与之意;其背我者,必有厌弃不顾之状,虽或暂然矫饰,而真态自然不可掩也。地理亦然。故观地者,以观其情之向背。向者不难见,凡相对如君臣,相待如宾主,相爱相亲如兄弟骨肉,此即向之情也;背者亦不难见,凡相视如仇敌,相抛如路人,相忌如妒冤逆寇,此皆背之情也。观形貌者得其伪,观性情者得其真,向背之理明,而吉凶祸福之机灼然。故尝谓地理之要不过山水向背而已矣。”

方取动、圆取静：方为土星，为静为阴，取其动处，是立阳穴；圆为金星，为动为阳，取其静处是立阴穴。均取阴阳交媾之意。

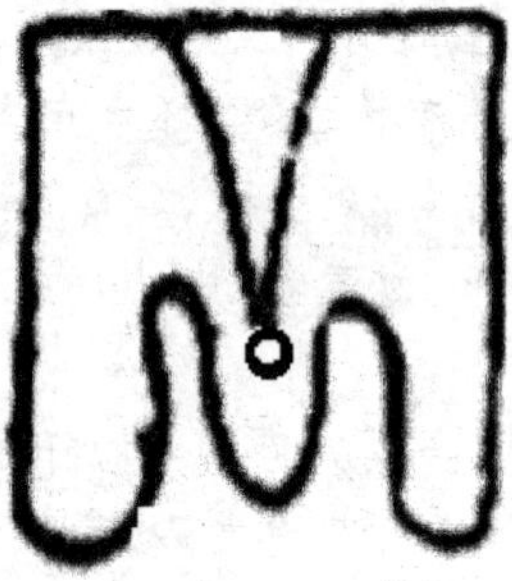

土星悬胆出脉，就胆上扦之，忽大打开，以伤其气。此方取动处。

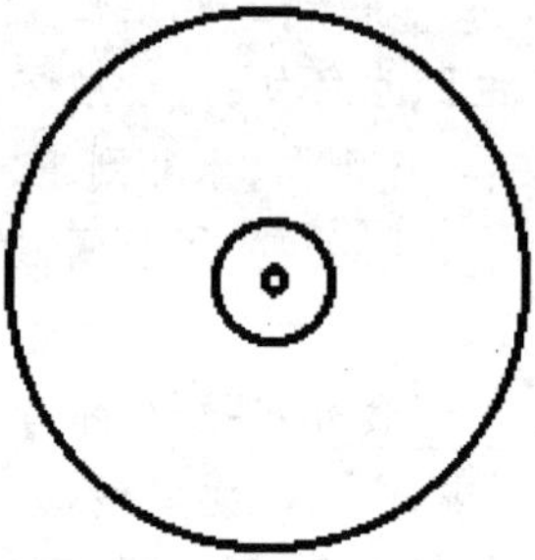

此平面无弦，四面仰弦，而葬窝心者，名落地金盆金钱之类。此圆取静处。

张山、得水：即前注张山食水。《指南》云："若见前面砂水从左畔来，即于右畔立穴场；若山水从右畔来，即于左畔立穴场，此为张山食水寻穴。反此，则容纳山水不着，主凶。"所谓张山，就是要依山；所谓得水，就是要迎水、食水。古歌云："海潮逆结人爱惜，两浙英雄由此出。"又云："江左秀气在潮水，潮来时人多富贵。"如昆山县近数十年前，海潮抵邑者三，状元亦三应之。按：当是指公元1505年前的数十年，因近二十年崑山连出三状元，即弘治六年（1493）癸丑科状元毛澄，弘治九年（1496）丙辰科状元朱希周，弘治十八（1505）年乙丑科状元顾鼎臣。

雌雄：即阴阳。《青囊序》云"杨公养老看雌雄"。蒋大鸿注云："雌雄者，阴阳之别称矣。不云雌雄而云阴阳者，言阴阳则阴自为阴，阳自为阳，疑乎对待之物互显其情者也。故善言阴阳者必言雌雄，观雌则不必更观其雄，而知必有雄以应之。观雄则不必更观其雌，而知必有雌以配之。天地两大雌雄也。山川，雌雄中之显象也。"

分　论

论抄估

【原文】抄估龙体,纵然富贵,亦主充军。

水中有地葫芦形,毒药主伤人。(下左图)

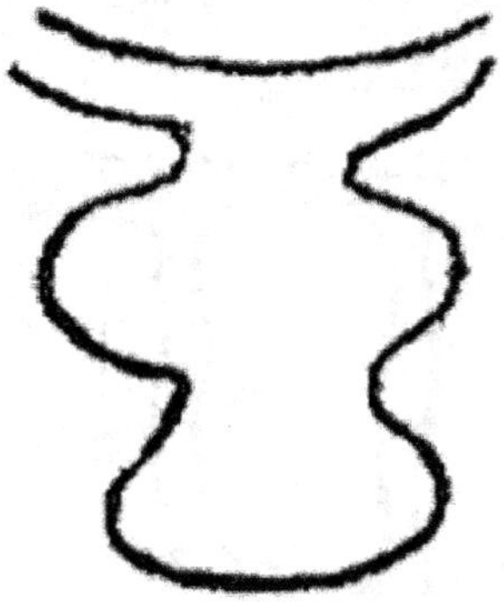

【注解】《后汉书·费长房传》:市中有老翁卖药,悬一壶于肆头。后悬壶成为行医的标志。引伸于风水中,则水中有地成葫芦形,主毒药伤人,此以形论。但廖公有"葫芦形"一穴,云"点其大处,小处为案",并未言之"毒药伤人",故只要龙真穴的,亦主吉庆。

【原文】青龙腰上有嵌破,家内常常有灾祸。(上右图)

【注解】左方青龙水环抱穴场,中有伸缩,形入尖枪嵌入穴场者是。

【原文】水如卷舌,哑疾磨折。说是搬非,人人摈绝。(下左图)

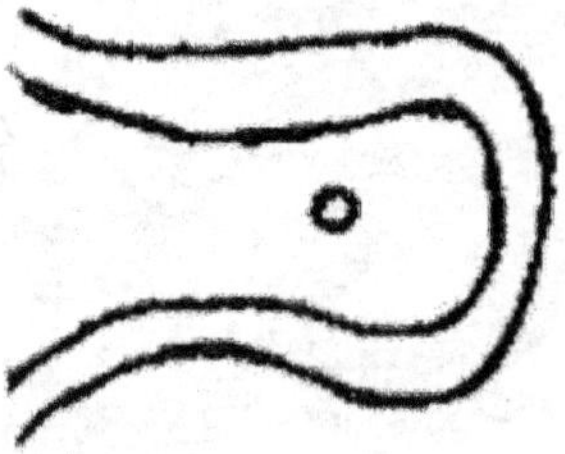

【注解】水形如卷舌，其形反背向外流出，方有此应。

【原文】铜角水，出师巫，更伤小口患疮多。（上右图）

【注解】此图穴场水贴身环抱，形局完固，束气严谨。可惜束气后即反跳而去，龙气尽泄，故不吉，主先发后败。

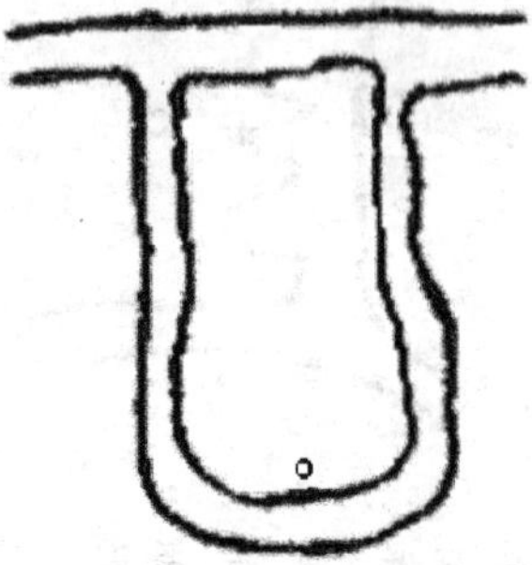

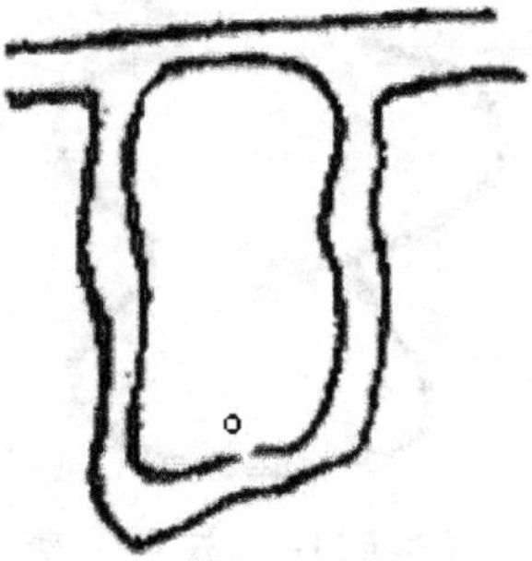

【原文】金城吉揖绕如龙，富贵不分家。（上左图）

【注解】此图与卷三团团流水绕穴同，但前言凶此言吉，自相矛盾。

【原文】金城凶揖如蛇横，逆子结冤家。

此指曲水不整齐者而言。（上右图）

【注解】立穴内外之形，不仅要讲究环抱拱卫，而且要讲究秀美。如山龙，虽众砂环抱护卫，然砂形尖斜丑陋，亦为恶穴。水龙亦然，虽水绕穴场，然直硬尖反，屈曲散乱，也不可立穴。

【原文】乾坤艮穴为四门，一风吹入一家贫。（下左图）

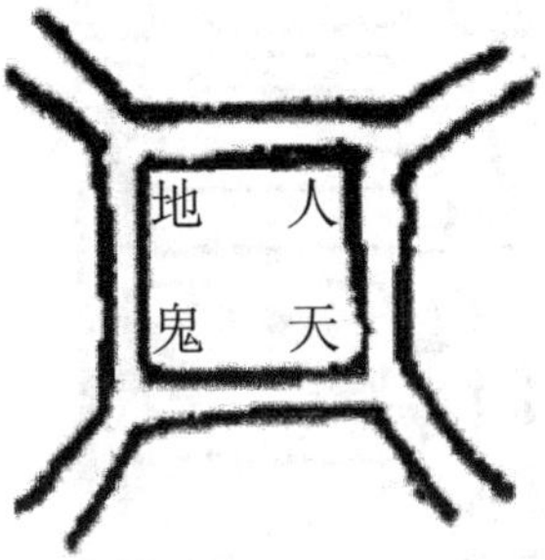

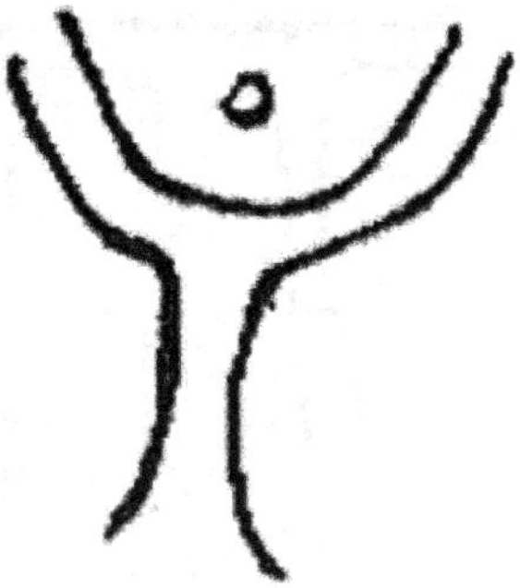

【注解】乾方为天门，巽方为地门，坤方为人门，艮方为鬼门。其方有水直射，主凶。

【原文】水路生叉，家业破査。（上右图）

【注解】此图不吉，并非水路分叉，而是水呈八字斜射而去。对面来水，直射入堂，也为凶兆。无一吉处，故不可扦。

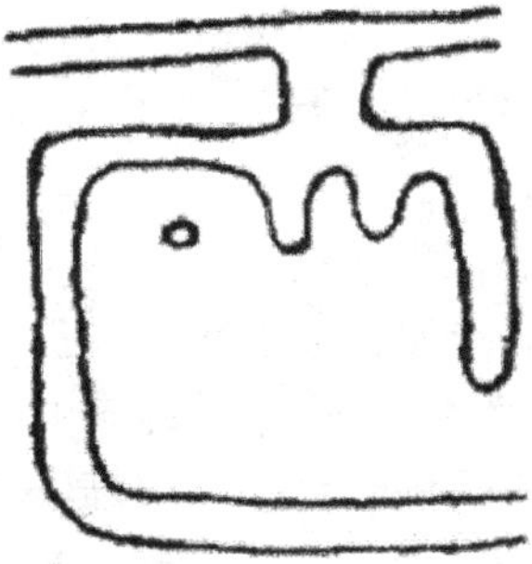

【原文】前后兜抱穴居中，黄甲出三公。

【注解】此局前有两重秀水为案，后有一重水绕抱，穴朝前立，是以迎秀为主。但离后水似乎太远，有脱脉之嫌，恐龙气不足，一发即衰，并非全吉。后再有支水插入兜抱，或以人力为之，方可全美。

论　　叉

【原文】左边若见水丫叉，孤儿寡妇出其家。右边见丫叉，此地穷无比。（下左图）

【注解】丫叉并非绕穴支水，而是去水分开两股。穴左为男，如果左边水分叉而去，男人凶灾，故云“孤儿寡妇”。

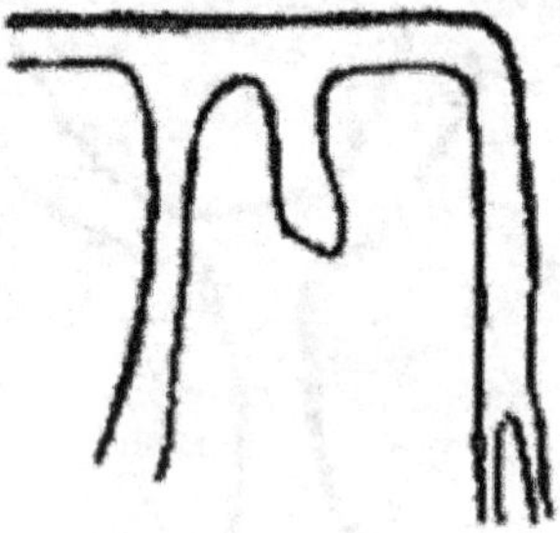

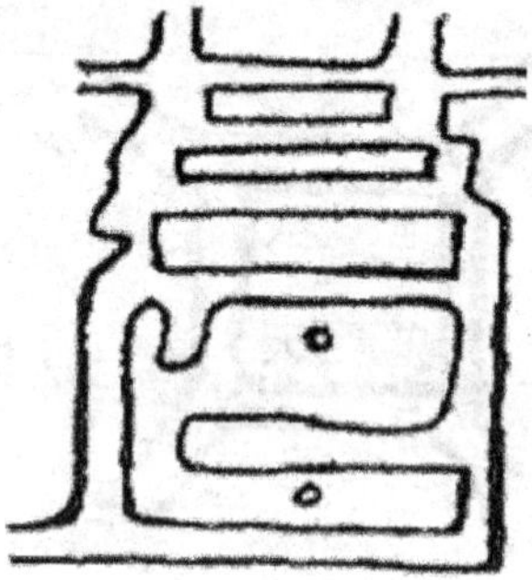

【原文】明堂若见三折水，为官必定出三公。

正对前朝砂印案，弟兄必定世恩荣。（上右图）

【注解】此图中画有两个穴星，上吉下凶，何也？上图明堂水绕三折，穴后二水兜收，后接龙气，前呈秀气，形局完固，故吉。而下穴穴后虽有水缠，但直去不回头，穴前又离折水太远，难呈其秀，前后皆无情，故凶。

论　　破

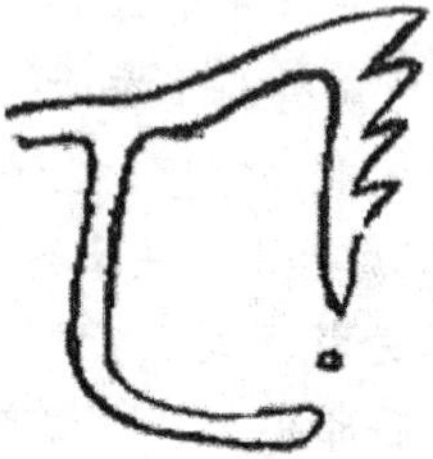

【原文】朱雀破头，事事忧愁。

【注解】此图朱雀方尖水直射穴星，且尖曲四重，火形之水直冲天心，故曰破头。此局穴位即使扦于抱水之中，一则形局不正，二则右手白虎尖破，背后玄武斜走，亦不为吉。

论　　交

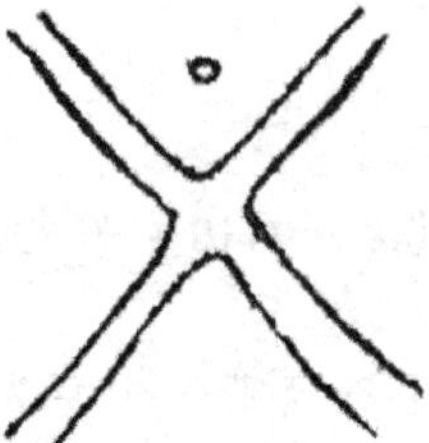

【原文】论交。火入金名带剑城，砂水两相刑。葬后儿孙均不显，边远去充军。

先发财，后大凶。

【注解】二水呈十字形斜交于穴后，看似弯抱，一则水形直而僵硬，二则交汇处尖形冲射，故为凶地。

论 射

【原文】尸枪射穴，刑狱充军，逃亡横夭，绝嗣无人。（下左图）

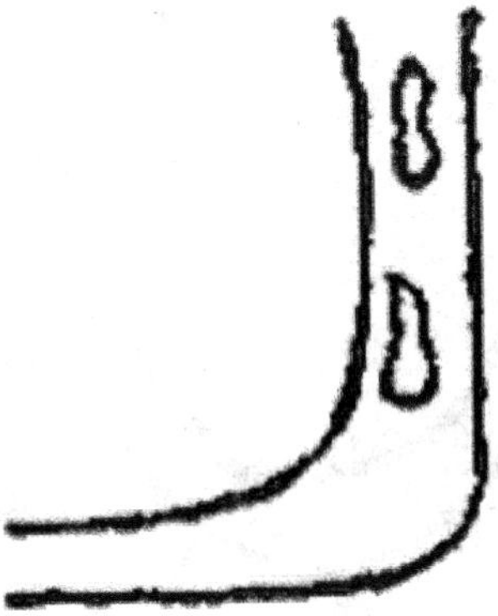

【注解】左右两砂或两水尖锐如枪，或如丧尸，直射穴心者是。若只左射，不利长房；仅右射，不利小房。

【原文】水中有地葫芦形，毒药主伤人。（上右图）

【注解】古时行医，以挂背葫芦为招牌，且以葫芦装药，所以葫芦和药连在一切。大凡水中有砂洲呈此形，不宜扦穴。

论 裹

【原文】裹头之水气无余，向前安坟实非宜。纵使暂时能一发，为人量窄又无儿。

【注解】此水三面环绕，与金城水形似。所不同的是金城水

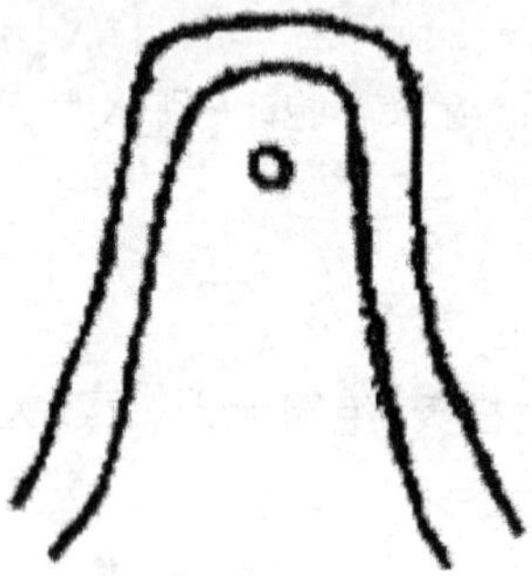

环绕过穴，两脚均屈曲而去，前有束气，后有回顾，生气聚集为吉。裹头水虽过穴圆阔端正，但龙弱孤寒，穴无余气，水贴穴周回如裹者是，况此图去水有斜飞之形，内气不束，上割下泄，龙气尽伤，故为凶穴。

论　　割

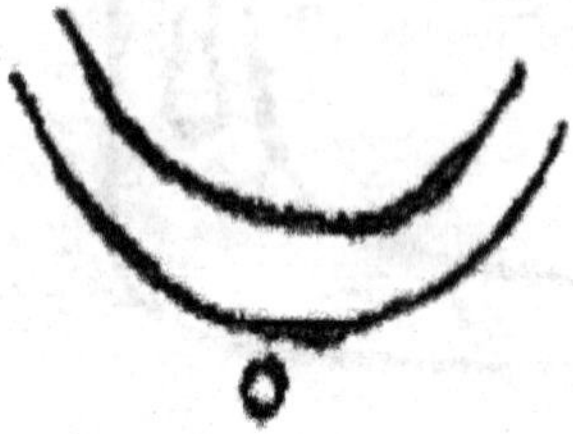

【原文】水城怕遇割，下后刀枪剜。绝嗣又逃亡，时师莫去觅。

【注解】割者，穴无余气，而水扣城者是。此局反水贴穴城割脚，既反且割，两凶兼顾，极凶之地，故有刀枪绝嗣之祸。

论 象 形

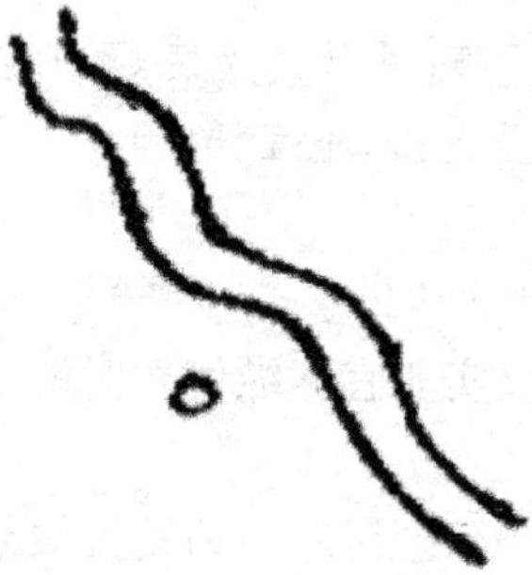

【原文】水城屈曲似飞龙，日日遇恩荣。

【注解】细详此图，虽水来去皆屈曲，然一则去时斜飞，与穴无情；二则虽屈曲无环抱，形如拽索，均为凶形，不能立穴。

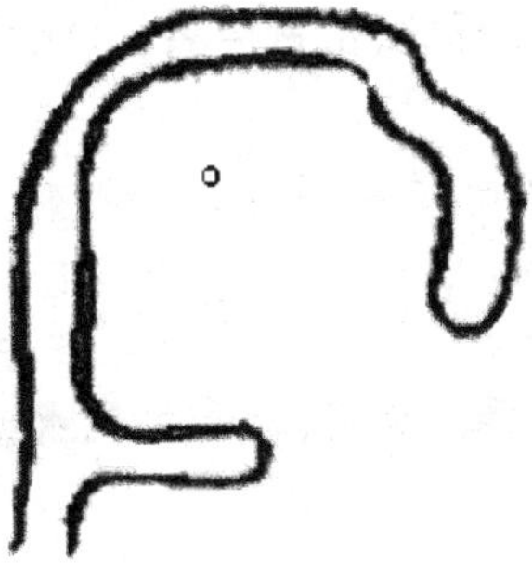

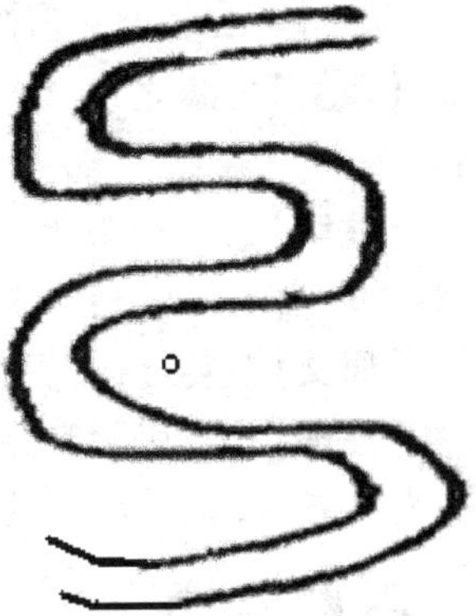

【原文】来势曲如龙，富贵永无穷。（上左图）

【注解】右方有水屈曲而来，虽绕青龙，但直射而去，亦难结穴。幸有枝水插腹回抱，方使龙气融聚。此图吉在支水界气，并非来去之水。

【原文】屈曲如弓，一门和顺，富贵声名，奕世隆盛。（上右图）

【注解】此水立穴，水从西南方来，应立丙午丁三向，以呈穴前曲水之秀。若水从东北来，则宜立壬子癸三向，以呈穴前秀

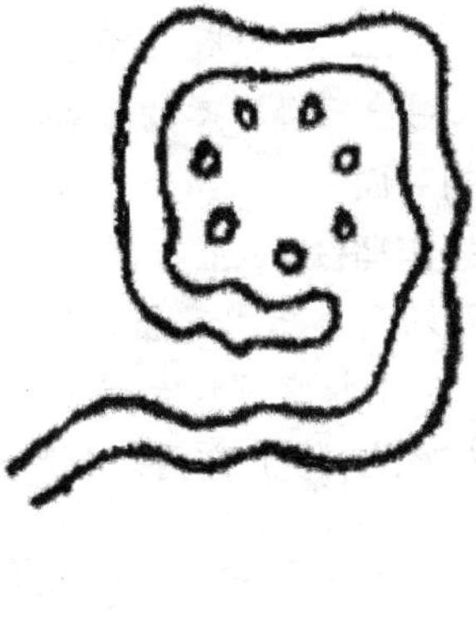

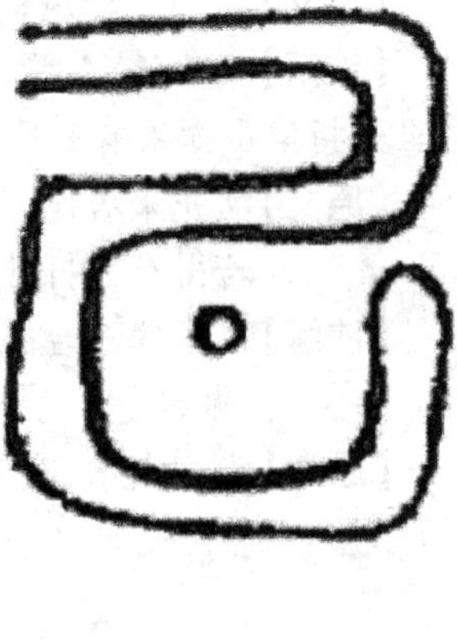

气。他向虽吉,其力不如此三向。

【原文】瓜藤之水,节节有情,若能扦此,富贵声名。(上左图)

【注解】水不论来去,不仅喜其屈曲,更喜其环抱。此水屈曲贴身环抱,犹如瓜藤抱瓜,故为吉水。

【原文】左转金钩,贵而无敌。(上右图)

【注解】此局四水环抱,前有两重秀水为案,后有玄武水为托,穴气完固,真气凝注,故贵。

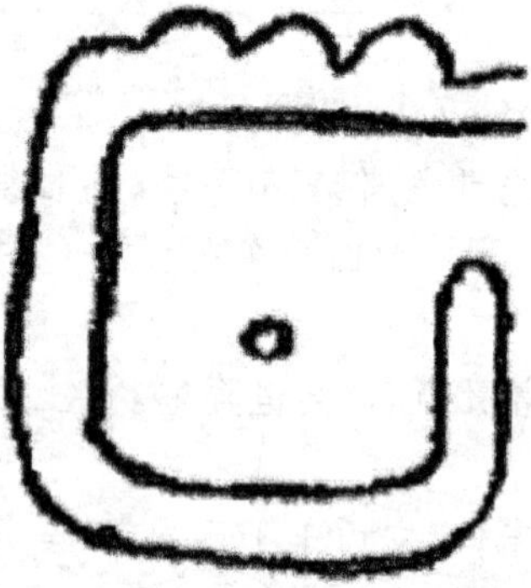

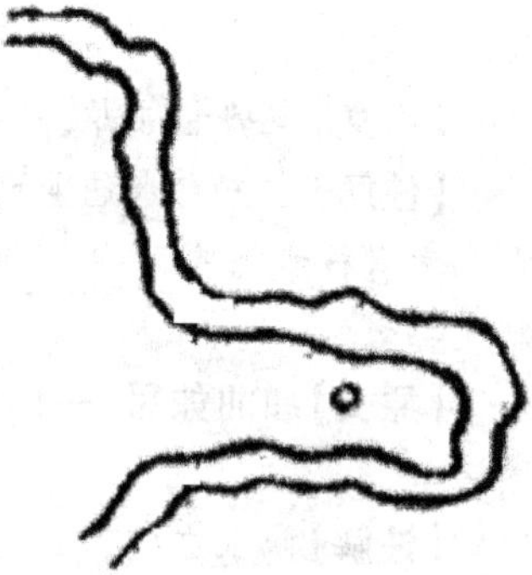

【原文】金勾左转足金银,案应三台出贵人。(上左图)

【注解】案应三台:指朝案砂山之应。三台,古时三种官名。这里是指案山如果有三峰高耸为三台,主出三台之类的贵官。

【原文】活龙来势作三台,秀水前朝对面来,

若得有人扦此地,为官代代作乌台。(上右图)

【注解】这里的三台并非指三座高砂,而是指水三屈。

乌台:古称御史府为乌台或乌府。这里指官可作至御史。

【原文】武官旗水,交剑长流,有人葬之,阵上亡身。(下左图)

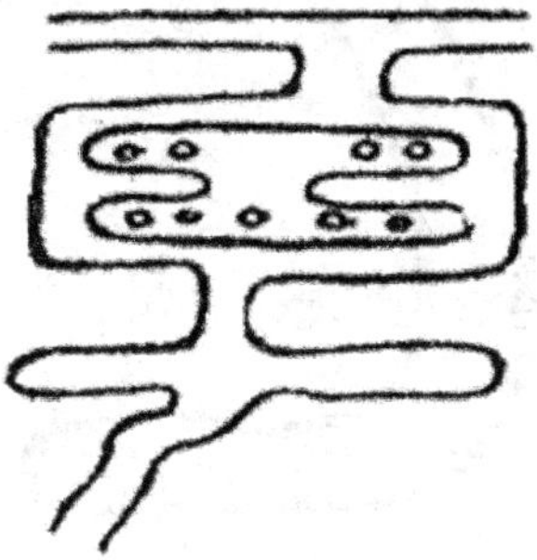

【注解】诸水来时,摆折飘舞,形如旌旗;交汇合襟之时却直射无曲,形如交剑,虽以武取贵,但恐有阵亡之患。

【原文】屈曲盘旋,富贵绵绵。(上右图)

【注解】此图虽水屈曲盘旋,环绕穴场,然左右均有尖水直出。若居中立穴,必有射胁之患;且靠前恐有脱气之虞,靠后则水直泄而去,均难全吉。惟与支水兜插怀中立穴,诸忌皆去,方主富贵绵绵。

论　　偏

【原文】一边有水一边无,衣食安然不久退。

【注解】青龙水来,反跳而去。虽有枝水插界,但无兜收之势,故发不久。若青龙水环抱有情,亦可向水立穴,收水之秀,仍主久长。

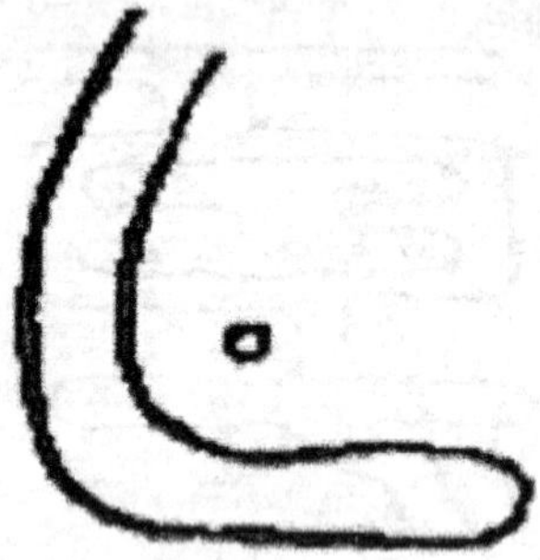

论　斜

【原文】有水如鹭膝，其家终逼仄。

【注解】逼仄：原意指狭窄，这里指衰退。此局虽有一弯可穴，但来去水皆斜飞，主一发即败。

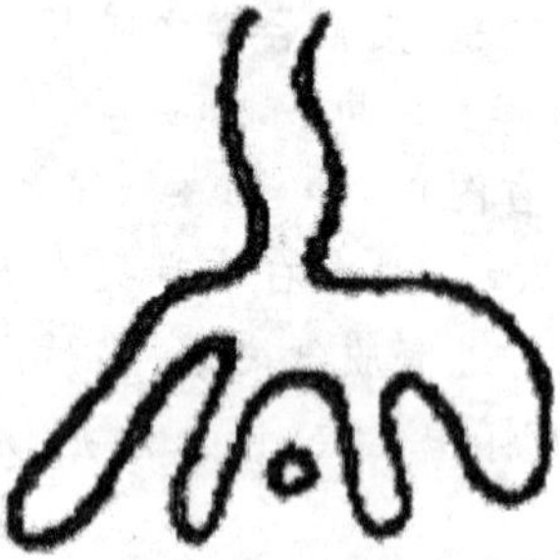

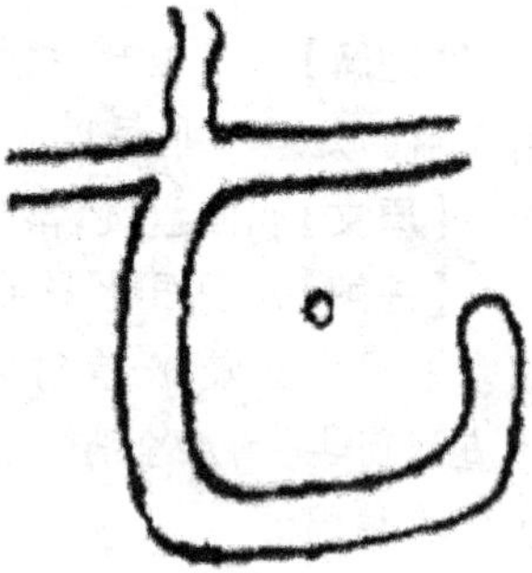

【原文】火入金城两相战，葬后其家终不显。

功名或是出旗枪，后代儿孙必阵亡。（上左图）

【注解】此图外形圆润端正，但枝水插界，合汇处尖射，尖者火体，故云火入金城。

【原文】曲水如龙至，金钩玄又玄。

有人扦此地，及第至三元。（上右图）

【注解】司马头陀“平洋结穴法”中有“垂钩”一势，注云：“蟠龙之势，垂钩之穴，取其回受，方为全美。以其盛处为的，或以其掬水紧处为的。”此局水从巽方屈曲而来，绕穴环抱如钩，则穴向巽方回受秀水，巽方主文章，故有此应。

【原文】飞龙之水腹中求，子孙去拜凤池头。（下左图）

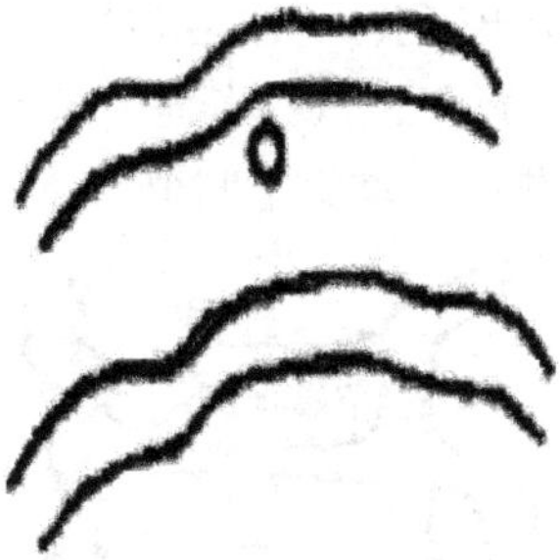

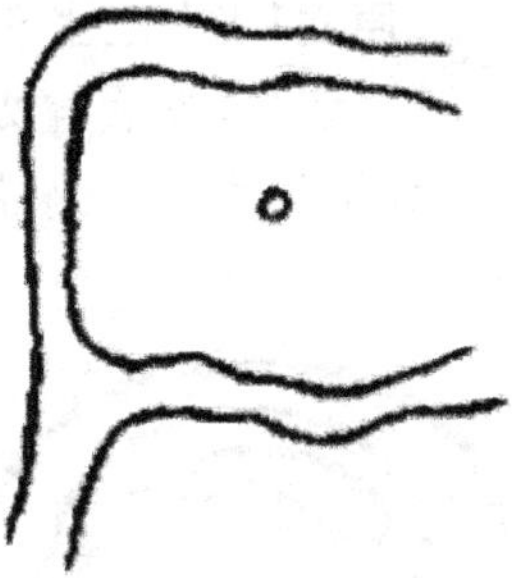

【注解】凤池：禁苑中池沼，喻接近皇帝之重臣。

细析此图，前水虽金城抱穴，但后水反弓，一吉一凶，主先吉后凶，并非大地，图文矛盾。其它版本仅有上边一水，故此图有误，特说明。或穴立下水腹中亦符地理。

【原文】屈曲如龙，首尾朝迎，腹中作穴，封拜功名。（上右图）

【注解】此图贵在前后二水兜收有情。如果直射而出或斜去，则非佳地。

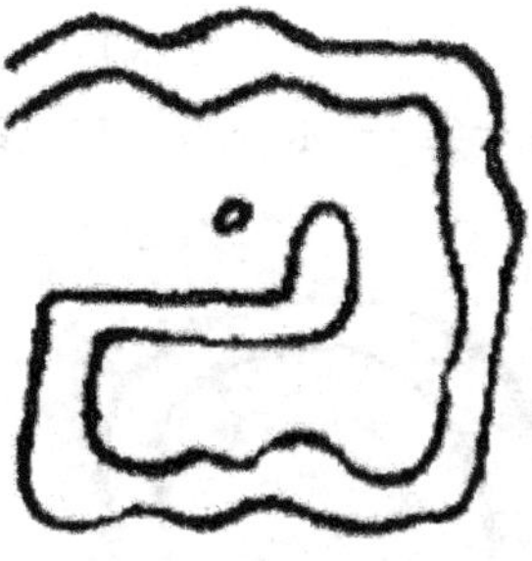

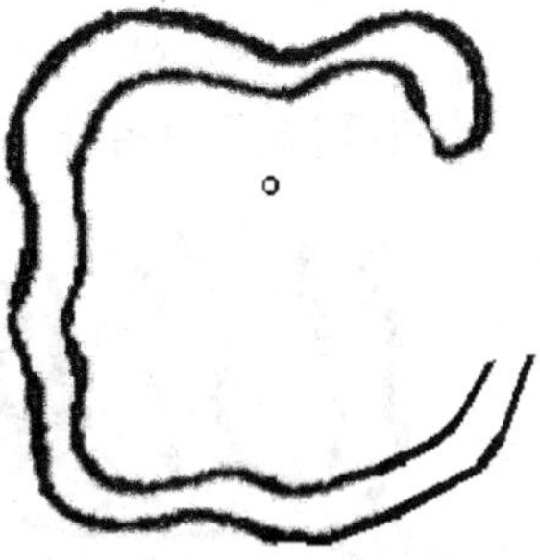

【原文】金蛇势难识，下后大官出。又名笑天龙。（上左图）

【注解】穴右之水昂头回顾，如蛇头昂起。四周水屈曲环绕，如金蛇盘曲，故名金蛇昂头势。此局蛇头昂摆为动处，故就动处立穴。

【原文】飞龙之水最难求,扦之必定出三公。(上右图)

【注解】水从白虎方起首,绕明堂、青龙、玄武,复至白虎方回顾后屈曲而出,形如盘龙戏水,亦与前一水单缠格相似。

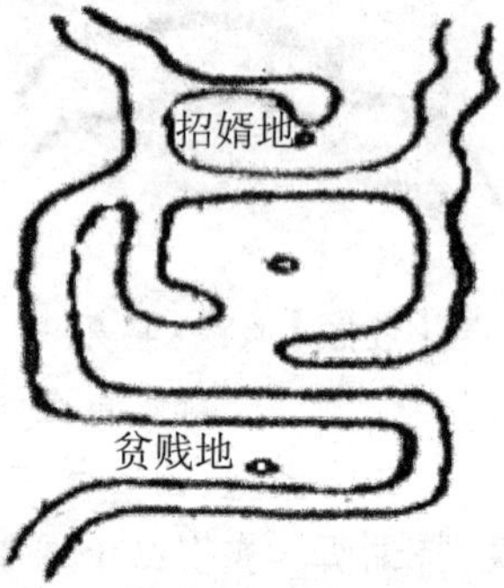

【原文】二龙相会号雌雄,富贵永无穷。(上左图)

【注解】二龙交会,必一阴一阳,环抱穴星,极为佳美。此图二水相抱,形如太极,阴阳互根,施生万物,极佳之穴。

【原文】逆龙二水后交临,砂水分明是合襟,
宽抱弯环如玉带,绵绵富贵作公卿。(上右图)

【注解】此图共点出三个穴星,中间一星,前水环抱,中有支

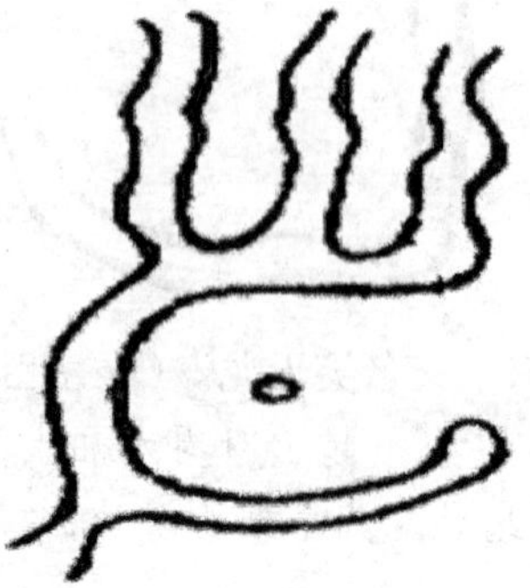

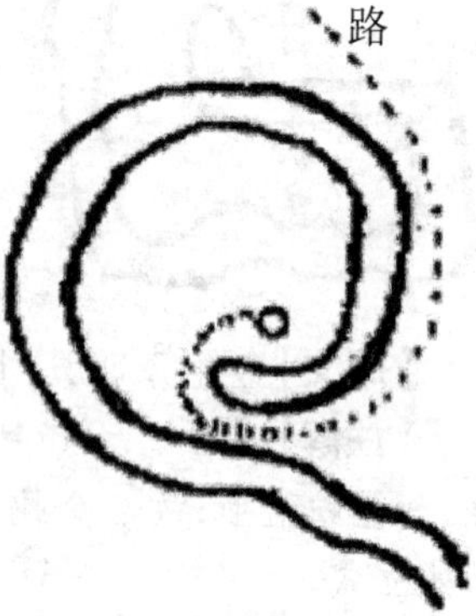

水插界,后有曲水兜收,内外形局皆完美为贵。上穴虽穴后气固,但穴前二水分飞而去,虽有枝水插界束气,却主易姓入赘方发。而下穴后水反去,毫无情义,故为贫贱地。

【原文】舞凤之水,后妃尊贵。男作三公,少年及第。(上左图)

【注解】三水屈曲而来,形如凤凰飞舞,与前水合襟绕穴为美。因常以凤喻女贵,故主女有后妃之贵。若三水尖射为火形,克金直射为木体撞城,反以凶论。按:前有三水屈曲朝穴,曰金水泛滥,主男女淫,有丑声。此则云贵者,穴后有水兜收,真气内聚故。

【原文】水朝曲去又缠身,家内出豪英。

更有路朝生旺地,官显在朝廷。(上右图)

【注解】这里所说的生旺之气是指三合水法中的兴旺,并非玄空理气中的生旺。如亥山巳向,亥水生于申,旺于子,若路在此二方入穴,就是生旺路。因路弯曲亦为水形,故路水同论。

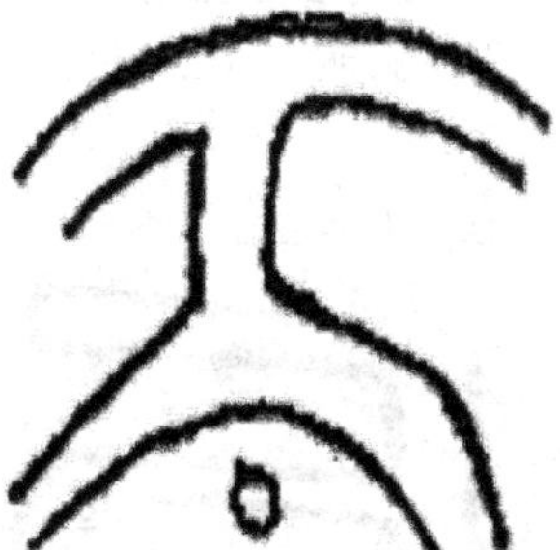

【原文】一重搂抱一重城,金水重重案南门,

若得水中再包裹,代代英华达帝京。(上左图)

【注解】案南门:以此图论,若立丙午丁三向,则南方重重金体水包裹为案,秀水有力,真气融聚,绝佳之地。

【原文】蟠龙之水前后兜，庄田千万富无休。

面前若得三龙水，儿孙代代出公侯。（上右图）

【注解】此图面前金城水三重，重重包裹，秀气厚实，且后水兜收有力，故富贵悠久。

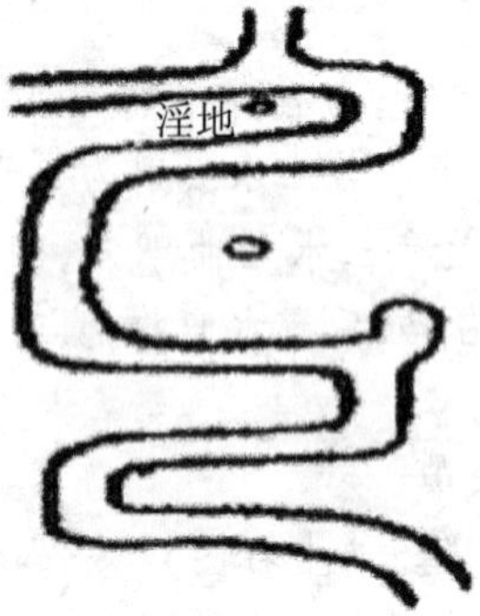

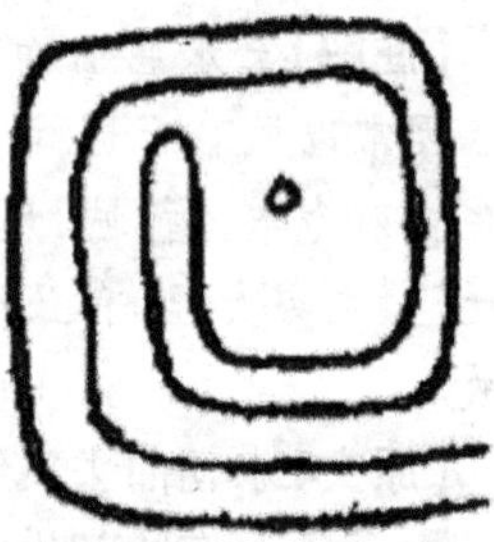

【原文】之字合襟之字流，知州知府出无休。（上左图）

【注解】此图有上下两个穴星。下穴居于环抱水之中，前朝秀水，后有水缠，气固形美，吉穴无疑。而上穴右上方有水直冲穴心，右为妇女，被冲则必不静，故为淫地，不可立穴，主淫滥破败。

【原文】蟠龙之水后头兜，代代作公侯。（上右图）

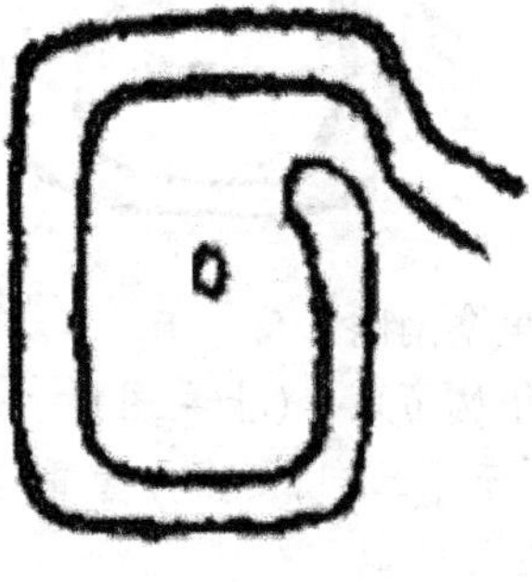

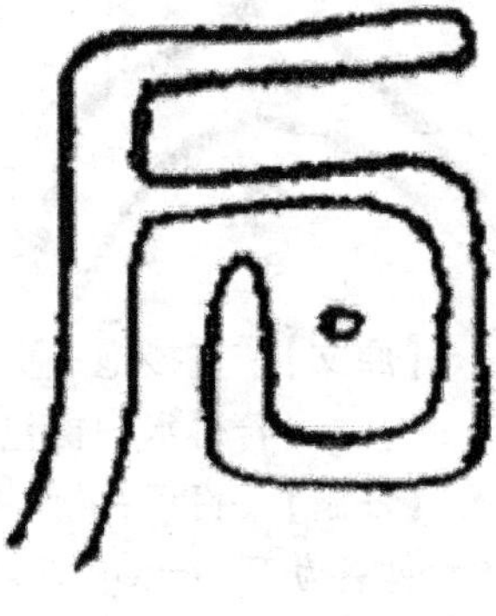

【注解】经曰:“蟠龙绕尾,头向中藏,不露爪足,神威未扬。”此局穴后兜收之水两、三重,气脉完固深厚,虽发较迟,却长久。

【原文】左转金钩形,富贵旺人丁。(上左图)

【注解】水呈勾形,从左转入。左方为男丁,故曰旺人丁。

【原文】右转金钩形,富贵有声名。(上右图)

【注解】水呈勾形右转,其水来自巽方,止于辛方。巽方主文章,辛方上应文昌星,亦主文章,故曰有声名。

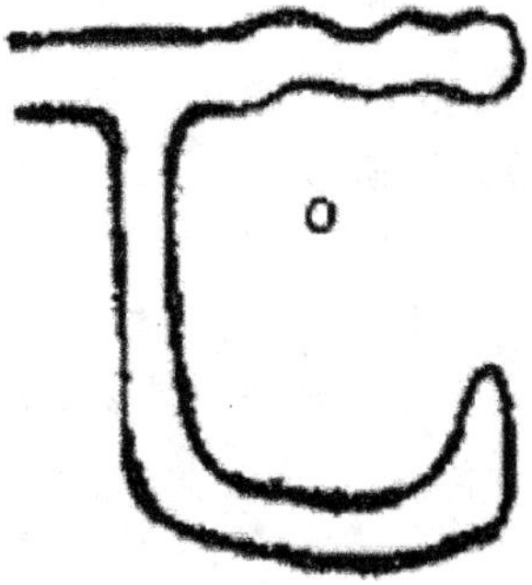

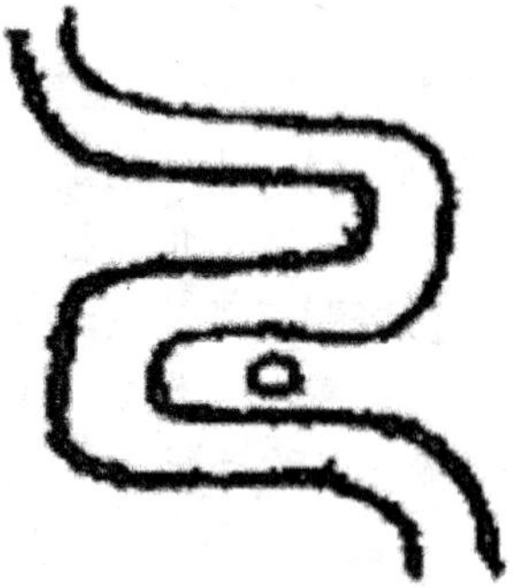

【原文】水如玉钩,官为知州。(上左图)

【注解】大凡水龙,环抱呈勾形为美,但官职高低,富贵大小,则要根据干龙的气势,枝龙的形势及水的清浊判断,并无定法。

【原文】水如乙字形,家出大朝臣。(上右图)

【注解】面向秀水立穴,收其秀气在前。亦要身后水回顾有情。若后水斜飞而去,是泄龙脉之气,发骤亦败速。

【原文】十字水朝坟,儿孙手艺人。

虽然温饱有成败,定出娼优贱且淫。(下左图)

【注解】水呈十字,虽也有交襟之处。一则交襟处呈尖形,为火体,直射穴场;二则水来去直泄,真气不聚,乃过龙,非龙止,

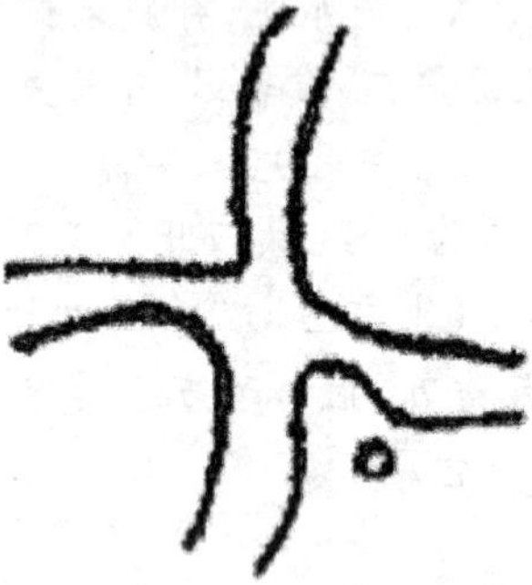

故非吉地。

【原文】三十年前走道途，不曾下得仰天湖，

若有世人扦此地，儿孙衣紫达皇都。（上右图）

【注解】只要池湖之水在龙身上者，均为仰天湖，亦名天池，并非只有高山顶上有，平洋龙身上也有，龙过峡跌断处见湖池亦是。峡上左右两池，穴从中出，谓之左右侍卫，又名养荫水，若只

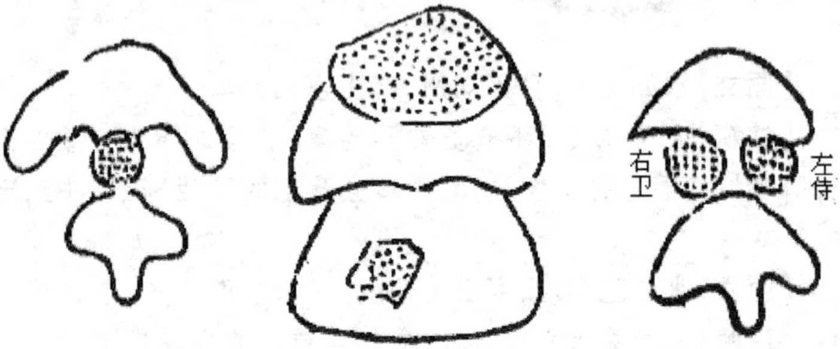

左：养荫　中：山顶池湖　右：左右两湖极贵

有一池，终不如两池力大。经云："龙带天池，则有贵气而绵远。"故凡龙身有此池者，其所结作力量甚大，但须四时水注为美，忽然干涸，败祸立至。诗云："山顶天池少人知，周回深阔最为奇，能盛天水荫龙脉，盈竭犹能验盛衰。"又云："平坂天池大

且深，真龙脉盛故凝成；四时融注极荣贵，一旦干涸即败倾。”

如银邑余氏祖地（图4－4）。此地在德兴南门外，与县龙分

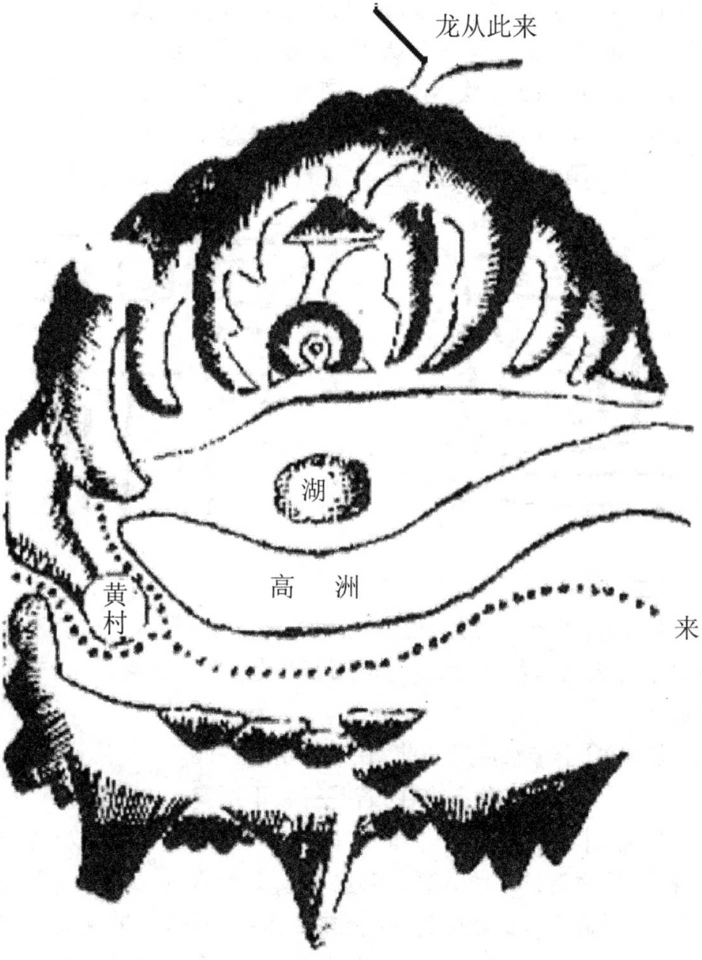

图4－4 银邑余氏祖地

脉后,起五星聚讲开帐入局,又大断过脉,列芙蓉大帐,帐中穿心出脉,垂落清秀,入首结开口仰天窝穴。窝中圆净,两掬均匀,口中平坦,左右重重包裹,前朝秀丽,明堂融聚,水城绕抱,水口关锁,系艮龙扦丙向。俗传仰天湖,赖布衣下。后余氏出朝议大夫,数代清贵,福贵悠久。此地贵不极显者,有二不足,少余气,无曜星矣。吴公云:“余气不去数十里,决然不是王侯地。”杨公云:“龙与穴真只无曜,空有星峰重叠照。”故此地难以显大贵。

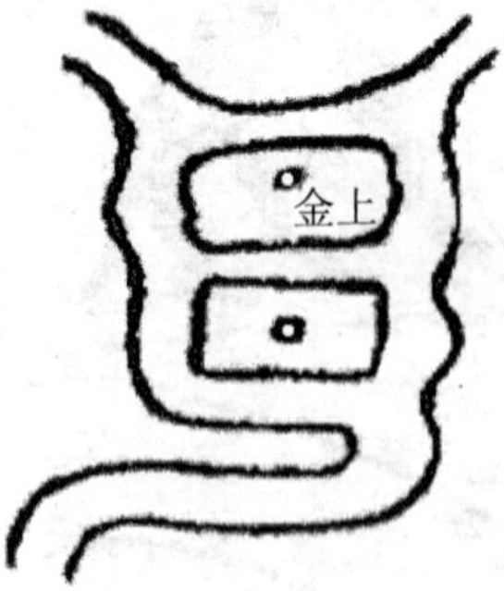

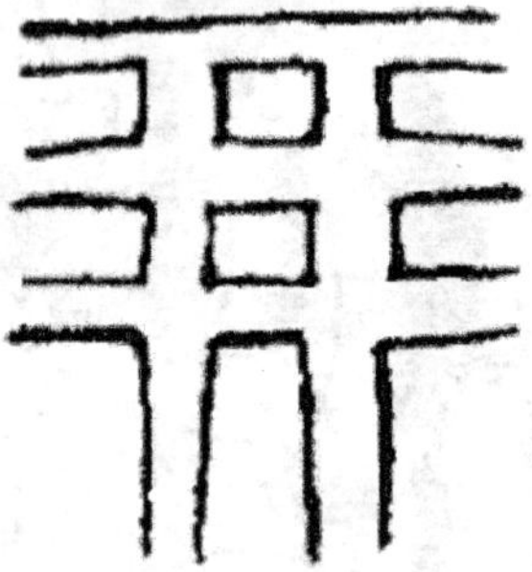

【原文】同上。(上左图)

【注解】察此二图:上图天池水居龙身上,为养荫水。下图不仅前有天池养荫水,且水四面围绕穴场,之玄而去,其力较上图尤大。

【原文】十字水流后与前,廿字井字总一般。

此为市井人多住,若是一家不可安。(上右图)

【注解】如苏州城(下左图),相传由吴国的伍子胥主持选址和规划,城内河流互相沟通,四通八达,犹如水网。且河流与街道相交,形成众多的桥梁,至今犹存三百一十多座城内古桥。同时,诸水连接运河,通达太湖,成为一个非常有特色的“东方威尼斯城”。

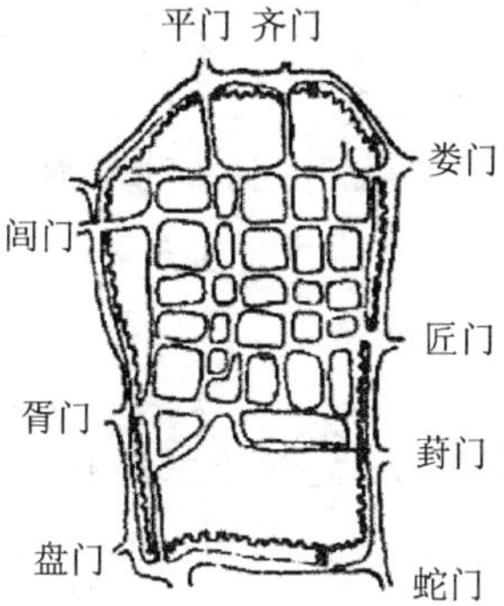

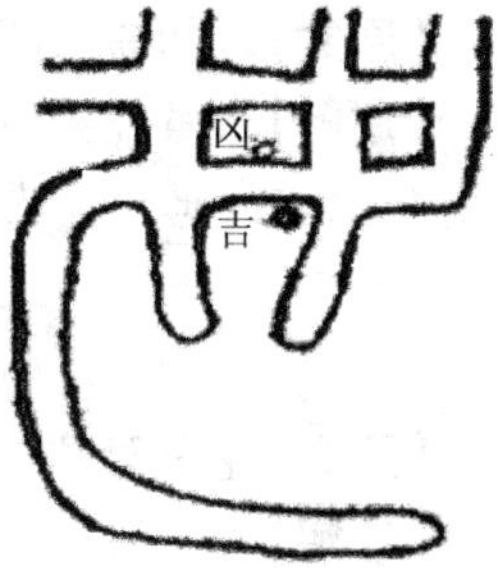

【原文】此穴分明结作形,只恐时人不识真。

若遇明师点真穴,富贵双全四海名。(上右图)

【注解】此图点两个穴场。上穴虽居中央,但四面皆直水,尤如井字,反是龙气不聚,故为凶地。而下穴前有秀水交织,左右有龙虎护卫,穴后又有水兜收,无一不美,故为吉穴。

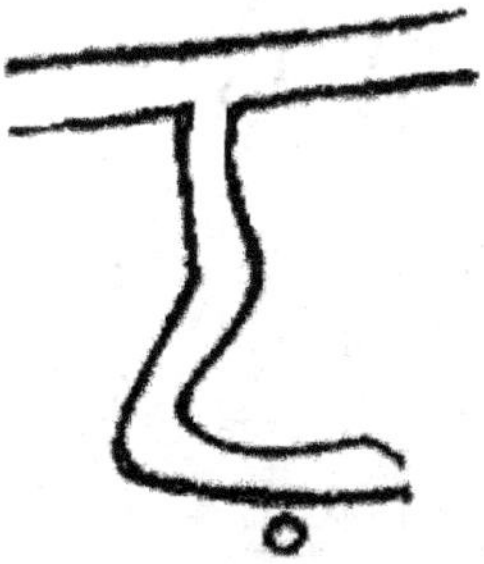

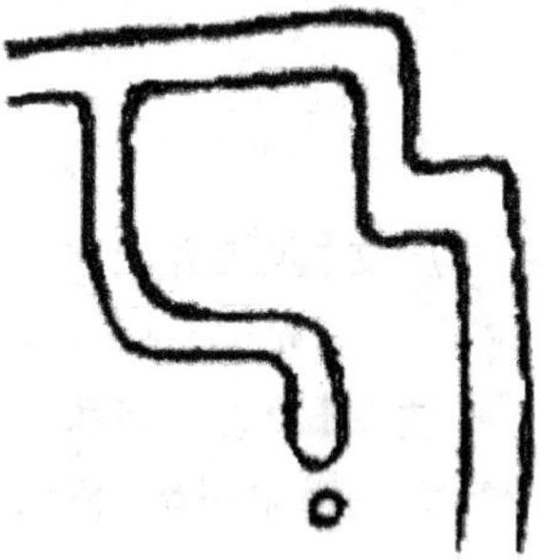

【原文】仙人伸足形,定出及第人。(上左图)

【注解】秀水屈曲来朝,穴迎秀水而立,秀水真气尽收于穴,富贵无疑。但去水应或之或玄,或右斫抱穴,方能悠久。若直去无回顾之情,却是虽发难久。《天机会元》中有"仙人伸足"之形,言其"穴居脚板中,以玉几为案",依此,穴应立于抱水内方为合法。

【原文】水如曲尺路似尺,世代匠人少衣食。(上右图)

【注解】水虽环抱,但直行僵硬,转弯处尖射,犹如木匠使用的曲尺,故云“世代匠人”,此以形论之。

双龙格

【原文】左右双龙入穴来,兄弟高名达帝台。(下左图)

【注解】左右两水交抱护卫,阴阳交会,形美气固。左为兄,右为弟,故主兄弟联捷,共步丹墀。

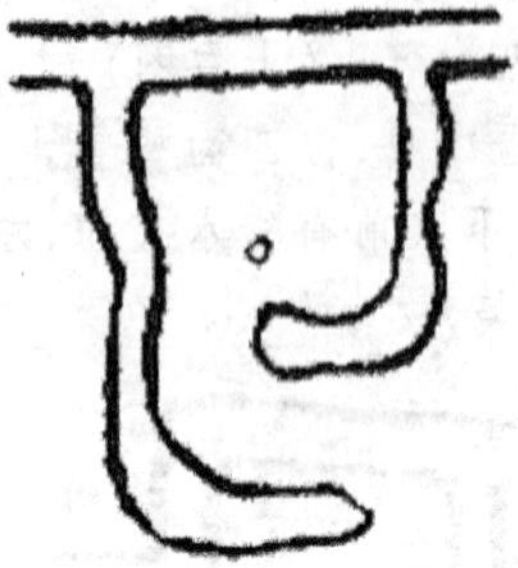

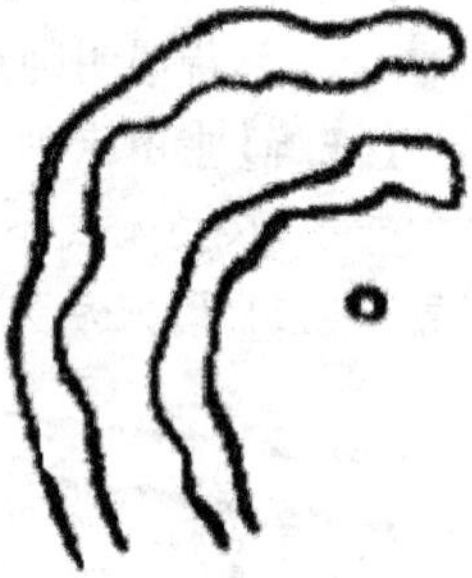

【原文】雌雄并出水同流,去了又回头。

兄弟一门皆及第,代代位公侯。(上右图)

【注解】内有一河抱穴,外又有一河抱内河,一里一外,一阴一阳,亦为阴阳交媾,又似兄弟同出,故云一门及第。

【原文】二水会龙须出贵,儿孙定折月中枝。(下左图)

【注解】穴后左右各出一水,流至穴前合襟而去是二水会龙。此局横水大,穴宜退后,以避煞气;若水浅小,则宜向前蘸水立穴,以接秀气。

【原文】葬龙腹,案龙肠,吉宿加临贵后昌,

葬龙尾,案龙足,歌舞灯前主巫祝。(下右图)

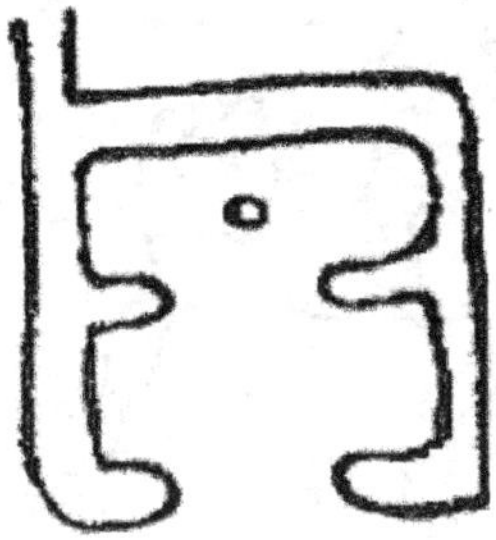

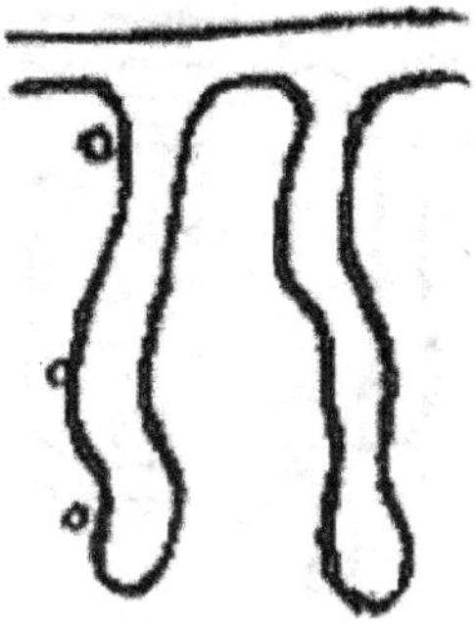

【注解】此图水从北来，屈曲向南交会而去。龙腹之处，弯弓绕抱，形如金城。若立庚酉辛三向，金城重抱，秀气尽收，故富贵吉昌。若龙尾立穴，龙足为案，必壬子癸向。身后横水直流，两水如炉中焚香，故主出巫祝。

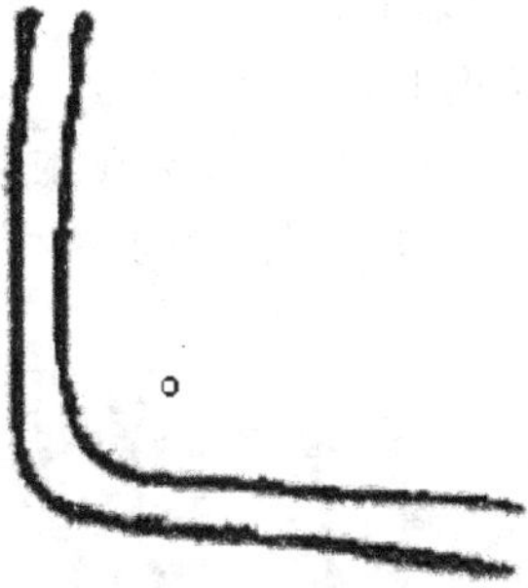

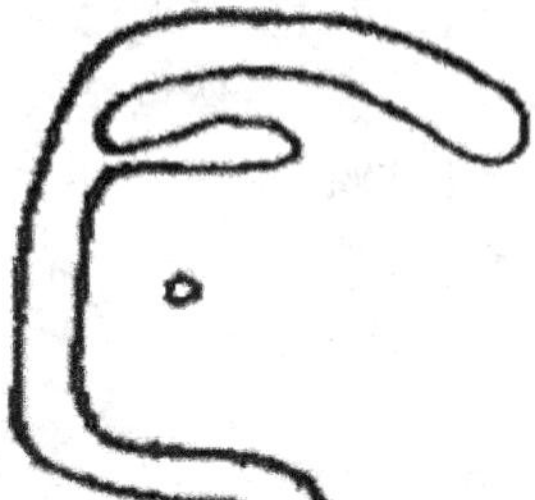

【原文】此水名鹭膝，子孙定忤逆，
财物化为尘，人带手足疾。（上左图）

【注解】玄武水斜飞而去，背离穴星，故主子孙忤逆。“手足疾”者，去水有伸足之形故。

【原文】左水如笏，其官兀兀。（上右图）

【注解】兀兀，这里形容官高位显。此亦以形论。

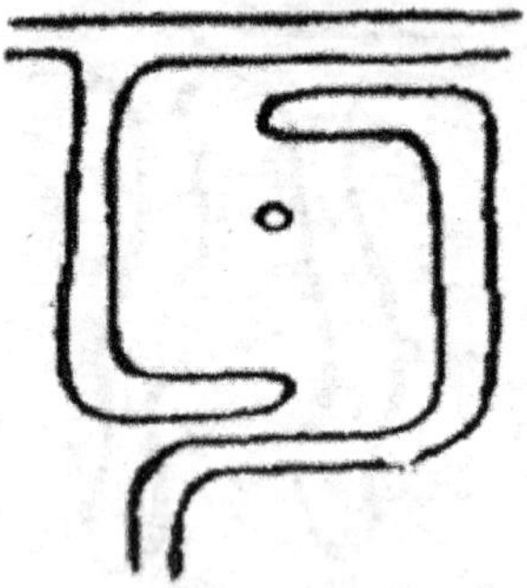 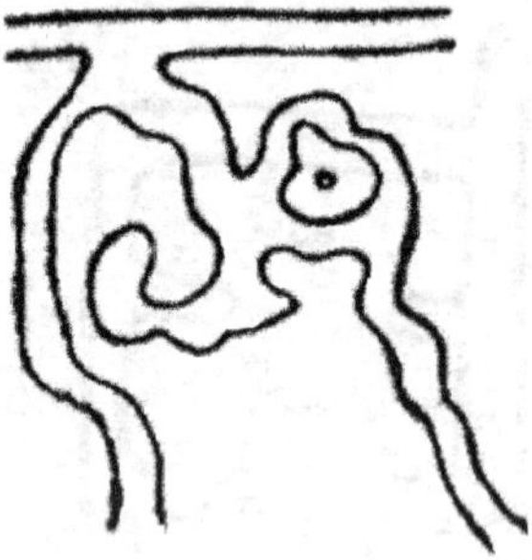

【原文】雌雄相见,天地交通,阴阳得位,定出三公。(上左图)

【注解】左为阳,右为阴。阳中蓄阴,阴里含阳,化机之妙,尽藏穴中,故能贵显。

【原文】砂水缠流荷叶地,却如架上金盘形,
若然点作幞头穴,定出儿孙朝内人。(上右图)

【注解】幞头:古代用的一种包头软巾,有四带,二带系脑后垂之,二带反系头上,相传始于后周,这里是指水龙如幞头绕穴,圆如金城缠抱方为合格,斜飞反走均为伪地。

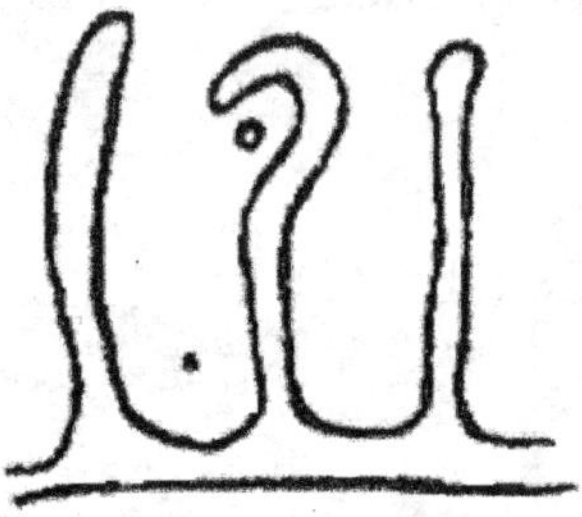 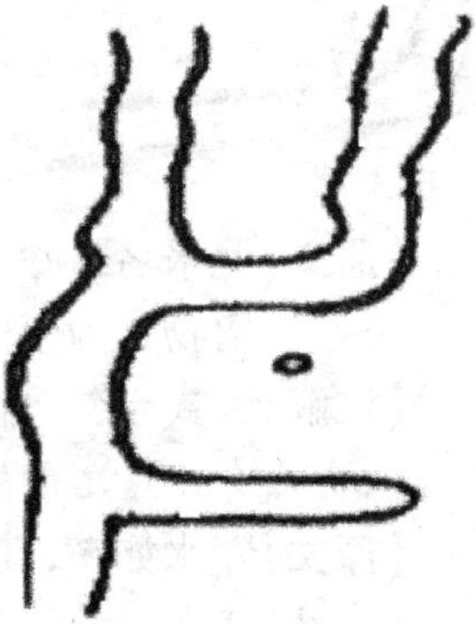

【原文】右水似笔头,子孙贵无休。

左水似笏圭,长房中元魁。(上左图)

【注解】左方公位为长子,笏圭居左,故长房中元魁。右方公位为幼子,如笔之水居右,所以“幼子贵无休”。此局中水直出到头弯环如钩,水弯处即穴之胎息,故于钩处立穴。

【原文】二水合门前,富贵出名贤。(上右图)

【注解】左右二水,屈曲于穴前合襟,是曲水来朝。抱穴缠玄武回顾而去,前朝后缠,与穴有情,故主出名贤。

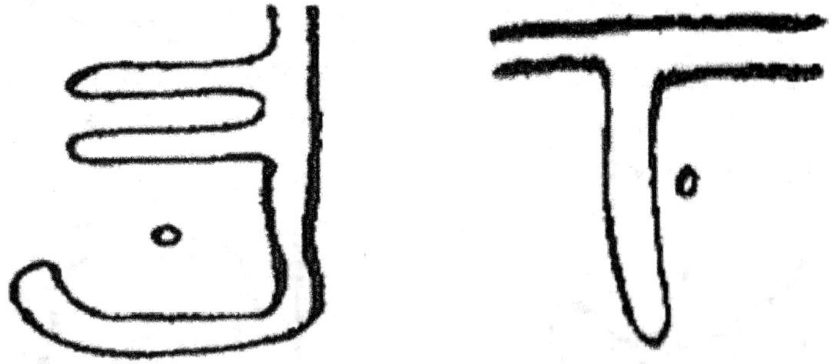

【原文】右边二水抱,家内足金宝。(上左图)

【注解】《玉尺经》云:“东柜落于艮丙,富堪敌国。”艮丙二方,在天为财赀之司,若此二方有水环绕聚蓄,则上应天象,主大发财禄。此水丙方二水横过,艮方水环抱有情,故主大富。

【原文】左水似笔头,家主进田牛。(上右图)

【注解】笔头形砂水主文章。此局左水虽似笔头,一则直去无环,泄龙之气;二则穴前无聚水,仅主出一代清贵,旋即衰退,富则无期,原图文矛盾。

【原文】二龙相会应门前,子嗣去朝天。(下左图)

【注解】穴前有两重金城水抱,本已吉庆。若能相会,阴阳交媾,更加力重。

【原文】二水后头兜,代代入皇州。(下右图)

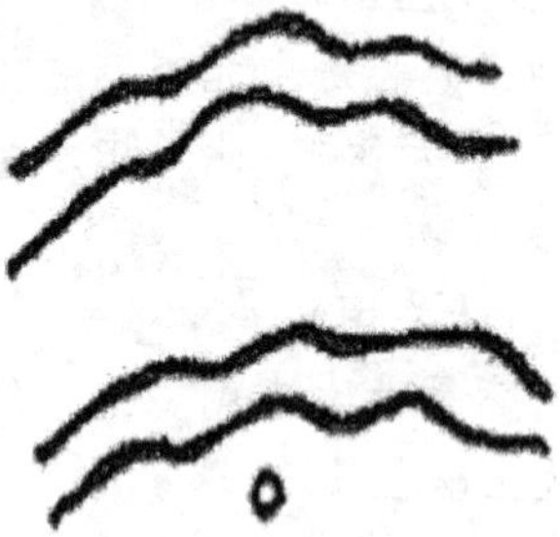

【注解】此图来水从巽方入手，至辛方回头。《逐吉赋》云“巽见辛为文章之士”，因巽辛二方为天帝司文章书籍之地，地气应之，故主以文取贵。

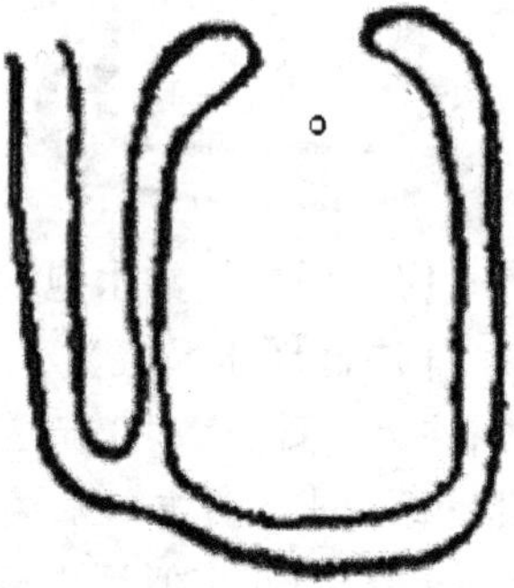

【原文】二龙穴后兜，富贵永无休。（上左图）

【注解】穴后有兜收之水虽佳，亦须形势完美。此图二水虽兜，但形如翘足，虽能发贵，却主出足疾之人。

【原文】二龙相会在后头，坟宅扦之永不忧，

男女不耕金谷富，儿孙早到凤池头。（上右图）

【注解】此局左右两水回抱相对冲射，与前龙虎相斗格颇相似。若此处立穴，虽可富贵，但口舌是非不断，兄弟、父子不睦，

并非佳地。

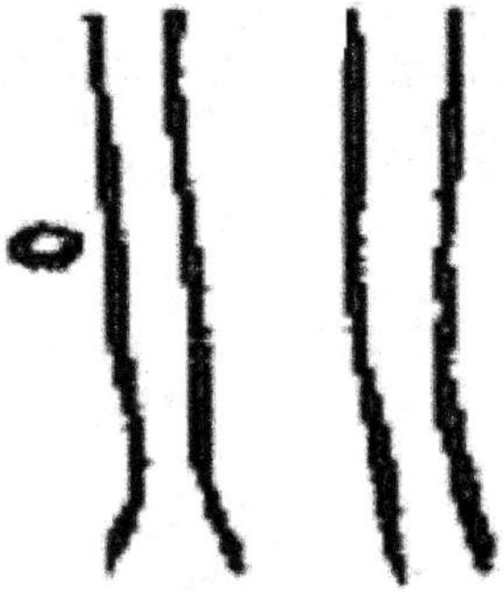

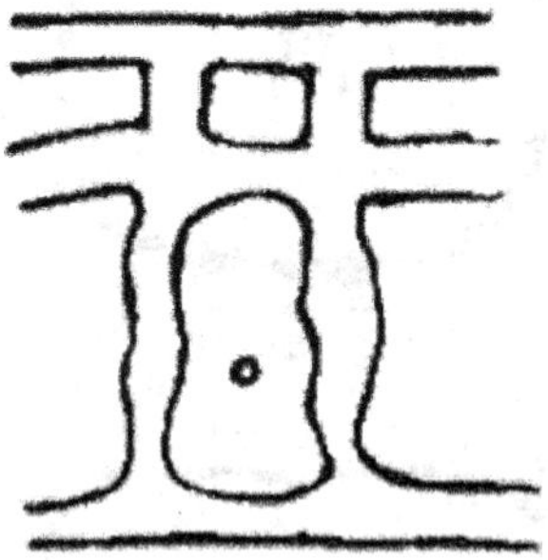

【原文】二水右边出，不孝兼多疾。（上左图）

【注解】出是指直出或斜出，并非屈曲而出，如图是。

【原文】三水团龙势，葬出公卿士。（上右图）

【注解】此图三水合襟于穴前穴后，左右水护卫有情，前有案砂照应束气，其砂方正如印，故应贵显。

【原文】迢迢四水入明堂，直冲直射不相当，若还屈曲水回头，贵上金阶粟万仓。

其田一圩二三十亩乃吉。

【注解】四水虽交会于明堂，若直硬尖射，是破了明堂，亦不可取。屈曲交会，方为有情，故要分别。

池沼格

【原文】前逢池沼，永为富贵之家。

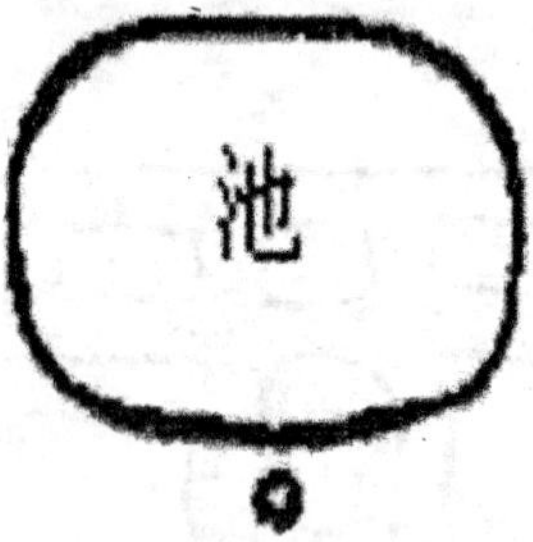

【注解】经曰“山管人丁水管财”。若穴前水聚，来龙有力，形局秀美，主富贵双全。

【原文】右边池水应门前，抱穴富庄田。(上左图)

【注解】池塘或方或圆，均宜开口。若长方无弯，亦难立穴。此局前有大池，顺右斫下，故就弯处扦之方是。

【原文】坟前水内一娥眉，水来水去绕娥眉，
家中女子随人走，更同僧道有私情。(上右图)

【注解】娥眉：状如半月，光媚纤巧，两脚均匀，端正清秀者是。此水中砂呈长圆形，二水夹流，如娥眉横扫，似美目流盼，故主女子有私情。细析此局，穴前之水状呈反背，此为凶之中枢，非娥眉砂故。若水城抱穴，娥眉砂为案，反主出女贵。

【原文】右有桥冲，淫败绝宗。(下左图)

【注解】穴左为男，穴右为女。右逢桥路冲射，主妇女淫败。若左有桥路冲射，则主男子破家。

【原文】东浜深千尺，西住有千粮。

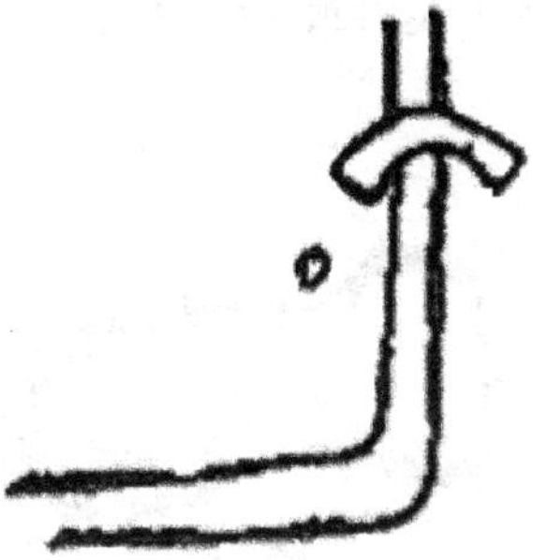

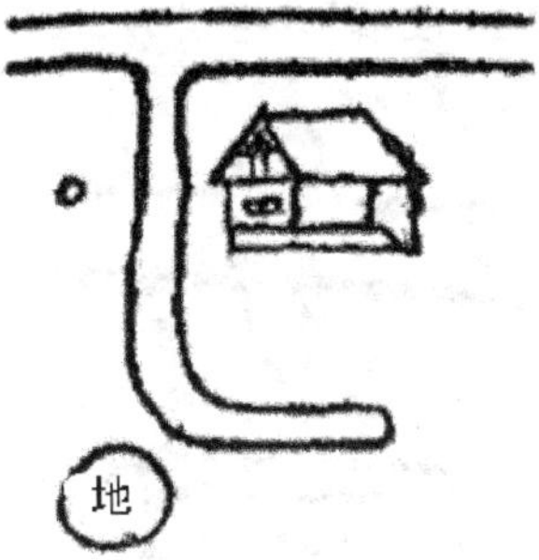

西边池塘近家边，子孙不孝叫皇天。（上右图）

【注解】此图两说，阳宅建于三水环抱之内，形局完固，故富贵。穴立于此，亦同。而此墓穴立于抱水之外，西北方虽有池塘，圆静如镜，形局完美，照穴有情，但西北之水反流而去，与穴无情，此乃不吉真病，并非池塘，特说明。

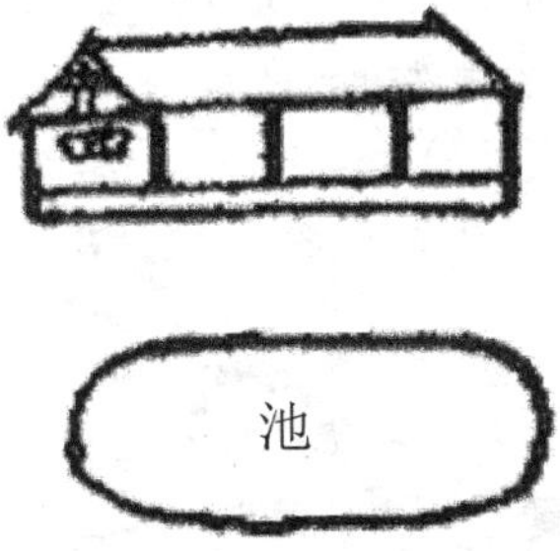

【原文】宅后有池，亦是人财之地。（上左图）

【注解】又有赋云“屋后有池塘，寡妇守空房”，究竟屋后有水主吉主凶？玄空派认为，应以三元九宫方位断，水在旺方、生气方、进气方为吉，在死绝方为凶，此不易之理。

【原文】坟后有井患心疼，双目损儿孙。井不分东西南北，偏旁近坟，主心腹目痛。（上右图）

【注解】坟旁有井，泄其脉气。再值元运衰败，有此应。

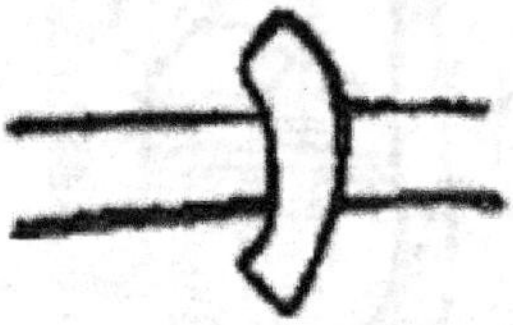

【原文】门前桥冲，少死横亡，疾病鳏寡，人口过房。

此俱值衰败之气耳，若当旺运，反能发福也。

大鸿氏题。（上左图）

【注解】蒋大鸿此注，深得风水精髓。大凡吉地，也有衰败之时。即使凶处，也有兴发之机。何也？元运也。

【原文】前有横沟，足疾难疗。（上右图）

【注解】穴前有横沟，龙气已泄，且此水呈足形，故主足疾。

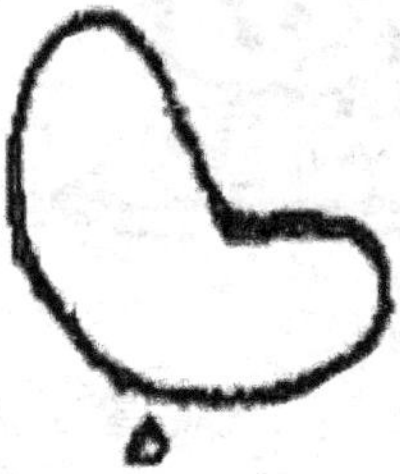

【原文】前山如木杓，媳妇抱公宿。（上左图）

【注解】勺向外反弓，主此应。若勺向内环抱反为吉。

【原文】鹅儿头，鸭儿头，女儿媳妇上秦楼。（上中右图）

【注解】秦楼:这里指妓院。刘白头"十般无脉绝"有"鹅颈绝"云:"护送不包穴而皆尖利,本身虽逶迤不可谓活龙,乃鹅头、鸭颈,单寒微弱,故主绝。"即此也。廖禹曰:"鹅头鸭颈出风声,淫乱不堪闻;多在平山与平地,有穴也须弃。"因其形全无手脚,并不走动,葬后有"覆宗绝嗣"之祸。

【原文】朱雀一坵地,此穴乐安然。
更有后河兜,富贵岂等闲。

【注解】前有高地为案,后有水缠为托,真气完固,故为吉地。但穴不宜离高地过近,过近则有逼仄之弊,求福反祸。

訣于是平階乃蕩然大闢其旨以山龍屬高山以水龍
屬平壤二法判分不憚大聲疾呼以正告天下有識之
士間亦信之從來迷謬豁爲洞豁平階窃自恨其遭逢
之大恐冒陰陽之忌何敢貪天之功以爲己力也始平
階初得師傳時既知有水龍之法矣而求之古今成跡
茫無考據及得幕講禪師玉鏡真經千里眼諸書而後
入穴乎機若合符契未幾又得水龍經若干篇乃嘆平
洋龍洋未嘗無書但先賢珍重不浪泄于世耳因無刻
本間有字句之訛用加校讎詮次成書編成五卷一卷
水龍經　卷一　二
明行龍結穴大幹支幹相乘之法二卷明五星正變穴
幹吉凶審辨之法三卷還水龍上應星垣諸大格四卷
指水龍托物比類之象五卷義同二卷而縱橫言之一
二四卷得之吳天柱先生三卷得之乍浦故官家五卷
最後得之我郡夫是五者或有作者姓名或失其姓名
其言各擅精義互見得失合而觀之則水龍軌度無餘
蘊矣以此水龍爲幹而后施之以三元九宮乘氣作用
譬之大匠水龍者梗楠杞梓而三元九宮其方圓繩墨
也譬之丹家水龍者鼎器藥物而三元九宮其卦爻火

本面书影整理文字见第6~8面。

第五卷

总　论

【原文】此卷水龙天星垣局，乃化龙山人董遇元述景纯氏之言。董君不知何代人，其三十六穴，上应天星，而每局括以四言十六字，有驸马、仪宾、京堂等语，乃本朝物色，其为近代人所撰，有明证矣。而品占列星，隐奥不猥，苟非博综象纬，穷采星源者，安望其涯矣。虽不出于景纯氏，亦景纯氏之流亚欤。至其撰句选词，典博遒丽，卓乎大雅之为。予考杨公以还地理之家，少有能文之士。惟元赖布衣，盖以奇才生蒙古之运，徉狂诗酒，晦迹江河，其中有歌咏，文才烂发，见于会稽诸县记，可证也。予向以为赖布衣之才无与比者，不意又得之此卷，形家诸流何多才之甚也。至其所论天星垣局，但取水形相似，连类以求，盖非无本者也。古语不云乎："在天成象，在地成形，地有斯形，实与天象遥相应合耳。"以此明天星垣局，与世人所传二十四方道各分星缠者，奚啻天壤。盖地有定位，而天无定位，虽有十二次舍，不可浑配地之二十四支也。故天星之说，古今所尚，而予独以为无考证之。往几见翰林学士，定出巽辛；万里封侯，必生庚震。即历代帝王发迹之地，亦未尝尽属三垣来龙也。故据方位之合天星，不若据形象之合天星有证也。予存此书，盖将尊其名，广其类，以显水龙作用之大，使学者知所崇重，以应乎山龙不分轩轾耳。三垣九野，列宿甚多，而名川三百，支川三千，水之为数亦不可纪极。即如山龙，亦安能一一举天星而比拟之哉。故执天星以论水局，取合天星之水局，然后知水局之尊贵不多也，学者毋以文害志可也。

大鸿氏笔记。

【注解】三垣来龙：古时把天星分为三垣二十八宿，以辨方位。因三垣中皆有帝星，所以在天上为至贵之所。地形应之，以为至贵之龙。

古人是非常重视天象的。不仅选求坟墓之形局以天星取象，就是阳宅城局也力求与天星相符，追求天上人间，天地合一的最佳布局，以求吉祥。北京故宫就是典型的星辰建筑之一。

太和、中和、保和三殿象征天阙三垣（即紫微垣、太微垣、天市垣）。三大殿之下各筑一台，象征太微垣旁的三台星。中央乾清、交泰、坤宁三宫，及左右东西各六宫，共计十五宫，恰符紫微垣十五星之数。而正中的乾清宫，正是紫微垣中的"天皇大帝"星。乾清宫前的通道，正是天上的阁道六星。

躔次：日月星辰运行的轨迹。古人把周天分为三百六十度，每个月太阳运行三十度，十二个月运行三百六十度，绕太阳一周，故云十二次舍，或十二躔次。

天为阳，地为阴，天有其象，地有其形。大凡大地佳穴，均上应天星，有所出处，均非无故。此言水局尊贵之理。

三垣地形图具体如下：

一、紫微垣（图5－1），共有一百八十三颗星，三十七个星名，居亥壬之地，以正天地之南北，因天皇大帝星居于其中，所以为天上至尊之处。地上有龙脉从其方来，名天皇龙，又为龙之至贵。若地上形局与紫微垣相似，当有天子之贵。

二、太微垣（图5－2），共有十五星名，乃天子朝廷理法、平辞、坚拜、授德之室，中有五帝座星、太乙、五尚书等星，居天之巽方。故巽方来龙，上应太微垣之贵，再加形局与太微垣相似，乃为龙之至贵，出极贵之人。

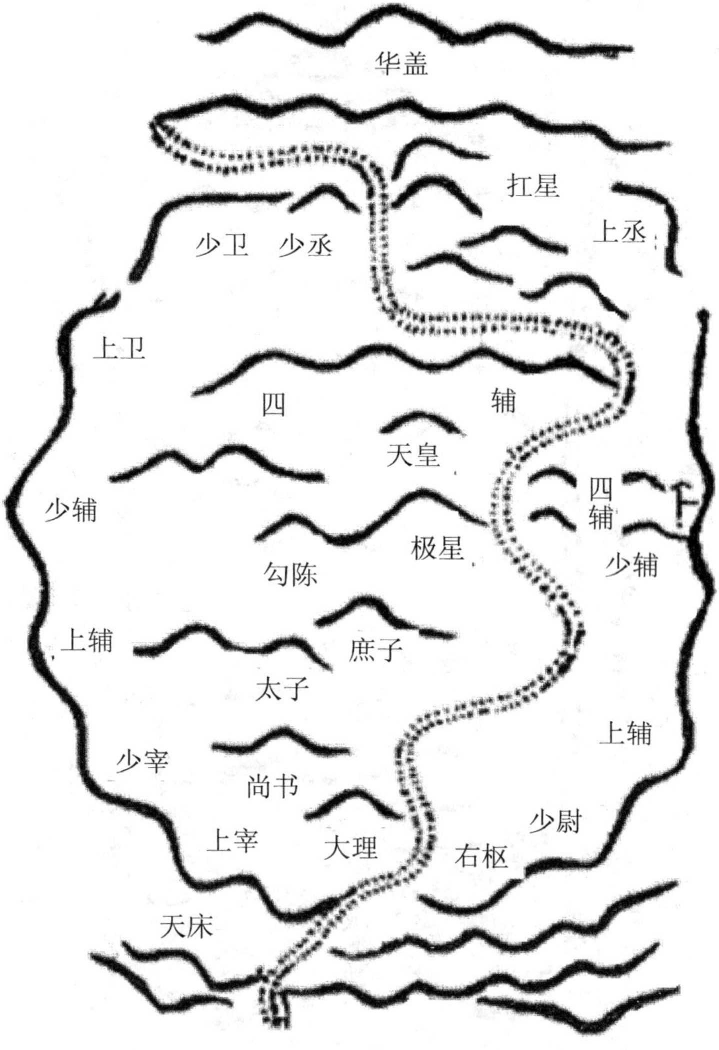

图 5-1 紫微垣地形之图

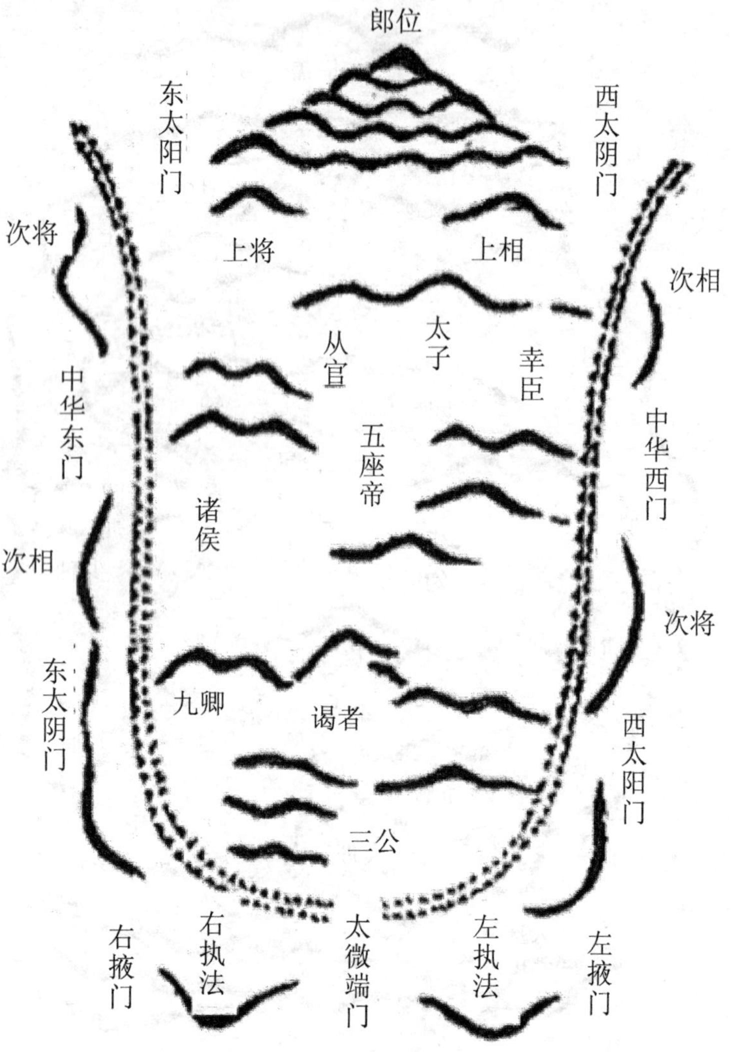
郎位
东太阳门
西太阴门
次将
上将
上相
次相
从宣
太子
幸臣
中华东门
中华西门
五座帝
诸侯
次相
次将
东太阴门
九卿
谒者
西太阳门
三公
右掖门
右执法
太微端门
左执法
左掖门

图 5－2 太微垣地形之图

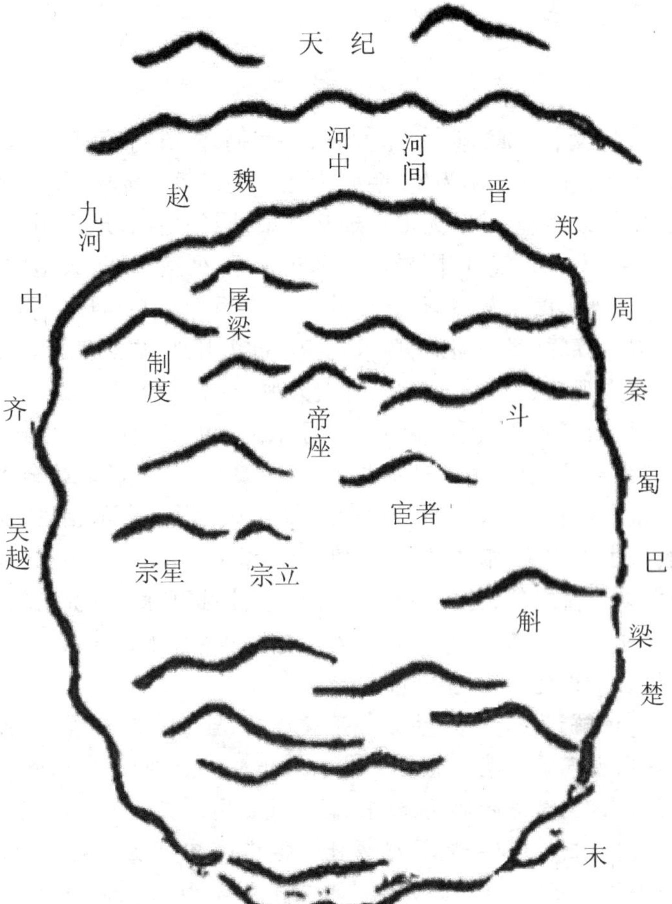

图5－3　天市垣地形之图

三、天市垣(图5－3)，共有二十二星名，为天子之都，天帝货贵之府，中有帝座一星，周有列国分野，居天之艮方。故艮方来龙，上应天市垣之贵。若形局与天市垣相似，不仅出极贵之人,亦主巨富。

水钳赋

【原文】天壤浩渺,三辰显晦,一气循环,五行荣悴。江河以流,山岳以峙。暄阳为生,阴寒为死。是以哲人象天,则物因地察义,气以载理,磅礴无疆。理萃气聚,阴谷生阳,地出川岳,天垂斗星,本乎一气,情同异名。真穴龙形,列宿耀明,天施顺播,地德上承。葭管灰飞,孕怀百灵。铸以形气,剖以吉凶。阴阳相禅,五运森联,举一遗二,巧术之编。欲识其地,先观其天。欲识其形,先观其玄。禹迹茫茫,哲人大观,不察其流,孰知其源。滔天漫衍,叠叠渊渊,乘气而行,子母相援。夫妇交度,剥换蜿蜒,气缓为吉,激射为凶。见水非水,五星真伪。土水厚重,金水圆清,木水挺直,火水飞腾,临涯眺望,不失其形。金木相攻,变水则吉;水火相战,木旺尤忌;土神生金,最畏逢木;木星带火,邦家倾覆。趋蓄之位,各有关轴,胞胎死绝,生旺官禄。冲克刑伤,灾祥迅速。吉凶本乎消长,五行运乎生死。信耳不如信目,信目不如信心。景纯虽死,精神尚存。

【注解】葭管灰飞:古人烧苇膜成灰,置于十二律管中,放密室内以占气候。某一节候至,某一律管中的葭灰即飞出,示该节已到。这里喻龙脉地气,暗中流动,气至则形成。

阴阳相禅:廖金精解释极佳。他说:"穴字上先盖者,天之象;下用八字者,阴阳之分也。非穴不可言地,无阴阳不可言穴。阴阳者,穴体情状,大小隐显,长短高低之谓,即穴情也。此地理之枢要,正理之的确焉。脉有正落、旁落、尽落;穴有正穴、旁穴、尽穴;脉有高抛、中抛、下抛;穴有高穴、中穴、下穴;脉有斜来、横来、直来;穴有撞穴、挨穴、缀穴。脉息窝突,穴之细领,然脉息窝突之来,窝突脉息之止;窝息脉突之终,脉息窝突之始,四字各有阴阳二义，互相配偶。抛接脉息之既成，粘缀窝突之方生既成，则子可育，而则母之襁褓可离，方生则胎欲脱而母之怀抱尚切。一伸一缩，一吞一吐，一浮一沉，一升一降，虽天地不过此耳。然微窝显窝，重窝另窝，不宜叠见，阳脉不投枯也，此二气交感，乾坤化育之神。假使一样至穴，则缓懒之气不能化生。如天之春夏，美景也，无秋冬岂成岁乎。故春夏秋冬互运成岁，即脉息窝突传变成穴。”

剥换：剥换即变化。凡来龙必须脱尽杀气，故龙愈剥愈吉，使龙体由粗老变细嫩，由凶变吉。杨公云：“一剥一换大生细，从大剥小真奇异。剥换如换好衣裳，如蚕脱壳蛾退筐。”如果龙无剥换，是不脱杀气，决无融结造化。

金木相攻，变水为吉：金城水成穴，前有硬直之木形水撞城，本不能立穴。然交汇处直水突变屈曲，是木体变水体，反成金水相生，凶地变为佳处。

水火相战，木旺尤忌：屈曲水体成穴，前有尖形之水冲射，交汇之处，屈曲突变直硬木体，其木化水生火，更泄龙气，故云尤忌。

胞胎死绝，生旺官禄：此言纳水，消水之法。于生旺官禄三处纳水，于死绝之处消水。如甲乙寅卯巽五山属木，木长生于亥，禄于寅，旺于卯，故从亥卯寅甲乙壬癸等方纳水，即生旺水为吉。木死于午，绝于申，胞胎于酉，若从丙丁巳午庚辛申酉方消水为死绝，方合法度。反之，若从死绝处纳水，从生旺处消水，即使穴真龙的也凶。此三合十二生旺水法。

【原文】乃若长江、鸭绿，天海无涯，波澜汹涌，蛟龙夜栖，界之罔极，察之愈疑，虽有曲折，不忌逶迤，运启天钥，君子勿题。下迨淮泗，江峡汉水，巨脉纵横，沿洪触涘，州邑乡村，龙神所据。旋垣转屏，脉随气聚，扬眉远眺，精神来会。洲涧洋洋，穿江入

河,三十六穴,景纯所图。晋末之时,仙音既殂。唐宋以来,水法虚无。青乌石匮,发自何年?不载地物,惟说水钳。龙额藏珠,贤辅所生,上应华盖,葬随曲衡。河汉交度,东西二藩,真穴奠下,近侍官班。天府壎篪,曜通天苑,穴点龙睛,名扬翰苑。虹飞饮海,将军气扬,帷幄内穴,威镇边疆。蟠龙饮乳,轸宿所据,穴点京堂,旁为骠骑。锦屏挂镜,上辉天钱,穴藏中宿,主宾贵贤。金钩挂月,天钓入垣,饵穴居内,可钓显官。天衢献印,渐台垂应,穴居中轂,贵拥万乘。天厨玉饍,天皇内厨,鼎釜取穴,珍馐腯肥。龟浮莲形,天鼋暗照,穴应莲心,耆福之兆。琼屏玉架,上应五车,牙签夹穴,翰史荣华,玉阶五级。翌宿所居,穴乘羽翰,飞步天衢。琼筵结彩,八奎聚灵,茵褥取穴,锦绣联英。金阙琼帏,斗宿所居,穴转曲窝,金资万箱。玉堂文幕,器府璘璘,福穴居内,笙歌满庭。方城秀衍,上配天田,穴居其中,阡陌连绵。玉练缠天,上应文曲,穴居剪裁,补衮之职。金阙牙班,库楼森张,玉案作穴,列爵鹓行。豸横九畹,天厩耀明,穴点豸眉,负扆扬名。阳河猗绿,上应斗斛,穴钟日精,冢宰之福。阳隰缠耀,即位亹亹,参差点穴,簪缨几里。神龟食蛤,六甲奋光,穴居丰颈,燮理阴阳。骥嘶掉尾,右映旂星,穴系其项,阵上扬名。日月分精,天庙显星,葬阳御阴,男女双英。双乳聚英,左右执法,穴齐端门,功名显达。春蛟赛月,蜿蜒临河,神宫取穴,名显皇都。金盘出匣,牛宿所居,葬看点馔,绮席华茵。金仓玉粒,天囷显赫,穴其中廪,禄锡万石。玉女铺床,天床星照,驸马仪宾,穴居阃奥。绣帏银钩,天溷外屏,茵褥取穴,御翰芳英。雁落平沙,穴粘羽林,壁垒桓桓,武柄文衡。珠胎泻月,天渊映辉,法葬内池,食禄琼闱。金莲侧露,穴在花心,上临积翠,统驭万军。玉衡挂斗,天仓显文,柱史卿相,葬倚云屏。天枢地轴,威名千里,穴居中宫,奎宿所履。以上龙法,作自景纯,纷错斜缠,形难具陈。得鱼忘筌,顿悟以心,生旺起祖,清绝入穴。水缠砂转,蔓若瓜瓞,认根识干,认枝识叶。山乱势奔,水乱势结。珠丝浪萍,隐隐冥冥,入土不减,入水不湮。上哲辨气,下哲辨形,形气既得,殃福自真。东南华暖,西北凛冽,冰雪未消,湖水易泄。揆高衡平,生气得穴。宝鼎烟锁,虚檐雨歇,塘弩发机,游刃一节。虾须蟹眼,玄论纷纷。盖粘倚撞,法在胸唇。庸师愦愦,五行不分。既泥罗躔,又多谬星,指生为死,执假为真,上渎天垣,下毁地文,灵辉不照,白昼天昏。幽堂惨惨,福灭身倾。苟非知者,交臂不亲。遇穴淹备,草野悲吟,敢照珍秘,豁吾后人。虽曰先贤之淑教,亦由后人之秉心。

化龙山人董遇元编述。

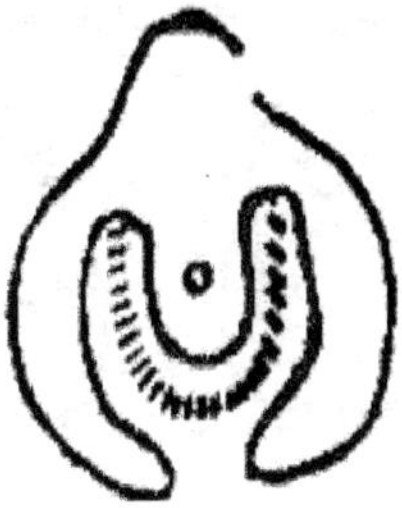

左:虾须水　　右:蟹眼水

【**注解**】虾须水:星头浑浑,本无所见。晕下却有薄薄二砂抱来,曰“蝉翼砂”。即有微微二水界来,谓虾须水。以人而言,生在上面名胡,生在下面为须。所有的动物须都在下面,惟虾之须生在上面,故把圆球两旁排下来的水叫“虾须水”。

蟹眼水:凡穴出微窝,中微突圆唇,两边小起处先成小窝。如蟹眼对出,左右分明,如明月半轮者是。这是判断穴偏正的依据:右眼长,左眼短,穴偏右;右眼短,左眼长,穴偏左;左右均匀,穴则居中。

叶九升云:“何谓真砂?两旁夹穴之微砂曰牛角砂。以其甚薄,又曰蝉翼砂。若无牛角、蝉翼,为无真砂。何谓真水?砂内界穴之微水曰虾须水。两水分处曰蟹眼,两水合处曰金鱼。穴无蟹眼,则无上合;穴无金鱼,则无下合,为无真水也。”

盖粘倚撞:是葬穴十六法中的前四种。

盖穴:盖者,以盖覆为义。山之势成上聚,脉来缓慢,当揭高寻晕放棺。土牛歌云“缓处不妨安绝顶”是也。亦须留脑,留三四尺星头。盖脉自上落,则气自下升,交媾之道也。后要有乐,此法谓之塞桶漏,初下便发。然亦易败,穴高故也。不可凿太深,用土封培其气乃佳。《三元堪舆秘籍》云:“龙自平洋而来,谓之阳龙,必起乳作穴。突乳者,阴也,其穴扦于乳突之顶,是曰盖法。盖者,取其高也。”廖禹在十六葬法中则云:“盖小盖大则

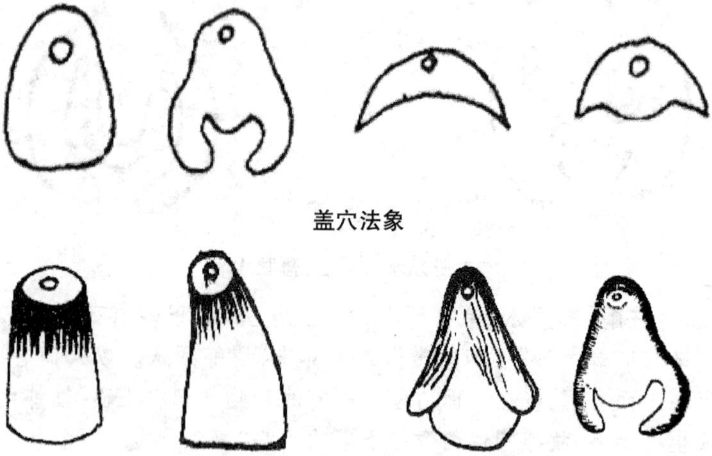

盖穴法象

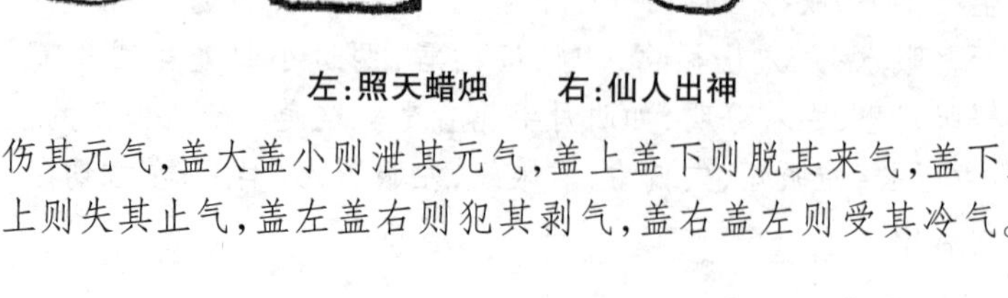

左:照天蜡烛　　右:仙人出神

伤其元气,盖大盖小则泄其元气,盖上盖下则脱其来气,盖下盖上则失其止气,盖左盖右则犯其剥气,盖右盖左则受其冷气。”

故盖穴恰到好处方妙。

孙竹田云:"盖者,顶门之穴法。山势簇拥,俱从顶上盘旋,清阳之气上聚下散,山脚壁立,一片纯阴,全无气下,则穴成巅顶出阳之龙。顿起星峰,仰而不俯,则气不下注,亦成高穴。穴仰多窝形,以太阳之穴,而上居至高之位,此清阳上升之象也。"

照天蜡烛:怪穴图云:"四山高起,内局逼迫,后龙耸峙,跌断一线脉,顿起高峰,顶开平阳,四围倾泻,精气上聚,宜就顶扦之。"

仙人出神:人形穴星,大者高俊雄伟,而似人形的穴地有软石髓藏在地中,其色光滑,软之如泥,取出见风即如石之坚。出神者,穴情动于上,有呼吸沉浮,阴阳变化之机。

另有鹊巢,立木开花,水面蟾光,丹炉覆火等皆属盖穴。

(按:盖上盖下…,其义当为,穴应该盖上却盖于下者则脱其来气。下面的粘依撞的句式相同。)

粘穴:粘者以粘缀为义。山水势成下聚,脉来峻急,当低寻窠放棺。土牛歌云"急缀不怕葬沉泥"是也。盖脉从下上,则气必下降,亦相感之理也。要左右相应,或墩子在后亦可。忌水淋穴背。此法谓之朝贫暮富,初下便发。《三元堪舆秘籍》云:"龙自高山而下,谓之阴来,必开窝钳结穴。倘势急,略移窝心处。

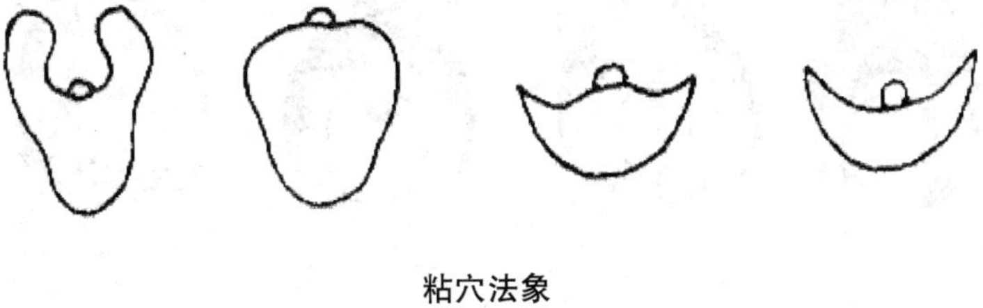

粘穴法象

势缓,贴粘于窝近上方处,故粘者,连接也,与生气连接之意。"廖禹在十六葬法中则云:"粘上粘下则脱其来气,粘下粘上则失其止气，粘左粘右则左死而右亦伤，粘右粘左，则右伤而左亦亡。”故粘穴亦须巧夺天工，掌握分寸。

孙竹田认为：粘者，粘也，阴中取阳之穴法也。山势俯下，后有驼背，前有凹胸，开颜下照，上阴下阳，上聚下散，气出于足，则成乳形。以少阴之气，而成穴于至卑之处，此阴降而为阳生之象也。故其乳形，必如花之初蕊，如木之始芽，生意已露，方能成穴。

天葩：乳形多出于木体，形如花瓣者，故名之，有已开、未开、半开之别。花未开者为苞，半开者为萼，已开者为花，或出乳、或藏乳，均为乳穴。但山脉要嫩，乳头要肥，界水要清。若直硬粗瘦，则为山脚，犯之杀人。

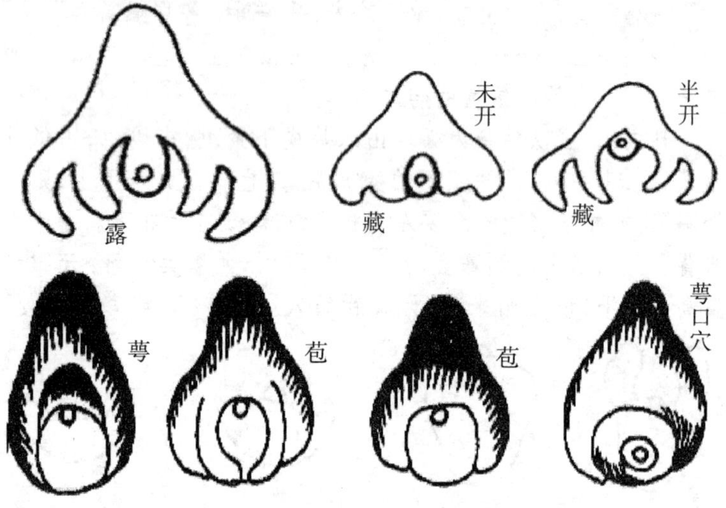

天　葩

倚穴：倚者以依靠为义。山水势成中聚，脉来急直，不可顺直下。土牛歌云：“血脉顺行人少死，当就脉挨偏放棺。如左逆转，则挨左三分；右逆转，则挨右三分。必须折脉，如挨右，则折左股以盖右股。左股亦然。仍靠定来脉，不可脱粘。此法谓之南枝花，近阳先发。"《三元堪舆秘籍》云："龙脉阴来，直硬至穴，使用粘贴，则气盛为煞，故扦穴必略高，谓之依。"廖禹在十六葬法中云："倚左倚右，则失正而就于偏，倚右倚左，则犯刚而投于燥。倚上倚下谓之脱脉，始见隆而终受孤单；倚下倚上谓之中煞，初见合而后必散离。"故倚穴亦须恰到好处，正接生气方妙。

孙竹田云：倚者，左三右七之意。两乳、两耳门、两鼻库、四切脉、两肩窝、侧脐、斜掌之穴法也。脉强势急，中阴难犯，阳气侧出，或趋左、或趋右，旁铺平坦，恬软肥嫩，或成窝乳，轮弦分明，山势旁聚，侧面开堂，横倚如负，直倚如扶。范氏云：雄粗带侧寻。萧氏云：仙人多是用偏坡即此。强龙、旺龙往往有之，多成美穴。

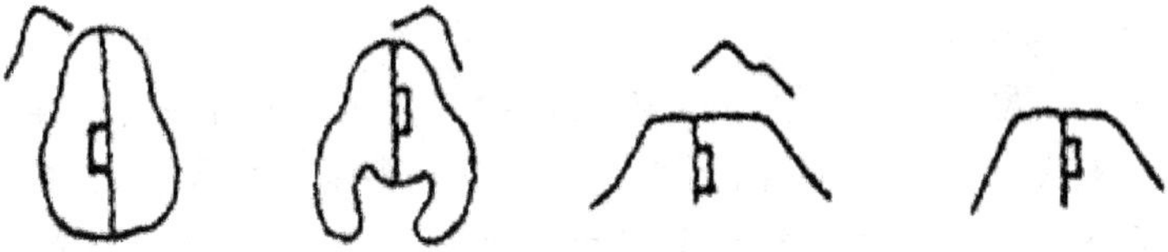

倚穴法象

右侧脐穴：立木中出脉，又成立木带眠体，直硬带石，侧面开窝，成勾窝穴，亦直倚也。若直下者，绝。

左侧脐穴：立木下出眼木，俱直硬，旁出肥嫩小枝，形如"卜"字，穴亦直倚。若顶头下者，绝。

仙人侧卧形：立木带眠，名仙人侧卧形。满山皆石，奇秀异常，石中开窝，扦侧脐，法为正倚。

撞穴：见前注。

总而言之，于圆晕中靠上名盖，正中名撞，近下名粘，靠一边

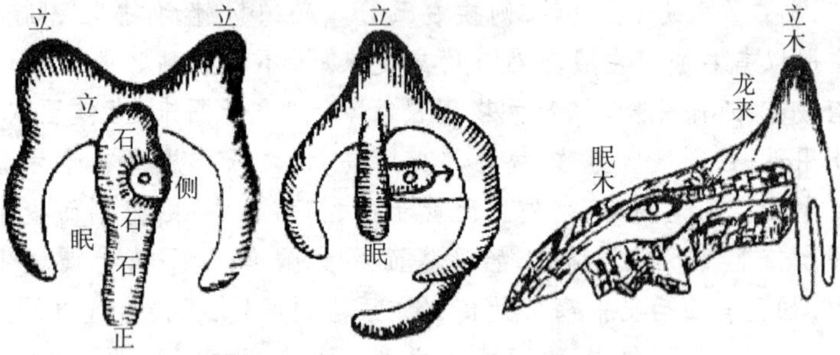

左:左侧脐穴　　中:左侧乳穴　　右:仙人侧卧形

曰依。以脉气言,气缓用盖,脉急用粘,可缓可急用撞,下无肉地用倚。以避杀言,压杀是盖,藏杀是撞,脱杀是粘,闪杀是倚。大抵盖粘倚撞四大作用,包罗万象,统帅万物。盖似天穴,粘似地穴,撞似人穴。天地人乃大纲,盖粘倚撞乃大领,纲领既知,万物之象则明矣。

法在胸唇:胸即点于腹部,窝、钳穴多用。唇即点于唇口、突、乳穴多用。但也有窝钳点口,突乳点胸者。如张翰林祖地(图5-4)。此地在德兴,地名金山土窖,穴上有槽,俗呼金枧银槽,亦曰玉筋夹馒头。癸山丁向,吴景鸾先生为其婿张须公葬祖。下后须公发科,官处州。第三代,俱入翰林,官至参知政事。此即钳穴葬口,故在通变。

《水钳赋》有本明标为郭景纯作,有本不标作者。本书将他书中《水钳赋》与《星铃篇》合而为一,标明董遇原作,显然有误。

图 5－4　张翰林祖地

分　论

【原文】（见图5－5）龙额藏珠，贤辅所生，上应华盖，葬随曲衡。

【注解】华盖星：居紫微垣，由十六颗星组成。上八星雄镇八方，团团环绕中间一星，恰如九宫。下七星屈曲一行，排列于圈外。上九星形如伞盖，下七星形如伞柄，全图如皇帝所张幡盖，故名华盖星。此形如一水单缠，环抱穴星，屈曲而去，气完形秀。若居环抱中立穴，呈来水秀气，内气外形皆收于穴，故云葬

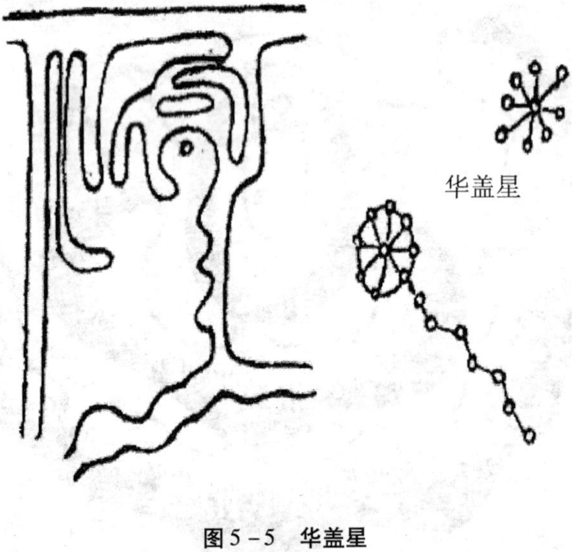

图5－5　华盖星

后出辅佐君王之贤臣。

三十六天象图，原出郭璞的《水钳秘义》一书，对三十六图

一一作了详细注解,读者可参阅该书。

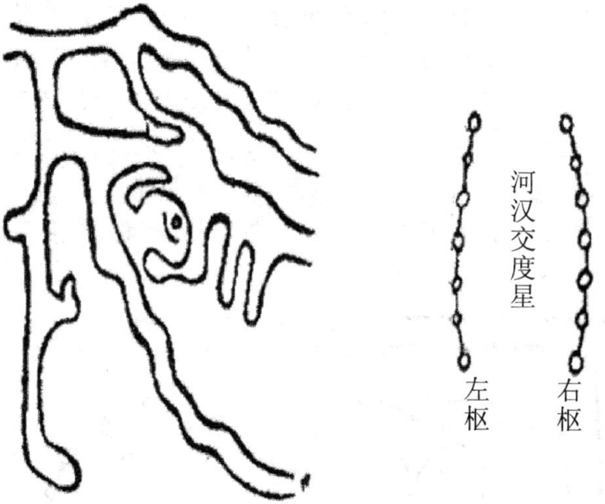

图5-6 河汉交度星

【原文】(见图5-6)河汉交度,东西二藩,真穴奠下,近侍官班。

【注解】河汉交度之局是由十五颗星组成,分布在紫微垣两旁。左垣八颗,自上而下分别是:少丞、少卫、上卫、少弼、上弼(按:原书为少辅、上辅,误)、少宰、左枢。右垣七颗自上而下是上丞(按:原书为少丞,误)、少卫、上卫、少辅、上辅、少尉、右枢。此十五颗星构成两道屏藩,拱卫着王室。就像左右二水环绕拱穴一样,一阴一阳,交媾有情,环局极秀,故云大地。

问曰:"地上的黄河与汉水交相错杂,与天上东西两藩对应,朝应当依龙脉奔行的法度来判断,应宜从少微始交相兑换应合,但转入艮宫是金入木乡,相互犯克,岂能为吉?"答曰:"凡大地龙脉,弯曲转折,回旋盘绕就是气;关锁连结,汇聚集凑则为神。若龙脉神气两全,必产高官显宦,权重名臣。此图内气自兑入艮,外气则自离归坎,龙脉蜿蜒盘旋,围护缠绕,水口镇锁有力,气固神聚,龙真穴的,固为大地。故应以金水相生论,不应论克。若地上有垣局上应河汉二藩,则主出贴近皇帝的侍卫或重臣。”按:兑龙入艮,兑为金,艮方有寅,为木绝之方,以龙脉五行论属不吉。但风水家不以方位取五行,而是以金圆、木直、火尖、水曲、土方取五行,故只要水弯曲转折,则以吉论,原答甚合地理。

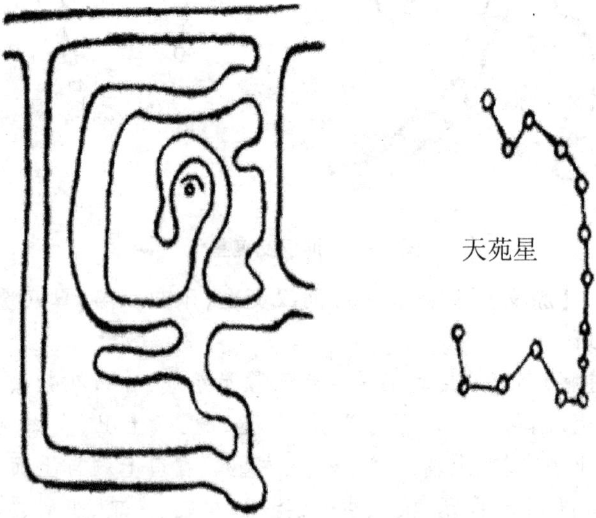

图 5 – 7　天苑星

【原文】(见图 5 – 7)天府埙篪,曜通天苑,穴点龙晴,名扬翰苑。

天苑十六星在昴毕南,天子养兽之苑也。

【注解】埙:古代土制乐器,状似鸡蛋,有六孔。

篪:古时竹管乐器,像笛子,有八孔。

按:天苑星由十六星组成,本书误绘成十五星。由此形看,是下端尽头第二、第三颗星之中少一颗。

天苑星居昴宿之宫,为天子豢养禽兽之所。因其形环抱如苑,故以形喻之。若地上有水如此形绕抱穴星,立穴后主出文章之人。

以此星论,水从东南而来,巽方主文章。穴若点于第三颗星之下,是点龙晴,呈巽方秀气,故云名扬翰苑。

问:"此图从六秀(按:巽兑丁、艮丙辛六方为六秀,此局从巽方始,故云)发脉转折入艮立穴,丙为向宫,龙脉则取法于天市,朝向取太微,木火相生相成。若地上有形局合此,则上应天苑星,必主翰苑扬名,是否此意?"答曰:"所谓天苑,本意是从藩篱择取而来,且有墙垣缠护。如此图星宿金水相连,生旺之气交相回旋转换,虽经南离亦不相克相怨,转震艮却相生相成,且堂局宽阔平坦,真气融局,故为美格。"

按:龙脉从艮方入首,立壬山丙向,艮纳丙,合纳甲之法,形局理气均合法度。

【原文】(见图5-8)虹飞饮海,将军气扬,帷幔内穴,威振边疆。

【注解】天上的将军星有大将军、骑车将军、天大将军等星。按此星形状,应是指娄宿之宫的天大将军星。此星由十一颗组成,十颗星呈扇状环抱一星,本图为十一星环抱一星当误。

天大将军属武职,是带兵打仗之官,且居西方威武肃杀之地,所以水绕穴场,形如此星,主以武取贵。

此星呈扇形环抱一星,形如金城,亦似帷幔,故应立穴于幔内,以呈金城之秀。

问曰:"飞腾的彩虹在大海中痛快畅饮,其形三分三合,弯

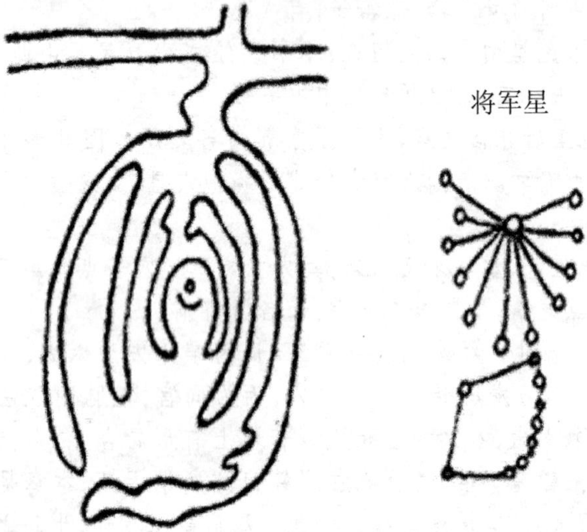

图5－8　将军星

曲转折，经六秀与三吉，是应主文官，何曰出武贵？”答曰：“三吉中也有轻重主次之分。左边的砂山挺拔突出，右边的砂山回旋收敛；右边的砂山粗雄有力，左边的砂山柔细无力，是白虎胜过青龙，是主武贵。下合虽明晰可察，上合却模糊不清，阴气重浊，亦主出武。且丙龙由艮入坎，自阳旋阴，虽朝丙立向，但经历阴位甚多，又主出武。两边形如牙刀交剑，穴居正中，抽取寅气权杀，更加此穴上应天大将军，有震动边疆的赫赫声威，还是主武，故出武贵。”

【原文】（见图5－9）蟠龙饮乳，轸宿所处，穴点京堂，旁为骠骑。

【注解】骠骑：古代武职将军名号。

京堂：明清时对各衙门长官的称呼。

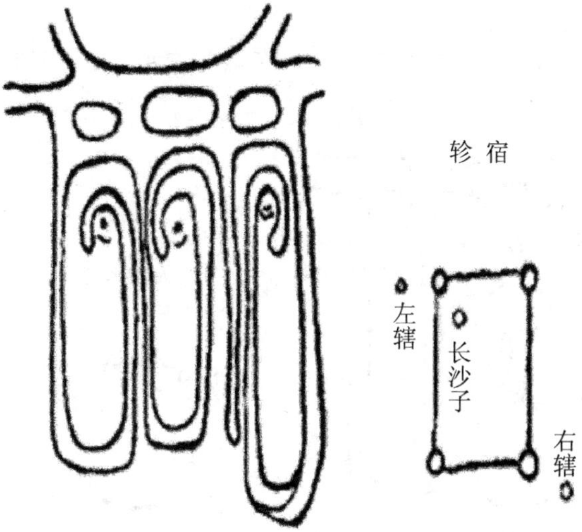

图5-9 轸宿

轸宿：二十八宿之一，位居东南辰巳之方，属南方朱雀七星之一。主星由四颗组成，环抱中间一星名长沙子。长沙子左肩为左辖，右肩为右辖。主象取轸宿四星环抱长沙子，犹如四面水绕穴星。因轸宿在天主宰相辅臣，又主车骑，故穴点正中，主出宰辅；点于两旁，则应骠骑之贵。

问曰："龙脉盘旋如饮乳、如钩，又似飘带，交合关锁，聚结织连，穴深藏其中不露，当主冢宰。两旁穴位较浅，也主产骠骑将军，其因何在？"答曰："轸宿伸展，即为辖县，必主权高位重。但此水内阳外阴，而将军之德，表面峥嵘峻急而内心善良。单就龙脉而言，亥龙屈曲回旋，重入亥宫；乾金昌隆旺盛，变换生出武曲星，居于穴之左右，故主出骠骑将军。"

【原文】（见图5-10）锦屏挂镜，上辉天钱，穴藏中宿，主嫔贵贤。

【注解】天钱星：由十颗星组成，居危宿之官，是天上的财帛

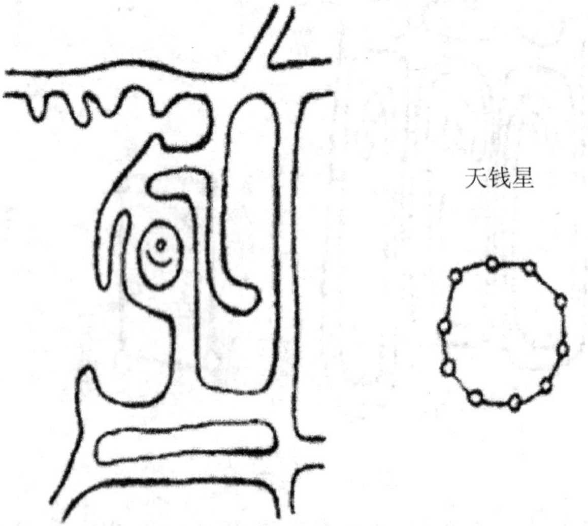

图5－10 天钱星

库。因其形环绕如屏，形圆似镜，故云如锦屏。地上水形如成其状，是上应天钱。原文最后一句是"主嫔贵贤"。即这样的穴形，主出女贵为皇帝的嫔妃。因天钱星居危宿之官，危为兑方，兑为少女故。

问曰："此局内形屈曲回旋，外局气脉逶迤弯转，缠绕环抱，很像美丽的锦屏上悬挂一面明亮的镜子。郭璞云此形上应天钱星，主出女贤贵，何因？"答曰："天钱星局好似圆镜，属金为阴(按：金居西方，为阴)，故此种穴阴气充盈旺盛，故出女贵。但文曲星亦汇聚于此，故主男亦显贵荣耀，富贵双全。"

【原文】(见图5－11)金钩挂月，天钩入垣，饵穴居内，可钓

显官。

【**注解**】天钩星由九星组成，居危宿之宫。其形与本图略有

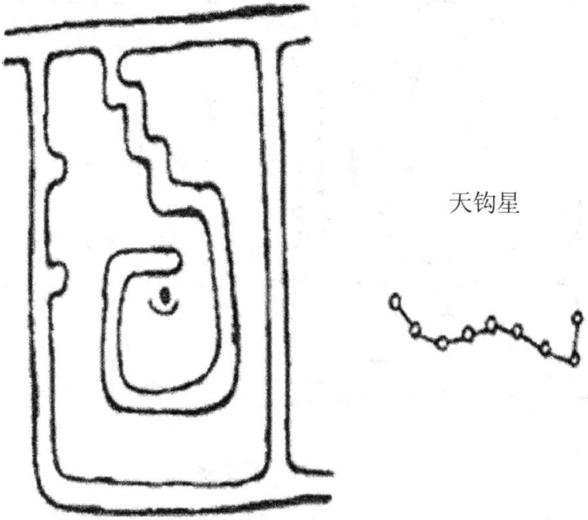

图5－11 天钩星

不同。下边六星略成上弓形一字排开，后三星回抱如勾，形如一水单缠，回抱成穴，形局完美，葬合法度，主出显宦。以此形论，穴应立于钩内，朝向来水，逆受来水之秀为美。

问曰："其形似圆月挂于金钩之上，外侧方整而里面浑圆，金土相生相成固美，但向离为火，火气破金，怎么会显贵尊宠呢？"答曰："五行是理，盘曲回旋则是形。理依附于气，气则囿限于形之中，理气形三者都具备，则是完全吉利的。只知金穴向火而受克，不知土滞重而金顽硬，非火不能清秀谐合。且火生土，土又生金，上应天钩之形，必大富大贵，显耀无必，何须置疑。"

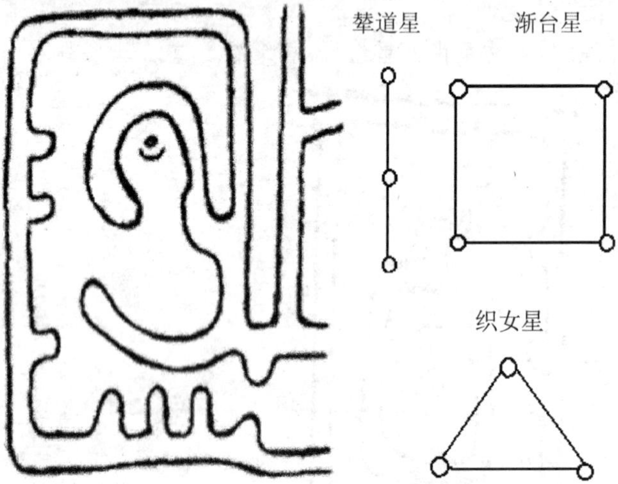

图 5－12　织女星

【原文】（见图 5－12）天衢献印，渐台承应，穴居中毂，贵拥万乘。

【注解】织女星由三颗星组成，居牛宿之宫，形如“品”字，主瓜果丝帛珍宝之事。渐台星由四颗组成，呈“凵”字形，主律吕漏刻、阴阳之事。辇道星由五颗组成（按：原书图三颗有误），略呈弯弓形，是君主嬉游之路。以此三星看，是以辇道星为穴场，承接织女之秀，渐台环绕拱抱之美，当立穴于渐台星之中，方是。

万乘：万乘代称天子。这里指若水形如与天上此三星形似，于此立穴，主出天子。

问曰：“此图龙从天皇起祖，弯环进入兑宫，后又乘天皇龙气，贴身逆转回抱，官曜二星相随依傍，当为大地，其与生旺之理，是否符合？”答曰：“龙脉承借亥水，生旺活跃，最喜蓄水集聚入库，此即五行相生相克之理。外局河水盘旋回绕，欲走还留，龙气完固，上应渐台四星之局，故阴阳和谐，夫妇交媾，万物施生，而有将帅王侯之应。”

【原文】（见图 5 – 13）天厨玉膳，天皇内厨，鼎釜取穴，珍羞腊肥。

【注解】天厨星由六星组成，居紫微垣中，形如“U”字，好像厨房。内大外小，束气严谨，是天皇大帝和百官用膳之所。如果水龙形势与此星相似，内中一突，如鼎如釜，穴立其中，富贵双全，但富大于贵。

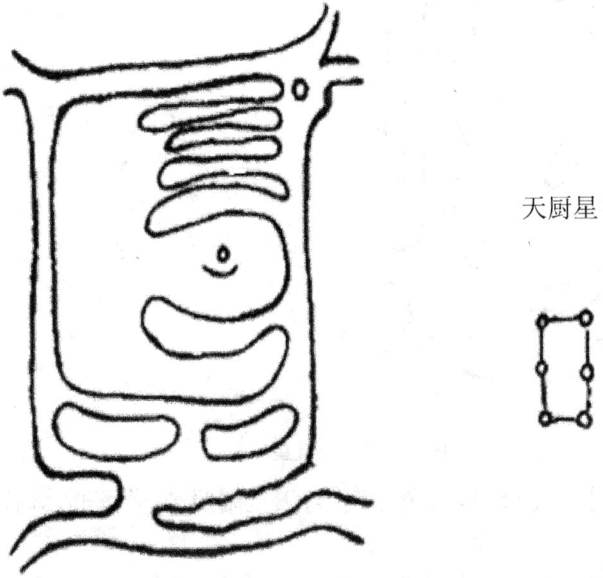

图 5 – 13　天厨星

问曰：“此图外侧方整平正，内侧浑圆弯转，案山如锅如釜，砂山重叠，正合天关地轴，何以郭璞要以锅釜钟鼎来裁剪穴位？”答曰：“五星只要合局，便再无他说。若不仔细区别，那就最好认真思索，到底应在何处立穴。”（按：此答实无答。察其图，众水环绕，必于正中一突处立穴，突中有窝，形似鼎釜。突为阴，窝为阳，阴阳相谐，若取窝穴，则恐有水浸之患。）

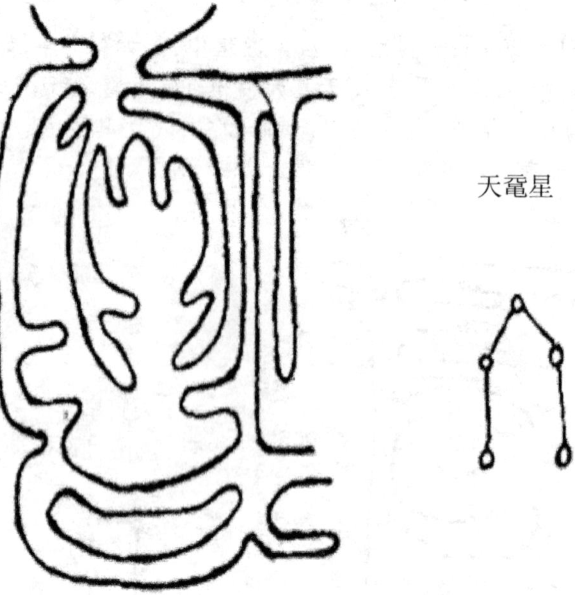

图 5－14　天鼋星

【原文】（见图 5－14）龟浮莲形，天鼋暗照，穴若莲心，耆福之兆。

【注解】查步天歌及诸星图，并无天鼋星，仅尾宿中有龟星五颗与此图相似，步天歌云：“尾，九星入钩为龙尾，尾下五点号龟星”，主卜筮之事。且郭璞《三十六图》中有天龟弄水一图，故“天鼋星”应是此星之误。如果众水绕穴，其形如龟浮莲形，若就莲心立穴，必得福寿。

问曰："三阳之水，屈曲朝入明堂，龙脉则逆水势倒流而上，顺逆二气相会合聚，龙虎紧紧随从，后龙托护有力，应是富贵双全之地，何以郭璞只言其福富，却不说贵显?"答曰："朝水主要依其形状来判断吉凶。龙脉从丑方入首为暗金，若遇丁方水朝入，亦会显贵荣耀。郭璞判其富贵丰厚，不必拘泥。"（按：细析此局，前有湖荡聚水，经曰"山管人丁水管财"，水聚就是财聚。且丁方水朝，丁方有南极老人星主寿，故郭璞言其富足是有根据的。若穴后托拱有力，龙虎环抱，前案秀异，方主富贵双全。）

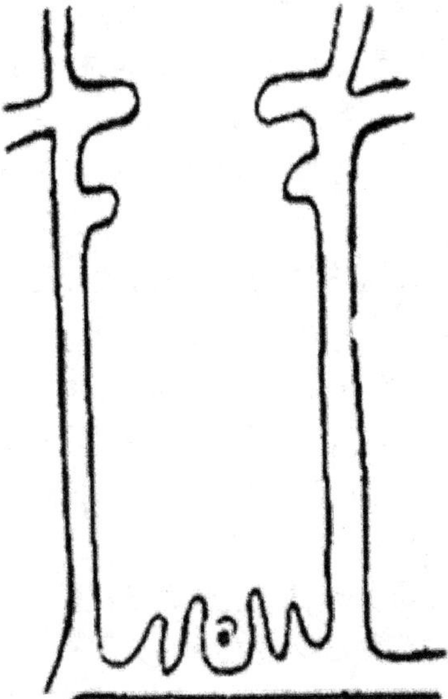

图5－15　五车星

【原文】（见图5－15）琼屏玉架，上应五车，牙签夹穴，翰史荣华。

【注解】五车星共五颗，形如"U"字，居毕宿。有说主五帝之车，有说主五兵，有说主五谷。内有天潢五星，为津桥。咸池三星为鱼鳖。还有九星，三颗一组名天柱。有时在五车星内，有时在五车星外。如果地上有水形如五车之形，此中立穴，主进士及第，翰苑名高，富贵荣华。

问曰："此局托护有力，绕抱有情，好像屏风和木架，又上应五车，固是美地。若龙脉奔流而来如何？"答曰："离与坎相互克犯，若紧贴子午择取乙官，土气制坎泄火，灾咎可免。因局后坎水流淌，文星闪耀，上应五车，主有翰林之贵。但离火虚而不实，气焰易散，却难久长。"（按：此注有误，乙正五行为木，因纳于坤，故云土，此以纳甲论。但离纳壬是夫妇相见，水火相济，何以会反凶？此其一。离方丙午丁，紧贴为巳，隔一为巽，再隔位方是乙，若此立穴，则辛乙山向，必脱龙脉，求福反凶，此其二。）

【原文】（见图5－16）玉阶五级，翌宿所居，穴来羽翰，飞步天衢。

【注解】翌星是二十八宿之一，居辰巳之间，是南方朱雀的翅膀。步天歌云："翌，二十二星太难识，上五下五横着行，中心六个恰如张，更有六星在何处？三三相连张畔附。"本书图仅十九颗星，上横少一，下横少二，特此说明。

翌宿是天之乐府，其形如水，屈曲有度，折折整齐，朝拜有情。若地上有水形与此相应，立穴后主出及第文章之人。

问曰："玉阶五级是翼宿之官，此穴乘借生旺之气，立于遥远的天阶之上，何也？"答曰："所谓玉阶，是指穴位后面的护托。穴后龙气充盈旺盛，左边砂山回环护抱，右边砂山弯曲插入，气流交汇，龙脉汇聚，隐蔽深藏，安静平和，若埋葬得以乘借生旺之气，蝉翼界水明白，必主青云直上，执掌国家礼乐大权，此皆上应翌宿之贵也。"

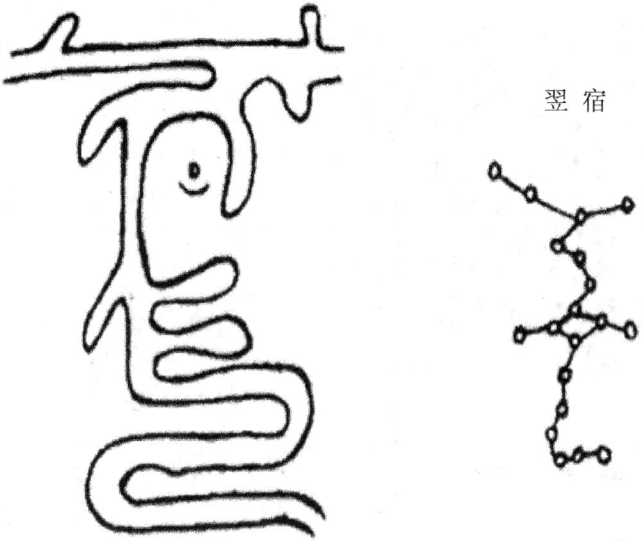

图5－16 翌宿

【原文】（见图5－17）琼筵结彩，八奎聚灵，隐褥取穴，锦绣联英。

【注解】八奎星由九星组成，分三排，每排三星，形如九宫，居室宿之宫，主机关陷阱，网罗禽兽；此八星团团围绕一星，形如土体。若水局如此，在环抱中立穴，主登科及第，文章锦绣。

问曰："此穴里外方正，是巨门土星，席帽居后，眠方在案山前侧，当是寄穴，不知与五行方位是否吻合？"答曰："此局是巨门土，又见席帽土清奇秀丽，眠方金星亦土所生，都是富贵之格。其龙脉虎砂过于重浊，只是武臣。此穴位后宫带木，从寅宫透过，生脉入穴，木太旺则生火，土可乘借生气。此局土太重，喜巽水清秀制土，自是文曲旺盛，故此穴主文武双全。向上应合八魁，主出掌握生杀大权的显贵，非普通穴位可比。"

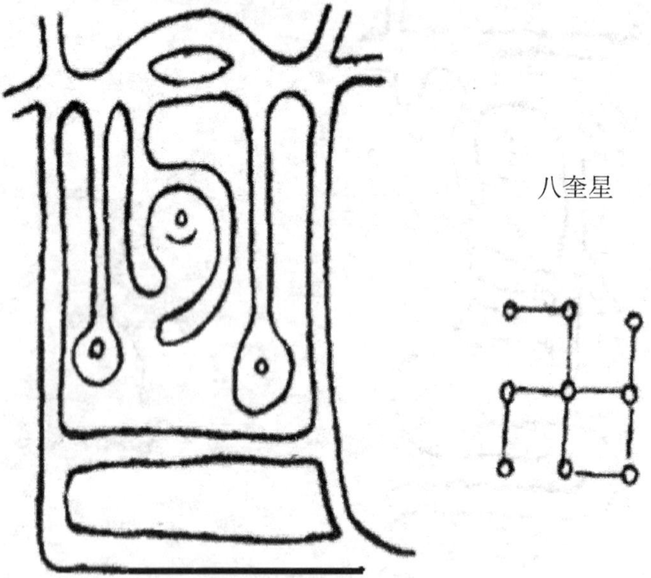

图 5－17　八奎星

【原文】（见图 5－18）金阙琼帏，斗宿所藏，穴转曲窝，金资万箱。

【注解】斗宿是二十八宿之一，居于子丑之间，由六星组成，星似北斗，仅斗柄上少一星，故名南斗。此星是北方玄武之首，居宰相之位，主奖掖贤人，提拔贤士。所以水龙形局若似斗宿，在四星怀中立穴，承接斗柄之秀，则如金阙琼帏，富贵双全。

问曰："此图金锁琼门，向应斗宿，地轴关锁严密，固为贵穴。但择取曲池，不知来脉，五行当借何方生旺之气才算吉利？"答曰："若河水顺砂山飞流而去，就不会有生旺之气贮存。但此地龙脉砂山逆水伸展，来龙的生气全部汇聚穴位之中，水口

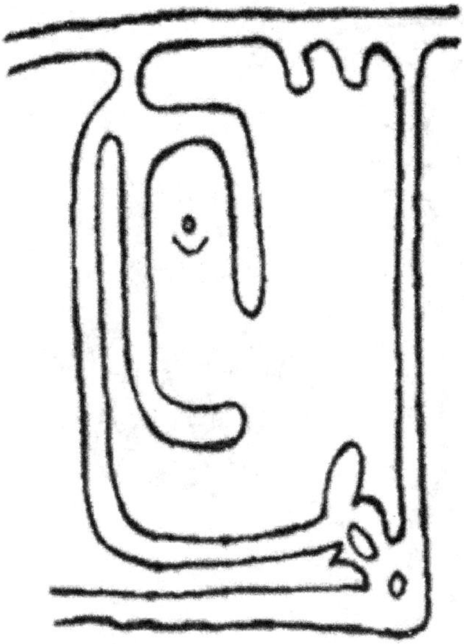

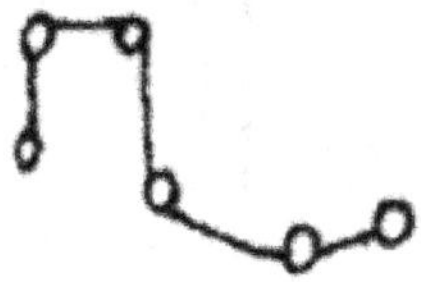

图5-18　斗　宿

又有两山镇居把守,此即所谓金锁琼门。左边是水,右边是金,艮龙乘借火势,不犯相克,岂会无方位审察辨认呢!”

【原文】(见图5-19)玉堂文幕,器府璘璘,福居穴内,笙歌满庭。

【注解】玉堂:原意是指美丽的宫殿。汉时未央宫有三十二殿阁,其中有“玉堂”。到唐宋以后,翰林院称为玉堂。此文玉堂与文幕相连,应是指文章出众,官居翰林院中。

器府星共有三十二颗,本图三十颗有误,步天歌云:“器府之星三十二”是。此形如第一卷中的湖荡聚砂格,若从中取一端正之砂立穴,群砂环列,如官升堂,如帅临帐,众星拱卫,自是佳穴。又因器府是天上太常乐器之府,故又有笙歌满庭之应。

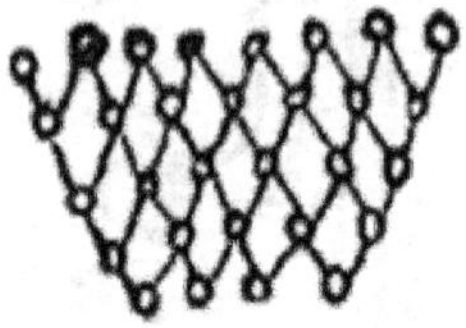

图 5－19 器府星

问曰："龙脉得生旺之气，为之生穴，乘借生气谓之吉穴。此局外形方正，土城环绕中心玉堂，郭璞说'结织文司垣器府'，何也？"答曰："案山三重，清秀奇美；河流三条，拱案绕穴，交汇于堂局之中，庚辛之方又环绕托送，地域宽阔浩大，故出宰相魁元，声名远扬，富贵无比。"

【原文】(见图 5－20)虬龙蛰首，女床星列，穴卧唇檐，肥腯贤哲。

【注解】虬龙：这里指天纪星的排列与虬龙蜇首相似。

唇檐穴内界穴之水曰虾须水，两水分处曰蟹眼，两水合处曰金鱼，金鱼之内曰檐，即唇口。穴卧唇檐者，即于唇口立穴。

天纪星由九颗星组成。女床星由三颗星组成，形如品字，居

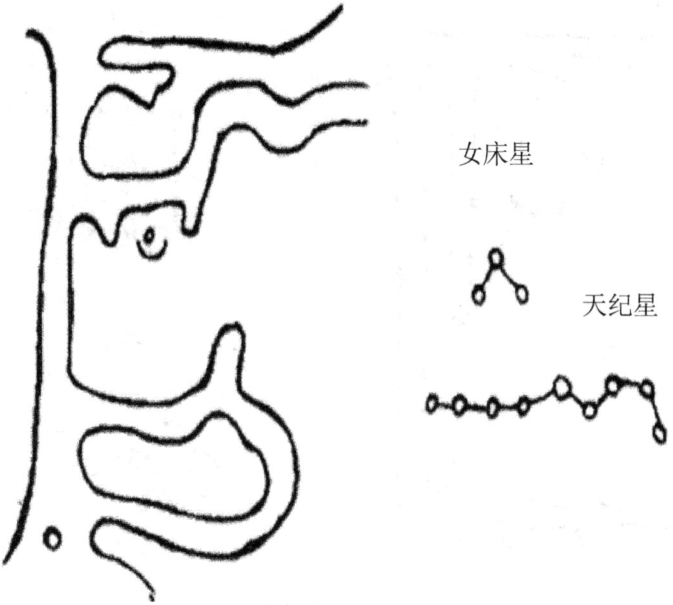

图5－20 天纪星

天纪星前，二星皆居天市垣中。此形与第一卷中的远水幸秀有些形似。点穴于天纪星的环抱之中，后有水缠，左右有龙虎护卫，前方有女床星环抱之水作案，既接后龙之气，又幸前水之秀，实为佳穴，故云后代"肥腯贤哲"。

问曰："若龙脉柔细弯曲，回环缠绕，为真正之关锁，必主福禄双全，何言肥腯？"答曰："蛰伏眠卧，安静躺睡的龙脉前首下部属阴，气息纯净清新；若曜气再属阴，则气息内敛，包含不露。这样，主出隐士高贤等身怀奇才异能的卓绝人物。等到寅卯阳气振动，活跃在龙脉耳畔，巽丙丁照着龙脉的门户，便可出伊吕般大器晚成之杰出人才。"

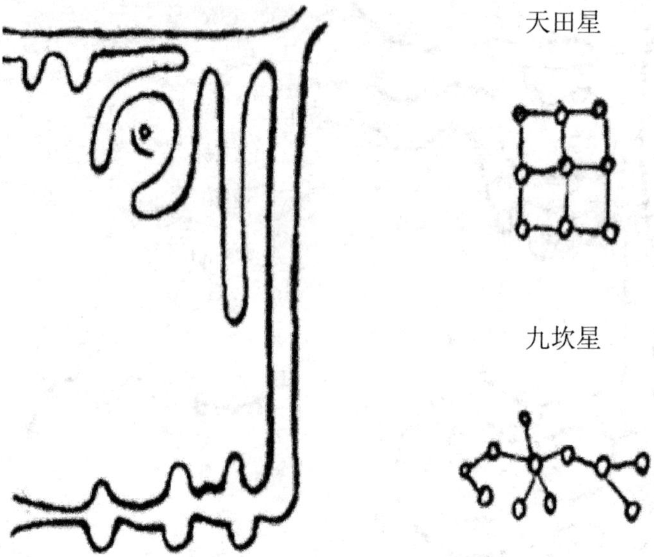

图5－21　天田星

【原文】（见图5－21）方城秀衍，上配天田，葬居中穴，阡陌连绵。

【注解】天田星，星相中有二处是天田星。一居角宿宫，共两巇，是天子的籍田，此星早晨现于东方时，就开始春耕。一居牛宿，由九颗星组成，主天子畿内之田和农器。依本文图判断，应是牛宿之天田星。

九坎星，本图绘共十一颗，步天歌曰："牛下九黑是天田，田下三三九坎连。"此星居于天田星下，三个一组成品字形，共分三组排列。本图十一颗有误。

如果水龙绕穴如天田星和九坎星之形，似众星拱月，周匝护卫，主大富。因此星名为天田，故广置田庄，富甲一方。

问曰："美丽的城镇，秀异的平地，案山属木而穴位属金，相互犯克，怎会吉祥？"答曰："若土过于滞重，金就会由此生成，岂会怕木克？若木附于水，就是活木；若金附于土，就是旺金。旺盛兴隆则萌发生育，萌发生育则真气聚结。真气聚结，必福禄丰厚，富贵双全。"

【原文】（见图5－22）玉练缠天，上应文曲，穴居剪裁，补衮之职。

【注解】文昌星由上将、次将、贵相、司命、司中、司禄六颗星组成，形成"U"字，为天之六府。三师由三颗星组成，均居紫微垣。如果地上水局与文昌形似，前有照水，形如三师星环抱，为水法中至美，主出王公之臣。

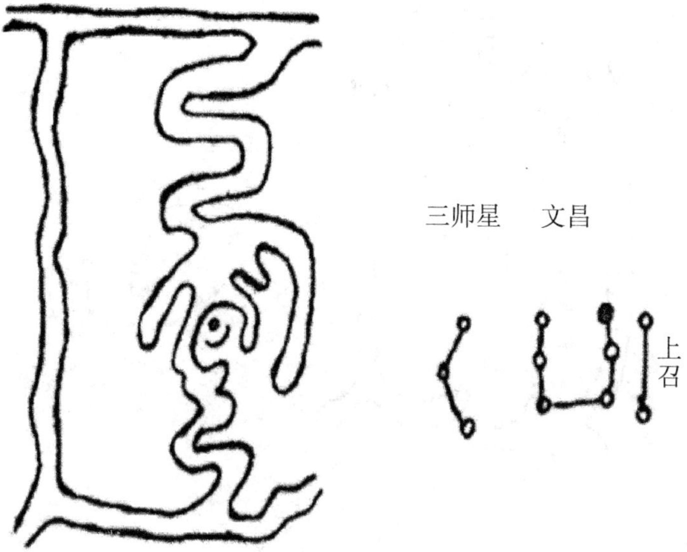

图5－22　文昌星

问曰:“流水屈曲盘旋,只有吉穴佳地方有。此局亥龙入首,巽方水朝迎而来,流水屈曲,砂亦回旋,当产高官显宦,何以说还须裁剪?”答曰:“只看到河水弯曲回旋,没看到河水的凶煞。所谓玉练,是指金水;所谓剪裁,是指金星。若为金穴又得金水,则金白水清,应文曲星进入亥位之象,则金水便是极为兴旺昌隆。但河水过旺,则寒气加强。若河经巽、丙、丁奔流而来,则温馨暖和,主富贵双全。只知水之‘之’、‘玄’,不辨五行生旺,则是知识太浅薄了。”

按:剪裁并非指生旺,而是言立穴,如此局,虽巽方水历巳丙朝入,但前成湖荡,水旺带煞,故立穴宜退后以避煞气,即所谓剪裁,并非辨五行生旺之论。

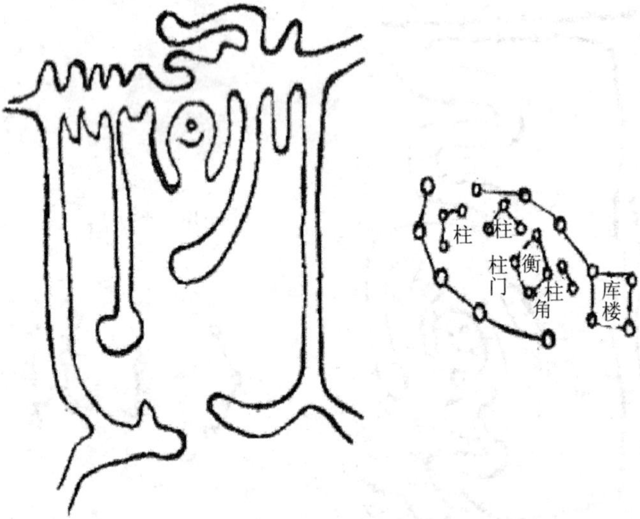

图 5-23　库楼星

【原文】(见图 5-23)全阙牙班,库楼森张,玉案作穴,列爵鹓行。

【注解】库楼星居角宿中,库楼指藏兵器之所。衡星由四颗组成,库楼由十星组成,本书绘出十二颗有误,中间每三颗一组者是库楼之柱。

鹓行:鹓是传说中如凤一类的鸟。因其群飞排列有序,故又指大臣朝班。杜甫有诗云:"去岁兹辰捧御床,五更三点入鹓行。"这里指地上有此水形,居中立穴,主出在朝为官之人。

问曰:"水似铁钳张开,牙齿参差,穴居中心,当是金关、银关之贵脉。言其上应库楼众星,不知何意?"答曰:"库楼星由十颗组成,其中六颗较大的星辰为库,南面四颗较小的星宿为楼,楼星居于侧角之中,是贮存兵器的府库,库星居于正中,像碧玉

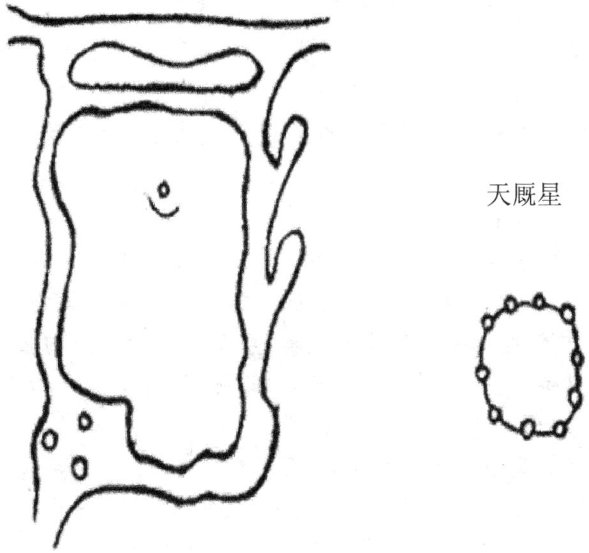

图5-24 天厩星

方案，十五颗星都环绕在周围，故此地主出掌管全国军事大权的高官显贵。”

【原文】(见图5－24)豸横九畹，天厩曜明，穴点豸眉，负扆扬名。

【注解】扆：户牖间画有斧纹的屏风。负扆指天子朝诸侯，背扆南面而立。

天厩星：步天歌云“壁上天厩十圆黄”。其星由十颗组成，居壁宿之官，为天上马厩。其形十颗环绕一周。如果水龙成此形抱穴，主后代富贵，出执法之官。

问曰：“脉似九畹，言其宽阔广袤，气势雄伟。但不知吉在何处，会使人贵显？”答曰：“两水从南朝来，屈曲环绕，合襟一处，是雌雄相合。水口严密，生气汇聚，真气融结。龙脉平缓低伏而不峻急，形阔而不局促，上应星宿而不相互克犯，气势浩大而生气宽厚，故为吉利之地。”

【原文】(见图5－25)阳河漪浸，上应斗斛，穴钟自精，冢宰之职。

【注解】冢宰：古代官名。

本图下列四星为斛星；上图名“斗星”，由五颗星组成。步天歌云“斗斛帝前依其次，斗是五星斛是四”，即此二星均居天市垣中，紧挨帝座。斗是量酒的量器，斛是量谷米之类的量具。如果水龙中局形与此星相似，穴点其中，主有尚书之贵。如果能点穴于斛，前有斗星之形水朝拱尤美。

问曰：“郭璞所制各种风水图，专言五行真气，依龙辨脉，据脉察穴，依穴立向。细审此图，艮龙亥脉，巽水朝应，虽为秀丽，何言上应斗斛，而有冢宰之贵？”答曰：“五行相生相克，若突出显露则不能显贵，而隐藏不露，外拙内巧，方为奇妙。此局巽水浑圆完整，阳气旺盛，日月精气，屈曲朝入，堂局完固，下砂缠护，

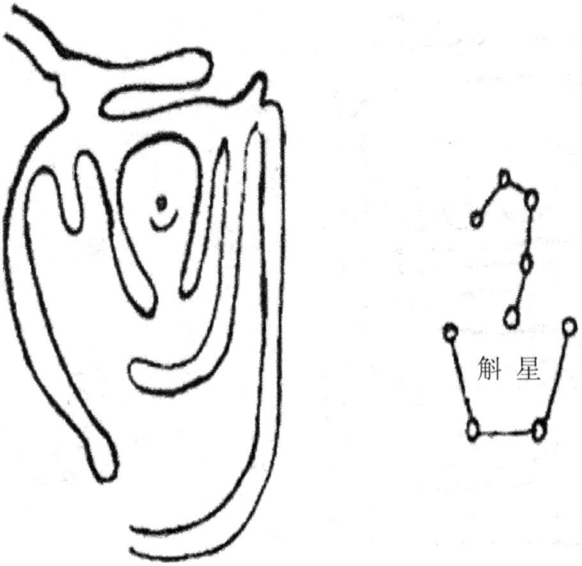

图5－25 斛 星

脉气融聚，且天皇入首，斗斛应穴，故有冢宰之贵。”

【原文】（见图5－26）阳隰缠辉，即位亹亹，参差点穴，簪缨九里。

【注解】亹亹：指勤勉不倦。

星相学中，因版本不同，名称亦有异。依手中数种版本翻阅，并无此星。但太微垣中的郎位星，不仅排列如同本图，且也由十五颗星组成。同时，郭璞的《三十六图》中也有郎位而无阳隰，故阳隰星应是郎位星的别称。

此图众砂点点，排列齐整，与第一卷中的湖荡聚砂格相似。若在端严中砂立穴，诸砂如众星捧月，拱护有情，主出富贵勤勉之人。

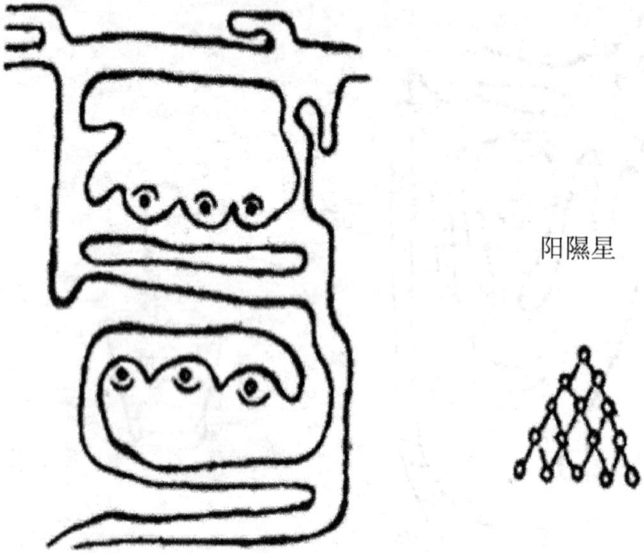

图5－26　阳隰星

问曰："郎位十五宿，光洒天际，相互勾合，盘旋缠绕，生气流行，但其是否符合五行？"答曰："天壤之间，只有五行生气交错运行。生气贯注于内，色泽旋转于外，生气与色泽有薄厚深浅之分，吉祥亦有轻重之别，不能寻找厚薄于五行之外。"

【原文】（见图5－27）骥嘶掉尾，左应旗星，葬系其颈，阵上扬名。

【注解】左旗星由九颗星组成，居牛宿之官，隔河鼓（俗称牛郎星）与右旗星相对应，其形如骏马回头嘶鸣。如果地上有水龙呈此形状，则是上应左旗星宿，在龙回头之处立回受穴，接来水之秀，最美。因左旗星主旗鼓对阵，故云阵上扬名，以武取贵。

问曰："龙脉像骏马奔驰，掉尾回头鸣斯，震方入脉，亥位成

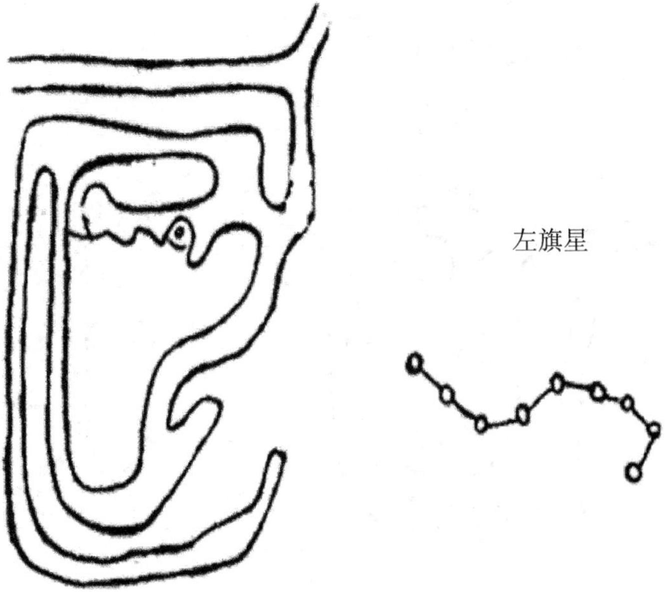

图 5－27　左旗星

穴，阴璇（辛）方水屈曲朝入，《催官篇》云‘阴璇水朝进金宝，亦主如花女人好，穴乘太乙东南位，水朝砂秀登科甲’，是否符合实情？”答曰：“《催官篇》亦从郭璞天星图推衍而来，故全篇依五行生克铺衍成文。若辛水屈曲朝堂，则阴柔之气秀美，故主生女聪颖秀美，生男早入仕途，与左旗汇聚，案结清秀，武曲阴柔俊美，并无差异。”

【原文】（见图 5－28）神龟食蛤，六甲奋光，穴居丰颈，变理阴阳。

【注解】六甲星由六星组成，形成环抱，主分阴阳、配节序、布政授教农时之事，故水局若与此形相似，主出燮理阴阳之官。

问曰：“郭璞云，龙穴若象神龟食蛤，则上与六甲星相应，穴

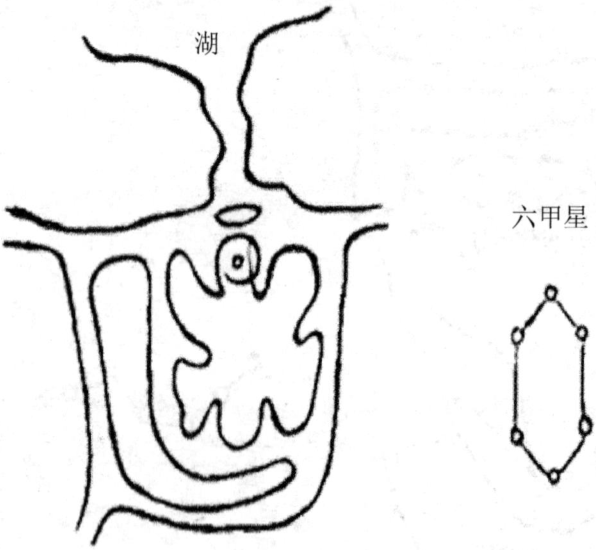

图 5－28　六甲星

则宜居神龟头部，此穴阴阳如何择取？”答曰：“凡离、巽、丙、丁之方阳气流来，最喜金木等形，最忌火土形体。若遇龙穴如龟向南浮水而去，宜先审其星体。是火土之象，则太过焦燥干枯，致使乌龟干渴而难扦；若是金水之体，则是神龟最佳住处，再逢案如蛤形，神龟得食则肥硕庞大，阴阳二气与六甲星相合。此时穴宜扦丰满的头部或浑厚的肩部，必会得到上应六甲龟星的配合。”

【原文】（见图 5－29）日月分精，天庙显星，葬阳御阴，男女双英。

【注解】天庙星由十四颗组成，形如“凹”字，为天之祖庙。地上若逢水局如此，龙虎双缠，层层护卫，或取秀水前绕，或取一水后缠，只要合法，均为佳穴，男贵女贤，各房均发。

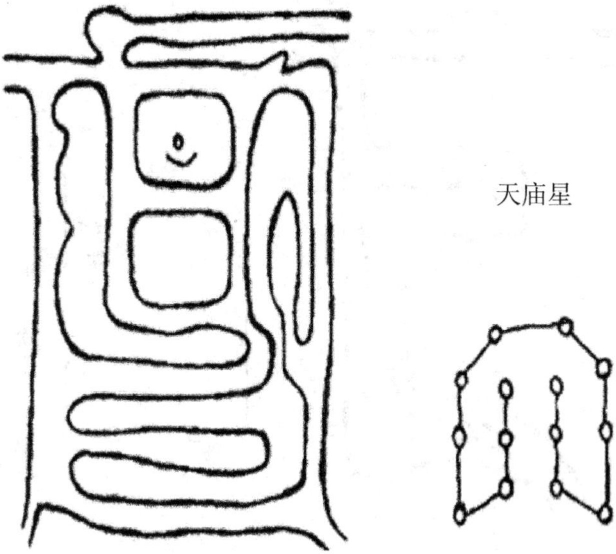

图5－29　天庙星

问曰："日月之精气，一格分两城，分别为阴阳二庙，故名天庙。但'葬阳御阴'为何义？"答曰："所谓葬阳，就是朝向离巽；所谓御阴，则是指众水跟从。若能如此，则富贵双全，男女皆贵。"

【原文】（见图5－30）双虹取英，左右执法，穴齐端门，功名显达。

【注解】端门：《晋书·天文志》说："南蕃中二星间曰端门。"这里喻穴点于二水交会的南端正中。

左右执法居太微垣中，各由五星组成，均成内弯弓形，环抱帝座。左执法自上而下是上将、次将、次相、上相、左执法。右执法自上而下是上相、次相、次将、上将、右执法。左右执法之间称

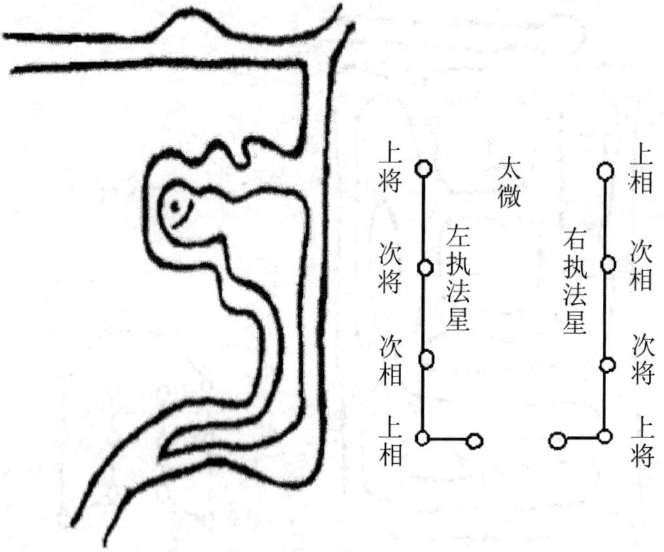

图 5-30　左右执法星

为端门。如果水局中有左右二水环抱，穴立于端门之方，主功名显达。如果在左右执法环抱之中立穴，可成双虹穴，富贵同。

问曰："艮宫两龙奔驰，庚位一河流淌，形似太微垣口两侧之左右执法，其阴阳五行生旺之理，该如何解说？"答曰："道理分清，则脉络清晰，条理分明。大地龙脉千变万化，曲直粗细无所不有，很难彻底弄清，不过取其要而已。五行生气，没有常盛不衰者。此图砂缠在内，水绕于外，生气饱满，故为美格。但二龙从艮方入首，水从庚位流入，遇寅则绝，火重则土生，土又生金，生生不息，穴立其中，以承龙气，故能显要。"

【原文】（见图 5-31）春蛟赛月，蜿蜒临湖，神宫取穴，名显皇都。

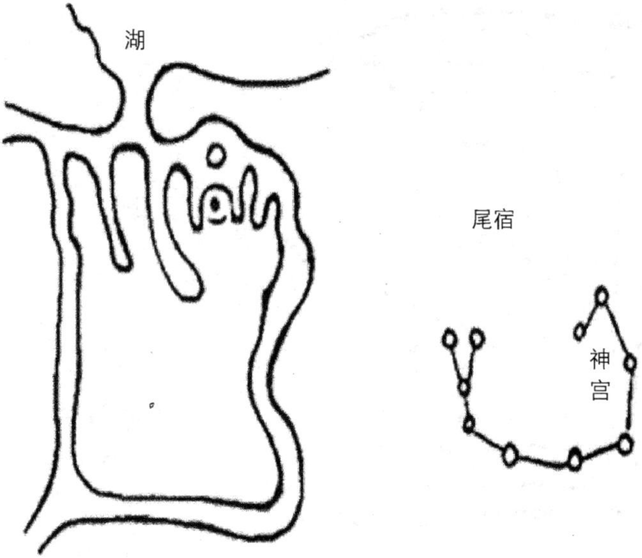

图5-31 尾 宿

【注解】尾宿:二十八宿之一,居丑寅之间,由九星组成,是后妃之府。第一星是皇后,第二、三星是夫人,第四、五、六星是嫔妃,后为媵妾。神宫之星居尾宿环抱之中(按:陈遵妫《中国天文学史》则是居尾星之西),步天歌云“尾西一星是神宫”,以此分析,神宫居尾星之外方合天象,此图应误。神宫是后妃换衣服用的内室。如果水龙之局形如尾宿,就在神宫之星所在位置立穴,众水环抱,来去屈曲,龙尽气钟,形局完美,故能发贵。

问曰:“神宫一穴,艮龙二水,相互枢配,富贵显耀,但《景纯外传》云主子孙众多,尊贵显要,何也?”答曰:“神宫九颗星宿,故主丁旺人众。阳脉阴水,砂水相配有夫妇之情,生气充盈,呼为春蛟赛月,故主子孙繁衍,富贵荣华。”

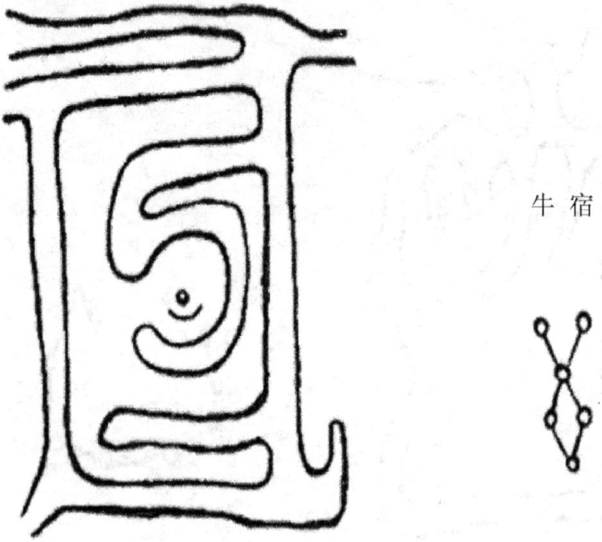

图5－32 牛 宿

【原文】(见图5－32)金盘出匣,牛宿所临,葬看点穴,绮席华茵。

【注解】牛宿:二十八宿之一,居子宫,由六星组成如图。其形后三星成一直线,前三星居两边成环抱状。地上若有水局形同,是上应牛宿,点穴合法,主富。

问曰:“金盘出匣图,外侧方整,里边圆浑,亥龙转艮,丁穴癸向,可有土重生金之气?”答曰:“火是金星之曜,易为高官。向癸水,为金之子,故宜立穴。此局界线分明,包裹严密,砂山环抱,屈曲缠绕真有绮席华栱之形。若葬法合宜,上应牛宿,可使其富贵双全,封侯立伯。”

【原文】(见图5－33)金仓玉粒,天囷显赫,葬其中廪,锡禄万石。

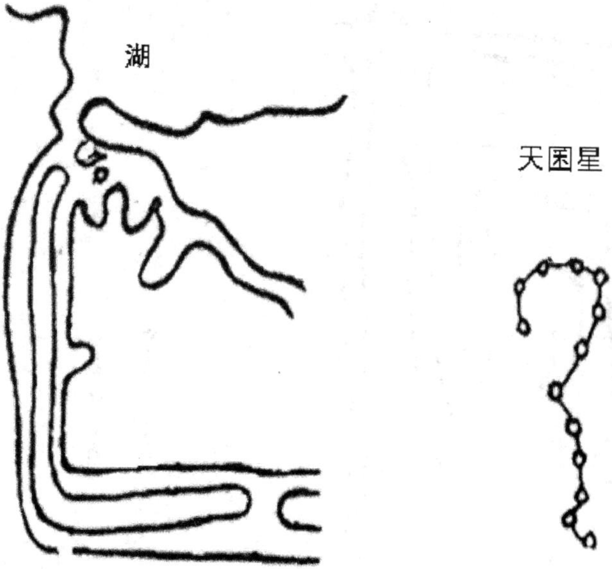

图5－33 天囷星

【注解】天囷星由十三颗星组成，形如乙字，居胃宿之宫，是天之收藏五谷的仓库。地上若逢水缠如乙字，来时委曲环绕，贴身抱穴；去时频频回头，不忍离去，眷恋有情，气固形美。若在抱中立穴，是上应天囷星宿，必富甲一方。

问曰："此图兑脉转亥，金生水，向离，火搏金，金火相克，取水救金，是以子救母，当为吉庆，何以上应天囷星?"答曰："所谓义，是审辨事物以得名。天囷星十三颗皆居胃南，为仓廪，实为积聚。内气充实，外气环抱，故名天囷。其五行转换，如旋转之弹丸，万勿拘泥。"

【原文】(见图5－34)玉女铺床，天床森照。驸马仪宾，穴居阃奥。

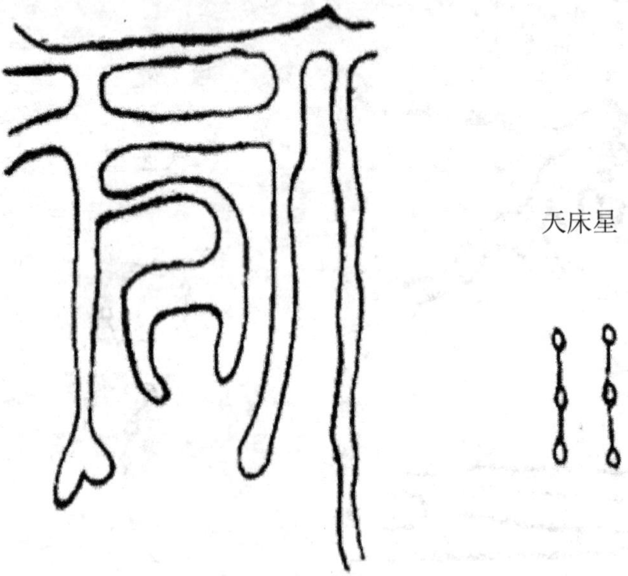

图 5－34　天床星

【注解】天床星由六颗星组成，居紫微垣，为寝舍燕休之所，束气严谨，中有一星，犹如穴星。如果地上水局与此相似，是上应天床之秀，主娶皇家之女为妻，此即“驸马仪宾”之意。

问曰：“玉女铺床一局，何云出驸马仪宾之贵显？”答曰：“此局皆为土星、木星，得水而极其旺盛。三星居离，四面地势平和，三星排列有序，自然吉庆。震为长男，属木，转艮遇土而生，向离立穴，木星重叠见火，木火通明，最宜表彰金紫。此局之形上应紫微垣中女床星，故主出驸马仪宾之贵显。若穴中含有金气，破了木局，反主贫贱，故宜慎重选择。”

【原文】（见图 5－35）绣纬银钩，天溷外屏，茵褥取穴，御苑芳英。

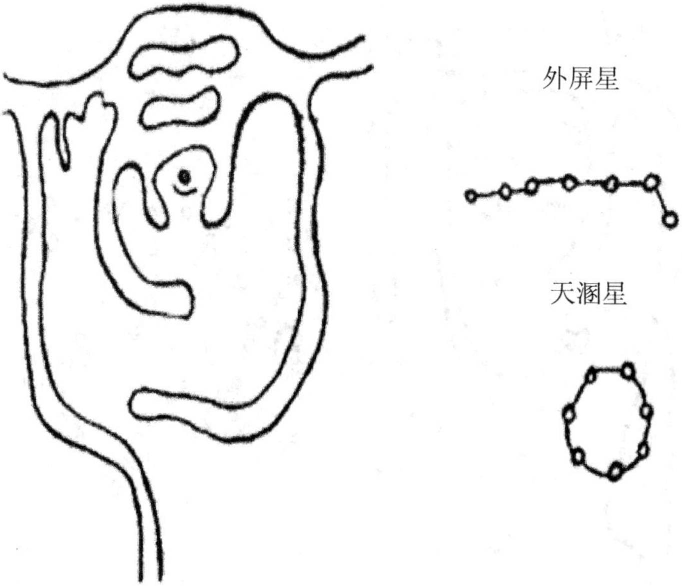

图 5 – 35　天溷星

【**注解**】天溷星由七颗星组成，环绕一周，形如厕所。外屏星也是由七颗星组成，是遮挡天溷星的屏障，主障蔽秽污。如果地上有水局，内绕外环，与二星相似，可根据形势，点穴于桄褥之上方，既得内水之绕，又呈朝水之秀，则上应天溷，贵入御苑。

问曰："天溷七星，位于外屏之南。为何能下应绣幕银屏，且有御苑芳英之贵？"答曰："天地间浩渺飘逸之生气，像人体一样浑然一体，不可分割，各种穴窍皆相互通合。此局即形如天溷，与绣幕银屏相互交融，自然与人体浑然融为一体。"

【**原文**】(见图 5 – 36)平沙落雁，穴点羽林，壁垒桓桓，武柄文衡。

【**注解**】羽林：星名，共四十五颗，三三而聚，散在壁垒阵星

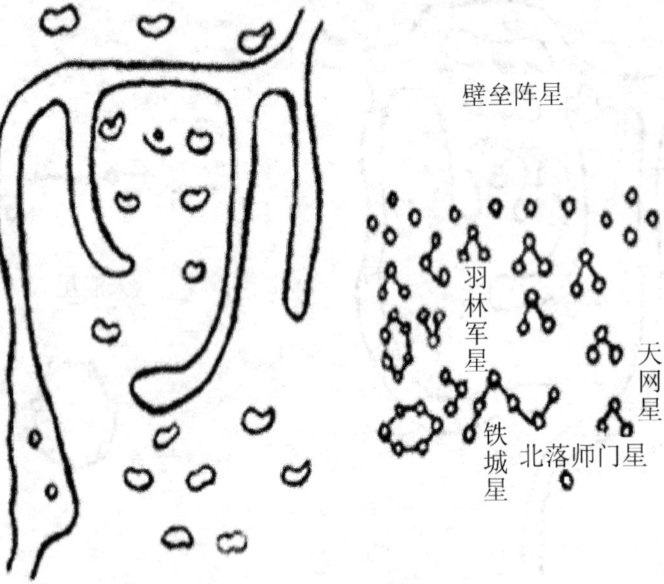

图 5-36　壁垒阵星

之南,曰羽林天军。从汉武帝太初元年开始,皇帝侍卫改为羽林军,星因此得名。

壁垒阵星共十二颗,中间四颗一排,两旁各四颗一组,如营垒对阵而得名,居室宿之宫。

北落师门星:居铁城(疑为鉞字之误)星下。师者,众也;门者,军门也;意即军师营垒之门。以上诸星均居室宿之宫。

平砂落雁又名雁落平砂,是我国流传很广的古典琴曲,最早见于《古琴正宗》,描写沙滩上群雁起落的情景。这里形容湖荡中间,群砂点点,形如壁垒阵星,羽林军星,就像群雁落栖沙滩一样。择正中形状端严之砂立穴,如元帅上帐,众将排列一样,主以武取贵。与第一卷中的湖荡聚砂格相似。

问曰："平砂落雁，叠叠桓桓，穴点羽林，是为明五行之星宿，述五行之方位，以相生相克为正，以天星为象，以隐含收藏细流，确尽龙脉之精奥。言此局皆为金星，坎兑之方为正位，金水之气上应壁垒阵星，是据类而相从。兑水朝迎，生气充盈，金旺为武，文曲亦生，故文武双全。其说还有疏漏否？"答曰："无。"

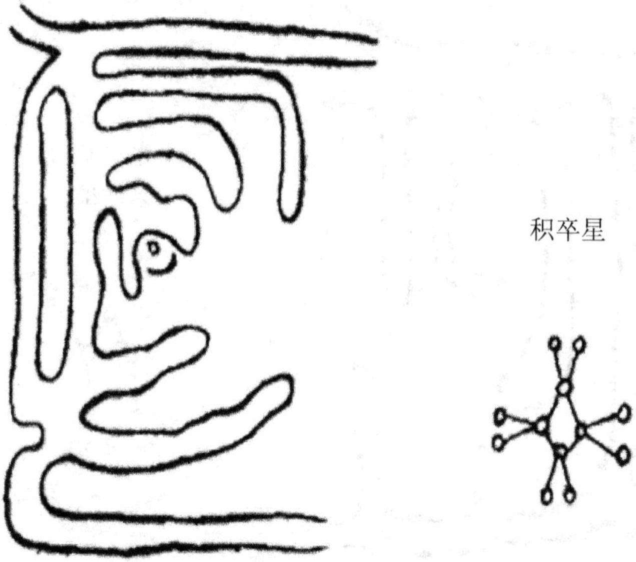

图5－37　积卒星

【原文】（见图5－37）金莲侧露，上应花心，上临积卒，统驭千军。

【注解】积卒星共十二颗，居心宿之宫。中间四颗，外面八颗环绕，形如莲花，故云金莲侧露。因积卒星象征士兵，扫除不祥，所以地上水局如与此星相似，居中立穴，上应其星，葬后主出统师将帅。

问曰:“军卒十二星,主管军旅,何以合配金莲侧露?”答曰:“金莲侧露是指龙脉之形。龙脉走势偏侧,穴立于其中,似露入莲心,故名金莲侧露。此形上应积卒十二星,阴气旺盛,威武雄壮,气魄宏健,故主统驭千军之将帅。或曰:‘如此则方位若何?’我云:‘这正是方位所应。’”

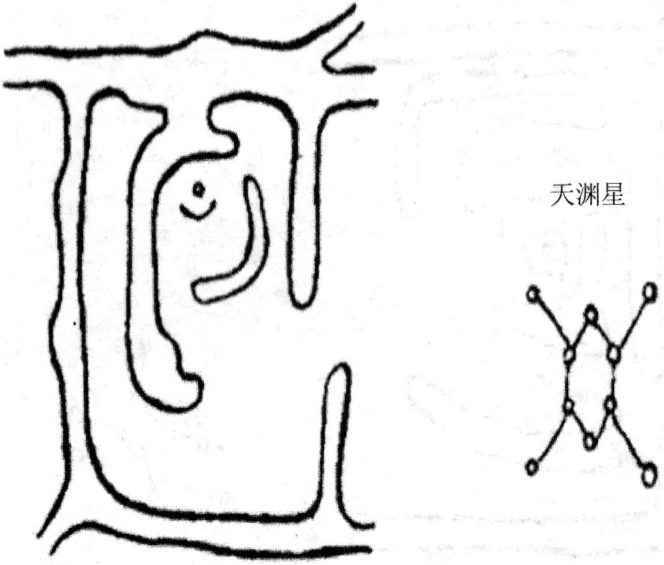

图5-38 天渊星

【原文】(见图5-38)珠胎泻月,上应天渊,穴葬内地,食禄琼院。

【注解】天渊星由十星组成,居斗宿之宫,主灌溉水利之事。地上水局若与天渊星局相似,居中立穴,主贵显。

问曰:“珠胎泻月一图,上应天渊何也?”答曰:“天渊即天海,珍珠潜隐,明月东升之方,属阴脉阳穴,金水之精。前案似玉匣，后有琼丸托护，故云上应天渊，而成珠胎泻月之形。葬法宜靠近圆珠，朝向月亮，应合三光，必有食禄于琼院之贵。”

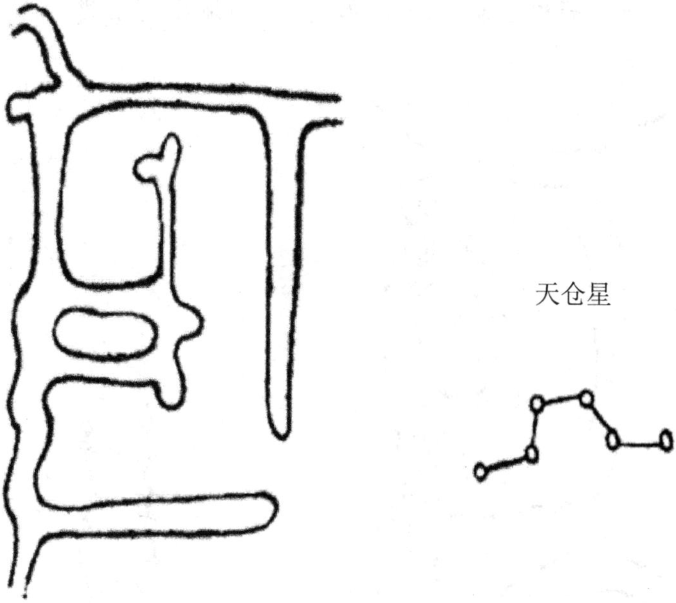

图 5－39　天仓星

【原文】（见图 5－39）玉衡挂斗，天仓显文，柱史储卿，葬依云屏。

【注解】玉衡：北斗七星中的第五星名玉衡。因前四星其形如斗，第五星玉衡正在斗旁，故云玉衡挂斗。玉衡星由六星组成，居娄宿之宫，主积蓄粮食。如果地上水局和此星相似，来去之水屈曲有情，中有金城环抱，居中立穴，是上应玉衡，主有柱史公卿之贵。

问曰：“玉衡掩斗，上应苍天，但天上本有斗星，此说何意？”

答曰："不能这样解释。所谓玉衡，是言水城之形；所谓斗，是言土附与水城而如北斗之形；所谓上应苍天，是言其形与上天之象形似，可天地相互感应交合。如此则星明地灵，孕育滋生，故有柱史储卿之贵应。"

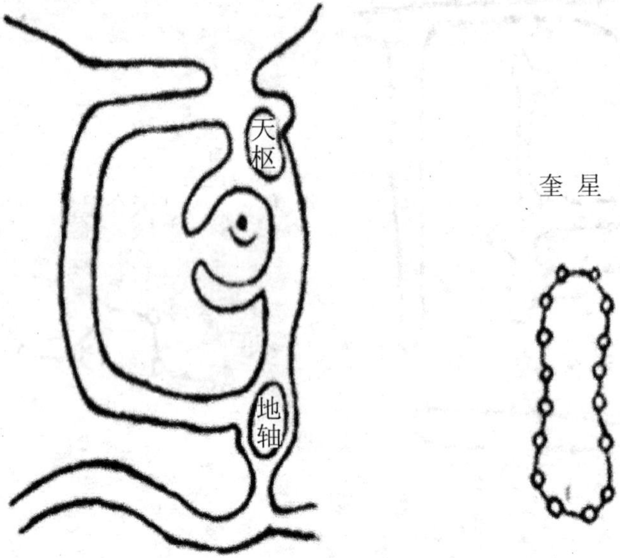

图 5－40　奎　星

【原文】（见图 5－40）天枢地轴，威名千里，穴居其中，奎宿所履。

【注解】天枢地轴：天枢曜星在午丁之方，地轴曜星在乾亥之方。这里是以水来一边为天门，即天枢。水去一边称地户，即地轴。

奎星是二十八宿之一，为西方白虎之首，居戌酉之间，由十六星组成环绕，样子像一只鞋。是天上的军库，主以兵禁横暴。

地上若有水局与此星局相似,间有枝水插界,就中立穴,多主以武贵显。

问曰:“天枢、地轴是两颗曜星,郭璞不言诸星,单说此两宿,何也?”答曰:“龙脉于宽阔浩渺之地,气息深掩,很难交融。若水口有两山雄峙交锁,则气脉交汇,真气融聚,此中定有真穴,尽可选择取用。”

原书三十六图皆以形取,董唐问答却杂以方位与五行生克,虽亦有佳妙之见,毕竟皆非真见,仅供参考。大凡水龙之法,只要与其图相似便可结穴,方位与方位五行生克,则不必拘泥。

也名材未發公輸般所能其巧盤求不為相視無以運
其神故天元心法亦云至矣而是書又自可以參觀之
爲名不可湮沒如卽其遺名因而不蕐實可藏之金匱石
室與青囊秘旨並垂不朽後之學者苟非有過人之福
天牖其衷未獲親此書也布世之寶惟有德者當之尚
其慎毖也哉尚其慎惜也哉時
天啟下元甲子越四十年歲次癸卯律中黃鐘後學杜
陵蔣平階大鴻氏題于丹陽之木精巷

水龍經　卷一　三

本面书影整理文字见第 8 面。

续水龙经第一卷

总　　论

【原文】此卷专言水龙象形肖物之义，与天星垣局厥旨相同。盖天有是星，即地有是形。水能象星，亦能肖物，此与《玉髓真经》指物论龙固归一例。原本亦云："景纯氏作其文不古，比之星钤有雅郑之异，乃后人之傅会无疑矣。"予最喜其篇首"山群以山为龙，水群以水为龙"二语，为地理家千古开辟之论，必非浅学之流所能庶几。其余文多粗率，意多穿凿，略之可也。又云："水行交锁织结，虽顺亦吉；局内穿割箭射，纵逆何庸。"允哉，通达之言也。若探其为局，则草尾露珠，双龙戏感入怀诸格，又深得水龙微妙。作法而乱中取齐，则又裁穴之真机，确乎不易之至论也。夫喝形点穴，予于山龙深辨其非，兹于水龙，反取其说，何也？要亦因文节取，读者贵有变通耳。予亦缘世人论平洋者，专取地之为形，而不知水之形为形也。故博采其义，以破世迷，纯乎一家之书正论云耳。

大鸿氏笔记。

【注解】玉髓真经：宋张子微著，书中有"真龙名髓图"一百四十四幅，对各种龙格的作法均详细地作了介绍。另还有李淳风龙格七十六图，廖金精"喝形呼穴"诸图，均由徐试可辑入《天机会元》中册，读者可参考。

雅郑之异：即雅乐与郑声。雅乐是用于郊庙朝会的正乐。郑声即古代郑地俗乐。

喝形点穴：蒋大鸿《天元五歌》之二云："或取喝形来点穴，

此是仙人留记诀。好穴难将告后人,记取真形揣摩合。混沌初分即有山,世间万物后来添。器物衣冠时代异,那得生成太古前。子微玉髓巧分明,只为峰峦论应星,若说龙胎真有相,后人虚揣失真情。”显而易见,此诗并非赞成喝形点穴。徐善继、徐善述兄弟亦云:“穴之形体,变态万种不一,而足实则不过阴阳两字,曰‘阴来阳受,阳来阴受’而已,其为形则凹凸是也,阳中有阴,阴中有阳,故有太阳、少阳;有太阴、少阴,其为形则窝钳乳突是也。各得生气,其形始真,故一言以蔽之曰‘葬乘生气’。盖生气者,太极也;凹凸者,两仪也;窝钳乳突者,四象也。太极生两仪,两仪生四象,实古今之正传穴法之定论也,夫何各立机轴,支离其说,而有三十六形,八十二变,三百六十五体,三百八十九象,种种多门,不胜繁衍。是皆欲以形尽山势而不知山龙变态不常,咫尺转移顿异,只可以理会,不可以形拘。《玄机论》云:‘论星则胸中有主,喝形使众人皆知,是形象不过为众人设耳。若曰山必合某形,穴当安某处,以某物为应案,乃刻舟求剑,胶柱鼓瑟,非达理之论也。’余氏云:‘寻龙点穴,不过阴阳动静,足以尽其微妙。间以有龙穴融结,偶合物形,因以名之可也。若野俗之书,专以人物取象,地形而较美恶,则失之远矣。’诚为确论。且物类有古方今圆,古长今短,古贵今贱,古有今无之不同,岂可拟一定之山形哉。范越凤及刘公皆尝鄙诮之,谓虎形:既虎能伤人,又安可葬?肉堆案亦尝食之否乎?其论不为无理,况物类相似者尤难辨别,又乌得无指鹿为马,认乌为鸾者乎?愚故曰:山川只可以理会,不可以形拘。”此亦言喝形之非。而此节却又郑重推出者,并非赞成喝形点穴,而是注重强调水龙和山龙一样重要。提醒人们,水龙亦上应天星,下应物形,不要只重山龙而轻水龙。

水龙寻脉歌

【原文】 地理之术世罕逢，阴阳真伪妙难穷。
寻龙捉脉观山水，岗阜平洋总一功。

【注解】寻龙捉脉：重在“寻”字与“捉”字。丘延翰云：“寻龙须察脊。阴盛阳衰而结阴，阳盛阴衰而结阳，能察枝干之攸分，当究形势之所落。枝盛叶繁，须寻腰结；叶陈枝朗，尽处好裁；干脊大势若回转，曲中定有枝可挨。”《搜玄旷览》云：“穴之贵贱在龙，龙在峡；山之祸福在水，水在向。故源上寻龙，龙上论峡，峡上辨脉，脉上求气，气上认穴，穴上观水，水上定向，此要道也。”并有寻龙十诀，云：“第一要识龙宗祖，贪狼之星并巨武。第二要识穴中玄，上分下合尖与圆。第三要识砂形吉，吉吉凶凶在其上。第四要识水金城，弯抱回环似眠弓。第五要识明堂诀，左右金鱼要交接。第六要识龙与虎，五星金木水火土。第七要识后头应，高大方圆要平正。第八要识面前朝，贵人帘幕侵云霄。第九要识阴阳路，二十四向山上取。第十要识看三阳，内外明堂尽铺张。”沈六圃《地学·论寻龙》一节则更加详细，他说：“凡寻龙者，必先访问此方山从何处起，水从何来，必裹粮著屩，登其绝顶，观其何背何面，何干何枝，何处转身，何处交会，则此一方大略在吾胸中，从此主结、副结可以推寻矣。问水源从何而起，则始祖可知；登颠逐脊，则龙亦可寻。龙者，祖有祖格，宗有宗格，开帐有开帐之格，出脉有出脉之格，干有干格，枝有枝格，而支干转身行度，出脉作态乃诸格之所由变，其间过关渡峡，莫不有格。而峡为最要紧，其两旁迎送、桡棹、侍卫、护缠、摆列、供给、夹照、零碎，填空补缺，诸般用神亦各自有格，皆为行龙而设。”由此可见，寻龙的过程就是从太祖山开始，一路查看龙脉走势，找出开帐中出之脉，过关渡峡，入首真切之龙脉，以供选择穴场。

沈禹平《心眼指要》云:“平洋龙法,眠倒平铺,若不统观全形全势,凡遇一钩一搭之所,似乎面面有情,处处可穴,孰知并非真气所注。故必得统观全局,追踪寻脉,方晓一切钩搭,悉属随从之翼辅,扛送之枝脚。”蒋大鸿在《天元五歌》中云:“我有水龙真要诀,水龙有转是真结;直来直去龙之僵,有弯有动龙之活。”什么是他的真诀,《归厚录》注云:“枝水、干水各有结与不结,不得概以枝水即是结气也。若有胎息,在干水亦为结气。若无胎息,虽属枝水亦为不结。胎息者,水之屈曲转弯处也。然转处又须无分行渗漏,乃为真息。盖水脉一转则地气一蓄。若有二、三、四转,其地之真气养蓄纯全,胎元满足,葬下立发,福泽悠久,云雷变化,定产贤才矣。若水虽曲转,而转角之处别有分流,如两路三叉,则元气泄矣,谓之漏道,岂能有胎乎?大都干水行龙须有息道,而后龙为真龙;枝水结穴亦须有息道,而后穴为真穴。小干有胎息,亦可立穴,不必皆枝也。若无胎息,并不名龙,何况求穴?”此平洋水龙寻龙之法。尽管山龙、平洋龙、水龙名称不同,寻龙之法却一样。

章仲山《心眼指要》云:“点穴之难,难于认气;认气之难,难于认脉。夫脉细而软,和而缓,动而微,如人身之脉一般,有呼吸浮沉之动气者为生;直硬粗顽者为死。脉之向背动静,即是脉之变化生死;忽隐忽现,若断若续,亦是脉之变化生死。苟能识得气脉变化生死之真情,由气脉再察气色之荣枯,穴情之隐显偏正,任尔奇奇怪怪之穴,自无遗漏矣。地理之道不离乎形气精神,所谓有神即生,无神即死者,此也。脉之形象盖有数种。有一种可一望而知,有一种初看似无,细看实有者。或从本身看者,或从对面看者,或有从旁看者,细看方能观脉之生死也。要之,穴之有无真假,都在此来龙来脉上讨消息也。”《堪舆经》云:

“动中观其脉，静中观其气，动静之间，气脉须明。势求动中之静，穴求静中之动。”注云：“有脉则动，动处是脉，当观其旺衰清浊到于何所。静则山止而静，须求气显之气为穴。看地之法，千山万水，不明气脉，前功皆费矣。”

【原文】 平洋之地水为龙，四畔茫茫岂认宗。
若使明师精妙理，追寻源流辨雌雄。
水龙妙法少人知，慎勿轻传与俗师。
达者悟之明此理，愚人不晓岂能为。
玄武之水是龙身，定穴君须看的真。
水积必然龙有穴，水流气散不堪陈。
大水萦回是干龙，小河支接干亲踪。
干龙气尽难安穴，作穴支龙富贵丰。
玄武之宅有湖池，立宅能令福气随。
坟墓穴前宜此水，儿孙富贵著绯衣。

【注解】龙身：玄武之水是穴后之水，即来龙之方，所以说是龙身。此水绕抱穴场，即承接来脉，又使真气完固最美。若直横而过，或反跳而去，为割脉反凶，故云“须看真”。

穴场之水，吉者有三，一是屈曲朝入，二是回环绕抱，三是汇聚明堂。《山水忠肝集》云：“山朝不如水朝，水朝不如水绕，水绕不如水聚。水朝则堂逆，堂逆则财招；水绕则气全，气全则富绵；水聚则龙会，龙会则地大。”故本文云，穴前有湖池聚水，主儿孙富贵著绯衣。绯即红色。唐时，三品以上官员服紫，四品服深绯，五品服浅绯，这里指葬后儿孙会贵显。如潜江郭给事祖地（图1－1）。此地在潜江，土名白石港，其龙来远，不详述。将结局，横开大帐，均分三枝。一枝作青龙，一枝作后托，中枝左栖右闪，逶迤活动，护卫重叠，圈帐抽出人字龙格，入首大旺，涌起穴星，下关包护有力，前据湖水融注。辛脉卯向，催官之地。郭氏

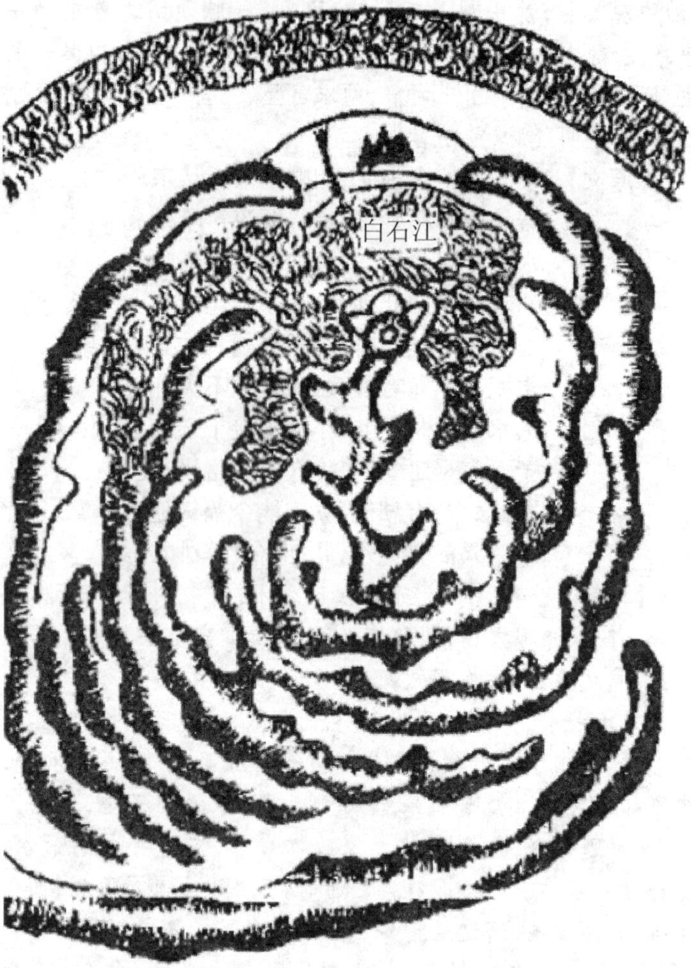

图1-1 潜江郭给事祖地

葬后，子孙连登科甲，仕途显赫，富贵悠久。（按：湖水内注，大江外拱，气极充盈，富贵双全之地。）

【原文】 河兜池水不通流，水若通流气不留。
若见田圩关水口，儿孙富贵永无休。

【注解】关水口：即水口关锁。经云："水口无关，漫说当年富贵；关外有锁，乃知积代公侯。"龙经云："关门若有十重锁，定有王侯居此间。"流水畅通，前有田圩如朝山关锁水口，使其水屈曲绕抱，似去欲留，为之有情，富贵长久。关锁愈多，富贵愈大、愈久。若无关锁，则龙气无束，气行未止，不能立穴。

如临海王侍郎祖地（图1－2）。此地在台州府治南五里，地名纱岙。其龙发自望海峰，辞楼下殿后精神雄猛，骨脉清奇，比入局复大断束脉，顿起高峦，成太阳金星结穴。穴甚清巧，但左臂直硬，窜入明堂，内局偏斜，既逼且窄，登穴观之，不见外阳，只是龙气甚旺，穴星甚尊，藏风聚气，乃为真美。外阳一字文星暗拱，水口交固，葬后出七进士、二太守、一侍郎、四文魁，人丁大旺。一房离乡（按：左手砂直窜，左为长房故），居江西，亦出两进士。

【原文】 大河之脉气归弯，湖内砂明应案拦，
下后儿孙多富贵，能令白户出高官。

【注解】山龙主山落脉后为胎元，平洋龙以水弯环处为胎元。水有一弯，地气则一聚，若有二、三、四转，则真气纯全，胎元充足，真气融聚，葬后即发，故云"大河之脉气归弯"。

大湖大荡，旷阔渺茫，气散不聚，间或有一砂一洲，亦无法收其水气。若前有案砂遮拦，左右龙虎之砂缠护，穴后再有长砂拱托，则真气凝聚，一湖之秀，尽收于穴，故云"湖内砂明应案拦"。

【原文】 流来水势似刀枪，射胁冲心不可当。
尖利田圩为绝地，杀伤公讼退田庄。
后来水龙似反弓，出人忤逆各西东。
若还遇此反弓水，退败田园守困穷。

图1-2 临海王侍郎祖地

水要弯环莫直流，直流之水是为囚。
更兼四畔无遮掩，浪打风吹不可求。
十字水流后与前，廿字井字总一般。
此为市井人多住，若是一家不可安。
抱身之水势环坟，穴后龙真气脉纯。
葬后其家多富贵，儿孙荣显作王臣。

交剑水

【注解】交剑水：穴前二水相交，形似交剑，乃龙大尽之处，以此水界绝其气，乃脉穷气绝之处，万不可求地。对面二水来交亦凶。

射胁水、反射水、廿字、十字均见前注。

以上均言水法。概而言之，不论来水去水，皆喜屈曲绕抱，皆忌直硬斜反，离开此理而论水，皆非正途。

水群肖象格说

【原文】山群以山为龙，水群以水为龙。三吴诸郡，江楚二省，枝浜交流，一圩之地，不过里许，前贤谓以水为龙，正此处也。相水认势，葬得真穴，富贵悠久。经曰："江淮大地无龙虎，渺渺归何处；东西只把水为龙，葬了发三公。"千里无山，英雄迭出，其贵在水。

【注解】此篇原书无标题，此标题是根据其它版本增补。

三吴：《水经注》中以吴兴、吴郡、会稽为三吴。《名异考》中以苏州、润州、湖州为三吴。《通典》则以吴郡、吴兴、丹阳一带为三吴。虽地域略异，但以苏州为中心却是肯定。故应是指江苏、浙江交界处河道纵横之地。

江楚：楚，周朝时国名，辖湖北和湖南北部，后扩展到安徽、江苏、浙江、江西等地。这里泛指湖北和江西、江苏南部一带。

经曰:“水为气之子,气为水之母,有气斯有水,有水斯有气,子母相随,从不分离。”故水行则气行,水界则气止。水往东而气亦趋东,水流西而气亦归西,得斯水则得斯气,故风水以“得水为上”,山龙、平洋龙均如此,故云“其贵在水”。

【原文】纵是浙闽多山之地,一离山脉,亦作水局。至于苏淞之地,近海通湖,六时潮来,六时潮去。来口便是去口,去口便是来口,两头交媾为交精,潮退两分为乳荫。妙处在乎潭旋,生活喜其之玄。潭漩叙精神百倍,之玄现变化无穷。

【注解】交媾:即交合结合。“二仪交媾,乃生万物。”二仪即阴阳。阴阳交媾,万物生焉。海水乃四渎之所聚,龙势大止之处,河流至此,既为入海之处,也是潮水入河之处。来既是去,入亦是出,故云交媾。如王阳明祖地(图1-3)。此地在余姚县西十里,其龙起自封山,顿起御屏,撒落平洋,牵连数十里,入首结穴,重重包裹,穴前之水,屈曲而来,海潮一起,涌入朝穴,且当面远峰特秀。旧有记云:“封山一地最难求,穴落平洋水绕流,奇峰隐隐云霄见,文魁天下武封侯。”葬后阳明先生父讳华,登成化辛丑状元,官至尚书。阳明登会魁,正德末宸濠谋不轨,阳明时官南赣都御史,起兵平叛,以功封新建伯。隆庆初追赠新建侯,谥文成。(按:古歌云“海水入潮人爱惜,两浙英雄由此出。但潮头高而色白者为吉,色昏暗则凶。)

【原文】屈曲来朝,不论大河小涧;远流曲抱,无分江海池塘。经云:“地道刚柔神变化,众流聚处引玄机。”小水多聚而愈妙,直流纵大不为奇。内直外钩多巧结,内钩外直枉劳心。横过抱局为抱身,对面曲朝是迎神。进局入怀,要两边之抱应;流来入腹,须四畔以包藏。

【注解】大江大河,弯环有势,但因形势过阔,生气难聚,喜

图 1-3　阳明王先生祖地

枝水插界。若外局形极美，内水虽直，可在直湾交汇之处结巧穴，虽内气略有不足，但外形完美，葬后稍有小咎，旋即可发。若大江大河直泻而去，甚至反弓直跳，虽有枝水插界兜收成形，因外气荡散，龙气不歇，生气已泄，葬后即使初发，终是退败，故云“枉劳心”。如丹徒费侍郎祖地（图 1-4）。此地在镇江府城南

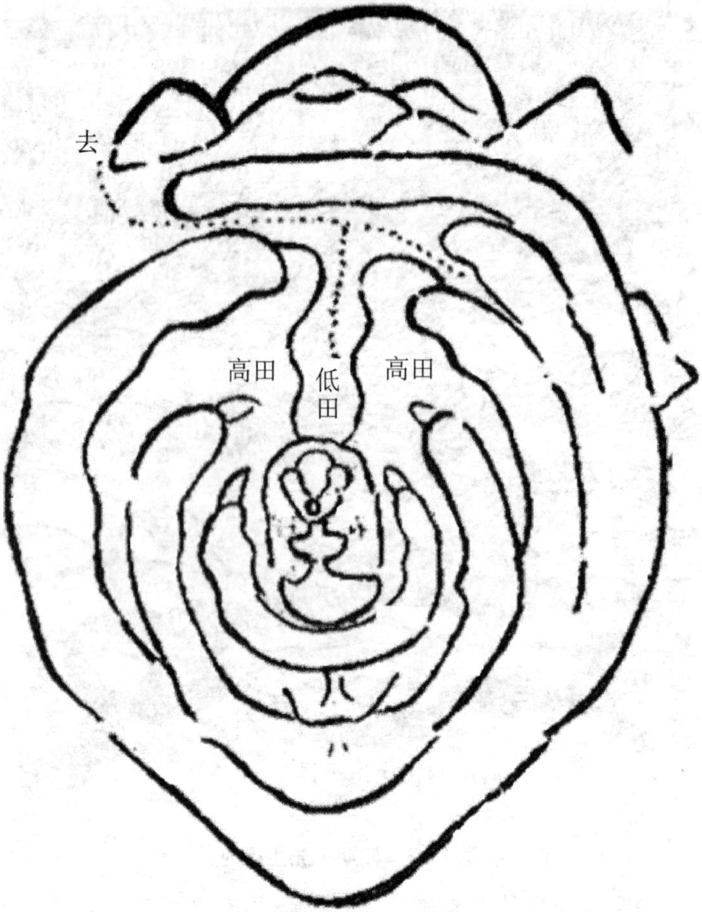

图 1－4　丹徒费侍郎祖地

十里，地名华盖山，窦氏湖。龙势甚远，入首平冈，飞蛾个字中出，数节精俊，为水木到头，起顶开钳，于田中吐出唇毡圆正，左右掬抱有情。但元辰水当面直出平田去，里许外山却横拦回顾，系壬亥龙，扦戌山辰向兼乾巽，葬后出侍郎公闾，登成化已丑会元，官至少宗伯，一代清贵即不振。（按：是地龙真穴的，何以一代即败，元辰水直泄为凶也。虽外有砂山横拦，龙气已泄，故仅一代富贵。亦有主先败后发者，如朱文公祖地、德兴戴都宪祖地等是。）

【原文】前后特秀，即为华盖；附身交合，便是金鱼。两水合局是朝堂，二派交流为合脚。六建四边皆护卫，三阳当面似趋迎。金鱼腰带旋绕湾环，弓局天虹当面大抱。上下水朝，号作雌雄两感；绕身方正，即为华盖幞头。裹局枝浜奇特，遂处华荣；穿珠垂乳源头，即时富贵。献诰水英雄三世，藏秀局富贵千秋。叉股无缠而骤发，迎神得秀以绵长。四龙戏珠，大富大贵；四围环抱，悠久无疆。交剑合流生武职，催官盘绕出文臣。左右仙掌俱富贵，莲花垂仰定阴阳。势若踢球须得趋，形如飞凤翼宜长，仙掌抚琴登甲第，卷帘殿试耀巍科。一水曲小盘蛇局，两浜正抱似开弓，美女献羞生秀气，排衙形局出官僚。太极二源真秀贵，蜈蚣百脚产英豪。虾局富而雄豪，金城贵而悠久。高朝局大则出姓，幡花形一发便休。草露擎垂在取尾，露薄则出姓绝嗣；顺风船穴在居中，船大则荣华富贵。顺水卷帘而入赘，舞旂脚转始堪裁。风吹罗带，发福迟而绵长；伏荫金鱼，富饶先而后贵。插花垂带，衣食从容；进局入怀，福禄悠久。金钩宜转脚，朝元要水多。裹局阔大而不朽，交牙紧夹而有情。日字局有吉有凶，鞋城格分真分伪。盘龙局势盘中取，虹食彩霞聚处寻。擎伞水扦垂尾，龙形局取中寻。双龙戏感合阴阳，一水垂丝钩里取。四水归朝防散乱，聚堂旺局忌乘风。砂水相关真妙局，回龙顾祖巧规模。势有排衙，裹局蛇生，朝聚多情，蛛丝聚布。聚处安扦，重抱盘旋，水多愈妙。中军垂乳，有外抱而财禄荣昌；土宿聚堂，得秀朝则累科贵显。四势不流元气聚，弯弓一抱福天然。横官龙形

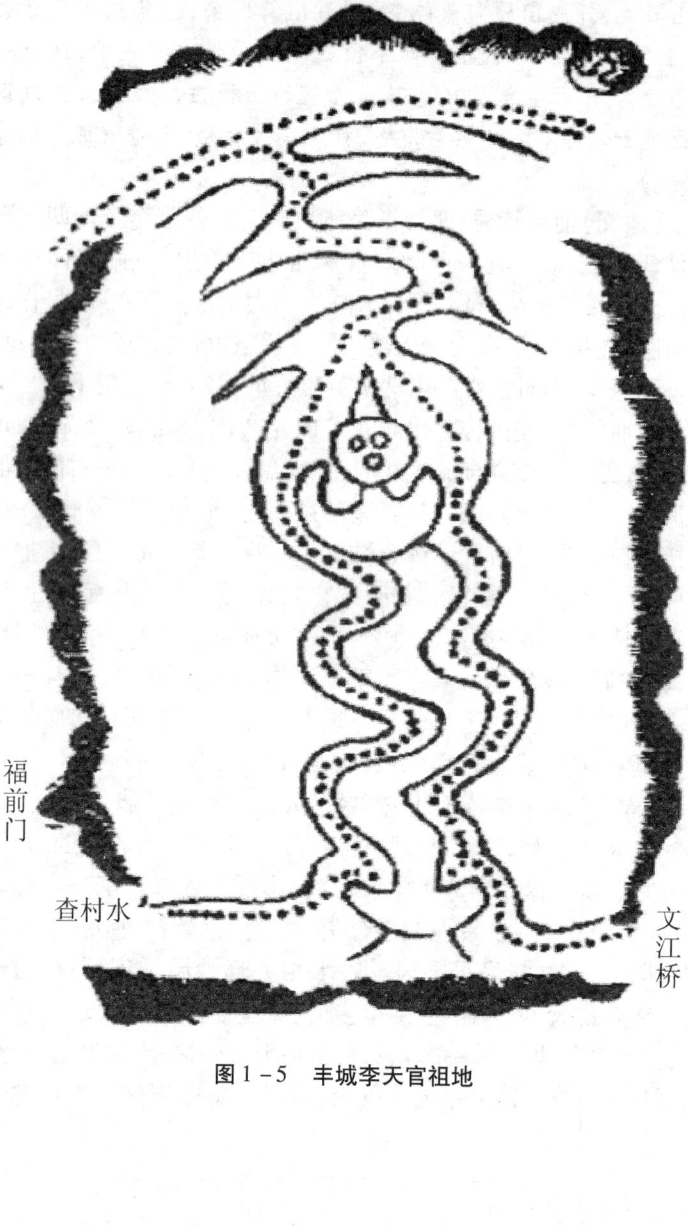

图 1－5 丰城李天官祖地

生显贵，借合穿龙发财源。出水莲巧而生秀，流带局活动为荣。莲花局取紧小，垂节势取多枝。生蕊灵芝，蕊多为妙；邱原转结，众聚为奇。

【注解】以上均言此节所收诸格之妙，详注见以下各图。

【原文】来长去短，福荫无疆；射胁穿心，凶祸立至。

【注解】来水愈长，龙脉之气愈厚，富贵愈悠久绵长。去水愈短，泄龙之气愈少，龙聚之气愈精，生气尽聚，故云福荫无疆。

【原文】大抵来宜屈曲，去宜之玄。急流者易于兴败，凝静者福寿绵长。水口交锁织结，虽顺亦吉；局内穿割箭射，纵逆为凶。此等水法，理致最微。不特知之者鲜，而讲之者亦少矣。

【注解】穴前虽有水流而去，但水口关锁交织，使其屈曲；或聚集成荡，为之有解，故云虽顺亦吉。如果形局内有砂水如箭直射穴心，虽为朝水，亦为灾祸。此通变之理，深得水龙精髓之论。

如丰城李天官祖地（图1－5）。此地在丰城东乡，土名文江桥，其龙起自尧山，廉贞作祖，顿伏行二十余里，将入局撒落平阳，渡水而来，逶迤活动，势若生蛇，卯脉扦乙山辛向，左右二水合流屈曲而去，面前砂水依稀重重交会，但局势顺水，不入俗眼，初非择而取之，因势所阻，停柩于此而遇之也。旧有记云："文江桥，武江口，小小蛇儿顺水走。有人葬得着，金印大如斗。"李氏葬后，出裕公，登进士，官至吏部尚书。子官太守，诸孙皆登进士入仕，富贵绵长。（按：此地二水随龙，名顺水局，二水虽合襟于前而去，但穴前案山重重交锁，其形如之如玄，回头眷恋，顾我欲留，为之有情，故仍以吉论，并非以元辰水去为忌。）

分论

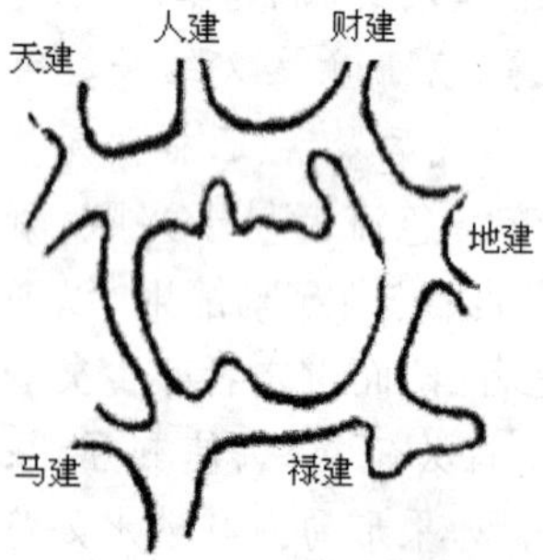

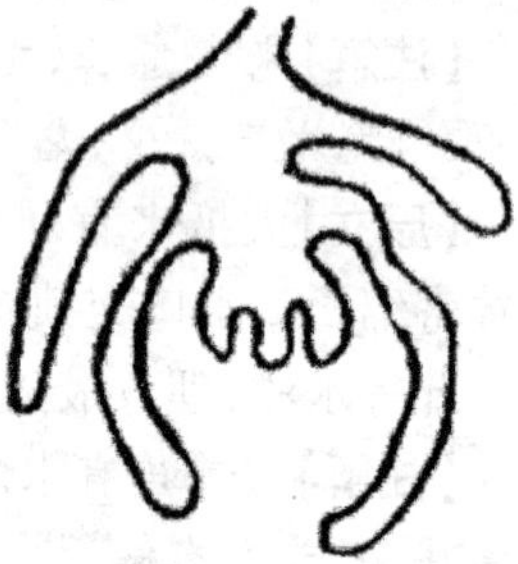

【原文】六建格。出神童、状元、宰相地。(上左图)

【注解】天建水在亥方,地建水在艮方,人建水在丁方,财建水在卯方,禄建水在巽方,马建水在丙方。但峦头形象家并不以此硬法为准。曾文遄曰:“水在左曰‘天建’,主官禄。水在右曰‘地建’,主财产。水在前曰‘人建’,主子孙。财建用本山之大五行,如寅山丙水。禄建亦用本山五行,如甲山寅水。马建亦用本山五行,如申山寅水。”(按:寅为甲禄,寅为申之驿马。)

也有认为六建水并非全吉。叶九升云:“天建者,乃太阳之地,养生之位,若山水朝揖,主子孙聪明秀丽有大量,无强暴也。”诀云:“天建之山高百丈,直上峰顶望;若然朝水入明堂,食禄佐明王。”人建者,乃地之和气所聚,临官帝旺之位,水来主大富,出聪明俊秀状元,男女高寿,去则无也,即武曲水来吉。诀云:“人建吉方山水到,五音皆云好;水去水来大吉昌,富贵足无双。”地建者,乃地之阴气,沐浴之方,子孙强暴不和,若无冠方同朝,主得横财也,即文曲水来去不吉。诀曰:“地建之方君要会,山水须相对;山奇水秀聚明堂,育女配贤良。”财建者,乃地之会气,衰病之方水来,主及第,去主发财不贵,多生女,性僻不和,无长寿,即巨门水来去吉。诀曰:“财建之方山水至,断定登科第;若然流水去无回,家富积钱财。”鬼建者,乃地之疑气,死墓二位是也,来主招盗贼刑狱,出人鬼相,又主腰疾死,逃亡夭折,即天罡水去吉。诀曰:“鬼建之方山水恶,劫盗年年著;若然朝水入明堂,瘟水血光伤。”禄建者,乃地之逆气,绝胎二位是也,去主发财,来主刑狱、气胄黄肿痨疾,若胎养并朝,不为全凶,即禄存水去吉来凶。诀曰:“禄建迢迢水流去,代代开质库;若然朝水入明堂,枉死少年郎。”(按:前两种是理气派,以方位论,叶论是三合十二运派,以生旺墓绝论,均非正法。大凡来去之水,均宜之玄,均忌直反。弃水之形强论方位,是舍本逐末矣。)

【原文】迎神水格。出神童、状元地。(上右图)

【注解】原局云:“三阳当面似趋迎。”何谓三阳水,李淳风云:“流水一交处为一阳,内明堂为二阳,外明堂为三阳。”亦有以“丙午丁”三方为三阳者。此局水交于前,内外明堂皆有水,且水从“丙午丁”三方朝入,故云“三阳迎神水”。

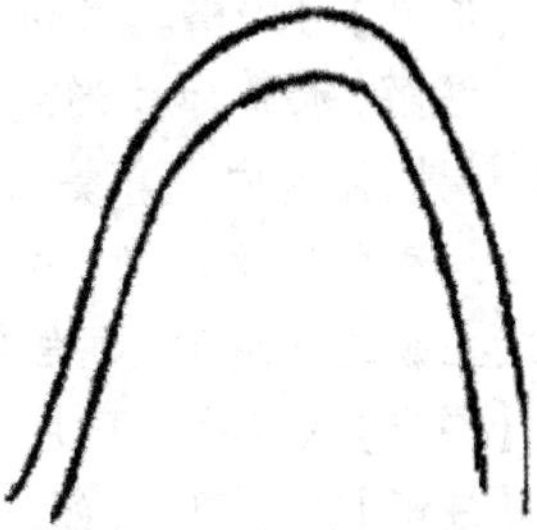

【原文】富贵之地。(上左图)

【注解】上左右两图均当名“金鱼腰带格”,但原书无格名。

金鱼:刘基云"明肩暗翼号金鱼"。蝉翼荫腮两旁之水何以不称鱼,而称金鱼呢?这是因为一般的鱼饮水,是从口中进而从腮中出,只有金鱼饮水是从两腮进入,而从口中出来,所以立穴之方像绳路一样的微茫小水就称为金鱼水。二水流至穴前合襟抱穴,像玉带一样环绕穴场,使真气融聚,毫无走泄,故云富贵之地。

【原文】此格无枝流静水,虽富贵不久。(上右图)

【注解】此局虽似金城环抱,一则二水斜出,收口无束,其气尽泄。二则形局宽大,生气荡散,无支水割界,葬后虽可初发,旋即退败,不宜扦葬。"静"字意不明,应是"界"字之误。

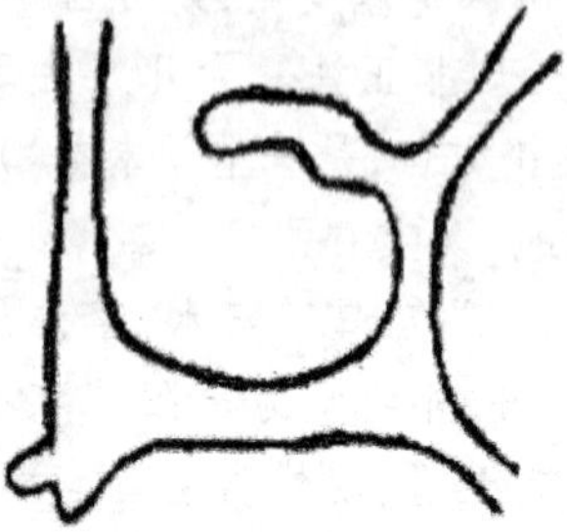

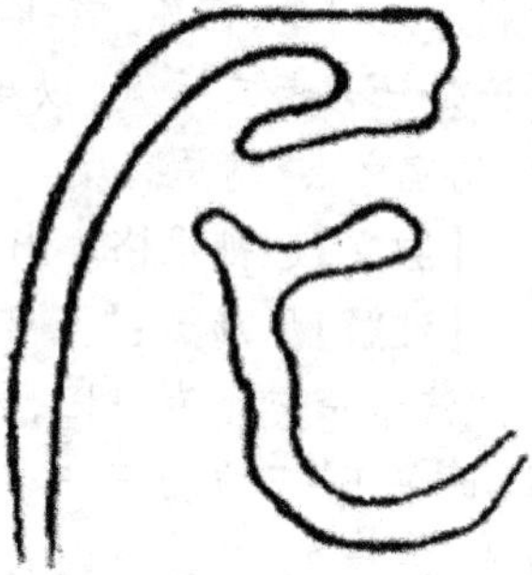

【原文】弓局格。弓局成形,子孙皆武。(上左图)

【注解】水局如弓形,宜弯弓怀抱穴身,不喜反弓。此穴虽枝水割界、怀抱内局甚美,但左水直而无曲,穴后及穴右均成反弓,弓为武职使用之物,虽葬后可出武贵,但外形不吉,或主阵亡,或主叛逆而遭刑,均难善终。

【原文】入怀格。日月入怀,富贵多才。(上右图)

【注解】内水圆抱,如外水抱内,似日。穴若点外水弯抱处,则内水反去;穴点内水,虽穴前两重水抱,却脱日月入怀之意。惟穴点于内水上方弯抱之内,则既得内水缠后为托,又承外水秀气之美,内外水皆为我用,方有"富贵多才之应。"

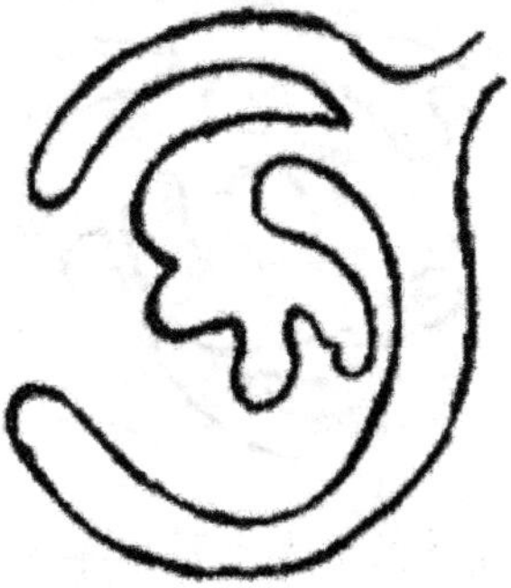

【原文】牝牡华盖格。牝牡华盖,文武全才。(上左图)

【注解】牝牡:牝是雌性,牡是雄性,牝牡即阴阳。

秀水环抱如月窟,一砂插入似天根,阴阳交媾,万物施生。抱水如华盖,主文;案砂形如刀,主武,故云"文武全才"。

【原文】乱中取齐格。乱中取齐,前贫后富。(上右图)

【注解】砂水虽零乱,细看却有情。湖荡中一方砂,龙虎夹护,案山朝拜,更有二枝水插入,于中乳曲动处点穴,金鱼蝉翼齐抱,重重卫护,当是美地。惜右砂尖窜,虽外有长砂护卫,终难全吉,故主先贫后富。

【原文】雌雄交姤格。雌雄感秀,七步文章。(下左图)

【注解】七步文章:指曹植行七步后吟出的《豆箕诗》:"煮豆燃豆箕,豆在釜中泣,本是同根生,相煎何太急。"后以七步文章喻才思敏捷。

主客二水,一雌一雄,一阴一阳。穴立上水弯抱之处,则既承本水龙脉之气,又接客水朝来之秀,一穴尽收二水之气,真气凝注,精灵秀异,故云"七步文章"。

【原文】裹局格。(下右图)

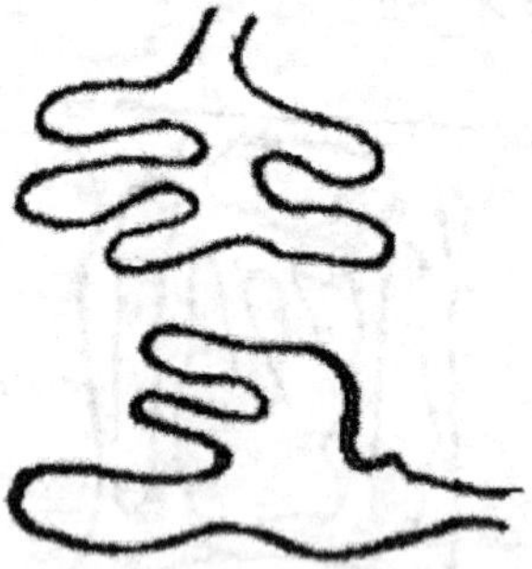

【注解】一块蛮皮,本无可取。但前不仅有大水弯抱界气,且有金鱼水插入,穴点突出动处,则金鱼、龙虎兜抱有情,秀水融聚于前,主富贵双全。此局名“裹”,裹则有淋头之显,不如“抱”字较准确。此格原书只有图、名而无文字解释。

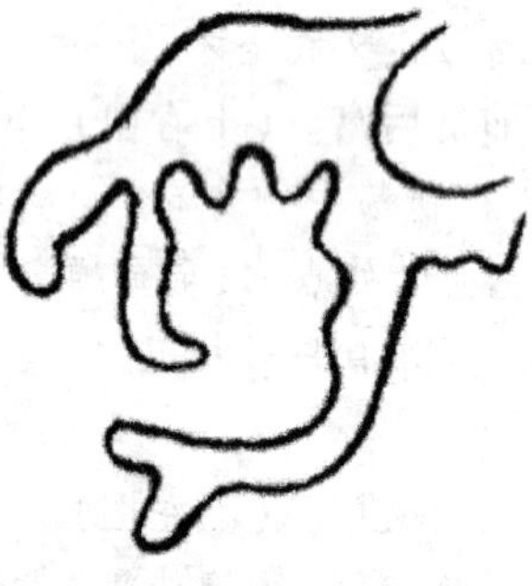

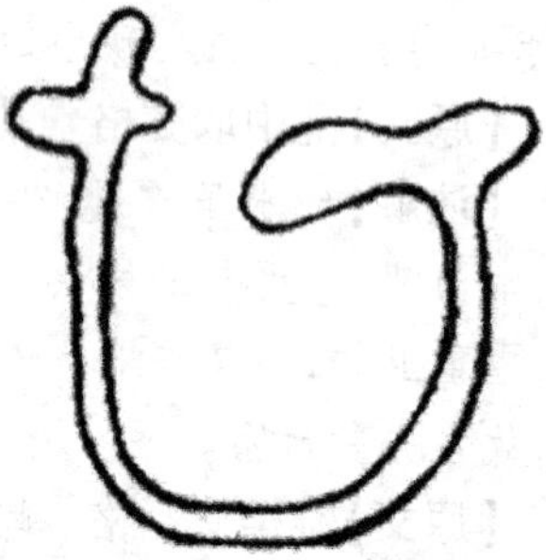

【原文】幞头华盖格。前到幞头,早列官流。(上左图)

【注解】此局与上局虽名有异,作法实同,亦与突出之砂立穴受接聚水之秀。但“幞头华盖”之称,却比“裹局”优出许多。廖禹曰:“捲带幞头脑本侧,侧要圈中阔;穴星居内始为奇,清贵定无疑。”

【原文】藏秀格。天水聚洲,五子登科。(上右图)

【注解】细看此局，虽左右后三方水抱，总觉形局过于宽阔。穴点偏右，坐坎朝离，前呈聚水之妙，因南方先为乾，乾为天，故曰天水。惜左方总觉空荡，气难全聚，恐终难全美。

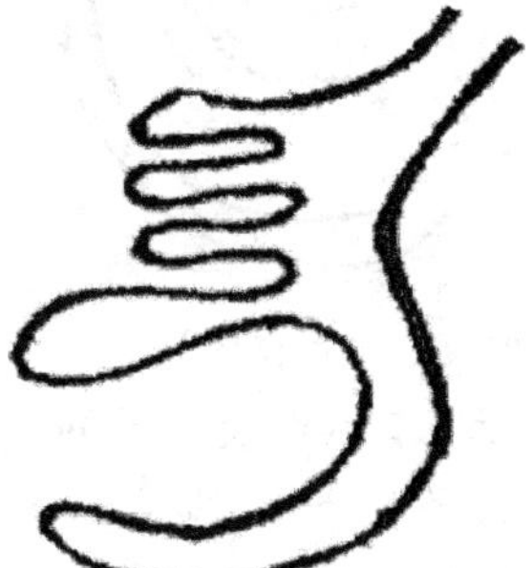

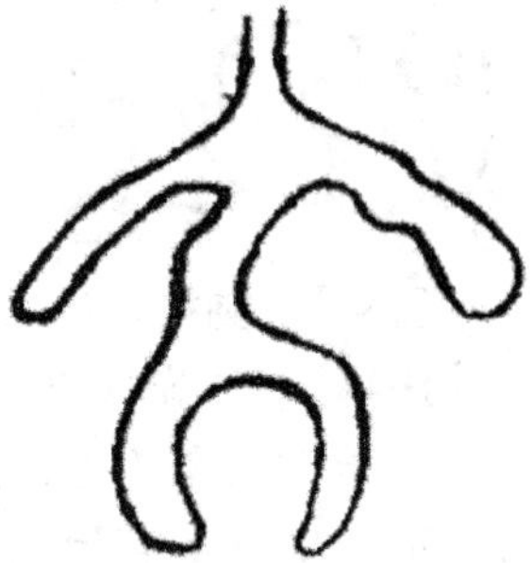

【原文】献诰格。前列诰水，父母受荫。（上左图）

【注解】诰：帝王任命或封赠的文书。

砂法云："诰轴砂者乃土星而两肩高起者"是。此水在穴前来回穿插，砂水之形如诰轴，秀气尽钟一穴，为上吉之地，故主膺帝名褒封受父母之荫。

【原文】穿珠垂乳格。（上右图）

【注解】穿珠之脉，宜委曲入格，忌急而直行。此局龙从北来，水自南迎，且重重左右环抱，分合整齐，到头双抱穴星如穿珠，脉插水中则似垂乳，故名之。此格原书只有图、名而无文字解释。

【原文】四龙戏珠。（下左图）

【注解】支水四条，各居一方，屈曲摆动，生动活泼，汇聚成湖。正中一砂，圆润端正，形如明珠，就中立穴，是此格。《天机会元》中有"五龙聚会"形，诗曰："五龙聚会喜相逢，一颗明珠要在中。点穴须玄宜仔细，或扦珠上或扦龙。"此格原书只有图、名而无文字解释。

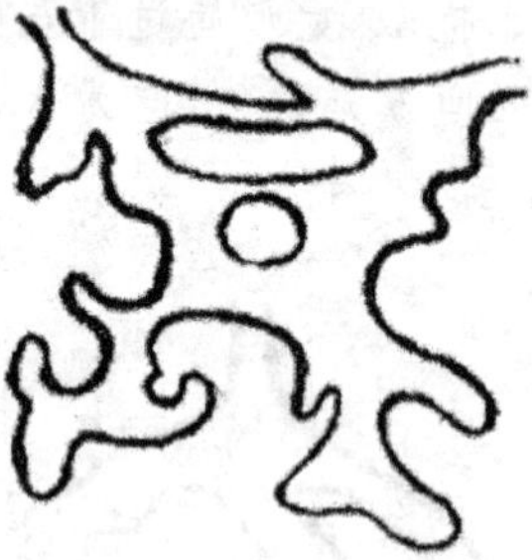

【原文】交剑格。势如交剑,生出元戎。(上右图)

【注解】诸书皆以交剑格为凶,经云“二水相交穴受风”者是。此局却以交剑为吉,何也?答曰“形不同也”。前言二水直交,交处似火,来去直射。此云交抱,水口重重关锁,真气融聚,故吉凶迥异。

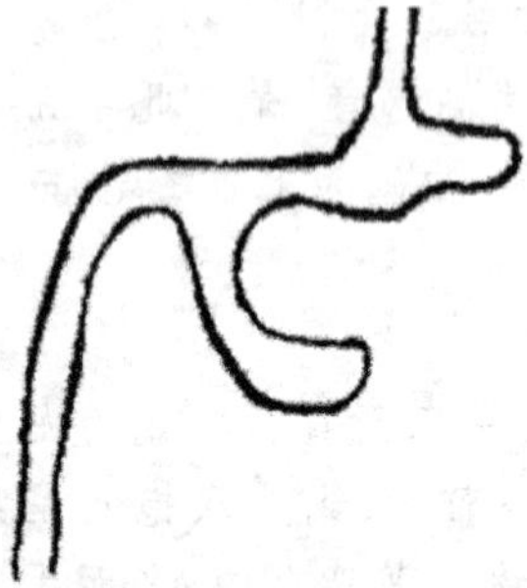

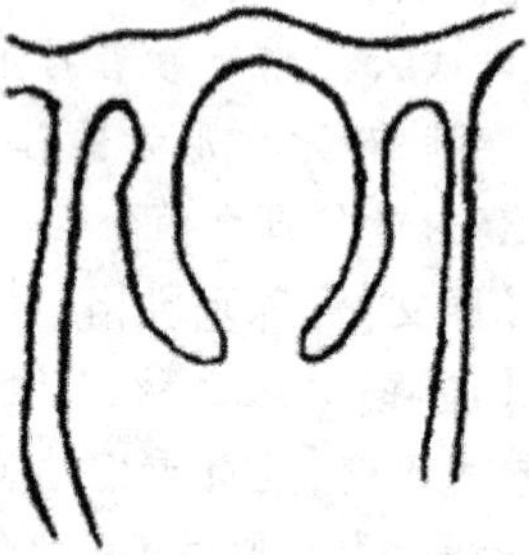

【原文】催官格。(上左图)

【注解】此以八卦纳甲论。艮纳丙,震纳庚,巽纳辛,兑纳丁,故艮山丙水,震山庚水,巽山辛水,兑山丁水为催官水。如此局枝水插界处龙从兑方入首,水从丁方朝来是。亦有以屈水朝堂为催官水者。此局水从艮方转巽朝入,亦是。此格原书只有图、名而无文字解释。

【原文】踢球格。坐后有水,先贫后富。若埠内踢球式。

（上右图）

【注解】龙虎、玄武三面皆水，本是龙中至吉者，惜前水直横，且有反弓之意，龙虎二水直来，形如推车，众水之情皆不向穴，反成龙中至凶者。喜内有二水插界，绕穴外气虽凶，内气却吉，故主先贫后富，或先富后贫，不能全美。此局界水包裹处圆净如球，故名。

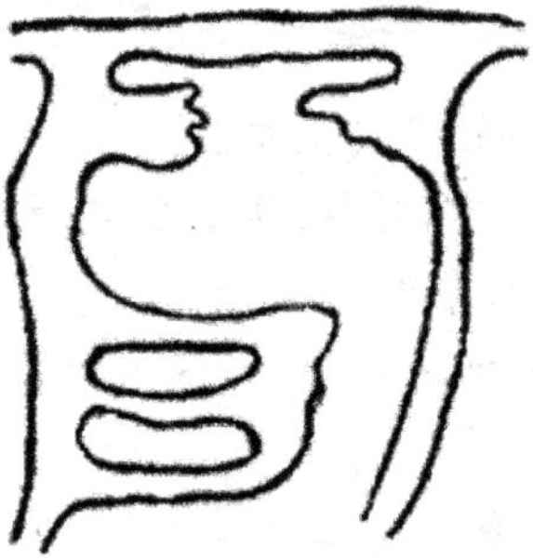

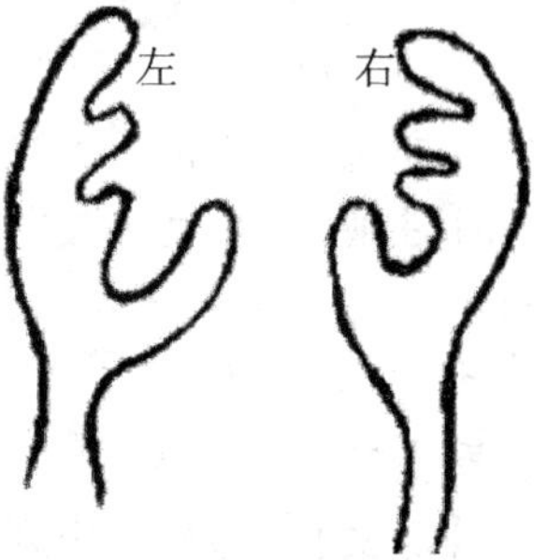

【原文】仙掌抚琴格。仙掌抚琴，黄甲声名。（上左图）

【注解】黄甲：古时科举甲科进士及第者的名单用黄纸书写而名。这里指立穴后，主出进士及第之人。

此局坎脉过乾转兑入局，形如仙人手掌。离方砂水呈长方形如横琴，艮方水折折横过整齐，如琴弦，故云仙掌抚琴。《天机会元》中有“仙人抚琴形”，其诗云：“仙人抚琴何处寻，面前只要有横琴；重重包裹无空缺，穴向仙人脐上扦。”

【原文】左右仙掌格。（上右图）

【注解】水自左方青龙处来，为左仙掌格。水自白虎方来，为右仙掌格。左青龙主文职，右白虎多主武职。穴宜立拇指与食指之中长砂屈动之处。《天机会元》中有“仙人献掌形”，其诗曰：“仙人献掌少相逢，穴法看来在掌中；认取窝钳看指谷，金银财谷满重重。”此格原书只有图、名而无文字解释。

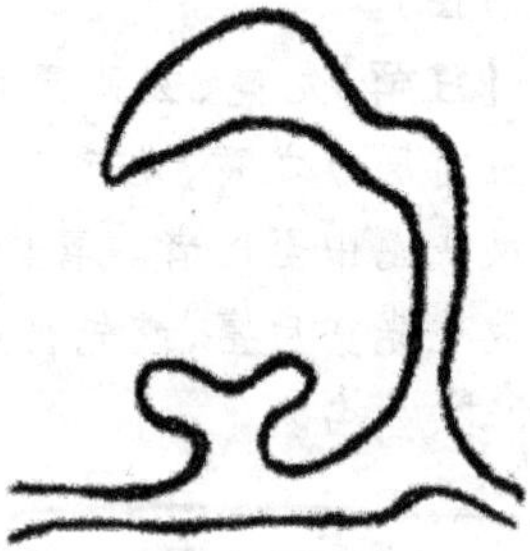

【原文】飞凤格。飞凤含球,子孙尚书。(上左图)

【注解】来去之水屈曲飞舞,形如凤凰翔舞,居中立穴,前有金城水抱,左右二水界气护穴,如凤嘴含珠,有此应。《天机会元》中有“舞凤形”,其诗曰:“飞凤腾腾地势长,尖峰为对面前朝;冠上安坟为最吉,儿孙世代姓名香。”

【原文】开弓格。面列开弓,武将成功。(上右图)

【注解】巽方水来,绕抱至乾,与艮方来水相会,虽三面皆水,但形局宽大,生气难聚。妙在坎方一水插入,到头弯环有情,就此立穴,后有玄武水缠,前有秀水朝抱,使抱水之秀,尽钟穴星,故为美地。

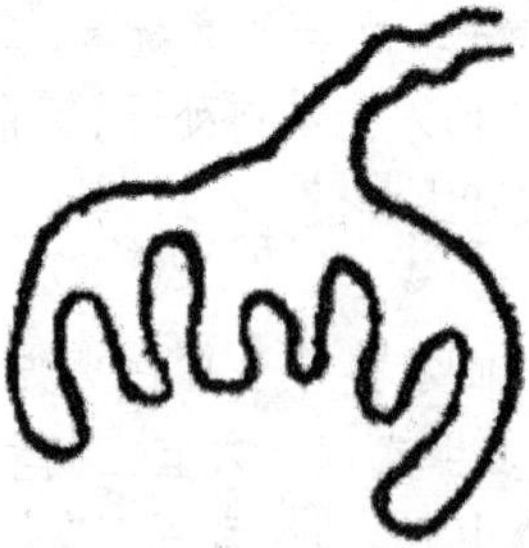

【原文】垂莲格。倒系垂莲,南面垂帘。(上左图)

【注解】诗曰:“倒垂莲花平地生,四围山水要相当,穴寻花心迎朝吉，更喜浮龟左右明。”此局龙从北入，水从南迎，中出一砂，端严尊重，左右龙虎，三重护卫，秀水三层包裹，坐坎向离立穴，尽收一水之美，故有“南面垂帘”之贵。

【原文】仰莲格。倒日仰莲，翰苑朝天。（上右图）

【注解】龙自南来，水自北迎，四畔枝水四散，形如花瓣，至中凝聚成湖，就中砂曲动处立穴，左右龙虎缠护，前有聚水为堂，灵秀之气尽收于穴，故有“翰宛”之才。

【原文】盘蛇格。曲曲盘蛇，五马奢华。（上左图）

【注解】五马：古时太守的代称。

平洋结穴，收水为据，此据一水盘旋如生蛇，盘中一突，如蛇之昂头，就突中立穴，亦蛇立七寸之意，尽收一水之秀，故有太守贵应。

【原文】虾局格。虾局长钳，世出魁元。（上右图）

【注解】水从坤方流来，至穴前聚成湖荡，惜形局过宽，真气不聚。喜两枝水插入，界气明白，龙虎砂、金鱼水贴身有情，秀水与聚水之秀，一穴尽收，故有魁元之应。前注余姚王阳明祖地，杭州李旻状元祖墓临西湖，皆此类。虾形穴应立左右眼。

【原文】排衙格。前列排衙，千呼万拥。（下左图）

【注解】主水与客水合襟兜抱成局。经曰“水对三叉细认踪”,取枝水插界处立穴,后有水缠,前朝秀水,青龙外两水并来,折折整齐,如皂吏排衙,候令待出,故有此应。

【原文】太极格。太极成象,先师佐王。(上右图)

【注解】甲寅之方来左旋为阳,至坎方与右旋阴水交会;坤申之方水右旋为阴,至坎方与左旋阳水交会;如太极阴阳相抱,坎离交媾,一点灵光,尽注中央穴场,万物施生,妙用无穷,极美之地。

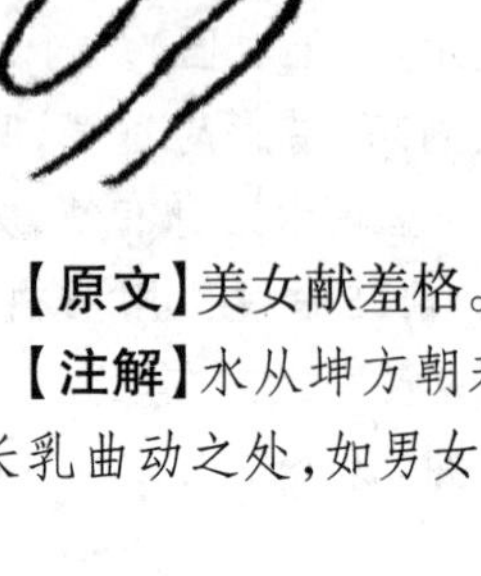 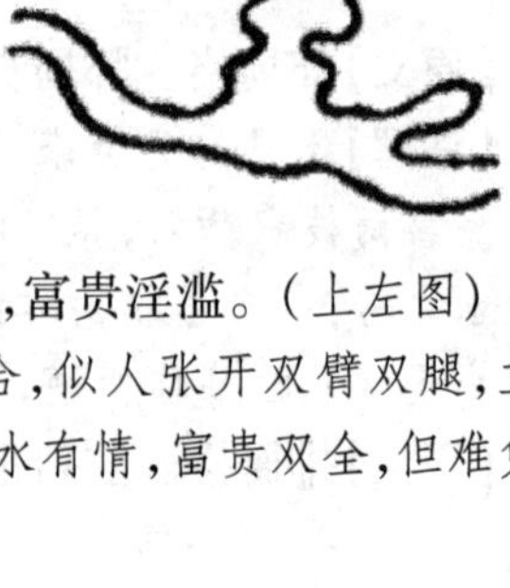

【原文】美女献羞格。美女献羞,富贵淫滥。(上左图)

【注解】水从坤方朝来,两分两合,似人张开双臂双腿,立穴于长乳曲动之处,如男女交媾,虽砂水有情,富贵双全,但难免风声不雅,故云"富贵淫滥"。

【原文】蜈蚣钳格。蜈蚣吸水,布爪张牙。蜒蚰作案,官职无差。(上右图)

【注解】平阳之地,得水为上。经曰:"水朝不如水缠,水绕不如水聚。"此局不仅前有朝水,开钳兜气抱穴,且凝聚成荡,朝水、缠水、聚水三者一局皆得,故为水法中至美者。穴点钳中,方为正结。《天机会元》中有"泛水蜈蚣"格,其诗曰:"泛水蜈蚣葬口边,点红珠上好安扦;若然果取安钳穴,更喜蚰蜒在面前。"此言山龙,穴应点口边。本文指小龙,穴应点钳内包裹之处。

【原文】伏荫金鱼格。伏荫金鱼,子孙尚书。(上左图)

【注解】水从艮方朝入,过震绕巽至离结聚,先出微茫虾须水界气,后兜出金鱼水抱,三分三合,真气融聚,龙从艮来,立壬山丙向,既收聚水之气,又合纳甲夫妇相合之法,无一瑕疵,故出国家重臣。

【原文】钗股格。钗股成形,女多佐王。(上右图)

【注解】虽一水横过穴前,看似无情,然有虾须金鱼水插入界气,反成金城绕穴之格,真气得此水以固,穴星得此水以秀。因其形如女子头上之钗钏,故主出女贵。金钗之形,穴多峻急,且元辰水长,应随形而下,急则缓受,缓则急受。

【原文】双龙戏感格。双龙戏感,代代为官。(下左图)

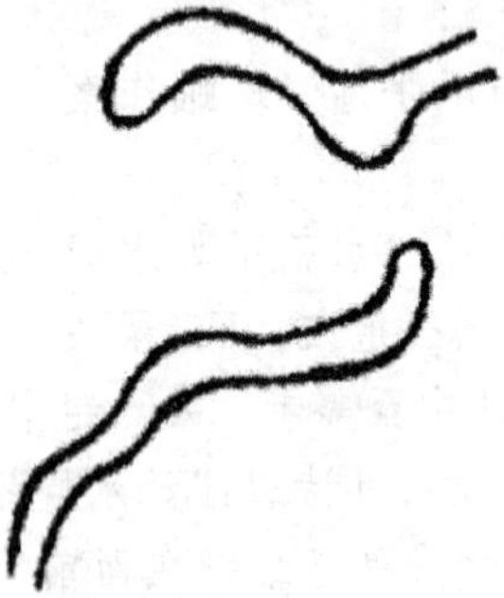

【注解】上水为阳为雄，下水为阴为雌，穴立上水弯抱之处，坐离向坎，负阳抱阴，二气交感，万物施生，生生不息，化化不尽，故富贵悠久，代代为官。

【原文】插花格。花扦插处，雄才盖世。（上右图）

【注解】秀水特朝，一水绕抱，就弯动处立穴，坎山离向，有水火既济，坎离交媾之妙。但前水直冲天心，虽有水横拦，终为瑕疵。且右水去时斜飞，毫无顾局之象，虽能骤发，却难久长。若乾方为来水，穴立巳山亥向，方为全美。

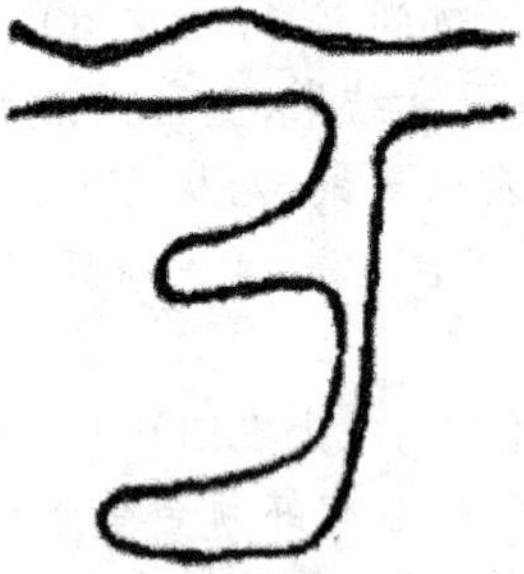

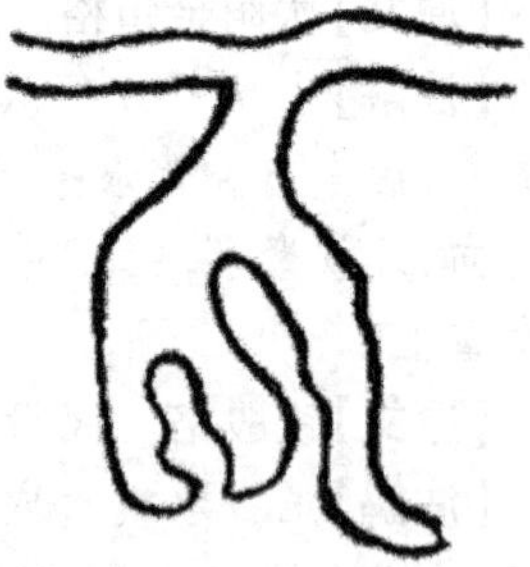

【原文】流带格。（上左图）

【注解】诸水流来，形似飘带，但必须有一个条件，其带必向内弯曲，若向外斜飞，并非此格。如此图，巽水横流至坤，中出一水如垂带，带带向内弯抱，真气凝聚，是此局。此格原书只有图、名而无文字解释。

【原文】风吹罗带格。风吹罗带，龙真穴怪。大小泽朝，为官千代。（上右图）

【注解】舒内长老有“风吹罗带”一格，注云：“水形开窝，长伸二脚，飞扬斜走，势如风飘带。外动而不静，窝内阔而圆平，宜就窝扦之。”如此图两砂插入水中，皆有砂水环抱，但其砂一长一短，其穴一真一假，全在目力之巧。右砂虽长，但左右二水一抱皆反去，是假有情而真无义，一发即败为假穴。而左右两水紧束，关气有力，情真意切，毫无矫揉造作，方是真穴。

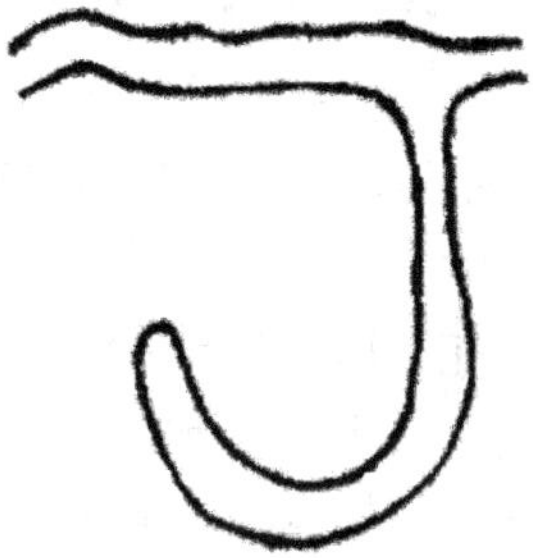

【原文】金钩格。势若金钩，万仓俱收。（上左图）

【注解】《天机会元》中有“倒挂金钩”形，其诗曰：“倒挂金钩逆转龙，生成的穴在其中；肉球相应游鱼现，富贵双全胜石崇。”此局水从巽方来，绕至坤方斫下，回旋如钩，宜于弯钩处近水立穴，以收抱水真气。

【原文】双钩格。双钩得令，子孙得力。（上右图）

【注解】此图左右双钩回头，但中间形局过宽，真气不聚，中有枝水插入，但形如直射。若居中立穴，反被冲破穴心。故当于枝水插入之方立穴，左右皆可。

【原文】进局抱怀格。(上左图)

【注解】进局即进神,理气派认为,丙向午水,丁向午水,申向坤水,坤向申水,庚向申水,亥向亥水,壬向子水,子向子水,癸向亥水,辰向甲水,寅向丙水,甲向卯水,乙向甲水,为进神水。如甲向卯水,甲向为阳顺行,卯为进局。乙向甲水,阴向逆行,甲为乙木进局等是。从此形局看,与司马头陀“平洋葬法”中的衡平相似。头陀云:“横若衡及琴者,取其气盛钟于一头,或来小正大,或如覆舟,皆当取其盛处,及微有沤黡为的,如拖茵褥出脉结穴龙妙。若或平州旷土,有水抱以成圆毡者,皆中气有聚。”此局横水之头略有圆抱,故穴点其中。此格原书只有图、名而无文字解释。

【原文】草尾垂露格。草尾垂露,小蛇登屋。(上右图)

【注解】《五星穴法》中有“论泛水穴”,注云:“前有泛水如活蛇,多在曲动处立穴。……若头微扁平,就葬平。”此局一水横过,至尽头弯抱如蛇头回转,其气必钟于弯处,就此立穴,因其穴居水末,如草之垂露,故名。

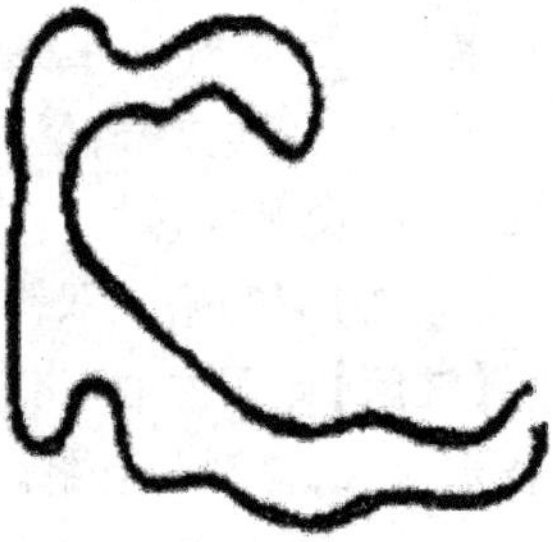

【原文】飞旙舞旗格。(上左图)

【注解】此局上有一水直横如竿,两水下垂兜抱似幡,穴若立于左方,一则砂水尖硬,二则右水反弓,必致败绝。立于右方,则前有秀水,左右龙虎兜抱,穴气完固,定能发迹。因旌旗为武职所用,故葬后多出武贵。此格原书只有图、名而无文字解释。

【原文】鞋城格。鞋城背暖,福力宽缓。(上右图)

【注解】龙从兑方入首,水从震方抱来,当立兑山震向,但宜就水,远则难呈其秀,且虎水变为捶胸水,反凶。若左水去时不弯不回,形如拽索,生气荡散,是为伪穴,主凶。

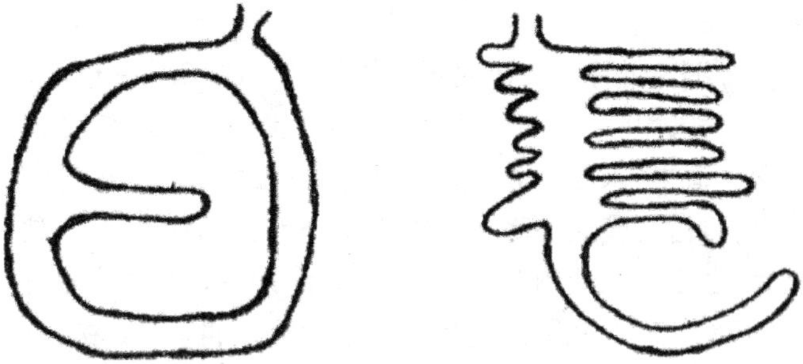

【原文】日字格。日字城形,乱乐名卿。(上左图)

【注解】本节序云:"日字局有吉有凶。"如果众水环抱有情,气不堵塞为吉。若虽形如日字,但有水反弓,尖射或龙气堵塞为凶。此局穴立上方,坤方有水朝来,前有金城秀水环抱,后有两重水兜收,真气完固为吉。若穴立下方,则为一水横拦,其力远不如立于上方,故要区别。

【原文】卷帘殿试格。倒挂琼帘,气隐河边,逆水流注,笙歌满筵。(上右图)

【注解】来水层层,折叠整齐,形如卷帘,去水翻身兜抱,一水秀气,尽聚于弯环之处,胎息充盈,逆水立穴,一水之力,尽注穴中,故为富贵双全之地。横水者,御街也;折叠者,掀帘也;立穴处,殿试者也,以形取象也。

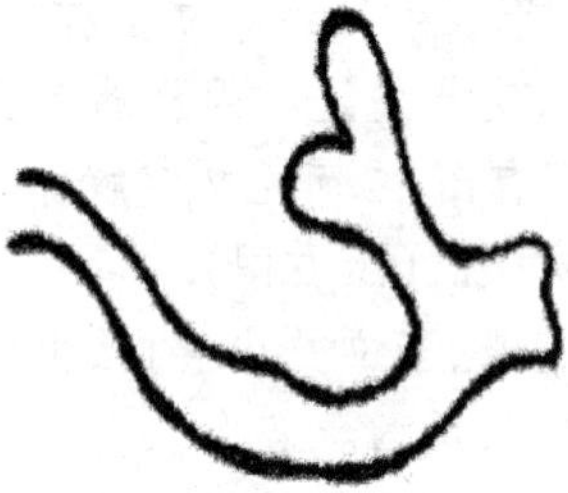

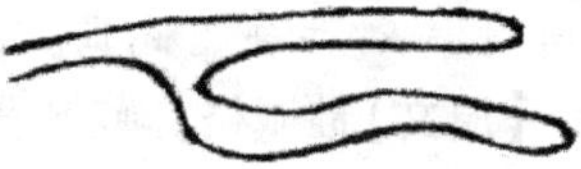

【原文】顺风船格。楼船出水,富而无比。泊在湖边,簪笏朝阳。(上左图)

【注解】舒南长老"怪穴图"中有"楼船出海"一格,云:"金水生出平乳,中低一窟,窟后阴而前阳,宜就前阳处扦之。"此局龙自巽方向来,水自兑方朝入绕抱界气,至巽而出,兑主威武,巽主文章,当出文武双全之人。惜左水分叉,外形反弓。叉使斗兽之双角,主出人性情刚强,孤傲不合,弃祖离宗,恐难得善终。

【原文】弯弓一抱格。弯弓一抱,富贵二世。(上右图)

【注解】一重水主一重贵。此局虽有水斫下界气,环抱有情,但旋即反身流去,关拦不紧,故仅主二世富贵,难以长久。

【原文】回龙顾祖格。回龙顾祖,内水田聚。乌府公卿,悠久不替。亦名朝元格。(上左图)

【注解】祖山从何方发出,龙脉弯环翻身,朝向祖山立穴,叫回龙顾祖。此局前有金城水缠界气,依理当向水立穴,若背水立穴,朝向来脉之方,其方必有秀山高耸,或秀案可朝,如此山水之秀,皆收穴中,其力尤重。如宋巩县陵,即背黄河而朝嵩山立穴者是。若后无秀山异案,却不宜立顾祖穴,反使秀水减力。

【原文】聚堂旺局格。(上右图)

【注解】聚堂:风水家把穴前平坦宽旷的地称为“明堂”,亦简称“堂”,其处有大湖或深潭汇聚为聚堂。此局要贴身,下砂宜关抱甚紧,堂气融聚,富贵最久。如杭州李旻状元祖地(见图1-6)。西湖环穴,凝聚穴前者是。此图原书只有图、名而无文字解释。

【原文】中军垂乳格。中军垂乳,世出鼎臣。(上左图)

【注解】鼎臣:指三公重臣。此局来水屈曲朝入抱穴,再三回顾而去,内形圆润,束气严谨,住水立穴,富贵无疑。惜外形去水形似反弓,又名离乡水,或发二代即败,或离乡后发迹,皆难全吉。

【原文】盘龙格。盘龙乳领,穴居深处,位至京堂,儿孙孝义。(上右图)

图 1－6 杭州李状元祖地

【注解】此局龙从左转右，环抱逆上，名左盘龙。诗云："蟠龙须要下龙头，龙尾弯弯要转明。"又云："左蟠龙形气属阳，穴居头上好消洋；游鱼相应儿孙贵，发福绵绵耐久长。"均言穴宜点龙头。以此图论，穴若点于龙头之上，前朝秀水，后气关束严谨固美。但艮龙入手处乙方一长乳，前有秀水，左右二水贴身兜抱，下手砂水关拦收气完美，亦可立穴，万勿拘泥。

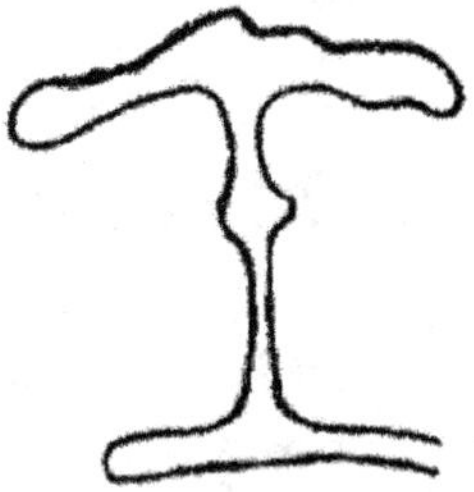

【原文】虹食彩霞格。虹食彩霞，出世排衙。（上左图）

【注解】何谓食？《指南》云："凡立穴若见前面山水从左畔来，即于右边立穴场；若山水从右畔来，即于左畔立穴场；山水若从当面正中来，即就中心立穴场，此为张山食水。"由此可见，食即就、即得，彩霞即水，意即就水立穴。依此局论，虽横水如虹长流而过，但形不弯环，气不住步，不能结穴。幸中间一水斫下，枝枝插入，长短有序，龙气界，真气聚，就中砂弯抱处立穴，面向来水，以收秀水之气者是"虹食彩霞"。因其水折折排列整齐，如衙役站堂，众将列帐以听我用，故主出贵。

【原文】擎伞格。擎伞形健，主出武健。（上右图）

【注解】一水在上，一水居下，中插一水，穴立于中，天地人三才巧妙地连合在一起，天地钟灵之气尽收于穴中，可谓造化之妙。上水两胁之下，弯回有情，左右立穴，均主富贵悠久。

【原文】旛花格。（下左图）

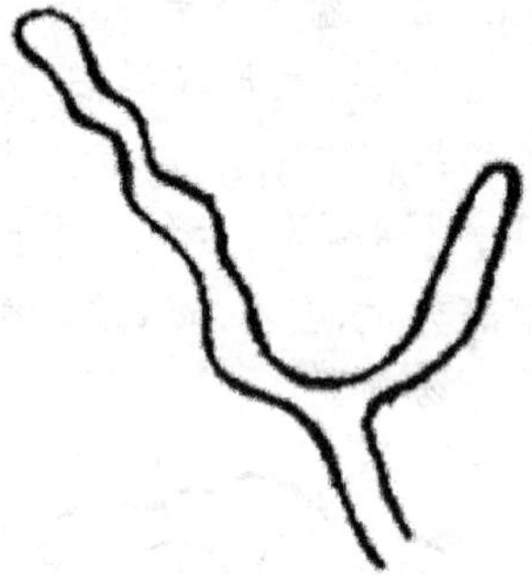

【注解】上水左右合襟弯抱如花，下面来水似茎，此为双臂金水，穴居花心，近水蘸穴，以接来水之秀。但左右二水均斜飞而出，龙气尽泄，葬后即使初发，迅即破败，名虽美而地非佳。此格原书只有图、名而无文字解释。

【原文】土宿聚格。土宿聚堂，世列朝纲。（上右图）

【注解】经云："土星结穴看角边，角好角上扦；假如两角均齐整，窝穴细认审；棋盘土星出大富，端正在砂护。"又云："平地土星形若柜，面平面上取；土星叠降砂抱角，抱圆穴可作。平地土星四角火，审穴当中取；看砂抱护在何边，却就那边扦。"此言穴场逢土星，若四边尖火，则就中立穴；若四边有砂水弯抱，则宜就角边立穴。如此局形方如土，乾方砂头圆净活动，前有抱水，故宜就此角边立穴为美。坤方有枝水插入包裹，亦可立穴。

【原文】垂节格。（下左图）

【注解】节：此处指符节。如此图，左右二水插入包裹，中垂一水，曲折如节，故名之。此局对应两砂，看似相同，实有真假之分。左方之砂，砂头呈尖形，白虎之水到头反去，其情所背，气均不住，为假。而右方之砂，砂头圆净，龙虎之水束气有力，生气凝聚，故为真结。此格原书只有图、名而无文字解释。

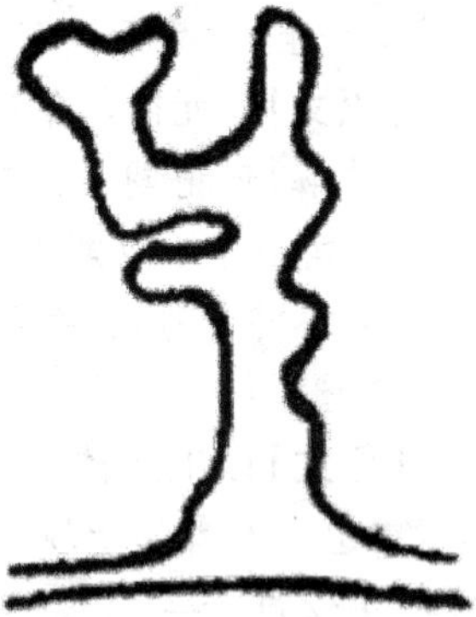

【**原文**】生蕊灵芝格。生蕊灵芝,世世宫妃。(上右图)

【**注解**】龙从离来,水从乾入,一至穴场,左水一枝插出兜入,金城弯抱,顿成形局,穴点尽头,一水之秀尽收,钟灵之地,当出毓秀之人。

【**原文**】横官格。(上左图)

【**注解**】何为官?龙虎横抱穴外,背后有山抱向前去者是,形宜回头。子微云"试问如何是官星,本身山前更有山",此乃旺龙秀气融结,包会不尽,故又发为官星。如本局右手虎砂,直抱向前插入,绕至穴前为案,界得气真,证得穴真,故为贵气。因其砂横绕至穴,故云横官。此格原书只有图、名而无文字解释。

【原文】朝元格。左右朝元,长季朝天。(上右图)

【注解】何谓朝元?亥艮山收丙水,丙丁山收亥水,震巽山收艮水,庚酉辛山收震水,离山收壬癸水为朝元水。此句坐离向坎,水从壬癸方朝入,故云朝元水。左朝长房发,右朝小房发,此以公位论耳。

【原文】以上形体,圆者为金城,曲者为水城,金水土三城,俱富贵也。方者为土城,直者为木城,次也。格惟火城尖利煞重,故不受直穴矣。

【注解】木城直硬,来为直射,去曰直泻,横曰直过,均与穴无情,乃水法之大忌,亦不宜立。

续水龙经第二卷

第二、三两卷总论

【原文】余少多疾病，性好放荡，朝夕寻山问水，竟作江湖散人，烟霞痼疾，知已深矣。后好浮屠，兼习地理。但好浮屠而不知粘香礼佛，习地理而不知插标。近见井蛙鼎沸，瓦缶雷鸣，并坊刻梓本，亦且明珠鱼目，混行莫辨，即青囊数卷，未有不以为玉函秘本也。前曾披阅数次，见其吉凶妍丑之大有近理处，但内中不无浅陋之语，似非前贤手笔，必系后人妄加添入耳。壬辰岁了弃一切，将薄田数亩，付之儿曹，西抵蜀中，渡锦江、登剑阁、涉峨眉之巅；南至武昌，登黄鹤楼，渡汉江，上晴川阁，领略万千，荏苒不觉有二年矣。后计归乡里，渡长江至金焦之间，时薄暮，狂风大作，骇浪千尺，如金蛇万道，茫然无际。夕泊焦山寺前，闻有虚无上人者，乃丛林中一了道师也，兼阴阳玄理，人莫能测。登堂进谒，则有苍颜白发，清癯异常，形如槁木，心若死灰者。遂延坐法堂，谈笑间不觉斜月东升，水天一色，万里雪涛，晶莹一片，如坐琉璃世界中，一时万缘皆空矣。上人适出水龙一经示余，余细玩良久，共约有八十图，皆自古名冢吉地，格格成形，实为今世所鲜。然以天下之大，岂曰今必不如古哉。惟世人不察，每躬遇此等妙局，既水法之茫然，又真龙之未究，遂致当面错过，不甚为可惜乎。上人之藏此卷也，诚一片菩提，欲尽指迷之意，久思传世，只恐不得其人，姑且自秘。今与余作竟夕谈，深知余于阴阳之理，尚克讲求，遂慨然授之。且嘱曰："子好浮屠，而虚无之境不易窥也。子善地理，曷弗以此卷精而玩之，一深救世之心乎。"

余乃拜而受之,谨以携归。谛视其图,余与所辑数卷,反覆推论其形局,虽或有异而意指则同,故遂继前所辑正集五卷,及所续一卷,后亦以续卷名之。因其图面尚繁,复析为二三两卷,以志不忘所授也。云尔。

大鸿氏识

【注解】浮屠:佛陀,即佛。

瓦缶雷鸣:把瓦器敲出的声音与雷鸣相比,喻高下悬殊。

金焦之间:金指金山,在今江苏镇江西北,旧在江中,后沙涨成陆,与南岸相连,著名京剧《白蛇传》中的金山寺就是此处。焦是焦山,亦在今江苏镇江市东北,屹立江中,与金山对峙,上亦有寺庙。

分　论

图2-1　**飞龙抢水格**

【原文】(见图2-1)飞龙抢水,逆曜九云,男登科第,女结皇亲。

【注解】《天机会元》中有“苍龙饮泉形”,云:“苍龙饮水世间稀,鼻上安坟人少知;前有深潭飞凤案,官高极品着绯衣。”正好像说此局。此局龙从艮入，水从坤方朝来，开枝分叉，看似长长短短，枝枝叉叉，很不齐整，细分析，长裹短交，枝叉有序，层层缠护，清晰分明，关锁紧固，龙气尽钟，诚为大地。穴点于龙鼻之上，艮山坤向，一局秀水，尽收穴中，不仅贵显，富亦堪夸。

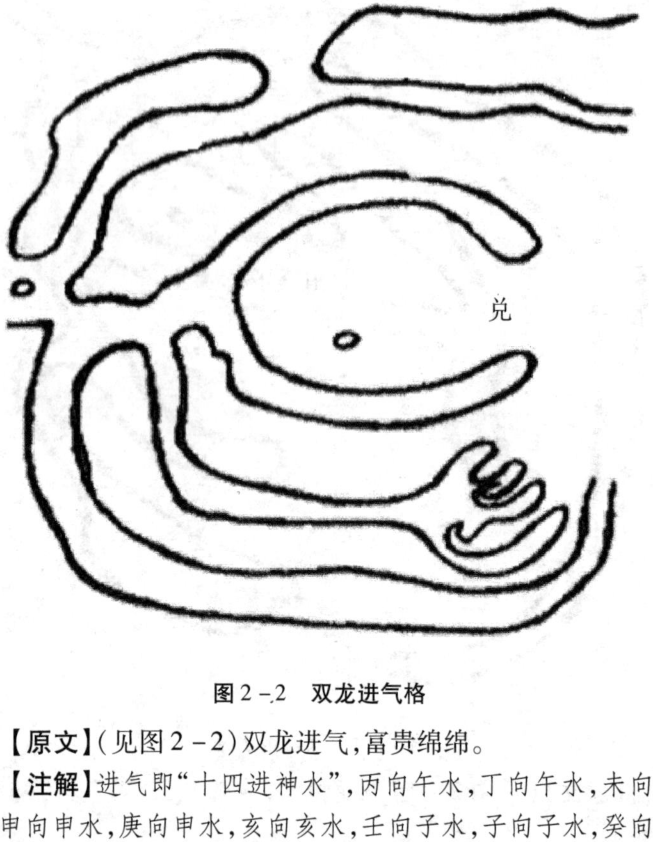

图2-2 双龙进气格

【原文】(见图2-2)双龙进气，富贵绵绵。

【注解】进气即“十四进神水”，丙向午水，丁向午水，未向坤水，申向申水，庚向申水，亥向亥水，壬向子水，子向子水，癸向亥水，寅向甲水，巳向丙水，甲向卯水，乙向甲水，十四向水是。此局兑方龙来，卯方水来，若立庚山甲向，则卯水为进气水。且卯水龙分两叉，环抱穴星，故云双龙进气格。

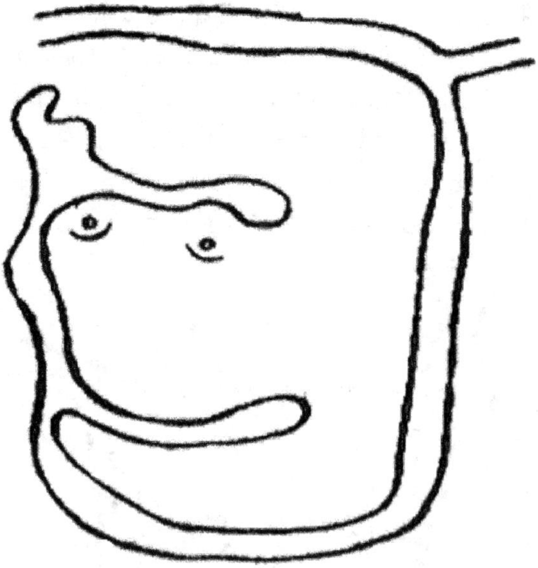

图2-3 灵芝异穴格

【原文】(见图2-3)成言乎艮，物齐乎巽，说言乎兑，战乎乾，劳乎坎。中间有穴人希见，兄弟联名榜上标，子孙斯世荣显。

【注解】语出《说卦传》，曰："帝出乎震，齐乎巽，相见乎离，致役乎坤，说言乎兑，战乎乾，劳乎坎，成言乎艮。"帝者，主宰大自然生机的元气也。震方为东，日月由此升起；于时为春，万物自此发生，故帝使万物生于震。齐者，事物齐生并长之状态也。巽方为东南，时令立夏，万物顺畅生长，故曰"齐乎巽"。说即"悦"，兑方为西，时令为秋，万物于秋成熟，一片欣悦，故"说言乎兑"。战者，接也。乾方为西北，时令为立冬，暑尽寒来，阴阳交接，万物成熟之后，正宜交接配合，故谓"战乎乾"。劳者，倦也。坎方为正北，时令为冬至，万物至此已历四时，劳倦而息，以待来春复萌生机，故云“劳乎坎”。成者，成功也。艮方为东北，时令为立春，乃岁终、岁始之季，万物至此成岁功而重新萌生，故谓“成言乎艮”。万物从生到死，从死复生的过程，正是气机化生的玄妙之处。如此局巽方水来，与坤方合襟，绕穴一周，至震插入割界以成穴，岂非“帝出乎震”么！此局虽穴成并蒂，但左穴青龙与前朝秀水贴近有力，右穴前虽有水绕，但无朝注，且远离青龙，故不如左穴力大。

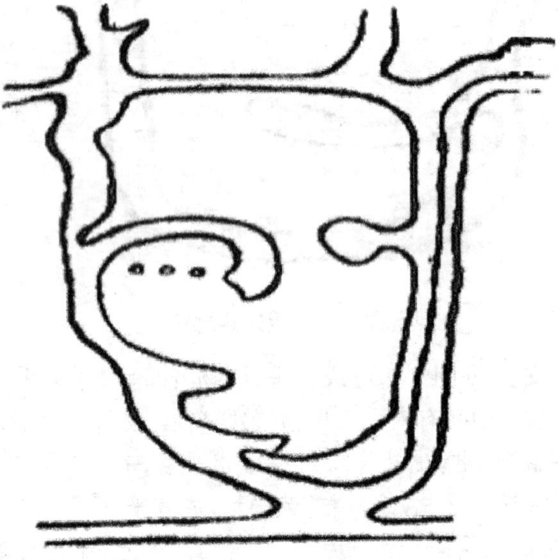

图2-4　双催格

【原文】（见图2-4）旺方流过养生投，桥梓双登气尽收，巽水双朝人富贵，藩垣风宪后先稠。

【注解】水从养生方朝入，至旺方流过，至墓绝方消出，为三合水法。如此局,巽方两水朝入,巽方有辰巳,为金生养之地,是生方朝入。酉方为金旺之地,二水合襟后流过酉方,至丑方消出,为合法。因巽方有双水朝入,故云双催。

桥梓:指父子,这里指父子皆贵。

藩垣:指卫国的疆吏。

风宪:此处指御史台。

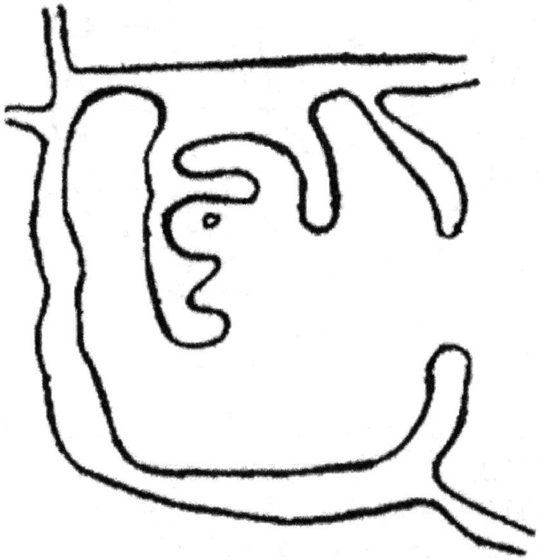

图2-5 蜂腰渡峡格

【原文】(见图2-5)蜂腰渡峡,地势端平,结局精微,入地清秀。

【注解】龙从兑方入首,入首之际,左右两水插入束气,仅一细脉过峡,故云之。青龙之砂,从左横绕至穴前呈一字文星案,四水兜抱,真气完固,故为美格。

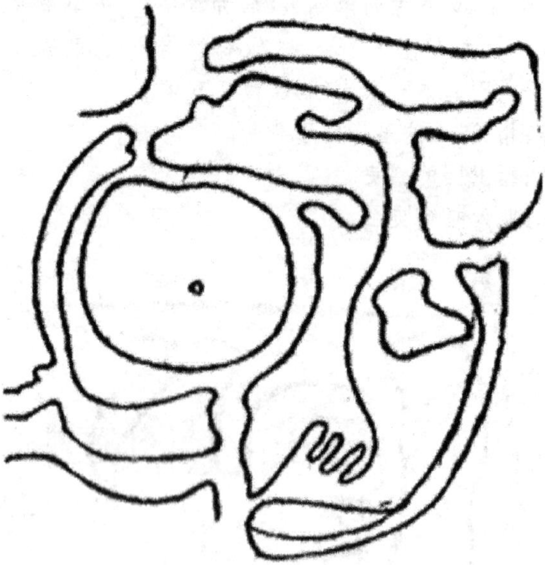

图2-6 秋蝉云汉格

【原文】(见图2-6)秋蝉出云汉,团团照水明,吉水并吉砂,收得贵儿孙。

【注解】四周水绕,四面砂环,中一大砂,形如金盘。《天机九星九变穴法》云:"第九太阳是平面,只在平地现;人言形状似金盘,穴向突中安。"故此局若四面开峭,突出之形平坦如覆盘,宜就中肉厚处扦之,则"朱紫盈门家富盛,从来平处福绵延"。

【原文】(见图2-7)此格仝下。

【注解】龙有真伪,穴亦有真伪。穴将入首,有盖有坐,出口则要有兜有收。盖座者,如人坐有屏帐,所谓华盖、宝盖者是。兜收者,如人坐有铺垫,所谓毡唇、裀褥者是。有此者真,无此则伪。结穴时,下开明堂,两边有包裹,八路分明,证佐明白为真,

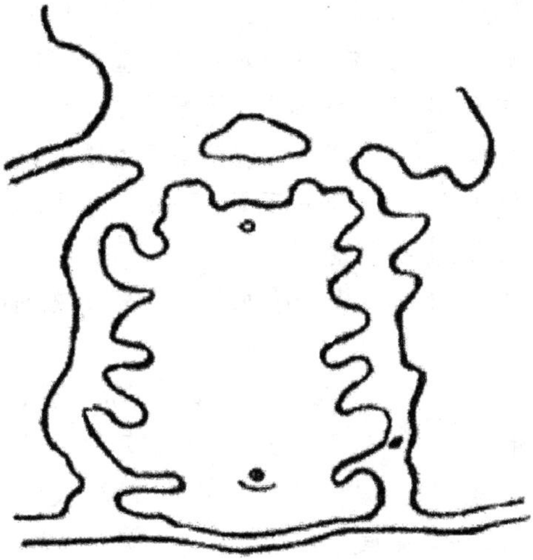

图2－7 蜈蚣吸水格

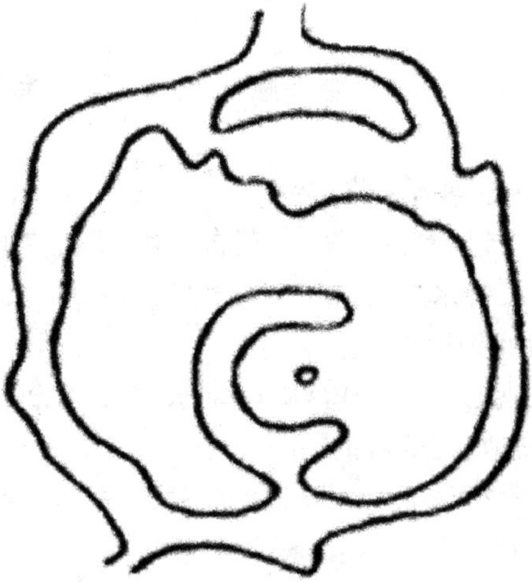

图2－8 蜈蚣吸水格

模糊则伪。前必有官，后必有鬼，左右必有曜，朝案端正，砂水环抱为真，反之则伪。如此局，前一穴明堂平整，外洋暗拱，水中一砂如印，证得穴真，为贵。此即“飞天蜈蚣葬口上，穿珠点穴要精通；有人葬得钳中穴，人旺财兴富石崇”之意。而后一穴虽得玄武水缠护，但明堂广阔，生气不聚，又离水太远，难呈其秀，只有小康，故为伪穴，定要分清。

【原文】（见图2－8）蜈蚣吸水，布钳为口，蜒蚰作案，官职自显。

【注解】此局喝形为“蜈蚣吸水”者，有所牵强，因蜈蚣身间必要生节有钳，方为合格，而此局形圆无节，远不如前“蜈蚣钳格”形似。此局虽四周水抱，但形局宽渺，故取枝水插入弯抱处立穴，生气融聚，形局完固也。《天机会元》中有“泛水蜈蚣”一格，云：“泛水蜈蚣葬口边，点红珠上好安扦；若然果取安钳穴，更喜蚰蜒在面前。”蚰蜒者，屈曲环抱之水也，故云：“泛水”。

【原文】（见图2－9）魁星踢斗，上应文昌，巽流聚气，少年及第。

【注解】四水朝入周抱，震方有大水插入成荡，荡中一砂，圆净平整如印。居水弯抱处立穴，朝向圆砂，证得穴真。因此局巽方既有水朝，又有水聚，巽方在天上为文章之府，故曰上应文昌。主出神童，少年及第之人。

【原文】（见图2－10）盘旋内堂水聚峰，魁元玉练终经天。三穴一水星得地，文章盖世□□□。

【注解】据文气“盖世”后还应有三字，因诸别本皆无此格，故无法补全。

虽四水环抱，但中间形局过于宽阔，喜艮方一水插入，盘旋蜿蜒，割界聚气，反是龙真穴的。若居前立穴，则后水呈八

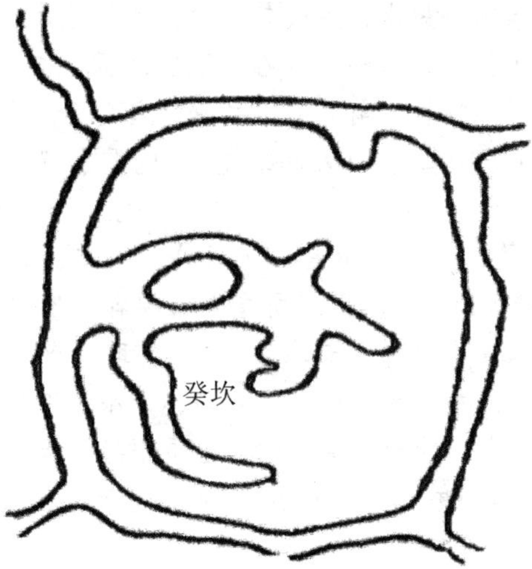

图2－9　**魁星踢斗格**

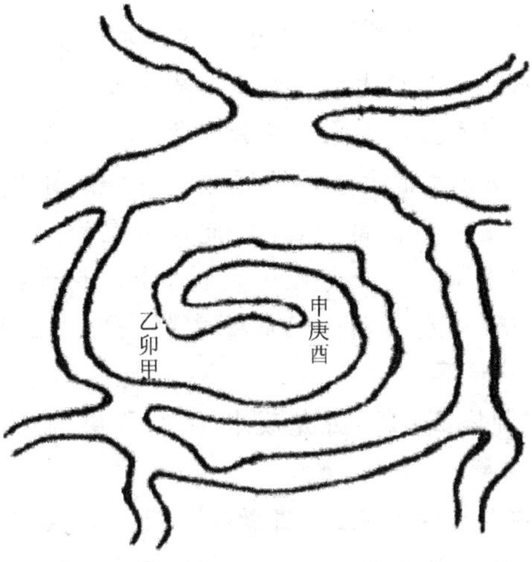

图2－10　**盘旋回顾格**

字形泄去，虽前得聚水，后气却渗漏，反是无力。若居中砂立穴，一则砂形尖硬，二则后水略反不护，固应居后砂立穴，坐子向午，右手砂横过穴前为官，尽收一穴之美，故贵。

【原文】(见图2－11)天梯结龙,后托重重,英雄献策,官爵加封。

【注解】《玉髓经》中有“上天梯”一格，言出大贵，三公九卿。《发挥》曰：“术家所指上天梯各有不同。有取前砂朝应者，但以高山有梯极者名之。”亦有取前水朝应，但以曲折有序者名之。故上天梯以阶级均匀，大小相等为美。若左牵右拽，亦不为美。此局穴后之水，重重摆折，折折整齐，如登高之梯，迥然有度，后气极为厚重，经云“一重水折一重贵”，合此格。

【原文】(见图2－12)双龙饮水,两穴并蒂,左有科名,右富而已。

【注解】此图双穴并蒂，左边一穴，可立亥山巳向，正迎巽方朝来之水，巽方在天为太微垣，内有五尚书星，为天上文章之司，巽方来水上应天象，故云有科名。右穴虽亦可立亥山巳向，但巽方秀水之情已被左穴尽收，右穴只得水聚之美，水聚便是财聚，故云“仅富而已”。此以天星论。《天机会元》中收“双虹饮水”一格，与此图大同小异。诗云：“双虹饮水仔细观，脚下砂弯水又回；但向头中扦一穴，儿孙代代占高魁。”此以穴法论耳。

【原文】(见图2－13)虬龙戏水,要合天星,御街上局,金榜题名。

【注解】御街之说有三，《青囊叙》云：“沟壑明堂定方隅，便从品折审萦纡，四尺五寸为一步，折取须叫向所宜。小神须要入中神，中神要入大神位。三折禄马上街去，一举登科名冠

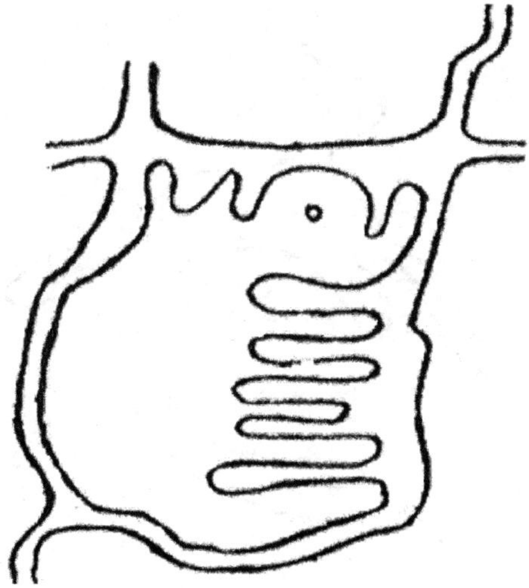

图2－11　天梯格

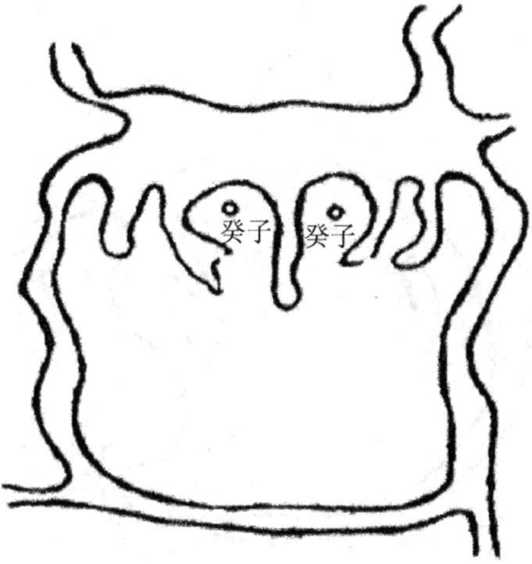

图2－12　双龙饮水格

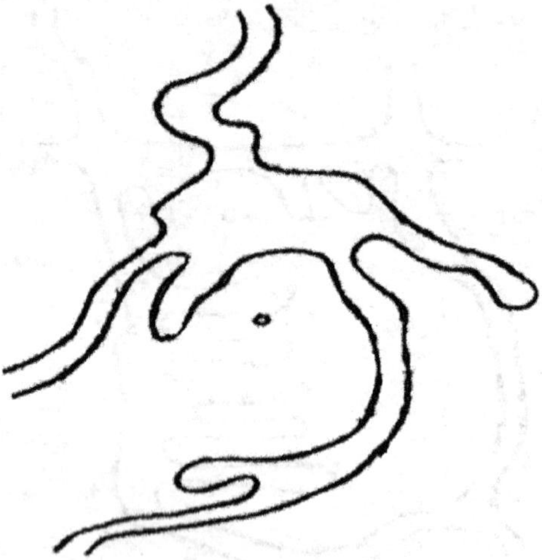

图 2－13　虬龙戏水格

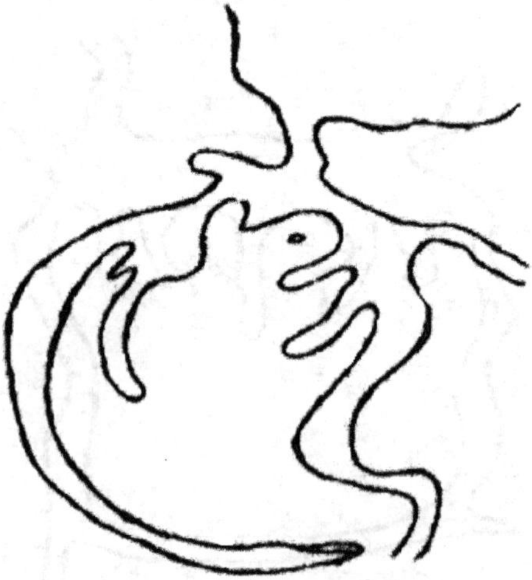

图 2－14　凤凰转翅格

世。”法以乙辛丁癸，辰戌丑未为小神，甲庚丙壬子午卯酉为中神，乾坤艮巽寅申巳亥为大神。若小神之水折入中神，中神之水再折入大神，为御街水，此其一。又有以阴局艮水、巽水特朝，阳局乾水、坤水特朝为御街水，诗云：“乾坤艮巽御街水，须要长流百步余，大地趋朝罗列应，儿孙两府配金鱼。”此其二。又有以巽方水朝为御街水，主高科文明，因亲发财产，旺人女贵。此局水从巽方屈曲朝来，当是以第三种论。

【原文】(见图2－14)凤凰转翅，声名万里，朱紫盈门，少年及第。

【注解】此局来水张开如凤冠，两水环抱如凤翼，一砂插入如凤嘴，砂头一穴如凤目，惟妙惟肖，再加水城周密，生气完固，巽方水朝，不仅男子出神童，且出女聪秀而贵。叶九升《地理大成·平阳全书》中收有“展翅凤凰”一格，云：“飞凤展翅，志在腾霄，翔于千仞，云端逍遥。”穴立凤头。

【原文】(见图2－15)回龙卷水，此格难逢，内堂深抱，三秩公卿。

【注解】兑龙行来，虽两水至局前合襟，绕抱而去，但因堂局过于宽阔，难以立穴。妙在右方一水插入回抱，使山水真气凝聚于艮方一隅，就枝水环抱处立穴，内气外气皆周密无泄，故出贵显之人。《天机会元》谓此为“左蟠龙”形。

【原文】(见图2－16)龙脉迢迢，随水上朝，天曹司政，银台职亭。

【注解】一水回绕如龙盘，居中立穴，近有金成水抱，远有屈曲水重绕，水外一山，五峰秀丽，乃五峰聚讲，前案极秀。且去水频频回头，山水无一不佳，故为福地。此格虽与上格同，但尤贵于上格，因前有“五星聚讲”秀峰远朝故。

银台：此处泛指高官。

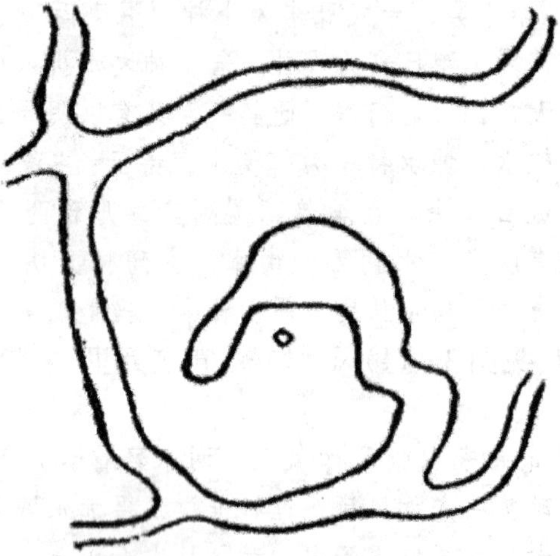

图 2－15　回龙卷水格

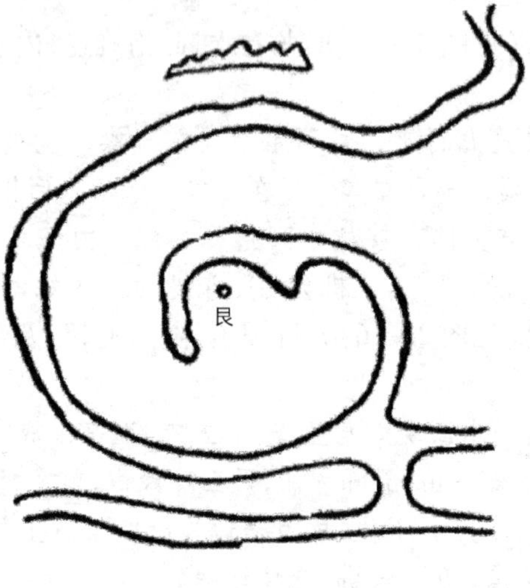

图 2－16　垂龙格

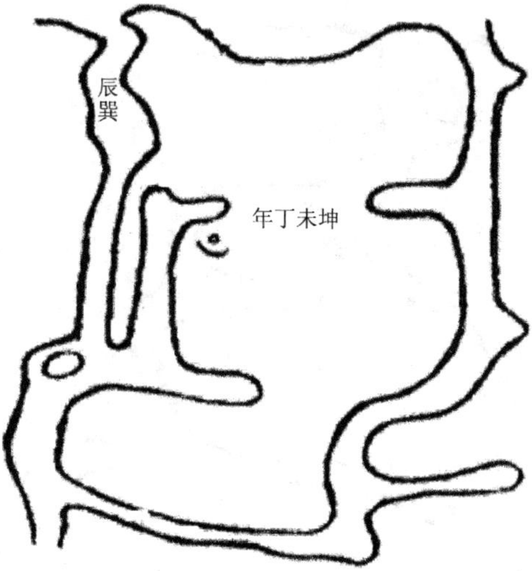

图2－17　上字格

【原文】（见图2－17）上字龙身后托丰，照挨曲折水溶溶，巽辰双朝人及第，黄金满屋子孙荣。

【注解】水从辰巽流入，绕穴一周，方方整整为土星。左右二水上下均有短水插入，形成内局，亦为方整土形。就巽巳方角上弯抱之处立穴，以迎水朝入之秀，此即“土角流金，迎水剪角”扦穴之意。内外水皆取辰巽之秀，故云“双朝”。

【原文】（见图2－18）亥水迢迢入辰巽，申壬向上可扦坟，印居水口多清慎，巡捗穆仁都宪尊，若挨丙向当流戌，只恐官资少蓄停。

【注解】水中有圆小山阜，或石墩，或圆砂者名玉印，但要圆平，忌破碎，居于案前或水口者是。此图巳方去水中有一小砂，圆净秀美，故名印居水。

流戌流辰是三合水法。生旺之方，水宜来忌去，墓绝之方，

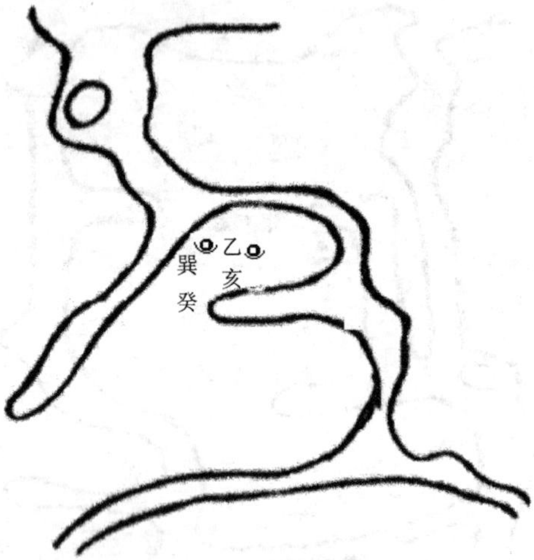

图 2－18　印居水

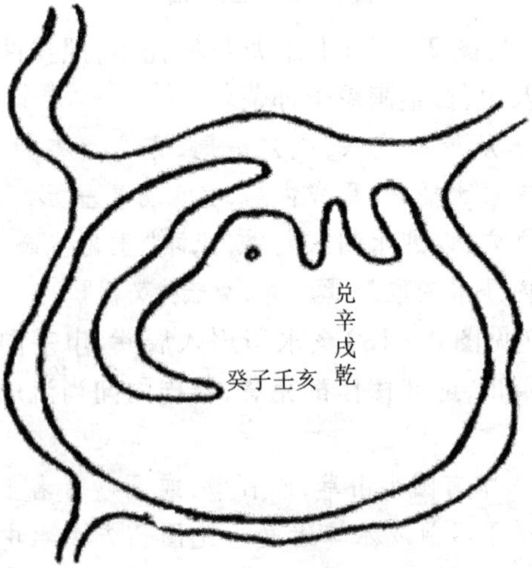

图 2－19　黄牛舔尾格

水喜去忌来。如此局,若立寅山申向,则水宜从申子方来,辰墓方去。是立壬山丙向,水则宜从寅午方来,从戌方去。此水从辰巳方流去,不合水法,故不宜立丙向,主虽贵不富。

【原文】(见图2-19)黄牛舔尾,穴在近水,子息忠良,安然清贵。

【注解】黄牛舔尾,重在“舔”字。如此局,虽四周水抱,但内局宽荡,无法取穴,喜一枝水插入,弯抱如黄牛舔尾,真气界而胎息成,其功全在一字“舔”字上。穴立戌山辰向或乾山巽向,即应朝案之美,又迎朝之秀,灵气尽取,必贵无疑。然巽方虽有朝水秀案,然无聚水,故曰清贵;若立子山午向,癸山丁向,虽有聚水,却失案山与朝水之秀,则只富不贵。

【原文】(见图2-20)星月流行,映波光辉,百应庆云,出人恺悌。男言三元,女产皇妣,峰仰含灵,内隐大地。

【注解】三元:古时科举考试解元、会元、状元的合称。

此局湖荡中群砂点点,取正中之砂,左右有护,后有长砂拱托,前有小砂团聚,圆净如印;大砂横拦,如天马横空,诸贵罗列,故主显男贵女。

【原文】(见图2-21)金盘出水,点穴中心,八风不动,富贵长春。

【注解】此处立穴,气固形完,四面八方之来风皆不能吹入,生气融聚,主富贵悠久。中间之砂虽为金盘,名称却有二。若为平面太阳,则就中间突出立阴穴,廖禹称为“涌金盘”;若是平面太阴,则就中间窝处立阳穴,廖禹称为“漾金盘”,故要分别。

【原文】(见图2-22)之字水格,来龙喜将,朱紫虽难,富有金玉。

【注解】艮龙入首,穴立壬山丙向,因艮为天市垣,是财

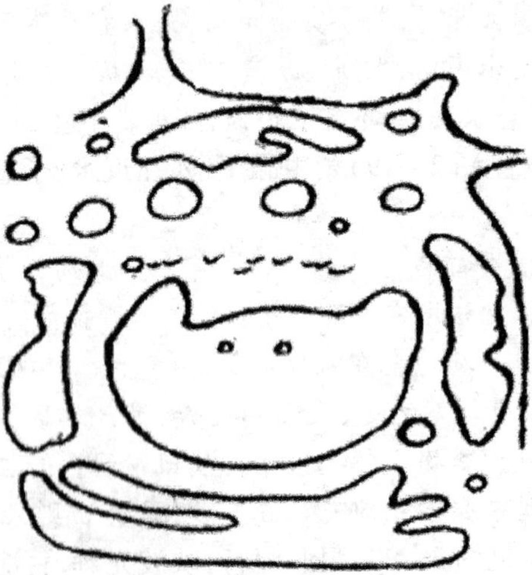

图 2－20　星月流行格

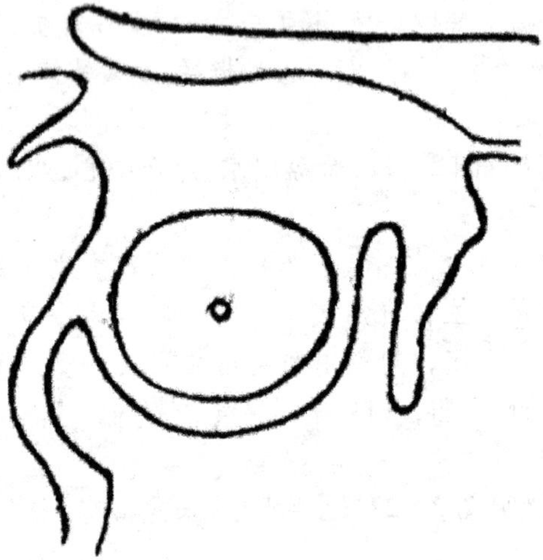

图 2－21　金盘出水格

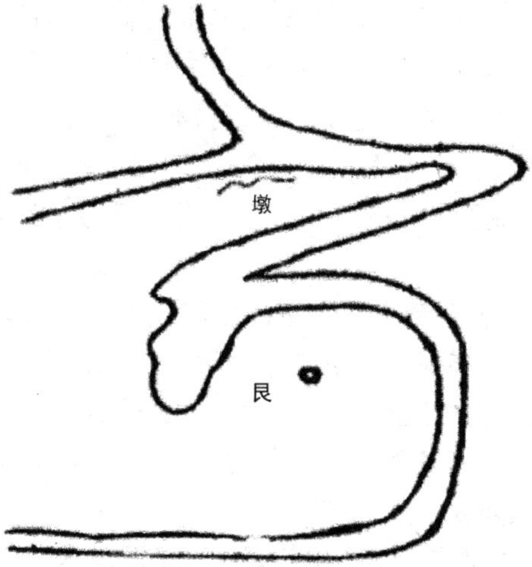

图 2－22 之字格

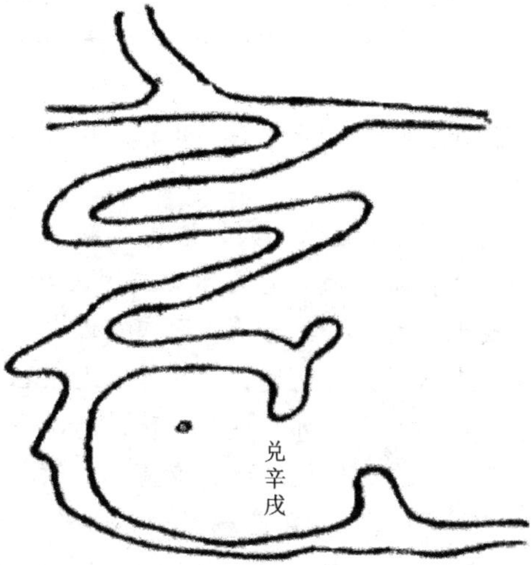

图 2－23 玄字格

贵之府，故云只富不贵。但若立亥山巳向，巽峰既有秀水特朝，又有墩阜为应，若以天星论，亦可科甲。纵览古时名墓，艮龙入首，科甲贵显者甚多。如绍兴张状元地，艮龙丙向；钱塘吴都宪祖地，艮龙丁向，出进士三四人等，故不能拘泥天星。

【原文】(见图2-23)玄字流神，价值千金，来龙有气，争利夺名。

【注解】水从当面朝来，左回右转，再三再四，折折整齐，流至穴前，左右齐兜，绕玄武、兜白虎而出。若以形论，是真正的御街水，为水中至美至善者。穴立子山午向，壬山丙向，或癸山丁向，水火既济，天地交泰，取名利如探囊取物，“争夺”二字，实有失此穴“贵”气。

【原文】(见图2-24)也字联钩，富贵堪求。水抱真龙，永吉无凶。

【注解】两水环抱，枝水插界，贵气全在“也”字左边这“竖弯钩”一画上，使整个穴场凝如一块碧玉，无丝毫瑕疵，证得穴真，故云“永吉无凶。”

【原文】(见图2-25)阳水浩荡，四无关阻，龙来真的，蘸水佰难。

【注解】章仲山云：“近水作穴，谓之‘蘸水’，其法不一。或因其真气于水边住歇，而穴宜近水；或因其砂水有情可收，而穴宜近水；或因其龙水一家合局，而穴宜近水。堂水细流而曲绕，则近前；堂水阔大而荡逼，则近后。近左者，要左砂之宜抱；近右者，要右水之回环，变态万殊，总以藏纳为主，聚气为先，灵动为生。向则审机观变，或倚、或坐、或向，随局而布，总以得水为要也，全在圆融裁酌，心神领会，斯得之矣。”以此局而论，虽四水环绕，但中间形局过阔，生气荡散，曰“痴”，喜西方水形环抱，环则动，动则生，但因其水

图 2－24 也字格

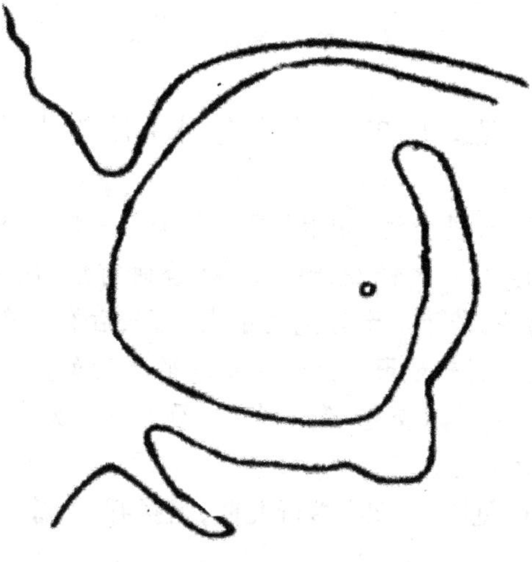

图 2－25 痴中织秀格

细小，故宜“蘸水”立穴。此因平洋之气，遇水弯兜收而聚，穴结水际，穴作于上，影落水中，若离水太远，则真气散而失，非穴之美也。

【原文】(见图2-26)蛟龙卧水,旋身聚气,风入巽丁,为官极易。

【注解】水抱四周,形局阔荡,亦取乾水插入绕抱兜气处立穴,此名前入后结,法宜近水。细观此形,立穴环抱处如“白鹤亮翅”,反比“蛟龙卧水”更贴其形。

【原文】(见图2-27)巨门土宿,厚重不纯,挨金点化,富贵宏涉。

【注解】巨门：山龙九星之一，为正土星，其星平而体秀。水龙的土城则方而正。经云：“四面土星上出金，要顶金正心。”此局中心方正，其性静而迟，浑厚不纯。但其上方有金城水抱，形圆为金，圆则为动处，当就顶心正中立穴，土金相生，既化厚土之顽，又生金之秀，金旺又生秀水，一气流行，故富贵宏涉。

【原文】(见图2-28)灵鼠潜仓,水秀砂良,儿孙伶俐,衣食盈箱。

【注解】《天机会元》中有“灵鼠偷仓”一格,诗曰:“形如灵鼠去偷仓,眼上安穴仔细详;仓库峰峦面前应,庄田财谷遍村乡。”以此局论,若于上水弯抱之中点穴,虽后有水兜,但前水直射,右砂尖斜,真气难聚。故于正中一砂弯动处点穴,即点于鼠睛之上,则左右砂水交抱,兜收有力,乃为一点灵光之地。因其砂形如鼠,故名之。

【原文】(见图2-29)横行九曲,名扬邦国,翰苑文章,太学受禄。

【注解】此局前有九曲之水朝怀,《人子须知》云:“此水易

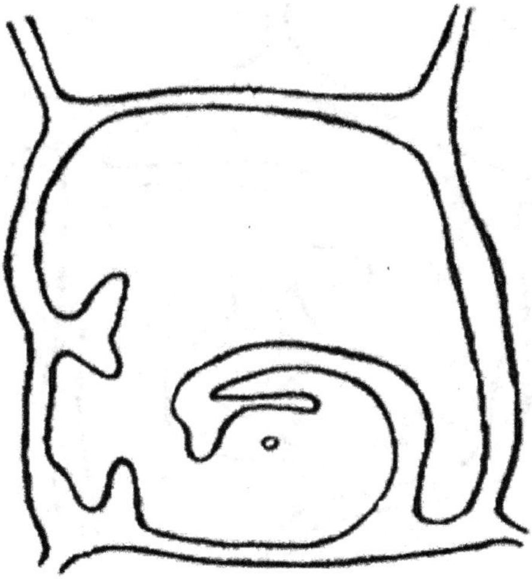

图2－26 蛟龙卧水格

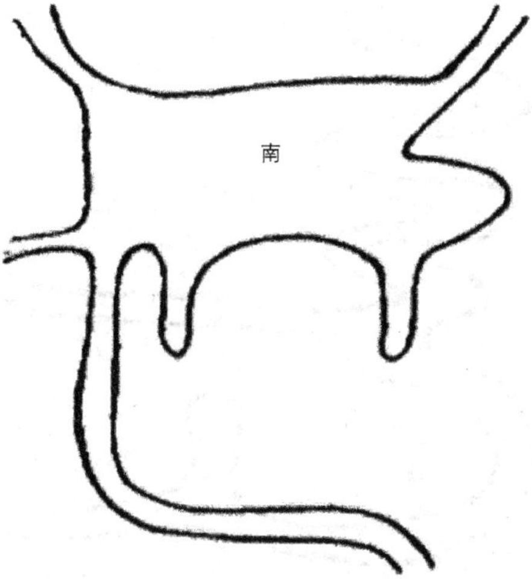

图2－27 巨门土宿格

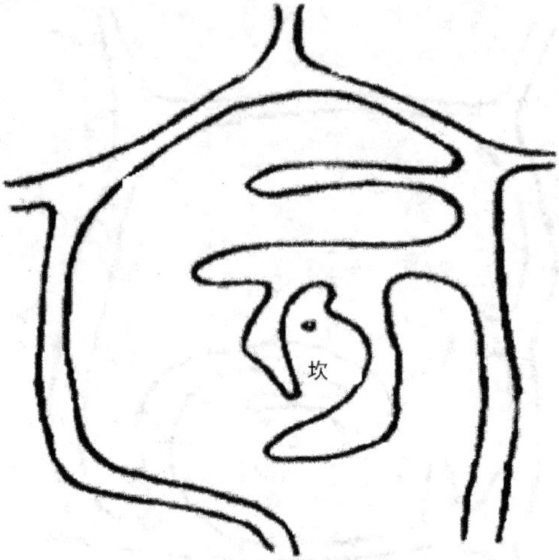

图2－28 灵鼠潜仓格

图2－29 九曲横行格

发,主朝贫暮富。予尝谓逆砂一尺可致富,朝水一勺能救贫。朝水不但发财,且能致贵。”杨公云“大水洋洋对面朝,列土更分茅”,皆言此水之吉。更有青龙玄武水绕抱,白虎水束气,此为水法之至吉者。但格名一“横”字,顿使身价倍减,应呼“九曲水朝”方的。

【原文】(见图2－30)金鼎烟浮,受气悠悠,云作案逢,仙岛□□。

【注解】依文义,原书“岛”后当还有二字,因他本皆无此卷,故无法补全。

左右两水朝来,凝聚成湖,下有枝水插入环抱,因其形如道士炼丹烧香所用之鼎炉,故云出仙岛修道炼丹之人。细析此局,前有聚水,左右二水插入界气,抱穴关束,形局甚佳,再逢元运生旺,富贵无疑,不必拘于形象。

【原文】(见图2－31)边水边龙,左右雷同。逆缠玄武,食禄千钟。

【注解】边水边龙,即沈禹平所说的飞边格,他在《心眼指要》中云:“龙飞走边,隐显莫测,无唇乳可名,无状可象,故曰飞边。然则必有根蒂可据,照应之足凭,而后能‘飞’。此等地面入首本属沿边,全赖来龙奇贵,盖帐森严,砂头簇拥,水法玲珑,然后相其动处而下之,则无有不合矩者矣。”飞边格又有朝拱、迫逆、夹照、活动等格之分,依本局形论,左右均有两枝水夹穴朝拱,前水金城抱穴,当是“夹照飞边”一格,穴亦宜依水而立。

【原文】(见图3－32)三台作案,玉几为朝,印笏右左,铨衡职高。

【注解】铨衡:本是衡量轻重的器具,亦主执掌铨选之职位。

三台:穴前朝山三峰并立,上应三台星,主功盖天下,兄弟

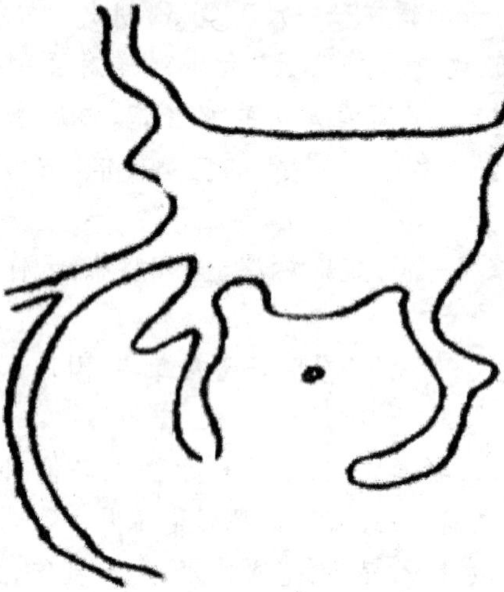

图 2－30 金鼎格

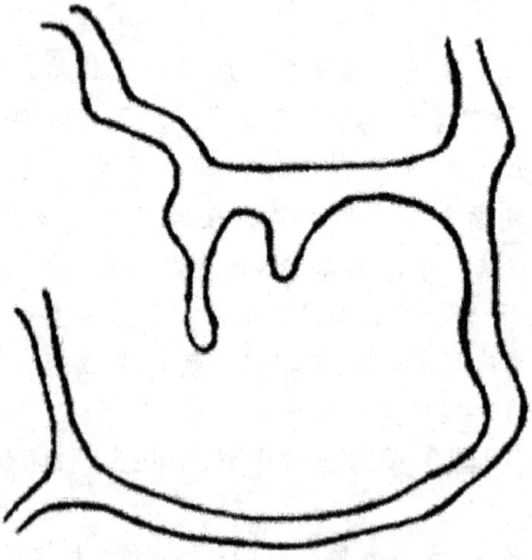

图 2－31 边水边龙格

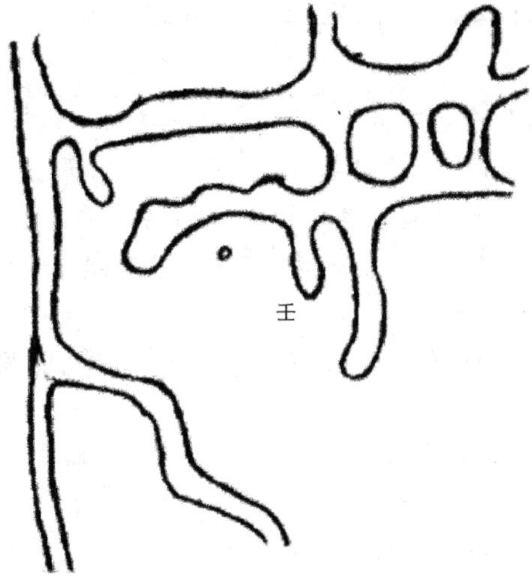

图 2－32　印笏双全格

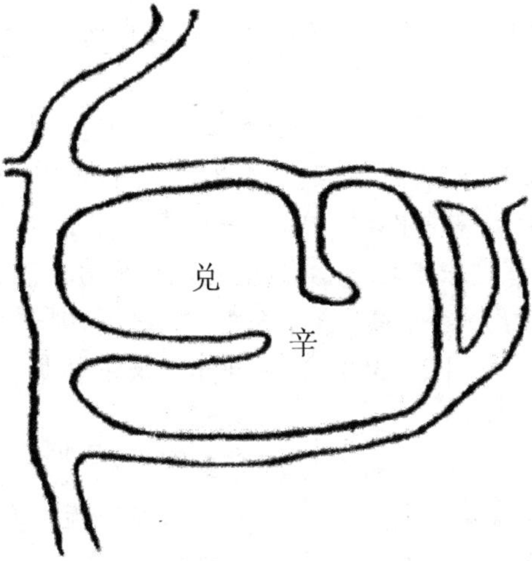

图 2－33　灵芝育秀格

父子同朝,满门朱紫。此局左手一砂横拦穴前,上有三峰合三台官星者是。

玉几:前有条案如玉几,但玉几背后必有贵人圆正或秀峰抱之。此局却反居三台峰为朝山,必高大方正方是。

印笏:水中石墩圆净者为印。峰高清秀如立木者为笏。如此局右方立木者为笏。如此局,右方水中二圆砂是印,穴右一砂直为眠地笏者是。

【原文】(见图2－33)灵芝育秀,魁元及第,印笏不周,顺势力细。

【注解】此局虽四边皆水缠绕,间有两水插入割界,似乎成穴。惜左边一穴,右方白虎水反跳,外形虽固而内形反背;右边一穴,若立坎离之穴,则蛾眉砂案弃之难用,且青龙水有捶胸之弊。若立震兑山向,虽蛾眉案极佳,穴后却有水射,总不能全美,故云印笏不周,仅可小康,不能富贵。

【原文】(见图2－34)玉街三级,翻身逆凑,活水缠龙,金门倚满。

【注解】龙从坤方入首,前有秀水,折折整齐,形如玉街。若于坤方向离立穴,则为顺水穴,一则右手无兜收,二则水去力小。故在玉街水后翻身逆水凑近立穴,一则左右有小水插入兜收,真气凝聚;二则直迎来水之秀,其力远比顺水穴力大。此格要摆折有序,阶级均匀,大小相等,方为合格。

【原文】(见图2－35)旋身倒挂,藏车马龙,穴作六秀,声名天下。

【注解】六秀:天象中艮丙为财赀之府,巽辛为文章之府,兑丁主富贵荣显长寿,故地上亦以艮、丙、辛、兑、巽、丁六方为六秀。其方有山高耸,为六秀山,其方有水朝入,为六秀水。如此局,坤方水绕抱明堂,至艮方与乾水合襟而出。

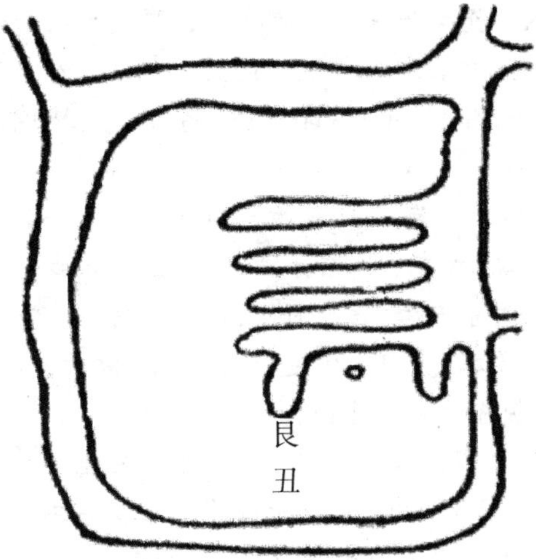

图 2－34　玉街三级格

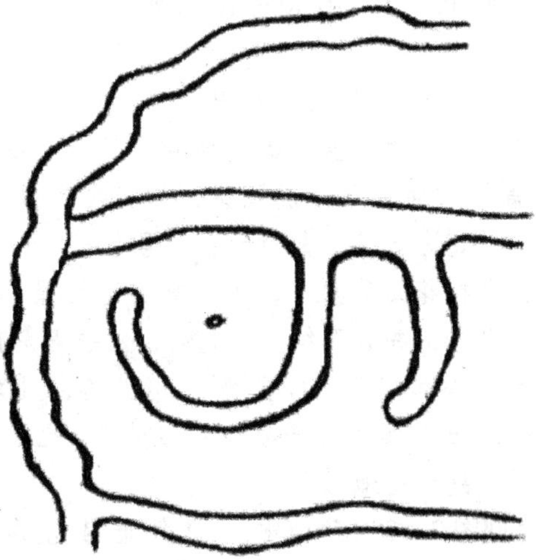

图 2－35　倒挂格

巽方枝水插入，至坤方兜身逆抱成局，真气无丝毫走泄，或立丙向以取富，或立巽向求科甲，或立丁向以得寿，均可。

【原文】(见图2－36)铁印三巡,乌台司宪,榜轴左前,藩垣督荐。

【注解】印:水中有砂或石墩圆净者为玉印,若其形方整者为方印。又一说:水中有印居于西方者,因西方属金,名金印,为真;若居于东方,东方为木,则为假,远不如金印珍贵。此局庚申之方水中三见圆埠,庚申亦属金,铁亦金属,故云铁印。

【原文】(见图2－37)断同上。

【注解】若以印形及方位论,上局印居右上方水口之中,此局则两印为案,层层拱揖,远比上局有力。惜左右龙虎二水,束气后皆反跳而去。左水有大水遮拦,尚可言有情,右水则无度斜飞,虽初发迹,两三代即败,不能久长。

【原文】(见图2－38)出水莲花,穴葬休差,以官近帝,名播京华。

【注解】叶九升《平阳全书》中有“莲花出水”一图，注云：“莲花出水，其叶自盖，馨香远闻，芳名千载。”此注重在“其叶自盖”四字。凡龙虎重重，如花之叶瓣片片，宜瓣瓣向心，叶叶护花方合格。故诗云：“莲花一穴少人知，龙虎双双向大溪，穴在花心为第一，令人富贵达天墀。”若砂向外张，则为他花之叶，并非真结。如此局，左手青龙直绕过穴前成“一字文星”案，即“其叶自盖”，合此格，且案砂外又有三砂暗拱束气，四方摆列皆合法度，依水面砂立向，四方咸服，如朝如拜，故为美地。

【原文】(见图2－39)葫芦水注,千年难遇,富贵绵长,通仙医史。

【注解】如果龙真穴的,不仅富贵双全,且精通医理。若龙

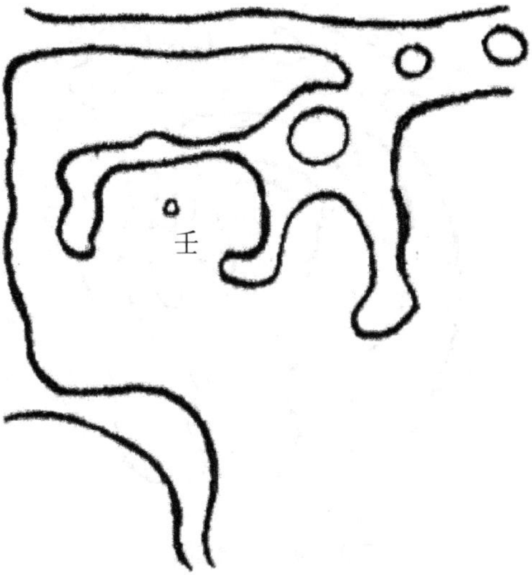

图 2 – 36 铁印格

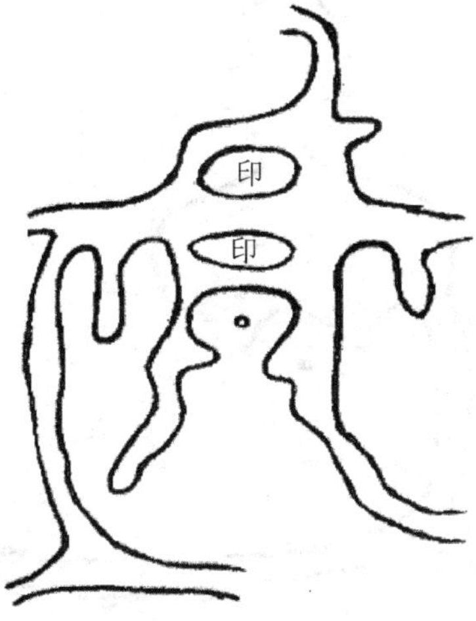

图 2 – 37 印绶格

图 2－38 出水莲花格

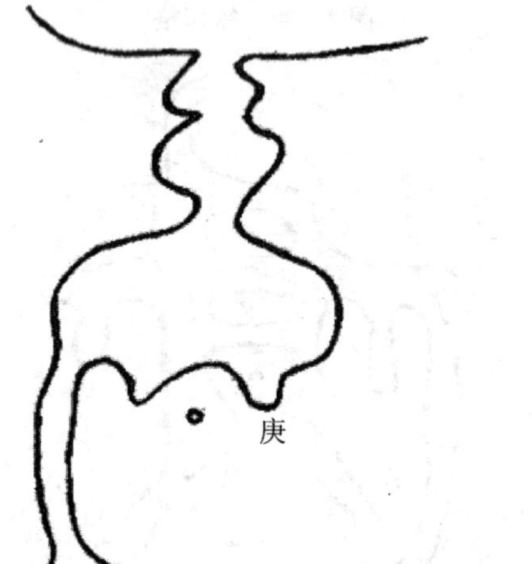

图 2－39 葫芦格

下贱,则主以行医为生。此局前有水成葫芦荡,后有水缠,间有砂水界气,故为上格。

【原文】(见图2-40)楼船出水,富而无比,泊在湖边,簪笏朝天。

【注解】舒南长老有“楼船出海”一格,注云:“金水生出平乳,中低一窟,窟后阴而前阳,此双龙合气,宜就前阳处扦之。”张子微有“楼船出峡”三格,言此局为极贵之地,为帝王陵寝万世之地,穴宜居船头,以伏龙为案。如此局穴前湖荡中有一方形石墩或土砂,叫作方印,即以此为案者是。

【原文】(见图2-41)风吹罗带,龙真水怪,大小洋朝,为官十代。

【注解】《天机会元》中有“风吹罗带”一格,诗曰:“风吹罗带用心谋,穴在同心结上求;虎踞龙蟠包裹穴,身披金甲执戈矛。”大凡此局,多以绣帐为案,穴居结上。如此图,一水中出,到头分叉环绕抱穴为之同心结,左右两水,重重交抱,束气紧密,形局完固就中心立穴,尽收湖荡真气,故富贵悠久。须要注意的是,罗带水如果向内屈曲而去为吉,若罗带斜飞,去势虽屈曲但反跳,虽始发而终败。如胡氏祖地(见图2-42)。此地为赖仙所扦,地在绩溪洞里,风吹罗带形,甲山庚向,葬后奕世显宦不绝。

【原文】(见图2-43)金水合形,峡障分明,诸水尽朝,琴剑列星,先文后武,点法须真。

【注解】水形圆抱为金形水,水形虽曲为水形水。此局内形圆而外形曲,故云金水合形。后有一长砂横托为琴,水直来为剑,剑主武而琴主文,故云先文后武。此局穴立内砂圆抱之处,坐震向兑,砂水皆收为真。

【原文】(见图2-44)海螺玩月,功名显达,月照天心,风流

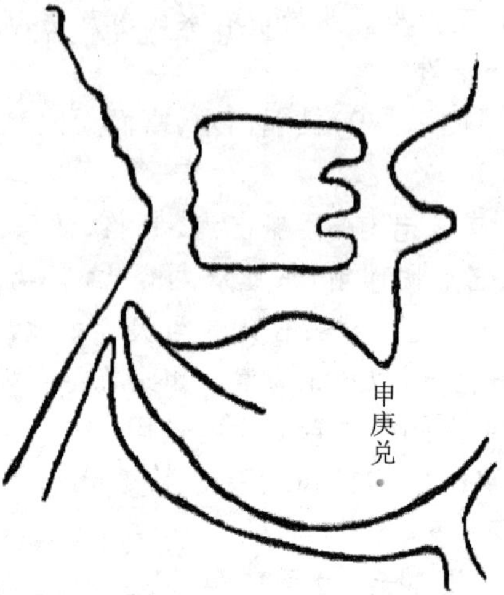

图 2-40　楼船格

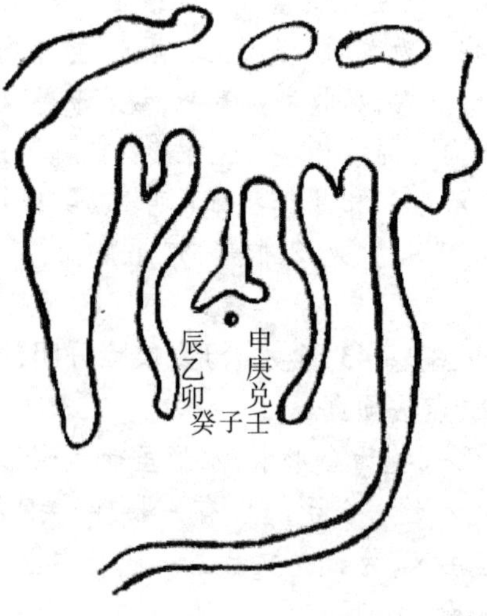

图 2-41　罗带格

图2-42 胡氏祖地

豪杰。

【注解】《天机会元》中有“仰天海螺”一格，诗曰：“仰天海螺口向天，穴寻腌上好安扦，四山拱应游鱼乐，包裹重重万代兴。”还有“海螺吸月”一格，均与此图相似，言穴应居中，以月为案。如此图，穴立海螺张口圆动之处，以月为

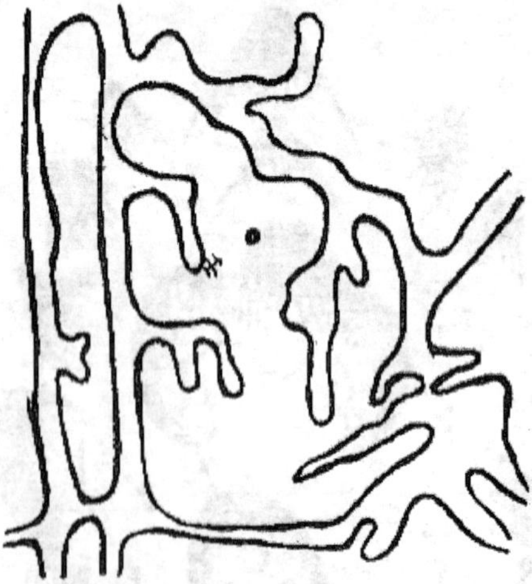

图 2－43　金水合形格

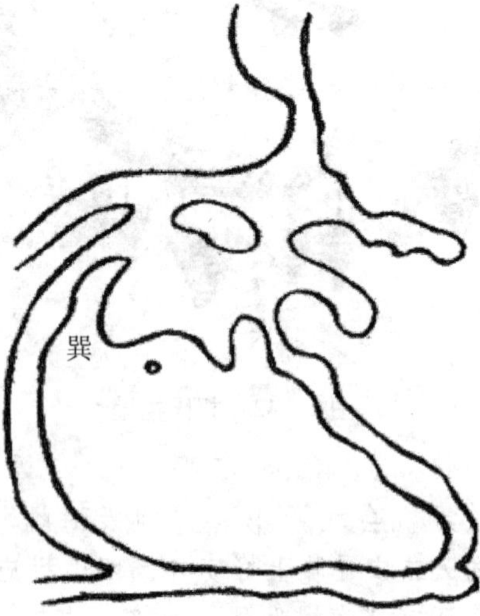

图 2－44　海螺玩月格

案者是。

【原文】(见图2-45)耳朵奇形,浮伯潮巽,西流交金,福禄天生。

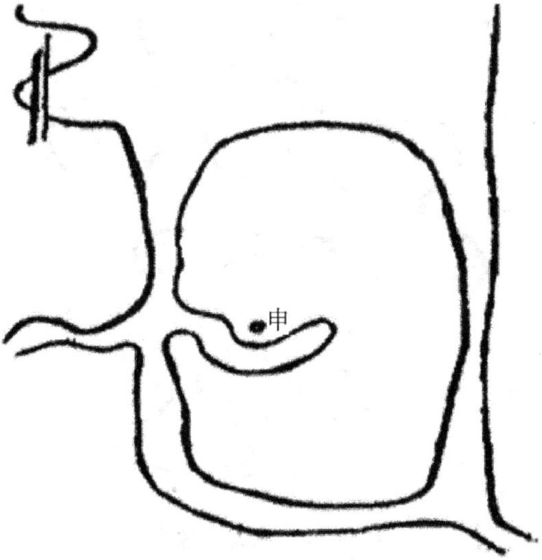

图2-45 耳形奇格

【注解】四面皆水,中抱一砂,呈长圆形,震方一水插入弯抱,穴宜扦弯抱曲动之处,未山丑向为真。若贪湖荡聚水,则湖阔气散,前无案砂遮拦,反是假穴。

【原文】(见图2-46)水母连珠,秀而无比,世出魁元,翰林高第。

【注解】巽水朝来,不仅曲折回旋,且时聚时流,形如串珠。及至穴场,回环绕抱,处处有情。坐乾向巽,聚水秀水,尽收穴中,且巽方主文章,故出神童魁元。若立寅山申向,虽得聚水,却失朝水,福力则大减。

图 2 – 46　水母连珠格

续水龙经第三卷

分　论

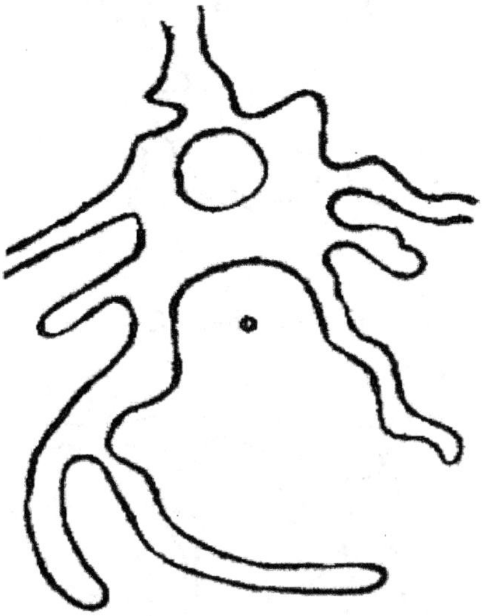

图3－1　**游鱼戏水格**

【原文】（见图3－1）游鱼戏水，须对明珠，天生一合，富贵连茹。

【注解】乾方龙来，三水环绕，头腮咸备，形似游鱼，头圆为金，湖中一砂，圆净平正如珠，为印作案，形局完固，富贵无疑。叶九升《平阳龙法》中有“戏水鱼形”局，注云：“鱼水交戏，前有楼台，秀美绝伦，淫慝为灾。”是言此种形局，虽富但风声不雅。

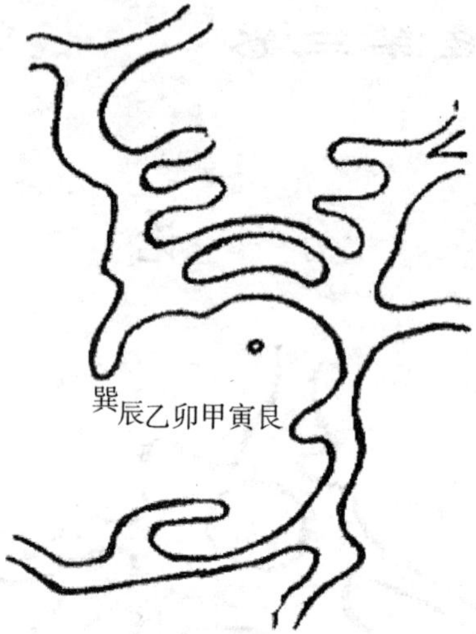

图 3－2　西蛟赛月格

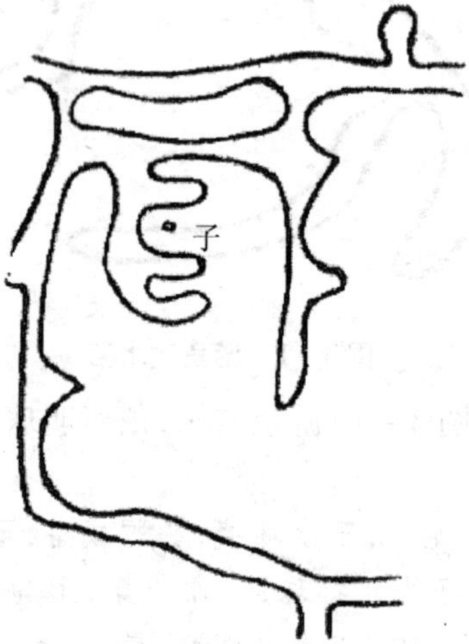

图 3－3　拜书格

此论当与元运结合,若逢衰败之运,方有此应,生旺之运必无。

【原文】(见图3-2)西蛟赛月,拜案相迎,全功天下,凌阁标名。

【注解】凌阁:即凌烟阁,封建时期为表彰功臣所建的高阁,内绘功臣图象。

此局重在一个“月”字,当以“月”形砂为案。细审图形,巽坤二水,枝枝叉叉,合襟于穴前,形似龙角;兑方一水朝入似龙身,兑为西方,故云西蛟。穴前一砂呈半月环抱,故名西蛟赛月。穴当正对半月案山扦之,若贪聚水,则失案山之清秀,须注意。

【原文】(见图3-3)拜书出现,上应五车,风流才子,游艺天墀。

【注解】五车星居西方毕宿之宫。此局龙从乾方入局,巽方有水插入割界,回环抱穴,故取正中一砂,面对左手拖出官星案立穴,因穴立酉山卯向,故云与西方五车星相应。巽方有水朝入环抱,巽方主文章,卯酉山向又为咸池桃花,故云出风流才子。

【原文】(见图3-4)乙字入怀,不怕斜歪,若有停注,富贵后代。

【注解】外水作干,内水作枝,层层弯抱,真气完固,当视水之大小立穴。若弯水细弱,宜蘸水立穴以接气。若前水宽大,则宜稍远以避杀。

【原文】(见图3-5)眠螺吸水,木星横聚,穴映湖光,富贵永昌。

【注解】四水环抱一砂,形圆似金。前有枝水插入,分叉环抱,是金星开口,又谓之蟾宫月映。当宜就水环气聚处近水扦之,穴影当映于水中,此即吸水之意。直砂似木,似横琴,为一字文星,证得穴真为美。

【原文】(见图3-6)鲤鱼跃水,神童及第,逆则登科,变顺

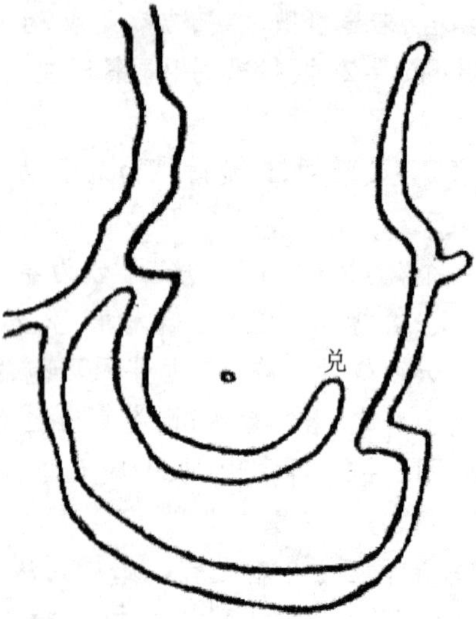

图 3－4 乙字格

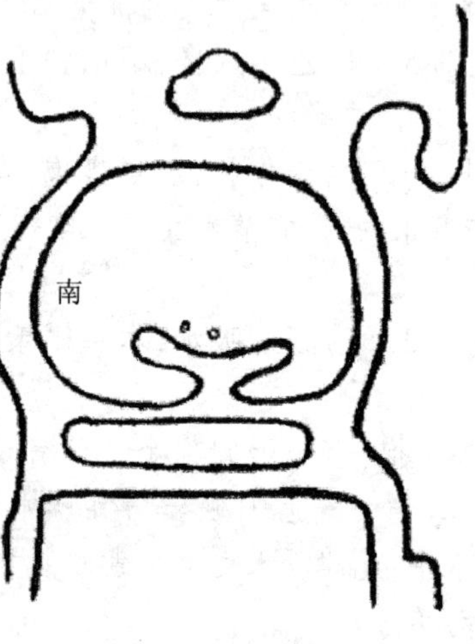

图 3－5 眠螺吸水格

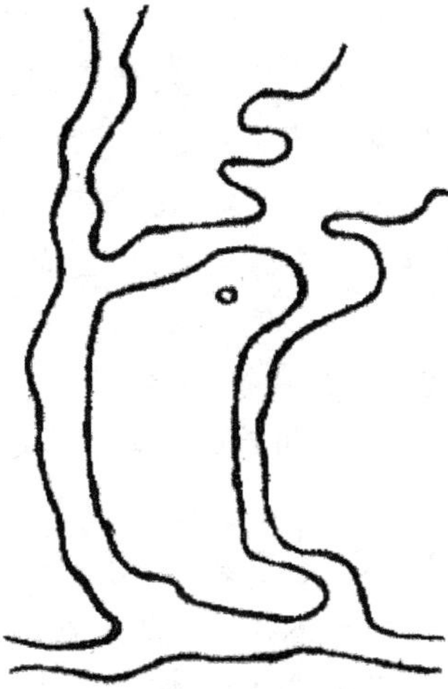

图 3－6　鲤鱼跃水格

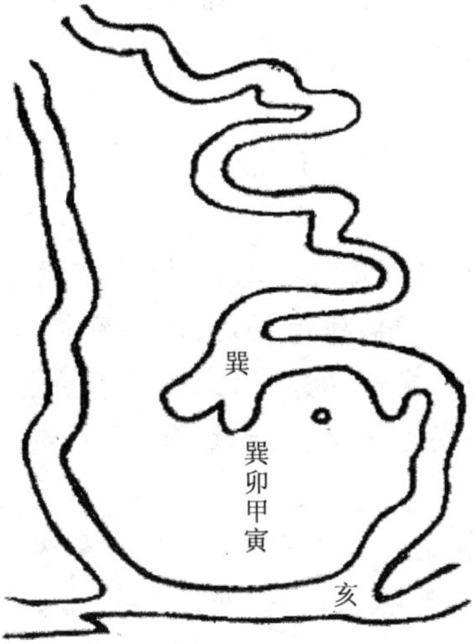

图 3－7　九曲趋朝格

速起。

【注解】李淳风有“金鱼龙”一格,诗云:“立穴安坟巧处裁,前砂秀丽起峰墩;龙护左右皆回顾,郡守官班由此来。”大凡鱼形之穴,点裁须巧,多在头、尾、腮动处立穴。如此局,四水环抱一砂,长而弯抱,头圆尾尖,摆折活动,穴立鱼头摆动之处,前迎来水,恰似鲤鱼跃龙门。且有巽水朝入,巽方主文章,故出神童及第。张子微有“游鱼戏水”一格,可参考。

【原文】(见图3-7)九曲趋朝,极品官员,曲而不聚,清廉可观。

【注解】明堂有水趋朝,最喜其水屈曲,水弯便是聚气,一曲一聚。若九曲九转,则聚气愈厚,气力愈重,故为水中至吉者。法宜迎朝水立穴。经云“山管人丁水管财”,穴前有聚水,再加气固形美,富贵双全;若来水虽秀异形美,但无聚水,是不聚财,虽贵不富,故云清廉。如张状元祖地(图3-8),此地在绍兴府,艮龙丙向。来龙穿水后起穿心而出,无龙虎,惟九曲水朝入,远方有笔架山作案。

【原文】(见图3-9)玉几出帐,阴阳相尚,文笔插天,尚书卿相。

【注解】出帐:何谓帐,凡龙行处,旁起两肩,末如弓梢。肩如人有肩,梢如弓有梢,横铺阔远,肩稍弯抱,或一二里,或五六里,或十数里,形如帐帏者曰帐,或曰开帐。脉从帐中心穿出而行,或之玄飞走,或抛梭枭鞭,或蜂腰鹤膝,或蛇回蝉脱,或登梯降阶而行者叫出帐。出帐有中出者,是从帐中心抽出;亦有偏出者,是从帐左右抽出。以中出为美,其力最大,偏出次之。此局言玉几出帐,是言其帐上方平,两肩弯弓,形如玉几。

文笔:穴四周有山峰尖秀卓立耸拔者是。宜端正清奇,忌斜侧破碎,足脚走反。宜远在天表,经云“状元笔,千里云霄出”者

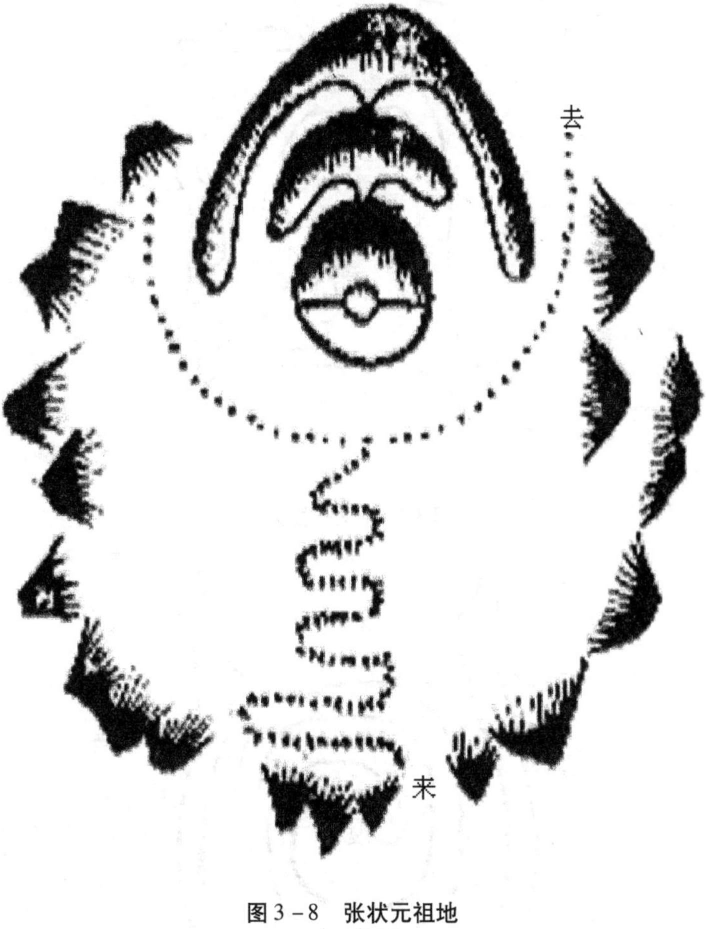

图3-8 张状元祖地

是，不论何方位俱佳。理气一派则认为，天星巽方和辛方主文章，故此峰见于巽辛方为真文笔，它方见之，不如此二方显贵。如此图太湖中一峰尖耸，正居巽方，是真文笔也。

以此局而论，四周水抱，中有枝水插界成局，立穴却宜慎重。

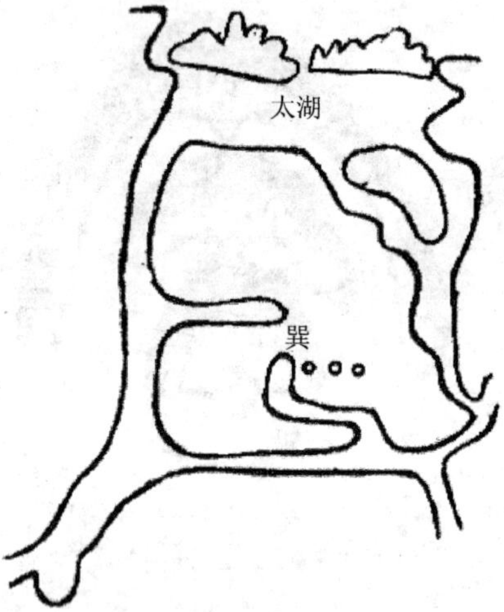

图 3－9 文笔插天格

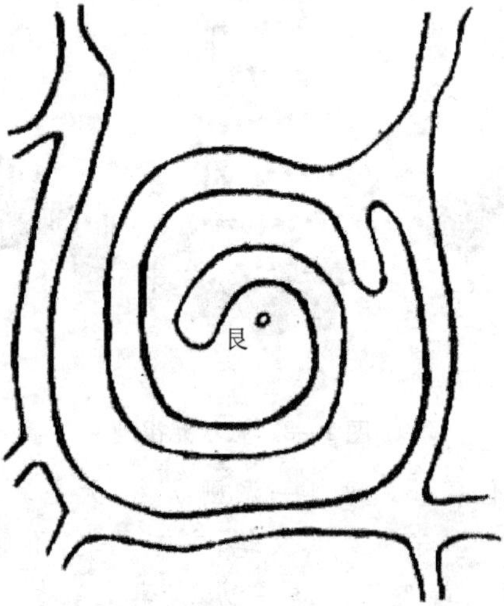

图 3－10 回势乘龙格

若就湖立穴，一则大湖大荡，不宜离水太近，阴煞较重；二则右水斜飞，真气走泄。若就下一兜处立穴，则穴后二水呈八字离去，真气亦走泄不聚。故于小水插抱处立穴，虽离湖较远，但穴中视之可见，且前有天马峰、文笔峰远照，方是真穴。

【原文】（见图3－10）回势乘龙，宰辅名公，魁元及第，文学英雄。

【注解】此即“正蟠龙形”，《天机会元》一书中载有此种格局，诗曰：“蟠龙须要下龙头，龙尾弯弯要转明，霭霭祥云为案吉，家藏金玉富标名。”如此局，坤方水入，盘旋入局，龙尾弯环摇摆，穴点龙睛者是此格。

【原文】（见图3－11）盘龙深隐，真阳内运，男为卿相，女联帝妃。

【注解】此局看似与上局同，但此局水更盘环，穴更深隐，真气更加完固。且前朝秀丽，龙虎抱护有力，来龙本身为案，案外双笏暗拱，均比上局完美，故富泽更厚。

【原文】（见图3－12）伏虎埋牙，龙穴世湾，功名显达，破敌成家。

【注解】砂尽处圆净为金形，如虎头，左右两砂如虎爪，整个形体如猛虎伏地，故云“伏虎埋牙”。大凡虎形，穴多点于额上，此即金圆取中之意。如此局，穴点圆砂之中，生动活泼，如有画龙点睛之妙。左右砂水包裹，右手虎砂拖出为一字官星案，剑笏咸备，故以武取贵。

【原文】（见图3－13）雌雄皆抱，案托周遮，穴扦金腹，富贵何疑。

【注解】一长方形大砂，中间被枝水割开，左右似人形，凸出之方为男、为阳、为雄；凹进之方为女、为阴、为雌。穴立圆抱曲动之处，前有案山环抱，后有长砂为托，周匝严密，真气不漏，故

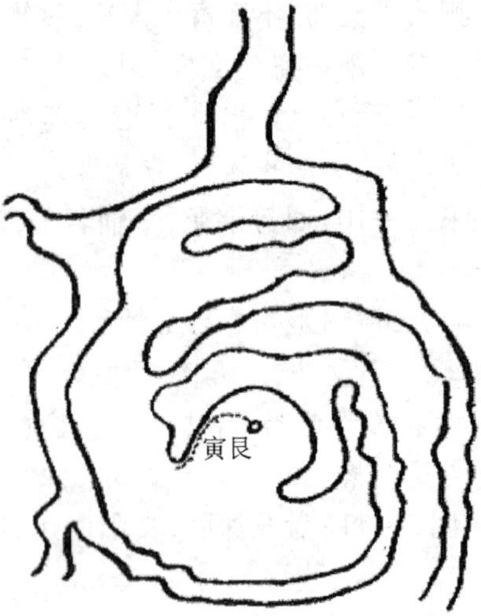

图3－11 盘龙深隐格

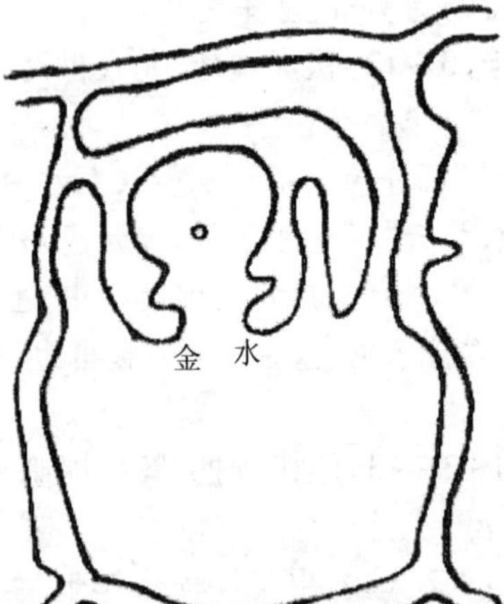

图3－12 伏虎埋牙格

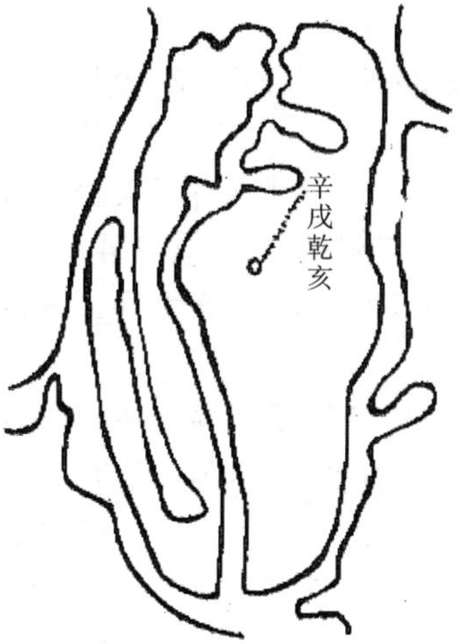

图 3－13　**雌雄环抱格**

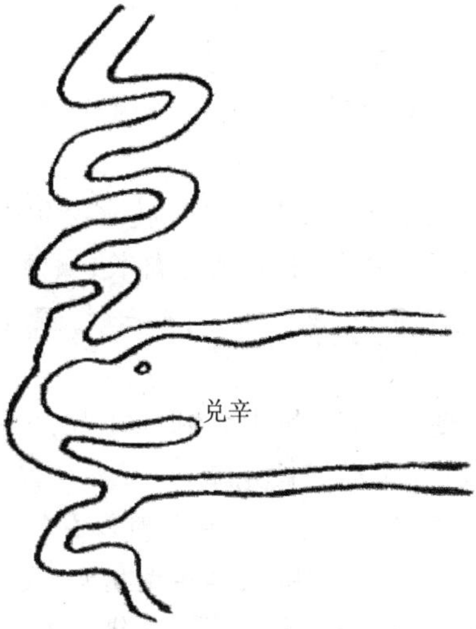

图 3－14　**九曲朝堂格**

为富贵之穴。

【原文】(见图3－14)九曲朝堂,极品文章,横水点节,尚书侍郎。

【注解】此局于前“九曲横行格”同。上局穴点龙头环抱之处,此局却点于横水环抱之处,是点龙耳。虽立丙午之向,亦可迎朝水,但龙脉之气,聚于龙头,在龙耳立穴,略嫌脱气,远不如穴立龙头有力。

【原文】(见图3－15)瓜藤穿针巧,时人那得知,土星结金穴,水宿土胎奇,依得神仙法,富足万千资。

【注解】舒南长老有“藕节瓜藤”一格,言:“水星落在平冈,如藕节瓜藤之蔓延者,宜就其盘折处,寻节泡扦之。”廖禹有“瓜藤龙”一格,云:“荡神屈曲作瓜藤,逐节察真情;若是成星真可穴,此格端奇特。”此虽言山龙,水龙亦然。来水屈曲如藤,环抱之处如瓜,即于此立穴。如此局,众水环抱一砂,前方后圆,圆者为金、为动处、为瓜,穴点其中者是。

【原文】(见图3－16)一穴喜包藏,砂明去水长。发丁三代后,始许做官郎。

【注解】外有四水环抱,内有二条枝水交锁关气,一点精灵,尽聚穴内。左右前后砂护周密,去水悠长,频频回头,外形亦佳,主富贵久长。但因形气过于闭锁,阴气太盛,发越较迟,故云“发丁三代后”。

【原文】(见图3－17)长生水到旺龙收,一代尚书百福优。子孙缨簪三代富,人丁昌炽长先隆。

【注解】龙从申方入局,水从申方朝入右转,直绕至子方,兜抱后屈曲而去。以三合水法论,坤申龙属水,长生于申,旺于子,此局龙恰从申方来,故云长生水到。水绕子方而逆回,故云旺方收。且穴立子山午向,亦为收。

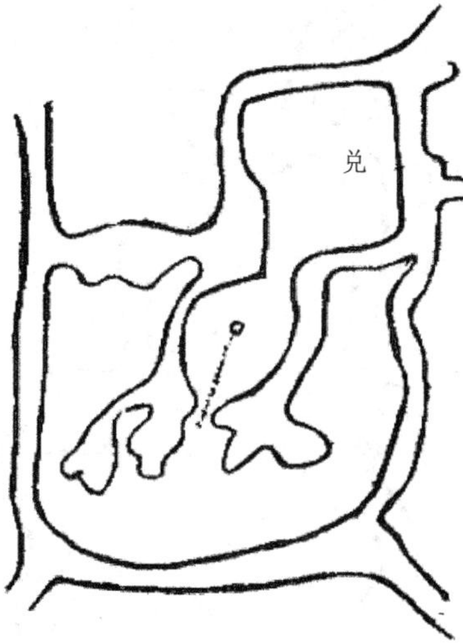

图 3－15 瓜藤穿针格

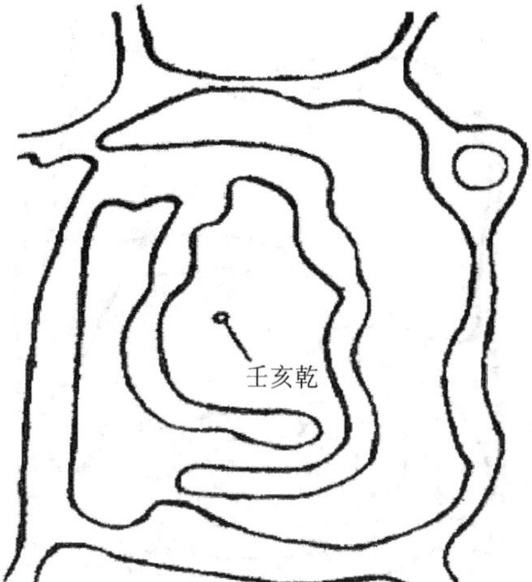

图 3－16 包藏格

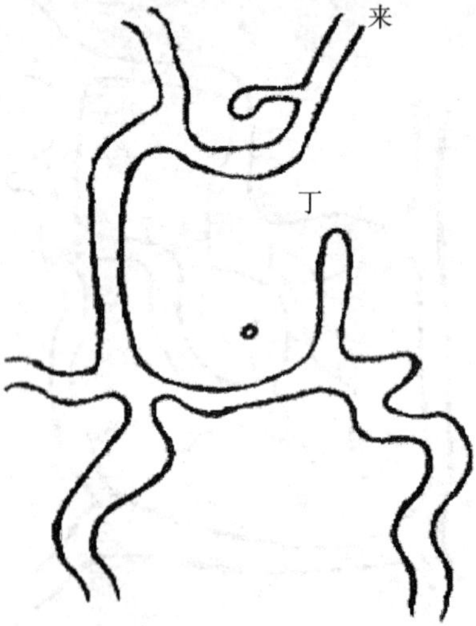

图3－17　逐旺弃衰格

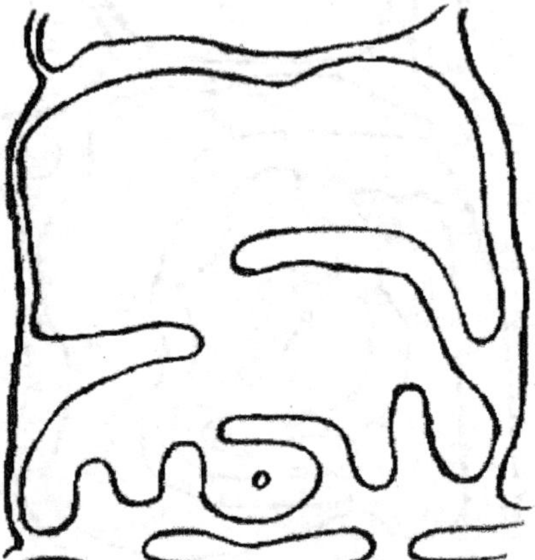

图3－18　双龙蘸水格

【原文】(见图3－18)双龙蘸水,外气周全,后宫深隐,阡陌绵绵。

【注解】何为蘸水?穴立水边,其影落于水中者是。此类穴法宜穴前水细小平缓。若水阔流急,名为就杀,反凶。如此局,一块大砂,四水环绕,平整四方,无屈曲环绕,是无动气,无动气则无生气,无生气则无法立穴。但近水处有枝水插入,如此则前有秀砂为案,后有水缠为托,在其金盘中心肉厚处蘸水立穴,则内外之气尽收。

【原文】(见图3－19)双龙共体,四水递来,富贵两穴,或西或南。

【注解】四周水缠,中有枝水插入,几折几弯,以成形局。穴若点于上砂,则立离山坎向,以下砂为案;穴立下砂,则立坎山离向,以上砂为案。两穴皆以一水为美,以一体为案,故云"双龙共体。"

【原文】(见图3－20)阴阳相搏,印笏相交,状元榜眼,极品随朝。

【注解】四水中抱一大砂,又被枝水割开,上为阳,下为阴。下砂形如游鱼,首尾活动,但尾尖为火,不能立穴。中腰臃肿,惟砂首圆净,立穴于此,以上砂为案,阳阴互感,万物化生为美。此局上砂首部亦可立穴,且前有湖荡,荡中一印照穴,但不如下砂力大。叶九升《平阳全书》有"二龙交戏"形一格,注云:"二龙交戏,云雨相随,泽被众生,震主无危。"与此局有同功异曲之妙,并云其为王猛祖地,见图3－21。

【原文】(见图3－22)白象卷湖,遂水相扶,男女清秀,名布皇都。

【注解】《天机会元》中收有"白象卷湖"一格,注云:"白虎

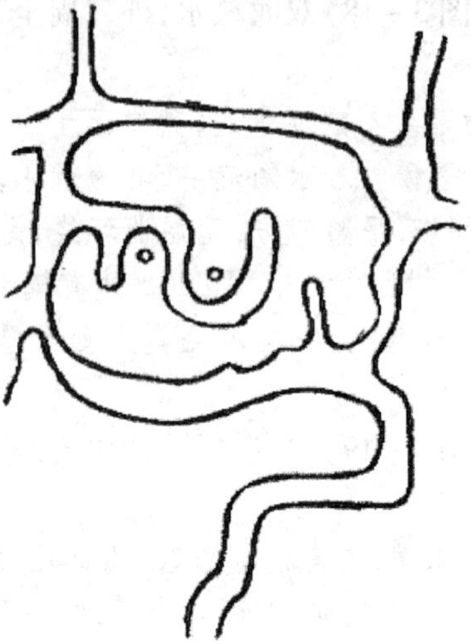

图 3－19　双龙共体格

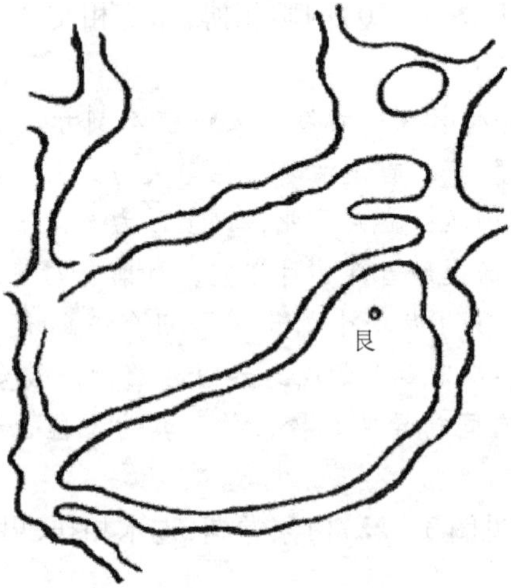

图 3－20　阴阳互胚格

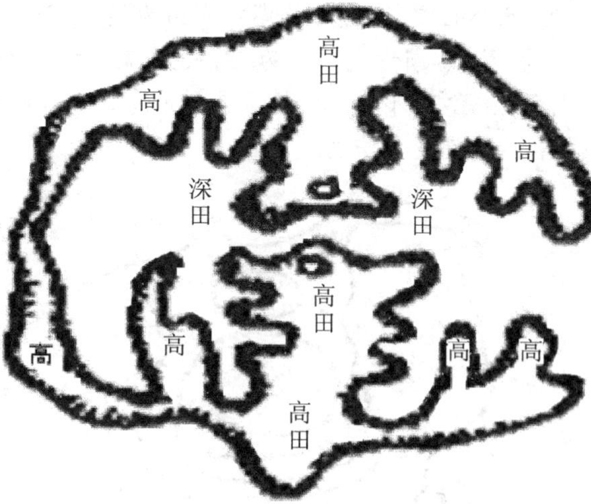

图 3－21　王猛祖地

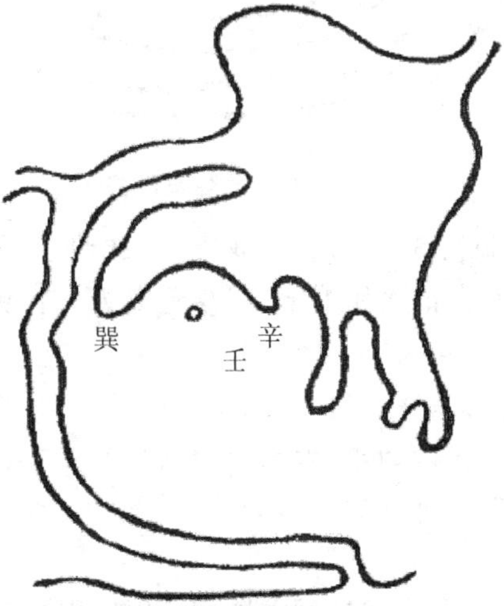

图 3－22　白象卷湖格

卷湖穴难安,天然正穴任君观,认湖定穴山为案,大旺人丁不等闲。”象之力在鼻,卷湖者尤以鼻为要,故穴应立鼻。但此局鼻尖长,前无案,后无托,不能立穴。而鼻下牙边之砂圆净秀美,象鼻反为朝案,此亦通变之法也。

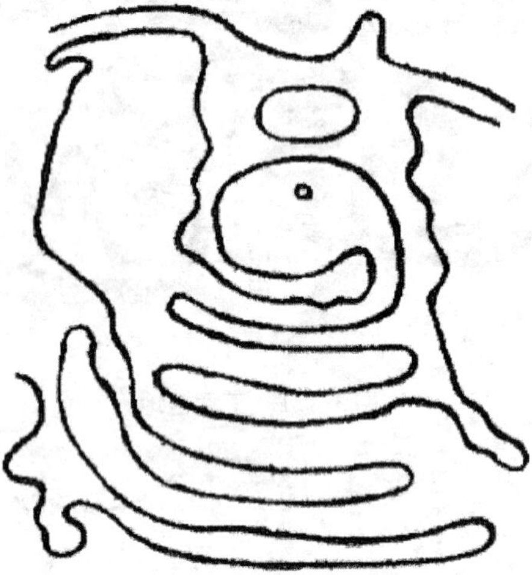

图3－23 叠障龙形格

【原文】(见图3－23)叠阵龙宏厚,送迎实有情。顺逆归原峡,深藏喜易寻。得之如玉宝,留与善良人。青黄何足论,朱紫更盈门。

【注解】龙从乾亥入首,左栖右闪,直入众水环抱之中。前有湖荡,荡中一圆砂如印、如珠,为案,后有左右二水层层交抱,故云“叠障龙”,以形论,曰“黄龙戏珠”更为贴切。穴点龙头,砂水尽收为美。

【原文】(见图3－24)回龙顾祖,调法相宜,内堂水聚,飞步天衢。

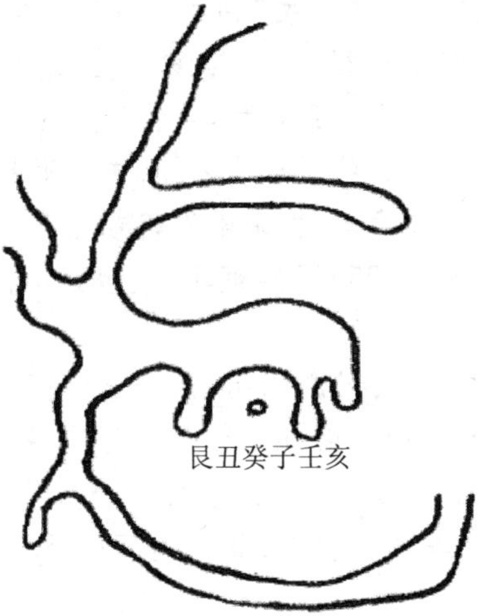

图 3－24　回龙顾祖格

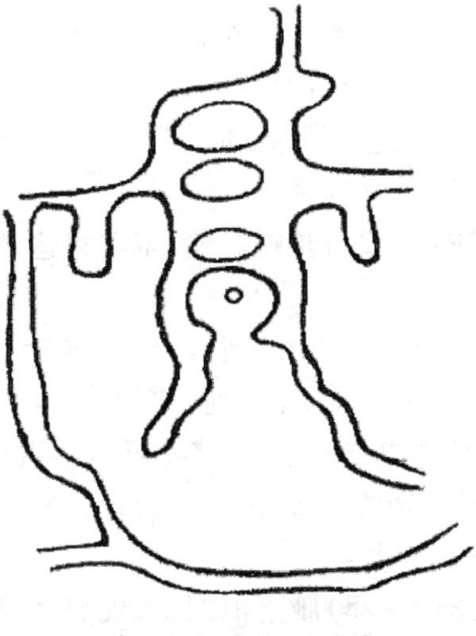

图 3－25　天衢献印格

【注解】《天机会元》中收“回龙顾祖”一格，诗曰：“回龙顾祖转弯弯，形势回顾望祖山，但取窝中为正穴，儿孙衮衮出官班。”大凡回龙顾祖，多以祖山为案，水龙亦然。如此局，龙从离来，水亦随龙从离方来，绕过艮坎之方，逆行而上，于枝水插界兜抱处立坎山离向以来龙坐案，来水作朝者是。

【原文】（见图3－25）天衢献印，土星方正，总统钱粮，要明逆顺。

【注解】坤方水来，聚成湖荡，荡中三砂，平整圆净，若坐北向南立穴，则三砂为印。南方先天方位为乾，乾为天，故云：“天衢献印。”若南向北立穴，一则三砂由印变为“曜星”，二则秀水太远，且左右二水呈八字分泄，其力远不如坐北向南，故云要明顺逆。

【原文】（见图3－26）倒挂琼帘，气隐湖边，逆水流注，笙歌绮筵。

【注解】乾方有秀水朝入割界抱穴，坤兑方有卷帘水折折整齐，法宜就秀水立穴。叶九升云：“秀水前来有足观，三吉见为欢；穴迎秀出便为官，显子更荣孙。”此局秀水前朝，卷帘水在穴后重重关气，故云“倒挂琼帘”。

【原文】（见图3－27）长蛇赶蛤，来龙特达，穴得其真，富贵必发。

【注解】《天机会元》中有“黄蛇赶蛤”与“黄蛇听蛤”二格，赶者，蛤居蛇（穴）前；听者，蛤居蛇（穴）旁水口处。诗云：“黄蛇赶蛤穴扦头，七寸之中亦可求，前有小峰鼠蛤案，三年发达富田牛。”此局巽水朝入聚成湖荡，荡中一圆砂似蛤，故就蛇头立穴，以迎案山朝水之秀者是。

【原文】（见图3－28）雁落池湖，穴现羽林，游鱼点点，武柄文衡。

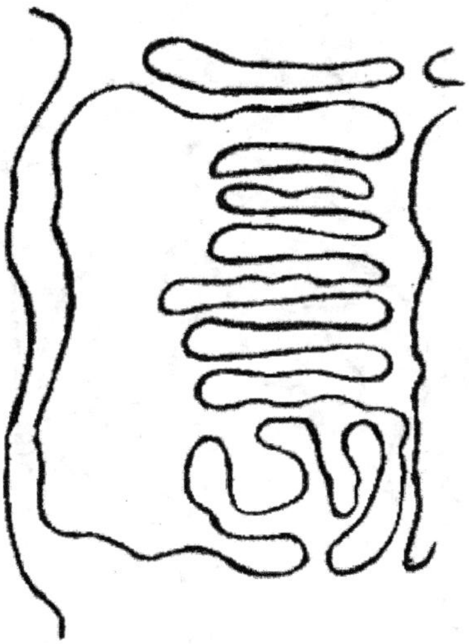

图 3 - 26　倒挂琼帘格

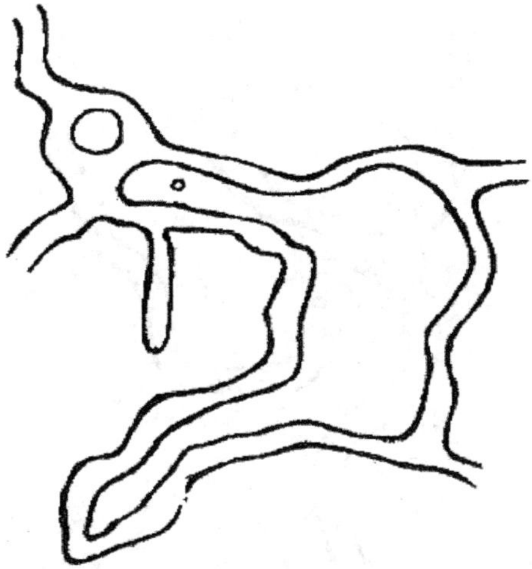

图 3 - 27　长蛇赶蛤格

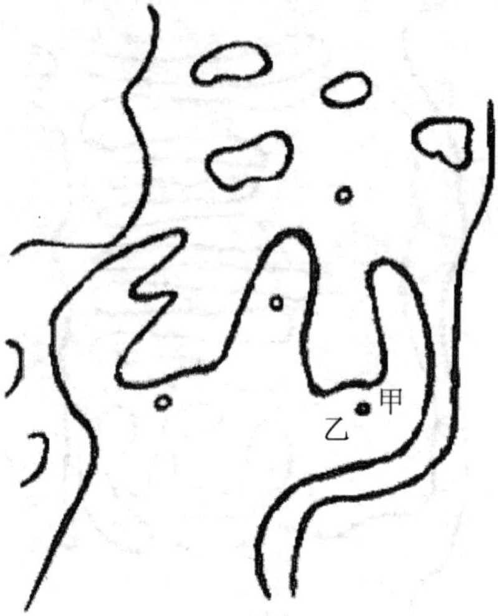

图 3－28 雁落池湖格

图 3－29 顺龙随水格

【注解】沈禹平曰:“格之变体至于荡埂而止矣。浪打风吹,相为摩荡,结为砂埂、砂州,是以至刚之势而成至柔之质,气机相感,历久而愈显其精神。或成形象垣局,浩瀚弥漫,逐浪随波,尽属州渚,一如鸥鸟之浮沉者,此皆大成之局也。此等地面,认彼来情,相其形局,果是龙真穴的,福荫尽有,与诸格相等。”此局孤雁展翅,落入湖中。中一长砂如雁嘴,伸入水中。若于砂头立穴,则尖削直硬气不聚,当于雁脖中立穴,此亦挨金剪火之法。

【原文】(见图3-29)顺龙随水,阴阳略交,埋棺逆受,必产英豪。

【注解】水从申方来,龙亦从申来,穴亦立申山寅向,为顺水局。吴公云:“水虽去而山交回则善。”杨公云:“也有干龙来两水,更不回身直为地;只是两护必不同,定有缠关交结密。”故凡顺水局必四周势密,水口交固。若水去而山不交回,穴场有水荡然直去,此等局绝无融结。此局虽顺水行龙,但护龙水至合襟处,反身兜抱,逆身反上而去,龙气尽聚于弯转之处,是为交关有力,故龙真穴的。

【原文】(见图3-30)猿猴礼斗,金章紫绶,旁笏在前,铨衡大受。

【注解】临水结穴,多是枝水插入,或就水弯抱处立穴,或蘸水,或凭高,多从金体入手。此局却左右砂直硬前伸,高扦则倾,低扦则淋,近水则承砂水杀气,故穴应点于离水较远之处,此亦脱杀之法。《天机会元》中收“寒猿叫月、野猿摘果、老猿抱子”诸格,叫月以月为案,摘果以果为案,抱子以子为案。此局各曰“礼斗”,斗者,北斗七星也,星斗也,故以星斗为案符此格。

【原文】(见图3-31)金锁重关,远顺堪安,富而好礼,子孙鹓班。

【注解】二水合襟,抱过穴前为一关,左手又一枝水插入,与

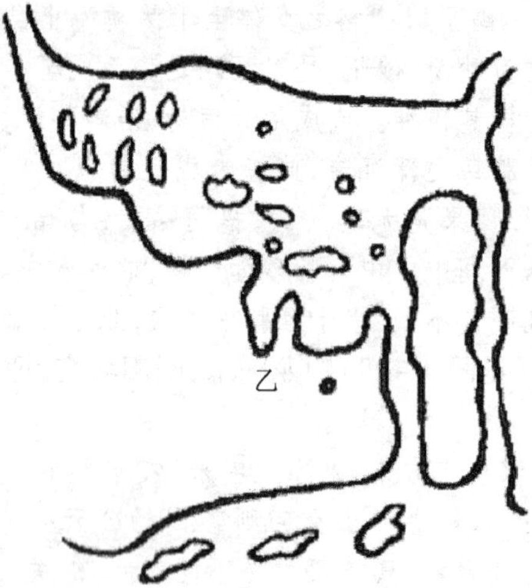

图 3－30　猿猴礼斗格

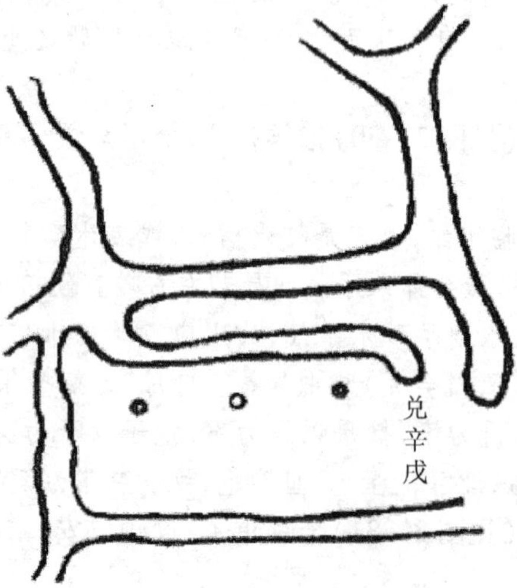

图 3－31　金锁重关格

合襟水并行又抱过穴前为二重，故云重关。虽中间立有三穴，皆以右手官星为案，但亦有高下之分。右手一穴，立与水尽之处，虽得一弯，但弯水太短，发越不久。左手一穴，前案气尽，难得朝拱之美。惟中间一穴，秀砂秀水尽收，力量最大，方是真穴。

【原文】（见图3－32）冠笏朝天，印浮水南，白首加封，职居内殿。

【注解】左右两水流来合襟，右方虎砂分叉，其形如冠；左手砂立似笏，去来水中圆砂为印；冠笏印案俱全，再加龙真穴的，故有贵应。大凡平阳笏形之格，多以眠笏为案，如此局，就砂中立坎离之向者是。

【原文】（见图3－33）四水分归印分斜，流年值此过堪嗟，若得星干高照曜，福禄寿考贵而奇。

【注解】亥艮山丙丁巳水，丙丁山亥水，震巽山庚水，庚酉辛山震水，离山壬癸水，壬癸山坤水为朝元水，此绝胎二位水。有云元辰直流或穴前直放皆不为害，但不宜过长。又一说：甲庚丙壬四位为太乙归元水，因火绝于壬，木绝于庚等。以此局论，水从甲庚丙壬四方朝入，故云四水朝元。

【原文】（见图3－34）织女抛梭，初葬奔波，三代之后，孝子登科。

【注解】《天机会元》中收“织女穿梭”一格，诗曰：“织女穿梭样不同，左抄右拨正西东，气堂点穴真消息，富贵荣华永不穷。”此类格局，穴当点于梭中，以机台为案。

【原文】（见图3－35）二水夹龙，多吉少凶，前有印案，位至三公。

【注解】左右二水，夹护龙脉，前有湖荡融聚。荡中有日月二砂作案，葬后必发无疑，故云多吉。惜去水一束后即呈八字分泄，毫无顾穴之情，故初虽骤发，但难以久长，终会退败，原文

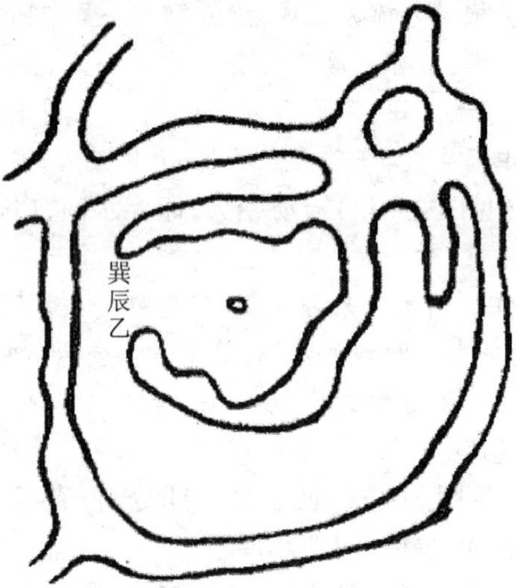

图 3－32　冠笏朝天格

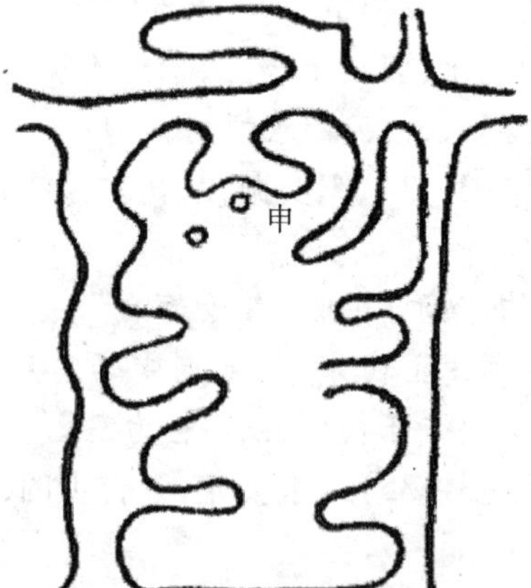

图 3－33　四水朝元格

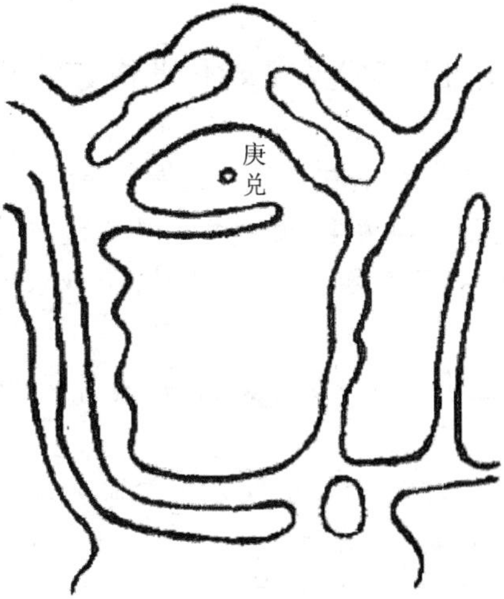

图 3－34 织女抛梭格

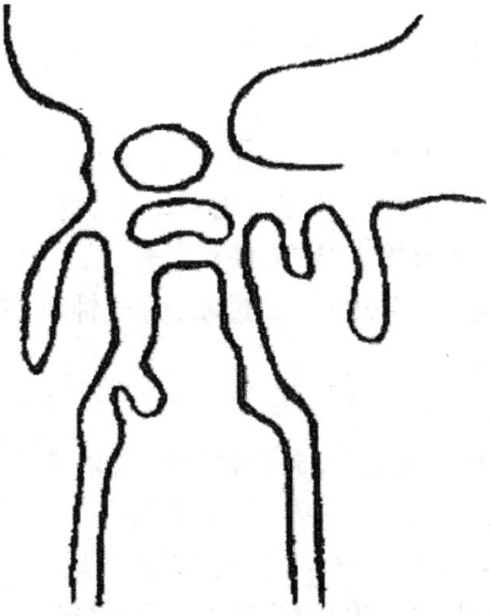

图 3－35 二水夹龙格

“少凶”却不合地理。

【原文】（见图3－36）龙虎交牙，此格堪夸，内静外动，其地百用。

【注解】龙虎是言左右之砂。此局形局宽大，一水屈曲朝入，先是虎砂抱过穴前为案，而后龙砂又抱过虎砂为二重案，重重交抱，关锁极密，真气融聚，极为精神，是砂水中至吉之地，故云“百用”。

【原文】（见图3－37）龙虎交加，阀阅名家，文星高大，世出英华。

【注解】巽艮二方水朝，至乾方合襟而去，虽前有案砂似玉带横拦，终是顺水直泄，力量不足。故逆水立乾山巽向回龙顾祖，则后有拱托，前迎秀水，其力远比顺水雄厚。左右龙虎虽相对，因其形圆净内抱，故名龙虎比和。若砂形尖射，却为龙虎相争，反为不美。

【原文】（见图3－38）御马出跃，金刀相应，穴在其缨，阵上扬名。

【注解】四周环水，水中砂形如马回头；前有案砂，弯如金刀，刀背向内抱穴。穴立马回头曲动之处，前应秀案来水，因刀马皆武将所有，故云阵上扬名，以武取贵。

【原文】（见图3－39）蜂腰过峡，秀气钟灵，穴分缓急，四海扬名。

【注解】水从巽方朝来，横到坤方，回头朝入，兜抱穴场，以界其气。脉从坎来入首时，腰间两水插入以束气，故云“蜂腰”。若抱水阔大，是急来，穴宜缓受，避其煞气。若抱水细弱，是缓来，穴则宜近水急受，以接生气，故云“穴分缓急”。

【原文】（见图3－40）犀牛望月，少年豁达，巽水趋朝，文章奇拔。

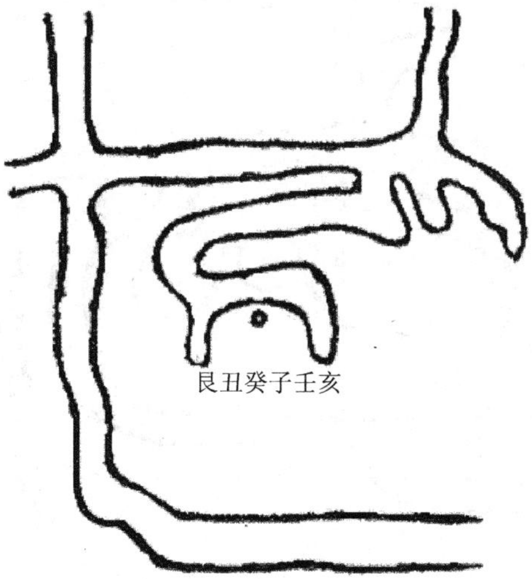

图 3-36　**龙环虎抱格**

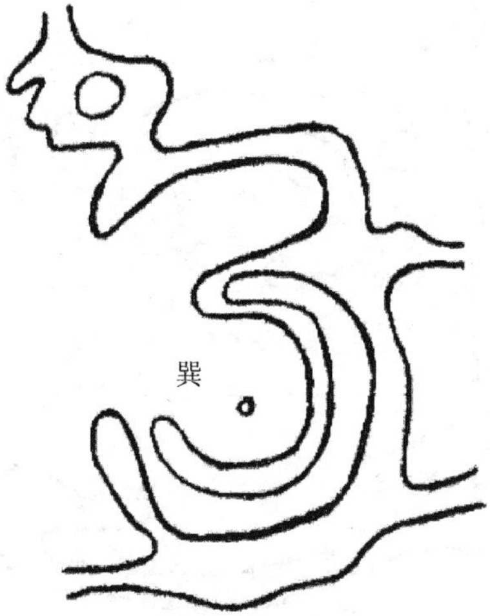

图 3-37　**龙虎相对格**

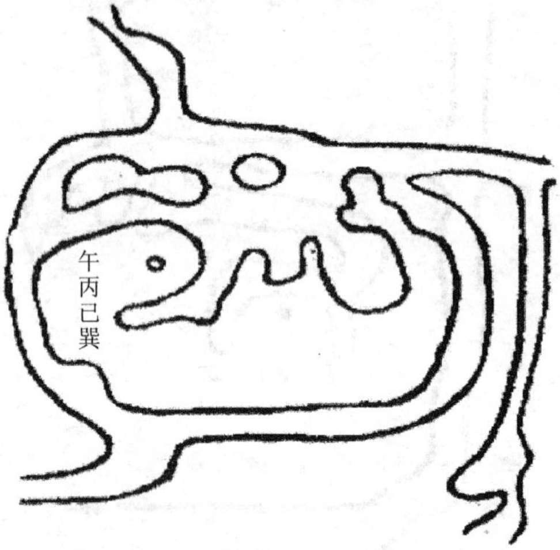

图3－38　御马出跃格

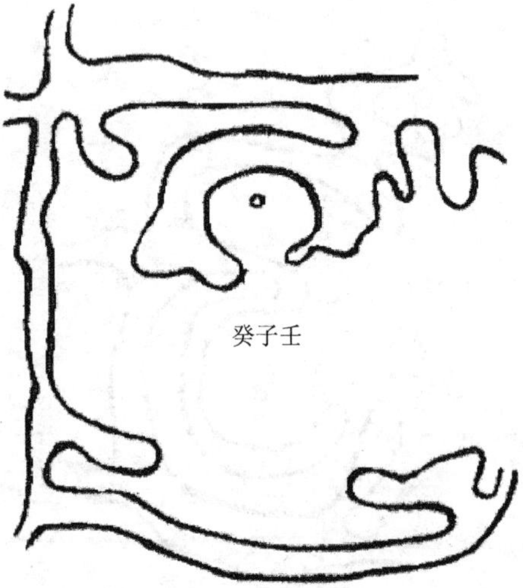

图3－39　蜂腰过峡格

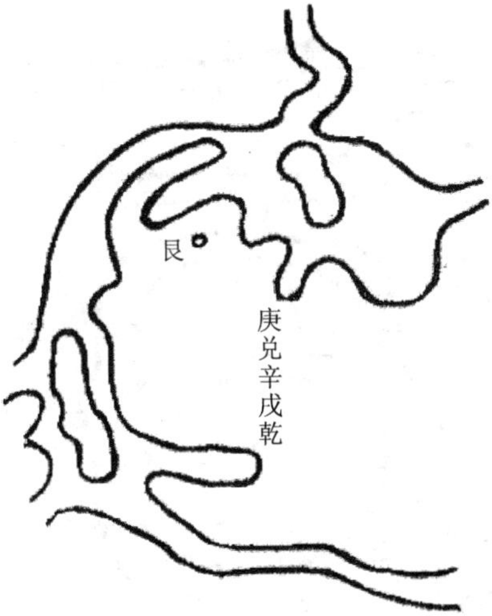

图3－40 **犀牛望月格**

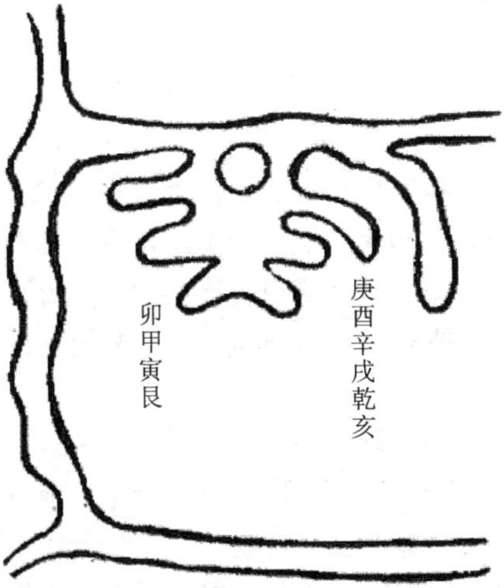

图3－41 **金阙衙班格**

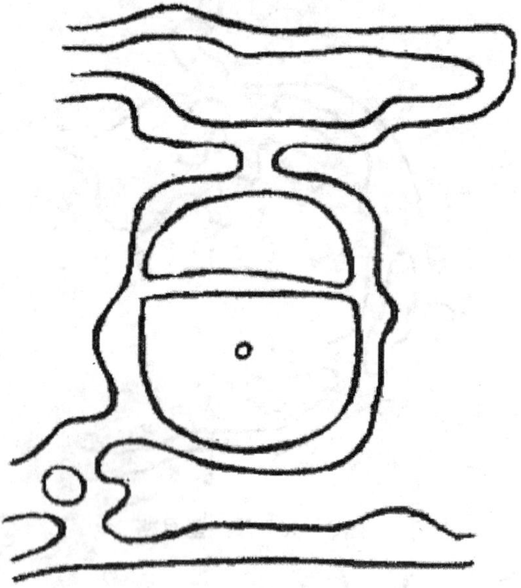

图 3－42　日月合璧格

【注解】《天机会元》中收"犀牛望月"一格,诗云:"望月犀牛昂起头,一轮明月喜相收,但求额上寻真穴,富贵荣华旺百秋。"故此格必以月为案,穴点牛额为合格。如此局,穴点牛额,坐艮向坤,月砂为案,巽水特朝,巽方主文章,故云"文章奇拔"。

【原文】(见图 3－41)金阙衙班,龙虎相立,推毂封侯,辕门施令。

【注解】辕门:指军营大门。

推毂:比喻助人成事或推荐人才,如助人推车毂一样使人前进。这里指因人推荐而位至封侯。

前有聚水,左右荡出,折折整齐,如皂吏站衙;荡中一砂,圆净如印,衙印俱全,故云"金阙衙班"。

【原文】(见图3-42)日月合璧,四势免藏,只在其中,变理阴阳。

【注解】上砂为月、为太阴,下砂为日、为太阳;穴立圆砂中肉厚之处,以月砂为案,是负阳抱阴,阴以含阳,二气交感,万物施生,实天地造化之玄妙也。

以上各格名通称“喝形呼穴”,但本书只有图诀,没有解说,对于初涉者,其立穴之妙实难领悟。且山水之形,千变万化,点穴之法,也因形各异,只有融会贯通,方能识其玄妙。蔡季通在《玉髓经》“发挥”中对形象法立穴作了详细的注解,特摘其与本书有关章节以全其义,并供大家研究。

人形:分背面、坐卧、侧正、醉舞之别。男不下阴,女不下乳。背面无穴,则形多下坐卧;坐卧多下趺踞处及脐腹气海等穴;侧形多下手掌曲池及膝腕等穴,正形多下胸脘、脐眼等穴,醉舞多下心胸、怀胁等穴。既分背面,又分男女,夫山形漫然,安知其男女耶?于好乐、应星即见是男是女。如好乐有琴、书剑、圭璧、尊罍、钓竿、旗盖、鞍马、帽笏等,皆男也。女看钗梳、镜尺、妆台、衣物、辇轿、鸾凤等,皆女也。识男女即真,然后依法为之。

兽形:分行走、上下、出入、卧乳、伏降、斗睡、饱食之别。亦当先看背面,背向无穴,惟于面取之。睡卧、奔走多下鼻息、气堂等穴,盖走与卧当于气盛处取之。上下、来去、出入却看先后,大情在前,则取眼目、山根、须角、鼻观等穴;大情在后,则取其后腿、腹下、气堂等穴。行、乳多在眼目、而乳或在乳。降、斗则在眼前、角心、山根与爪等穴。伏、卧、饱、食多在鼻观、口舌。

禽鸟形:分飞翔、饮啄、浴抱、舞斗、理翅、翘足之异。此只当先看飞立之势,趋上水、下水为之取用。翔飞、舞斗多下翅者;饮啄多下眼、喙间;抱形多取腹、取卵。惟项下一穴,不可下也。

蛇形:仅有七寸、气堂,余不可下,多发瘟疫。凿王字者,多损蛇。入穴上山,反后下尾,舌与气,不可下。至如腰腹上下来去,亦皆不可下。

蜈蚣:只有一穴在口中,余皆无穴可下。

鱼:看上下水如何,腮及后孔是穴,或下尾、下髯鬣,又各有取用。出水鱼,或下口;引子鱼,或下尾,亦观情势如何也。

螺形:则有行食、出壳、藏壳之异。故穴亦有靥、有头,及有顾壳之别。

龟鳖:各下左右肩。有应星而阔扁者为鳖。有蛇及土星真武,或龟子,高而圆长者为龟。龟应不专一物,而鳖应必须有星。盖天文鳖星,居天河之下,箕斗之间,自有乐星在其旁,故地下之形,即天上之星。必有应星,如天文而后为真鳖形。龟、鳖皆有引子,而鳖有抱卵形,鳖卵必别聚一处,此又物理也。鳖皆影抱,身在水涯,而卵居岸上泥土中,必不同在一所,故一、二在前之左右者,应星也;或三或五在侧与后而又聚集者,抱卵也。卵高鳖低不害,为之形真。龟鳖间有浮水,没泥之异。浮者,在水中,露背脑而已,不见其脚。没者,惟有背露,头脚皆不见;或见,必隔越泥水,见于他所也。浮没之形,惟皆可下,而不可凿,安柩其上,以土培之则善。凿之,则其形死矣,故不利焉。

花形:惟花心。木形当下嫩梢及形花结秀处可下。

幡旗之形:多于闪动处,幡在中股,而旗在花心最的处,或下七星处,点亦是穴,或看朝应如何。

琴:下大徵。无徵,下用指弹处。

月形:有满月、缺月之异。满月下弦,缺月下魄、下角。

狮形:以球证之。故见其形,凡面平而方者,狮子也,他兽面不平、不方。辨形者,以此为诀。乃狮子必带球,尾、头大身小,前重后轻,前昂后俯,有回转戏球之势,此狮子之情也。凡伏师、卧狮,则多取鼻观或王字。如戏狮、引子狮、戏球狮、伏虎狮,多取穴于眼,盖精神在眼,以其顾盼取之。

虎之形:惟鼻、眼、爪是穴,取用各不同耳。不惟降狮、若伏、卧等形,眼鼻单下,亦须通变,下额穴也;爪穴,如引儿等,亦可下,不独捕捉之形取之。达者自通变耳。

龙形:其貌多岩岳,有山根升腾之龙,必有鬣髯,龙无鬣髯则无力。关节亦长,此真龙也。其应则雷电祥云、日月、云梯、飞雨、湖潭之类应之,有云则升。

凤形:多贵,以带尖曜故也。然穴最难下,常以毫厘丈尺之差而有贵贱之异,故识穴不真,不若不下,恐误矣。大抵凤之形,有以金笼、玉架、方笼、百禽、奇花、梧竹、殿格等应之。其形体则展转清瘦,翔集顾盼,多从高冈而落,此则凤之形也。其取用则翅肩、翅梢、冠喙、眼,凤不下胲项,审此则得凤之形,知凤之情。穴则于朝应上取之,情势紧重处取之,万不失一也。

牛形:牛之力在峰颠,故下此穴。牛之应,犁鞭、桊轭、浆塘、草池、平野、牧奴等取之。穴则有鼻眼、堆峰、蹄角、耳腹之类,看取应如何。牛旋转在车后,穴下车心转轴处;若金牛牵车,则又以车轭取之,而下峰颠穴也。牛出栏,必昂头、舒气、舐鼻,故取鼻穴。

象形:象之力在鼻,恐卷湖之象,尤宜取鼻。亦有用牙关者,顾朝应之山,委蛇之水,依靠之峰何如耳。

喝形呼穴,只不过使初学者辨认耳,与龙脉并非紧要。所以徐试可虽把《玉髓经》辑入《天机会元》,却在该书前特作引以说明:"寻龙之难,识星难,识格尤难。自杨廖精于言星而不言格,张公详于言格而不言星,二者孰优劣乎?以星体论者,自有尖圆方曲之定体,而可以捉摸星体其本也。以形格论者,不免毫里疑似之难辨,善会其意者,因格求义,随所触目,剖其分明,斯为得之。不善会其意者，泥纸上之图形，用之相山，百无一合，证谈乱指，以似为真，此正卜氏所云‘一或少差，指鹿为马，认蚓为蛇’之类是也。是故寻龙之法，以识星为要，识格次之，故予所编天机序次，还以杨廖为星体于正篇，以立其本。至张子微所论龙格甚详，终浅薄而难稽，恐无定体捉摸，恐滋世俗以似为真之弊，是以列之警篇，而只为会贤广见之一助云。”由此可见，喝形呼穴只不过定穴之末道，故只要龙真穴的，尽可剪裁，不必拘泥其何穴何形耶。

续水龙经第四卷

总　论

【原文】人禀天地之气而生，乃受阳阴之节，生必有宅，死必有坟。若坟宅居于吉地，庶人与鬼安。人安则家道荣昌，鬼安则子孙吉利。凡鬼不可不择吉地以葬，而人不可不择吉地以居。近观久富之家，必有祖坟注荫。祖宗者，根荄也。子孙者，枝苗也。根受肥厚之地，必枝叶茂盛；根生瘠薄之区，必枝叶焦枯。

【注解】风水家认为，世界一切事物均与阴阳息息相关，物物有阴阳，事事有阴阳。天为阳，地为阴，此一大阴阳。春夏为阳，秋冬为阴，此四季之阴阳。昼为阳，夜为阴，此为日之阴阳。山静为阴，水动为阳，此山水之阴阳。山以开面为阳，收束为阴；曲动活泼为阳，僵直粗顽为阴；向穴者为阳，背穴者为阴。水则以特阔大者为阳，狭小者为阴；屈曲活动为阳，直硬尖斜为阴；绕穴有情者为阳；无情背穴者为阴。天地、山水有阴阳以生万物，四季有阴阳以成岁功，日有阴阳以便生息，于是则万物施生，有收有敛，有生有死，而世界成焉。人既生活在天地这一大阴阳之中，生死作息，必处处以阴阳变化而变化，阴阳相见福禄永贞，阴阳相乘(乖)，祸咎踵门，故云“受阴阳之节”。

【原文】论择地之术，最为难矣。四方风土不同，形势各有差别。作穴或在平洋深谷之中，或在石间安穴，或在水底安坟。葬书曰：“水底必须巨眼，石间必待名师。”以此论之，实为微妙。夫相地必察乎来龙，点穴须迎夫真脉。地脉者，阴气也。水脉者，阳气也。

【注解】北方地厚,南方地薄;西方之山高耸粗硬,东方之山低小细嫩,故葬有浮沉深浅之分。江浙之地水多气聚,多依水结穴;直鲁之地水少气散,则沟涧土垅皆可取地。故除山环水绕外,还有水底石巧等怪穴可取。《人子须知》中有“怪穴破惑歌”一节,专论异常怪穴,特录于下,以供研究:

真龙藏幸穴奇怪, 俗眼何曾爱?
天珍地秘鬼神司, 指点待明师。
明师堪破玄机诀, 秘密不敢说。
恐君缘福或轻微, 指出反惊疑。
地有奇巧有丑拙, 总名为怪穴;
巧是穴形美且奇, 地位使人疑。
拙是穴形媸且丑, 狐疑难下手;
高人造化蕴胸中, 巧拙尽玄通。
大凡怪穴有跷蹊, 龙要十分奇;
认得龙神的的真, 怪穴始堪针。
巧穴巧穴何巧穴, 仔细与君说;
或然高在万山巅, 天巧穴堪扦。
或然低在泥田里, 没泥穴可取。
或然孤露八风吹, 登穴自隈聚;
或然直出两水射, 临穴有凭藉;
或然结在水中央, 四畔水汪洋。
或然结在顽石里, 凿逢土脉取;
或然有穴瞰泉窍, 葬后泉干燥。
或然有穴逼水边, 葬后水城迁;
或然有穴居龙脊, 骑龙贵无敌。
或然有穴截龙脉, 斩关古有格;
或然有穴傍湖滨, 秋冬始见真;

或然有穴落田畴， 春夏水交流；
或然穴在土皮上， 名曰培土葬；
或然穴在石罅中， 有土气斯通。
也曾见穴水直流， 下后出公侯；
也曾见穴砂斜飞， 下后着绯衣；
也曾见穴无包藏， 一突在平洋；
也曾见穴多余气， 山去数十里；
也曾见穴坐后空， 得水不嫌风；
也曾见穴面前欺， 顾祖不嫌低。
也有巧穴名合气， 来脉双龙至；
也有巧穴名龙脱， 来脉水中过。
此皆奇巧令人疑， 造化隐真机。
更有丑拙尤难识， 福应无差忒；
丑拙丑拙何丑拙， 真有玄微诀。
君子盛德貌如愚， 良贾藏若虚；
又如女子德淑贤， 貌丑不须嫌。
为君泄破天机秘， 丑拙莫轻弃。
也曾见穴乳直长， 左右没拦挡；
也曾见穴脑偏侧， 时俗难辨识；
也有穴下尖嘴生， 枫叶三丫体，
也有穴前嘴直长， 凿作臂回环；
也有穴后是空槽， 玉箸夹馒头；
也有穴前是深沟， 金枧与银槽；
也有丑穴如鹤爪， 突露无人晓；
也有丑穴似牛皮， 懒坦使人疑；
也有丑穴少一臂， 时师容易弃；
也有丑穴体粗顽， 细认太极安。

也有怪穴是担凹，　乐起贴身高。
也有怪穴是仰瓦，　气蹙前头下；
也有怪穴似拖枪，　只要护缠长。
也有怪穴如斗斧，　须要鬼乐守；
也有怪穴无龙虎，　何人将眼睹。
也有怪穴无案山，　诸水聚其间；
也有怪穴如反掌，　窝靥形微垣；
也有怪穴要锹皮，　苞节认玄微。
有如壁上挂飞蛾，　细看突无多；
有如壁上挂灯盏，　但见窝微扦。
急山忽然一坦平，　穴向此间停；
缓龙到头忽起突，　穴向此中取。
精神显露反非祥，　隐拙乃为良；
真龙藏幸韬神机，　奇怪使人疑。
奇怪奇怪何奇怪，　千形并万态；
能乘生气任君针，　奇怪莫疑心。
大抵奇形怪在穴，　只把龙神别。
认得龙真穴便真，　此诀值千金。
假龙无穴不堪安，　莫作怪穴看。
若将藉口乱安坟，　误尽世间人。
用怪不能当守拙，　缄口休谈说；
要知怪穴有真玄，　须遇至人传。

按:《人子须知》对怪穴解释甚详，且有补义，均甚精奇。叶九升《堪舆学研究》中又收有“怪穴辨惑歌”与此歌有同工异曲之妙，可参考。

真脉:有真就有假，何为真？龙之出脉，有辟有合，有起有伏，有护有送，远则有随龙之大水，近则有界龙之小水，结局则有拦龙之横水,亦有明堂,亦有龙虎,亦有朝对,奇峰罗列,逞异献秀,谓之真脉。出脉开合不明,过峡而无迎送,虽有手脚桡棹而两臂不匀,或反逆带杀而尖利,或臃肿粗恶而丑陋,或拖拽太重而不顾本身,或无遮护而被风吹,或龙脉虽真而被鬼劫等谓之假。真者为之生,葬之主吉;假者为之死,葬后主凶,故脉分真假,为点穴之首要。

【原文】冈阜水道,皆龙脉也。要迢迢而来,博龙换骨,如移花接木之意,所谓枝葬也。

【注解】剥龙换骨:剥换者,变化也;换骨者,由凶变吉也,有山龙和水龙之分。凡山龙辞楼下殿,必粗硬雄顽,杀气重重,只有经过重重开帐、出脉、跌断、过峡,节节剥换,方能脱清杀气,使其形体由老变嫩,由刚变柔,由粗变细,方能达到由凶变吉,融气结穴的目的。故云:"脱卸变换粗变细,凶星变吉地。"如廉贞火起祖,辞楼后开土星大帐,而后土换金,金换水,水换木,直至结穴,这个过程就是剥龙换骨的过程。水龙亦同。大江大河为大干,奔腾咆哮,汹涌直泻,是龙不住而杀气重。有小干插入,则为剥换,再有枝水插入,则两水合襟,胎元完固而成穴,其小干水及枝水插入的过程,就是水龙剥换变吉的过程。故龙贵有剥换,卜氏云"星以剥换为贵",即此理。

枝葬:龙贵有枝。章仲山云:"山龙之干枝,犹木之干枝。老木为干,嫩枝为枝。大凡老干行龙,性情坚刚,土老石粗,结穴最少,犹木之开花结果,多结于嫩枝,少结于老干。夫枝龙即是干龙分下旁枝、旁脉之类,并有'干中干'、'枝中枝''枝中干'、'干中枝'之别。此云土贵有枝者,是言正干行龙,愈分而愈妙也。既识其分,再观其止,枝龙止蓄之处,即是真穴真气所钟之地。真穴所钟,水必聚于此,此亦山水阴阳自然之妙也。枝者,分也。不分则粗顽之气不能脱尽,故以分为贵也。脱卸愈多,顽气愈尽,龙力愈壮,土色愈美。即水龙亦贵有枝。枝者,分滨、分枝之谓也。枝滨愈多,龙愈生动,土色愈佳,气愈活泼,所谓分尽之分者,此也。”

【原文】葬书曰“得水为上,藏风次之”,此结穴之法。陶公云:“雌雄相喜,天地交通。”故水不离山,山不离水。推形纳穴,形随势类而定,更得九星临照。穴喜逢委曲,避冲射。须要环抱宛转,两胁宽容方正,立向收水,应合星卦。水口关锁而入格,朝从砂法以有情,方为吉地。

【注解】大凡龙脉绵延,见水则止,止龙气者,水也。水绕则气聚,水界则气止,只要得水,脉气尽得,故为上。穴虽成形,但龙气不止,虽得其穴而无其气,是为空穴、假穴,故藏风不如得水。

应合星卦:此合星卦并非三合水法中生旺方来水,墓绝方去水。而是玄穴理气中飞星生旺之意。如下元七运,七是当运旺星,八是生气,水应从向上飞星七赤、八白两方来,是生旺水朝,主大发。如水来此三碧、四绿处,则为死绝水,反主退败。

【原文】经曰:“地贵平夷,水贵有支。”故平洋之地,亦支干相牵,不离山水也。平洋之地,池河田土,全无山龙,又无水脉牵连,立宅安坟,无龙脉之来去,无星峰之倚傍,无龙虎之护卫,无前后之朝应,坐向不辨五星,水路何分八卦? 若谓此等之地,亦出富贵之家,未之有也。盖闻先贤书云:“有山傍山,无山傍城。有水就水,无水依形。”平洋之地,以水为龙,水积知山脉之住,水流知山脉之动;水流动则气脉分飞,水停蓄则气脉攒聚。大河类干龙之形,小河乃支龙之体。后有河兜,此即荣华之宅;前逢池沼,允为富贵之家。左右环抱有情,堆金积玉;前后萦回无破,财富田丰。地欲水之有情,喜其回环朝穴。水乃龙之脉也,切忌乎冲射反弓,最嫌激割牵消,多忧少乐。尤怕飞斜逼拗,易富即贫。或水路前朝而立宅,或田圩后抱以安坟。地理之书,必须参究;阴阳之术,要在讲明。主者若积阴功,天之所佑。日者须凭目力,穴若轻裁。福轻难遇明师,福厚易逢吉地。地理之书难尽述,阴阳之理固当明。今又续成水法龙经之卷四,以示后之学者。

大鸿氏识

【注解】此节言平洋龙法。名家均有,但大同小异。《明山宝鉴》云:“平洋大地,认水为龙。水势若回,龙亦随住。一丈之山,胜彼十丈;一尺之山,胜彼千尺。”歌云:“平洋大地无龙虎,杳杳寻何处;东西只把水为龙,下后出三公。”卜则巍云:“穷源千仞,不如平地一堆。”《洞林秘诀》云:“平源旷野,茫然数百里之远,视水所归,则知来山,左右岗阜拱接分明,可以藏车隐马,有盘曲之水,朝向之山,乃第一要也。高山平原,水无二说,要以形势为本,观其来历绵远,气象环合,高山无悬漏崩破之害,平原无断垅横堑之绝,乃为吉卜。”林林总总,总以得水为上。

分　论

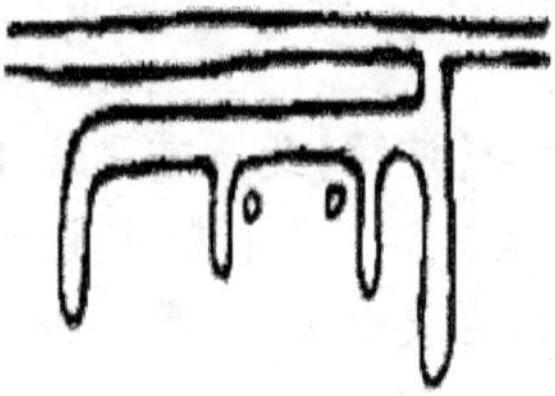

【原文】层层包裹之局，于阴于阳，正当岐界。不能出官，平平而已。（上左图）

【注解】穴左为阳，穴右为阴，不论前朝后裹，均宜阴阳交抱而相合，忌似抱非抱，是阴阳不交，故非大地。如本局，虽穴后二水有分，穴前二水有合，但龙虎二砂，均对面即止，无交无抱，即无交媾，故云“正当岐界”。

【原文】露珠垂草，左阳右阴。取亥弃寅，取寅弃亥。（上右图）

【注解】山龙以父母山落脉处为胎息，水龙以枝龙弯环处为胎息。此局虽有枝水插界，但前水横直，生气不聚，故取两水插入曲动处立穴。右穴取亥山巳向，则弃寅方之穴；左穴取寅山申向，则当弃亥方之穴，二者只宜取一，故有舍弃之异。

【原文】墓气单收，螟蛉难育。（下左图）

【注解】来水在坐山墓方，叫收墓气之水。如甲乙寅卯坐山，未方来水；丙丁巳午坐山，戌方来水；庚辛申酉坐山，丑方来水；壬癸亥子坐山，辰方来水，都是收墓气之水，如本局穴立坐坎

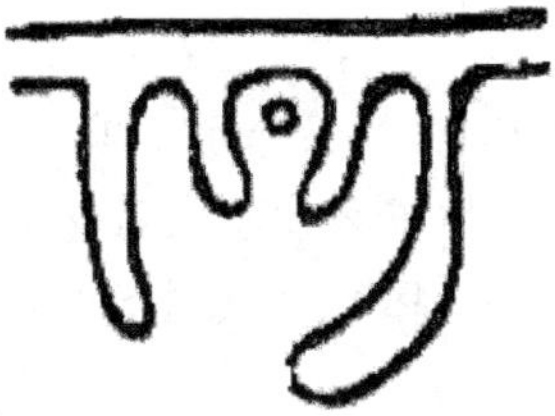

向离，水来辰方。但此局虽枝水重重割界，龙虎重重绕抱，而穴前水直来直去，龙气走泄为病明矣，并非收辰方水之过。

【原文】墓兼贵宿，长房发福，幼房绝丁，房分美恶。（上右图）

【注解】此局立亥山巳向，亥水正五行为水，墓在辰，辰方水来朝，是收墓方水。但龙脉从亥方入局，亥为天皇龙，上应紫微垣；水从辰方来，上应太微垣，均为龙之至贵，故云墓兼贵宿。或辰方有秀山为朝，秀砂作案，亦可云墓兼贵宿。上局辰水朝入凶者，是直泄无情；此局朝水吉者，屈曲有情，一吉一凶，非常清楚。若强以墓兼贵论，何以此局兼而彼局反不兼？不能自圆其说。

此图左方水环抱有情，左为长房，故云“长房发福”。右方有水直泄，右方为幼房，故云“幼房绝丁”。

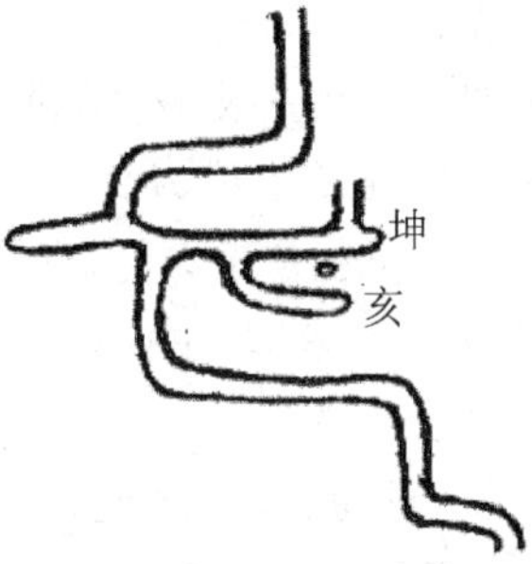

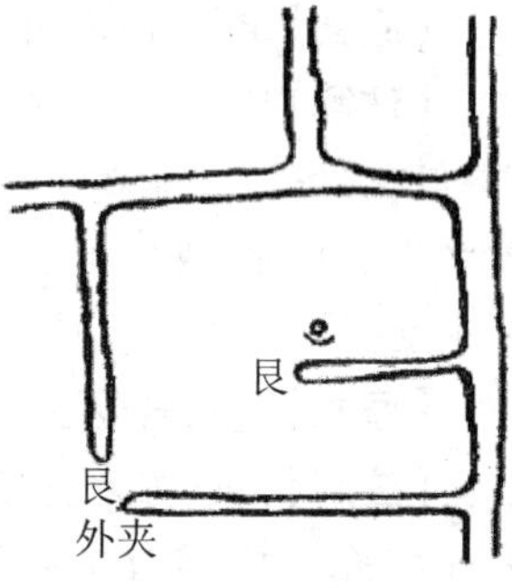

【原文】亥坤杂受,百令先到,亥气施功,傍坤无权,亦发小福。(上左图)

【注解】一水从亥方来,一水从坤方来,故云杂受。亥方之水屈曲环抱,界气明白,故云亥气施功。坤方之水直射而入,直流而去,故云无权。此局二水一吉一凶,一聚气,一走泄,龙气不全,故仅发小福。

【原文】一脉清寒,外夹坚牢。(上右图)

【注解】四水环抱,形成土体,四周之水,皆直流无弯,故曰清寒,然形阔气荡,插界之水,亦属直射;环抱处其形尖射,难以立穴只得就插水立穴;虽内气不足,但外形坚牢,主先败后发。

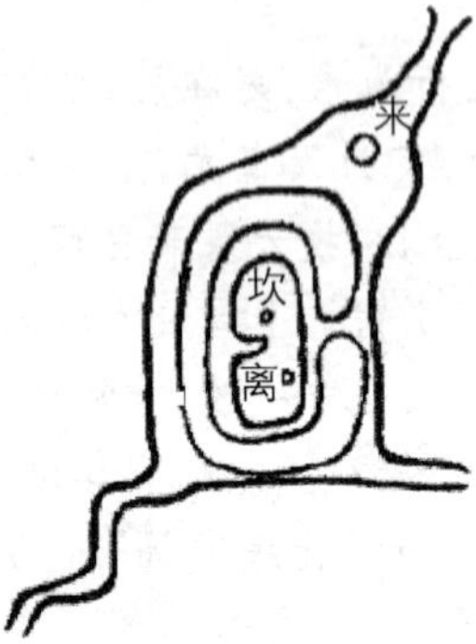

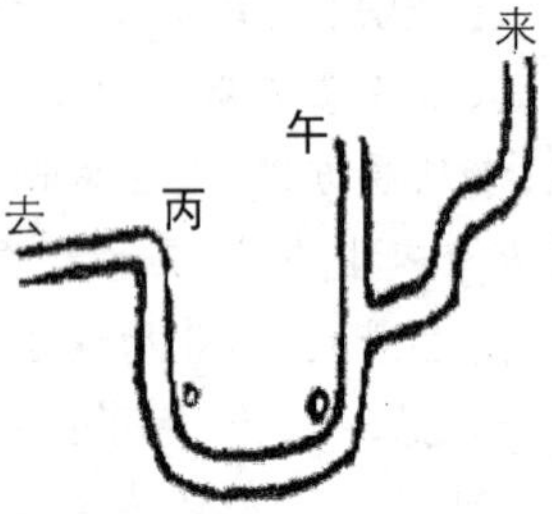

【原文】单行无应,外砂环绕。(上左图)

【注解】坤艮二方水朝入,聚注成荡,中有一长砂,虽可立穴,但荡阔气散,全靠外砂环绕以束气。穴宜近水迎秀,故或靠前立坎山离向,或宜退后立离山坎向,逆受砂水秀气均美。切忌就中立穴,一则脱气,二则被枝水冲射,名垂胸水,均主凶。

【原文】直来直受真,直来真亦假。(上右图)

【注解】虽午方水直来,但至乾方环抱成局,弯抱之处,即为聚气成胎之方,虽直来亦无妨,故云直来直受真。但左方之穴水直上而去,虽弯抱之处有气聚成胎,但去水无回,是龙气走泄,故曰“假”,二穴虽形似,其理却大异,定要分清。

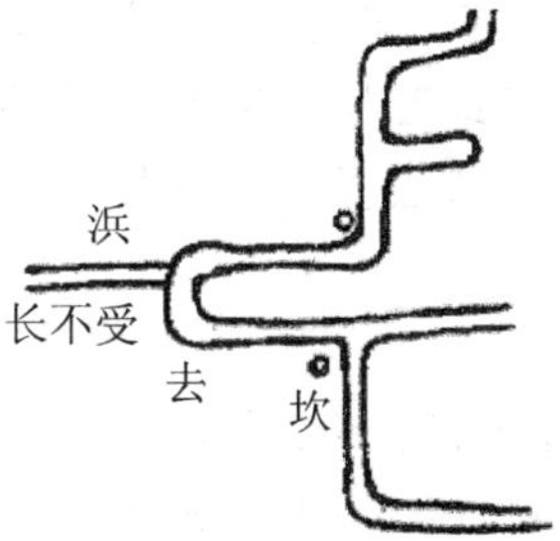

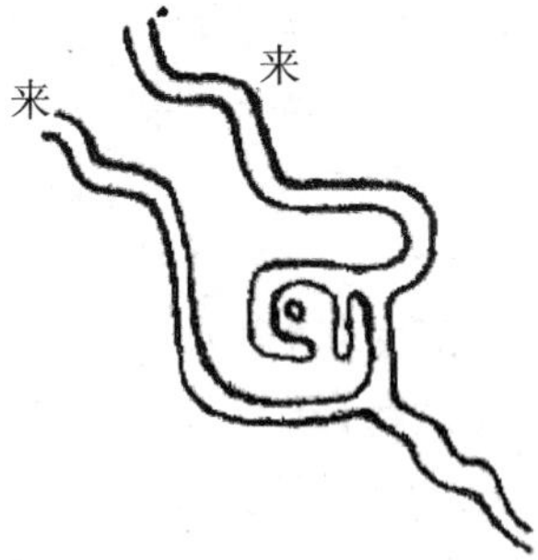

【原文】直来直去,非为龙穴。直来直受。(上左图)

【注解】此图共有两穴。上穴右水直来,虽缠玄武,但直硬无曲且反跳而去,荡泄龙气,故非龙穴。而下穴虽右水直去,若凑前立穴,以接龙气,略强上穴。细析此图,若穴立于坎穴右方弯水之内,则前有弯抱,后有兜收,似更强于左穴。

【原文】清里清。(上右图)

【注解】巽方两水,屈曲来朝,至穴后合襟,屈曲而去,是水躔玄武,外形极佳。兑方有一枝水插入,到头弯抱如钩,内气融聚亦佳。此局外形吉而内形亦吉,故云“清里清”。

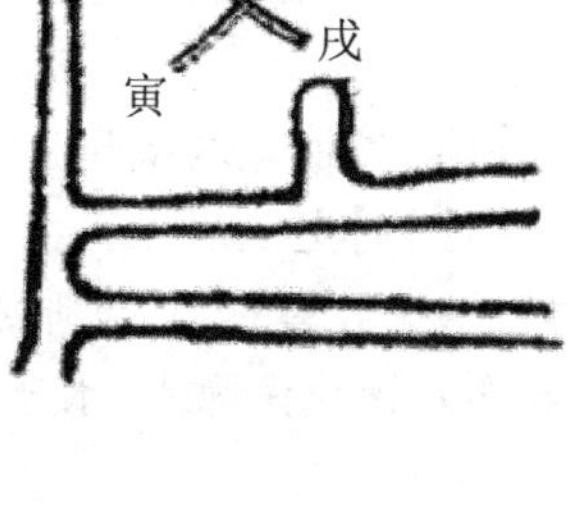

【原文】浊中浊。(上左图)

【注解】戌方虽有水朝入,但直横过穴,毫无弯曲。至坤虽转身至巽,但亦直射,略无回环。转身处亦无圆抱,尖直为火体,均与穴无情,外形已是不吉,为浊。兑方虽有枝水插入,亦直射略斜,不能兜气,内形亦凶,故云浊中浊。是生气毫无收拾,不能立穴也。

【原文】清里浊。欠佳。(上右图)

【注解】巽艮二方皆有水朝入且合襟,前有横水过穴,后有两重玄武水缠兜收,坤乾二方皆有小枝水插界,土星成局,贴边角立穴本美。惜内有交剑水直射,内气尽破,致使无法立穴。外吉内凶,故云"清里浊"。

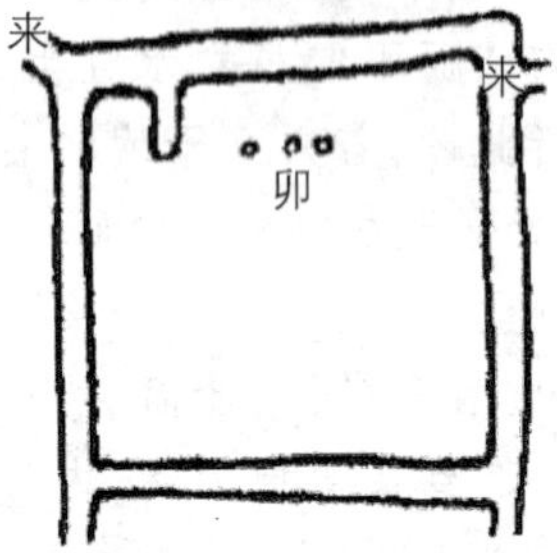

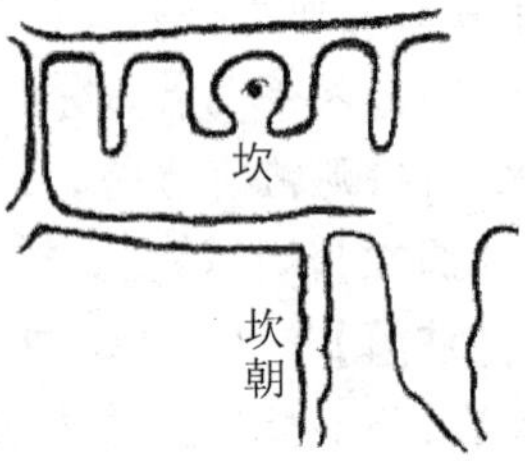

【原文】浊里清。一块蛮皮浊里清,立穴便推详。(上左图)

【注解】虽外有四水环抱,一则方整为土,略无弯环,二则中砂太大,浩渺无气,名一片蛮皮。喜巽方有一小水插入,则一点真气,皆凝聚在插入兜收之处,虽外凶而内实吉,故云"浊里清"。

【原文】坎龙坎水旺又旺。(上右图)

【注解】龙从坎方入首,水亦随龙从坎方朝入,转艮与来水合襟后,又经巽过离,至坤方消出,离方有枝水插入成局,穴立坎山离向。因坎龙为水,水旺于子,子方又有水朝入,坐山亦坎,是龙穴水皆居旺处,故云“旺又旺”。

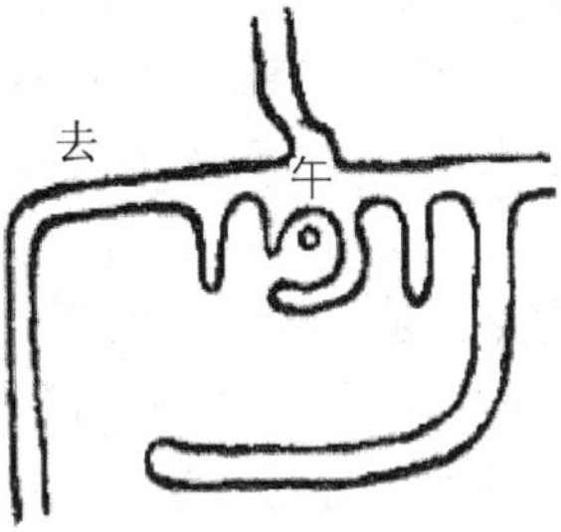

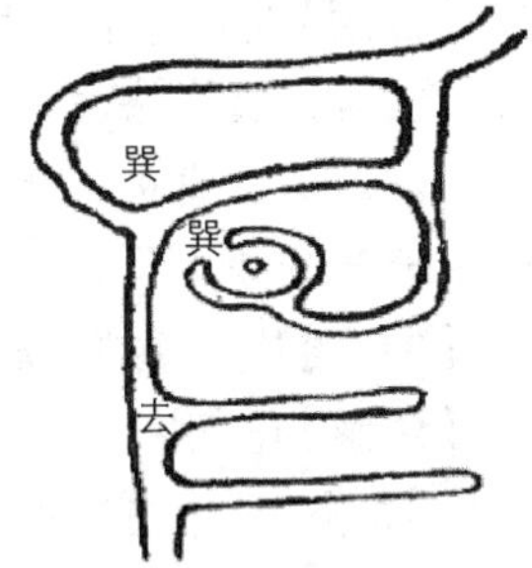

【原文】阳卯木龙旺又煞。(上左图)

【注解】龙从卯方来,左旋入首,左转为阳,故云阳木龙。一水从午方朝入,一水从申方流入,且穴立寅山申向,申为金,卯为木,金克木,故曰煞。而卯木又是木旺之处,故云“旺又煞”。以理气水法论,此为八山曜水,其诀曰:“艮龙坤兔震山猴,巽鸡乾马兑蛇头,艮虎离猪是曜水,宅坟逢之祸即至。”葬后主有意外之凶险,此局旺煞相连,应主吉中有凶。

【原文】巽生龙见巽水之类,为生见生。(上右图)

【注解】龙从巽方入局,水亦从巽方流入,穴立乙辛向或卯酉向,辛酉为金。巽方有巳,巳为金生之地,龙逢生而水亦逢生,故云“生见生”。此以三合十二长生水法论。

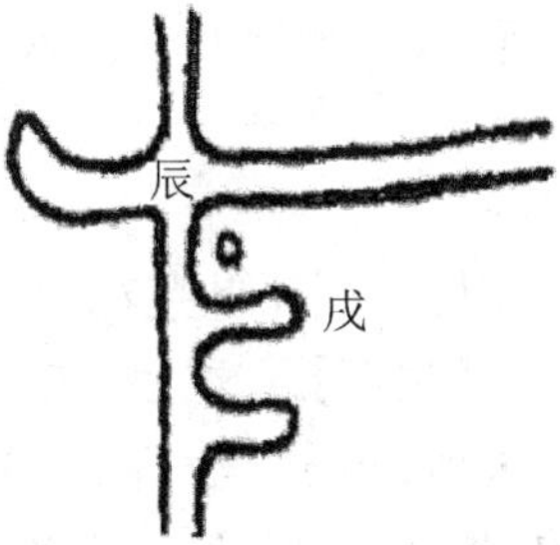

【原文】艮生龙见寅水之类,为生见杀。(上左图)

【注解】此以三合连珠水法论吉凶。因寅午戌合火局,艮丙辛从之,所以艮方来龙为火长生之地。但寅方又有水朝,寅木的正五行属木,艮龙的正五行属土,木克土,寅方又是艮龙的曜杀方,故云生见杀。

【原文】戌为煞龙,见辰为杀水,为煞见杀。(上右图)

【注解】理气家认为"辰戌丑未"为四墓,故云四杀。同时,戌中有娄金,辰中有亢金,坤中有鬼金,丑中有牛金,故又称为四暗金杀。凡龙来自此四方,水自此四方朝入,均主不吉。如此图,龙从戌方入首,水自辰方朝入,故云"煞见杀"。

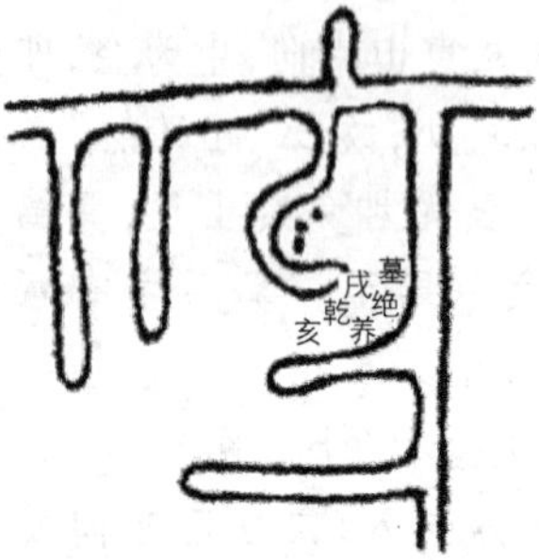

【原文】金钩挂月,必宗太极为主。(上左图)

【注解】水从巽坤两方朝来,合襟后流戌乾而去。外局直尖难取,必以枝水如钩插入处立穴。龙从寅艮方入局,寅艮为火,火墓戌,绝于乾亥,以三合水法论,水宜从墓绝方流出,此图正合其法。

【原文】千叶莲花,亦要五行主……(上右图)

【注解】原文"主"后即无字,其意不明。但以此图论,乾亥方来朝,三分三合,界水极为清晰;龙从巽巳方入手,龙虎重重绕抱,周匝极为严实。逆来水立穴,砂水秀气尽收一穴之中,极为有力。以五行十二长生论，巽属木，亥为木长生之方，有水朝入亦吉，当是极美之地。

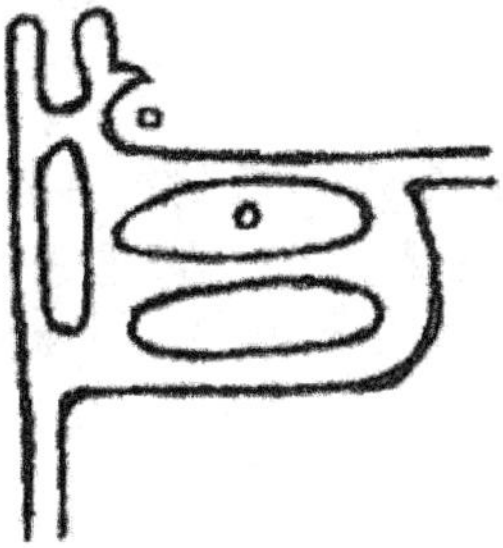

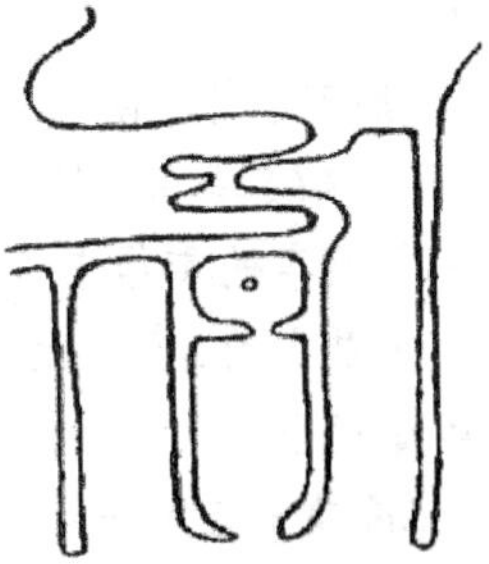

【原文】木星只喜节上东南二阳面。（上左图）

【注解】此局一水从坤方来，横过穴前，与巽方来水汇合，至艮而去。坤水又分出一枝，过兑绕乾坎合艮而去，形局完固。内有二砂，似乎下砂有朝案强于上砂，何以穴点上砂而弃下砂？上砂者，水城完固，后托有力，而下砂虽有朝案，但艮方水直去无回，分泄龙气，反不如上砂有力故。

【原文】前水注入，作秀水朝；后水送龙，直上合流，此为水法最上之地。（上右图）

【注解】龙从坎方行来，坎方有二水夹身护送龙脉，叫送龙

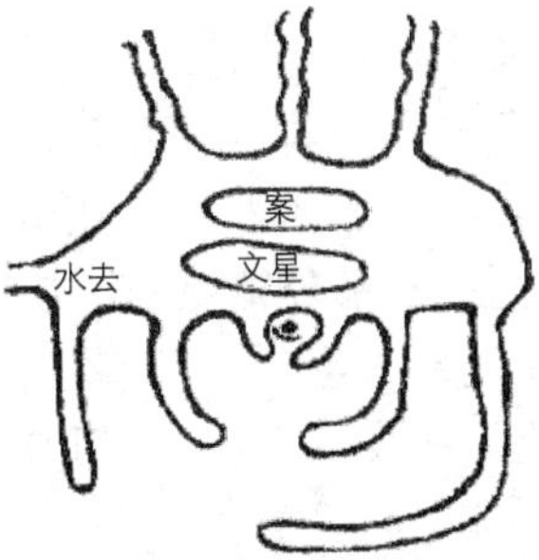

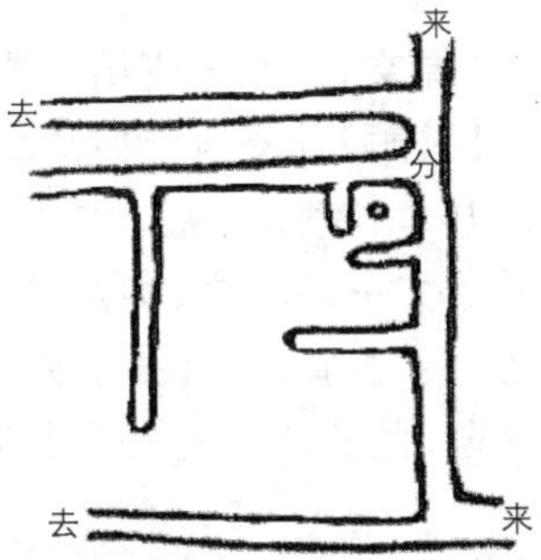

水。离方有水汇聚成荡，从二条送龙水会合入荡而去。经云："水朝不如水绕，水绕不如水聚。"此局朝水、绕水、聚水皆全，故云水法中最上之地。

【原文】受注富贵之地式。（上左图）

【注解】巽、离、坤三水屈曲朝入，会合成湖，形局虽然阔荡，但有文星案两重居前为案关拦，左右龙虎砂水三分三合，重重交抱。站立穴前，丝毫无阔荡或被风吹之感，如居室中，一片恬静，为富贵双全之美地。

【原文】二水分流结穴图。（上右图）

【注解】一水自坤方来，一水自乾方来，二水至穴前合襟后分流而去。间有二短小水插入兜气，外局内形皆周匝完固，真气毫无渗漏，故为真结。

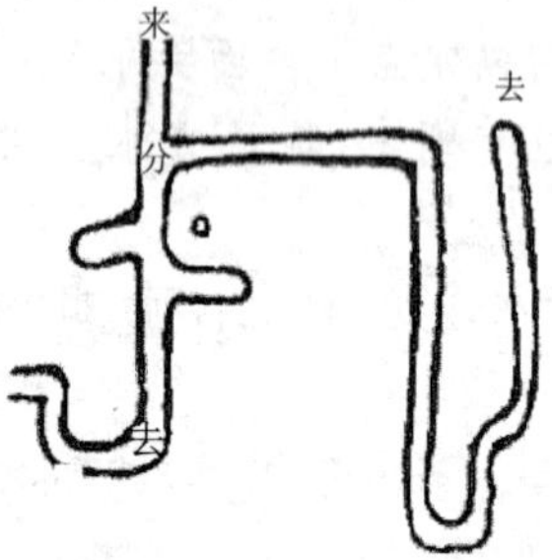

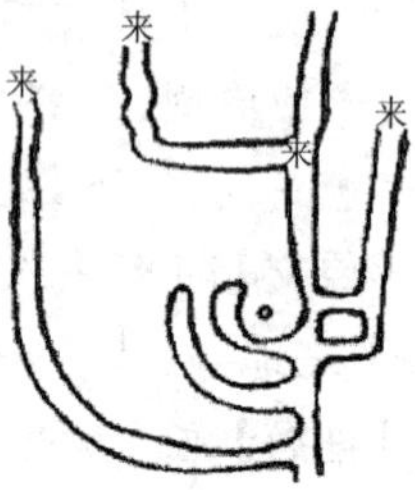

【原文】二水分流结穴图。（上左图）

【注解】此局与上图均二水分流图，但轻重却大不相同。上局水从二方朝来，从二方流去，是来水有力，去水相当。此局则龙从巽方一路朝来，却从艮坤两方流去，是来轻泄重，此其一。上局去水虽直，但有枝水插入关拦，而此局二去水虽不直泄，但均反跳，此其二。故上局富贵悠久，此局一发即败，不可同日而语。

【原文】两水会合式。（上右图及下左图）

【注解】巽方、丁方及坤方有四水随龙护送，至穴前合襟而去，龙气极为厚实。结穴处有枝水插入，兜抱三重，精灵毓秀，聚于一穴，亦水法中至善者。

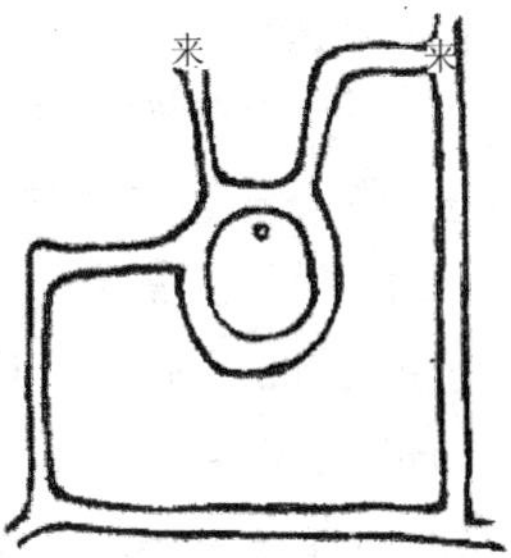

上左图虽亦名两水会合式，但福力却不如上局。上图四水朝来，穴前三重金城水抱，穴后有水缠护，经云“水缠便是山缠”，气脉极为完固。此局仅二重水来，穴前仅一重金城水抱，穴后亦无水缠，略有孤寒之感，故远不如上图福重。

【原文】金真从边。（上右图）

【注解】经云：“金星露顶显微窝，奏撞檐下多；又有金星气下窝，不圆粘处拖。”又云：“双水抱身流，穴坐正金头。”此局四水环抱，中砂圆净为金形，立穴之法，却要视穴情而定。若四面

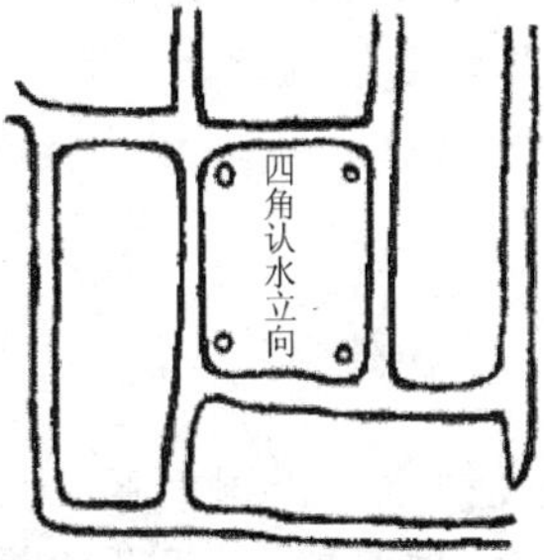

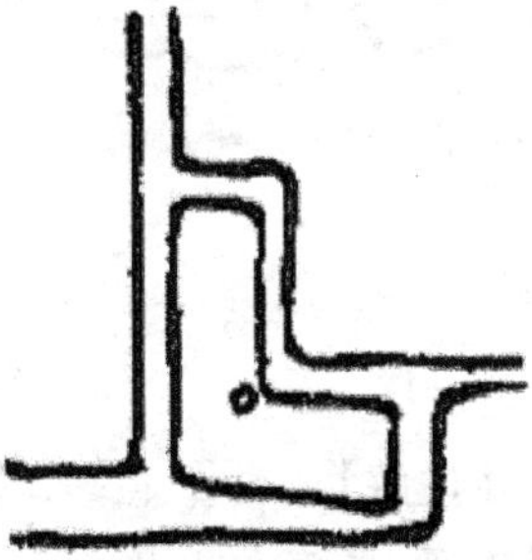

开峭，顶上坦平如覆金；或四围高圆中低，势如仰盆；或平面无

弦,四面仰弦之类,生气聚于中心,宜正中扦之。若星辰有唇,或两水交流于穴前,则宜就唇扦之。此局即就前以应秀水之法。

【原文】土迁四角。(上左图)

【注解】经曰:“土星莫下太阴中,两角宜裁载。”又云:“土星结穴看角边,角好角上扦,假如两角俱齐整,窝弦细认番。棋盘土星出大富,端正在砂护。”此局四水环抱土星,形如棋盘,就四角认水立向扦之,富大于贵。

【原文】曲尺木星点其节。(上右图)

【注解】木星结穴,有山龙与水龙之别。因山龙以木星为贵,或从木星下立紫气穴,或从两边取,可据穴情而定。水龙则以木体为凶,因其有直硬冲射之忌。虽有经云“绾蓝诸木不尽说,大都葬颈节”之说,但此亦是指山龙而言,并非言水龙。如此图,穴立拐角处,前为尖射,两边为直泄,与倒火体相似,又何吉之有。反不如葬于上方左右拐角处为美。大抵直硬为凶,宜慎扦之。

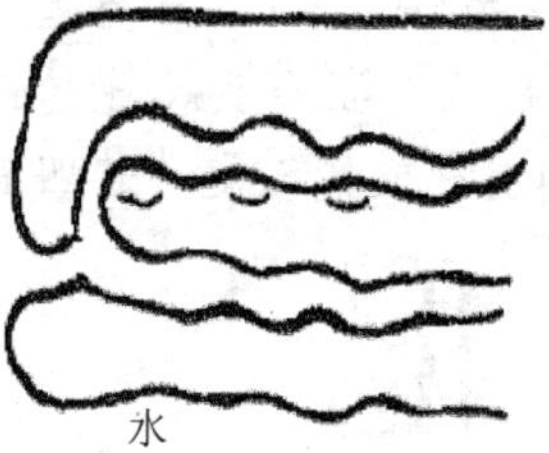

【原文】水形无水朝,只从动处。

【注解】水之体,动而不静;水之性,沉流就下,不论来去,以层波叠浪,左摆右折,圆曲活动为吉,因一水生气尽聚弯曲活动之处,故只宜在动处下穴。

聚 砂 局

【注解】沈禹平在《心眼指要》中说:“水乡泽国之区,大漾大泽之薮,每有芦苇丛生,砂州错处,令人眩目惑心,无从捉摸,尽有奇踪妙结,杂出其间,出人意想之外。初看似无,细觅方见,谓之'偷结'。此等局段护从必多,砂水必极玲珑,葬得真穴,立得吉向,与干结等也。"何为葬得真穴,立得吉向?本书第一卷"湖荡聚砂格"第五图原文说得明白:"凡群砂辐辏有五势,有穴聚水,远砂朝迎者;有水聚明堂,近砂夹辅而远砂拱卫者;有本身绵长,直出湖荡,外砂远应者;有湖荡中群砂围绕,自相辐辏者;有群砂内聚而外有大砂包围者。"此五势得一,皆为真穴,再立吉象,皆大地也。

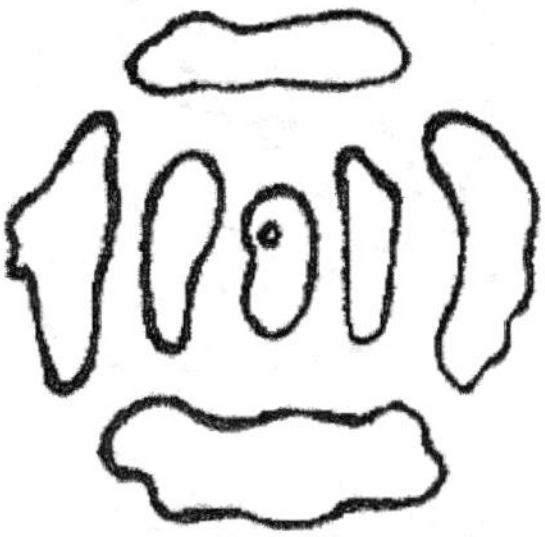

【原文】泊岸浮牌格。(上左图)

【注解】《苏淞嘉湖龙穴论》云:"夫数片小圩垣聚,犹如井田之势者,如圭如印之类,此名'泊岸浮牌',必须四应证佐,抱护有情为真。若被水流冲破,必是他人所用之砂。若四水交会,必有众砂同归,如鱼如禽之类,必须水缠玄武耳,以腰腧为的。或如犁壁面者,或咽气不清者,或水冲城廓者,俱为虚假。故龙怕阔大无咽,穴怕直来冲顶,砂怕顽硬,水怕斜流,案要玲珑小巧,托要方正弯环,水口不宜直去。"方合此格。《天机会元》中有"浮牌"一格,诗云:"浮牌须要近江边,四水朝迎夹护坚。但向牌头扦一穴,富贵荣华百万年。"

【原文】金箱玉印格。(上右图)

【注解】金箱者,为土之形,低而小,方而正,平而圆者为合格,见玉印、文笔相助方为大贵。玉印者,穴前或湖中有圆小山埠或石墩圆平者是,居于水口则为曜星。李淳风有“金箱玉印”一格,诗云:“金星玉印巨门星,地轴天关两畔迎,一穴中心能识下,公侯哀上此中生。”此局正中方砂土星立穴,前有圆砂为玉印,箱印全而证佐真,故为大地。

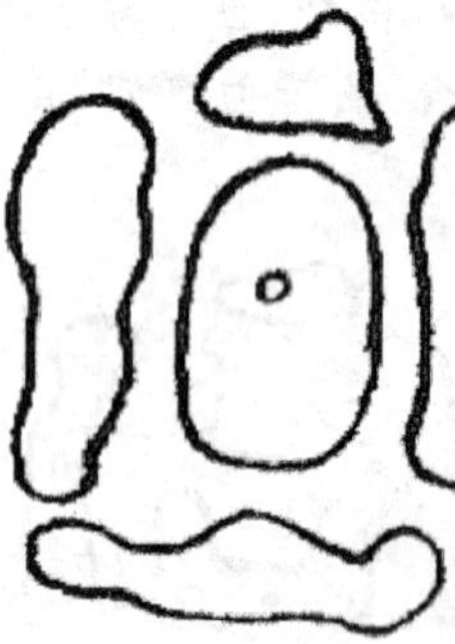

【原文】逆水砂洲。(上左图)

【注解】本格“逆水砂州”与上格“泊岸浮牌”及后“出水莲花”为江浙水乡结穴三大类型。多傍水结穴,或两水相夹,或一水环抱。水流大者,多建阳宅、城市,水流小者,可以立穴。但必要气旺兜收,界明水抱,若风寒水荡,是为绝穴。有唇有脊,立穴方的,懒坦如皮,糊涂莫扦。

【原文】剪火穴局。(上右图)

【注解】正中穴砂虽弯抱,但砂尾尖急为火形。前朝虽有案砂,其形尖为火正射穴砂弯抱之中。故去其两砂火形尖射之处,挨圆净金体之方立穴,名剪火挨金。此穴场裁剪之法也。

【原文】菡萏单提。(下左图)

【注解】单提星辰:龙虎之砂,边有边无,股短且直,微有转尖者是。天机九星将其列为第六,名曰单股。但其与亏脚不同。单提穴宜挨股,亦循其坠,坠处气钟,钟止之处,当以五出法求之。股短而圆者曰垂金亏脚,之转处深广圆净者是。单提亦与

先弓不同。单提者,水到右则穴依虎,水到左则穴依龙。先弓则是长股过穴收短者之股。以此图论,无虎砂而有龙,其形圆净,似是亏脚,并非单提。

【原文】倚岸莲。北方高地成此等形象者,与此同断。(上右图)

【注解】大凡花形,尖秀开萼,重重护托,花心端正,左右整齐,为穴形之真。其穴惟有花心可下,绝无下枝叶者。

以下诸格,与前大同小异,故不再加注。

【原文】聚中取持。

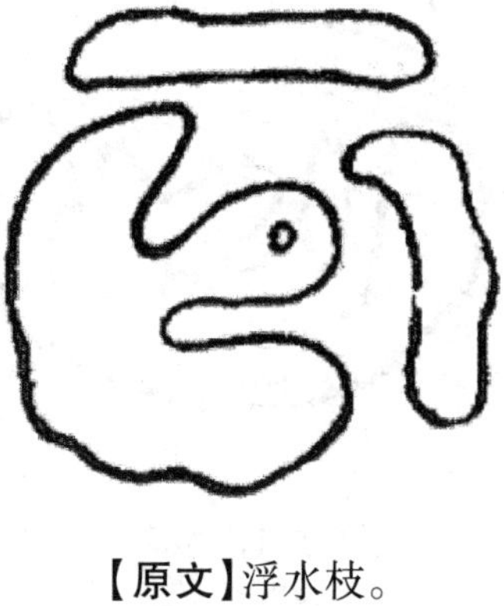

【原文】浮水枝。

【原文】太极。

【原文】雌雄交旺。

【原文】出水莲花。

【原文】倒垂莲。

【原文】右翻身龙。

【原文】双龙垂莲。

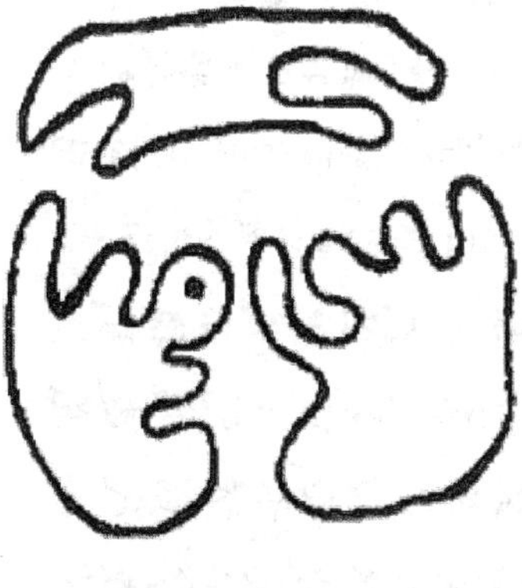

【原文】并头莲。

【原文】出沼莲。

水龍經第一卷總論

此卷專明水龍支幹之理蓋以通流大水為行龍而謂
之幹以溝渠小水為割界而謂之支穴法取支不取幹
猶之高山起祖重岩疊嶂之中反為直結而老龍發出
嫩枝始有結作也篇中主意皆以幹龍遠抱取外氣形
局以支龍止息交會取內氣歷言其于水龍之理詳論之
特為吾人指畫蓋大江大河雖有灣抱其氣曠蕩渺漫完不
聚斷難下手須于其旁另有支水作元辰遠抱成胎則
化氣內生并大水之氣脈皆收攬而無餘斯大地成矣予
水龍經　卷一　四

觀近代名家墓枝川小水皆屈曲通流其形曲折竟見于轉處
下龍取穴全在內堂界水亦得大發其小枝盡處或一
水界纏或雙流界抱深藏紆聚氣為鍾靈世家大族所
在都有不必盡論外局其福力已不可限量似乎此書
所論不可盡拘小幹雖枝其局雖大必須久而後應然
難驟發支龍無幹其發雖捷而氣盡易衰不能綿遠究
不若支幹相扶之地可希求足久之功而亦可期於速
之澤也然則此書之義其可廢而不察歟其所重在將
朝之水迎秀之穴斯雖正論然必欲其盡入朝迎猶是

本面书影整理文字见第11~21面。

水龙经阴阳宅上卷

上下卷总论

【原文】地理之书,真伪杂揉(糅)。山龙犹有善本,平洋只字不传。世本纷纷,类皆不知而妄作。俗士罔察,谬以高山龙法与平地同论,遂使安坟立宅,尽失其宜。中格合符,百无一遇。固天机之秘惜,亦俗术之误人。睹此茫茫,可胜悲惋。

【注解】真伪杂揉:什么是真?什么是伪?叶九升云:"地理之书,已盈车矣!"从古至今,地理风水之书,何至盈车,简直如恒河沙数。他们均自称为大家,各执一理,尽情阐发,且互不相让,排斥攻讦,你云此理真,他偏说此论非。你说他是伪经,他说你是旁门,致使读者真伪难辨。大抵说来,风水分为两大派,一云理气派,亦称玄空派;一云形法派,或称峦头派。本书著者郭璞属形法派,整理者蒋大鸿则是玄空派。为使大家分清理气和形法的区别,以下特从《宅运新案》、《沈氏玄空学》等书中选出与本书形法相似的实例附后,以供研究。

张承华云:堪舆之学,其说有二:"曰峦头,曰理气。峦头论龙穴砂水,以察生气,体也。理气言元运方位,以著应验,用也。无体则用无所施,无用则体不灵异,而葬之或不得其当。二者皆不可偏者也。"摘此敬告读者,可知理气,峦头关系也。

【原文】余自无极真传,洞悉高山平夷阴阳二宅秘旨。曾有水龙一书,藏之名山,未敢轻泄人世。庚子春,偕我友余晓宗,遇同郡邹子客,有以水龙一卷见示,与余所藏大同小异。披览之余,深叹幕讲文成三百年绝学亦有从推测中得其梗概者。其书不知何人所著，其年应在神庙中，大约江湖术士历览已成之迹，不拘牵于俗论，而自抒其所见，有如此者，虽未究精微之旨，亦可谓英敏绝妙之才矣。其亦有所传授以及此乎，缘未识三元九宫秘要，又所见成败废兴，皆中元甲子格局，其论列方隅体势，尚多偏曲庞杂之机，予为删正讹失，其合道者若干篇，缀诸予所藏本之末，与第二卷图例互相参考。虽间有重复，而层见叠出，益证大同之旨，庶作者之初怀不没，而学者亦可以广义类云尔。

杜陵中阳子蒋平阶大鸿氏手订并题

【注解】阳宅论水与阴宅略有不同，阴宅的条件著重于紧密结聚，阳宅则著重于宽敞平坦。蒋大鸿将宅分为三格，特摘于下：

一、井邑之宅

井邑之宅，或居城廓，或居市廛，万家烟火，比户重阓、地脉、朝向大略相同，而考其吉凶，判然各别；此其用街巷、道路为先，方隅、门风为次，而水局又次之。盖车马人迹，殷殷阗阗，响振尘飞，无非动气，此其嘘枯吹生，焰逼影捷，不同岑寂之乡。若更独得水局，舟帆交横，必为出格之宅，得其元者，百万骤至，卿相立跻，盖此宅也。

二、旷野之宅

旷野之宅，以水为主，而门风、方隅次之，道路又次之。若大江大河，则其应大；在小溪小涧，则其应小。此与平原龙法体格合一，而微有细大之殊，专擅一方，气钟于特（按：水放光圆聚处）。若元运绵长，则奕世承祧，子孙不替，盖此宅也。

三、山谷之宅

山谷之宅，以风为主，而余皆次之。盖其风摩空而下，障之者万寻，而漏之者千仞。窍穴鸣条，排山拔木。其吹祥也，发不旋撞；其吹咎也，殄无遗迹，非得真元之气，我不敢居也。呜呼！

安得三元不替之山谷,而奕世沐其休乎!鸡犬桑麻,与世迥殊,拟于仙都,盖此宅也。

大凡来水去水喜忌,与阴宅同。来喜屈曲环绕,去喜之玄回头,最忌直来冲射,直去泄气,斜窜反跳,与宅无情,亦为所忌。古有"平洋二十五不葬",虽言阴宅,但平洋阴阳宅大同小异,均以得水为上,故录于下:

平洋虽吉水来朝,但出口多者,难定消水之口,此谓精气零散,纵有一时之佳,倏忽即灭,不可用。

内局虽美,但外局砂水反背无情者,俗谓"花假地",不全美,宁可弃而不用。

平洋之龙,到头枝脚多而不来护穴,如风飘柳絮,此名"扫荡星",不用。

平洋虽无特起之星辰,亦有平伏眠直之星辰,若星体不成五行者,不用。

平洋一望无际,并无结咽束气者,是龙气不聚,地不结,阴宅不葬,阳宅不忌。

平洋虽有界水,但水形左牵右劫者,名"鬼劫龙",大凶,不用。

平洋之龙若平平断断而来,无针线以连缀者,多是水口浮破之星,不用。

平洋之龙,虽有两水夹送,但水直硬,不弯曲摆动者,为死气之龙,不用。

平洋之地,有逆水之砂来朝,但来脉不明者,多为水口用砂,弃之可也。

平洋之地,起一突,前有毡唇,但周围无砂相护,此乃"孤阴地",不用。

平洋龙不称水,水不称龙,乃阴阳不交配之地,不用。

平洋穴前缺唇者,是“内无生气,外无余气”之地,不用。

平洋土散,是因无气荫注,涸燥而散,不用。

平洋已经开掘池塘,有伤龙脉,阴宅大忌,不葬,阳宅不忌。

平洋独山高而众低之处,名“独阳地”,不用。

平洋而草木不茂者,名“生气不到”,阴宅不葬,阳宅不忌。

平洋穴,灶冶炉窑多者,烧断龙脉,不用。

平洋而在人家居住稠密之所,阳盛而阴衰,阴宅不葬。

平洋地,曾作战场者,冤鬼之薮,不用。

平洋地,前大后小,为退龙,气不结聚,不用。

平洋地,四水流散者,是生气不聚之地,不用。

平洋地,有尖锐形状而明显者,煞气太重,不用。

平洋地,周围砂水直硬,反背无情者,不用。

平洋地,前作囹圄,乃愁怨之地,不用。

平洋地,神前佛后,阴灵不安,阴宅不葬。阳宅忌近阴庙,宅前忌对庙门、翘脊。

另还有桥梁、峤星、井、路等称为外六事,在格中遇到再详细注解。

分　　论

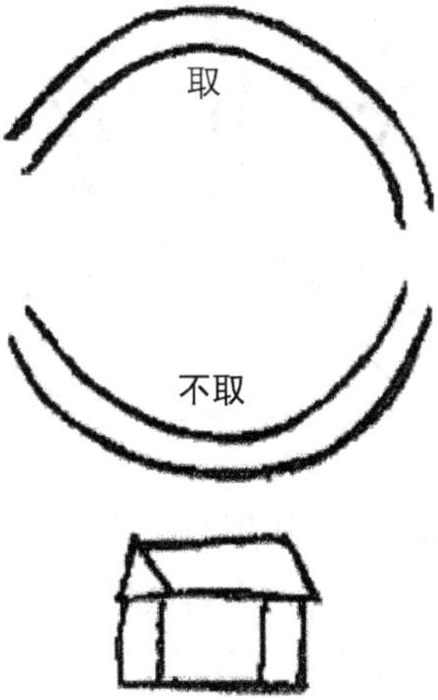

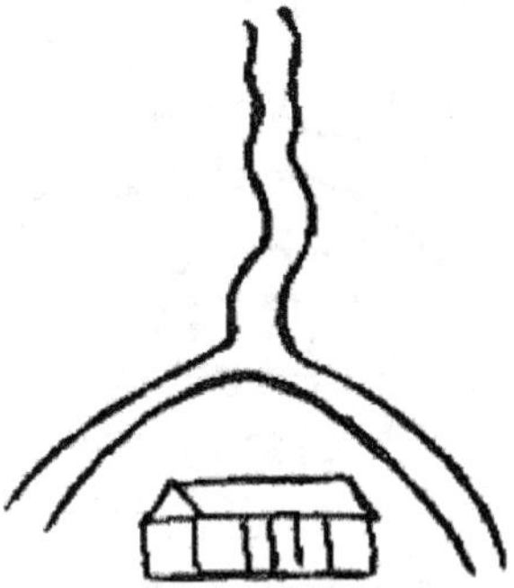

【原文】金星城格。蒋大鸿补图并此即取格。

水星化出五星名，龙取金城最吉星。

不论枝流并干水，无分池沼与沟汀。

左圆右抱皆堪喜，后倚前来并可亲。

若得此形为穴体，管教福至祸无侵。

金星凶格，即下写不取格。阴宅同。金星如仰外，家宅田园败。（上左图）

【注解】此即反跳水，反身背城者是。此水极凶，主为军为盗，离乡打劫，生离悖逆。卜氏云“水绕过穴而反跳，一分不值”者是。

【原文】金水相生格，阴宅同。金内水外，贵多福少。金星如出水，短水方为贵。（上右图）

【注解】水似半月绕宅为金体,屈曲而动为水体。若当面水屈曲来朝,与金水相合,是金水相生,大吉。若前水是去水且长,则是水泄金气,反主凶。

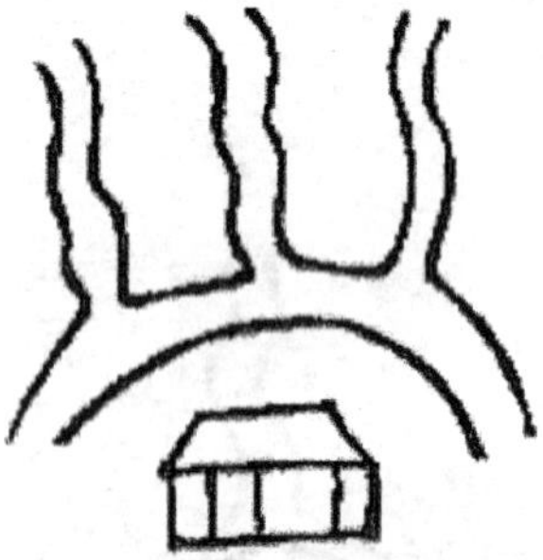

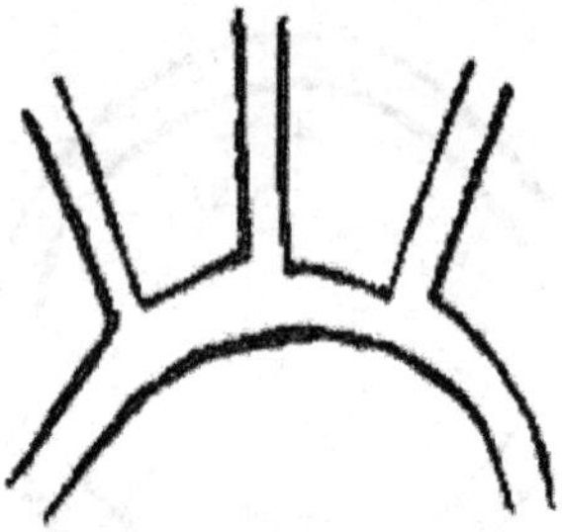

【原文】金水泛滥格,阴宅同。

金水太纵横,泛滥起风声。穴中若漏气,屡损少年人。

纵有官和富,其家必主淫。不如为寺观,香火得殷殷。

蒋曰:此为漏气多,故亦少吉。(上左图)

【注解】内城金体,外形水体,三水流去以泄金,故云"漏气"。

【原文】木撞金城格,阳宅同。

城垣之水木来冲,纵然秀丽也为凶。

左冲长绝右绝少,中心仲子不留踪。

房房户户皆遭害,忤逆淫邪刑狱中。(上右图)

【注解】直水属木,冲撞金城,大凶。

【原文】重金格,阴宅同。

三金如品列,家计常保人。外水如反弓,吉中未免凶。(下左图)

【注解】此水虽三重,环如金城交会宅前,但左右二水反弓,若为去水,初虽可发,终须败退,若为来水,却主吉庆。

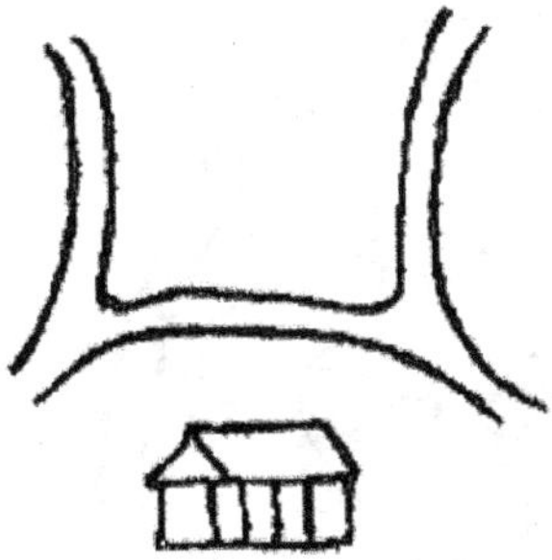

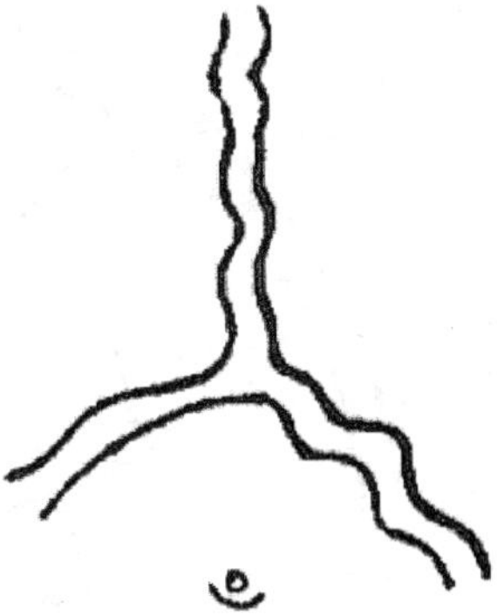

【原文】水星城格，阳宅同。

水城原是太阳精，个个山头着月星。

财禄丰盈人秀丽，翰林魁解有文名。

水星若带水星来，朝入绵绵富足财。

更得金星垂两畔，官高职显列金台。（上右图）

【注解】如下例唐姓祖墓：巽方大龙从震艮而去，寅甲方落脉结穴。左右两砂环抱，内堂壬水聚蓄如镜。亥方停贮，戌乾方开洋，辛酉狭细，庚申方又开洋，仍从坤申转至庚酉辛方又开洋，再转至未坤申方出大河，又开洋如镜放光。

仲山曰：此地齐整极矣，又开洋处合得天卦旺神，岂有不大发财富乎！有言内堂壬水主发科甲，财不到百万不止者，不知功名以坐山定，以城门定。此地富有余而贵次之，科甲之说乃胡猜也。此地水流屈曲归地，又得开洋放光之妙，且水到水，山到山，故主大富。惜乎地运太短，一交六运，向星入中，退财伤丁。至九一两运，又当起色，因九一两方有水故。

按：是地从寅甲方落脉结穴，所谓"龙行出卦无言贵"，运星廉贞挨乾。若水在戌方停蓄，则开元一气，亦犹城门。今停在亥，戌乾方开洋，其气未免不纯。又向上飞星一到乾，暗合生成，

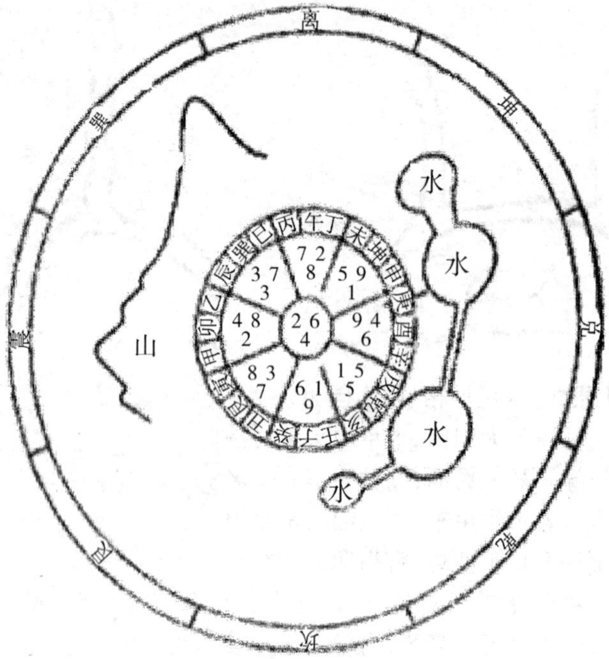

唐姓祖墓　甲山庚向　四运扦

亦为城门变格。今乾方一系山星而非水神，坐山城门两无足述，故云“科甲之说胡猜”。

此地以四、五运大利，六、七、八等运则衰退。水里龙神六白、七赤、八白皆不见水。九运开始，连续大旺。

甲山庚向，地运四十年，四、五运中，向首皆见水，故此两运大发。六七八运向上皆不见水，故退，九一两运向上又见水，故再起。言此局科甲胡猜者有误，八运向首一飞到，一四同宫，亦有科甲之运。此局长房大发，二房后发，三房平平。

【原文】文星格，阳宅同。

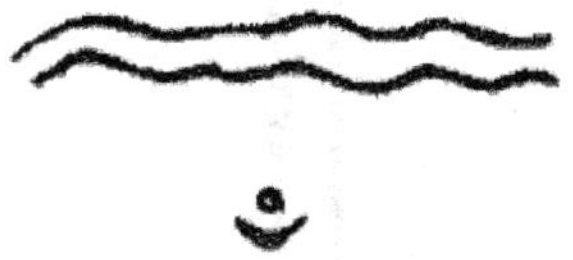

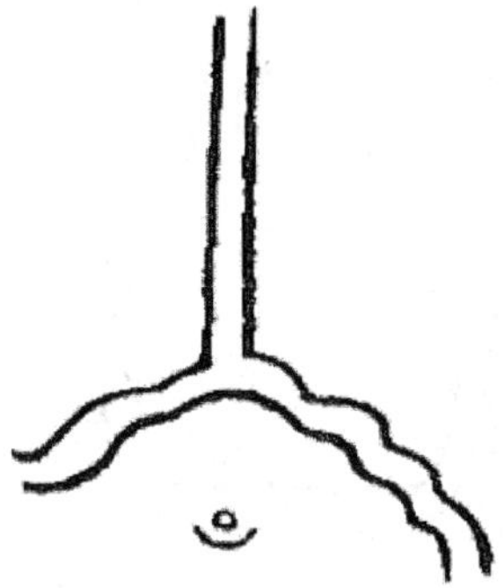

水如锦浪号文星，即是芦鞭委宛形。

盖世文章从此出，翰林鼎甲有声名。（上左图）

【注解】芦鞭：水像芦根一样弯曲，或像鞭一样直硬，但摆折有度，谓之水木芦鞭。山龙多以过脉，水龙则以形言。

【原文】水内木外格，阳宅同。

水星如出木，家计应须足，倘或木头长，也出少年亡。

水内木外，发中有败。（上右图）

【注解】水居内如玉带环抱，真气凝聚，必发无疑。但前有水直泄而去，龙气尽泄，故一发即败。

【原文】反土格，阳宅同。土星若外飞，无水便离财。（下左图）

【注解】此与反弓水凶同。

【原文】横直水格。横木直木，总不堪亲。莫论富贵，后嗣伶仃。（下右图）

【注解】不论横直，只要水如木尺，直来直去是龙行不住，气不凝聚。若立阴宅，定主不吉。若为阳宅，玄空派认为只要合元运，亦可发迹。

《宅案新运》中“破墙下出了女魁元”一宅，即直水并略带斜

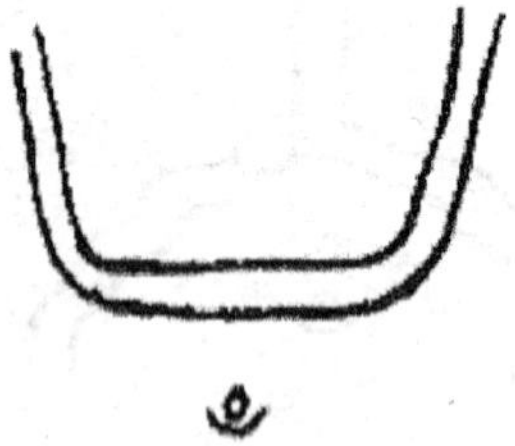

反，但因合元运而出秀，特摘如下：

江苏太仓河为著名之海市（见下图）。浏河大街桥南戴宅，四运扦入，坐寅向申，对方凹空，有破墙界气。向首一白魁星与四绿相会，更得年月六白武曲金双到向首，一六作合，化出先天水，资生四绿。四为巽，为长女，戴家长女十二岁，丁巳年生，恰为四绿命，文昌照命，1918 年戊辰夏，全太仓初小会考，戴女士摘取第一。

易曰“吉凶悔吝生乎动”，向首动处，四一作合，宜出俊士，一六相逢，催官星到，宜名震远方。坐山向首中央纯一四七三卦一气，宅右浏河照水上得年月星一，一与向首凹风中吹到之年月天星六，化出一片秀气，故有此秀此应。

【原文】炎火克城格，阳宅同。

杀入垣城，狱讼遭刑，劫贼常闹，子孙伶仃。

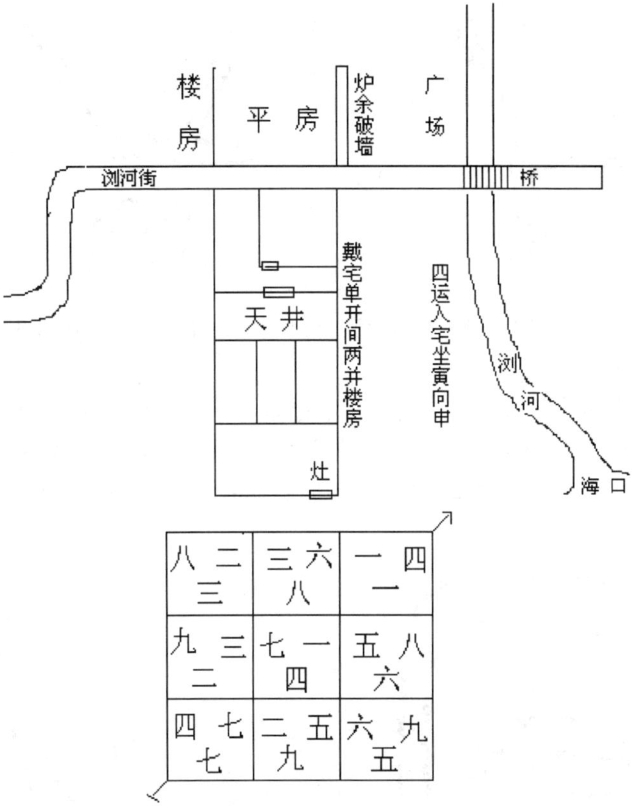

戴宅图

大鸿曰:因见斜飞尖利之形,虽曲非吉,宜去之(下左图)。

【原文】二火克城格,阴宅同。二火焱动长,朝朝哭无粮。(下右图)

【注解】又云:二火八字开,灾迍日日来。此二水虽直似木,但因其斜射,故曰火体。

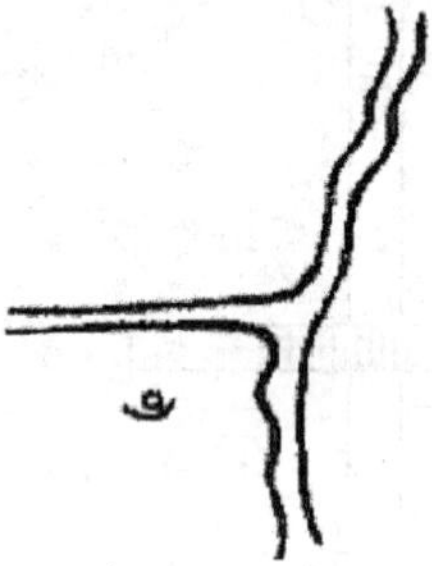

【原文】兜抱水格,阴宅同。屋前屋后有池兜,富贵永无忧。(下左图)

【注解】巽水朝入,经离、坤、兑、乾、坎至艮而去,收住真气。因巽为四绿,属中元,故玄空派认为,中元四、五、六运发鼎甲。歌云:"大水茫茫乾巽方,贴身远照总相当,中元宅气交乘旺,富贵之声不可量。"

【原文】身后抱水格,阳宅同。

水湾几千章,无如后抱良。回头看偃月,富贵定悠长。

发福悠长,定是水缠玄武。(上右图)

【注解】蒋大鸿《阳宅指南》认为,乾坎方有大水,主四、九运

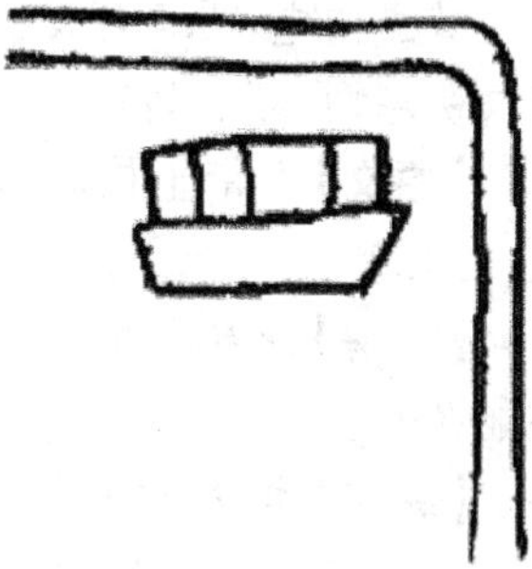

大吉。此因乾为四运照水,坎为九运照水故。

【原文】焱动火城格。

焱动之城不可轻,水流虽小讼还兴。

若是城邑通流水,六十年中起甲兵。

大鸿曰:此本水星,因斜飞即作火论。(上左图)

【原文】抱水城格,阴宅同。龙城弯抱过门前,富贵旺田园。(上右图)

【注解】此形巽水直来,至坤方直斫至乾方又直去,毫无转

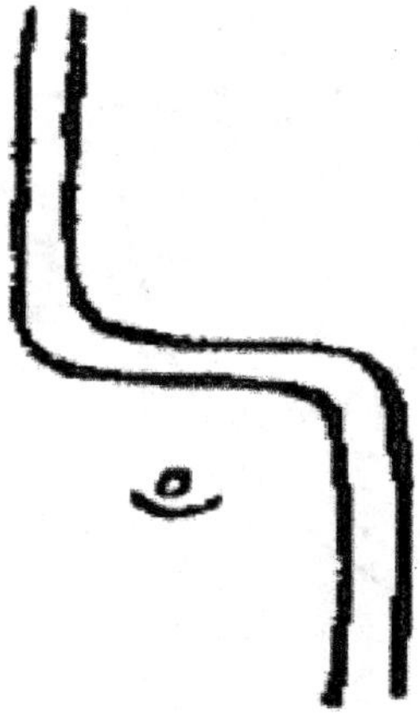

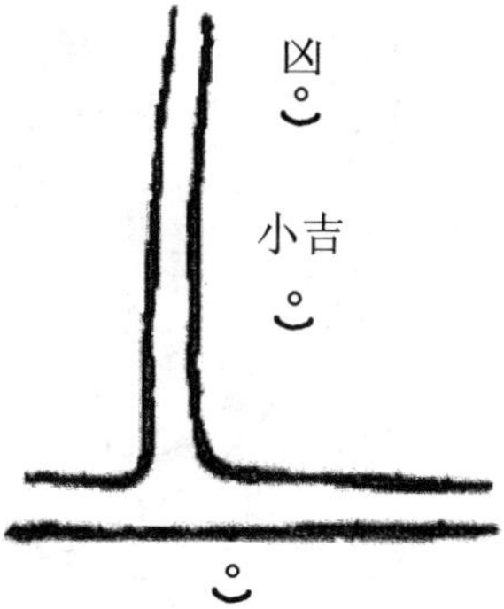

坟宅若居此,凶冷退绝丁。

折。若立阳宅,得运可发;若立阴宅,龙气尽泄,反凶,决不可扦。原文阴宅同,不合地理。

【原文】木带土格。木土曲直来,家富足钱财。左右同福。(上左图)

【注解】此局与上局同,立阳宅可,立阴宅不可,一发即败,不能久长。

【原文】木克土城格,阳宅同。

木星专带土星来,土上安居方有财。

若取木星为贴体,克剥相争为患胎。(上右图)

【注解】前方水直横为木体,转角方整为土体,横水前方有

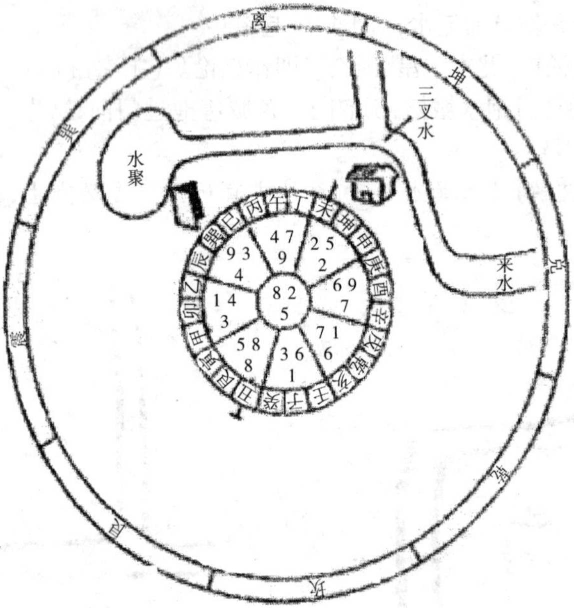

陶姓宅　丑山未向　五运造

直水冲入，是木克土城。其吉凶祸福，玄空派略有不同，如陶姓宅例：向上有破屋井水，开巽方门，前有三叉水口，兑方有水，至巽方门前聚消。五运丑山未向为旺山旺向，向方见三叉水，为水里龙神上山。

此屋住后，财丁颇好，旺星到向也。至六七两运，病人常见女鬼，因向上有参差之楼故。按：向上残楼参差，阳和掩蔽，宅中色气乃祸福之主宰，黑暗阴寒谓之死气，故旺运一过，向上二本为阴，五为五鬼，自有病人常见女鬼。

察其丑未中合成二五八三般卦，皆土比和，到山到向，五运必大吉。然到六运，五为退气，坤方破楼冲射，难免有老母之危。此局虽土撞木城，但玄空以生旺论，若此水正当旺运，亦不为害，又一法也。

【原文】抱气水格，阳宅同。

两边前后似金钩，后嗣为官掌府州。

两边前后有池兜，定主为官足智谋。

枝水交抱气前钟，墓宅定丰隆。

大鸿曰:妙在后弯,不然无气。(上左图)

【原文】重抱水格,阳宅同。虎水两重抱宅坟,家富足金银。(上右图)

【注解】右为白虎,两重抱穴,是虎水重抱。以此局论,当立兑山震向,将两重水置于右边方是。

【原文】土星城格。土星为曲转,富贵进田产。(下左图)

【注解】水从坤方流入,转巽至艮流去,阴阳宅皆可取,但立向却有别。阳宅可立坎山离向,乾山巽向,兑山震向,或艮山坤向,可依地理而自由择取。阴宅则必须立乾山巽向,与角边弯转处取气方的。

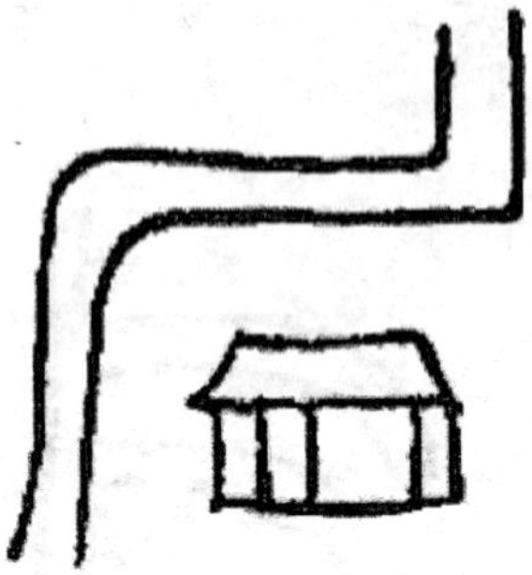

【原文】土星内抱格。土星为内抱,富贵盈财宝。(上右图)

【注解】阳宅可居中修建,阴宅却须立于两角气动之处,此即"土星立穴看角边"之意。

【原文】水木交流格。水星硬木两交流,一房兴旺一房愁。(下左图)

【注解】左水屈曲来朝有情,左为长,长房发。右水僵直来撞,右为幼,主小房忧。

【原文】水火相射格,阴宅同。水火若相射,瘟火讼交争。(下右图)

【**注解**】上水屈曲朝入为水体，本吉，但抱身水直硬斜射为火体，真气不收，反凶。

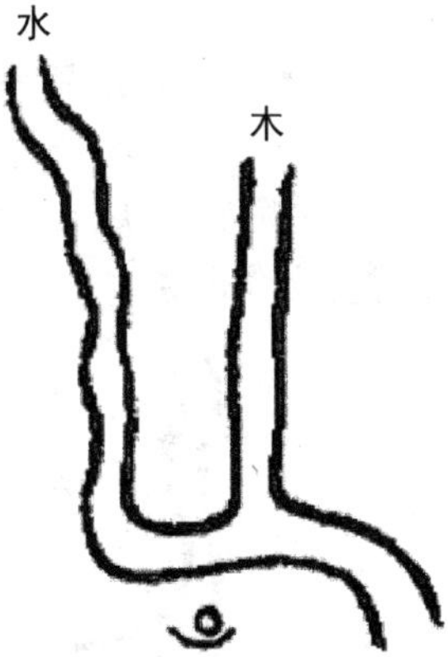

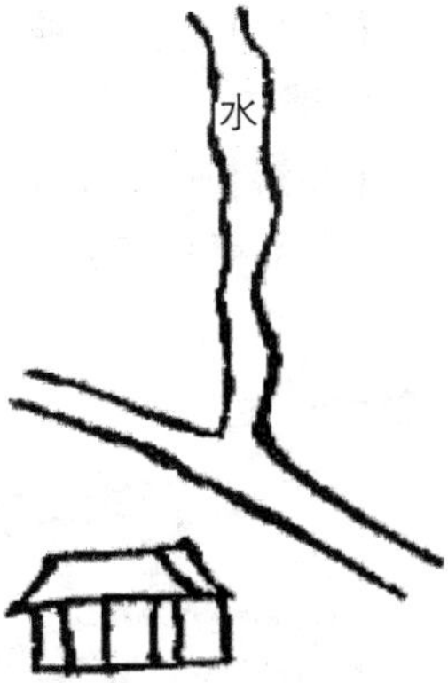

【**原文**】曲水抱城格。青龙头水方抱身，家富出官荣。（下左图）

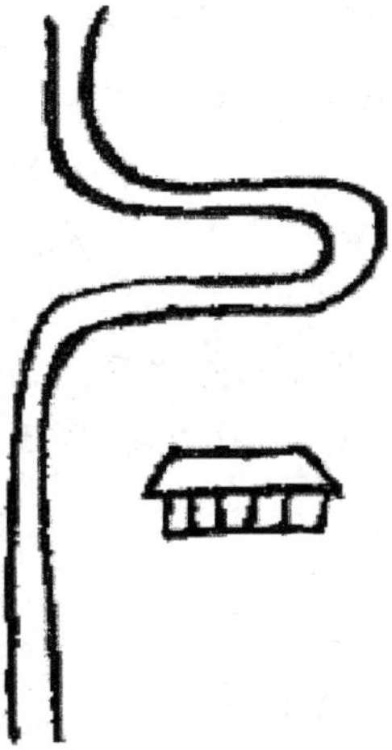

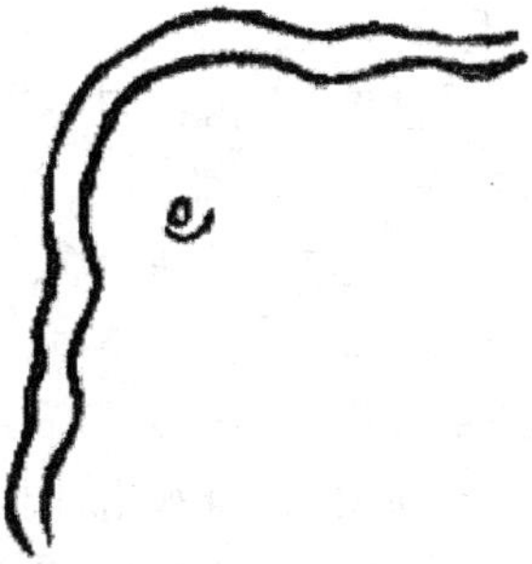

【注解】水从巽方朝入，绕至坤方，复弯环折回巽方，故云抱身。若左方水直来直去，则不能以抱论。此局贵在穴前绕抱，非青龙抱身。

【原文】绕抱水格。水绕青龙身，长子足精神。各房皆吉。(上右图)

【注解】此水从右方来，绕过穴前，从左方屈曲而去。右主小房，中主中房，左主长房，三房皆有水绕抱，故各房皆吉。

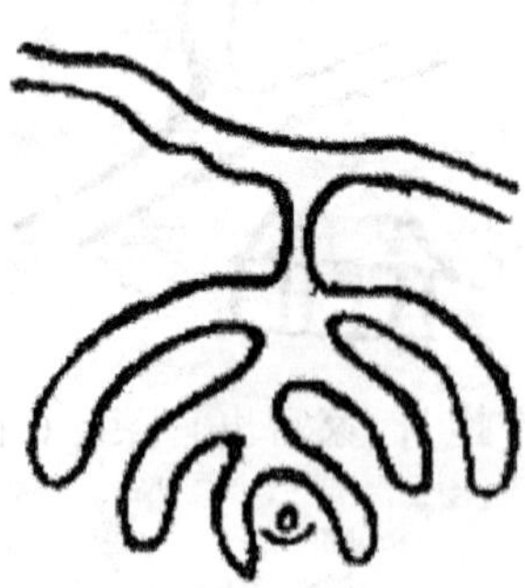

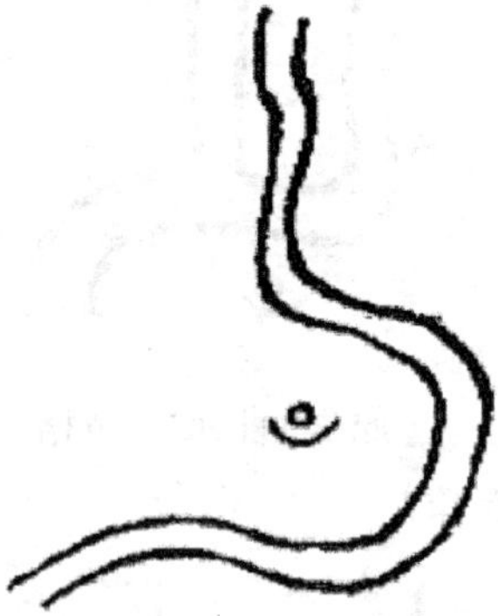

【原文】八国城门格，阳宅同。八国圈环不动风，五音下着福重重。(上左图)

【注解】八国："甲、庚、丙、壬、乙、丁、辛、癸"曰八国，八方皆有高峰，水绕主贵。

五音：宫、商、角、徵、羽为五音。宋时风水家把百家姓氏分为五音，曰某音宜葬某向。如宋时皇帝姓赵，五音为角，宜壬丙向，故宋陵均为子癸兼壬丙向。

【原文】抱身水格，阳宅同。

绕身一水最难逢，更喜来朝屈曲中，

大富之人安宅墓，螽斯千口爵三公。(上右图)

【注解】玄空派认为，水抱局亦有吉有凶。如下例某姓祖

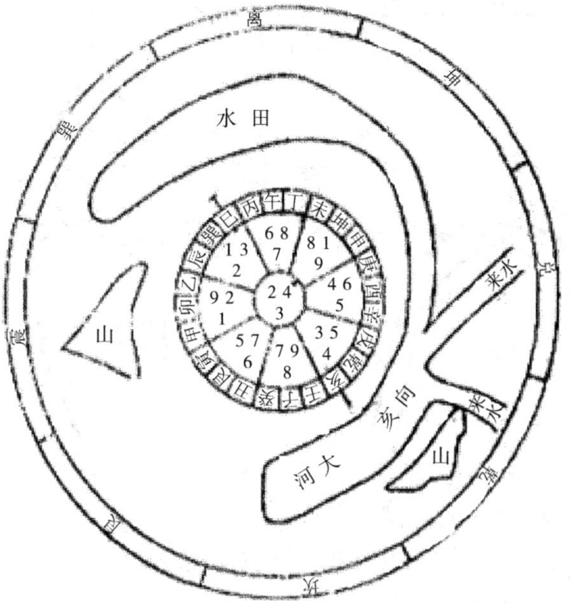

某姓祖墓　巳山亥向　三运扦

墓:此局水从乙方直至丑方,绕身近周,故云抱身水。甲卯来龙,转巽巳入首后,明堂田水从兑方到向,壬子癸方有大河来,穴前开宕,从戌乾消出。下砂环抱有情,唇下有缺,卯方一峰秀拔,朝山土屏开面。

仲山曰:此局上山下水,葬后大房平平,二房少丁,因震方有山,二房居于震故。(按:山上飞星三到向,曰下水;向上飞星三到山,曰上山。三为震,属长房。一为坎,为中男,九为离,为中女,飞星震方有山无水,故二房少丁。)

按:此局星辰颠倒,葬后大房犹能平平者,水神虽犹上山,后无主峰,又遇水田故。但山上一不免下水,震方中男,又遭老母之克，俱为二房少丁之证。中男遭老母之克另一原因是震方见一二九，九紫火生二黑土克一白水。一水坎为中男，二黑为老母，故有此应。

人元巳山亥向，地运最短，仅二十年，且犯上山下水，必非佳穴。四五运向星入囚，亦难言佳；此局抱身水却以凶论，又一说。

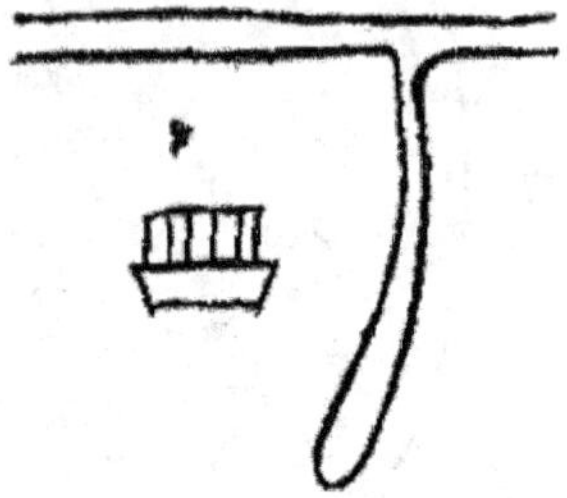

【原文】裹头城格，阳宅同。

裹头城里莫为坟，劫却东西即动瘟。

纵使发禄真龙处，到头终是绝儿孙。

穴太逼，反无余气也。（上左图）

【注解】裹头者，龙弱孤寒，穴无余气，水贴脚洗割周回者是。主招瘟疫、贫寒或孤弱不振，为凶水。

【原文】偏旁微抱格，阴宅同。白虎长河带裹兜，家乐任君求。（上右图）

【注解】前水直来直去，右水略有兜收，作阳宅可，作阴宅略嫌不足，即使就角立穴，也主一发即败，不能长久，气不聚也。

【原文】荫腮水格。一水两分回，其名为荫腮。两腮皆可穴，居中是漏腮。（下左图）

【注解】荫腮水：即金鱼水，从穴两腮出而环抱界穴者是。

漏腮水：水从穴身两腮下流走名漏腮水，乃漏气之龙，全无融结。如此图，穴点左是贴近左脉，点右是接右气，均有水抱穴，

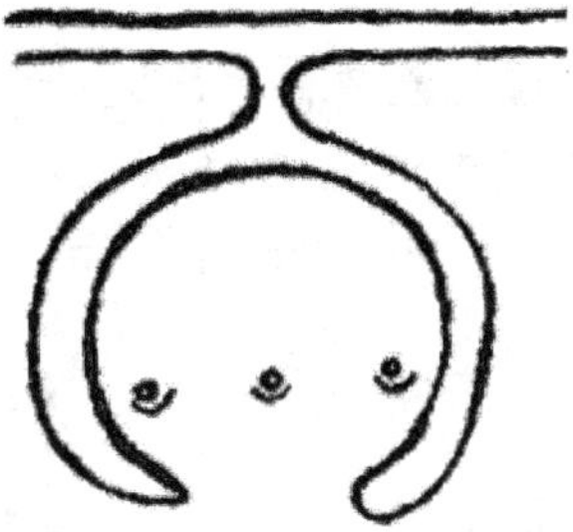

气固不泄。惟点于正中，离龙气太远，真气从两腮下流走者是。

【原文】金钩格。曲水似金钩，富贵此中求。（上右图）

【注解】廖禹曰：“平地涌出一钩金，有脉串中心；折脚眠弓同此类，官取侍郎位。”

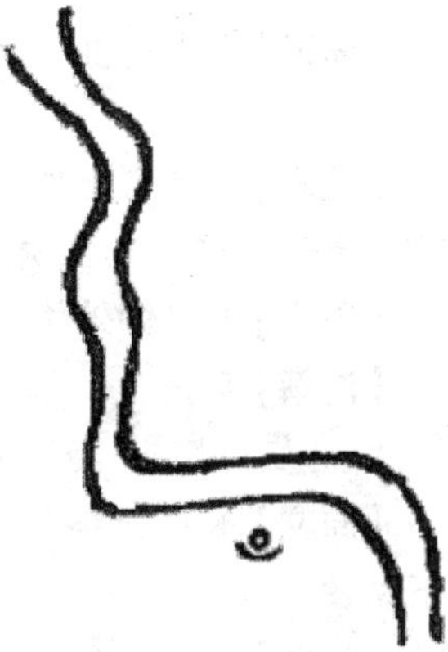

【原文】反水格，阳宅同。

反钩水格名背城，出人拗性并狂心，

更兼像足招疯疾，家业飘摇公讼兴。（上左图）

【原文】之元水格,阳宅同。

之元抱身格,抱身出大贵。(上右图)

【注解】此水虽从巽方屈曲来朝,绕坤至乾而去,但去时直而无弯,立阳宅得运即发,立阴宅则龙气走泄,虽发不久。若去水有兜收,方依上论。

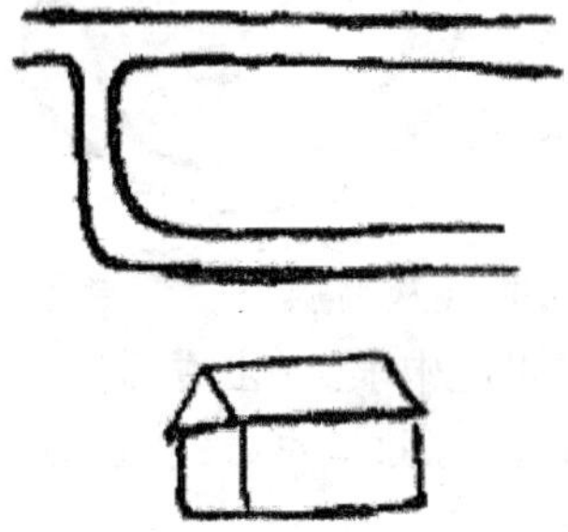

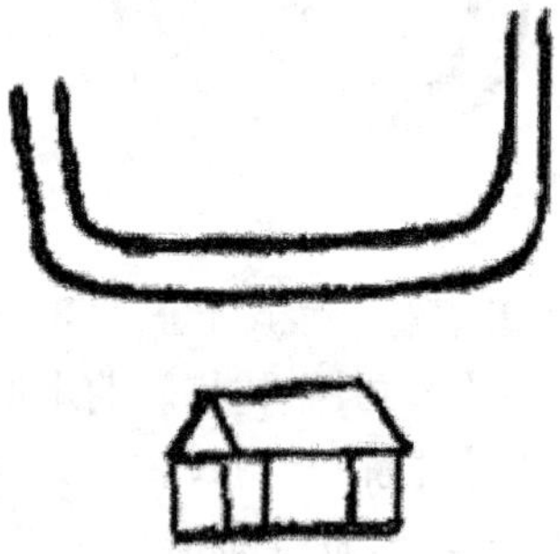

【原文】重土格,阴宅同。二土面前横,家豪颇有名。(上左图)

【注解】虽前有土城水,但均直去无回,犯了形之大忌,修建阳宅,尚可发迹。若立阴宅,是龙气不聚,无从下手。

【原文】土星仰外格。土星如仰外,无水便离财。(上右图)

【注解】形成反背,与穴无情,即使有水,也主败退,决不能立穴。若修建阳宅,逢旺运方以吉论。

【原文】木克土城格,阴宅同。两木不宜长,一土怕难当。(下左图)

【注解】土星成穴,即使一木,也为撞破,两木则克力愈强。

【原文】木克土城格。两木不宜长者,总是克土。三木克一土,离乡人口死。(下右图)

【注解】此局阳宅得运骤发,失运遂败。阴宅决不可下。

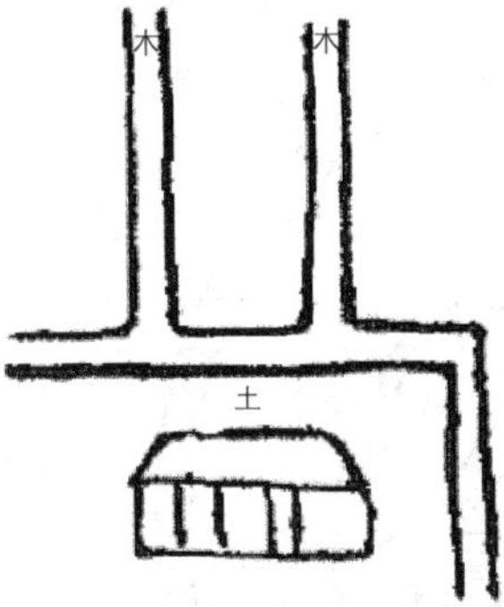

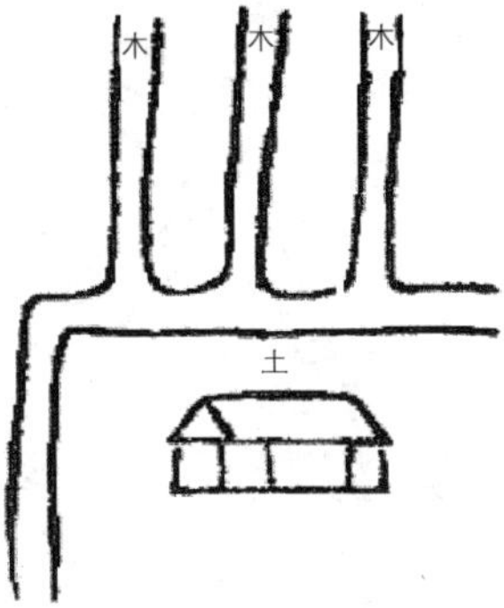

【原文】抱水城格,阴宅同。白虎弯弯抱屋前,富贵出高官。龙神抱体足堪夸,富贵达京华,又名转角水。(下左图)

【注解】虽巽方来水到乾消出,惜来去皆直硬,生气不住。修阳宅尚可,若立阴宅,一发即败,不能久长。

【原文】束带缠身前抱水格,阴宅同。束带水缠身,家中好积金,若然为墓冢,久后可成名。(下右图)

【注解】如嵇中堂祖墓:视图兑方有水,绕至巽方消出,束身如带。乾亥来龙,转亥入首,艮方有荡,坤方有水,曲至离方大开洋,至巽方消出,兑方低田,结穴亦低田。

仲山曰:卯山卯向卯水源,合江西全局,初扦时必不能发,六

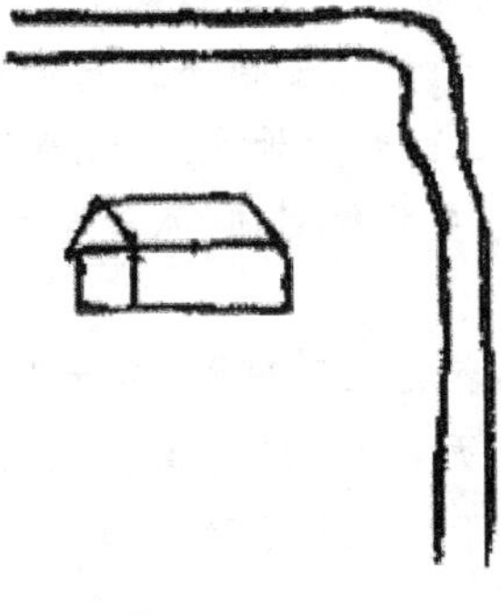

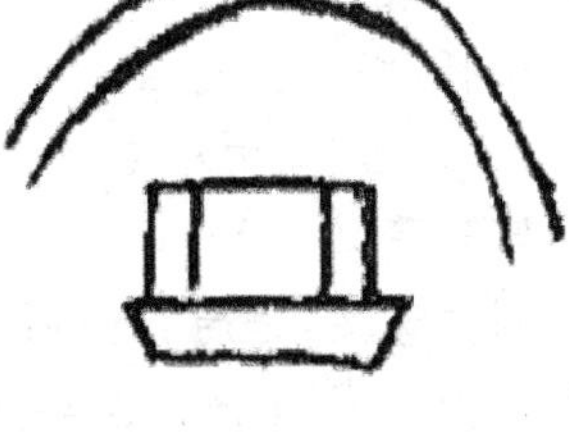

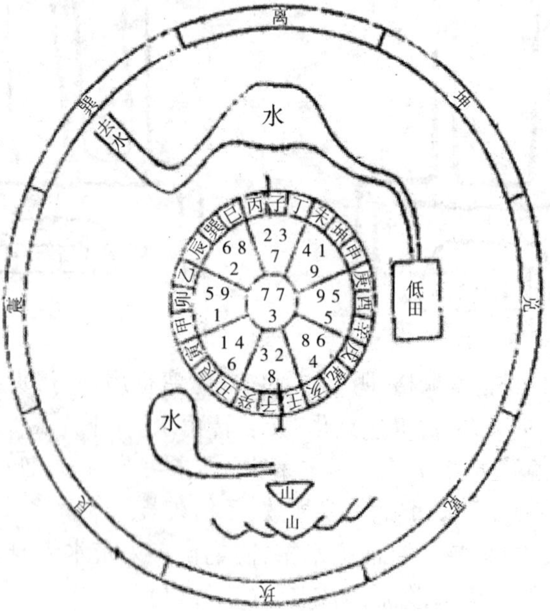

嵇中堂祖墓　子山兼壬丙　三运扦

运大发富贵。

沈注:此局向上旺星到向,山上用变卦,七入中顺行,旺星到山,三即卯,所谓"卯山卯向卯水源"者,离方开大洋故。况运与向合十为最吉,又艮坤为一四,俱有水光照穴,安得不大发富贵耶。初扦时不发,必至六运大发者,因江西卦为地元,地元兼收贪狼,不当正运,力不专,故迟。六运客星贪狼到向,水能生木,自然富贵骤兴。

则先谨按:是局背山面水,龙向水各得三碧旺神,故云"卯山卯向卯源水",合江西卦全局。因江西卦起于东,属震,数为三也。与《天王经》"乾山乾向水朝乾,午山午向午来堂,坤山坤向坤水流”同。父母为卦之中气,运与向全盘合十,受气自缓而悠远。局势宏大者,发亦较迟。故必待向首一星得生旺之扶助,客星贪狼加临,水来生木,然后富贵勃兴。此非勾搭小地,一卦乘时,催官暂发可比。

沈注至六运旺者,因贪狼一白到向,河图之理,一六共宗,一为六之照神,故作吉论。按理,子山午向地运仅八十年,七运即该入囚,为何六运还能大发?巽方山上飞星六白临水,向上飞星八白临水故。同时,此局从葬后三运始即人财两兴,因旺星到山到向也。此局兼发科名,艮方一四同宫且有水故。

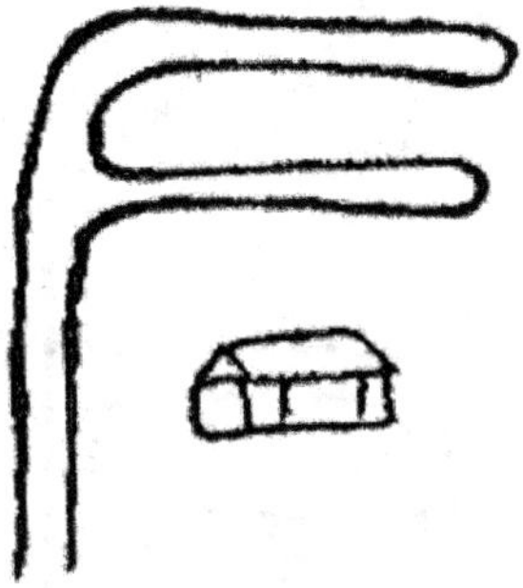

【原文】重抱水格,阴宅同。两重龙来抱屋前,家富及人安。若然两抱屋穴后,立见家丰厚。代代儿孙锦衣回,青锁及乌台。(上左图)

【原文】金水大抱形格。

一重路抱一重城,金水重重大抱形,

更得四旁无别犯,荣华累代有声名。(上右图)

【注解】外水屈曲环抱是水体,内有路或水如弯弓形环抱属金体,路亦为水,故云金水大抱。

【原文】钳水格,亦名两水合。两水合成钳,无官且有钱。(下左图)

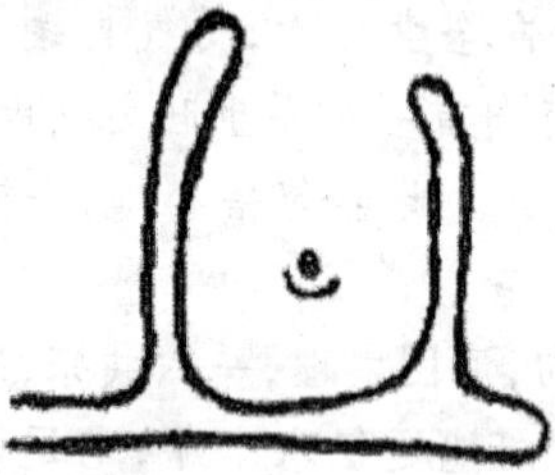

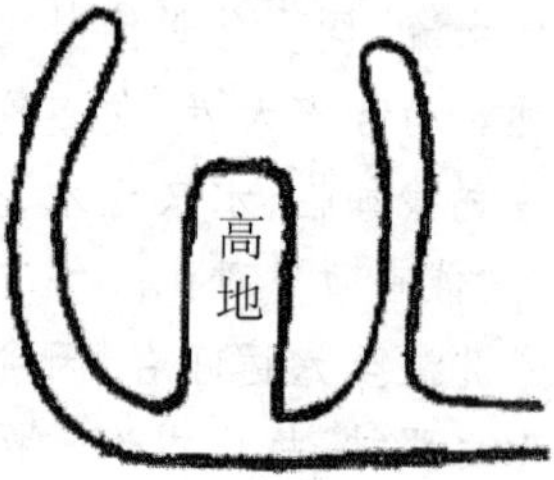

【注解】此地贵在龙虎交抱，界水明白。

【原文】钳水地格。水口若窝钳，高官且有钱。此形出文武双全之人。

大鸿曰：此以水抱而吉，非高地之故。（上右图）

【注解】左水为青龙，主文；右水为白虎，主武。左右龙虎水皆抱，故出文武双全之人。

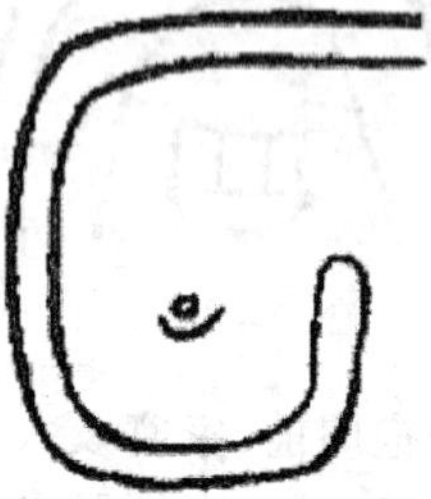

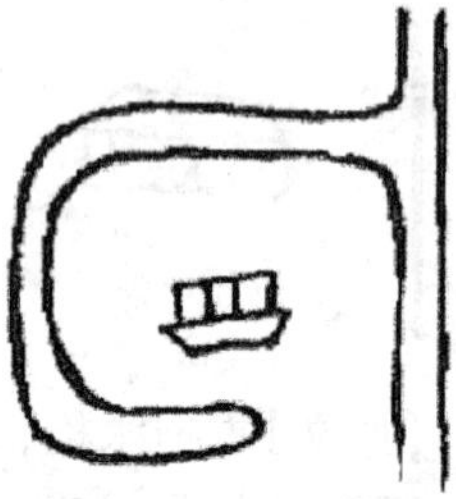

【原文】又金钩格，阳宅同。金钩左转抱身来，家富足钱财。若是地形能阔大，端的位三台。（上左图）

【原文】金钩水格。金钩左抱形，家富足人丁。（上右图）

【注解】金钩形为单股太阴，脚转水者是。此类穴应居钩上，多以游鱼为案。

【原文】金钩形格。水来屈曲钩，富贵兜优游。（下左图）

【原文】勾心水格，阴宅同。水尾勾来尖射穴，此地作凶说。大鸿曰：此勾直射明堂，便为射破。若勾过堂，形在左手者，反为

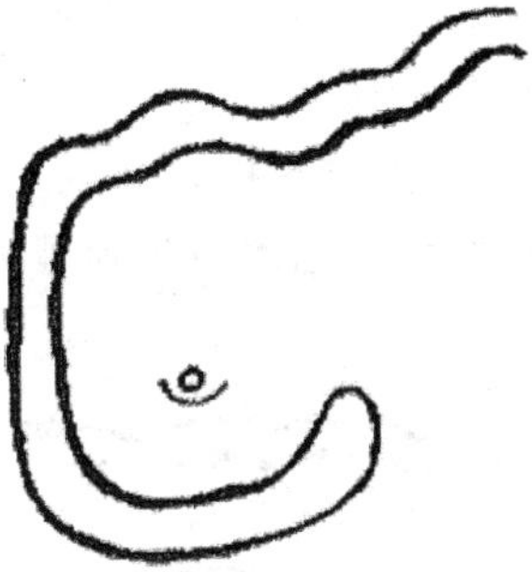

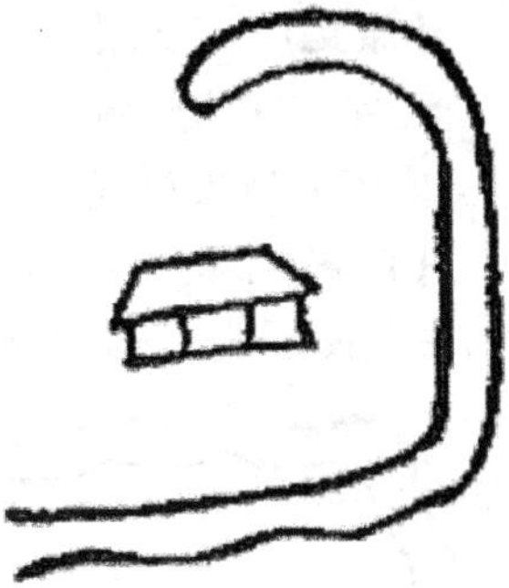

大吉。(上右图)

【注解】此类水修建阳宅或立穴,宜就弯抱之处,避开勾心之形,名闪杀,亦以吉论。

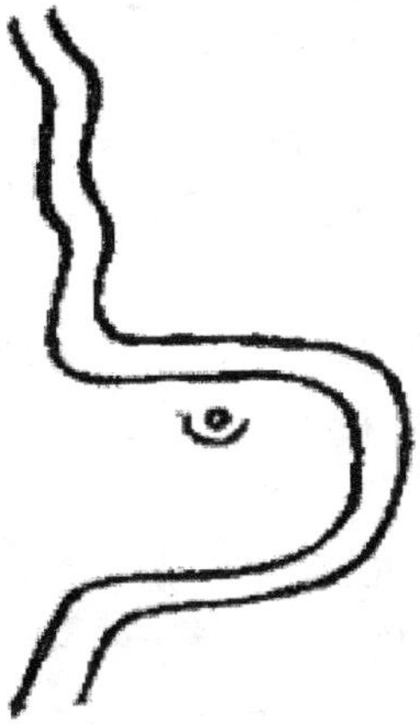

【原文】之元抱身格。

之元之水是真龙,来去皆结产巨公,

水若抱身钟大贵,即使不抱也兴隆。(上左图)

【注解】水以屈曲抱身为美。若不抱身,则可能横直反弓或斜飞,均为凶水,不能言吉,故“即使不抱也兴隆”句不严格。

【原文】乙字水格。

乙字之字入怀流，也是回头龙脉收。

穴若有情再有气，其家富贵不须忧。（上右图）

【注解】不论乙字、之字，去水均宜回环。此水斜去而泄龙气，主先发后败，并非全吉。

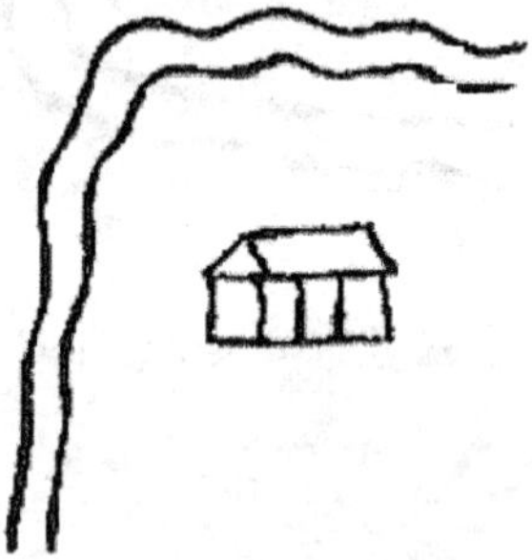

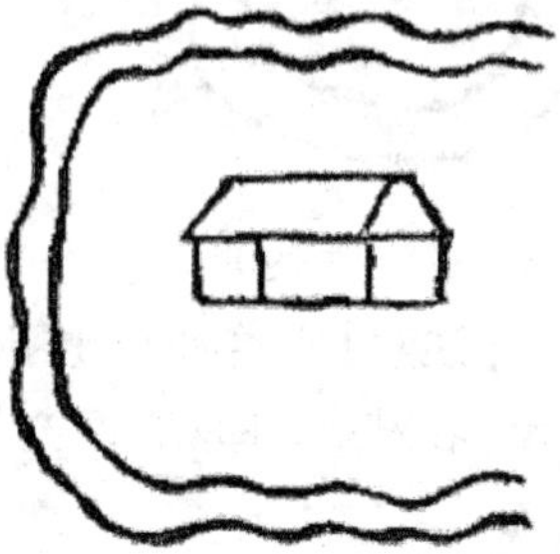

【原文】曲水城格，此即飞雷城式。龙神弯弯屈曲来，日日进钱财。若是曲多深且阔，门前车马盈。金明水秀盛文章，翰苑姓名扬。（上左图）

【原文】曲水转抱格，亦名缠龙格，阴宅同。曲水之格为瓜藤，文秀实夸能。更若回环成大局，家世多横玉。水星环抱，定主秀丽文章。（上右图）

【注解】如施姓祖墓。此例水从坤方来，从兑方流入艮方，绕至巽方消出。穴身三面皆水，与本格相似。此局坟后低田，兑水远来，从乾、坎、艮至震方开宕，巽方有桥，水从桥下出。

仲山曰：大发财丁兼出秀，且入泮，考入必双，然主世出寡妇、瞽目。

沈注：双二到向，大发财丁，向上有水故。入泮必双者，城门在巽，双一到也。一四同宫，本主科甲，因龙力不强，但出秀才，此美中不足耳。世出瞽目、寡妇者，向上双二及九故。

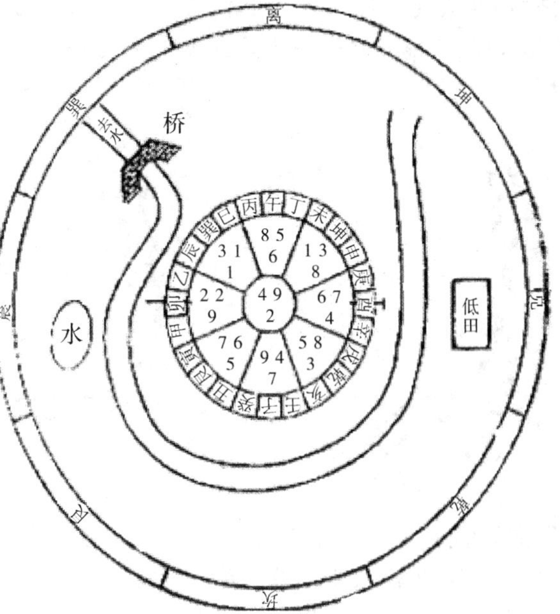

施姓祖墓　酉山卯向　二运扦

文中所指一四同宫，依图只见一白不见四绿，但巽方地盘四绿（元旦盘），与局中向上天星而成一四同宫。

考必双者，巽方向星一，地盘四；坎方向星四，地盘一。两方均一四同宫，故考必双中。

酉山卯向，地气一百四十年，直至九运方衰。故龙力不足者，应别有所指。或形峦不足或局不完美，原书欠缺资料。

【原文】三折水格。

鸾翔凤舞曲来朝，九曲当心气势豪。

纵少案砂拦水口，定然荣显为名高。

一般当面冲来，直者为凶，曲者为吉。（下左图）

【注解】蒋大鸿曰："离方九曲似蟠龙，此局先通列宿垣，建宅三元无破损，三槐九棘冠朝班。"此水为一局正水，四局催水，故一四局尤发。

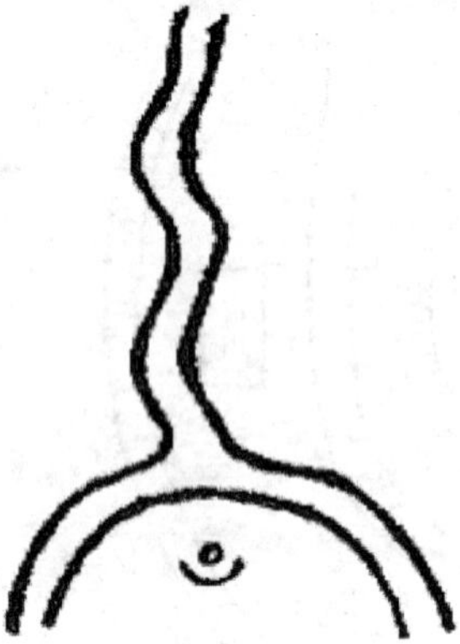

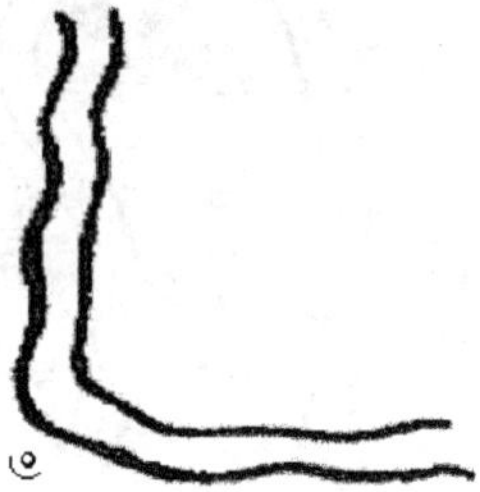

【原文】曲水反去格，阳宅同。

曲水转者抱他家，反上出坟穴更差。

纵用秀龙堪一发，若逢退运祸交加。（上右图）

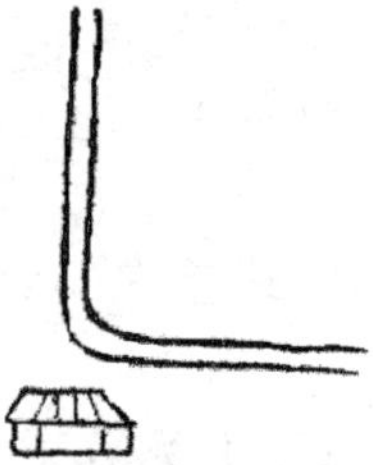

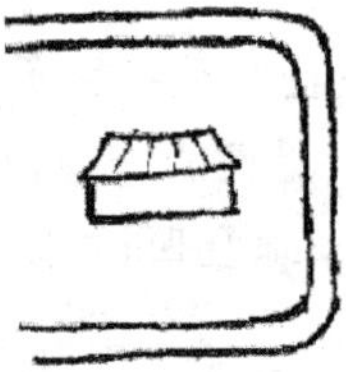

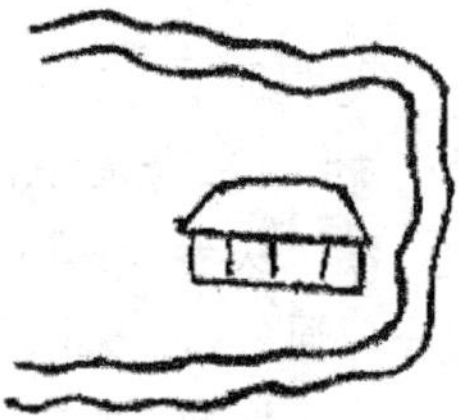

【原文】龙背格，阴宅同。家住曲外名龙背，绝嗣多乖戾。（上左图）

【注解】此局与水反去同理。

【原文】回龙格，阴宅同。

水神来处复回头，此是回龙气脉收。

腹里包藏无泄漏，其中发禄永无休。

凡水从东南来，过西抱冢宅复向东北而去，主累代富贵卿相。（上中图）

【原文】缠龙水格。右边河水弯曲抱，此地多财宝。若然局大屈曲来，平步上金阶。（上右图）

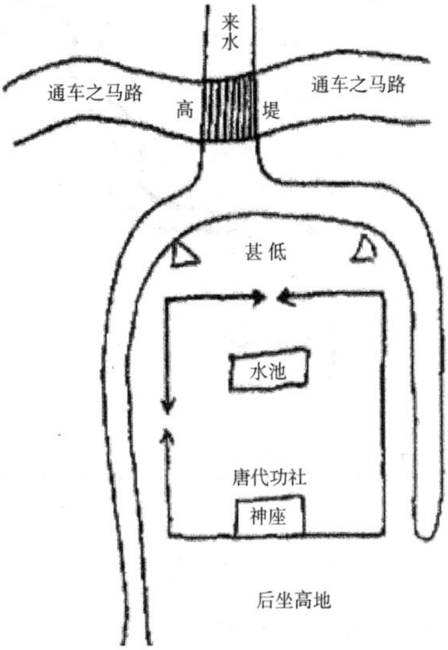

↑

三 四 七	八 八 三	一 六 五
二 五 六	四 三 八	六 一 一
七 九 二	九 七 四	五 二 九

⊥

【注解】如上图西乡都统庙。

三元不衰神社，维系不少人心，每日香花供养不绝。

漳州西乡都统庙，最初乃唐朝有功社稷之人死后为其所建之庙，以庙址得地，神灵依附，历来香火甚盛。乡人遇何危急及一切疑难不决之事，相率来至诚叩询，答书所示，意思明显，颇能满足人望，深浅之事，如对镜取影。今该庙建造于清道光四年，下元八运，癸山丁向，确系坎脉，为人元龙。是地地位甚低，每当下雨，向首水满，宅形如蟹浮于池畔，故以蟹形地著称。向首水局之秀，固不待言，且距其地十丈外之兑方，有大水池，水势汪汪,为彼照应,故在上中下三元皆占胜利。

坐山得山,向首得水,山水各得其势,三面水环抱有情,背后坐山高出有势,不论走到何运,皆有山水得地之方,所以九运中没有衰败,实为宝地,不愧为功臣享祀之址。

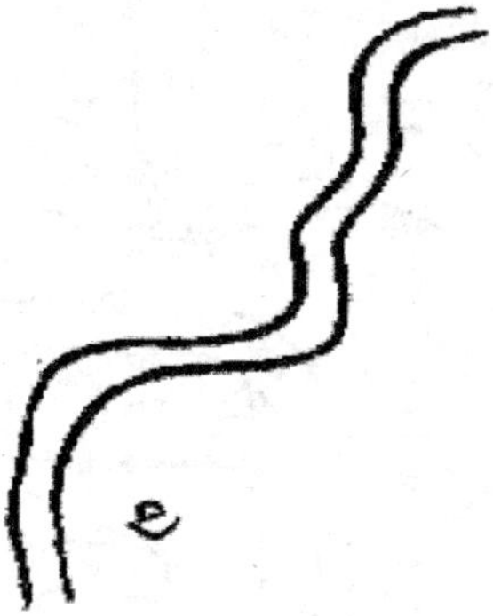

【原文】回龙水格,阳宅同。西水东来抱宅坟,儿孙富贵显家门。(上左图)

【注解】回龙是指龙脉从何方来,大回环后,又朝来方立穴者名回龙。此局龙从兑方入首,逆水向震立穴,并非回龙。而水则随龙而来,逆龙而上,故曰回龙水。

【原文】左飞龙城格(右飞龙同断)。

曲来之水是飞龙,穴点居中富贵荣。

更看星辰归吉位,为官一定到三公。(上右图)

【注解】星辰归吉位:三合水法是指生方来水,墓方出水;理气派是指六秀水;玄空派则是指当运旺水。

【原文】龙腹格,阴宅同。家住曲中号龙腹,富贵食天禄。(下左图)

【注解】巽水直来,绕艮至乾直出,是龙气不住,真气不聚。

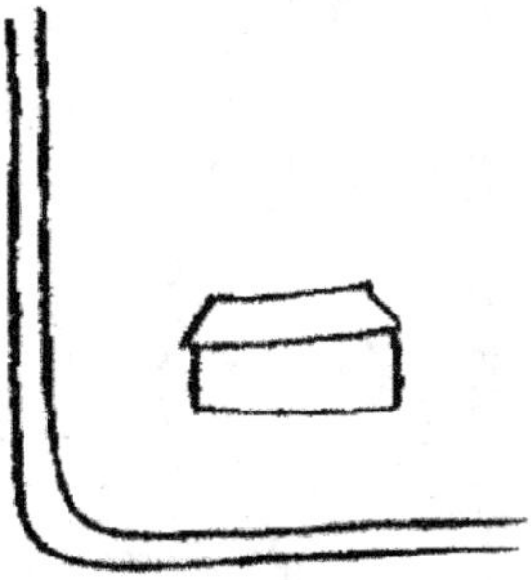

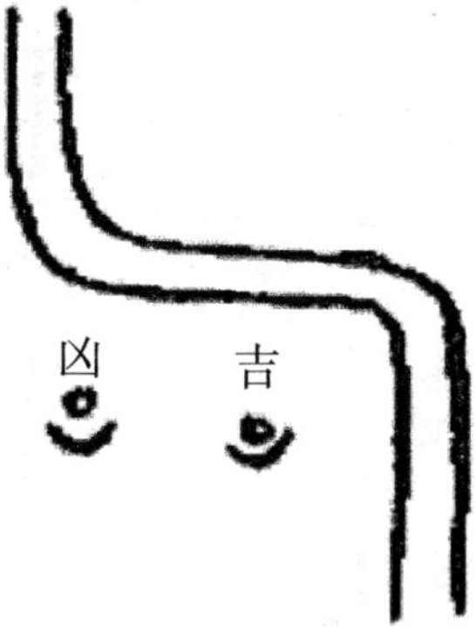

修建阳宅尚可一发,修建阴宅,一发即败,并非佳地。

【原文】曲直水格。曲从直来,此地当裁。避直就曲,金玉成堆。避曲就直,一败成灰。坟前有水直冲穴,下后儿孙绝。(上右图)

【注解】玄空派对此格另有一解,如下图无锡某乡董姓住宅,三运造,坐丁向癸,三开间,沿街楼房,后方均平房,光气两足。居恒由东路行动,有数百里长之兑流及兑方数百里长之沪宁路,拦腰冲来,至宅后掠过,飞向巽方而去,直赴上海。兑方来之运粮河干水,至离宫盘旋且蓄,仿佛成一椭圆式横列之镜面湖,向内微兜,又如搭膊状。左右一望,几乎来去无踪,形止气蓄,俨然大地,如风若水,在三运中极占胜利。因后方低空,既有离卦凹风,前进楼房又回下离卦天风,上元末运,当元碧星坐镇离宫,兑一水星为宅元三碧木恩星,运河之水来灌溉,宁路之风来壮威,好不威武,威镇一方,谁敢非礼相犯。但其趁性施为,开罪于人,故怨声载道,种下祸根。丁卯仲春,少数歹徒乘机冲入董某之室。时正未刻,肆行摧残,玉石不分,见物捣毁,抢去黄金九斤余,银货珠宝无数,损失五十万以上。有尺余长之玉如意,得者不易藏匿,折为两

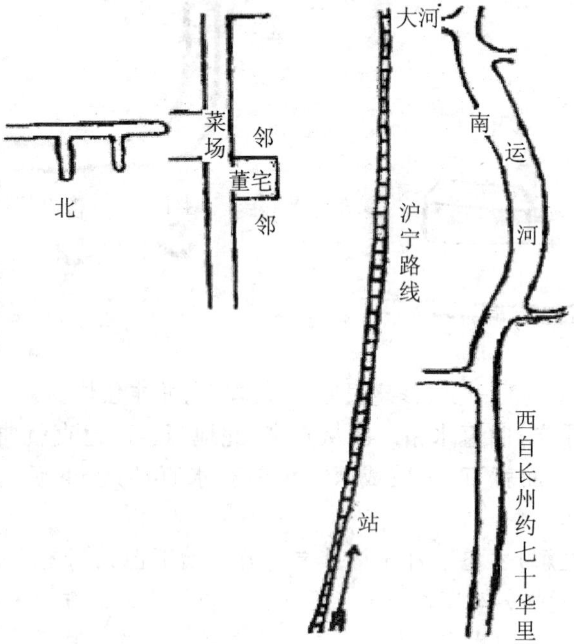

段，投之阶下。锦衣狐裘，撕破成缕，名人字画，悉遭洗劫。一老妇伤重身亡。歹徒抢掠事毕，又入厨下，大嚼珍味，剩余食物，投之厕中，凶暴实为罕闻。怨毒之积，由来已久。演数如下：

评曰：该宅兑方水陆两路，均有数百里长路线，且水陆两路，均掉头向巽而去，当然要重视。兑宫向星为一白水，为宅神三碧四绿恩星，丁卯年三碧到兑，泄恩星之气，木元失却有力之援助。二月九紫火到兑，二十七日五黄土星到兑，成重重生出状；更有时上四绿飞来泄兑水之气，该宅命脉所系宫如此凶恶，为奇祸之第一原因。

巽方风水去路，七赤金管事，向来兑水活动制化巽方之

八 七 二	三 三 七	一 五 九
九 六 一	七 八 三	五 一 五
四 二 六	二 四 八	六 九 四

↓

九六二一	五二七六	七四九八
八五一九	年月日时 一七三二	三九五四
四一六五	六三八七	二八四三

↓

七，将木元的仇星化为恩星。今兑方一白水已赋绝命，则七赤破军猖狂。年星九到巽，九七火来泄木元之气，使宅元木星焦头烂额。月星六白金到，七六相遇成交剑杀，彼此与宅木星寻仇，大有断枝斫干之势。日辰二黑到，与七化火来泄木气，虽时上飞一滴之水，但在炎炎烈火中，化作青烟，反成以水济火。该宅去来二口生死门户，大势如是，遭此恶果，乃冥冥之中定数使然。因巽口年月日时天星与宅元木星绝大不利，此为奇祸第二原因。

后山三碧木，交四运为退气。年月二五两重恶土卷来，土到木方，克土为凶。五为太岁一气之物，为何惹得？二为月建一气之物，如上司查办而来，如何可以抵触？今该宅失却援助之木，不知分量，居然与太岁月建宣战，忽视日时七六交剑杀飞来助土，以致宅元木星于死命，故如摧枯拉朽，此为奇祸第三原因。

以上分析，井井有条，实为佳例。然气口与向首三七并临，虽有合十之美，亦有生克之弊。经云："三七同临，旺者为财，衰者为盗。"三运中木盛，故能大发。四运中三碧退气为衰，故被抢劫一空。

【原文】折水格。水行一折一龙居，二折二龙栖；更加三折

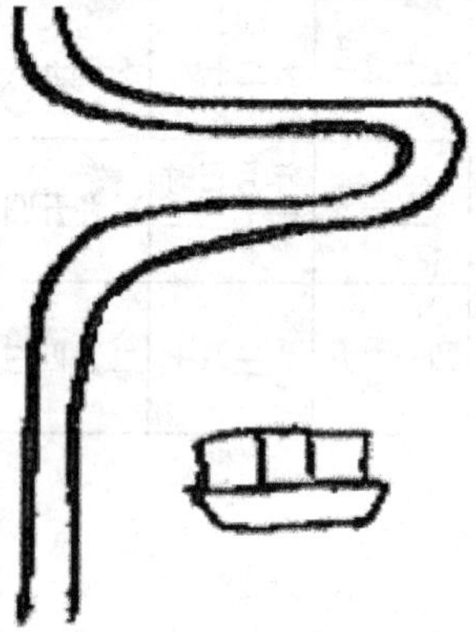

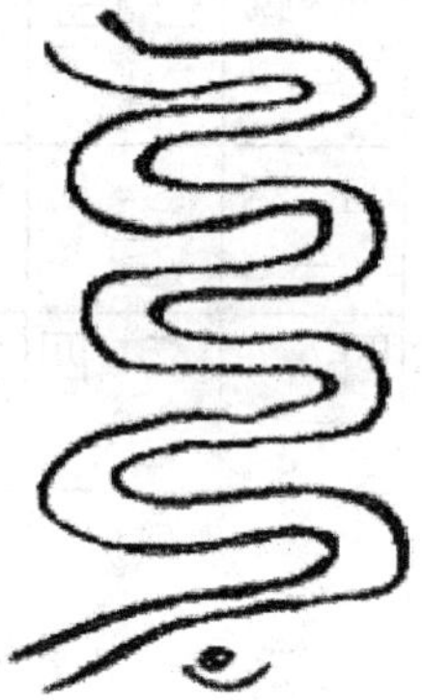

龙神旺,身在青云上。(上左图)

【原文】御街水格。

御街之城实至贵,宰相三公在高位。

若然龙后带奇星,定主圣朝天子气。(上右图)

【注解】御街水居前虽美,仍要后有兜收方为气全。若水至穴前如此图斜流而去,是前气厚而后气泄,却主发难久。

【原文】御街水格。二水三重龙,如带复如弓。为官家富

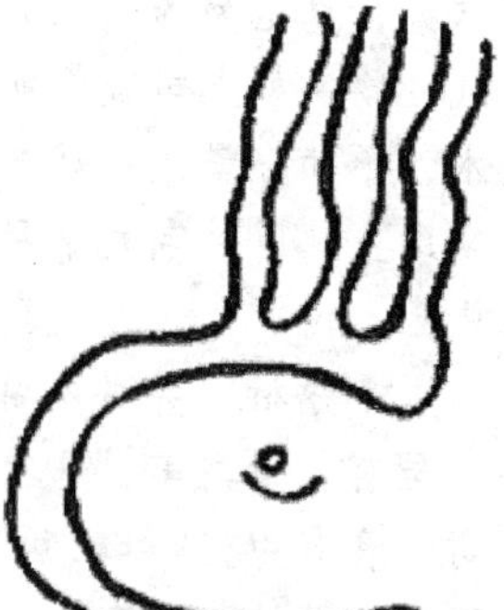

足,清职显门风。(上左图)

【原文】舞凤格。

群流飞舞入垣城,凤舞鸾翔羽翮轻。

更得穴中真气结,不为仙客也公卿。(上右图)

【注解】三水屈曲朝来,如鸾凤之冠为吉。若三水直来,则曰直木撞城,为吉中藏凶。诗曰:舞凤展翅出林泉,玉架金龙在面前。冠上扦穴还是好,儿孙世代出官员。

【原文】蟠龙舞凤格。

翱翔朱雀势萦回,俨若蟠龙屈曲来。

下后儿孙登甲第,官居清显列三台。(上左图)

【注解】水在穴前如鸟飞舞,穴之前方又为朱雀之方,故云朱雀翱翔。

【原文】覆钟格。

来水弯弯若覆钟,堆金积玉富弥丰。

子孙显贵登金榜,百远声名绕九重。(上右图)

【注解】覆钟水亦有吉有凶,如裴姓祖墓。此局坤方有城楼,兑方有河开洋,由乾、坎、艮,至巽方石桥下消去。仲山

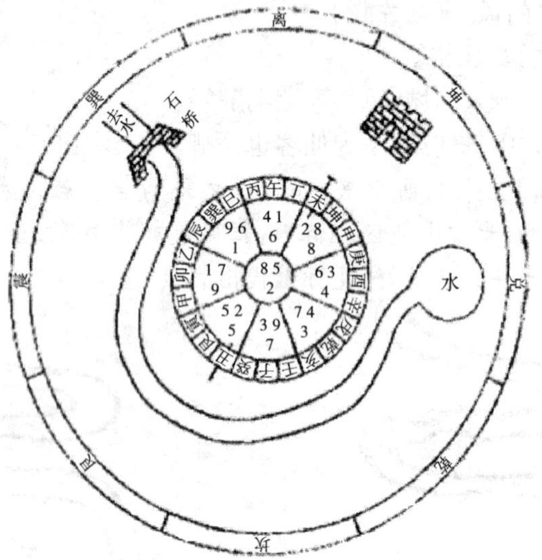

裴姓祖墓　未山丑向　二运扦

曰：葬后长子因奸伤足，次子先充兵丁，而后致富，悉应。

沈注：旺星到山到向，本无不利。但辰方有桥高擎，向上飞星为六，六为长子，山上九又到，九为中女，老父中女，配非正偶，故主奸淫。乾方有水，运盘三到，山上飞星七，为兑金折震足之象，故云长子因奸伤足。次子充兵丁致富者，兑上开洋，向上飞星三为进神，山上亦飞星六，六为武人，所以先充兵丁，而后致富。兑为少女，故应少房。三到兑为进神水，与兑七为合十也。

按：此由乾巽二方合断，长子因奸伤足，巽有石桥，乾有曲水，以活法合推取验。然兑方三六四同宫，充兵致富何不属长男而为次子，莫因巽方石桥高擎，长已受煞故推及次？或曰二临山向，主二房？若谓地元龙主次子发，却不敢轻信。此宅兑方于二运作进神水，生气之星震三，本利长男，但因巽方石桥有碍。至于利少房者，从兑方地盘论。（此局水绕二、三、四、六、七、九，诸运皆旺水不败。山、向、中宫合二五八，三般巧数，人丁亦旺。）

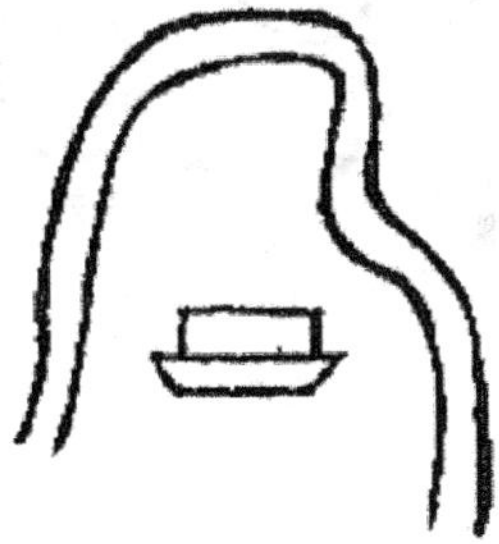

【原文】幞头形格。有水前来似幞头，官来不用求。

大鸿曰：此穴过以水城绕抱而发，不重在幞头也。（上左图）

【注解】廖禹曰："幞头龙是高低土，封侯当万户；脉从高落始相宜，低处未为奇。"

【原文】抄估龙格。牛背马腿水来冲，抄估定知踪。不论左右并前后，贫穷及逃走。（上右图）

【注解】廖禹龙法中有"饨估龙形似银锭，亦与烟包并。因何抄估悉归官？穴向此中安。"凡穴如牛臂马腿，全无手脚，亦不走动者是，葬后主抄估家业，亦有云主出侏儒者。

【原文】抄估龙格。抄估之格最不良，下着主离乡。（下左

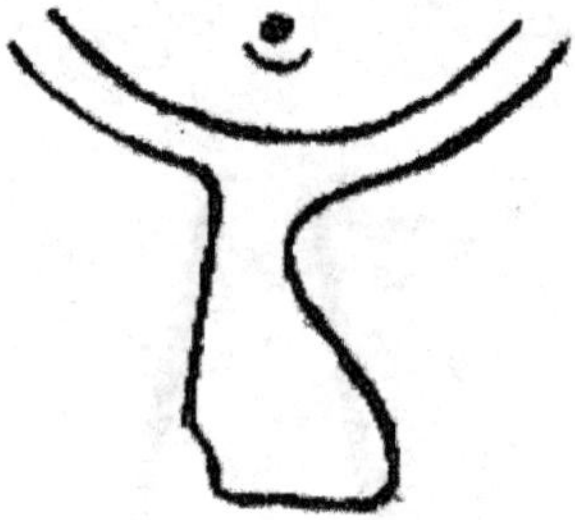

图）

【**注解**】去水斜反故。

【**原文**】扫帚地格。

扫帚之地如走旗，或然三角或分飞。

此主徒配君休下，贫穷困苦主逃移。（上右图）

水龙经阴阳宅下卷

分　论

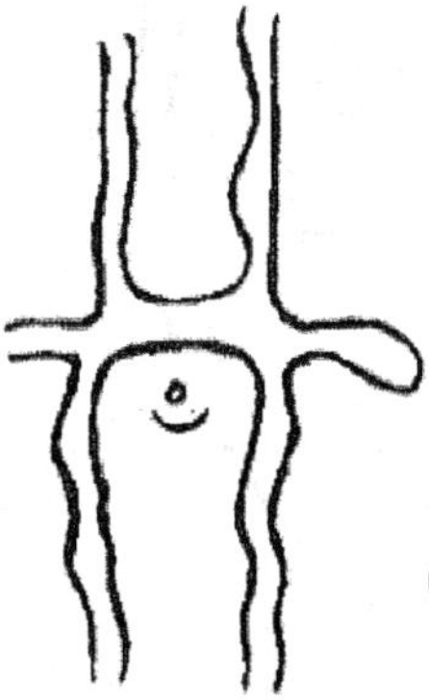
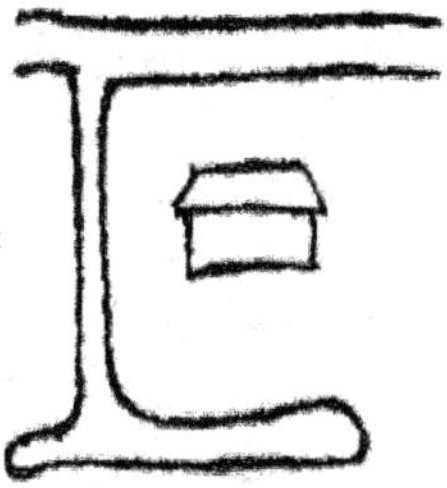

【原文】聚水龙格。

众水如龙四面来，定知此地出三台。

纵然气散难豪富，也出神童绝世才。（上左图）

【注解】气散者，去水直而不回头者是。

【原文】玉几格。青龙有水似玉几，官居州县贵。（上中图）

【注解】此居三面水抱，惜直硬无弯，流去之水也不见回头，虽抱穴亦无情。修建阳宅可发，若立穴则难以长久。

【原文】砂水合秀格。

印浮水面笏横前，文笔森森剑气寒。

穴下水城如绕抱，儿孙定许出高官。（上右图）

【注解】水城绕抱，得运者吉，失运者凶，如钱姓祖墓。仲山曰：此局葬后，财丁两旺，兼出科甲，每中必双。辛

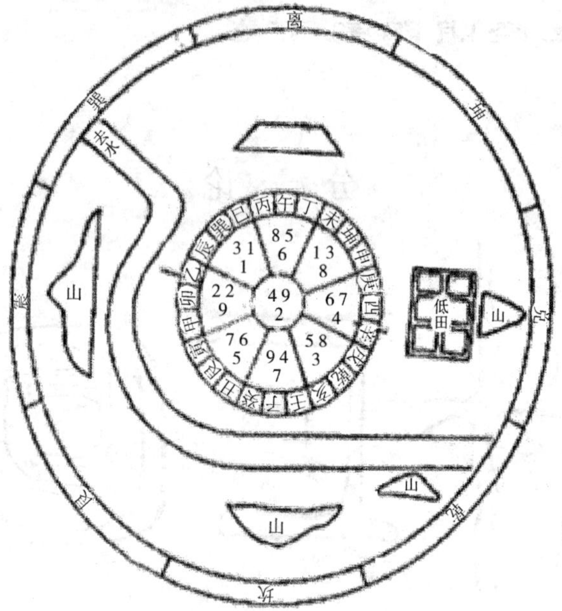

上虞鲤鱼山钱姓祖墓　辛乙兼酉卯　二运扦

未年出一词林，系丙申命。然此地必出瞽目，寡妇尤发。

沈注：财丁两旺，双二到向，山外有山也（山上飞星二到向曰下水，本不吉，因山外有山，仍系上山，故佳）。五六运内，科甲每中必逢者，因兑乾两方飞星是五六，此二方又有山峰，故五六两运主中双。巽方消水处，双一到也，此即“城门一诀法”（巽方定位是四，双一到，为一四同宫）。丙申命，辛未入翰林者，中宫九二，向上亦九二，二即申，况辛未年九入中，二到山，所谓太岁临山，山上是七，七即辛，太岁是二，二即未，二七同宫即辛未也，向上两太岁吊照，是年九入中，七到向，亦即辛未也。中宫运盘是二七，运七入中，亦辛未也。有此四辛未，故入词林也。

出瞽目寡妇者，向上二九，二为寡宿又为土，九为目，土入于目，地火明夷，故出瞽目。寡妇尤发者，因向上有水。七运小房必绝嗣，因七上山故（向上飞星到山是七，为上山。七兑为少房，故绝嗣。上山之凶如此，若有水则无害）。九运向星入中，必退财损丁，兼有火灾，凡三四到向，必主火灾。书云："七九合度，患火惟均。"又云："火若克金兼化木，数惊回禄之灾。"（九运九入中，七到向，向上七九同度，为火克金，在乙向化木，故主火灾，退财损丁。向星入中曰囚。）科甲终不断，因城门地画八卦是四，双一同到巽，得四一同宫之妙。

此局乃离宫打劫，以向上飞星五到山入中为囚，故交七运，小房绝嗣，囚实为之。然其地龙真穴的，城门方位又暗合一四同宫，故逢太岁吊动，虽囚仍有科甲之应。待交九运，地运告终，客星七到向，先后天火同聚震宫，宜乎退财损丁，兼遭火患。

按：火土同宫在向多出瞽目。山上向星七入中为囚，主少房绝嗣。双二到向，向方有水，故寡妇尤发。九运向星入中，故退财损丁。此局地运一百四十年，从二运至八运是，故言九运地运告终。

【原文】山水连秀格。

秀峰罗列上云端，若是无龙空有山。

必得真结来荫养，群峰相应出高官。（见上图）

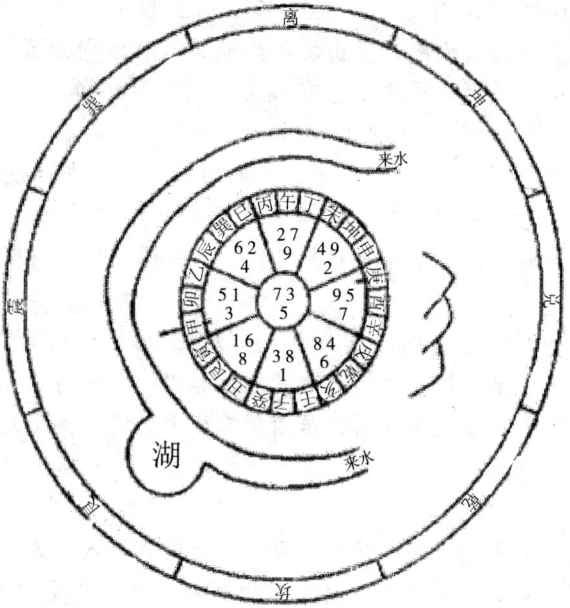

蔡姓祖墓　庚山甲向　五运扦

【注解】如蔡姓祖墓：此地戌乾来龙，转庚入首。未午巽卯四方皆有水，消于艮方五里湖而出。坎方亦有水，亦消于五里湖。

仲山曰：此一白龙配六白水，财贵两全之地，然初扦不利，退财损丁。交六运，财渐旺。主人曰："财丁不知其详，惟蔡培于戊辰、己巳连捷，发贵无疑矣！"

沈注：此地上山下水，如何云财贵两全？盖独取五里湖城门。(运盘挨星八到艮,入中逆飞,五到艮,是为城门一吉。)艮方山上飞星是一到,为一白龙。向上飞星是六到,为六白水,所以主财贵。按:城门诀排法以山向龙定逆顺。此局甲向,属地元龙,艮八地元龙是丑,为阴,故逆飞;为阳则顺排,须注意。

七运客星七入中,一到艮,戊辰年年星三碧入中,四到乾,六到艮,一到向,是一白重逢一白,六白重逢六白。己巳年太岁二入中,四到山,一到巽,九到向,故主连捷。(山向四九为友,巽方四一同宫。)

章仲山云:此坟初扦不利者,因格局"上山下水",况且上山下水最忌立于背山面水的地势,此坟正位于这等形势。幸者,艮方湖水合城门,经云:"城门一诀最为良,立宅安坟大吉昌。"此图六运后附葬,飞星一动,吉凶大异,如下图:

此墓是前墓延续。因前墓立于失运之时,今改于当运之时,正合"珠宝线",这等线位最喜背山面水。玄空的珠宝线即旺山旺向或到山到向。

仲山曰:六运附葬后大发财丁,兼出科甲。

沈注:葬后大发财丁者,旺山旺向也。六白龙配一白水者,因龙从戌乾来,戌乾地盘之六,坐山乃旺星之六,皆为六白龙。五里湖放光是一,即为一白水,故云六白龙配一白水,主科甲。行兑运一白到五里湖,魁星加于水口。戊辰、己巳年连捷者,年星三入中,四到乾,太岁加于来龙。六到艮,一到震,魁星加于向上,艮震两方汇成一六同宫,八月,月紫白七入中,一到艮为湖,是魁星又加于水口,故中。所中之人必壬戌命或甲午命。因龙从戌乾来,戌为犬,乾为马。

己巳年,坐太岁是四,吊照中宫之四,年星二入中,四到山,所谓太岁临山。三月,月白九入中,一到乾,魁星又加于来龙,故连捷也。

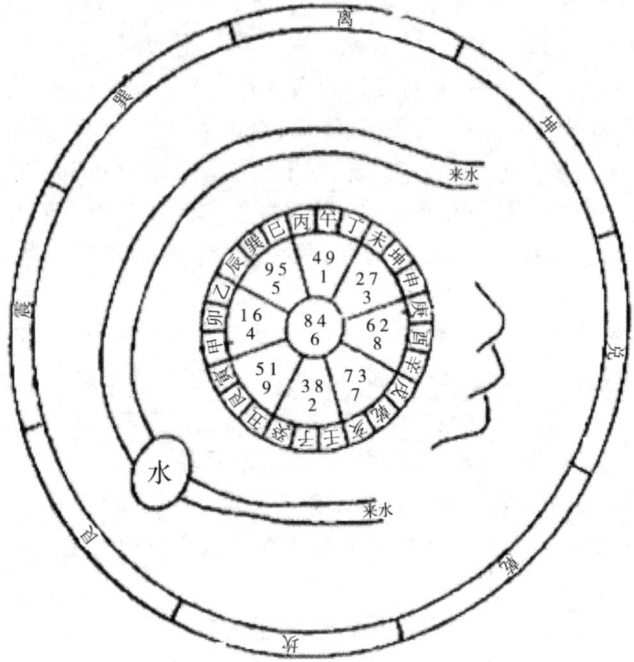

前墓六运附葬明图于后

按：是地龙真穴的，艮方湖水圆亮，以星气论，四运扦卜为一白龙配六白水，六运附葬，为六白龙配一白水，均主财贵无疑。不过初扦犯上山下水，定主不利，附葬合到山向，定主一帆风顺。

六运附葬，全盘合十，三方有水，运运吉利，享运长久。

由此二例可见，有好山好水，龙真穴的，还要立向不谬，否则，好山好水反为凶咎。

【原文】斜水侵山格。山龙之脉水来斜，纵能发福必倾斜。（下左图）

【原文】斜水冲山格。(上右图)

【注解】斜水直冲山形,即使山龙形局完美,其气也被冲破,真气荡散无存,不能立穴。

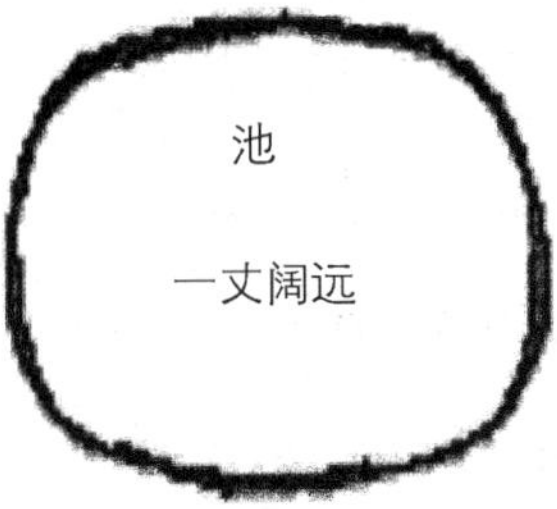

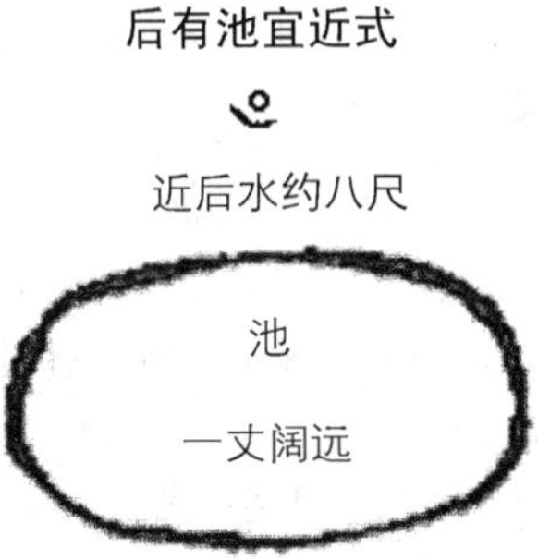

【原文】池湖脉。前有池湖、汪洋巨浸者,立穴稍远大吉。若太近前虽富贵,难为子嗣,亦须代代换房,以无余气故也。(上左图)

【注解】池湖虽均为穴前聚水,但池塘小显而易见,湖荡大隐而难扦,故葬法亦有分别:

一、湖荡:形势散慢,难立正中,尤难聚气,故葬法尤宜精密,须弃死就生,亦从枝干之理变化而来,但形与江河之枝干有异。

假如外荡阔大,而有一隅内蓄小荡,与吸水入口相似;又如外荡直奔,而有一隅稍稍曲入,其间即有砂角关拦,外来众水即于此驻足,此类是大荡为干,小荡为枝;大荡为漏道,曲入处为息道——即龙胎,即能聚气,当就此立穴。

二、池塘:只要方圆成象,平正不欹,便可取裁。但宜于横处受穴,不可于直处立局。如一方池水,横处看则为土象,直处看则为木象。圆池亦须微微横阔,才是金星开口;太圆则四周无受穴处,反为顽金,无处下手。凡池沼立穴,须水中之气,左右相等,平正端严,而后气脉涵蓄。若立局偏斜,或边轻力重,穴中即无真气,不能发矣。

池塘之水,有吉有凶,《人子须知》云:“池塘凶者,谓之照盆杀,主少亡。”断法云:“上塘连下塘,寡母守空房,不可不慎。”

穴立与池塘远近,亦有区别。池湖大者,水之阴气过重为杀,宜稍远立穴。若池沼弱小,气聚水边,则宜近水下穴。

【原文】池湖脉。

前后有湖池,墓宅两相宜。池前须贴近,池后要防欺。

下法看平正,倾斜脉便离。更相方圆扁,扦之各有宜。(上右图)

印 鉴 式

【原文】池湖脉。

明堂积水深,圆镜足堪夸,出人多秀丽,男女喜双清。(上左图)

【原文】池湖脉方印格。方印积水深,此地出官人。(上右图)

【注解】如陶榜眼祖地。此地在会稽县荒坳,卯龙辛向,其龙多起伏,案前满床牙笏,湖水聚注,奕世显宦。

陶榜眼祖地

【原文】池湖脉。凡池塘水在冢后偏斜,主子孙不孝,及有狱死人。

又曰:坑坟龙不十分吉。(下左图)

【注解】如上海杨老爷庙死丧杀人例：上海嘉定南翔镇，乡里有人杰邹锡卿，自幼多磨炼，深通事故人情，遇事决断，有机智，且度量宽宏。应人之急，一掷多金无吝啬，为青红帮中人赏识接纳，拔作一乡巨魁，俗称老头子。故失学少年，多拜老头子入帮，借此护身。邹氏于1930年庚午十月二十三日傍晚六七点钟，在南翔附近杨老爷庙举行入帮仪式，新收徒弟四、五十人

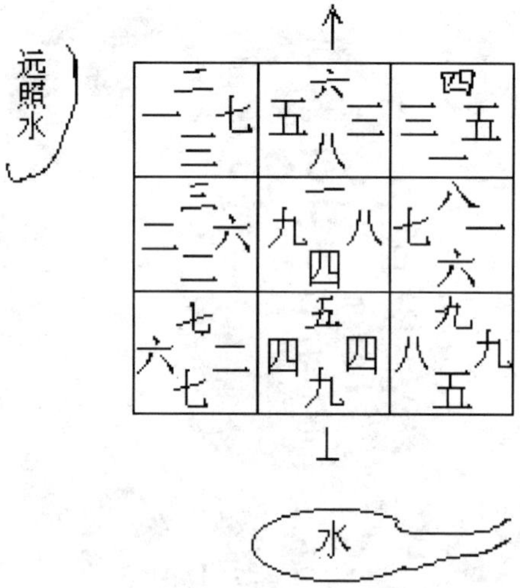

及平时羽从若干，来此集会。乡村神社，平时冷寂，一旦暮夜，往来人众被人注意，好事者报告宪兵。时宪兵正搜捕扰乱地方治安之人，得信后，火速集兵士二十余名前往拘捕。青红帮众不服宪兵制裁，哗然反抗，势成双垒。宪兵误认为火杀党，开枪示威，当场打死二人，重伤二人，擒二十余人。另有徒众多人躲入神座

后,时军士用电筒照卧处,见空虚暗黑而生疑,开枪四五发而归。

某君将此事发生后详细情况写成考案:该庙子山午向,四运内翻修。坤上来路,坐后得坎水,乾方有来水,过兑入坤成三叉。坤方三叉水白亮,照射有力。巽方有远水照射,年来香火甚旺。坤上三叉水旺,三叉即城门,用城门一诀推算,一入中(因坤方运星为一故)到坤为四,故目前香火旺盛。乾方来水入乾成三叉大水,乾方运星五黄廉贞火,为地方政要出巡之象。兑方过水上六到,六为长官之象。向星九到乾,城门诀亦九到乾。出事之月亦九到乾方来水上,流年飞星九到兑方过水上,日飞星九到巽方照水上。九为离,《易经》辞释云:离为火,为甲胄,为戈动。动上聚九,显然有军人到此示威之象。

六七九五	二三五一	四五七三
五六八四	年月日时 七八一六	九一三八
一二四九	三四六二	八九二七

庚午年十月廿三日酉时飞星图

又:运星一到坤,坤水亮。月黄到坤,坤上失时之一,非吉星而为流血象。山星一到巽方远水上,失时之一亦非吉而为流血象。《易经》辞释云"坎一为血卦",南翔神庙中血案即此应。且年月六七交剑杀在巽方远水上,加之宅命中主星二七火,聚于巽方远水上活动处。客星二七火,九七火聚于乾流活动处。因黑夜不正当结合,致令人误而召杀机,造成血弹横飞之惨案,诚异数也。

虽向上三木退气，但本元亦木，虽退不衰。气口五黄为生气，坎方坐山四绿旺气见水，所以香火旺盛。至于出事者其因甚多，一、九聚照水动处；二、一白水退气，临动水照处；更甚者，向上二三，山上三二成斗牛杀；向上五黄为克出；中宫巽方六七迭成交剑杀，凶象重重，故出此惨祸。

又如无锡秦巷镇秦宅：

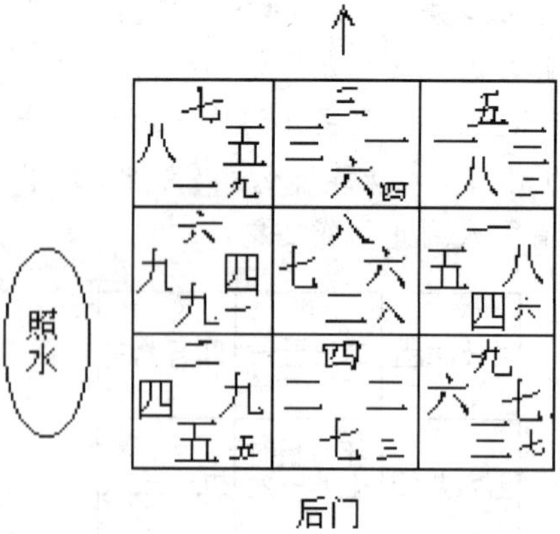

该宅坐癸向丁，丁酉年十二月二十六迁入，向首三一为退气，座山二二到山为下水，但座后开门，亦以到向论。门开坤方三木生气，故不用城门一诀亦佳。上元辛亥年，二入中，六到向，一六化水，八到气口，三八化木助运，四到照水，四九化金，如此则金水木相生，故发科名。

按：观此宅，天盘一到巽，暗合一四同宫，城门四到坎，亦暗合一四同宫，辛亥年二入中，四到兑，又与城门合一四同宫，故出科名。吉在气口承旺气故。此二例宅旁皆有池湖水，吉凶大异者，运耳。

【原文】池湖立格。湖池若坐偏，气脉不周全，子孙多不孝，

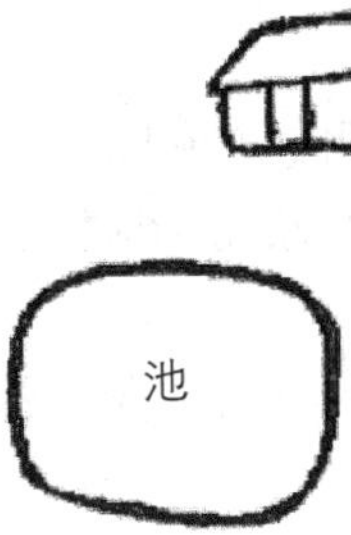

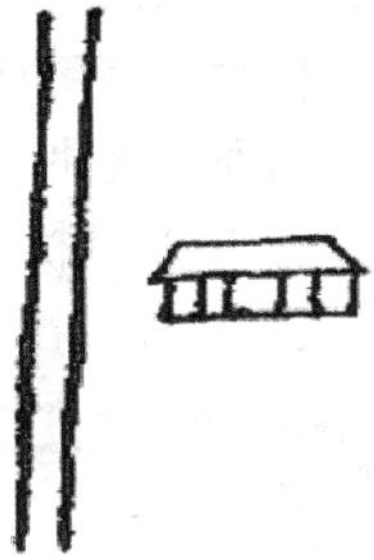

刑狱便相牵。

凡内外宅在池之偏旁者，主兵死客死，四隅方位同论。（上左图）

【原文】直流水格。直水水无弯，两旁也不安，全然无气脉，到此不须看。（上右图）

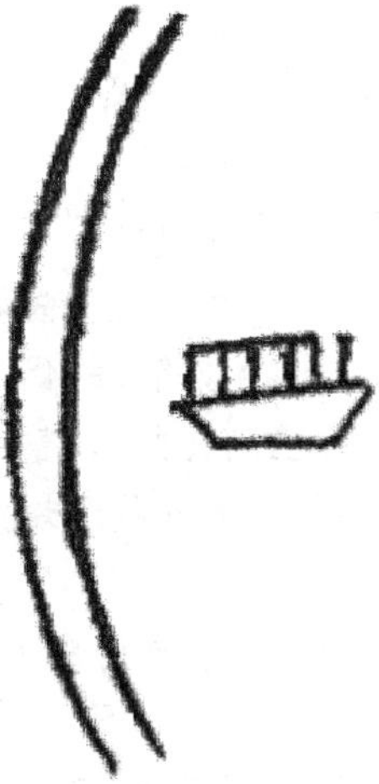

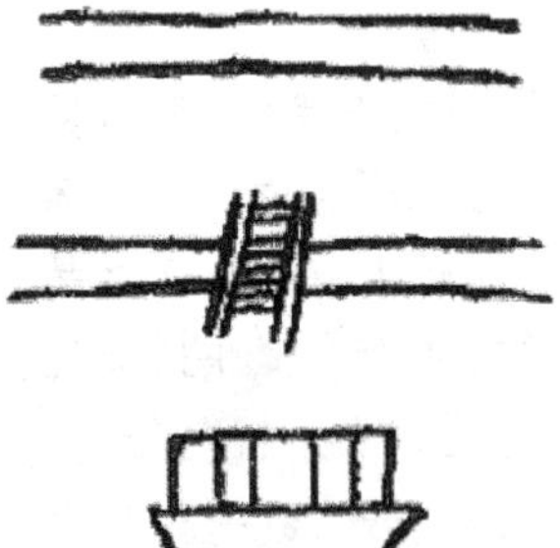

【原文】直中取弯格。直水地居弯，其家反得安。（上左图）

【注解】此格似自相矛盾也。既云直水，怎会有弯？既然有弯,又岂可曰直。

【原文】桥梁格,阴宅同。

当面桥直冲,未免势太凶。瘟病并孤寡,阴宅亦宜同。

大鸿曰:此桥亦居衰败之方故也,若在旺方,反能招福,不嫌朱雀也。(上右图)

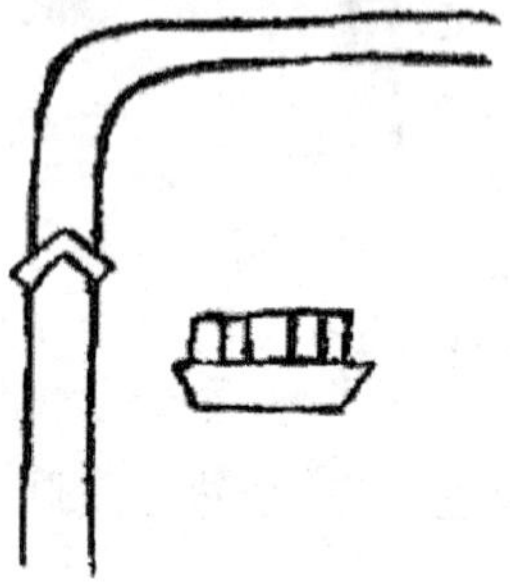

【原文】桥梁格,阴宅同。青龙之上有横桥,锁水任君安。

大鸿曰:桥应论方位合元,不可但云青龙。(左图)

【注解】如施姓祖墓例:此地坟后低田,兑方远水从兑至乾、坎、艮、震,至巽巳桥下消出,坟前有池,甲卯方有水放光。

仲山曰:此地山颠水倒,主不吉。因龙为旺龙,又中宫、坐山均合十,故发财丁。惟寡妇代不能免。五七运好,六运平,水出巽主发秀。

沈注:旺龙者,酉山运星是六,地盘是七,名比和故旺。

向星到后,有低田、远水,又得中宫,坐山皆四六合十,故葬后大发财丁。向上运星是二,中宫亦是二,二坤为寡宿,故代出寡妇三四人。惟此地旁气甚通,发必久远。旺星到艮是五,乾方亦是五,均有水,故五运佳。六运平平者,六到午,无水故。坎方是七,且有水,故七运又佳。

巽方一到,地盘是四,一四同宫,故秀才不断,惜有桥相冲,不然科甲无疑。

按:此局本犯上山下水,但坟后为低田远水,故水神仍得其所,此龙空气不空作法也。可见理气之交用端在与形峦相配合。但坟前有池,究犯下水,且阴神丛集于向首,亦为识者所忌。从

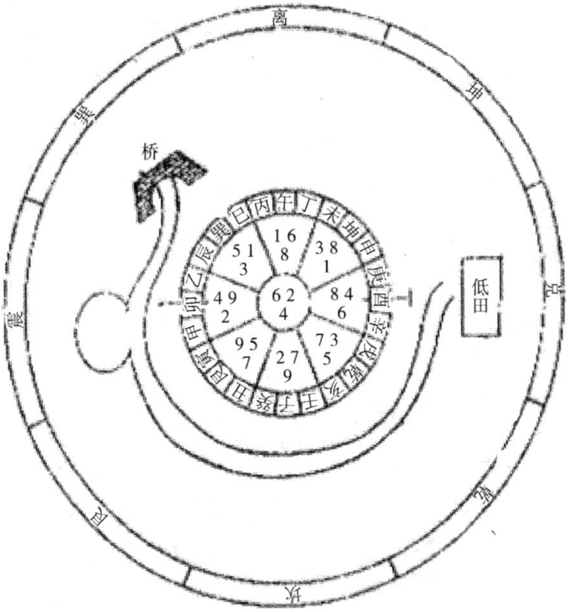

施姓祖墓　酉山卯向　四运扦

此例可知水法重要：此坟八方有六方见水，主有六个运财源不错，但亦有六个运犯下水，是不利人丁的显示，故此宅后人多寡妇，男丁多早亡。

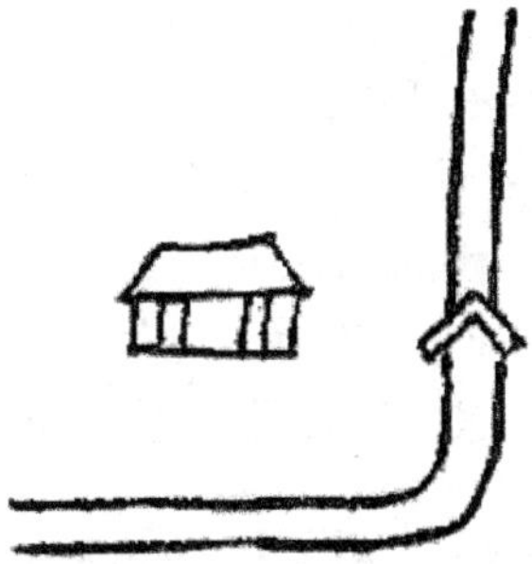

山上龙神犯下水，向上正有大水，必损人丁。

【原文】桥梁格，阴宅同。大鸿曰：此桥应在衰败之方，阳宅以浮桥为重，故云不吉。若在旺方，反主有吉，不可以青龙、白虎分凶吉也。（左图）

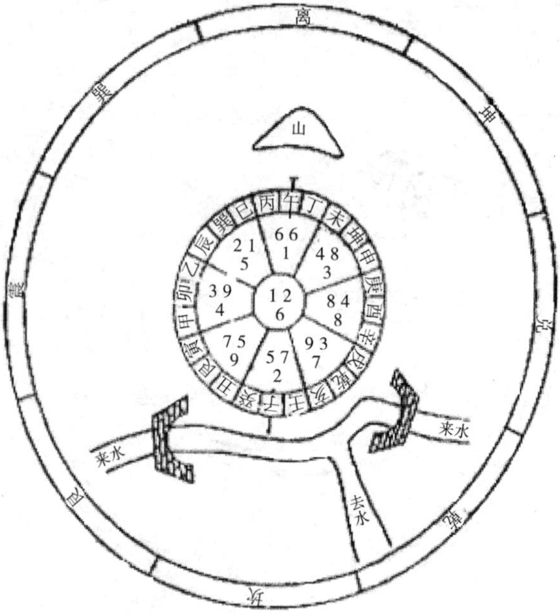

胡姓祖墓　午山子向　六运扦

【注解】如胡姓祖墓:离方有高山,乾方有石桥,艮方亦有石桥。乾方来水,艮方来水,至亥方消去。

仲山曰:此局葬后伤丁,祖业败尽。

沈注:此局旺星到高山。乾方来水,石桥是三七九;向上是二五七,艮方石桥是五七九。虽山上旺星到山,不旺人丁反而损丁,何也?因乾、艮、坎三方大凶也。此可参山旺人丁之活法。

按:此《玄机赋》所谓“众凶克主,独立难支”也。乾坎艮三方众凶棋布,左右石桥冲起衰宫,祸机潜伏。葬时星不当旺,未能慑服众凶,且犯上山,宜乎丁财两耗,不可救药。

此局乾方及艮方为衰死之水,坎方水为生气吉水,离方见水为水里龙神上山为凶。

若将此局换成丙山壬向，则不仅旺星到向，且乾艮坎三宫一六八三吉。虽能犯下水伤丁，但发财、发贵、发秀。此说明桥梁亦有吉凶之例。

【原文】井泉格。凡近冢有井者，主患心痛及目病。井不分偏左偏右，或前或后，若太近坟侧，难为子孙。（左图）

【注解】如东溪周宅：此宅座后辛方有井，作书房。道光乙未、丙申两年，先生打死两学生，均头上受伤而

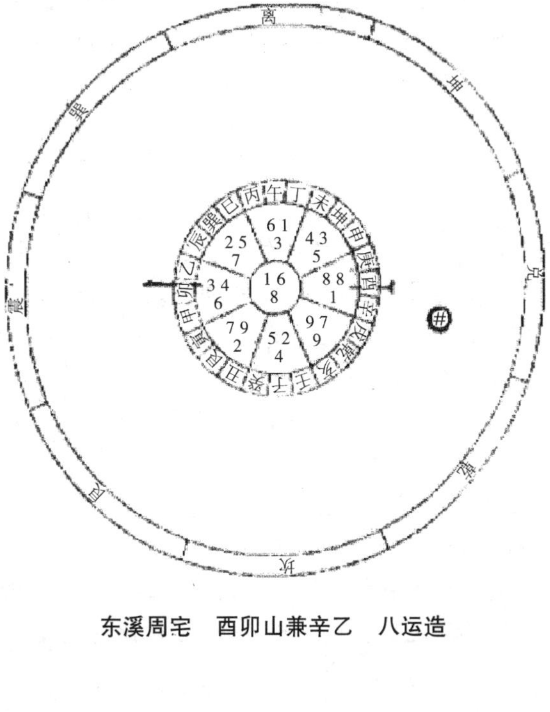

东溪周宅　酉卯山兼辛乙　八运造

乙未年飞星

二	七	九
一	三	五
六	八	四

乙未年二月飞星

三	八	一
二	四	六
七	九	五

丙申年飞星

一	六	八
九	二	四
五	七	三

该年二月飞星

九	五	七
八	一	三
四	六	二

死。

此屋向上旺星到山，本已不吉。向上运星之六入中，已泄中宫之土。乾六为首，为师长；巽四为木，为教令，向上三四六同宫，故首上加水。中宫八六一同宫，故少男头上有血。

辛方之井双八到，八为少男，井在运盘坎上，坎为血。必待乙未，丙申年应者，乙未三碧入中，中宫首上加木，五黄到井，书云“五黄到处不留情”。一白到向，一为坎、为血，向上是六，头已出血，故主打死。打死之月，必是二月（四入中，中宫头上重加木，六白到井，头上见血；二黑到向，太岁临向，所伤之人必肖虎者）。丙申年四绿到井，二黑入中，太岁临中宫，四到井上，木克土也。然必是二月，一入中宫，头上见血，伤者必肖牛。

按：此乃令星下水，丁星落在井中之咎。乙未年戊已大煞临井，丙申年向上四绿移到井，故凶祸迭见。所伤之人必肖牛、虎者，双八到坐，八即丑艮寅，丑为牛，寅为虎故。此以卦向推祸兆，以坐山双星断年命。

八到山，本主旺丁，但坐方有井，又主山上龙神下水，故损人丁。再如浙江石浦孙家宅例：（见下面图表。）

浙江石浦孙家宅，二运坤艮兼申寅。乾上来涧水，气势雄健，水源旺盛，此宅中元五、六运中当大发。操酿造业，生意殊旺，演数如次。巳上有井名为不见天，泉水清冽，来源极旺，有取之不尽，用之不竭之势。观宅相宅命，可知此宅先发长房，次发

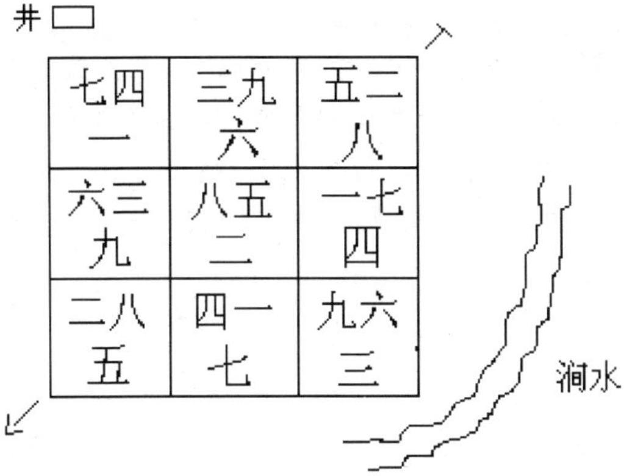

小房，后发二房。沈批：此局全局合成三般卦。

按：井上飞星四为进气。乾上大水飞星六，故主五六运大发。全局山颠水倒，但合成三般卦，吉盛于凶，仍不失为吉宅。

先发长房者，震为长子，向上飞星三，最早飞到旺处；次发季房者，艮上飞星八，次到；后发仲房者，坎方向上飞星，最末飞到向，或可以住处向上运星，先到后到判断。

此两例均有井，但一吉一凶，亦以元运旺衰断矣。

【原文】横水微抱格。

横水直过本为凶，略见弯环气脉钟。

纵少星辰占富贵，喜无倾败损家风。（上左图）

【原文】横水凶格。屋后横水直流通，暂时未败即贫穷。

(上右图)

【注解】如某宅:乾坎二方有水放光,至丑方门前横过。此宅住后,财丁颇佳,因旺星到坐到向,向上有水故。惟嫌乾坎二方之水,皆四六九同宫,乾方本无六到,但地盘即六。书云:"巽宫水路缠乾,主有悬梁之厄。"故主屋内有一女人,身穿红衣黑

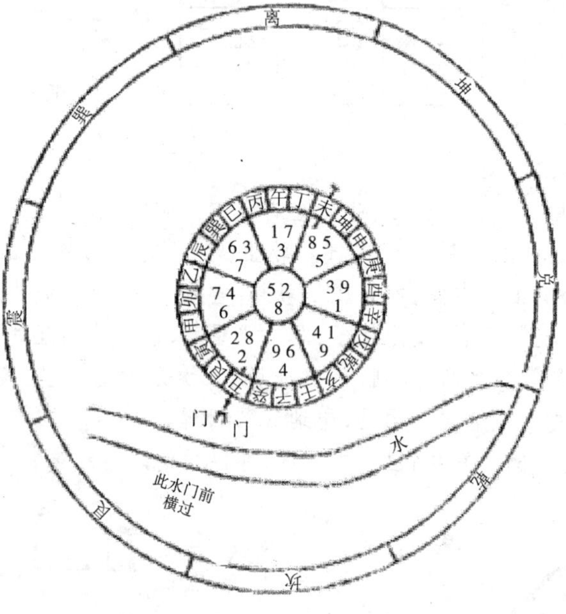

某宅　未山丑向　八运造

背心,坐而吊死。穿红衣黑背心者,一九同宫,离中虚,落于坎,坎中满,填补离中之虚故。若六在上(天星),四在下(地盘),即主悬吊矣。

此章断法精细,全依卦象配合,虽缺流年流月飞星参考,亦能通过此例使人对理气有所认识。按:巽为索,乾为首,索系于

首,缢象也。故巽宫水路缠乾,失元主有悬梁之厄。应女子者,乾金克巽木,四九为阴卦故。但有水或路,其克乃力,否则不验。是篇合乾坎两宫解释卦象,维妙维肖,为断法精到之处。或云水路缠乾,理气兼局形断。如阳宅乾方有水缠绕,亦主此厄,但须太岁或年月星辰加临乃应。

旺星到山到向,向方有水,山向与中宫合成二五八三般卦,且又全盘合十,一片吉象,故财丁两旺。唯乾方有弊,实为遗憾。此局门前有横水,仍断其财丁颇佳者,气旺也。

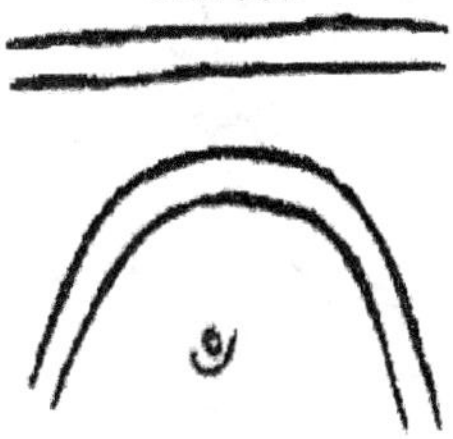

【原文】明堂横过水格,阳宅同。内圆外直,取内作吉。凡横过水不牵不掣,不斜不侧,不反不飞,反作吉断。(左图)

【注解】如冯姓祖墓:此地乾方有桥,水从桥口来,横过壬子癸,至丑艮寅三叉而出。甲卯乙有大河,亦至丑艮寅方合三叉消出,巽方有一高峰。

仲山曰:此坟葬后,初年不利,五运大发财丁,六运官讼不休,大败,七运不可救矣。

沈注:初年不利者,因旺到后故。五运大发财丁者,震方有大河,五到震也。六运大败,官讼不休者,因巽方是六,闭塞不通,且官星高耸,故主官祸,至七运入囚,故不可救药。

按:三般卦,卦气镕冶贯通,逢凶化吉,福禄永贞,虽犯上山下水并反伏吟,均所不忌。是局形气相背太甚,龙神下水适在三叉聚消磅礴开洋之处,虽合三般,初年亦主不利。若仅系细流映对,无甚碍也。于此可悟用三般卦初年顺利者,当以无明水照面之形局为最合。但此三般非经四位起父母之三般,慎勿误解。

六运大败有二:

一、巽方为向星六白所到,见山为水里龙神上山。

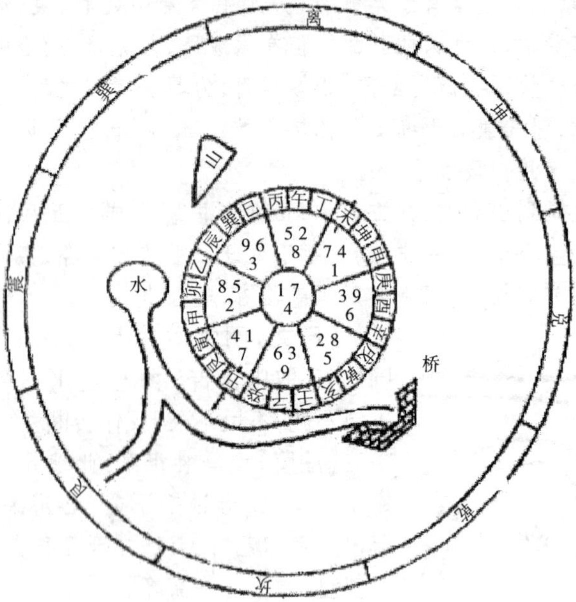

冯姓祖墓 未山丑向 四运扦

二、坎方为山星六白所到，见水为山里龙神下水。这便是变格的“上山下水”了。

山上飞星四到向，向上飞向四到山，是犯了上山下水、山颠水倒之弊，且正好向上有大水，故初年不利。若七运重新改葬，则八运仍会发迹。

【原文】直冲漏气格。右畔通风水直冲，灾祸立逢凶。（下左图）

【注解】此局若修造阳宅，宅移前可避冲胁之水为吉。若立阴宅，虽移前向弯立穴，可避直冲之患，但去水直硬泄龙气，亦主一发即败，不能久长。

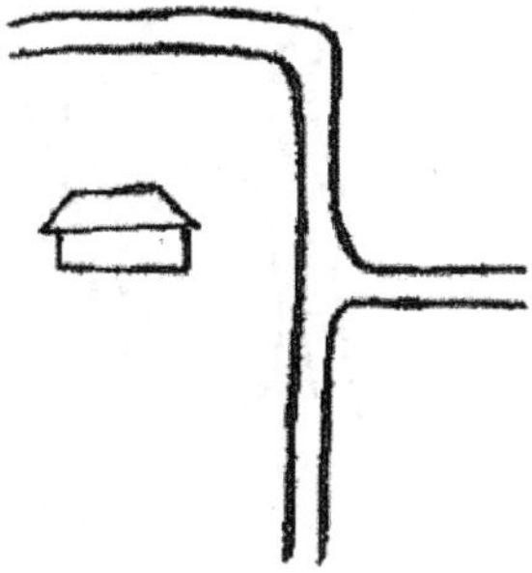

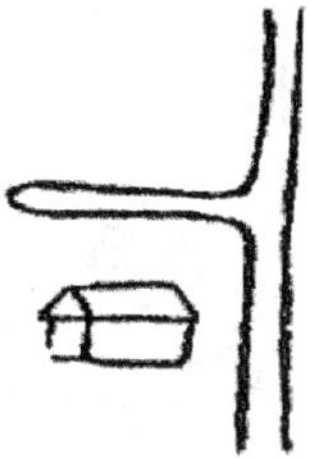

【原文】枝水漏气格。直射有枝兜，旺时不用忧，若然加一抱，福禄自悠悠。

坟前或坟后，有此水漏去不为吉。（上右图）

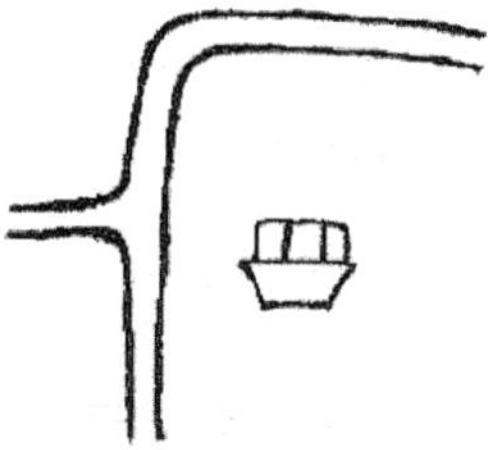

【原文】分飞格。青龙白虎两分张，徒流退散绝离乡。（上左图）

【注解】此局左方青龙水抱身，右方白虎水反跳，是龙吉虎凶，并非分张。

【原文】左冲漏气格。左边有水直冲来，风吹散人财。

大鸿曰：此虽金土城，为左边木星冲破。（上右图）

【注解】与前直冲漏气格同，移前就弯，亦可立穴。

【原文】斜飞水格。白虎一去无情水，离乡徒配人。（下左图）

【注解】无情水者，右方白虎有水斜飞而去，泄尽龙气故也。

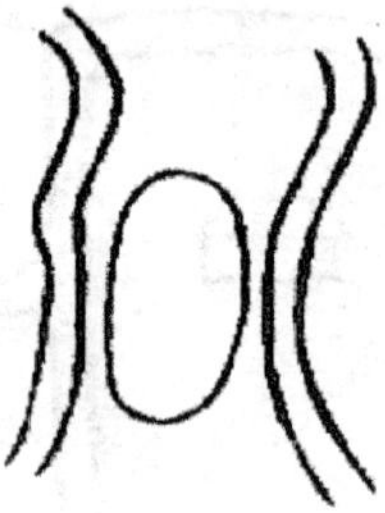

但左水弯抱有情，主先发后败，或离乡而发。

【原文】分飞格。

头斜脚反两边来，此号扛尸实可哀。

客死瘟疫并刑狱，更兼妇女性偏歪。（上右图）

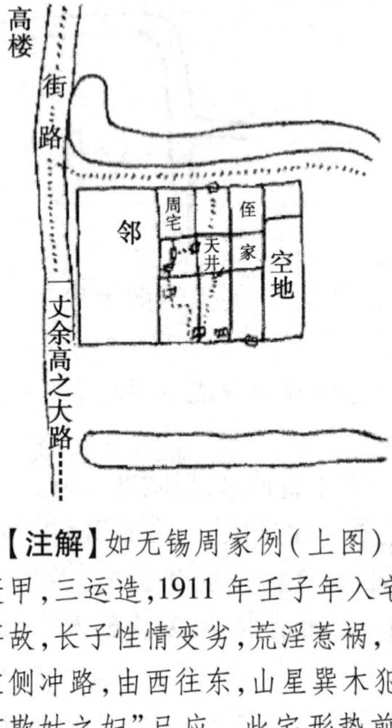

四九 六二 二	九五 一六 七	二七 八四 九
三八 七三 一	五一 五一 三	七三 三八 五
八四 二七 六	一六 九五 八	六二 四九 四

【注解】如无锡周家例（上图）：无锡西北方周家，酉山卯向兼庚甲，三运造，1911 年壬子年入宅。初进尚安，至癸亥年即发生事故，长子性情变劣，荒淫惹祸，口舌是非破财，连年不利。其宅左侧冲路，由西往东，山星巽木犯二土，“风行地而直硬难当，室有欺姑之妇”已应。此宅形势前滨头界气，向南里许即为通

行。南北之大河,此路干水通流周宅坤巽离三宫,坤巽得兼向上二九、四七,阴神满地成群,有红粉场中快乐之嫌。丙山斜水照,艮上斜路冲,又艮方探头水昂首反向,表示无情,此后人顽逆荒淫之因。前造平屋,后造楼房,三运犹可,四运退气重,且山星反吟,人口不安之极。辛未年之二、九、十一月及壬申年七、九月防火灾。

沈批曰:凡兼向不能用替者,另飞向上一盘。

三运到山到向,若兼向则犯上山下水,山颠水倒,且父母卦兼逆子,卦象不纯,逆子亦在其中,再加形局不美,必应验如神。

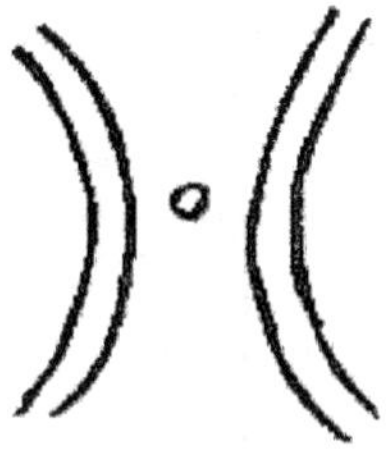

【原文】卷舌水格。

水如卷舌最堪悲,退败人丁最不宜。

喑哑之人端为有,时常搬喋是和非。

后虽绕抱,而左右反去,所以吉中有凶。(上左图)

【原文】水穿龙臂格。

水穿龙臂少年亡,虎眼才流主祸殃。

更有两边堪忌处,城门斫割女男伤。(上右图)

【原文】重反水格。水反两三重,其家定有凶。

前有两水流向家边出者,主子孙不孝及残疾。(下左图)

【原文】斜飞水格。水城斜走去如飞,儿孙主窜移。家业飘零难保守,人丁渐渐稀。(下右图)

【注解】斜水虽凶,玄空派却认为,若当元运,亦可为吉,如

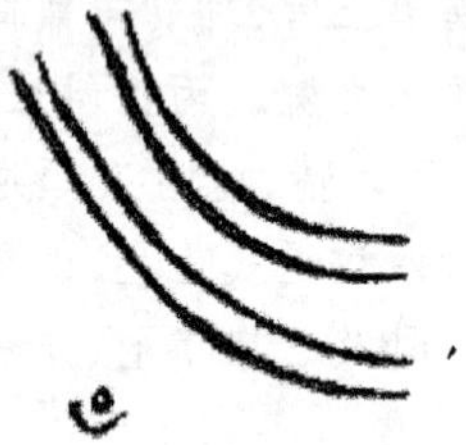

福建泉州萧何庙(下图)。

该庙福建泉州萧何庙,道光二十五年重建。前有斜水一道,

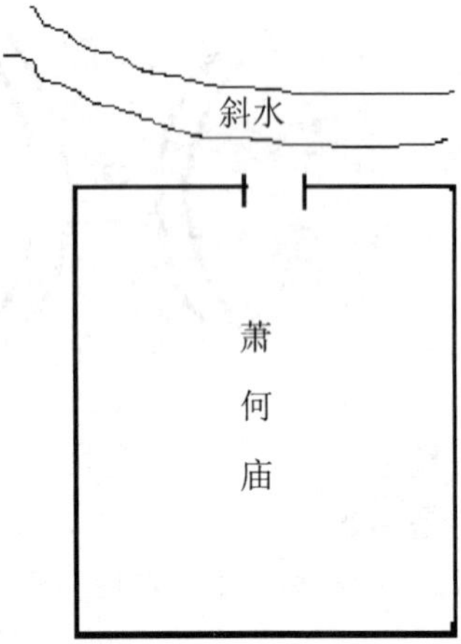

六三 八	一八 四	八一 六
七二 七	五四 九	三六 二
二七 三	九九 五	四五 一

五六 九	一一 五	三八 七
四七 八	六五 一	八三 三
九二 四	二九 六	七四 二

由巽过离入坤;外环海水,亦巽离内照,子午兼壬丙二度。道光二十五年建造时当下元九运。此庙十年前颇有灵应,近十年间水上星辰忽然失权,遂成冷庙。十年后有人重修,当再兴盛。十年前为上元八运,十年后近上元一运,均双旺到向,故当兴盛。

向上虽有水,但反弓无情,且向首及巽宫皆死败之星,惟巽宫一白水为生气,故前十年尚有灵应。后十年无灵者,一白水受向星八白土克之故。后十年重修后为上元一运双旺到向,前面无情水当令,亦吉,故言兴盛。

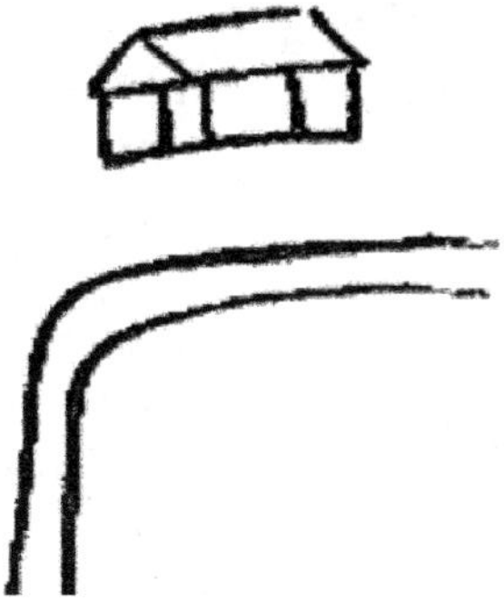

【原文】拖脚反水格,阴宅同。

坐后转身作土星,其名拖脚更须论。

去无曲水何能发,穴若偏旁愈失神。

凡宅后有一巨水,直来即折向而去,其家或暴富贵,却出刑人。(上左图)

【原文】先抱后反水格。先抱后反,一发便衰。(上右图)

【注解】玄空派认为,此水亦当论元运,如会稽章宅。坤方为生气所到,不见水反见高楼压塞,为财星上山之格。但六白为退气,高楼却加强它的力量,六白为官星。一所房屋里,居住不同房间,风水的影响亦有不同。如左边居住的人在艮方,得一五衰气,右边居住的人在乾方,得八白,在八运则为旺气。

乾方的河有翘足之象,又见三碧,地盘乾金砍木,三碧主脚,峦头与理气正相配合。艮方有屋塞压,星犯五黄九紫。九离主眼,五黄属土主遮闭。灶在震方,原局有九紫星,灶口向离,得六白,经云:"火烧天而张牙相斗,家生骂父之儿。"但震离二方环

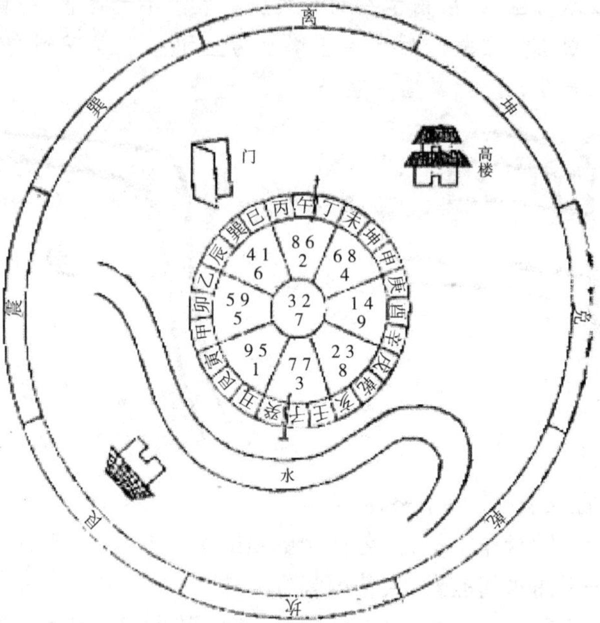

会稽章宅　子午兼癸丁　七运造

境无“张牙”状之物，故不应。

此屋运星到后，定主财丁两旺。双七临坎，八运财大退，因坤方无水且有高楼压塞，名为上山。且六到坤，为官星，又有官讼不休。

此屋若两家合住，则“一到分房宅气移，一门换作两门推”。左边所住之人居一五之位是衰方，八运上山，定主萧索；右边居住是八位，虽系上山，地盘尚旺，较左边之财大有高下，但总不吉。门开一四之方，书香是好，定主采芹。屋后之河，乾方有翘足之象，且震三被乾六克，必出一跷足。左边所住丑方之人，必出一瞽女，因丑方九五同宫，且有屋压塞，九离为目，五八为土，目中有土,故瞽。经云“离位伤残而目瞎也”。

按:天元五歌云:“一到分房宅气移,一门恒作两门推,有时内路作外路,入室私门是握机。”分房即数家合居一屋,看法以每家私门为主,诸家往来之路为用,是言九星定于起造之方,不因分房而变易。分房后,各得一隅,其吉凶以私门乘气,故曰握机。内路引气,故转可作外路论耳。后人不察,认为分房后私门作主,不论所处地位,仅系宅之一部或厢房,余屋各自立极分布九星。谁知中宫误定,满盘皆错。要知宅运以起造定特立星辰,不须自辟蹊径。本篇详注,住左一五之位,右处八白之方,即房分而宅运仍旧明证。或谓住左边者私门向西,七运山上飞星为一,向上飞星为四,门对一四同宫,主出聪明正途之人;住右边者,私门向东,七运山上飞星是五,即土;向上飞星是九火,火炎土燥,顽钝之证,文明被土压,主出一书腐,此从门向论。今注兑方定主采芹,乃就地盘立论,但震方九五不出书腐者,乃对门一四之补救。门向地盘融冶饶减之理,观此便解矣。

双七到山,水里龙神上山,但山上见水,反成山水皆旺之象,故七运财丁两旺。八运财退者,向上飞星六为退气,但得旺山八白生,亦为有力。可惜坤上八白向水被高楼阻隔,故有退财之患。至于分房,除正盘外,可根据各私门再立一盘合观之。

【原文】反跳水格,阳宅同。

反跳之水是回抱,墓宅逢之万事空。

生男定少忠和孝，生女还归花柳中。

水才过穴而跳反，一文不值。（上左图）

【原文】翻弓水格。水法似翻弓，扦之必有凶。出人多拗性，悖逆乱家风。（上右图）

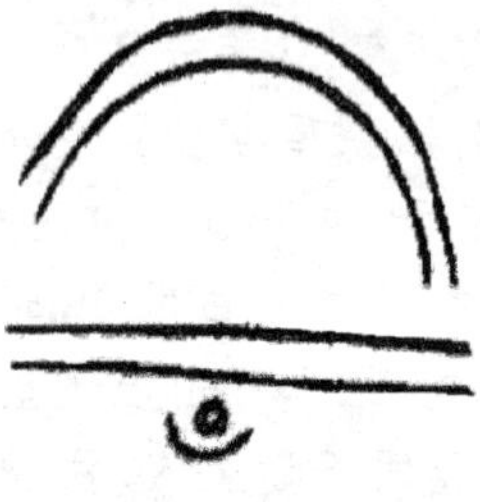

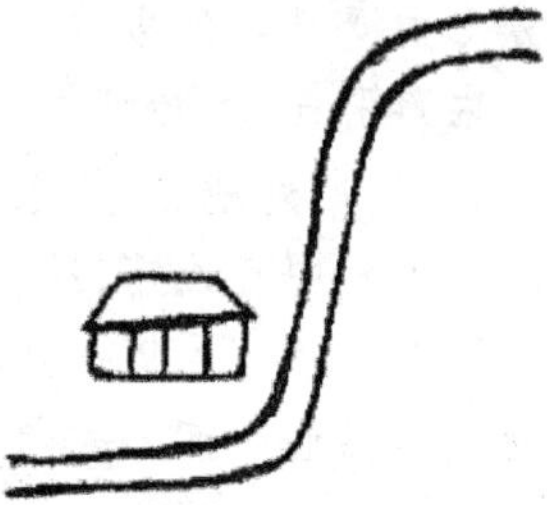

【原文】明堂横过水格。弯弓外抱，隔远无功。贴体硬直，内气不钟。（上左图）

【注解】本书原无说明文，据其它版本补。

【原文】反跳水格，阴宅同。白虎源头一反勾，财似鬼来偷。（上右图）

【注解】水从右上坤方反去者是。

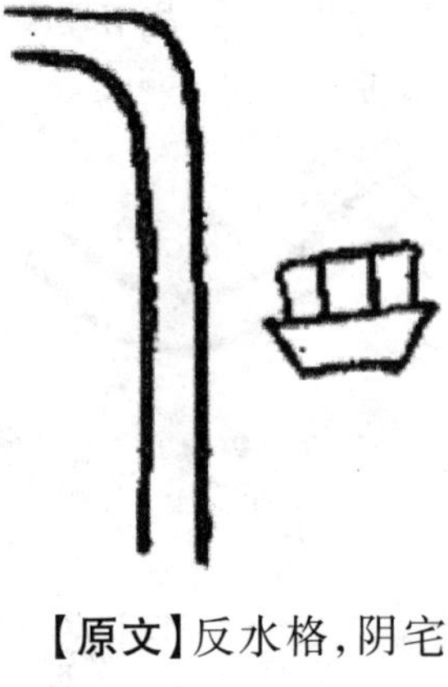

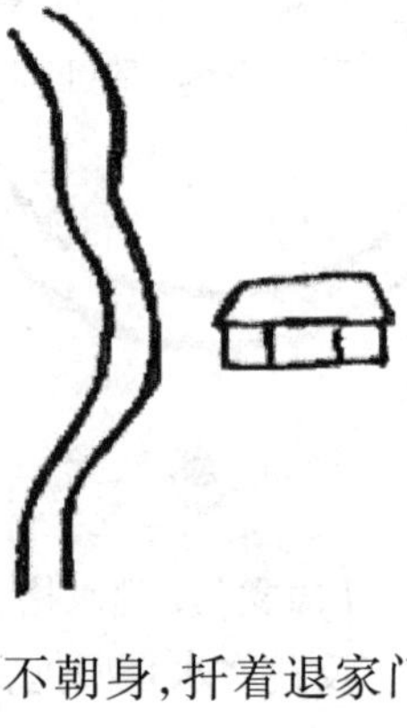

【原文】反水格，阴宅同。龙神反去不朝身，扦着退家门。

左边若见长房灾,右边若见小房衰。

又云:冢宅居曲水头者,主子孙多死亡。(上左图)

【原文】反飞水格,阴宅同。青龙水去反如飞,家破又人离。(上右图)

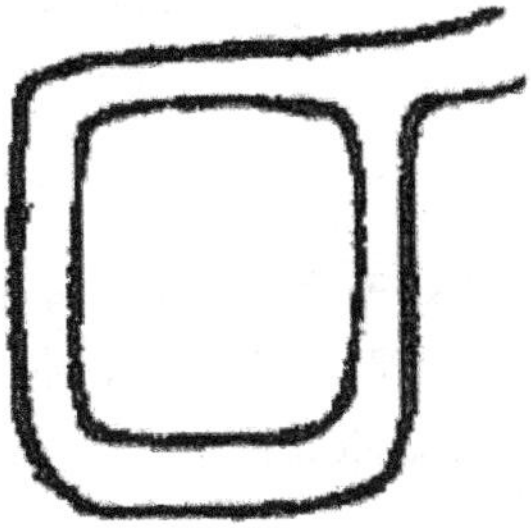

【原文】囚水格,阳宅同。四面水停流,不久有灾忧,心疼及腹痛,水蛊药难投。

阴阳二宅,一发即衰。即一代发福,至二代穷败。若不急移,三代耗绝无救。两格同论。(上左图)

【注解】又云:"四面水周流,其名唤作囚。运旺之时才一发,运衰之日万般休。吊角挨边犹自可,居中作穴更堪愁。时师莫说棋盘土,下着将军祸到头。"

在四角环抱处或四边略有弯抱处立穴,名吊角挨边。

【原文】十字水格。此地不宜久居,久居日渐消磨。主合年年疾病。(上右图)

【注解】虽两水合襟,但系直交,名交剑,且均直去,龙气不住,生气不聚,故不宜安坟立宅。

【原文】土字水格。

土字行来向住居,儿孙手艺只宜屠。

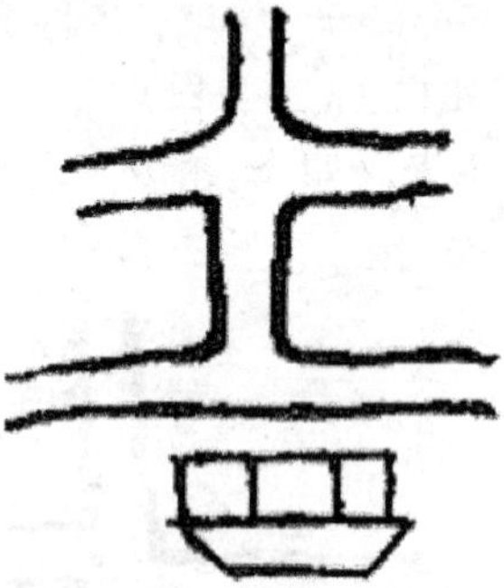

虽然温饱多成败，定出娼淫宅已虚。(上左图)

【注解】本书原文漏最后“宅已虚”三字，此据其它版本补。

【原文】卜字水格。宅后青龙卜字河，风冲鬼病磨。(上右图)

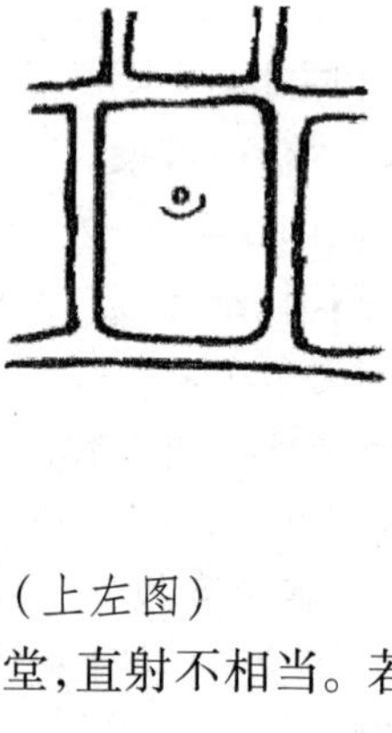

【原文】井字水格.

十字之水君莫看，廿字井字总一般。

若然市井犹堪住，独自一家不可安。(上左图)

【原文】四水相朝格。迢迢四水入明堂，直射不相当。若还屈曲水回头，财谷不胜收。(上右图)

【原文】箭射水格，阴宅同。箭射之水尖当心，飞来大祸侵。(下左图)

【注解】此水直射入怀，又名水破天心。陶公云“当面朝入，子息贫寒”，即言此水之凶也。

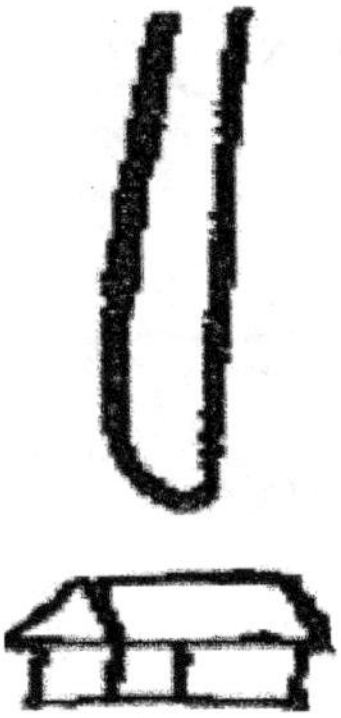

【**原文**】枉矢水格。

穿心之水又斜行，上应天文枉矢星。

刀箭加身死兵贼，更兼自缢及官刑。（上右图）

【**注解**】枉矢星：流星的一种。

【**原文**】尖射水格。青龙如枪来射身，儿孙遭刑凶。（上左图）

【**原文**】刀枪水格。水势似刀枪，杀人不可当，子孙多劫盗，骑驴到法场。（上右图）

【**注解**】古时被斩犯人，到法场时均乘毛驴，故云“骑驴到法场”。

【原文】枪形格。面前之水是尖枪,此地见凶殃。(上左图)

【注解】此即火形水。

【原文】尖射格。

大凡坐穴看后先,前后形吉任君安。

四畔如刀来射穴,此为凶煞退田园。(上右图)

【原文】斫割水格。前水交叉向相直,斫割此中识。官非兵盗日日来,身作火中灰。(上左图)

【原文】交剑格。四剑水流名割斫,此地如刀削。两边撞射入明堂,枉死少年郎。(上右图)

【注解】凡交剑之水,必脉穷气绝,决无融结。经云"二水相交穴受风者"是。

【原文】扫割水格。两畔扫割,瘟火刑杀。家业如汤,人口死绝。(下左图)

【注解】此亦火形水。

【原文】撞射斫割格。

滔滔流水直冲来，认取弯弯到此裁，
不怕吉星并合卦，相逢立便见凶灾。（上右图）

【**原文**】斫割水格，阳宅同。
刀剑攒坟斫割形，此坟一葬主伶仃。
男女死亡无救助，投河自缢贼军刑。（上左图）
【**原文**】众射水格。
穴前有水是伤心，叠箭交加害更深。
恶杀凶神难躲避，神仙当此也消魂。（上右图）

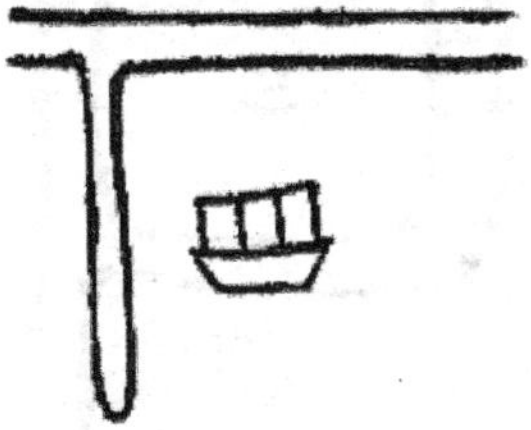

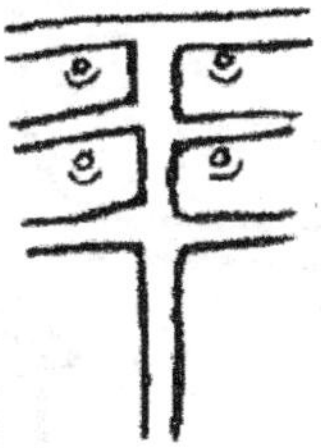

【**原文**】枝水漏气格。

左边小水如笔头，此宅进田牛。运若合时隆隆起，退运家如洗。只因水直未兜收，一转即无忧。（上左图）

【原文】漏风水格。

十字交流处处通，纵然织绵也成空。

莫将枝水为收束，浪打风水无定踪。（上右图）

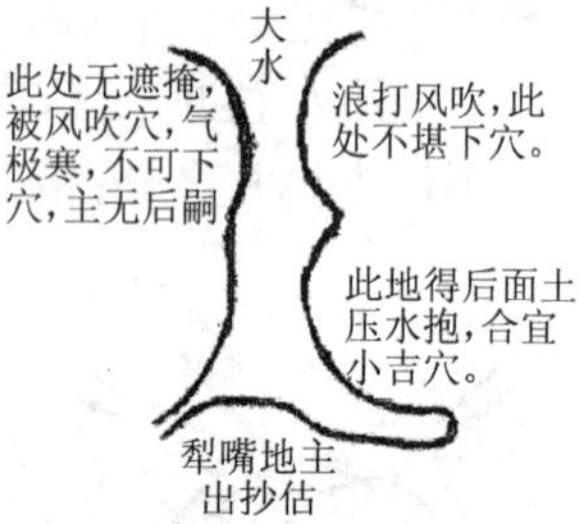

【原文】漏风水格。

水来撞界势纵横，若是无兜便漏风。

虽然眼里如花锦，下了之时总是空。（上左图）

【原文】漏风水格。水向四脚飞，浪打及风吹。虽有弯环并停蓄，总无真结不堪栖。（上右图）

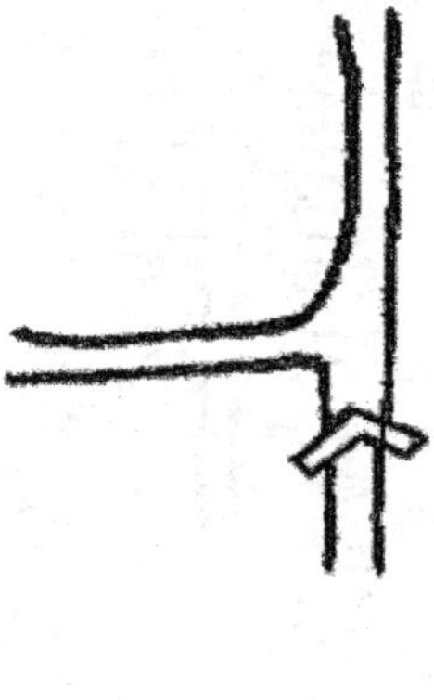

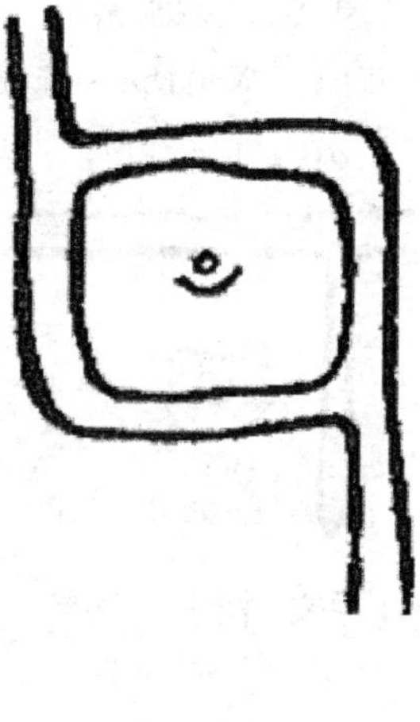

【原文】漏风格。

乾坤二风吹，子孙主窜离。（此局重下（上右）右图）

漏风吹冢不堪观，子嗣应知夭寿看。

后出穿窬夜行子，桥栏虽阻岂能安。（上左图）

【原文】漏风格。乾风吹冢，子孙绝嗣。巽方吹冢，子孙患疯。大鸿曰：此亦主元运衰替而言。（上右图）

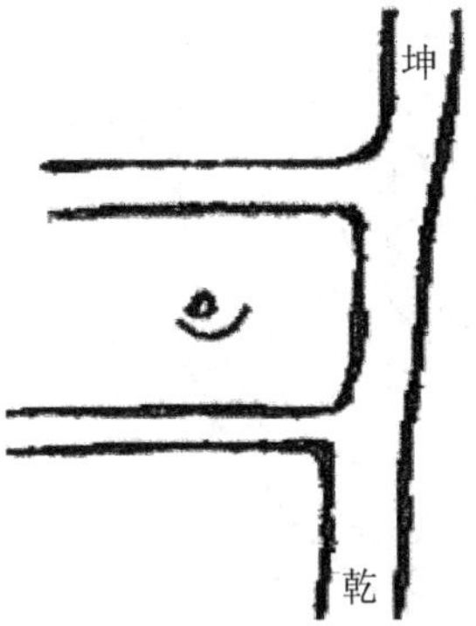

【原文】漏风格。乾坤二风吹，子孙主窜离。（左图）

【注解】本书原文漏"窜离"二字，据他本补。

如某姓墓（下图）：巽龙转甲入首，巽巳方界水，兑位有内堂水，子癸方有大河冲腰，戌乾大水，外堂乾兑两宫大水。

仲山曰：此坟葬后，财气渐旺，因乾兑两方有水。山临五黄主少丁，且坎方有河冲腰，主出寡妇，坤为母故。主人曰"寡妇世之不绝"。

沈注：此局葬后财渐旺者，得向上旺星，又有大水故。

山上旺星五到，本主多丁，今云丁少者，因山上运盘是三，旺星是五，木克土，中宫亦犯此病，故主丁少。坎方直河冲腰，坎上是一为中男，向星飞到是二，为寡宿，犯直河冲动，定出寡妇。若无直河，虽二一同宫，无此害也。然此地一交七运，向星入中，必主败矣。

五运少丁者，除了山星五黄被克外，坎方被大河直冲，坎方星辰为一二七，一与二逢，正是坎水被土克，坎水为中男。

按：山临五黄主少丁一语，余运则然。若五运无此，乘时得令之星到山，则转主丁衰祚薄。盖此五乃五运之五，非五黄之五，必须辨清，不可拘泥。

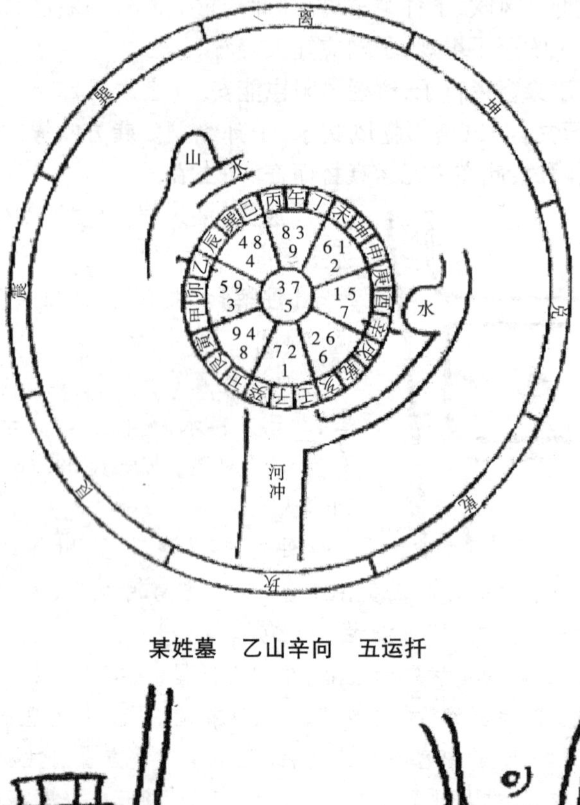

某姓墓　乙山辛向　五运扦

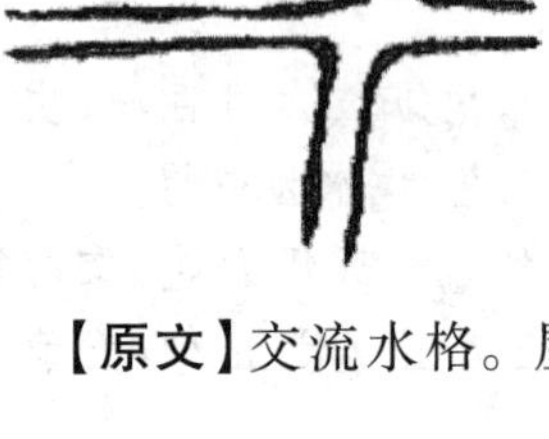

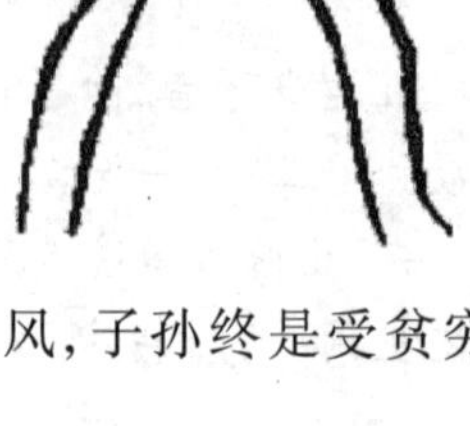

【原文】交流水格。屋边二口水通风，子孙终是受贫穷。

（上左图）

【注解】虽二水来合襟于后，但又分开直泄而去，真气走散，主随发即败。

【原文】交流水格。两水夹流还抱穴，漏去还消歇。更兼分走作交流，一败不回头。水形似抱实交流，全然无气难深求。

前有两水若夹埏道交流，主有杀伤死。（上右图）

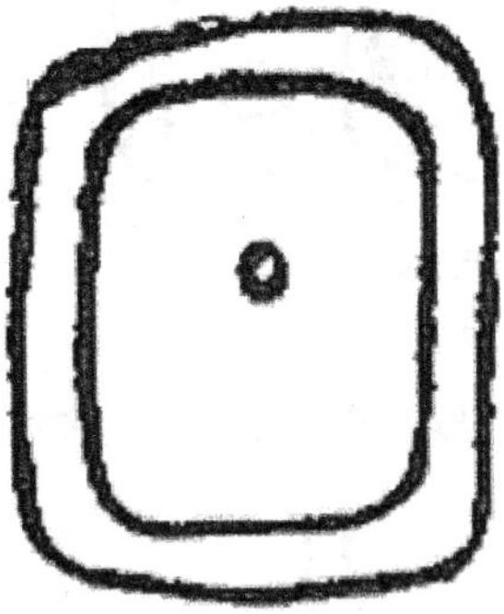

【原文】囚水格。

四面水周流，其名唤作囚。

运旺之时实一发，运过之时万般休。

吊角挨边犹自可，居中作穴更堪愁。

时师莫说棋盘土，下着将军祸到头。（上左图）

【原文】水破明堂格。水破明堂，家长难当，若不急移，疾病死亡。（上右图）

【原文】明堂开口格。此水入明堂，开张去直长，路路皆尖直，刑狱并瘟瘽。（下左图）

【原文】去水流泥格。

流泥穴里主离乡，只为坟前去水长。

说与时师高着眼，不须凭此误贤良。（下右图）

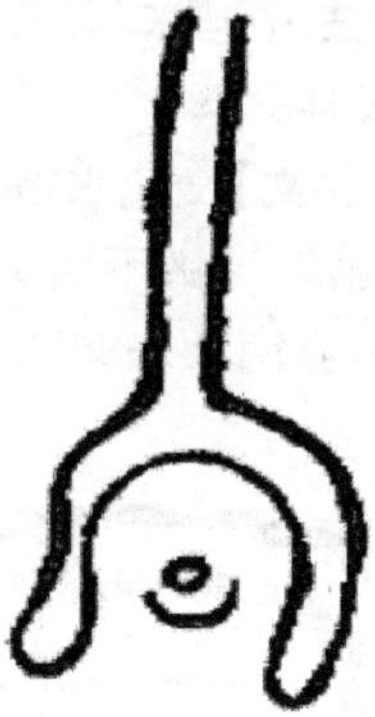

【原文】去水流泥格（又名"牵动土牛格"）。

总有外边复抱，亦主离乡退败。（下左图）

【原文】土牛曲拽格。面前水直去，虽吉亦不济。（下右图）

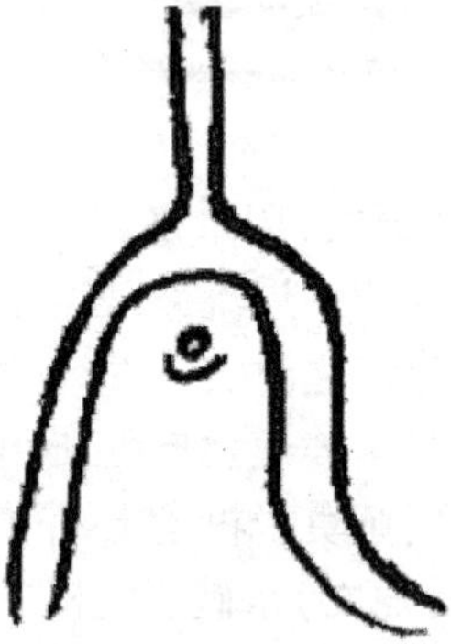

【注解】吉与不济相连，既然言吉，何又不济，似是矛盾。但此分二意，吉是言内气，如此局有金城水抱则吉。不济是言外形，前有长水直去，荡泄龙气。即前有直泄水，即使内形吉，亦主退败，故曰不济。

【原文】之元水格。

明堂之水为之玄,土牛不动穴可扦。

葬后其家大发福,子孙富贵出天然。(下左图)

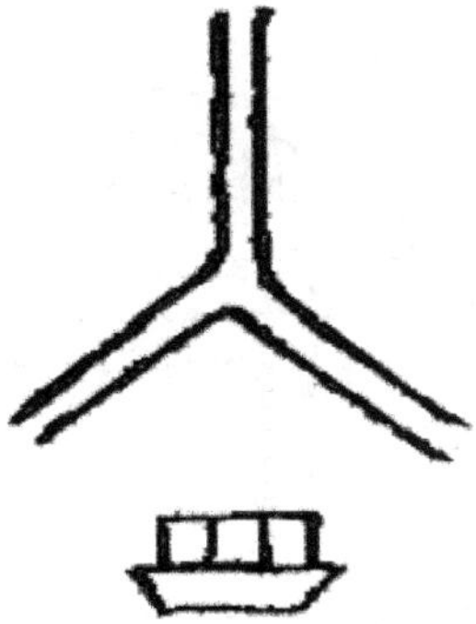

【原文】前开水格,阴宅同。朱雀之水两分开,灾祸日日来。坟宅有此,主伤家长。(上右图)

【注解】来者直撞,分者尖射故。

【原文】火叉水格。前冲之水两分流,有井当中淫不休。

主出心疾及患目疾。(上左图)

【原文】白虎衔尸格，阳宅同。右关一水最为灾，主有女伤胎；小房位上家财退，此法无人会。（上右图）

【注解】白虎为西方酉位，为少女，水反去主女伤胎。

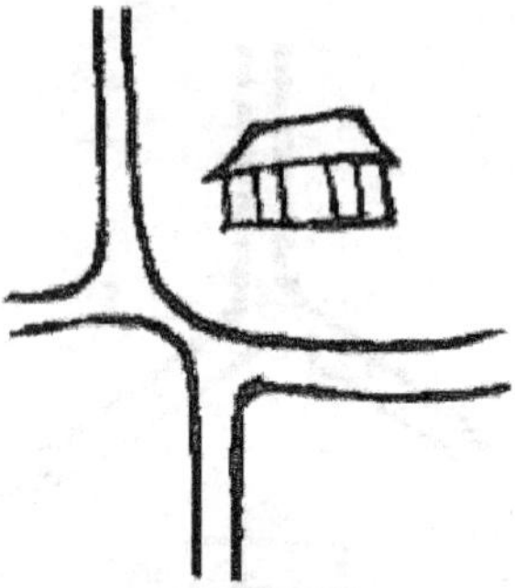

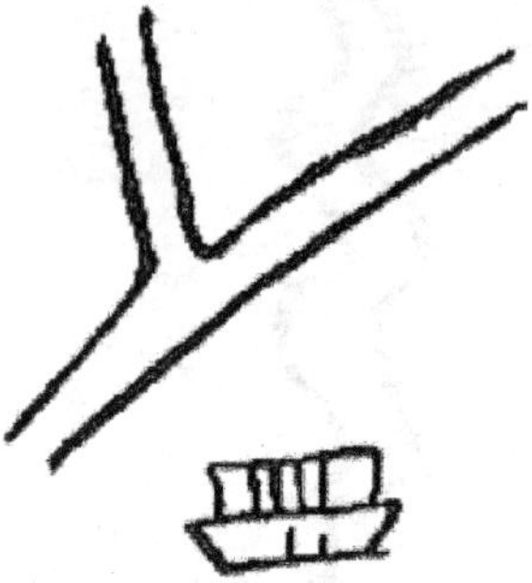

【原文】龙蛇吞并格。交加水射两无情，其家抄估没人丁。（上左图）

【原文】瘟关水格。前头流水似叉斜，退败定无家，须知此地多瘟疾，人死无埋骨。（上右图）

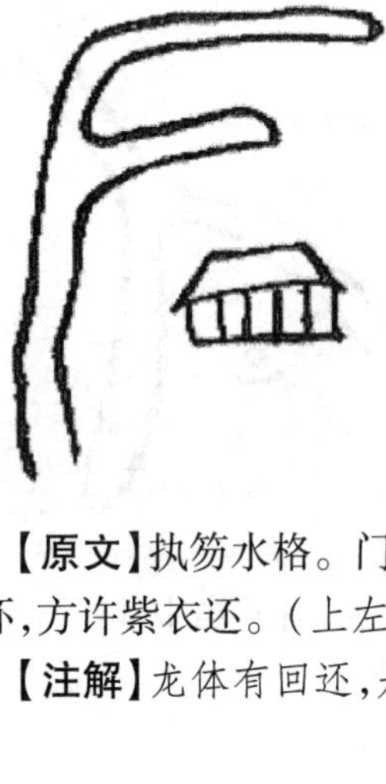

【原文】执笏水格。门前有水如执笏，为官从此出。龙体有回环，方许紫衣还。（上左图）

【注解】龙体有回还，是言去水。若去水直泄，前水虽秀，后无兜收,亦为凶象。

【原文】按剑水格。门前一兜如按剑,武职及巡检。

大鸿曰:小水圆者吉,尖者凶。(上右图)

【注解】巡检:古官名。

【原文】刀枪水格。左边池湖如刀枪,儿孙主杀伤。(上左图)

【注解】刀枪之水尖射,亦火星为害。

【原文】破碎水,阴宅同。

破碎见火星,墓宅见忧惊。纵然龙脉远,亦有祸来侵。

大鸿曰:此火星为害。(上右图)

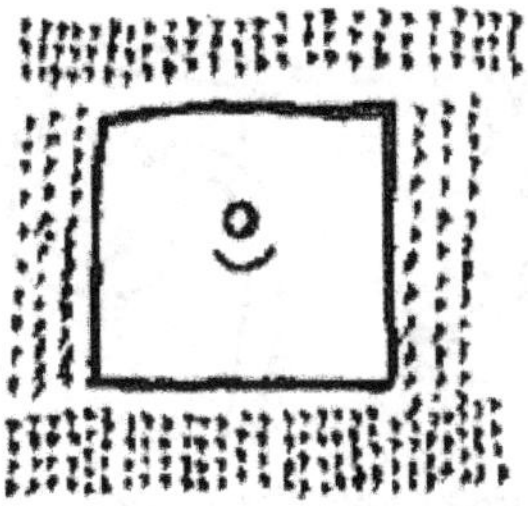

【原文】分背水格。此水皆四散,故主产难死。子孙衰弱

病,伶仃继后难。(上左图)

【原文】沮洳水。沮如之水,半湿半干,积垢生苔,泥泥漫漫,如虾蟆背,如牛鼻汗,非水非陆,扦之生患。子孙疯狂,形神不庄,水臌肿脚,恶疾羸尫。(上右图)

【注解】沮洳水:并非江河泉水,而是遍山遍地终年常湿。视之不见有水,踩之却有湿迹,如死牛皮。张子微曰:"沮如水乃山龙气衰脉散之地,不可用也。"

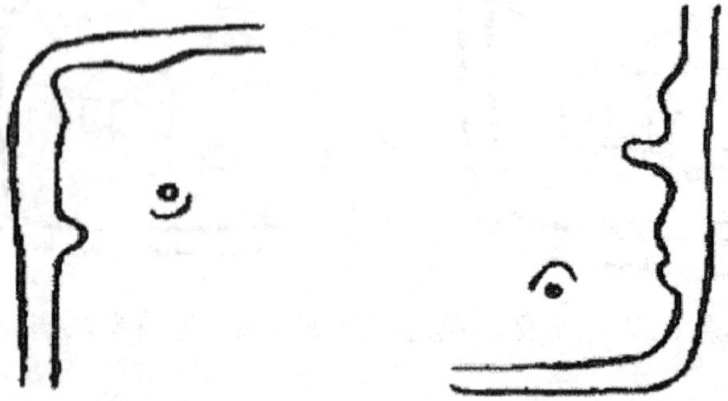

【原文】破碎水格。河岸多崩破,家中起灾祸,唤作金鹅带箭形,纵然绕抱有凶刑。(上左图)

【原文】破碎水格。两畔汙河多破缺,官事无休歇。(上右图)

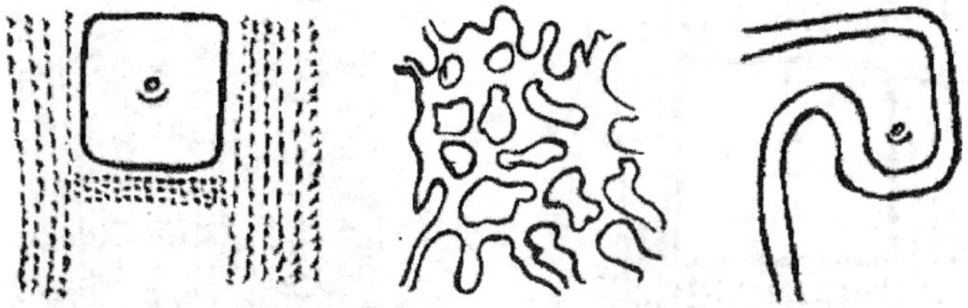

【原文】分背水格。冢背之水两分流,财散丁稀门户休。

凡冢背之水分头而去,囚坑之水停滞不流,皆大不祥。(上

左图)

【**原文**】乱水格。水如败絮,亦似乱麻。葬之必祸,狂乱淫邪。(上中图)

【**原文**】铜角水格。水形似铜角,气拗不宽阔,尼姑巫婆及师娘,卖药及街坊,更兼足疾并足跛,小口多伤促。(上右图)

【**原文**】抄估龙。

两头尖小中间大,如蛇吞鼠难急下。

马腿牛蹄总一般,出人抄估家生怪。(上左图)

【**注解**】原书本格仅有图而无文字,现据其它版本增补。

【**原文**】淫欲地格。

淫欲之地似鸭头,鸭头之地不知羞。

面前或似掀裙样,女儿媳妇上秦楼。(上右图)

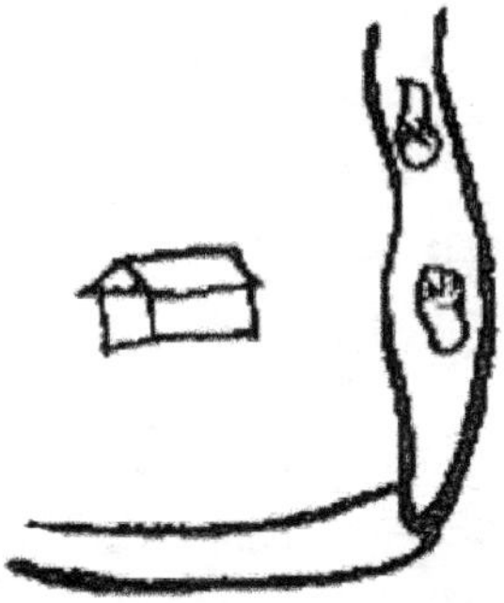

【原文】丫叉水格。边旁若有丫叉水,此处全无地。(上左图)

【原文】葫芦水格。白虎河中带土墩,葫芦毒药名。(上右图)

【注解】原书本格既无格名,又无文字,仅有图,现据其它版本增补。

整理者后记

不管对术数如何看待，也不管对术数在我国传统文化中的地位怎么评价，仅以出土的甲骨文几乎全部是卜辞这一事实，就足以证明术数对我国传统文化的影响之大、之深远。因此，只要不采取历史虚无主义态度，不管怎么说，术数都是我国传统文化的一个重要组成部分，整理我国传统文化也就不能不整理术数。我想，海南出版社也正是基于这个出发点，才安排这类图书的出版的。

术数类古籍不好整理，因为术数本身就有神秘的一面，更加之有些著作托言天机不可泄露，故弄玄虚，半吐半露；还有些著作则试图以其昏昏，使人昭昭，甚至随意曲解增删；诸如此类的问题都使我们今天要搞清楚历史上各种术数活动的细节和本来面目，变得十分困难了。

针对这种情况，此次整理力求遵循一条原则，即尽量做到能正本清源，还各种术数以本来面目，并尽可能搞清楚历史上各种术数的来龙去脉，及原本的运用方法。如：古代阴阳宅到底是根据什么原则来选择的？六壬占卜是如何运用天地盘操作的？择吉、推命到底是怎么进行的？等等。

为了做到这一点，本套书在整理方式上均根据各种古籍的不同具体情况进行了不同的选择。通常整理古籍，除了最基本的添加标点外，大体上还有几种方式：注释难字的音形义；直译成白话并加解说；意译成白话并加解说；有些特别艰深的古籍还要进行各种考证工作，等等。由于术数类古籍不是古汉语范文，人们阅读他并不是为了提高自己的古汉语水平，也由于我们此次整理的目的旨在搞清楚古人的本意，因此，本套丛书的整理采取了灵活变通的方式：凡原文晦涩难解处，多采取意译并加解说的方式，有时还举例予以说明，并与别的版本或观点进行比较；凡原文语义比较清楚者，则仅略加注解，而不予意译，更不解说；有些甚至只是添加标点。总之，一切以能搞清古人本意为原则。

搞清古人的本意，无疑是对整理古籍最基本的要求。整理者力图做到这一点，但不敢说已经做到了。限于整理者的学力，加上时间又紧，处理不当，甚至误解之处在所难免，还望方家不吝赐教。

关于本书的整理，还有几个具体问题应当说明。

本书为《故宫珍本丛刊》中之一种，原书系清康熙抄本，书品颇佳。原书中错别字，均径改；漏段等重要之误，则多加注明。本书原图不清者，均据其它版本作了修补。本书插图较多，均有编号，凡系原书插图，其编号均标注在〔原文〕部分，凡非原书插图，而系整理新增以作补充说明的插图，其编号则标注在〔注解〕部分。

在本书的整理过程中，一洪、袁大川、苏斌、成无功、李升召、殷曰序、康健、瑞民、辛强、李晓光、冯建文、秦钢、刘德军、王清、陈小丽、陈光霞等同志从各方面予以大力支持，谨表示诚挚的谢意，他们的无量功德与此书同存。

2002 年 5 月 1 日于北京

参考书目

书 名	著 者
《管氏指蒙》	三国(魏) 管辂 著
《葬经》	晋 郭璞 著
《捉脉赋》	晋 陶侃 著
《疑龙经》	唐 杨筠松 著
《撼龙经》	唐 杨筠松 著
《十二杖法》	唐 杨筠松 著
《雪心赋》	唐 卜则巍 著
《天机素书》	唐 丘延翰 著
《司马头陀水法》	唐 司马头陀 著
《黑囊经》	五代 范越凤 著
《吴公子教子书》	五代 吴克诚 著
《望龙经》	宋 吴景鸾 著
《玉髓真经》	宋 张子微 著
《入地眼》	宋 静道和尚 著
《发微论》	宋 蔡牧堂 著
《画筴扒砂经》	宋 廖禹 著
《十六葬法》	宋 廖禹 著
《催官篇》	宋 赖文俊 著
《铁弹子地理玄机》	南唐 何令通 著
《金弹子地理元珠经》	元 耶律楚材 传
《人子须知资孝地理学统宗》	明 徐善继 徐善述 著

（俗称算八字）；命术相传始于先秦鬼谷子，至唐李虚中系统化，至宋徐子平即完善，故命术又称子平术，本书即为徐子平撰；子平以生人之年月日时四柱论命，以日为主，形成了一个非常完善自洽的理论系统。

平砂玉尺经 已出版，每册 40 元（平装）。我国古代看风水有三合理论一派，本书即是该派理论的经典著作；其法以二十四山分属水木火金，且以龙脉入首时左旋右旋分属阳阴，并配合五行十二支来论二十四山的龙脉、坐山、立向及水之来去的生旺墓绝；消砂拨水则以四大水口是否合法判断阴阳宅的吉凶。

水龙经 已出版，每册 35 元（平装）。本书是专论水龙的经典著作；该书论述了水形有屈曲、回顾、绕抱、斜飞、直冲、反跳及来去分合的区别，又从理气天星、方位及喝形呼穴方面进行了探源，并说明其吉凶。

鲁班经 已出版，每册 24 元（平装）。本书包括三种古籍：《鲁班经》认为，建筑中常用的只砖片瓦、尺地寸木都与吉凶紧密相联，建筑物中的前后左右、高低尺寸也与祸福息息相关；《择日全纪》介绍古人怎样选择吉日；《秘诀仙机》则介绍古代禳解各种灾祸时常用的一些符咒。

阴阳五要奇书 已出版，分上中下共三册，每套 128 元（平装）。本书包括五种古籍：《郭氏元经》、《璇玑经》、《阳明按索》、《佐元直指》、《三白宝海》，另附录《八宅明镜》。前五种古籍实为明代选编的“选择（择吉）学”丛书，其中特别介绍了各种吉凶神煞及其趋避方法；附录介绍了东四命、西四命人配东四宅、西四宅的理论和方法，为“风水（地理）学”的一个流派。

河洛理数 已出版，每册 40 元（平装）。以易经和河图洛书为本，以易之卦爻配合生人的年月日时八字，来判断人或事的吉凶。

梅花易数 已出版，每册 25 元（平装）。本书或以年月日时起卦、或以字的笔画数起卦、或以某物的数目起卦，即所谓随物起数、随数起卦，然后利用易经、易理进行分析，以判断人或事的吉凶；此外，本书还详细介绍了我国传统“拆字术”的理论和方法。

御定六壬金口合占 已出版，分上中下共三册，每套共 95 元（平装）。原书将六壬 720 课每课都分列“天时、射覆、行人、田宅、谒见、捕猎、疾病、出行、文信、来意、婚姻、迁移、孕产、失物”等 14 项古人常欲占断的事项并逐项给出了断辞；这些断辞都是根据六壬和金口诀的原理联合做出的。为了方便读者比较，我们将仅根据六壬做出的断辞（即《御定六壬直指析义》720 课的全部内容）分别排在“合占”每一课的后面。由于原书没有关于六壬和金口诀的基本知识的介绍，为了方便初学者学习，本书将《故宫珍本丛刊》中的《御定六壬直指》和《官板大六壬神课金口诀》改成了简体横排并加注释,作为本书的一部分,一并出版。

增广太平惠和剂局方 已出版,每册40元(平装)。原书系日本前典药头橘亲显奉朝廷之命领衔整理汇校并作序,享保庚戌(1730年)官刻本。本书包括《太平惠民和剂局方》及三个附录:《图经本草药性总论》、《局方指南总论》《诸品药石炮制总论》。《局方》,凡十卷,介绍了近八百个方剂,并载明主治病症。三个附录则分别介绍:数百味中药的药性、主治及产地;中医的基本原理和用药原则,各类疾病的证候,主要疾病的诊断和治疗原则;每味中药的炮制方法。

种杏仙方 内府药方 药性分类 已出版,每册24.80元(平装)。《种杏仙方》,凡四卷,介绍了99类疾病的治疗药方,每类疾病的疗方多至数个,甚至十数个;另有三个附录:经验秘方、日用杂方、续劝善良规四"十歌"。《内府药方》,凡四卷,分风痰、痰嗽、伤寒、暑湿、燥火、脾胃、眼科、疮科、妇科、小儿、补益、泻泄、气滞、痰症、杂治共十五"门",各门下分列常用效方,共近五百个,每方之下详载药物、剂量、炮制方法等。《药性分类》,不分卷,但分脾胃、肝胆、肺大肠、肾膀胱、心小肠、痈疽破伤共六"门";每门之下又分若干类,共收中药近四百味;每味药品载明功能、主治、宜忌、相畏、相恶、禁忌等内容。

三合集 卫生汇录 已出版,每册20元(平装)。《三合集》乃明代名医张继科平素所积医案及治疗经验,共约七十馀项,包括各类病例;每例均包含病症、诊断、治疗药方等多项内容。因其临证"必以脉合证,证合药,药合脉",故其书名曰"三合"。《卫生汇录》包括养生保健,祛病延年,居家防患等丰富内容共十章:"食鉴本草",介绍各种食物的药性:"食愈方",介绍治疗各种疾病的食物处方;"经验良方",介绍治疗各种疾病的简易良方;"起居饮食各法",介绍日常保健美容等方法;"长寿谱",介绍道德修养、性生活与长寿的关系;"救命针",介绍日常保健养生的理念;"居家应世养生调摄各法",介绍日常保健养生的具体方法;"养生延年要法",介绍饮食起居养生方法;"保元益寿秘诀",从原理、运动、饮食、起居、月令等多方面介绍保元益寿的方法;"居家必知",介绍居家保证安全卫生的方法。

名医类编 已出版,每册24.80元(平装)。本书主要内容可分三大部分。第一部分介绍诊断方法,即切脉的要领和各种脉象。第二部分介绍药性,作者编成了240首四言歌诀,每首四句,介绍了240味常用中药的药性和主治。第三部分内容最丰富,分门别类地介绍了治疗十类常见疾病的近千个处方及其炮制方法。